Christoph Martin Wieland

Aristipp

1. und 2. Teil

Christoph Martin Wieland

Aristipp
1. und 2. Teil

ISBN/EAN: 9783743361805

Hergestellt in Europa, USA, Kanada, Australien, Japan

Cover: Foto ©Suzi / pixelio.de

Manufactured and distributed by brebook publishing software (www.brebook.com)

Christoph Martin Wieland

Aristipp

Deutsche

National-Litteratur

———•—•———

Deutsche

National-Litteratur

Historisch kritische Ausgabe

Unter Mitwirkung

von

Dr. Arnold, Dr. G. Balke, Prof. Dr. K. Bartsch, Prof. Dr. R. Bechstein,
Prof. Dr. O. Behaghel, Prof. Dr. Birlinger, Prof. Dr. H. Blümner, Dr. F. Bobertag,
Dr. K. Borberger, Dr. W. Creizenach, Dr. Joh. Crüger, Prof. Dr. H. Düntzer,
Prof. Dr. A. Frey, L. Fulda, Prof. Dr. L. Geiger, Dr. K. Hamel, Dr. C. Henrici,
Dr. M. Koch, Prof. Dr. H. Lambel, Dr. K. Frhr. v. Liliencron, Dr. G. Milchsack,
Prof. Dr. J. Minor, Dr. F. Muncker, Dr. P. Merrlich, Dr. H. Oesterley, Prof. Dr. H. Palm,
Prof. Dr. P. Piper, Dr. H. Pröhle, Dr. Adolf Rosenberg, Dr. A. Sauer, Prof. Dr.
K. J. Schröer, R. Steiner, Prof. Dr. A. Stern, Prof. Dr. F. Vetter,
Dr. C. Wendeler, Dr. Ch. Zolling u. a.

herausgegeben

von

Joseph Kürschner

54. Band

Wielands Werke IV

Berlin und Stuttgart,

Verlag von W. Spemann

Wielands Werke

Vierter Teil

Aristipp
Erstes und zweites Buch

Herausgegeben

von

H. Pröhle

Berlin und Stuttgart,
Verlag von W. Spemann

Einleitung.

Bei dem Umfange dieser Ausgabe von Wieland durfte wohl erwartet werden, daß außer den Abderiten noch einer von dessen Romanen hier wieder abgedruckt würde. Es war für uns keine leichte Aufgabe, denselben auszuwählen. Der Agathon, über den auch in der Biographie Wielands gesprochen ist, gilt allgemein für den besten, und doch wählten wir, ohne Scheu vor dem Umfange des Aristipp, den Aristipp, den längsten dieser Romane, an dem wir selbst vieles auszusetzen finden. Wir wählten ihn, weil er uns dadurch, daß Wieland ihn auf dem Höhepunkte seines Glückes und seines Wissens wenn auch nicht seiner dichterischen Schöpfungskraft geschrieben hat, ein Vermächtnis für die Gegenwart zu sein scheint, wenn man auch die Entwickelung der Wissenschaften, besonders der Geschichtschreibung, bis auf die Gegenwart ins Auge faßt. Ein zu schnelles Urteil, namentlich wenn dabei nicht berücksichtigt ist, was wir über die seltsamen Beziehungen, unter denen Aristipp in Oßmanstedt entstand, in der Biographie zu dieser Ausgabe gesagt haben, lehnen wir ab. Wir haben uns schon manches rein verneinend gedachte Urteil gefallen lassen, aber bei diesem encyklopädischem Romane Aristipp ist eine positive Prüfung unserer Absicht nötig. Der Herausgeber hat

nicht im Fache der griechischen und römischen Litteraturgeschichte gearbeitet, aber er hat es immer lebhafter bekannt, daß er einer der
wärmsten Verehrer der griechischen Litteratur und Geschichte ist. Dieser
Auffassung hat er durch die Herausgabe des Aristipp Ausdruck geben
wollen. Wer nun aber den Herausgeber einen philologischen Heißsporn
nennen wollte, der wird sich doch bedenken, wenn er seine Arbeiten
im allgemeinen ins Auge faßt, in denen immer die rechte Mitte zwischen
Griechentum und Deutschtum im Sinne von Gervinus angeraten ist.
Daneben braucht dann allerdings nicht übersehen zu werden, daß
Wielands Aristipp durch seine Beziehungen zu Sophie Brentano und
ihrer Großmutter Sophie Laroche, für den Litterarhistoriker wenigstens,
etwas sehr Pikantes erhält und als langweilig gewiß nicht mehr gelten
kann. Hoffentlich wird man uns darin recht geben und der Auswahl
beistimmen.

Wir wollen nicht versäumen, zur Begründung unserer Auffassung etwas
ausführlicher über Wielands Romane zu reden. Was auch dann etwa
noch fehlt, besonders das eingehendere Urteil über Peregrinus Proteus,
findet man schon in unserer Schrift „Lessing, Wieland, Heinse". Über
den goldenen Spiegel sprachen wir gleichfalls in „Lessing, Wieland, Heinse"
und kommen in der Biographie Wielands vor dem ersten Bande dieser
Ausgabe auf ihn zurück.

Wieland hat in Oßmanstedt die beiden Romane Agathodämon
(1799) und Aristipp geschrieben. Das siebente und letzte Buch des Agathodämon übersandte er seinem Verleger Göschen am 28. Februar 1799.
Er nannte den Agathodämon hierbei das wichtigste und beste seiner
Werke, jedoch nur in „mehr als einer Rücksicht". Andere Rücksichten
bestimmen uns, diesem von Wieland keineswegs immer festgehaltenen
Urteile nicht beizutreten, auch dann nicht, wenn es sich bloß um einen
Vergleich der drei Romane Agathon, Agathodämon und Aristipp handeln
sollte. Nach unserer Meinung war Aristipp das tiefgreifendste und um-
fassendste, Agathon in der von Matthisson so hochgestellten letzten Bearbeitung aber das edelste Gemälde des griechischen Lebens in Roman-
form von Wieland. Nachdem der Agathon durch die dritte Ausgabe (1794)
eine Art von sittlicher Weihe erhalten hatte, mag es den Dichter gedrängt
haben, auch die im Peregrinus Proteus (1791) vorgetragenen Ideen,
besonders da sie das Urchristentum betrafen, in einer oder der anderen
Hinsicht in einem verklärteren Lichte nochmals zu behandeln. Wieland
läßt den ganzen Roman von Hegesias erzählen. Dieser findet auf dem
Gebirge in Kreta, ganz ähnlich wie Demokritos in den Abderiten den
flüchtigen Gottesleugner findet, den Apollonius, der für einen guten
Dämon (Agathodämon) gehalten wird. Dieser Neupythagorecer lebte im
ersten Jahrhundert nach Christo. Im zweiten Jahrhundert berichtete
Philostrat manches Wunderbare von ihm. Diese Arbeit des Philostrat
ist von manchem für eine boshafte Parodie auf das Leben Jesu gehalten.

Nach Loebells Ansicht*) ist Apollonius wirklich in den Ländern, die er bereiste, wie ein höheres, mit übernatürlichen Kräften ausgerüstetes Wesen angestaunt, enthusiastisch gepriesen und vergöttert worden. Höchst wahrscheinlich war er ein gewandter Gaukler, der die Wundersucht der Zeit mit großem Geschick auszubeuten und durch Blendwerke zu täuschen wußte. Diese Auffassung war auch schon Wieland nicht unbekannt. Er hatte für Peregrinus Proteus doch nur wegen allerlei Händel von mehr privater Natur eine Rettung geschrieben. Nun schrieb er für seinen Apollonius oder Agathodämon eine Rettung, welche ihn vom Betruge freisprechen soll, dagegen von Wielands religiösem Standpunkte aus, den wir auch in der Einleitung der Abderiten als einen weit fortgeschrittenen, nicht bloß rationalistischen, sondern die freisten Richtungen der Theologie des neunzehnten Jahrhunderts bereits andeutenden erkennen, bald seiner, bald grob rationalistisch eine Mythenbildung in Bezug auf Apollonius nachweisen soll. Die Absicht dieser Rettung bleibt für den Leser kein Geheimnis. Apollonius erzählt dem Hegesias endlich: „Unter meinen Zeitgenossen hat ein Mann gelebt, der das war, was ich bin, und der bloß durch das, was er war, ohne alle Geheimnisanstalten, Kunstgriffe und Blendwerke auf dem geradesten Wege und durch die einfachsten Mittel zum Heil der Menschheit zustande bringen wird, was ich vermutlich durch die meinigen verfehlte . . . . Ich glaube nicht an die Götter, deren Dienst ich reinigen wollte; ich wußte sehr wohl, da ich mich für ihren Gesandten ausgab, daß sie mich nicht gesandt hatten. Meine Andacht zu ihnen, die Mirakel, die ich that, alles das war absichtliche Täuschung, die der Zweck allein rechtfertigen sollte. Jener hingegen wollte nicht täuschen, er glaubte auch der zu sein, für welchen er sich ausgab, er trug den Gott, von welchem er sich gesandt glaubte, in seinem Busen. Was er that, glaubte er durch Gott, bloß um Gottes willen, zu thun, und ich bin versichert, daß er eben dadurch viel Wunderbares that. Sein Verhältnis zu seinem Gott war so groß und innig, daß er sich ihn nicht anders als seinen Vater denken konnte, denn er fühlte sich selbst als seinen Sohn, und der unbedingte Gehorsam, die gänzliche Erhebung, das alle Proben aushaltende Vertrauen, das ihn selbst im Tode am Kreuze nicht verließ, sind Gefühle und Gesinnungen eines Sohnes, wie es wohl vor ihm noch keinen gegeben hat, für einen über alles geliebten Vater. Den Willen seines Vaters zu thun, das Geschäft, wozu er von ihm in die Welt gesandt zu sein glaubte, mit Eifer und Treue auszurichten, war das einzige, was er suchte und wofür er allein lebte: alles andere war ihm nichts; er begehrte nichts und fürchtete nichts, dachte nie an sich selbst, hatte keinen selbsterfundenen Plan auszuführen, noch für die Mittel dafür zu sorgen, sondern überließ dies demjenigen, dem er als sein bloßes Werkzeug mit dem Gehorsam eines

---

*) Dessen Wieland S. 323—328.

treuen Knechtes und mit dem teilnehmenden Eifer eines liebenden Sohnes
diente. Du siehst von selbst, wie weit der Mann, der die ganze Theorie
dessen, was jeder Mensch zur Erfüllung seiner moralischen Bestimmung
und zum Aufstreben nach dem höchsten Gipfel menschlicher und geistiger
Vollkommenheit von nöten hat, auf so kindlich einfältige Prinzipien zurück=
führte, uns andere, mühselige Verbesserer und Veredler der Menschheit
soviel unser sind hinter sich gelassen hat." Man sieht aus dieser Stelle,
daß Wieland den Apollonius nur insoweit für einen Betrüger hält, als
er Zwecke verfolgt hat, die denen Christi mehr oder weniger gleich sind.
Allein eine Rechtfertigung Jesu so zu sagen durch Simon den Zauberer
ist doch eine sehr bedenkliche Sache. Es wird dann auch nicht einmal klar,
was es heißt, daß Christo eine gewisse Wunderkraft wirklich zugeschrieben
wird. Man kann sich daher nicht wundern, daß Loebell im Agathodämon
ein Spiel mit dem Heiligen sieht, das er bei aller Erhabenheit des Zweckes
doch sehr bedenklich findet. Der frischere Roman Peregrinus Proteus
hatte solche Fehler nicht gehabt. Proteus verleugnet allerdings das
Christentum, um seine Erbschaft zu retten, aber obgleich der zweideutige
Apollonius nach Wielands Art schon im Peregrinus Proteus auftritt, so
macht doch die Schilderung der Urchristen einen guten und im ganzen
unverfänglichen Eindruck.

Aber Agathodämon beschäftigt sich nicht bloß mit dem Christentum,
sondern auch mit den Griechen. „Übrigens wünsche und hoffe ich (schreibt
Wieland an Göschen), daß mein Apollonius oder Agathodämon, wie Sie
ihn lieber nennen wollen, Sie mit den Griechen wieder völlig aussöhnen
und aufs reine bringen möge. Denn daß griechische Simplicität und
griechische Grazie mit griechischer Bestimmtheit und Korrektheit verbunden
in diesem Werke ist, weiß ich so gewiß als ich weiß, daß der, leider!
nicht mehr vatikanische Apollo nicht von einem Steinmetzen gehauen ist."
Auch an dieser Stelle scheint Wieland seine noch mangelhafte und etwas
französierende Auffassung des Griechentums zu überschätzen. Wenn er
dagegen sagt, daß ihm die Ausführung des letzten Buches von Agatho=
dämon um so schwerer geworden sei, da Jahreszeiten und Witterung
Geistesarbeiten dieser Art nicht begünstigt hätten, so scheint aus dieser
Bemerkung hervorzugehen, daß er in der That ein Farmer= und Garten=
leben in Oßmanstedt gesucht hatte, um seinen Romanen ein Element zu
verleihen, welches wir im Grunde doch bei Wieland immer vermissen,
das sich aber schon bei Goethe überall und besonders in den Wahl=
verwandtschaften in der höchsten Blüte zeigt.

Diesen Vorzug, ein Bild des Lebens und der Natur aufzurollen —
soweit er bei Wieland überhaupt zur Erscheinung kommt — zeigt aber
der Aristipp weit mehr als Agathodämon. Da es sich in allen diesen
Romanen Wielands mehr um die Geschichte der Philosophie als um die
Philosophie selbst handelt, so ist es nicht gleichgültig, daß Wielands
Wissen zur Zeit, als er diesen Roman schrieb, bereits den bedeutendsten

Umfang erlangt hatte, den ihm nur ein bei ungeschwächter Kraft des Geistes bereits erreichtes höheres Alter geben konnte. Noch viel weniger ist es gleichgültig, daß der Aristipp ungefähr 34 Jahre später erschien als der ursprüngliche Agathon und daß im Aristipp, den Wieland in den ersten Jahren dieses Jahrhunderts drucken ließ, einer der aus= gezeichnetsten Schriftsteller Deutschlands bereits die antiquarischen Kennt= nisse verarbeitete, welche als das Resultat der Anstrengungen des vorigen Jahrhunderts auf dem Gebiete der Philologie die Grundlagen der Bildung im neunzehnten wurden. Gerade dieser philologischen Resultate hatte sich Wieland aufs sicherste bemächtigt. In dieser Beziehung stand er auf der Höhe seiner Zeit. Wie wir jedoch schon in der Einleitung zu den Abderiten*) gezeigt haben, so hatte er den Charakter des Altertums nicht mit der Tiefe eines Goethe oder Johann Heinrich Voß ergriffen. In= deſſen waren doch auch die Zeiten vorüber, da er geglaubt hatte durch Singſpiele mit den alten Tragödiendichtern wetteifern zu können. Er vermied mit Recht die ausführlicheren Auseinanderſetzungen über das griechiſche Epos, dem er nach ſeiner immer noch mehr franzöſiſchen Bil= dung nicht gewachſen war. Er vermied glücklicher Weiſe ſelbſt die Kritik der griechiſchen Tragödie. Dagegen wurde Wieland durch ſeinen natür= lichen Verſtand auf die Beurteilung der griechiſchen Philoſophie und durch ſeine politiſche Bildung auf die Aufſtellung einer größeren hiſtori= ſchen Schilderung der griechiſchen Staatsverhältniſſe hingewieſen. Auf dem Gebiete der hiſtoriſchen, philoſophiſchen und litterarhiſtoriſchen Dar= ſtellung trat Wieland in dieſem Romane nicht ohne Selbſtbewußtſein auf. Es fehlte ja auch beinahe bis zu Niebuhrs römiſcher Geſchichte in Deutſchland auf dieſem Gebiete an einem Forſcher erſten Ranges. Dieſer Umſtand läßt allerdings den großen hiſtoriſchen Roman Wielands, der ja doch kein Hiſtoriker von Fach war, einer ſichern hiſtoriſchen Grund= lage entbehren, beweiſt aber auch in ſehr vielen Fällen, daß er un= mittelbar aus den alten Quellen, wenn auch unter dieſen mit Vorliebe aus dem Plinius ſchöpft, und verleiht Wielands Dichtung von Aristipp einen Grad von Originalität, der ſie wohl wert macht, auch noch das neunzehnte Jahrhundert zu überdauern.

So hatte Wieland in ſich vergrößernden Kreislinien, die ſich alle um die Geſchichte der griechiſchen Philoſophie und Poeſie als ihren Mittel= punkt bewegten, denſelben Gegenſtand in immer mehr gereifter und durch= dachter Art behandelt. Sogar in Verſen hatte er ſich durch ſeine einſt ſehr berühmte Dichtung Muſarion mit dem Leben und den Sitten der Griechenwelt beſchäftigt. Alle dieſe Arbeiten klingen noch einmal im Aristipp wieder und ſelbſt die Abderiten erhalten hier einen Nachtrag. Hatte der Dichter ſich in ſeiner Jugend durch ſeine Erzählung „Theages. über Schönheit und Liebe"**) ganz auf Platos Standpunkt geſtellt, ſo

---

*) Der Werke Band III, S. IV.
**) Auch darüber Ausführlicheres in „Leſſing, Wieland, Heinſe".

wagte er nun bedeutende Einwendungen gegen ihn, die nicht alle unbe-
denklich sind. Da Sokrates*) und Plato**) vielen gerade deshalb um
so werter sind, weil sie als Vorläufer christlicher Gesinnung und Ge-
sittung aufgefaßt werden können, so war es allerdings eine Bosheit
Wielands gegen diejenigen, die er früher fast vergöttert hatte, daß er
sie im Aristipp nicht hoch genug über die Laster des Heidentumes erhaben zeigt. Wenn die Ehen zwischen Geschwistern in Athen erlaubt
waren, so hat darum doch noch nicht jeder Grieche nach unsern Begriffen in
Blutschande gelebt und Cimon, der Sohn des Miltiades, der mit seiner
Schwester vermählt war, hat sich von dieser Geschwisterehe wieder frei
gemacht. So sind auch die Äußerungen der griechischen Philosophen über
die Liebe zu schönen Knaben die Folge heidnischer Sitten, aber wir werden
diese Denker ebensowenig wegen dieser schadhaften Stelle in ihrem
sittlichen Bewußtsein ohne ausdrücklichen Beweis für Päderasten halten
als wir einen Lyriker, der von Trunkenheit oder gar nur von Wein
singt, gleich für einen Säufer erklären. Eben weil das Laster der
Trunkenheit so häßlich ist, so erteilen wir demjenigen, den wir noch nicht
im Rinnsteine gefunden haben, gern Absolution davon.

So wie Wieland von der Päderastie mit Bezug auf Sokrates und
Plato nicht ganz in angemessener Weise spricht, so behandelt er auch das
griechische Hetärenwesen nicht richtig. Wir glauben diesen wichtigen Punkt
sogleich hier besprechen zu sollen, ehe wir näher an eine kurze Zergliederung
des Romans Aristipp herantreten.

Zunächst mag es unentschieden bleiben, ob Wieland die Ehe der
Griechen oder vielmehr die griechischen Ehefrauen zu tief stellt oder nicht.
An der Blüte der Kunst und Wissenschaft im Zeitalter des Perikles haben
sie keinen vollen Anteil gehabt. Die Hetäre (Freundin) drängte sich vor,
welche mit ihrem Leibe dem Bildhauer als Modell diente und im freieren
Umgange mit den Männern auch an den Gelagen teil nahm, in denen
die erhabensten Ideen geistvoll besprochen wurden. Nun schildert Wieland
allerdings einige anmutige Ehen, aber diese sind noch zwischen Hetären
und Philosophen zustande gekommen. Als Beispiel, ja beinahe als
Muster einer griechischen Ehe, schwebt ihm die zwischen Sokrates und der
Xanthippe vor. Durch diese befriedigt Sokrates seine sinnlichen Bedürfnisse, während sein Geist nach Wieland bei den feinen und hochgebildeten
Buhlerinnen ist. Es finden sich im Aristipp eine oder mehrere Stellen,
welche nach unserer Ansicht Goethe angeregt haben zu den bekannten
Stellen in den Wahlverwandtschaften, wo jedenfalls in der bedenklichsten
Weise, aber auch nicht ohne die diesem „Verbrechen" (wie es in den Wahl-
verwandtschaften selbst sehr streng genannt wird) auf dem Fuße folgende
Strafe der an die Ehe gebundene sinnliche Genuß völlig getrennt wird

---

*) Überweg, Gesch. der Philosophie. 2. Aufl. I, S. 73—81.
**) Überweg I, S. 90—118. Vergl. auch in der Biographie Wielands im 1. Bande
dieser Ausgabe die Stelle, wo von Stadions Tode erzählt wird.

von der wirklichen Liebe, die trotz ihrer Sinnlichkeit mit den Gedanken frei umherschweift.

Was Xanthippe anlangt, so war sie ohne Zweifel eine wohlwollende Hausfrau und durchaus keine boshafte Zänkerin. Allein wenn man annehmen wollte, daß Sokrates neben seiner Xanthippe noch eine Art von Ottilie aus den Wahlverwandtschaften nötig gehabt hätte, so könnte man die Ehe des Sokrates trotzdem nicht als Maßstab für die griechische Ehe gelten lassen. Wieland hat den Frauen und Jungfrauen offenbar zu viel von ihren Reizen genommen, um nur die Hetären mit ihnen zu schmücken. Auch braucht es ja der griechischen Ehefrau nicht einmal an Verständnis gefehlt zu haben, wo sie sich schamhaft zurückhielt.

Wieland, der eine musterhafte Ehe mit einer braven aber ihm geistig nicht ebenbürtigen Frau führte, konnte leider niemals ganz seine Vorliebe für das Grisettenwesen verleugnen. So hatte er am 15. Nov. 1770 Johann Georg Jacobi den Rat gegeben, sich nicht zu verheiraten, sondern sich ein „Liebesweib" zu nehmen. Eine solche Verbindung schicke sich besser für einen Poeten, weil sie allein vom Geschmacke und vom Herzen abhänge. Auch „Freund Yoriks oder Sternes Elisa alias Jenny" sei kein eheliches Gemahl gewesen.*)

Wieland hatte diesen Rat Johann Georg Jacobi erteilt, als derselbe ihn durch Gleim hatte bitten lassen, sich für ihn um die Tochter von Sophie Laroche zu bewerben. Die Hand derselben zu erhalten hatte in der That Jacobi keine Aussicht gehabt. Wieland hatte jedoch das Urteil gefällt: „Wer sie davon trägt und ein Herz und eine Denkungs= art hätte wie unser Jacobi, würde alle Reizungen à la grecque mit allen soliden Eigenschaften und Tugenden einer guten Frau besitzen." Dieses Ideal aber hatte sich Jacobi ja eben erwählt gehabt. Wie kam nun Wieland dazu, ihm anstatt derselben eine Grisette vorzuschlagen, welche ihm offenbar kaum zur Hälfte das hätte sein können, was ihm jene Tochter der Sophie Laroche hätte werden müssen? Nehmen wir aber auch an, daß in Griechenland die Reizungen à la grecque gerade umgekehrt nur bei den Hetären und nicht bei den Ehefrauen zu finden waren, so treffen wir doch in der Schilderung der Lais, jener Hetäre, die mehr als Aristipp selbst die Hauptfigur dieses Romanes ist, nicht unbedeutende Widersprüche anderer Art. Wieland hat ihr nämlich so viel gute Eigenschaften verliehen, daß dieselben bei ihren zahlreichen Liebschaften mit den ausgezeichnetsten Männern notwendig hätten zur Ehe führen müssen. Ihre Verbindung mit einem nichtswürdigen Sklaven kann kaum so genannt werden und erhebt sie in der That nicht über den Stand der Hetären. Als der Sklave ihr Vermögen durchgebracht hat, verschwindet sie aus den Augen der ehrbaren Griechen. Es bleibt un= gewiß, ob sie sich das Leben nimmt oder ob sie als eine Hetäre nun

---

*) Vergl. „Lessing, Wieland, Heinse" S. 87 und 88.

tiefer gesunken ist. So soll nach Wielands Absicht sich die Nemesis an ihr erfüllen. Offenbar will der Dichter die Strafe, die er über sie verhängen zu müssen glaubt, dadurch verschärfen, daß er bis zum Ende des Romanes nicht die Nachricht einlaufen läßt, Lais habe sich das Leben genommen. Die leise Andeutung, daß Lais möglicher Weise zur tiefsten Stufe herabgesunken sei, macht indessen keinen Eindruck auf den Leser, da sich auch noch nach dem Verluste ihrer Schätze unzählige wohlmeinende Hände zu ihrer Rettung ausstrecken. Nach Wielands Schilderung des griechischen Hetärenwesens sieht man gar keinen Übergang von ihm zu dem Zustande eines wirklich gemeinen Frauenzimmers. Auch der Stolz, um sich nicht vor den einst verschmähten Liebhabern zu bemütigen, kann nicht als ein solcher Übergang dienen, hätte die Lais vielmehr lediglich zum Selbstmorde führen können. Daß aber die Stufen, welche vom Hetärenwesen zum ekelhaftesten Laster führten, wirklich vorhanden waren und sehr oft betreten werden mußten, läßt sich doch nicht leugnen. Es ist daher in der That nicht zu verkennen, daß Wielands Schilderung der Hetären manches Fehlerhafte enthält, insbesondere von Widersprüchen nicht frei ist, wie wir bereits oben behaupteten. Rechnet man nun noch dazu, daß das Verhältnis der Lais zu ihrem ehemaligen Sklaven zum Teil aus Edelmut hervorging und daß sie durch ihren Selbstmord, falls derselbe anzunehmen ist, auch diejenigen, welche sie noch retten möchten, an Hochherzigkeit überstrahlt, so verwandelt sich die Nemesis, welche Wieland zuletzt an ihr vollziehen wollte, vielmehr in einen Triumph, der ihr durch den Dichter bereitet wird.

Können wir Wielands Auffassung des Hetärentums aus sittlichen Gründen nicht unsere Zustimmung geben, so zeigt sie doch im allgemeinen seine Kenntnis der Kulturgeschichte in ziemlich günstigem Lichte. Dies ist auch in dem, was er über die griechische Gymnastik sagt, der Fall. Die beiden Anmerkungen, die Wieland über die Gymnastik hat, wollen wir schon hier mitteilen. Die erste lautet: „Athleten hießen mit einem gemeinsamen Namen alle Wettkämpfer, welche bei öffentlichen Spielen in den fünferlei Kampfübungen, die unter dem Pentathlos begriffen waren, um den Preis stritten; in engerer Bedeutung des Wortes wurden vorzüglich die Pankratiasten, das ist die Ringer und die Fechter mit dem Kampfhandschuh, cestus, Athleten genannt.“ Die zweite Anmerkung lautet: „Cestus hieß bei den Römern eine Art von Fechthandschuh aus dicken rindsledernen Riemen um den Arm und die Faust gewunden (auch wohl mit Blei gefüttert), womit die Faustkämpfer (Pykten) ihre Hände bewaffneten. Die Griechen nannten dies χεῖρες ὡπλισμέναι, ohne einen besonderen Namen für den cestus zu haben.“ Wir haben den gelehrten Kenner der Geschichte des Turnwesens Dr. H. Brendicke in Berlin, Verf. der Schrift „Die Vereine des Berliner Turnrats. 1857—1882“, veranlaßt sich über diese Anmerkungen zu äußern und von ihm folgende Antwort erhalten, nach welcher Wielands Auffassung richtig ist, wenigstens wenn man cestus oder caestus liest: „Cēstus = κεστός adj. gestickt (scil. ἱμάς) von κεντέω ist = Gürtel z. B. der Liebreiz verleihende Gürtel der Aphrodite; aber caestus (cēstus) ūs, m. von caedo der rindslederne Riemen für Hände und Unterarme der Faustkämpfer: Schlagriemen. Im Griechischen sind οἱ μύρμηκες γυιοτόροι die mit Metallbuckeln, wie mit „Warzen" versehenen, „gliederzerschmetternden" Fausthandschuhe. Vergl. Anthony Rich, Illustr. Wörterbuch der röm. Altertümer mit steter Berücksichtigung der griech.; 2000 Holzschnitte. Paris 1862. Der lat. caestus ist daher wohl der griech μύρμηξ, aber caestus (caedo) hat unmittelbar nichts zu thun mit dem Adj. κεστός von κεντέω."

Mit der Geschichte Griechenlands und Persiens, die Wieland in dem umfangreichen Romane Aristipp behandelt, war seine Muse schon vertraut, seit er den Torso Cyrus in der Litteratur aufgestellt und besonders aus Xenophons Cyropädie den Stoff zu Araspes und Panthea genommen hatte, also ungefähr seit der Zeit, da der siebenjährige Krieg begann. In der Zeit, mit welcher sich Wielands Roman beschäftigt, war sowohl die Größe Persiens als auch diejenige Athens schon dahin. Allerdings triumphierte in Asien noch der Perser Artaxerxes Mnemon über seinen Bruder Cyrus den Jüngeren. Die siegreichen „zehntausend Griechen", welche Cyrus der Jüngere gerufen hatte, gerieten durch dessen Heldentod in die größte Gefahr. Der eben genannte Xenophon leitete und beschrieb ihren Rückzug in der von Wieland ausführlich erwähnten Anabasis. Xenophon war geboren um 440 und starb um 354 vor Christo. Er war ein Athener und ein Schüler des Sokrates. Daß seine Landsleute ihn aus Athen verwiesen, können wir ihnen nicht gleich Wieland verargen, denn er hatte damals schon gegen sie in der Schlacht bei Koronea gefochten. Dieser Verrat (wenn es ein solcher überhaupt war) wurde jedoch dadurch gesühnt, daß in den weiteren Verkettungen der griechischen Geschichte Xenophons Sohn doch für Athen starb. Den Vater aber mögen wir uns zuletzt in beneidenswerter Thätigkeit als kundigen Landwirt etwa wie den Cato major der römischen Geschichte denken. An den Grenzen der Wielandschen Darstellung der Zeitfolge nach erscheint schon Jason von Pherä und kündigt uns drohend durch seinen Namen allein die nächste Zukunft an, in der Hellas samt dem Peloponnes der Gewalt von Nordgriechenland und Macedonien anheimfallen wird.

Auf die Einzelheiten der griechischen Geschichte ist Wieland nicht eingegangen. Auch der Friede des Antalcidas von 387 vor Chr. wird kaum erwähnt. Das meisterhafte, aber gefährliche Spiel jenes Spartaners hat Curtius in seiner griechischen Geschichte aufgedeckt. Man hat sich zu denken, daß die Geschicke der Städte, zu welchen uns Wieland hinführt, einem schnellen Wechsel unterworfen sind. Erreicht dabei auch Athen, besonders anfänglich, noch mitunter einen hohen Glanz, so erhält man doch durch die Sittenschilderung in Wielands Romane von

Anfang an den Eindruck, den Johann Guſtav Droyſen[*] nur mit
Bezug auf eine der von ihm überſetzten Komödien des Ariſtophanes —
den Ekkleſiazuſen — folgendermaßen ausgeſprochen hat:

„Man ſieht es dem Stücke ſelbſt an, in wie kläglichem Zuſtand
damals der einſt ſo herrliche Staat iſt, wie allen das öffentliche Leben
eine Laſt geworden iſt, der ſich die Menge nur unterzieht, um für das
liebe Brot zu ſorgen, der ſich der Reiche und Gebildete entzieht, um ſich
weſentlicheren Intereſſen hinzugeben. Nie hat ein Staat empfindlicher
den Rauſch politiſcher Größe büßen müſſen, und ein Blick in die Ge=
ſchichte Athens zeigt, wie dieſe Gebrochenheit alle Verhältniſſe beherrſcht
und die Kraft politiſcher Bedeutenheit den Athenern für immer
dahin iſt. So iſt es auch der Komödie ergangen, einſt ſo jubellaut in
dem Drängen und Schreien der Parteiungen, iſt ſie nun ſtumpf ge=
worden und friſtet gleichſam unter der Hand ihr einſt ſo wichtiges
politiſches Daſein. Es kann einem das Herz rühren, wenn man den
alten Heros des Spottes, der den Typho bezwang und mit Heraklesmut
in dem Augiasſtall der athenäiſchen Vornehmheit herumfegte, in dieſen
Ekkleſiazuſen auch noch ein paar politiſche Spitzen und perſönliche An=
griffe zuſtande bringen ſieht, während doch als Hauptperſonen arme,
gemeine Leute mit ihren Ehehälften auftreten und mit zotigen Witzen
ein Publikum amüſieren müſſen, aus dem ſich die Gebildeten, die Vor=
nehmen und Reichen verächtlich zurückgezogen haben, um ſich den Inter=
eſſen der Philoſophie, den mühſameren Übungen rhetoriſcher Schulen,
dem trägen Genuß privater Vergnügungen oder der Luſt des Abenteuerns
im Dienſt fremder Staaten hinzugeben.“

In dem eben genannten Stücke — den Ekkleſiazuſen — verſpottet
Ariſtophanes zum Teil dieſelben Ideen, die Plato in ſeinem von
Wieland im Ariſtipp auf das ausführlichſte kritiſierten Staate darſtellt.
Jedoch wurden die Ekkleſiazuſen lange vorher aufgeführt, ehe der Staat
des Plato erſchien. Dieſer Umſtand beweiſt nach Droyſen, daß jene
Ideen damals in Athen in der Luft lagen, etwa wie um 1830 bei uns
diejenigen des Jungen Deutſchlands.

Es iſt nicht zu verwundern, wenn im allgemeinen Wielands
Schilderung von Athen mit der von Ariſtophanes übereinſtimmt. Wie=
land, der Überſetzer des Ariſtophanes, kannte die Zuſtände Athens vor=
zugsweiſe aus dieſem Dichter. Sogar das Stück, welches er durch
Euripides ſelbſt in den Abderiten hatte aufführen laſſen, war durch
Ariſtophanes in einem ſeiner Stücke, den Thesmophoriazuſen, wo Euri=
pides ſelbſt als Perſeus auftritt, verſpottet. Daß Ariſtophanes dem
Euripides vorwirft, er zeige ſeine Könige am liebſten in Lumpen,[**] um
ſein Publikum zu rühren, iſt von Wieland im Ariſtipp benutzt. Die Thes=

---

[*] Des Ariſtophanes Werke. Drei Bände. Berlin 1838.
[**] Droyſen III, S. 487.

motheten, sogar die Halcyonen, die er erwähnt, kommen bei Aristophanes vor.

Das Urteil Wielands über Aristophanes stimmt mit demjenigen von
Droysen über ihn im wesentlichen überein. „In der Regel (sagt Droysen)
hält man die alte Komödie und namentlich Aristophanes für höchst
patriotisch, höchst ehrenwert, höchst moralisch; man denkt ihn sich als
sittenrichterlichen Ehrenmann, der nur die lachende Maske vorhält, um
mit tiefem moralischen Ernst zu raten, was allein dem Staate helfen
könne. Zum Glück genügt das einmalige unbefangene Lesen einer
Aristophanischen Komödie, um zu überzeugen, daß dem nicht so ist. . .,
Es ist ein schlimmes Ding, von dieser Art des cynischen Spottes Gesinnung zu erwarten, auf deren Kosten selbst der Spott nur möglich
ist. . . . Wie schön sind nicht die Phrasen, die etwa H. Heine macht,
wie wunderbar und begeisternd spricht er nicht von allem Heiligen und
Großen, um es in dem nächsten Augenblick in den Kot zu treten."

Ob Droysen bis zu seinem Tode an dieser Auffassung festhielt, können
wir nicht mehr untersuchen. Wir selbst sehen in Aristophanes einen in
eminentem Sinne konservativen Dichter, der ganz auf dem volkstümlichen
griechischen Boden steht, ursprünglich sogar in Bezug auf griechische Mythologie als Glaubensartikel. Die Naivetät des Volkstums bringt nun bis auf
den heutigen Tag eine Menge von geschlechtlichen Anspielungen mit sich,
welche selbst in unserem christlichen deutschen Bauernleben die Grundlage des
Humors sind, — unbeschadet sogar der Religion, welche allerdings, wo sie
zur bewußten Frömmigkeit wird, jene Zweideutigkeiten entfernt. Diese
verschwinden ja auch jetzt vor der höheren Bildung, doch bei den Griechen
war dies eben nicht der Fall und am wenigsten bei Aristophanes, dem
hochgebildeten und hochbegabten Vertreter des griechischen Heidentums.
Wie weit er daher selbst auch in seinen Zweideutigkeiten geht, so können
wir ihn darum doch als Vorkämpfer griechischer Sitte betrachten. Die
Kultur seiner entarteten Zeit trägt er allerdings in sich selbst, der
alte Volksteufel ist bei ihm halb zum Mephisto geworden, allein sein
Ideal ist nur das alte Griechenland des Homer, des Äschylus, auch
des Sophokles, wenn auch seine Bildung die seines von ihm verfolgten
Zeitgenossen Euripides und dazu noch eine vielfach ironische ist. Seine
Verherrlichung des Friedens, sein Kampf für die Frauen ist großartig
und die Spartanerin in der Lysistrate allein schon eine unvergleichliche
Leistung. Er ist ein ehrlicher Feind alles dessen, woran Athen zu Grunde
ging, und ein Gegner aller der unnatürlichen Laster, welche allmählich
die alte Heldentugend erstickten. Als Athen immer mehr dem Verderben
entgegen eilte, mag seine Poesie indifferenter geworden sein. Aber die
Negation hat sie darum doch nicht in sich aufgenommen und wenn sie
einmal mit einer Erscheinung der neueren Zeit verglichen werden soll, so
liegt es doch viel näher da, wo bei Aristophanes alles in einem Zauber
verpufft wird, lieber an Raymund, der allerdings nichts von der Schärfe

des Ariſtophanes aufzuweiſen hat, als an Heine zu erinnern. Es iſt bei Ariſtophanes viel gegenſtandslos gewordene Volksfreude und Volks= jubel, nicht unbedingte Negation.

Wir ſehen in dem Ariſtipp die weitſchichtige griechiſche Welt bis nach Sicilien hin vor uns aufgerollt. Selbſt die Dionyſe werden uns vorgeführt durch die Briefe, in denen der Roman geſchrieben iſt. So näherte ſich Wieland dem italieniſchen Boden, auf welchem die Fabel des 15 Jahre früher geſchriebenen Romans Ardinghello von Heinſe ſich ab= ſpielte, die ſogar nach Oſten hin umgekehrt Griechenland mitberührt hatte.

Gehen wir nun zu den Verhältniſſen des Wielandſchen Profeſſoren= romans zur Kunſtgeſchichte und Kunſtkritik über, ſo iſt zu ſagen, daß Wieland ſehr zu ſeinem Nachteile der genügenden Anſchauung entbehrte. Ariſtipp hat daher keine Stellen, durch welche er den Namen eines Kunſt= romanes in dem Sinne wie Ardinghello verdienen könnte. Allein auch in dieſer Beziehung kommt es Wieland, der ſich wenigſtens litterariſch durch Winckelmann, Leſſing, Heinſe und Goethe Ideen über Kunſtwerke gebildet hatte, ſehr zu gute, daß der Standpunkt des Autors kein veralteter iſt, wenn ihm auch die Wärme der Darſtellung jener tiefer in die bildende Kunſt eingedrungenen Schriftſteller fehlt.

So hat dann Wieland auch in ſeinem Romane nicht ohne Gewandt= heit die ſchwierigſten Fragen der antiken Kunſt berührt, wobei er freilich durch Leſſing angeregt ſein mag. Die Alten lehrten, daß die Kunſt Grenzen habe, welche man nicht überſchreiten dürfe. Der von Wieland*) erwähnte Maler Timanthes aus Cythnos (Sicyon), welcher im Zeit= alter der vollkommenſten griechiſchen Malerei lebte, in der dieſe zu äußeren Reizen und zu einer ſehr glücklichen ſinnlichen Ill. langt war, überwand ſeinen Zeitgenoſſen Parrhaſios im Malerwettkam+ und malte, wie auch Wieland erwähnt, das Opfer der Iphigenia, in welchem er den Ausdruck des Seelenzuſtandes erſchöpft zu haben ſchien. Vor dem Altare ſtand Iphigenia als Opfer. Selbſt der Prieſter Kalchas war in Trauer verſunken. In noch höherem Grade waren Odyſſeus und Menelaos ergriffen. Agamemnon, deſſen Schmerz der Künſtler mit dem Pinſel gar nicht erfaſſen zu können glaubte, war mit verhülltem Geſichte dargeſtellt. Cicero, Quintilian und Plinius äußerten ſich über das Bild. Euſtathius iſt der Meinung, daß das Motiv des Bildes aus Homer entlehnt ſei. Von dem Bilde des Ti= manthes wird ein Bild im Muſeum zu Neapel als Kopie oder als Nach= ahmung betrachtet.**)

---

*) Ariſtipp. 2. Buch. Kap. 21.
**) Nagler, Neues allgemeines Künſtlerlexikon Band 18. S. 487. In demſelben Werke Band 9. S. 127 wird unter „Menon", in betreff deſſen wir in den Anmerkungen zu Ariſtipp auf unſere Einleitung verweiſen, nur bemerkt „ſiehe Phidias", unter Phidias dagegen ſteht nur „daß er von Meno des Diebſtahls angeklagt wurde, erzählen Philochorus ...., Plutarch).... und Diodor von Sizilien". Über Euenidas heißt es Band 4. S. 166:

Wir kommen jetzt zu den Philosophen des Romans. Wieland ist im ganzen der wirklichen Lebensgeschichte Aristipps gefolgt. Sein Buch würde noch gewonnen haben, wenn er in einem späteren Teile ihn etwa im Verkehr mit seiner Tochter Arete und mit seinem Enkel, der gleichfalls ein „Hedoniker"*) war, geschildert hätte. Er hatte dies auch beabsichtigt. Der Grund, daß er den Gedanken nicht ausführte, liegt aber vielleicht auch darin, daß alsdann die Lais nicht der Mittelpunkt des Buches geblieben wäre. Alles, was das Buch zum Romane macht, beruht auf ihr. Die Treue, mit der Wieland sich an die Umrisse der übrigens wenig bekannten Lebensgeschichte Aristipps hält, beweist ohnehin schon, daß dieses Buch weniger ein Roman ist als alle andern ähnlichen Arbeiten Wielands.

Schon in der ersten Ausgabe seines Agathon hatte sich Wieland gegen diejenigen ausgesprochen, die den Aristipp für einen Wollüstling erklärten, dessen ganze Philosophie darin bestehe, daß er die Forderungen unserer sinnlichen Triebe zu Grundsätzen mache und die Kunst angenehm und gemächlich zu leben in ein System bringe. Indessen sagt Loebell sehr richtig, daß das, was er zu Aristipps Verteidigung vorbringe, nur den ersten Punkt widerlege, den zweiten, das System der Gemächlichkeit, dagegen im wesentlichen zugestehe. Loebell zeigt auch, wie wir von Aristipps Lehre nicht viel mehr wissen, als daß er die Lust für das höchste Gut erklärt hat. Zu genaueren Bestimmungen reichen unsere Quellen nicht aus. Wir wissen nicht einmal, was von den überlieferten Lehrsätzen dem Aristipp selbst und was seinen Nachfolgern angehört. Nun ver[..] aber schon Horaz den Aristipp in seinen Briefen (I. 1. 13—19) war d[..] maßen charakterisiert:**)
[..]

Keinem der Meister ergeb' ich mich ganz, noch bet' ich ein Wort nach;
Wo mich der Sturm hintreibt, anland' und kehr' ich als Gast ein;
Lebhaft tauch' ich hinein in das Meer des politischen Lebens
Als Trabant und Beschützer der streng wahrhaftigen Tugend;
Gleite verstohlen zurück zur Aristippischen Weisheit,
Suche die Welt mir selbst, nicht ihr mich unterzuordnen.

Bei Erläuterung der Charakteristik des Aristipp durch Horaz hatte Wieland selbst für den Kern der Aristippischen Lehre erklärt: den Weisen müsse seine Denkungsart dahin führen, daß er sich frei und unabhängig erhalte, während die ganze Welt sein sei; er müsse alles genießen und sich in alles schicken können. Deutlicher hatte Wieland im Agathodämon gesagt, daß der Hang zur Lust, durch Vernunft veredelt, glücklich organi-

---

„Ein griechischer Maler, der als der Lehrer des Aristides bekannt ist. Seine Blütezeit fällt nach Müller, Archäologie S. 136 in Ol. 95."
   *) Von ἡδονή, die Lust.
  **) Wir geben die Stelle hier in einer abermaligen Übersetzung, da unsere Übersetzung in „Lessing, Wieland, Heinse" S. 78 sich noch zu sehr an die sehr mangelhafte Übertragung von Döderlein anschloß, die Loebell S. 332 abdruckt.

ſierte Menſchen zu einem nicht gemeinen Grade von ſittlicher Voll=
kommenheit, innerer Zufriedenheit, Harmonie und Lebensgenuß führen
könne. Endlich im Ariſtipp ſelbſt läßt Wieland über ihn die Erklärung
abgeben: Die Hedone ſei ihm nicht Genuß wollüſtiger Augen=
blicke, ſondern dauernder Zuſtand eines allgemeinen Selbſt=
gefühls. Dieſe Auffaſſung der Lehre Ariſtipps ſtimmt mit dem, was
die Geſchichte der Philoſophie gegenwärtig über Ariſtipp lehrt,*) überein.
Für Wielands Roman iſt dieſe Lehre die Tendenz, wobei wir nochmals
daran erinnern, daß wir das Buch beſonders als ein kulturhiſtoriſches
Gemälde von Griechenland ſchätzen.

Das erſte Buch des Ariſtipp führt uns nach Kreta, Korinth und
Olympia. Wieland läßt ihn durch Antiſthenes**), der anfangs ein
Schüler des Gorgias und dann des Sokrates war, zu dieſem nach
Athen führen. In dem Briefe an Kleonidas, der das 20. Kapitel bildet,
berichtet Ariſtipp über die Anſichten der Lais in betreff des Verhältniſſes
der Frauen zu den Männern. Demnach hat ſie ihm geſagt, daß ihrer
Meinung nach eine Frau, die ihre Unabhängigkeit behaupten will, das
männliche Geſchlecht als eine feindliche Macht betrachten müſſe, mit welcher
ſie, ohne ihre eigene Macht aufzuopfern, nie einen aufrichtigen Frieden
eingehen könne.***) Im 26. Briefe ſchreibt Lais an Ariſtipp. Sie iſt
ihm, als er ſchon wieder von Athen abgereiſt iſt, dahin nachgereiſt, um
auch den Sokrates kennen zu lernen, und hat ſich ſogar bei der atheniſchen
Sittenpolizei für ſeinen Verwandten ausgegeben. Das Kapitel 26 bildet
ein Brief von Ariſtipp an Lais. „Wer weiß (ſchreibt er), ob du nicht
dieſen philoſophiſchen Herkules (Sokrates) ſo weit hätteſt bringen können
als weiland deine Zauberſchweſter Omphale den thebaniſchen, wenn es
nicht Grundſatz bei ihm wäre, in ſolchen Fällen ſich eines ſchnell wirken=
den Hausmittels zu bedienen. Ich wollte wetten, ſeine griesgrämiſche
Xanthippe hat ihn in zwanzig Jahren nicht ſo zärtlich geſehen als während
deines Aufenthaltes in Athen.“ In Kapitel 30 beachte man, was über
das Gemälde von der atheniſchen Volksverſammlung geſagt wird.†)
Im 32. Kapitel tritt dann der berüchtigte Hippias von Elis auf, ſchon
eine ältere Wielandſche Romanfigur. Nach Plato erklärte er, das Geſetz
ſei der Tyrann der Menſchen.††) Im 28. Kapitel ſchiebt Wieland dem
Ariſtipp, der wirklich zur Zeit des Dionys in Syrakus geweſen iſt, ſeine
eigenen ſehr tüchtigen Ideen über Monarchie und Republik unter.†††)

---

*) Überwegs Grundriß. 2. Aufl. 1. S. 90. Vergl. Wielands Ariſtipp I. Kap 32
von „Sokrates iſt“ bis „dem ſeinigen“.
**) Überweg 1, S. 85—87.
***) Man beachte die ganze Stelle bis „verwandtes kongenialiſches Weſen biſt“, dann
wieder „Es ſteht einem jeden frei“ bis „zu Füßen legt“.
†) „Das Gemälde ſtellt“ bis „verſuchen kann“. Vergl. im 14. Kapitel des 2. Buches
die Worte „nach langem“ bis „überleben wird“.
††) Überweg 1, S. 71. 72.
†††) Man beachte beſonders die Worte von „der Wunſch, alles“ bis „geduldig zu er=
tragen“. Vergl. den trefflichen Schluß vom 1. Kapitel des 4. Buches.

Wenn im 8. Kapitel des 2. Buches weniger löblich über Bigamie gesprochen wird,*) so ist zu bemerken, daß Wieland diesen Brief dem Hippias zuschreibt. Dieses Buch beschäftigt sich in vielen Briefen mit dem Tode des Sokrates. Wieland läßt den Kleombrotos, der bei seinem Tode nicht hatte zugegen sein wollen und sich später nach der Lektüre von Platons Phädon ersäuft haben soll, mit der Musarion, der Wieland eine seiner früheren Dichtungen gewidmet hatte, verheiratet sein. Das 18. Kapitel des 2. Buches knüpft dann an Plato auch die Einwendungen gegen Unsterblichkeit an, die Wieland, seine platonische Jugendzeit verleugnend, schon 1788 in einer eigenen Schrift vorgebracht hatte. Somit war die Frage für Wieland schon entschieden und man muß bedauern, daß er auch die Lais in Kapitel 19 noch versuchen läßt die Unsterblichkeit in einer karikierenden Weise festzuhalten. Wieland tritt hier in Gegensatz zu Klopstock, der in einer erotischen Ode die Auferstehung des Fleisches festgehalten hatte. Vergl. im 1. Bande die Stelle von Wielands Biographie, wo von Auflösung seiner Verlobung mit Sophie die Rede ist. Aristipp befindet sich nun in Milet; er sieht in Asien Agesilaus und Xenophon. Lais schreibt an ihn im 35. Kapitel: „Sagt man nicht, es gebe Leute, die sich weit leichter in großes Unglück als in großes Glück zu finden wissen?"**) Lais wird die Geliebte eines Anverwandten des persischen Königshauses und kehrt, seiner müde, mit unermeßlichen Schätzen aus Asien zurück. An eine abermalige Glanzperiode in Europa, in der sie mit persischem Golde prunkt, knüpft sich dann ihr Untergang. Im 40. Briefe kommt sowohl das Wort „Zauberwelt" (vergleiche zu der ganzen Schilderung Tiecks Gedicht Mondbeglänzte Zaubernacht) als die Zusammenstellung „Musen und Grazien" (vergl. Goethes Musen und Grazien in der Mark) vor. Die Zusammenstellung dieser drei Worte wiederholt sich zu Anfange des 4. Kapitels von Buch 4. Zu den im 43. Kapitel des 2. Buches mitgeteilten Worten des Speusipp vergleiche den 1. Auftritt des 2. Aufzuges von Goethes Tasso. In dieser Stelle, die Wieland vorgeschwebt zu haben scheint, sagt Tasso: „Erlaubt ist was gefällt" und die Prinzessin: „Erlaubt ist was sich ziemt." Im 46. Kapitel läßt Wieland den Aristipp mit dem Gottesleugner Diagoras aus Melos zusammentreffen, der seine Ansichten ausführlich darlegt. Um seinen Abscheu vor den heidnischen Götzen auszudrücken, hat er seine Zufluchtsstätte auf dem Athos mit plastischen Zerrbildern angefüllt. Diese Beschreibung hat vielleicht Goethe mit vor Augen gehabt, als er später in den Tages- und Jahresheften die Spiegelsberge bei Halberstadt beschrieb.

Der von Wieland am Ende des 6. Kapitels des 3. Buches erzählten Scherzworte des Diogenes über den Mann, der zwei Sklaven für einen

---

*) „Ich will die Freiheit" bis „Lobreden halten".
**) „Nichts ist schwerer zu ertragen,
Als eine Reihe von guten Tagen" (Goethe).

kaufte, wird mancher unserer Leser sich aus der griechischen Chrestomathie
von Jacobs erinnern. Am Ende des 8. Kapitels legt Wieland trotz der
Abderiten wieder seine Anhänglichkeit an seine Vaterstadt an den Tag,
wie er ähnlich schon in einer Strophe des Oberon gethan hatte. Das
9. Kapitel erinnert im Tone an das Dekamerone. Die Geschichte von
der Psyche, wie sie im 12. Kapitel erzählt wird, erinnert an unseren
Schwanenritter.*)

Wir gehen noch etwas näher auf die Briefform ein, in welcher
der Aristipp von Wieland geschrieben ist.

Scherer giebt in seiner deutschen Litteraturgeschichte eine Über=
sicht über die Briefe der Deutschen, die wohl verdiente in einem größeren
Aufsatze weiter ausgeführt zu werden. Er sagt über Luthers Brief=
stil: Herzenswärme, Heiterkeit, Kraft und Laune quillt uns erfrischend
entgegen, wenn er an sein liebes Söhnchen Hans oder an seine Käthe
schreibt und jenem das Himmelreich wie einen schönen Märchengarten
kindlich ausmalt, dieser die übergetretene Saale als eine große Wieder=
täuferin schildert, indem er des Teufels Werke im Wasser vermutet.
Jede kleine Notiz über das Wetter, sagt Scherer, stattet Luther dabei
mit einer unwillkürlich originellen Wendung aus. Von dieser volks=
tümlichen Originalität findet er noch etwas in den Briefen der Frau
Rat, der Mutter Goethes. Gellert riet, daß die Briefsteller ihrem Naturell
folgen und die kleinen Umstände, unter denen sie schreiben, mit hinein=
ziehen sollten. Das hatte nun Goethe sogleich in seinem ersten Studenten=
briefe aus Leipzig bis ins Dramatische getrieben. Solche Monologe voll
innerer Bewegung und Handlung bilden noch die mit bewußter Kraft
verarbeitete Grundlage des Werther. Die Charakteristik liegt nicht bloß
in dem, was der Dichter seinen Helden erwähnen, sondern auch in dem,
was er ihn nicht erwähnen läßt, obgleich es für Goethe denn doch schon nahe
lag. So schweigt er, wie sehr er auch die Landschaft um Wetzlar vor
Augen hat, von der dortigen Burgruine und dem mittelalterlichen Dome.
Interesse an nationaler Vergangenheit wäre ja ein fremder Zug am
Bilde Werthers. Das Alte Testament, Goldsmith, Ossian, Klopstock, vor
allen Dingen Homer, das ist's, was Goethe mit Bewußtsein aus seinem
eigenen Gesichtskreise auch für Werther bestimmte. Aristipp ist ein Roman
in Briefen in dieser Beziehung nach dem Muster Richardsons. Richardson
ließ nämlich durch die Briefe in seinem Roman eine größere Anzahl von
Personen zu Worte kommen. Ebendasselbe that Wieland etwa dreißig
Jahre nach Werther, der allein die Briefe des Romans schreibt. Scherer
ist der Ansicht, daß von Wielands Romanen Agathon, Agathodämon
und Aristipp (denn nur diese scheint er an der Stelle vor Augen zu
haben) Agathon der beste sei. Wir können dies aber nur auf die Kunst=
form beziehen, die beim Aristipp allerdings schwach ist. Dagegen hat

---

*) H. Pröhle, Deutsche Sagen. 2. Aufl. S. 139, 110 u. 317.

Wieland eben durch die Briefe verschiedener in einer schon weit fort=
geschrittenen und gereisten Zeit ein Gemälde des Altertums entrollt,
welches, wie schon gezeigt wurde, durch Reichtum und Großartigkeit an=
zieht und ohne humoristisch zu sein vor dem Agathon doch die moderne
Weltanschauung der Abderiten voraus hat. Nicht ohne Grund hat
Loebell darauf aufmerksam gemacht, daß Wieland, indem er Briefe ver=
schiedener abdrucken läßt, auch die philosophischen Systeme mit größerer
Freiheit entwickeln kann und daß er wohl für die Briefe des Aristipp,
aber nicht für die des Hippias die volle Verantwortlichkeit übernimmt.
In unseren Augen verdient der moralische Mut, mit dem Goethe durch
Werther für seine Ideen in die Bresche springt, den Vorzug. Es liegt
darin im Vergleich mit Wieland sogar eine entschiedene Bürgschaft der
Größe und Überlegenheit.

Als das Urteil eines Zeitgenossen möge über Wielands Romane,
insbesondere über den Aristipp, das von dem Ästhetiker und Litterar=
historiker Friedrich Bouterwek*) angeführt werden. Er sagt**):

„Wielands Romane, soviel Geistvolles und Lehrreiches sie auch ent=
halten, stehen in ästhetischer Hinsicht weit unter den metrischen Dichtungen
ihres Verfassers. Jeder dieser Romane hat eine didaktische Tendenz, die
um so bestimmter hervortritt, da Wieland diesen Teil seiner Geisteswerke
vorzüglich dazu bestimmt hatte, seine Philosophie in Umlauf zu bringen.
Wie man nun auch über diese Philosophie denken mag; das Verdienst,
sie so klar und ansprechend als möglich dem Publikum vorgelegt und
durch Beispiele anschaulich gemacht zu haben, muß dem fein beobachtenden
und konsequent räsonnierenden Dichter zugestanden werden. Aber er=
müdend ist die Wiederholung derselben Lehren und Lebensansichten in
denselben Formen, die doch nur wenig von einander abweichen. Die
Umständlichkeit, mit der die gewöhnlichen Bemerkungen ebenso, wie die
feineren und geistvolleren, auseinandergezogen werden, schwächt das ästheti=
sche Interesse noch mehr. Die darstellenden, besonders die malerischen
Partieen sind weit anziehender. Sie beweisen zugleich, daß die Schuld,
warum die didaktischen so oft in das Matte und Ermüdende fallen, an
den langen Perioden allein nicht liegt; denn diese sind im ganzen mit
vielem Kunstverstande, so nachlässig sie auch scheinen, zum Teil dem Stile
der alten klassischen Redner, zum Teil dem weichen Novellenstile des Boccaz
nachgebildet. Aber musterhaft darf dennoch der prosaische Periodenbau
Wielands nicht ohne Einschränkung genannt werden, weil die kunstreiche

---

*) Geb. 15. April 1765 zu Oker bei Goslar, wurde von Gleim vergeblich nach Berlin
empfohlen, erhielt aber 1797 in Göttingen eine außerordentliche, 1802 eine ordentliche
Professur, 1806 den Hofratstitel und starb daselbst 9. August 1828.
**) Geschichte der Poesie und Beredsamkeit seit dem Ende des 13. Jahrhunderts.
Dieses Hauptwerk Bouterweks besteht aus 12 Bänden, von denen der erste, wie der
Schluß von Aristipp selbst, 1801 erschien. Das hier angezogene Urteil über Wieland findet
sich erst in dem 1819 herausgekommenen fünften Bande. Der letzte Band erschien gleich=
falls 1819.

Nachlässigkeit, mit der diese Perioden hingleiten, so oft in die gemeine
Behaglichkeit übergeht, die dem Flusse der Worte kein Ziel setzt.*) Auch
war Wieland gegen die der deutschen Sprache eigentümlichen Vorzüge zu
gleichgültig, um eine Prosa zu schreiben, in der diese Vorzüge bemerklich
würden. Selbst gewisse Freiheiten, die man sich in der deutschen Wort=
stellung nehmen muß, wenn die Perioden nicht zuweilen schleppend werden
sollen, scheint er gar nicht beachtet zu haben.**) Aber wenn man auch
die Fehler des Stils in Wielands Romanen nicht strenge richtet, bleibt der
ästhetischen Kritik noch genug gegen den Geist dieser Romane zu erinnern
übrig. In keinem unter ihnen sind die Charaktere unmittelbar aus
der Natur hervorgehoben und deswegen auch nie auf deutschen Boden
verlegt. Von der Lektüre des Dichters ist das Ausländische auch in
diesem Teile seiner Erfindungen ausgegangen. Der Don Sylvio, der
erste Roman in dieser Reihe der Zeitfolge nach, ist, wenngleich auch in
der deutschen Litteratur der erste dieser Art, doch nur eine matte Nach=
ahmung des kräftigen Don Quixote von Cervantes. Das Unterhaltendste
in der Erfindung ist das eingeschaltete Märchen von dem Prinzen Biri=
binker: aber auch in diesem komischen Märchen stört der Cynismus, dessen
Wieland sonst auch bei den mutwilligsten Spielen des Witzes sich selten
schuldig gemacht hat, den Reiz der Erfindung. Der Agathon, der auf
den Don Sylvio im Jahre 1767 folgte und das Schoßkind seines Ver=
fassers wurde, ist durch die Vollendung, die er aber erst durch die dritte
Überarbeitung in der Ausgabe vom Jahre 1794 in den ersten Bänden
von Wielands Werken erhielt, in jeder Beziehung der vorzüglichste unter
allen diesen Romanen geworden. Bis dahin zerstörte seine philosophische
Tendenz fühlbar sich selbst, da er anstatt eine vernünftige Tugend in
Kontrast mit der schwärmerischen zu stellen im Grunde alle menschlichen
Tugenden lächerlich machte.***) Aber auch in seiner vollendeten Gestalt
kann er nur solchen Lesern ganz gefallen, die an der Wielandischen
Modernisierung des griechischen Altertums keinen Anstoß nehmen und
nichts dagegen haben, daß die Griechen und Griechinnen zwar im antiken
Nationalkostüme auftreten, aber gewöhnlich wie Franzosen und Franzö=

---

*) „Die bekannte schleppende Periode, die der Grammatiker Adelung in seinem
Buche über den deutschen Stil aus Wielands Agathon (Buch III, Kap. 4.) ausgehoben
hat: 'Eine solche Überredungskunst setzt die Geschicklichkeit voraus, jede Gestalt anzunehmen,
wodurch — die Geschicklichkeit, sich — sie erfordert eine Gefälligkeit, die — eine
Gefälligkeit, die aus — kurz diejenige Geschicklichkeit, welche' — — u. s. w." läßt sich wohl
verteidigen, aber nicht billigen, obgleich auf das Gutachten Adelungs, der in Sachen des
Geschmacks kein sonderlicher Gewährsmann ist, dabei nichts ankommt. Und ähnliche
Perioden kommen in Wielands Romanen öfter vor.

**) „3. B. in der Stelle des Aristipp, im ersten Buche: 'Die Gottheit oder die
Götter, welche — — hat den Menschen mit einem Körper, woran alles zu seinem be=
quemsten Gebrauch und Nutzen aufs bequemste eingerichtet ist, versehen' anstatt: 'Hat den
Menschen mit einem Körper versehen, an welchem' u. s. w." Bouterwek.

***) „Wie sehr Wieland selbst dies fühlte, als er seinen Liebling durch einen wesent=
lichen Zusatz vervollkommnen zu müssen glaubte, sieht man aus der Vorrede zu seiner
letzten Bearbeitung des Agathon im ersten Teile seiner sämtlichen Werke." Bouterwek.

sinnen räsonnieren und sprechen. An dieser Umbildung des echten Hellenismus scheint Wieland ein besonderes Wohlgefallen gefunden zu haben; denn er ist ihr in den meisten seiner folgenden Romane treu geblieben.*) Unter denjenigen dieser Romane, die fast ganz zu den komischen gezählt werden müssen, gebührt der erste Platz den Abderiten**); aber auch hier fließt die treffende Satire zuweilen auch sehr auseinander und eine ziemlich cynische Stelle läßt nicht vermuten, daß der Dichter der Grazien ihr Verfasser ist. In der Feinheit der Charakterzeichnung läßt der Aristipp alle übrigen Romane von Wieland hinter sich zurück.***) Den wirklich historischen Charakter des Sokrates hat kein neuerer Schriftsteller glücklicher aufgefaßt.†) Aber in dem Plane dieses Romans vermißt man die bestimmende Idee, da man doch nicht wohl annehmen darf, daß der Dichter, der seinem Agathon durch die letzte Bearbeitung einen so trefflichen Schluß gab, seine eigenen Grundsätze noch einmal habe zurücknehmen wollen, um die Lebensweisheit seines idealisierten Aristipp als die solideste, oder um eine Liebe im Geschmack seiner idealisierten Lais, die mit aller ihrer bezaubernden Liebenswürdigkeit doch nur eine vollendete Kokette ist, als die vernünftigste zu preisen. Auch thut die Art, wie diese Lais vom Schauplatze verschwindet, eine zurückstoßende Wirkung; und was noch folgt, den Faden der Darstellung und Belehrung zu verlängern, ist gar kein Schluß des Ganzen, weil es ebensogut hätte wegfallen oder noch durch ähnliche Anhänge beliebig vermehrt werden können. Beinahe den ganzen vierten Teil nimmt die weitläufige Beurteilung der Republik Platos ein, dessen Philosophie überhaupt vor Wielands Kritik übel besteht; und diese wenngleich sehr lesenswerte Abhandlung hängt mit dem Interesse der vorhergegangenen Erzählungen nicht einmal so zusammen, wie die übrigen philosophischen Betrachtungen, um deren willen der ganze Roman geschrieben zu sein scheint."

Mit manchen Bemerkungen in diesem wohldurchdachten Urteile sind wir einverstanden, nur war es Bouterwek nicht klar, daß Aristipp nicht allein der letzte Roman Wielands ist, sondern auch derjenige, der bereits die Kultur unserer Zeit in sich trägt.

Noch möge Loebells††) Urteil von 1858 hier stehen: „Nachdem er in der dritten Ausgabe des Agathon und im Agathodämon den

---

*) Nur weil die Umbildung eine im wesentlichen unbewußte und deshalb unvermeidliche war, soweit es sich nicht wie in den Abderiten um eine Satire handelte. Selbst die Abderiten aber hätten Wieland kaum glücken können, wenn er nicht noch mit einer gewissen kindlichen Naivität an das Altertum herangetreten wäre.

**) „Die Abderiten kamen nach und nach heraus; der Anfang im Deutschen Merkur vom Jahre 1774." Bouterwek.

***) „In Wielands Werken, Teil 33 bis 46 ist der Aristipp meines Wissens zum erstenmal gedruckt." Bouterwek. Vergl. den Schluß der Einleitung.

†) Wieland redet über denselben auch in dem Aufsatze, worin er einen Vorfall, der Rousseau und die Marie betrifft, entschuldigt hat.

††) Wieland S. 329. Vergl. 330.

Forderungen einer strengen Pflichtenlehre und einer auf historischer Grundlage ruhenden Religionslehre Genüge gethan zu haben meint, hält Wieland, der angeborenen Neigung folgend, sich für berechtigt, Meinungen und ein von ihnen geordnetes Leben zu schildern, in welchem dem Erlaubten die Grenzen nicht durch abstrakte Grundsätze gezogen sind, sondern durch Adel der Gesinnung, Humanität, seines Gefühl und guten Geschmack, wenn die strenge Moral auch zu manchen, von einer solchen Gesinnung gestatteten Handlungen den Kopf schütteln sollte. Es war Wielands Absicht, hier das Spiegelbild eines Eudämonismus zu geben, wie er sich durch einen glücklichen Zusammenfluß von Umständen finden kann, mehr im Leben, als in der durch das Wort, in dem sie sich zusammenfassen muß, immer beschränkten Lehre."

In einer Unterredung sagte Wieland: „Es war endlich einmal Zeit, daß ich ein solches Werk begann. Eigentlich habe ich die Personen und Sachen, die darin vorkommen, schon von Jugend an in der Seele getragen, und zum Teil auch mehr oder minder historisch zum besten gegeben. Aber nun erst ist es für mich die rechte Zeit, das klassische Griechentum in einer seiner anziehendsten und inhaltreichsten Perioden zu überschauen und zu behandeln. Hoffentlich wird es mir in meinem schon begonnenen Greisenalter nicht an Jugendfrische fehlen. Das schöne und reiche Menschenleben in jener Griechenzeit, die ich mit meinem Aristipp durchleben und durchschmecken will, wirkt schon an und für sich für die Quelle der Jugend, welche unsere romantischen Ritterhelden suchten und nicht fanden." In diesen Worten wirft Wieland sogar einen scheelen Seitenblick auf jene Ritterzeiten, welche zwar nicht die Schönheit in der Art zum Ausdrucke brachten wie das klassische Altertum es gethan hatte, denn er selbst aber doch seine beste litterarische Arbeit, den Oberon, verdankte.

An seinen Verleger schrieb Wieland: „Sie werden finden, daß ich allen meinen Werken dadurch die Krone aufsetze, und daß fünfzig Jahre meines vergangenen Lebens dazu nötig waren, um mich fähig zu machen, dieses Buch zu schreiben." Den letzten achtzehn Worten stimme ich bei.

Wieland begann die Ausarbeitung des Aristipp im Sommer 1798.

Dem folgenden Abdrucke liegt die erste Ausgabe (Oktav) zu Grunde, von der Band I und II 1800, und Band III und IV später bei Göschen in Leipzig erschien. Es ist dies ein Separatabdruck von Band 33—36 der Werke in Göschens Ausgabe. Im Merkur war der Aristipp nicht erschienen. Auf Seite 358 und 359 von Band I findet sich als Vorbemerkung der „Anmerkungen zum ersten Buch" folgendes, was wir nur an dieser Stelle abdrucken lassen: „Wir setzen voraus, daß der größte Teil der Leser dieser Briefe wenigstens aus Barthelemys Reisen Anacharsis des Jüngern mit Griechenland näher bekannt und also mit allen zu besserem Verständnis derselben nötigen Vorkenntnissen hinlänglich versehen sei. Aus dieser Rücksicht hat man sich in den An-

merkungen (ein paar kleine Exkurse ausgenommen) größtenteils auf das
Unentbehrlichste eingeschränkt und für etwas sehr Überflüssiges gehalten,
alles, was in dem Werke historisch wahr ist, mit Zeugnissen aus
alten und neuen zu beweisen, oder, wo es auf bloße Wahrscheinlichkeit
ankommt, uns in weitläufige Erörterungen einzulassen. Das Nämliche
gilt auch von den häufigen Anspielungen auf Stellen und Ausdrücke der
griechischen Dichter und anderer zu Aristipps Zeiten bekannten zum Teil
lebenden Schriftsteller, welche den Griechischgelehrten auch ohne unsere
Anspielung nicht entgehen werden, den übrigen hingegen, wenn man sie
überall hätte bemerken und mit Citaten belegen wollen, nur Langeweile
verursacht hätten. Von beiden hat man indessen wenigstens einige Bei=
spiele zur Probe geben wollen." Es folgen dann Anmerkungen, auf die
schon im Texte durch Zahlen verwiesen ist, und zwar 21 zum ersten,
sowie 12 zum zweiten, 11 zum dritten, und 5 zum vierten Teile. Hinter
diesen Anmerkungen zum ersten Teile findet sich noch ein alphabetisch
geordnetes „Erklärendes Verzeichnis der in diesen Briefen vorkommenden
griechischen Wörter und Namen, welche nicht als allgemein bekannt vor=
auszusetzen sind" (A—X). Im dritten Teile, aber nicht im zweiten und
vierten, findet sich dann die „Fortsetzung des erklärenden Verzeichnisses
der in diesen Briefen vorkommenden griechischen Wörter" (gleichfalls
A—T). Bei diesem Namen= und Wörterverzeichnis ist oft kaum zu er=
sehen, in welchem Teil des Romans das Wort vorkommt. Wenn wir
nun nicht allein die Anmerkungen stets auf der betreffenden Seite unter
dem Texte geben, sondern ebenso auch das alphabetische Verzeichnis
in seine Teile zerlegt und unter dem Texte untergebracht haben, so war
das letztere eine schwierige Aufgabe, für deren Lösung wir um einige
Nachsicht bitten. Diejenigen Noten, welche Wieland als „Anmerkungen"
gegeben hat, kann der Leser daran erkennen, daß die Anführungszeichen
erst hinter den gesperrt gedruckten Wörtern beginnen. Was dagegen dem
alphabetischen Verzeichnis entnommen ist, trägt die Anmerkung schon vor
dem Stichworte, z. B. „Achämeniden, Abkömmlinge u. s. w." Unter
jeder von Wieland herrührenden Note steht W.

Ganz besonders freundlich unterstützt worden bin ich bei den An=
merkungen zu Aristipp durch Dr. Walther Schulze in Berlin, aber
auch durch Kandidat Friederichs. Vom Professor Lasson sind im
ersten Bande die Anmerkungen über Platonische Höhle, ὄντως ὄν und
Epuse Ich sage ihnen allen meinen besten Dank.

Textkorrekturen sind wenigstens in dem ersten Bande des Aristipp
nicht nötig gewesen, man müßte denn dahin rechnen, daß für Berecynth,
wie Wieland im 25. Kapitel des ersten Buches schreibt, zu schreiben war
Berecynt, und ebenda ganz am Schluße für Xantippe, wie Wieland
schreibt, vielmehr Xanthippe, außerdem Ichthyophagen für Ichtyophagen,
Galatea statt Galathea, wie Wieland gleichfalls schreibt.

Da der Aristipp sich so speziell mit Griechenland beschäftigt, so sind

noch mehr, als schon in den Abberiten geschah, in den Anmerkungen auch
die griechischen Wörter, besonders auch die griechischen Namen, beigefügt.
Vollständigkeit lag dabei aber ebensowenig in meiner Absicht als bei
Übersetzung der sarkastischen griechischen Namen in den Anmerkungen zu
den Abberiten. Namentlich ist es absichtlich vermieden, die Namen
griechisch beizufügen, wo der griechische Accent einen Teil der Leser in
der deutschen Betonung irre leiten könnte, sofern nicht schon die Hinzu-
fügung des lateinischen Namens hierfür wieder auf den richtigen Weg
leiten mußte.

Heinrich Pröhle.

Aristipp

und einige seiner Zeitgenossen.

Omnis Aristippum decuit color et status et res
Tentantem majora fere, minoribus aequum.

* * *

Sibi res, non se rebus submittere.

Erstes Buch.

3f. Omnis ... aequum. Aristipp, dich schmückt stets alles, auch jegliche Farbe,
Der du das Größre versuchtest, doch gleich dich fühltest dem Kleinern. — 5. Sibi ...
submittere. Sich die Sachen, nicht sich den Sachen unterordnen.

Erstes Buch.

1. Aristipp an Kleonidas in Cyrene.

Alle Götter der beiden Elemente, denen du bei unserm Ab=
schied mein Leben so dringend empfahlst, schienen es mit
einander abgeredet zu haben, die Überfahrt deines Freundes nach
Kreta zu begünstigen. Wir hatten, was in diesen Meeresgegen=
den selten ist, das schönste Wetter, den heitersten Himmel, die
freundlichsten Winde; und da ich dem alten Vater Oceanus den
schuldigen Tribut schon bei einer frühern Seereise bezahlt hatte,
genoß ich diesmal der herrlichsten aller Anschauungen so rein
und ungestört, daß mir die Stunden des ersten Tages und der
ersten Hälfte einer lieblichen mondhellen Nacht zu einzelnen Augen=
blicken wurden.

Gleichwohl — darf ich dir's gestehen, Kleonidas? — deuchte
mich's schon am Abend des zweiten Tages, als ob mir das
majestätische, unendliche Einerlei unvermerkt — Langeweile zu
machen anfange. Himmel und Meer, in Einen unermeßlichen
Blick vereinigt, ist vielleicht das größte und erhabenste Bild, das
unsre Seele fassen kann; aber nichts als Himmel und Meer und
Meer und Himmel ist, wenigstens in die Länge, keine Sache für
deinen Freund Aristipp; und ich glaube wirklich, daß mir ein
kleiner Sturm mit Donner und Blitz und übrigem Zubehör, bloß
der Abwechslung wegen, willkommen gewesen wäre. Du weißt,
daß außer dem nah an Kreta liegenden Inselchen Gaudos kein
einziges Eiland zwischen Cyrene und Gortyna zu sehen ist; über=
dies wollte auch der Zufall, daß uns auf der ganzen Reise außer
drei oder vier cyprischen Kornschiffen und einer für Korinth be=

---

24. Gaudos, richtiger vielleicht Gaulos, jetzt Gozo. — 25. Cyrene, Hauptstadt
von Cyrenaica, dem jetzigen Barcas. — Gortyna, Hauptstadt von Kreta.

1*

frachteten tyriſchen Pinaſſe, die ſich ſo nah als möglich an der
Küſte hielten, kein einziges Fahrzeug begegnete, womit wir uns
auf eine oder andre Art hätten unterhalten können. Es fehlte
mir alſo, wie du ſiehſt, nicht an Muße, ſo viele Grillen zu
fangen, als ich wollte; und wie weit es endlich mit mir ge= 5
kommen ſein müſſe, kannſt du daraus abnehmen, daß ich ſtunden=
lang vom Verdeck in die See hinabſchaute, ob nicht irgend einer
von den Fiſchgöttern oder Götterfiſchen, womit ihr Dichter den
Ocean bevölkert habt, aus der Tiefe heraruffahren, bei unſrer
Erblickung in ſein krummes Horn ſtoßen und die übrigen Meer= 10
wunder, ſeine Geſpielen, zuſammenrufen werde, um unſre auf
den Wellen leicht dahingleitende Barke zu umkreiſen und durch
mutwillige Spiele und Neckereien aufzuhalten. Das Schauspiel,
das wir ihnen gaben, iſt freilich ſeit der Zeit, da das erſte von
Pallas Athene ſelbſt erbaute Schiff eine Schar kühner Götter= 15
ſöhne nach Kolchis trug, um — ein goldnes Widderfell zu er=
obern, etwas ſo Alltägliches für dieſe Meerbewohner geworden, daß
ein unbedeutendes Fahrzeug wie das unſrige ſich nicht ſchmeicheln
durfte, großes Aufſehen bei ihnen zu erregen; aber daß in drei
langen Tagen auch nicht ein einziges roſenarmiges Meermädchen 20
mit grünen Locken und milchweißem Buſen auftauchen wollte, um
meine des Herumſchwebens zwiſchen Luft und Waſſer müden Blicke
auf ihrer reizenden Geſtalt ausruhen zu laſſen, das war doch
wirklich zu grauſam und bewies mir den großen Unterſchied, den
die Götter zwiſchen euch Dichtern und uns andern proſaiſchen 25
Menſchen machen, zu meiner nicht geringen Demütigung. „Wäre
mein Freund Kleonidas hier, dacht' ich, was würd' er nicht kraft
des Vorrechts, das die Natur den Muſolepten, ihren Günſtlingen,
zugeſtanden hat, in dieſen für mich Unbegeiſterten ſo leeren Ele=
menten ſehen und hören? Könnt' er gleich den Nebel, der mir 30
die unſichtbare Welt verbirgt, nicht von meinen Augen treiben,
ſo würde ich mich doch an ſeinen Viſionen und Entzückungen er=
götzen; und im Grunde könnte mir's ja gleichviel ſein, ob ich
das alles unmittelbar mit meinen eigenen Augen oder im Zauber=
ſpiegel der ſeinigen ſähe.“ Sage dir nun ſelbſt, ob ich nicht auf 35
dich zürnen ſollte, daß du dich nicht erbitten ließeſt, mich auf

1. Pinaſſe, ſiehe Oberon. — 5. Fiſchgöttern, die Tritonen, die grünes Haar
und grüne Augen und ſtatt der Füße einen Schweif haben Sie führen Muſcheltrompeten
(krummes Horn. — 14 f. erſte ... Schiff, die Argo. — 28. Muſolepten, μουσό-
ληπτος, von den Muſen ergriffen, begeiſtert.

meiner Reise wenigstens nur bis nach Olympia zu begleiten, wo
dich ein Schauspiel erwartete, das auf dem ganzen Erdboden
einzig in seiner Art ist und durch kein anderes ersetzt werden
kann, wenn es auch ein Triumphaufzug Poseidons und Amphi=
5 tritens mit allen ihren Tritonen und Nereiden wäre. Im ganzen
Ernste, Kleonidas, ich kann dir das Unrecht kaum verzeihen, das
du durch deine Unerbittlichkeit noch viel mehr an dir selbst als
an deinem Aristipp begangen hast. Wer weiß, ob dir die ver=
säumte Gelegenheit in deinem ganzen Leben wieder aufstoßen wird?
10 und aus der Welt zu gehen, ohne die Olympischen Spiele und
den Jupiter des Phidias gesehen zu haben, wahrlich, da ver=
lohnte sich's kaum der Mühe, dagewesen zu sein! — Doch, wem
sag' ich das? und wie kann ich einen Augenblick vergessen, daß
du von einem Zauber gebunden bist, der dir weder Gewalt über
15 dich selbst läßt noch Augen für einen andern Gegenstand als die
schöne Unerbittliche, deren Blicke die Nahrung deines Lebens sind?
Was ist im Himmel und auf Erden und im Reich des Oceanus,
das einen von Amorn verwundeten Dichter von der süßen Quelle
seiner Schmerzen entfernen könnte? Was ist dir die schimmernde
20 Panegyris alles dessen, was die ganze Hellas Edles, Großes und
Schönes hat, ihrer auserlesensten Jünglinge, ihrer berühmtesten
Männer, ihrer reizendsten Weiber, ihrer Künstler, Weisen, Staats=
männer, Feldherren und Fürsten? Dir, der das alles unbemerkt
bei dir vorbeiziehen lassen würde, um deine Augen auf den bloßen
25 Schatten der schönen Lycänion zu heften, wenn du sie selbst nicht
erblicken könntest?

    Wundre dich nicht, Kleonidas, daß ich so viel von dem Ge=
heimniß deines Herzens weiß, wiewohl du es, ich weiß nicht
warum, so sorgfältig vor mir verborgen hast. Ein Verliebter ist
30 so leicht zu entdecken, wie gut er sich auch zu verstecken glaubt,
und die Freundschaft ist scharfsichtig. Befürchte indessen nichts von
der meinigen; sie soll dir nie durch Zudringlichkeit beschwerlich
fallen, aber auch nie entstehen, wenn du dich aus eigenem Drang
nach ihr umsiehst. Alles, was ich mir dermalen von der deinigen

---

1. Olympia, Ὀλυμπία, Olympia, in Elis, kleine Stadt, bestand aus dem Hain
Altis, dem Zeustempel u. f. w. „Olympiade, der Zeitraum von vier Jahren, der von
einer Feier der olympischen Spiele bis zur nächstfolgenden verstrich und der gewöhnlichsten
Zeitrechnung der Griechen zum Maß diente." W. — 11. Phidias, Φειδίας, Phidias,
in Athen, der nach Beratungen mit seinen Freunden den Zeus (Jupiter) sitzend und
freundlich gewährend (wie ihn Homer beschreibt) darstellte. — 20. „Panegyris, öffent=
liche Volks= oder Nationalversammlung." W.

verspreche, ist, daß du deinen trautesten Jugendfreund nicht ganz vergessen und ihm gern erlauben werdest, sich während einer Abwesenheit, deren Dauer noch unbestimmbar ist, von Zeit zu Zeit durch Briefe bei dir in Erinnerung zu bringen.

Widrige Winde zwingen mich, einige Tage länger in Kreta 5 zu verweilen, als meiner Geschäfte wegen nötig war. Ich werde diese Zeit zu einem Ausflug nach Gnossus anwenden, wo, wie man sagt, die vorzüglichsten Merkwürdigkeiten dieser fabelhaften Insel beisammen sind. Wie dürft' ich mich auch jemals wieder in Cyrene blicken lassen, wenn ich in Kreta gewesen wäre, ohne 10 den berüchtigten Labyrinth und — und das Grab des unsterblichen Königs der Götter und Menschen gesehen zu haben?

2. An Aritades, seinen Vater.

Nach einer glücklichen und größtenteils angenehmen Reise befinde ich mich seit zehn Tagen in dem reichen, gewerbevollen, 15 prächtigen und wollüstigen Korinth, wo ich von dem Eupatriden Learchus, vermöge der alten Gastfreundschaft, die seit Perianders Zeiten zwischen unsern Familien besteht, mit der gefälligsten Freundlichkeit aufgenommen wurde. Meine erste Sorge war, mich der Aufträge zu erledigen, womit mein Oheim Alketas mich an 20 seine hiesigen Freunde beladen hatte; die zweite, die mir zum Behuf meines Aufenthalts in Griechenland mitgegebenen Waren auf die vorteilhafteste Art zu Gelde zu machen. Die Nähe des großen Marktes zu Olympia kam mir zu dieser Absicht sehr zu statten, und der Gewinn, den ich dabei gemacht, ist so beträchtlich, 25 daß ich — außer der Summe, die ich für das nächste Jahr nötig haben mag, um deinem Willen gemäß meiner Vaterstadt und der Würde, die du in unsrer Republik bekleidest, durch einen

---

5. Kreta, Candia. — 7. Gnossus, Cnossus, bedeutendste Stadt = Staat von Kreta. — 11f. Den Labyrinth, jetzt das Labyrinth, doch griechisch ὁ Λαβύρινθος. Das Labyrinth von Kreta bestand aus Felsenhöhlen mit vielen sich kreuzenden Gängen. — Grab des unsterblichen Königs der Götter und Menschen. Vom Tode des Zeus erzählte man auf Kreta und man zeigte daselbst ein Grab. Man feierte Zeus als einen himmlischen und einen unterirdischen. Eurip. Fr. 904. Kallimach. in Jov. V. 8. (Höd, Kreta 1, 160ff.) — 16. Eupatriden. „Die Staatsverfassung von Korinth war seit der Alleinherrschaft Perianders (des zweideutigen unter den sieben Weisen) oligarchisch, d. i. die Regierung befand sich hauptsächlich in den Händen einer kleinen Anzahl alter und begüterter Geschlechter, deren Ursprung sich zum Teil in den heroischen Zeiten verlor und die sich durch den Beinamen Eupatriden (Wohlgeborne) von den plebejischen unterschieden." W. — 17f. Perianders Zeiten, 627—584 vor Chr.

anständigen Aufwand Ehre zu machen — fünfhundert attische
Minen in Golde bei meinem Wirte hinterlegt habe, über welche
ich deine Befehle erwarte.

Korinth hat sich seit den vierzig Jahren, da du den Vater
5 des Learchus besuchtest, sehr verändert. Großer und täglich zu=
nehmender Reichtum in einem oligarchischen, äußerst mild regierten
und vielleicht nur zu wenig gezügelten kleinen Freistaat, zumal
in der glücklichen Lage von Korinth, die es zum Mittelpunkt des
asiatischen und europäischen Handels bestimmt, muß, wie mich
10 deucht, alle Vorzüge, worauf es stolz ist, und alle Übel, die seinen
Verfall ankündigen, notwendig hervorbringen. Ich gestehe, daß
die Wehklagen, die ich hier, sogar in den reichsten Häusern und
von verständigen alten Männern über die immer zunehmende
Üppigkeit, Verschwendung, Habsucht und Sittenverderbnis führen
15 höre, mir keine hohe Meinung von der Weisheit der Korinther
geben. Wo großer Reichtum ist, muß notwendig auch große
Armut sein, und von beiden ist sittliche Verdorbenheit die unaus=
bleibliche Frucht. Der Reiche erlaubt sich alles, um grenzenlos
genießen zu können, ohne die Quelle seines Genusses zu erschöpfen;
20 der Arme thut, wagt und duldet alles, um reich zu werden. Daß
es so und nicht anders ist, überzeugte mich schon, was ich in
Cyrene sah, und Korinth hat mich darin bestätigt. Alle Gesetz=
geber, Philosophen und Moralisten in der Welt können den Ko=
rinthern nicht helfen; es giebt nur Ein Mittel, das sie und ihres=
25 gleichen retten könnte, und das ist gerade das einzige, wozu sie
keine Lust zu haben scheinen. Sie müßten wieder so arm werden,
als sie vor dreihundert Jahren waren. Wer weiß aber auch, ob
dies einzige Mittel nicht schon zu spät käme?

Doch wohin versteige ich mich? Ich bin noch zu neu in der
30 Welt, um tiefe Blicke in den Zusammenhang der Dinge gethan
zu haben, und noch zu jung, um mich in so verwickelte Speku=
lationen einzulassen.

Die Zeit der olympischen Spiele naht heran, und ich rüste

1 f. fünfhundert attische Minen in Golde sind eigentlich 165 000 Mark. Jedoch
hat Wieland sich an dieser Stelle nur 37 000 Mark des jetzigen Geldes gedacht. Er rechnet
nämlich in einer Anmerkung jede Mine zu 22 Reichsthaler, wovon er, sofern er den Reichs=
thaler nicht über 300 Pf. ansetzt, für die Mine, nicht in Silber, sondern in Golde, den
fünffachen Wert hätte rechnen müssen. Wielands Anmerkung lautete: „Mina (Μνᾶ), eine
fingierte Münze, welche 100 Drachmen enthielt, und deren 60 ein attisches Talent aus=
machten. Man kann sie, ohne einen beträchtlichen Rechnungsfehler, für 22 Reichsthaler
Konventionsgeld annehmen".

mich, ungesäumt nach Pisa abzugehen, um womöglich noch auf
eine leidliche Art unterzukommen; denn der Zusammenfluß von
Fremden soll schon unbeschreiblich groß sein. Meine Ungeduld
nach dem herrlichen Schauspiel, das mich dort erwartet, nimmt
mit jedem Tage zu; auch hoffe ich, bei dieser in ihrer Art einzigen 5
Gelegenheit interessante Bekanntschaften zu machen; was am Ende
doch wohl der einzige wahre Vorteil ist, den ich von Olympia
zurückbringen werde.

3. An Kleonidas.

Kaum bin ich einige Tage in Korinth, und schon hat mir 10
meine leichtsinnige Unbefangenheit ein Abenteuer zugezogen, welches
vielleicht Folgen von Bedeutung hätte haben können, wenn mir
der Zweck meiner Reise einen längern Aufenthalt erlaubte.

Indem ich nach Vollendung einiger Geschäfte in den Straßen
dieser großen und prächtigen Stadt umherirre, fällt mir eines von 15
den vielen öffentlichen Bädern, womit sie versehen ist, in die
Augen, dessen zierliche Bauart mir Lust macht, mich darin abzu-
waschen. Ich gehe hinein, und da sich nicht gleich ein Aufwärter
zeigt, öffne ich auf Geratewohl eine der Badekammern und treffe
gerade den Augenblick, da eine junge Frauensperson, die sich ganz 20
allein darin befand, im Begriff war, aus dem Bade zu steigen.
Dies war das erstemal in meinem Leben, daß ich vor einem
schönen Anblick zusammenfuhr; gleichwohl weiß ich nicht, wie es
kam, daß ich, anstatt zurückzutreten und die Thür, die ich noch in
der Hand hatte, vor mir wieder zuzuziehen, sie hinter mir zumachte 25
und meine Verlegenheit dadurch vermehrte. Die Dame, die bei
meiner Erblickung plötzlich wieder untertauchte, schien sich an meiner
Bestürzung zu ergötzen. „Wie?" sagte sie lachend, mit einer Stimme,
deren Silberton meine Bezauberung vollendete, „fürchtest du das
Schicksal Aktäons, daß du vor Schrecken sogar zu fliehen vergissest? 30
Da ich weder so schön wie Artemis noch eine Göttin bin, darf
ich auch weder so stolz noch so unbarmherzig sein wie sie. Du
bist ein Fremder, wie ich sehe, und hast vermutlich die Überschrift
über der Pforte dieser Thermen nicht gelesen."

1. Pisa, Olympia. Die Gebäude von Olympia in Elis hießen Pisa (Πῖσα). —
30. Aktäon, Ἀκταίων, durch Artemis (Diana), die er im Bade überraschte, in einen
Hirsch verwandelt, ward von seinen eigenen Hunden zerrissen. — 34. Thermen, θέρμαι,
warme Bäder.

Während sie dies sprach, hatte ich, was du mein unverschämtes Gesicht zu nennen pflegst, wiedergefunden und erwiderte ihr, von einer so zuvorkommenden Anrede aufgemuntert: „Da ich das Glück dieses Augenblicks bloß meiner Unwissenheit und dem Zufall zu
5 danken habe, so wär' es in der That grausam, schöne Unbekannte, mich dafür zu bestrafen, nicht daß ich, wie Aktäon zu viel, sondern daß ich gesehen habe, was man nie genug sehen kann." — „Nur ein längeres Verweilen", versetzte sie mit einem einladenden Lächeln, „würde dich strafbar machen; denn es ist Zeit, daß ich das Bad
10 verlasse."

Indem sie dies sagte, traten zwei junge Sklavinnen herein, die in zierlichen Körben alles, was zum Dienste des Bades erforderlich ist, auf ihren Köpfen trugen. Sie schienen verwundert, einen Unbekannten hier zu finden, und hefteten ungewisse, fragende
15 Blicke bald auf mich, bald auf ihre Gebieterin. „Was für eine Strafe," sagte die Dame, „hat dieser junge Mensch verdient für die Verwegenheit, sich in ein fräuliches Bad einzudringen, das gewiß noch von keinem männlichen Fuße betreten worden ist?" — „Die gelindeste wäre wohl, ihn anzuspritzen und in einen — Hasen zu
20 verwandeln," sagte die jüngere. „Das wäre eine zu milde Strafe für ein so schweres Vergehen," versetzte die ältere; „ich weiß eine andere, die dem Verbrechen angemessener ist. Ich würde ihn dazu verdammen, so lange, bis wir unsern Dienst verrichtet haben, hier zu bleiben und dann die Thür hinter uns zuzuschließen." — „Meinst
25 du?" sagte die Dame, indem sie sich erhob und, ihre in einen dicken Wulst über der Scheitel zusammengebundenen Locken auflösend, von einer Fülle bis unter die Kniee herabfallender gelber Haare wie von einem goldenen Mantel umflossen, aus dem Wasser stieg und sich ebenso unbefangen, als ob sie mit ihren Mägden
30 allein wäre, abtrocknen und mit wohlriechenden Ölen einreiben ließ. „Und mich, schöne Gebieterin," sagte dein unverschämter Freund mit der ganzen edeln Dreistigkeit, die du an ihm beneidest, „mich, den du in Einem Augenblick zu deinem Sklaven gemacht hast, wolltest du hier müßig stehen lassen? Erlaube mir, deinen Nymphen
35 zu zeigen, daß ich geschickter bin, als sie mir zutrauen!" Und indem ich dies sagte, machte ich eine Bewegung, als ob ich einer der Mägde ein Tuch von der schneeweißesten Wolle, womit sie ihre Gebieterin abzureiben begriffen war, aus der Hand ziehen wollte. Aber die Dame warf mich mit einem zürnenden Blick

auf einmal wieder in die Schranken der Ehrfurcht zurück, die der
Schönheit und dem Stande, von dem sie zu sein schien, gebühren.
„Wenn du mein Sklave bist,“ sagte sie wieder lächelnd, sobald sie
mich in gehöriger Entfernung sah, „so erwarte schweigend meine
Befehle und rühre dich nicht!“ Ich gehorchte, wie einem wohl-　5
erzogenen, sittsamen Jüngling zusteht, und erhielt dafür die zweideutige Belohnung, daß man die Mysterien des Bades mit der
größten Gelassenheit vollendete, ohne sich um meine Gegenwart,
oder wie mir dabei zu Mute sein möchte, im geringsten zu bekümmern.　10

Als sie wieder angekleidet war, heftete die Dame im Weggehen einen ernsten Blick auf mich und sagte: „Vergiß nicht, daß
es dem Ixion übel bekam, sich kleiner Gunstbezeugungen der Götterkönigin zu rühmen!“ — und ohne meine Antwort zu erwarten,
stieg sie in eine prächtige Sänfte, die von vier Sklaven schnell　15
davongetragen wurde. Mir war, als ob ich aus einem Traum
erwachte. Natürlich durft' ich es nicht wagen, ihr sogleich zu
folgen; und wie ich mich wieder aus dem Badhause unbemerkt
fortschleichen wollte, wurde ich von einem Aufwärter angehalten,
der sich, nicht ohne Mühe, durch eine Handvoll neugeprägter　20
Drachmen endlich überzeugen ließ, daß ich ein Fremder und bloß
aus Unwissenheit seit wenig Augenblicken hierher geraten sei. Als
ich mich wieder frei sah, war es zu spät, der Spur meiner Unbekannten nachzugehen, und ich kehrte, ungewiß, was ich von
meinem Abenteuer denken sollte, nach Hause. Die Dame schien　25
nicht über achtzehn Jahre alt zu sein, und ihre Gestalt hätte das
Glück eines Alkamenes machen können, wenn ihn der Zufall so

13. Ixion, Ἰξίων, wollte die Here verführen, wurde aber zur Strafe auf ein Rad
gebunden, welches stets von Sturmwinden umgetrieben wurde. — 27. Alkamenes.
„Einer der größten Bildhauer, die aus der Schule des Phidias hervorgingen, ein Mit-
schüler und Rival des nicht weniger berühmten Agorakritus, der von seinem Meister so
leidenschaftlich geliebt wurde, daß dieser, um ihm einen Namen zu machen, viele seiner
eigenen Werke für Arbeiten seines Lieblings ausgegeben haben soll. (Denn dies will
Plinius ohne Zweifel mit den Worten sagen: ejusdem (Phidiae) discipulus fuit Agora-
critus, ei aetate gratus; itaque e suis operibus pleraque nomini ejus donasse fertur.)
Für das schönste unter den Werken des Alkamenes, welche noch zu Plinius und Lucians
Zeiten in Athen zu sehen waren, erklärt der letztere (unstreitig ein elegans spectator
formarum) eine in den sogenannten Gärten außer den Mauern von Athen aufgestellte
Venus, welche über eine andere vom Agorakritus zu gleicher Zeit mit ihm in die Wette
gearbeitete den Preis erhielt und von so hoher Schönheit war, daß die Sage ging, Phidias
selbst habe ihr die letzte Vollendung gegeben. Diese Sage konnte aber wohl keinen andern
Grund haben als die Meinung: Alkamenes könnte ein so vollkommenes Kunstwerk nicht
ohne Beistand seines Meisters zustande gebracht haben. Sie zeugt also bloß für das große
Talent des Alkamenes und die vorzügliche Schönheit seiner Venus; denn daß Phidias
wirklich die letzte Hand an sie gelegt habe, ist schlechterdings unglaublich, wenn die

wie mich begünstigt hätte. War sie eine Hetäre von der ersten
Klasse, die zu Korinth unter Aphroditens Schutz einer Freiheit
und Achtung genießen, welche ihnen in keiner andern griechischen
Stadt zugestanden werden? Oder war es eine junge Frau von
Stande, die im Bewußtsein ihrer Reizungen sich eine mutwillige
Lust daraus machte, einen Unbekannten für seinen jugendlichen
Übermut auf eine neue, wollüstig=peinliche Art büßen zu lassen?
Das letztere schien mir, allen Umständen nach, das wahrscheinlichste.
Indessen trieb mich doch, ich weiß nicht welche Unruhe an diesem
Abende in allen öffentlichen Spaziergängen herum, wo die Hetären
der höhern Ordnung sich gewöhnlich, von ihren Lieblhabern um=
schwärmt oder von einem Zuge geputzter Mägde und Eunuchen
begleitet, mit vielem Prunke zu zeigen pflegen. Aber ich sah mich
vergebens unter ihnen nach meiner Anadyomene um, und eine
schlaflose Nacht war alles, was ich von meinen Nachforschungen
davontrug. Am folgenden Morgen, wie ich vom Lechäischen Hafen
zurückkehrte, glaubte ich eine von den beiden Sklavinnen aus einem
kleinen Myrtengehölz am Wege auf mich zukommen zu sehen.
Wir erkannten einander ersten Blicks; nur zeigte sich's, daß die
Korintherin meinen Namen besser ausgekundschaftet hatte, als ich
den ihrigen. Sie grüßte mich beim Namen und erkundigte sich
lachend, wie dem unbefugten Epopten der Vorwitz, zu sehen,
was er nicht sollte, bekommen sei. „Wir wissen, wie du siehst,
alle deine Gänge," fuhr sie fort, „und meine Gebieterin, welcher
nicht unbekannt ist, daß du morgen abzureisen gedenkst, schickt mich
zu dir, ein kleines Denkzeichen des gestrigen Zufalls von ihr an=
zunehmen." Es war ein zierlich geflochtnes Deckelkörbchen von
Silberdraht, worin eine ihrer goldgelben Haarlocken, mit einer

Anekdote von seiner außerordentlichen Vorliebe zum Agorakritus wahr ist. In diesem
Falle würde Phidias sich beeifert haben, der Arbeit seines Lieblings den Vorzug zu ver=
schaffen, und also das, was er für Alkamenes gethan haben soll, vielmehr zum Vorteil
des Agorakritus gethan haben. Eine von diesen beiden Sagen (deren auffallenden Wider=
spruch der römische Kompilator nicht zu bemerken scheint) muß also notwendig grundlos
sein; und so ist es um die meisten, wo nicht um alle die Sagen beschaffen, die unter den
Griechen über ihre vorzüglichsten Personen beiderlei Geschlechts herumliefen. Das Schlimmste
ist, daß beinahe alles vorgeblich historische, was uns die alten Biographen, Anekdoten=
sammler und Kompilatoren, Diogenes von Laerta, Athenäus, Suidas u. s. w., von diesen
Personen erzählen, aus solchen Sagen besteht, welche größtenteils aus der unreinen Quelle
der alten Komödien= und Sillenschreiber geflossen zu sein scheinen." W.
    14. „Anadyomene, die Auftauchende, ein Beiname der aus dem Wasser steigenden
Aphrodite. Eines der schönsten Gemälde des Apelles war unter diesem Namen bekannt." W.
— 16. Lechäischen Hafen am korinthischen Meerbusen. — 22. „Epopten heißen die=
jenigen, die nach gehöriger Vorbereitung zum Anschauen der großen Mysterien zugelassen
wurden." W.

Schnur von kleinen Perlen umwunden, lag. Du kannſt dir leicht
vorſtellen, Kleonidas, daß ich alle meine Wohlredenheit aufgeboten
haben werde, den Stand und Namen der Dame zu erfahren und
die dienſtbare Iris zu gewinnen, daß ſie mir eine Gelegenheit
auswirken möchte, ihr meinen Dank in eigner Perſon zu Füßen 5
zu legen. Ich ging ſo weit, daß ich bei allen Liebesgöttern be=
teuerte, meine Reiſe nach Olympia einzuſtellen, wenn ich hoffen
könnte, einer ſo großen Gnade gewürdigt zu werden. Aber die
loſe Dirne ſpottete meiner vorgeblichen Leidenſchaft mit der Ver=
ſicherung, daß man ſich nur deſto mehr vor mir hüten würde, 10
wenn ſie ungeheuchelt wäre, und daß alle meine Bemühungen,
ihre Gebieterin wiederzuſehen, vergeblich ſein würden. Alles, was
ich mit vielem Bitten und einem kleinen Beutel voll Dariken von
ihr erhielt, war ein Verſprechen, daß ſie ſich dieſen Abend an
einem gewiſſen Orte einfinden wollte, um eine unbedeutende Kleinig= 15
keit für ihre Dame in Empfang zu nehmen, wodurch ich auch
mein Andenken bei ihr lebendig zu erhalten wünſchte. Sie ſagte
mir's zu; aber ich erwartete ſie vergebens.

Was dünkt dich von dieſer närriſchen Begebenheit, Kleonidas?
— Für mich iſt ſie denn doch nicht ganz ſo unbedeutend, als ſie 20
ſcheint; und da ein weiſer Mann alles in ſeinen Nutzen zu ver=
wandeln wiſſen ſoll, ſo denke ich einen zweifachen Vorteil aus
ihr zu ziehen. Der erſte iſt, daß ich mich vor der Hand ziemlich
ſicher halten kann, daß die Erinnerung an meine reizende Unbe=
kannte nur ſehr wenigen Schönen geſtatten wird, einigen Eindruck 25
auf mich zu machen; der zweite, daß ich, vorausgeſetzt ich könne
das, was ich bei dieſer Gelegenheit erfahren habe, als einen Maß=
ſtab meiner Empfänglichkeit für leidenſchaftliche Liebe annehmen,
— große Urſache habe, zu hoffen, daß ich weder meinen Verſtand
noch meine Freiheit jemals durch ein ſchönes Weib verlieren werde. 30

4. An Demokles von Cyrene.

Griechenland zählt nun ſeit dem erſten Neumond nach der
letzten Sommer=Sonnenwende das erſte Jahr ſeiner vierund=
neunzigſten Olympiade; die Spiele ſind geendigt, und ich habe
geſehen — was zu ſehen war. In der That große, auffallende, 35

4. Iris, Ἴρις, die Götterbotin. — 13. Darike, δαρεικός, eine perſiſche Goldmünze.
— 33 f. das erſte Jahr der 94. Olympiade, 3:6 vor Chr.

prachtvolle und, nach der gewöhnlichen Schätzung der menschlichen
Dinge, sehenswürdige Schauspiele! Aber soll ich dir davon sprechen,
wie ich denke, Demokles? — Du hast oft mit mir über meine
(wie ich immer mehr zu glauben Ursache finde) angeborne Maxime,
5 nichts zu bewundern, gestritten; und wenn wir am Ende, wie
gewöhnlich, jeder mit seiner eigenen Meinung davongingen, söhntest
du dich immer durch ein wohlwollendes Mitleiden mit mir aus,
mich durch eine so gleichgültige Gemütsstimmung des hohen Grades
von Vergnügen entbehren zu sehen, welches, wie du sagtest, den
10 gefühlvollen Seelen zu teil werde, die gerade durch den Affekt der
Bewunderung zu erkennen geben, daß sie bei großen und schönen
Gegenständen ungleich mehr empfinden als derjenige, der sie ansehen kann, ohne aus seiner gewöhnlichen Fassung gesetzt zu werden.
Es mag sein, daß meine Maxime mich öfters eines lebhaftern
15 Genusses beraubt; aber dafür gewährt sie mir auch den Vorteil,
mich selten in meiner Erwartung getäuscht zu finden. Auch begegnet mir öfters, daß ich anstatt mit der Menge zu bewundern
mich (mit deiner Erlaubnis) nicht wenig verwundere, wie die
Leute so gutmütig sein mögen, über Dinge in Entzückung zu ge-
20 raten, die bei kaltem Blute aufs gelindeste beurteilt nur lächerlich
sind und bei strengerer Prüfung leicht in einem noch ungünstigern
Licht erscheinen könnten.

Nach dieser Vorrede bist du vermutlich schon auf das Geständnis gefaßt, daß dies beim Anschauen der weltberühmten
25 Kampfspiele zu Olympia ganz eigentlich mein Fall war, und daß
ich, während alles um mich her in Entzückung zerfloß, mich in
aller Stille nicht genug verwundern konnte, wie ein Volk das sich
selbst für das sittigste und aufgeklärteste des ganzen Erdbodens
hält und von andern dafür erkannt wird, vor einer so großen
30 Menge ausländischer Zuschauer sich nicht schämte, einen so hohen
Wert auf den Sieg in so kindischen oder barbarischen Wettkämpfen
zu legen, aus den dazu angesetzten Tagen sein höchstes National-
fest zu machen und sogar seine Zeitrechnung nach ihrer Feier
zu bestimmen. Käme, dachte ich, ein Perser oder Skythe, der
35 noch nichts von diesem Institut gehört hätte, von ungefähr
dazu, wenn im Angesicht einer unzählbaren Menge Volks, in
einem Ehrfurcht gebietenden Kreise der edelsten und angesehensten

---

5. nichts zu bewundern, nil admirari. Dies Wort wird (nach Büchmann, Ge-
flügelte Worte) von Plutarch dem Pythagoras zugeschrieben.

Männer der Nation, nach einem dem Könige der Götter dar-
gebrachten feierlichen Opfer die Sieger öffentlich erklärt und gekrönt werden, und ſähe das ſtolze Selbſtbewußtſein, womit ſie,
von ihren wonnetrunkenen Verwandten, Freunden und Mitbürgern
umdrängt und vom allgemeinen Jubel der Zuſchauer bewillkommt, 5
ſich den Kampfrichtern nahen, um die Krone zu empfangen: müßt'
er nicht glauben, dieſe Menſchen könnten nichts Geringeres gethan
haben, als ganz Griechenland durch einen Marathoniſchen oder
Salaminiſchen Sieg vom Untergang gerettet oder, wenigſtens,
jeder um ſeine eigene Vaterſtadt ſich durch irgend eine außer- 10
ordentliche That unendlich verdient gemacht zu haben? Aber wie
erſtaunt und betroffen würde dann ein ſolcher daſtehen, wenn er
hörte, daß es weiter nichts iſt, als daß der eine dieſer gekrönten
Helden am beſten laufen kann, ein anderer die ſchnellſten Rennpferde und den geſchickteſten Kutſcher hat, ein dritter der größte 15
Meiſter im Fauſtkampf oder in der edeln Kunſt, ſeinen Gegner
zu Boden zu ringen, iſt? Wahrlich dieſer Perſer oder Skythe,
wiewohl die Griechen ſeiner Nation die Ehre erweiſen, ſie nur
für Halbmenſchen anzuſehen, würde ſich ſchwerlich enthalten können,
das widerſinniſche Schauſpiel für die Wirkung irgend einer zürnenden 20
Gottheit zu halten und zu glauben, die ganze Nation müßte entweder von einem allgemeinen Wahnſinn befallen oder, trotz ihrer
übrigen Vorzüge, zu einer ewigen Kindheit der Vernunft verdammt
ſein. Daß ein ſchnellfüßiger Jüngling, ein gewandter Wagen-
lenker, ein nerviger Kerl, der den Kampfhandſchuh am kräftigſten 25
zu gebrauchen wußte oder, um den ſtärkſten Gegner zu überwältigen, keiner anderen Waffe als ſeiner eigenen eiſernen Fauſt
bedurfte, in den Zeiten, da der thebaniſche Herkules dieſe feierlichen Spiele geſtiftet haben ſoll, ein wichtiger Mann für ſeine
kleine Vaterſtadt war, iſt natürlich und aus dem rohen Zuſtand 30
einer von ihrer urſprünglichen Wildheit noch langſam ſich los-
arbeitenden Horde leicht zu erklären. Aber daß ein ſo gebildetes
Volk, wie die Griechen dermalen ſind, bei ſo gänzlich veränderter
Lage der Sachen noch immer ein ſo großes Aufheben von Ge-
ſchicklichkeiten macht, die entweder ganz unbrauchbar oder doch 35
verhältnismäßig von ſehr geringem Nutzen geworden ſind; daß
der Menſch, der zu Olympia öffentlich dargethan hat, daß er den
ſtiermäßigſten Nacken, die ſtärkſten Bruſtknochen und die derbſte
Fauſt ſeiner Zeit beſitze oder mit jedem Haſen in die Wette laufen

könne, für die höchste Zierde seiner Vaterstadt gehalten, im Triumph
eingeholt, über alle seine Mitbürger hinaufgesetzt und als ein
Wohlthäter seines Volks öffentlich unterhalten, geehrt und nur nicht
gar vergöttert wird, wiewohl die Stärke seiner Muskeln und Knochen
5 oder die Behendigkeit seiner Füße vielleicht das einzige ist, was
ihn von dem rohesten und verdienstlosesten seiner Mitbürger unterscheidet, — das ist doch wirklich so ungereimt, daß man es kaum
seinen eigenen Augen zu glauben wagt.

Damit ich mich durch diesen verwegenen Tadel eines In-
10 stituts, das allen Hellenen so ehrwürdig und heilig ist, nicht selbst
in den Verdacht einer Anmaßung bei dir setze, die mich sehr übel
kleiden würde, will ich dir nicht verbergen, daß ich meinem Gefühl vielleicht weniger getraut hätte, wenn ich nicht durch das
Urteil eines weiseren Mannes als ich, mit welchem der Zufall
15 mich bekannt machte, in dem meinigen bestärkt worden wäre. Er
schien ein Mann von funfzig Jahren zu sein, und sein Äußerliches
zeigte eben nichts, was unter einer so großen Menge von Menschen
die Aufmerksamkeit auf ihn ziehen konnte. Er war nach griechischer
Sitte äußerst einfach, nach unsrer Cyrenischen beinahe ärmlich ge-
20 kleidet, unbeschuht, von etwas finsterem Gesicht, lang, hager und mit
einem dünnhaarigen Barte geziert, der, wo nicht ihm selbst,
wenigstens seinem Schatten so ziemlich die tragikomische Miene
eines — alten Ziegenbocks gab. Bei dem allen hatte der Mann
etwas in seiner Gesichtsbildung, das mir Zutrauen zu ihm ein-
25 flößte und den Wunsch erregte, bekannter mit ihm zu werden.
Es traf sich, daß wir beide auf der Anhöhe, von welcher wir
den Wettkämpfern zusahen, so nahe beisammen saßen, daß es nur
von ihm abhing, jeden Eindruck, den diese Schauspiele auf mich
machten, bemerken zu können. Er selbst zeigte bei allem, was
30 zu sehen war, immer ebendieselbe Miene, die weder merkliches
Wohlgefallen noch Mißbelieben andeutete; nur zuweilen, wenn
die Zuschauer durch irgend eine außerordentliche Probe von Stärke
oder Geschicklichkeit zum Ausbruch einer gar zu unmäßigen Bewunderung und Freude hingerissen wurden, verriet er durch ein
35 leises Zucken der Lippen, daß das allgemeine Gefühl nicht das
seinige war. Ich meines Orts überließ mich eine zeitlang dem
Vergnügen, welches der Anblick so vieler schöner Jünglinge, denen
die Begierde des Sieges Schwingen an die Knöchel setzte, die
Menge auserlesener Rennpferde und prächtiger Wagen, die Ge-

schicklichkeit der Wagenführer und, mehr als alles andere, die un=
erschöpfliche Kraft und Gewandtheit, womit die Ringer durch die
gelehrteste Fertigkeit in ihrer Kunst den entscheidenden Augenblick
aufzuhalten strebten, einem jungen Menschen, der das alles zum
erstenmale sah, natürlicherweise machen mußten.　Sogar das 5
grausenhafte Schauspiel, das uns gegen die Mittagsstunde, während
die Sonne über unsrer Scheitel brannte, die kaltblütige Wut der
Faustkämpfer gab, und der furchtbare Handschuh, womit einige
Paare neuer Eryxen und Herkulessen einander zermalmten, erfüllte
mich anfangs mit einer seltsamen Art von schauderlichem tragischen 10
Vergnügen, indem es mich in die alte Heldenzeit zu versetzen und
mir die Erzählungen der Dichter von den unglaublichsten Thaten
der Göttersöhne wahr zu machen schien.　Ich wähnte eine Art
unzerstörbarer titanischer Naturen vor mir zu sehen, die nur spiel=
weise so grimmig auf einander losgingen, und an welchen die 15
Wunden, die sie einander schlugen, sich ohne Zweifel ebenso schnell
und narbenlos wieder schließen würden als die Luft, die durch
ihre gewaltigen Streiche zerrissen wurde.　Aber die Täuschung
war von kurzer Dauer; und als ich nach einem kaum viertelstündigen
Kampf einen der Athleten, der kurz zuvor die Schönheit eines 20
Paris oder Nireus mit der Stärke eines Milanion vereinigt dar=
stellte und einer Bildsäule des Apollo selbst zum Modell hätte
dienen können, für tot aus den Schranken hinaustragen sah, so
übel zugerichtet, daß keine Spur seiner vorigen Bildung in seinem
zertrümmerten Gesicht und an seinem ganzen, zu einem unförm= 25
lichen Klumpen zusammengeschlagenen Leibe zu erkennen war,
überwältigte mich der gräßliche Anblick dermaßen, daß ich mich
nicht zurückhalten konnte, meinem Abscheu durch einen lauten Aus=
ruf Luft zu machen, der zu meinem Glücke über dem Getümmel
und Jubelgeschrei der Zuschauer von niemand als dem besagten 30
Fremden gehört wurde.　Ich entfernte mich unverzüglich von dem
Schauplatz der gräßlichen Scene und zog mich in die einsamsten
Gänge des geheiligten Hains zurück, der den Tempel des olym=
pischen Jupiter umgiebt.　Nicht lange, so sah ich den Fremden
mit dem Ziegenbart auf mich zukommen, von einem stattlichen 35
Manne begleitet, der (wie ich in der Folge vernahm) eine ansehn=

---

9. Eryx, Ἔρυξ, ein König in Sicilien, welchen Herkules erlegte. Der Berg Eryx
in Sicilien hieß nach ihm. — 21. „Nireus, der schönste der Männer, die gegen Ilion
zogen. Ilias II, 671." W. Er war jedoch nur nächst Achill der schönste. — „Milanion,
ein seiner Schönheit und Stärke wegen berühmter Athlet." W.

liche Würde zu Elea bekleidet. Sie erlaubten mir, mich zu ihnen
zu gesellen und an dem Gespräche, worin sie begriffen waren,
teilzunehmen. Es betraf, wie natürlich, die Spiele, von deren
Anschauen beide dem Ansehen nach sehr gesättigt zurückkamen.
5 Mein Fremder machte· sich kein Bedenken, aus Gelegenheit der=
selben ein strenges Urteil über die Weisheit seiner Landsleute zu
fällen. „Wenn, sagte er, die Absicht dieses alle vier Jahre wieder=
kehrenden Nationalfestes ist, durch die Wettkämpfe, die man den
Zuschauern zum besten giebt, und die dazu vorbereitenden Leibes=
10 übungen die griechische Jugend zu tüchtigen Verteidigern des Vater=
landes zu bilden, so kann nichts zweckwidriger sein als diese Spiele.
Die Art der Waffen, womit der Krieg heutzutage geführt wird,
und. die ganze Kriegskunst überhaupt ist von dem, was in den
Zeiten des trojanischen Krieges üblich und nützlich war, so ver=
15 schieden, daß dem Staate mit ganzen Heerscharen zu Olympia
und Delphi gekrönter Läufer und Ringer wenig gedient wäre.
Wenn sie noch schwerbewaffnet in die Wette liefen, möchte eine
solche Fertigkeit allenfalls bei einem Eilmarsch oder plötzlichen
Rückzug von einigem Nutzen sein; aber so leicht bekleidet, wie
20 unsre schnellfüßigen Achillen sind, können sie, wo es Ernst gilt,
höchstens als Eilboten gebraucht werden, oder möchten, wenn man
sie auch nur bei den leichten Truppen anstellen wollte, der Ver=
suchung selten widerstehen, in gefährlichen Fällen vor allen Dingen
ihre eigene Person in Sicherheit zu bringen. Was im Kriege
25 mit nackten Ringern anzufangen wäre, ist schwer zu sehen; und
wofern auch die Faustkämpfer durch ihr gigantisches Ansehen und
den rasch geschwungenen Cestus dem Feinde Schrecken einjagen könnten,
so sind ihrer doch in der ganzen Hellas viel zu wenige, als daß
man sich eine große Wirkung von ihrem Gebrauch versprechen
30 dürfte. Und doch, wär' es nur der geringe Nutzen, den das
griechische Gemeinwesen von diesen Spielen zieht, so möchten sie
immer ihrem vergötterten Stifter zu Ehren beibehalten werden;
aber der positive Schaden, den sie thun, scheint mir wichtig genug,
um von den Vorstehern unsrer Republiken ernstlich beherzigt zu
35 werden. Nichts davon zu sagen, daß der leidenschaftliche und bis
zur Tollheit getriebene Wetteifer unsrer Jünglinge, wer die meisten,
schönsten und behendesten Rennpferde zu halten vermöge, schon

27. Cestus, der Schlagriemen. Vgl. Einleitung und S. 19.

viele angeſehene, wohlbegüterte Häuſer zu Grunde gerichtet hat, —
was für Fortſchritte in der Kultur kann man von einem Volke
erwarten, das ſich aus ſo wilden und lebensgefährlichen Leibes=
übungen ein Spiel macht, das die Wut, womit Gegenkämpfer, die
ſich zuvor nie geſehen, geſchweige beleidigt haben, auf einander 5
losgehen, durch die Lebhaftigkeit ſeiner Teilnehmung noch mehr
anfeuert und an einem ſo barbariſchen Schauſpiel, wie wir ſoeben
ſahen, die angenehmſte Augenweide findet? Mit welcher Stirne
können wir auf unſre wirklichen und vermeinten Vorzüge ſo ſtolzen
Griechen alle übrigen Erdbewohner Barbaren nennen, ſolange 10
es eine unſrer größten Glückſeligkeiten iſt, alle vier Jahre zuſammen=
zukommen, um uns zu gemeinſchaftlicher Beluſtigung in die Zeiten
zurückzuſetzen, da unſre eigenen Vorfahren wenig beſſer als rohe
Waldmenſchen, Räuber und Abenteurer waren und an Humanität und
Sittigkeit weit hinter den meiſten aſiatiſchen Völkern zurückſtanden? 15
Wie übel ziemt es uns, die an eine edlere Denkart und Geſchmack
am Schönen und Erhabenen Anſpruch machen, auf die Kunſt,
einander die Glieder zu verrenken oder uns mit geballten Fäuſten
ſo lange herumzuſchlagen, bis den Kämpfern kaum noch eine Spur
der menſchlichen Geſtalt übrig bleibt, einen ſo hohen Wert zu 20
ſetzen und rohe Athleten ihrer herkuliſchen Schultern und eiſernen
Knochen wegen mit Ehrenbezeugungen zu überſchütten, welche die
reinſte und vollkommenſte Tugend ſelbſt nicht von uns erhalten
kann? — Ich geſtehe unverhohlen, ſetzte mein Unbekannter mit
einem Feuer hinzu, das ich ſeiner kalten Miene nicht zugetraut 25
hatte, dieſe Betrachtung hat mich gegen die allgemeine Freude der
zahlloſen Menge, die mich dieſen Morgen umgab, unempfindlich
gemacht und bei Schauſpielen, die ſo laut gegen das ſittliche Ge=
fühl und die Humanität meiner Landsleute zeugen, ſogar mit
Unmut und Traurigkeit erfüllt." — „Du biſt ein Philoſoph, wie 30
ich ſehe," ſagte der Mann von Elea mit einem Lächeln, deſſen leiſen
Spott er durch den ſanften Ton ſeiner Worte mildern zu wollen
ſchien. „Wenn ich es auch wäre, verſetzte jener, die Wahrheit
deſſen, was ich geſagt habe, würde dadurch weder gewinnen noch
verlieren." — „Du magſt in der Hauptſache recht haben, er= 35
widerte der andere. Wir Eleer ſehen die Sache freilich von
einer gefälligern Seite; denn wir machen kein Geheimnis daraus,
daß wir den Wohlſtand unſrer Republik dem Inſtitut, gegen
welches du dich ſo ſtreng erklärſt, größtenteils zu danken haben.

Du hast gesehen, was für eine glänzende Panegyris aus allen
griechischen und benachbarten Ländern durch diese Spiele nach
Pisa gezogen wird. Glaubst du, daß Gedränge der unzählbaren
Menschen aus allen Ständen und Klassen würde ebenso groß sein,
5 wenn an die Stelle dieser Kampfspiele ein Wettstreit um den
Vorzug an Weisheit und Tugend angeordnet, und die Kronen,
die wir jetzt den besten Rennern, Ringern und Pankratiasten zu=
erkennen, denen aufgesetzt würden, die sich etwa durch die schönste
Handlung der Menschlichkeit, Großmut und Selbstüberwindung
10 ausgezeichnet hätten?“ — „Desto schlimmer, sagte mein Unbekannter;
das ist es eben, was ich beklage! Solange dieses den Eleern
auf Kosten der übrigen Griechen so vorteilhafte Institut dauern
wird, sehe ich nicht, wie eine richtigere Schätzung des Wertes der
Menschen unter uns Platz greifen, und der Vorzug der geistigen
15 und sittlichen Vollkommenheiten vor den körperlichen und mechanischen
allgemeiner gefühlt und anerkannt werden könnte.“

„Laß uns die Welt nehmen, wie sie ist, erwiderte der
Eleer; denn sie ist doch wohl — wie sie sein kann. Weisheit und
Tugend belohnen sich selbst so reichlich, daß sie des Beifalls der
20 Menge und der Kronen, die zu Olympia ausgeteilt werden, leicht
entbehren. Wer weiß, ob sie durch eine so öffentliche und ge=
räuschvolle Auszeichnung nicht an innerm Werte verlieren würden?
Wenigstens zweifle ich sehr, daß die stillen, unscheinbaren Tugen=
den, welche gewöhnlich die reinsten sind, sich gern aus ihrer Ver=
25 borgenheit herausziehen und einer so großen und vermischten Menge
zur Schau ausstellen lassen würden. Übrigens scheint mir die
lebhafte Teilnehmung, womit unsre panegyrischen Spiele angesehen
werden, so wenig gegen das sittliche Gefühl unsrer Nation zu
beweisen, daß ich mir eher das Gegenteil zu behaupten getraue.
30 Die Kampfspiele zu Olympia, Delphi, Nemea und Korinth haben
eben darum ein so lebhaftes und eigenes Interesse für unsre
Nation, weil sie uns gleichsam durch den Augenschein, sowie durch
die Siegesgesänge Pindars und seiner Nacheiferer, in die fabel=
haften Zeiten jener Heroen versetzen, deren Andenken uns aus so
35 vielen Ursachen heilig ist, die unsre meisten Städte gegründet
haben, und von welchen unsre edelsten Geschlechter ihren Ursprung

7. Pankratiasten stritten sowohl im Ring= als im Faustkampfe. Nach Wielands
Anmerkung hießen „die Ringer und die Fechter mit dem Kampfhandschuh (cestus)“ Pan=
kratiasten. Vgl. Einleitung und S. 17. — 33. Pindar, Πίνδαρος, der größte Lyriker der
Griechen, starb 433 vor Chr. in Argos.

herleiten. Aber auch ohne dieſe Beziehung haben wir noch Urſache
genug, ſie als eines unſrer ſchönſten und wohlthätigſten National=
inſtitute anzuſehen. Kein anderes vereinigt eine ſo große Menge
Griechen aus allen Städten und Landſchaften der ganzen Hellas
an Einem Orte zu gemeinſchaftlichen Feierlichkeiten, Opfern, Gaſt= 5
mählern und Ergetzungen. Während ihrer Feier hören alle Feind=
ſeligkeiten auf, in welche die uralte Antipathie der Dorier und
Jonier nur zu oft ausbricht. Wir vergeſſen in dieſen halcyoni=
ſchen Tagen aller Beleidigungen, aller Eiferſucht und Rache, um
uns bloß unſers gemeinſamen Urſprungs zu erinnern und die Bande 10
von neuem zuſammenzuziehen, womit gemeinſchaftliche Götter und
Tempel, eine gemeinſchaftliche Sprache und das große Intereſſe,
unſre Unabhängigkeit gegen auswärtige Mächte zu behaupten, die
in ſo viele Stämme und Zweige verbreitete Nachkommenſchaft
Deukalions zu einem einzigen Volke verbunden haben, das durch 15
ſeine Kultur das erſte in der Welt iſt und, durch Eintracht un=
überwindlich und unvergänglich, dem ganzen Erdboden Geſetze
geben würde.“

Ich verſchone dich, lieber Demokles, mit einer Menge anderer
ſchöner Sprüche, welche der begeiſterte Eleer mit einem großen 20

---

8 f. „Halcyoniſch. Die Heckzeit des Eisvogels (Halcyon) fällt in die Zeit der
Winterſonnenwende, um welche die Luft gewöhnlich ſehr heiter und das Meer von ſtürmiſchen
Winden frei iſt. Die Griechen pflegten daher dieſe und überhaupt alle ihnen ähnliche Tage
halcyoniſche zu nennen.“ W. — 15. Deukalions. „Die Hellenen oder eigentlich ſo=
genannten Griechen erkannten den Deukalion (einen theſſaliſchen Fürſten, der ungefähr
1500 Jahre vor der chriſtlichen Zeitrechnung gelebt haben ſoll) oder, genauer zu reden,
ſeinen Sohn Hellen (von welchem ſie ihren allgemeinen Namen führten) für ihren gemein=
ſamen Stammvater. Hellens Söhne, Dorus und Äolus, ſein Enkel, Jon, ſein Urenkel,
gaben ihren Namen den drei Hauptäſten, in welche die älteſten Hellenen ſich teilten, und deren
jeder in der Folge ſich wieder in mancherlei Zweige verbreitete. Dorus bemächtigte ſich
(alten Sagen nach) der am Fuße des Parnaſſus liegenden kleinen Landſchaft Doris; Äolus
und ſeine Nachkommen ließen ſich in Elis, Arkadien und andern Gegenden der Halbinſel,
die in der Folge den Namen Peloponneſus bekam, nieder; und nach Jon führten die Be=
wohner von Attika den Namen Jonier, der ſich nach Verlauf mehrerer Jahrhunderte in
dem berühmtern der Athenäer (oder Athener) verlor. Dieſe drei helleniſchen Stämme
gaben, als ſie ſich in der Folge auch an der weſtlichen Küſte von Aſien anbauten, den
Provinzen Äolis, Jonia und Doris, ſowie den drei Hauptdialekten der griechiſchen Sprache
ihren Namen. Das Gewiſſeſte von allem dieſem iſt, daß in den Zeiten, wo die Geſchichte
der Griechen aufhört, ein verworrenes und undurchdringliches Geſträuppe von Märchen und
widerſprechenden Volks= und Stammſagen zu ſein, die ganze Hellas teils aus doriſchen,
teils aus ioniſchen Völkern und Städten beſtand; daß unter jenen Lacedämon, unter dieſen
Athen, als die erſten an Macht und Anſehen, gewöhnlich diejenigen waren, an welche ſich
die übrigen freiwillig oder gezwungen anſchloſſen, und daß zwiſchen dieſen beiden Haupt=
ſtämmen von jeher in Naturanlagen, Kultur, Mundart, Sitten und politiſcher Verfaſſung
eine ſo auffallende Ungleichheit und eine ſo entſchiedene Antipathie geherrſcht hatte, daß
ſie höchſtwahrſcheinlicher Weiſe ohne die wohlthätige Gegenwirkung der ihnen eigener
Nationalinſtitute einander ſelbſt lange vorher aufgerieben haben würden, ehe ſie die hohe
Stufe von Kultur erreicht hätten, wodurch ſie, ſogar nachdem ſie ſelbſt eine Nation zu ſein
aufgehört haben, die Geſetzgeber, Lehrer und Bildner aller übrigen geworden ſind.“ W.

Erguß von Redseligkeit hervorströmte, um dem kopfschüttelnden
Philosophen eine höhere Meinung von den olympischen Spielen
abzunötigen. Es versteht sich, daß jeder auf seiner eigenen be=
harrte; so wie ohne Zweifel diese Spiele selbst, allen Veränder=
5 ungen der Zeiten und allen Einsprüchen der Philosophie zum
Trotz, ihre ursprüngliche Form und Einrichtung, solange Jupiter
im Besitze eines Tempels zu Olympia bleibt, behalten werden,
wie leicht es auch wäre, ihnen eine gemeinnützlichere und einem
gebildeten Volk anständigere zu geben. Wir kamen indessen, da
10 der Eleer ein sehr höflicher Mann war, noch ganz friedlich aus=
einander; denn die Höflichkeit hat dies Eigene, daß sie es dem
andern unvermerkt unmöglich macht, so grob zu sein, als er wohl
Lust hätte. Doch muß ich es auch meinem bocksbärtigen Freunde
nachrühmen, daß er sich beim Abschied mit mehr Urbanität betrug,
15 als ich von seiner Freimütigkeit erwartet hatte. Dieser Umstand
und seine Mundart bestärkten mich in der Vermutung, daß er
ein Athener sei, und so fand sich's auch bei näherer Erkundigung.
Man sagte mir, er nenne sich Antisthenes und sei einer der ver=
trautesten Freunde des berühmten Sokrates, Sophroniskus' Sohn,
20 den der delphische Gott oder (wenn du lieber willst) der eifrigste
seiner Anhänger, Chärephon, durch den gelehrigen Mund der Pythia
für den weisesten aller Menschen erklärt haben soll. Da mein
Verlangen, diesen merkwürdigen Mann persönlich zu kennen und
durch seinen Umgang womöglich selbst ein wenig weise zu werden,
25 einer der ersten Zwecke meiner freiwilligen Verbannung aus dem
schönen und wollüstigen Cyrene war, so kannst du leicht urteilen,
daß ich mich auf diese Nachricht um so eifriger um die Gunst
einer Person bewarb, die mir zu Beförderung meiner Absicht gute
Dienste thun konnte. Ohne mir diese Bewerbung durch ein zuvor=
30 kommendes Wesen zu erleichtern, schien er doch ebensowenig ge=
sonnen, sie gänzlich abzuweisen. Von Sokrates sprach er mit seiner
gewöhnlichen Kälte, als von einem Manne, mit dem er seit vielen
Jahren täglich umgegangen, und den er als seinen ersten, wo
nicht einzigen Freund betrachte. „Wenn ich einen Bessern als er
35 gekannt hätte, sagte er, würde ich mich zu diesem gehalten haben;
aber ich kenne keinen bessern und, insofern diese Benennung einem
Menschen zukommen kann, keinen weisern Mann als Sokrates.

---

18. Antisthenes, vgl. Einleitung. — 21. Chärephon, Jugendfreund und eifriger
Anhänger des Sokrates. Er erhielt die diesen betreffende delphische Antwort.

Er hat Eigenheiten, die man ihm lassen muß, und die, weil sie
ihm wohl anstehen, darum nicht einen jeden kleiden würden; aber
wenige Menschen sind so gut, daß sie nicht noch besser werden
könnten, wofern sie ihn immer und in allen Verhältnissen und
Vorfällen des Lebens zum Muster nähmen."　　　　　　　　　　5

Da ich von Antisthenes vernahm, daß er geraden Weges
nach Athen zurückzukehren gedenke, bat ich ihn um Erlaubnis, ihn
begleiten zu dürfen, und äußerte den Wunsch, daß er mich bei
Sokrates einführen möchte. „Ein guter Reisegefährte ist der halbe
Weg, sagte er; ich nehme dein Anerbieten willig an; aber bei 10
Sokrates bedarfst du keines Einführers. Er liebt junge Leute
deiner Art, und du wirst den alten Glatzkopf gewöhnlich von
einigen unsrer schönsten Jünglinge umgeben finden. Seine Absicht
ist ihm mit Xenophon, Kritobulus, Plato und einigen andern so
gut gelungen, daß ein Alcibiades und Kritias, die ihm verun- 15
glückten, ihn nicht abschrecken konnten, es immer wieder mit andern
zu versuchen. Ein Jüngling guter Art bedarf bei ihm weder einer
Empfehlung noch einer besondern Aufmerksamkeit, sich ihm angenehm zu machen; es wird also bloß auf dich selbst ankommen,
wie viel oder wenig du dir seinen Umgang zu nutze machen willst. 20
Die Sonne strahlt gleich warm auf ein Stück Gold und auf ein
Stück Blei; nur faßt das eine mehr Wärme und behält sie länger
als das andere."

Wir werden unsere Reise über Orchomenos, Korinth, Megara
und Eleusis machen, weil Antisthenes zu seinem ehrwürdigen alten 25
Freund zurückeilt, welchen er in der trübseligen und verzweifelten
Lage, worin seine Vaterstadt sich seit einiger Zeit befindet, nicht
länger verlassen will. Denn es sind schon mehr als acht Monate
verstrichen, seit er von Athen abgegangen ist, um die Angelegenheiten eines zu Megalopolis verstorbenen Anverwandten zum Besten 30
seiner Hinterlassenen in Ordnung zu bringen.

Die Nachrichten von den abwechselnden Erfolgen der seit
einigen Jahren zwischen den beiden Hauptstädten Griechenlands
wieder ausgebrochenen Befehdungen kommen gewöhnlich so spät
zu euch, daß du vielleicht erst aus diesem Briefe (dessen Abgang 35
noch sehr ungewiß ist) erfährst, daß der spartanische Feldherr

---

30. Megalopolis, Μεγαλόπολις, ursprünglich μεγάλη πόλις, in Arkadien wurde
von Epaminondas erst nach der Schlacht bei Leuktra (371 v. Chr.) erbaut.

Lysander nach einem bei Aigos Potamos am Eingang des Helles=
ponts erhaltnen entscheidenden Siege die stolze Minervenstadt selbst
eingeschlossen und durch Hunger und Verzweiflung endlich ge=
zwungen hat, sich auf Bedingungen, denen ihre Väter den Tod
5 in jeder Gestalt vorgezogen haben würden, von dem schrecklichen
Schicksal, welches sie vor elf Jahren über die unglücklichen Melier
verhängt hatten, loszukaufen.   Die übermütige Beherrscherin der
Meere ist nun auf zwölf Schiffe, die ihr noch erlaubt sind, herab=
gebracht; die Stadt und die Vorstadt Pyräum mit ihrem Hafen
10 sind des herrlichsten Denkmals der Siege des großen Themistokles,
ihrer prächtigen Mauern, beraubt; die Spartaner haben eine Be=
satzung in der Akropolis, und eine von Lysandern beschützte, neu=
errichtete Regierung von dreißig unter seinen Winken willkürlich
herrschenden Gewalthabern macht das Elend der beklagenswürdigen,
15 ihre eigene Thorheit zu teuer büßenden Athener vollständig.   Dies
sind die neuesten Nachrichten, die uns aus jenen Gegenden zu=
gekommen sind.   Was sagst du, Demokles, zu einer so unerwarteten
Katastrophe? — Du wirst mich vielleicht unklug und verwegen
nennen, daß ich mich gerade in einem so verwirrten und gefähr=
20 lichen Zeitpunkt nach Athen wage.   Aber ich kann dem Verlangen
nicht länger Einhalt thun, diesen Sokrates, von dem ich schon in
Cyrene so viel Wunderbares hörte und jetzt von Leuten, die ihn
sehr gut zu kennen glauben oder vorgeben, die seltsamsten und
widersprechendsten Dinge höre, durch mich selbst kennen zu lernen.
25 Auf alle Fälle sind meine Einrichtungen so getroffen, daß ich mich
vielmehr in den Kredit eines vorsichtigen und besonnenen Mannes
bei dir zu setzen hoffe.   Ich habe meine cyrenische Kleidung
bereits mit einem äußerst einfachen Kostüm im Geschmack meines
neuen Freundes Antisthenes vertauscht; meine Barschaft bleibt in
30 Korinth niedergelegt, und ich werde nur gerade so viel Geld nach
Athen tragen, als ein Mensch, der täglich drei bis vier Obolen
zu verzehren hat, in sechs Monaten nötig haben mag.   Du solltest
mich wirklich in meinem neuen sokratischen Schülermantel sehen!
Er ist zwar etwas grob von Wolle und reicht nicht sehr weit
35 unter die Kniee; aber Antisthenes versichert mich, daß er mir treff=

---

1. Aigos Potamos, αἰγὸς ποταμοί, Ziegenfluß. Die Schlacht war schon 405 v. Chr.
gewesen. — 2. Minervenstadt, Athen. — 6. Melier, Μήλιος. Die Insel Melos im
Ägäischen Meere mit der Stadt gleichen Namens wurde durch Hunger zur Übergabe ge=
zwungen. — 9. Pyräum, richtiger der Piräus, die Hafenstadt Athens (ὁ Πειραιεύς). —
12. Akropolis, Ἀκρόπολις, Burg von Athen.

lich stehe. In diesem Aufzuge werde ich wahrscheinlich zu Athen
nicht so viel Eindruck machen, daß die Dreißig sich viel um mich
bekümmern werden.

---

5. An Kleonidas.

Wie sehenswürdig auch die weltberühmten olympischen Spiele 5
sind, so zweifle ich doch nicht, daß die Einbildungskraft eines
Dichters mit bloßer Hülfe des Hippodroms und der Gymnasien
und Fechtschulen in Cyrene sich eine noch größere und den alten
Heldenzeiten angemessenere Vorstellung von ihnen machen könnte,
als diejenige ist, die wir andern gewöhnlichen Menschen mittelst 10
unsrer Leibesaugen erhalten haben. Aber den Jupiter des Phidias
muß man sehen, Freund Kleonidas, wenn man sich einen Begriff
von ihm machen will. Also komm und sieh und bete an!

Nach diesem Eingang erwartest du natürlicher Weise keine Be=
schreibung von mir, die am Ende doch nur auf ein Verzeichnis 15
der unzähligen einzelnen Stücke und Teile hinauslaufen würde,
aus welchen dieses über allen Ausdruck große und reiche Kunst=
werk, dem kein anderes in der Welt vergleichbar ist, mit hohem
Sinne zusammengesetzt, wie eine himmlische Erscheinung vor unsern
Augen dasteht. Jeder dieser Teile ist, für sich selbst betrachtet, 20
schön, groß gedacht, mit reiner, sicherer Bestimmtheit der Verhält=
nisse und Formen ausgeführt und so zierlich vollendet, daß dem
Liebhaber der Kunst nichts zu wünschen, dem Kenner wenig oder
nichts zu erinnern übrig bleibt. Aber alle diese besondern Schön=
heiten verlieren sich oder vereinigen sich vielmehr in dem Haupt= 25
eindruck, den das herrliche Ganze — Jupiter auf seinem Thron,
von seinem ganzen Göttergeschlecht umgeben — auf die Seele des
Anschauers macht, indem er sich beim ersten Anblick von einem
wunderbaren Schauder ergriffen fühlt, den der große und gläu=
bige Haufe für ein unmittelbares Zeichen der Gegenwart des 30
Gottes hält.

Dir, mein Freund, brauche ich nicht zu sagen, daß weder
dumpfes Anstaunen noch Überfluß an Glauben unter die Gebrechen
meiner Natur gehören. Ich betrat den Tempel mit der kalt=
blütigsten Gewißheit, einen Gott von Elfenbein und Gold von 35
der Hand eines großen Bildners zu sehen, und konnte mich doch
des besagten Schauders so wenig erwehren als ein andrer. Mit

Blitzesschnelligkeit vermengte sich der homerische Nephelegereta Zeus
mit dem huldreichen Phidiassischen Göttervater, und ich wähnte
einen Augenblick, den König des Himmels wirklich auf seinem
Throne zu sehen, wie er der flehenden Thetis die Gewährung
5 ihrer Bitte zunickt, und das Winken der schwarzen Augenbrauen,
die ambrosischen Locken auf seinem unsterblichen Haupte schüttelnd,
den ganzen Olympus erbeben macht.

Du wirst mir indessen gerne zutrauen, daß ich bei dieser
schnell vorübergehenden Verzückung noch Besonnenheit genug be=
10 hielt, dem Grunde des Zaubers nachzuforschen, wodurch dieses
göttliche Machwerk eines sterblichen Meisters auf alle, die es er=
blicken, ohne Ausnahme ebendieselbe Wirkung thut. Glücklicher
Weise brauchte ich nicht tief zu graben; denn er fällt so stark in
die Augen, daß die meisten, denen ich mein Rätsel aufzuraten
15 gab, eher auf alles andere als das Wahre rieten. Ich gebe willig
zu, daß der erhabene Charakter, womit der Künstler diese Götter=
gestalt und alles, was sie umgiebt, zu bekleiden gewußt hat, sehr
viel dabei thut; aber weder in ihm allein, noch in der majestä=
tischen Form des dichtgelockten Hauptes, noch in der unerschütter=
20 lichen Festigkeit und Kraft, der ruhig=ernsten Weisheit und der
von aller menschlichen Schwäche gereinigten Huld und Gnade, die,
wie man sagt, in den Formen und dem Blicke des Angesichts
unnachahmlich ausgedrückt sind, kann der besagte Zauber liegen;
oder wenn Phidias diese nämliche Gestalt mit allen diesen Voll=
25 kommenheiten, die man an ihr bewundert, nach verjüngtem Maß=
stabe nur zehn oder zwölf Zoll hoch ausgearbeitet hätte, müßte
das kleine Bild ebendieselbe Wirkung thun, — welches, denke ich,
niemand behaupten wird.

Und was ist denn die wahre Ursache, warum uns der olym=
30 pische Jupiter so gewaltig ergreift? Es ist, mit Erlaubnis zu
sagen, nicht mehr und nicht weniger als — warum uns ein Ele=
fant mehr Respekt gebietet als ein Stier — seine kolossalische oder
vielmehr titanische Statur; denn bekanntermaßen war die ganze
Familie des Uranos und der Gäa, von welchen Jupiter wie alle
35 übrigen Titanen abstammte, ein Riesengeschlecht von der ersten
Größe. Alle Majestät, die der erhabene Künstler dem Angesicht

1. Nephelegereta, νεφεληγερέτα, νεφεληγερέτης, der Wolkenversammler. —
7. erbeben macht. „Anspielung auf eine allgemein bekannte Stelle im ersten Buche der
Ilias und auf die Sage, daß diese Stelle durch eine plötzliche Begeisterung das Ideal
erzeugt habe, nach welchem Phidias seinen olympischen Jupiter gearbeitet habe." W.

des Gottes zu geben vermochte, würde an einem Bilde von sechs
oder sieben Fuß schwerlich viel mehr gewesen sein, als ein Minos
oder Agamemnon hätte tragen können, ohne darunter einzusinken.
An einem Pygmäenkönige würde diese Majestät — in unsern, nicht
in der Pygmäen Augen — sogar etwas zum Lächeln Reizendes 5
haben; aber an einem Jupiter von sechsundzwanzig Ellen erregt
sie in uns Pygmäen das Gefühl des Übermenschlichen und Göttlichen. Ich hörte einen ehrwürdigen Pythagoreer, den ich eines
Tages im Tempel antraf, sagen: er halte sich überzeugt, daß
Phidias der Religion einen größern Dienst erwiesen habe, als 10
alle Priester, Hierophanten, Dichter und Philosophen der ganzen
Welt zusammengenommen nicht zu thun vermocht hätten. „Der
Mensch, sagte er, ist nun einmal, er wolle oder wolle nicht, durch
seine Natur genötigt, sich die Gottheit unter einer menschlichen
Gestalt vorzubilden. Was Homer und seine Nachfolger leisten 15
konnten, erregt nur schwankende, unbestimmte Phantomen; die
Kunst des Bildners muß ihnen zu Hülfe kommen und die Ein-
bildungskraft auf einer bestimmten Gestalt festhalten. Große Men-
schen waren das Höchste, was die Vorgänger und Zeitgenossen des
Phidias in dieser Art zuwege brachten; er allein hat uns den 20
König der Götter dargestellt. Wer den olympischen Jupiter gesehen hat, trägt einen Eindruck in seiner Seele davon, dem keine
Zeit etwas anhaben kann." Die priesterliche Miene und der
prächtige Bart des Pythagoreers, der selbst das Ansehen eines
Göttersohns hatte, hielt mich zurück, etwas, das mir gegen seine 25
Behauptung auf die Zunge kam, laut werden zu lassen, zumal
da ich das Wahre in derselben an mir selbst erfuhr. Denn wie
richtig es auch sein mag, daß klein und groß, für Eigenschaften
gewisser Dinge genommen, nur täuschende Begriffe sind, so gestehe
ich doch ohne Bedenken, daß ich mich so gern von ihnen hinter- 30
gehen lasse als irgend einer. Von den zehn Tagen, die ich zu
Olympia verweilte, ging keiner vorbei, ohne daß ich den Jupiters-
tempel zweimal wenigstens besucht hätte; und ich schwöre dir beim
goldnen Barte des Gottes, daß ich das Bild, das sich durch dies
so oft wiederholte Anschauen meiner Phantasie eingesenkt hat, nicht 35
um die ganze Cyrenaika missen wollte.

Mehrere Leute haben mit einer bedenklichen Miene angemerkt,

---

4. Pygmäen, Πυγμαῖοι, Zwergvolk im Süden. — 11. Hierophanten, ἱερο-
φάντης, wer den Göttern opfern lehrt.

der olympische Jupiter könnte nicht von seinem Thron aufstehen, ohne das Dach des Tempels einzustoßen. Ganz gewiß machte Phidias diese scharfsinnige Bemerkung auch und tröstete sich und den Baumeister damit, daß sein Jupiter wahrscheinlich wohl immer sitzen bleiben werde. Nicht wenige habe ich beklagen gehört, daß ein prächtig gearbeitetes Brustgeländer nicht erlaube, so nahe zum Thron hinzukommen, als man wohl wünschen möchte. Auch dies ist ein Streich, den der lose Phidias den Leuten gespielt hat. Er machte es ihnen dadurch unmöglich, so nahe hinzuzutreten, daß sie, anstatt den Götterkönig auf seinem Thron zu sehen, nur einen Haufen geschnittenes Elfenbein und gegossenes Gold zu sehen bekommen hätten. Denn damit das Ganze seine gehörige Wirkung thue, muß es aus einem gewissen Standpunkt betrachtet werden. Vielleicht wollte auch der kluge Künstler nicht, daß eine Menge Nebendinge und Verzierungen von allerlei farbichten Edelsteinen, Ebenholz, Perlenmutter und dergleichen, auf deren geschickte Zusammensetzung er zu Verstärkung des Haupteffekts gerechnet hatte, zum Nachteil desselben stückweise und in der Nähe besehen werden könnten. Denn bei einem Kunstwerke, wo am Ende doch alles auf eine gewisse Magie und also auf Täuschung hinausläuft, muß man die Zuschauer nicht gar zu nahe kommen und zu gelehrt werden lassen.

Indem ich überlese, was ich dir von dem größten und schönsten aller Menschenwerke geschrieben habe, dünkt mich, ich habe nichts gesagt. Aber wenn ich einen Stachel in dein Gemüt geworfen habe, der dir keine Ruhe läßt, bis du selbst kommst und siehst, so hab' ich genug gethan; denn das ist alles, was ich wollte.

6. Au Kleonidas.

Ich lebe bereits einige Wochen in dieser weltberühmten und in ihrer Art einzigen Minervenstadt, welche zu sehen mich schon so lange verlangte. Hat sie meine Erwartung übertroffen? oder ist sie unter ihr geblieben? Beides, lieber Kleonidas, und ich werde täglich mehr in der Meinung bestärkt, daß es mir immer und allenthalben mit allen menschlichen Dingen ebenso gehen werde. Im ganzen genommen kenne ich noch keinen Ort, wo ich lieber leben möchte als zu Athen, und meinem Geschmack nach hat die

Stadt durch das Abtragen ihrer Mauern mehr gewonnen als ver=
loren. Ob sie vor dieser den Athenern so schmerzlichen Demütigung
wirklich, wie sie sich schmeichelten, die schönste Stadt in der Welt
war, ließe sich vielleicht noch fragen; aber daß sie jetzt das größte,
schönste, prächtigste und volkreichste Dorf in allen drei Weltteilen 5
ist, wird niemand zu leugnen begehren. Auch ohne Mauern bleibt
sie immer der erste Tempel der Musen, der Sitz des Geschmacks
und die Werkstatt aller das Leben unterstützenden und verschönernden
Künste, mit einem Wort, alles, wozu Perikles sie machte, dessen
Andenken aber, wie ich sehe, bei diesen leichtsinnigen und undank= 10
baren Republikanern schon lange vergessen ist. Kannst du glauben,
daß sie es sogar ungern hören, wenn ein Fremder mit Ehrerbietung
von diesem großen Manne spricht, oder ihm die herrlichen Gebäude
und Kunstwerke, womit er die Stadt und die Akropolis geziert
hat, zum Verdienst anrechnet? Im athenischen Stil zu reden, hat 15
das Volk alles gethan; ja, sie sprechen nicht anders davon, als
ob das alles so hätte sein müssen und mit ihnen zugleich aus dem
attischen Boden hervorgewachsen wäre. Selbst die Namen eines
Miltiades, Themistokles, Aristides, Cimon (der Männer, denen
Griechenland zu danken hat, daß es nicht zu einer persischen Sa= 20
trapie zusammenschrumpfte) werden selten oder nie gehört; aber
dafür sind die Männer von Marathon und Salamin immer auf
ihren Lippen, und der erste Schuster oder Kleiderwalker, dem du
begegnest, ist so stolz darauf, der Enkel eines Mannes von Mara=
thon zu sein, als ob er selbst dadurch zu einem Manne von 25
Marathon würde, und schwatzt mit der unbeschreiblichsten Geläufig=
keit der Zunge stundenlang von den Großthaten seiner Vorfahren,
ohne das mindeste Bewußtsein, wie viele Ursache diese hätten, sich
ihrer ausgearteten Nachkommenschaft zu schämen. In der That
kannst du dir nichts Komischeres vorstellen als den namenlosen 30
Schmerz, womit sie von dem Verlust ihrer Mauern sprechen, wenn
du zugleich bedenkst, daß es bloß auf sie ankam, durch einen den
Spartanern zu rechter Zeit entgegengesetzten kräftigen Widerstand
ihre so zärtlich geliebten Mauern zu erhalten. „Ach, daß wir
leben mußten, den athenischen Namen so geschändet zu sehen!" 35
rufen sie mit einem langen, kläglichen Seufzer aus, und es kommt
ihnen alles andere eher in den Sinn, als sich selbst die Schuld

20f. Satrapie, σατραπεία. Statthalterschaft. — 22. Salamin, wir sagen jetzt
Salamis.

beizumessen oder zu bedenken, daß sie ja so gut wie die drei=
hundert Spartaner bei Thermopylä mit den Waffen in der Hand
sterben konnten, wenn sie eine solche Schmach nicht erleben wollten,
und daß dies in der That die einzige Entschließung war, die den
5 Söhnen der Männer von Marathon geziemte.

Doch für jetzt nichts weiter von diesen der Geißel ihres Aristo=
phanes so würdigen Rechenäern, weil ich dir nicht bald genug von
dem Manne sprechen kann, um dessentwillen ich hauptsächlich hierher
gekommen bin, und der dadurch, daß auch er ein geborner Athener
10 ist, für alle andere Schonung und beinahe Achtung fordert.

Du zweifelst nicht, daß eine meiner ersten Sorgen war,
mich von Antisthenes bei seinem ehrwürdigen Freund einführen
zu lassen.

Es wäre schwer, dir den Eindruck zu beschreiben, womit
15 mich der erste Anblick dieses außerordentlichen Mannes überraschte.
Meine Einbildungskraft (welcher ich überhaupt wenig Gehör zu
geben pflege, weil sie mich fast immer irre führt) hatte sich ohne
Zuthun meines Willens eine Vorstellung gemacht, wie jemand
aussehen müsse, um Sokrates zu sein; und nun fand sich's, daß
20 diese Vorstellung unter allen Sterblichen keinem weniger anpaßte
als dem wirklichen Sokrates. Ich stand einen Augenblick etwas
betroffen da, war aber kaum eine halbe Stunde bei ihm gewesen,
als ich nicht nur mit dem Unerwarteten in seiner Gesichtsbildung
völlig ausgesöhnt war, sondern mir sogar schon in den Kopf ge=
25 setzt hatte, daß er so aussehen müsse, und daß kein andres Äußer=
liches geschickter gewesen wäre, seinen innern Charakter schneller
anzukündigen und stärker auszusprechen, als gerade dieses. Denke
dir einen korpulenten, breitschultrigen alten Mann mit einem bis
an die Seitenhaare kahlen Silenenkopf und dem rüstigen Ansehen
30 eines echten Abkömmlings der Sieger bei Marathon und Salamin,
und ermiß nun selbst, welch einen Kontrast eine solche Figur mit

---

7. „Rechenäer (Gähnaffen, Maulaufsperrer), ein Spottname, welchen Aristophanes
den Athenern giebt, um die sinn= und zwecklose Neugier, Leichtgläubigkeit und Unbesonnen=
heit, die zu den Hauptzügen ihres Volkscharakters gehörten, mit einem angemessenen
Worte (das von dem dummen Schnabelaufsperren der Gänse und der jungen Vögel, wenn
sie von den alten geäßt werden, hergenommen ist) zu bezeichnen." W. — 29. kahlen
Silenenkopf. Auch Silen, der Lehrer des Dionys, hatte einen kahlen Kopf. Wieland
hat folgende Anmerkung: „Sillen, eine beißende Art von Spottgedichten und Personal=
satiren. In der eigentlichen Bedeutung bedeutet Sillos einen Menschen mit eingedrückter
und vorn aufgeworfener Nase, und ist daher mit Silenus einerlei; oder vielmehr die
Silenen haben ihren Namen vermutlich von dieser Art von Nasen, die zu ihren charak=
teristischen Eigenheiten gehörte."

der Erwartung eines jungen Menſchen machte, der ſich, nach einem
ziemlich allgemeinen Vorurteil, einen wegen ſeiner Weisheit und
Geiſtesgröße berühmten Mann nicht anders als mit dem Kopf
eines Pythagoras oder Solon denken konnte! Aber der vielum=
faſſende Verſtand, der in dieſer hohen und breiten, über den   5
buſchigen Augenbraunen ſich weit hervorwölbenden Stirne wohnt,
der Geiſt, der aus dieſen ſtieren Augen blitzt und dir mit jedem
Blick bis auf den Grund deines Innern zu ſehen ſcheint, der
entſchiedene Ausdruck eines feſten, männlichen, keiner Furcht noch
Schwäche fähigen Charakters, einer unwandelbaren Heiterkeit und   10
Gleichmütigkeit und einer biedern, allen Menſchen wohlwollenden
Seele, dieſer Ausdruck, der ſeinem ganzen Geſicht ſcharf und tief
aufgeprägt iſt, macht in wenig Augenblicken den erſten widrigen
Eindruck ſchwinden; du fühlſt dich immer ſtärker und ſtärker von
ihm angezogen; ein unerklärbarer Zauber hält dich in ſeinem Kreiſe 15
feſt, und du wünſcheſt, dich in deinem ganzen Leben nie wieder
von ihm entfernen zu dürfen. Wundre dich nicht, Lieber, daß
ich mich ſo lange bei der Phyſiognomie des Sokrates verweile;
denn ich habe mir in den fünf bis ſechs Wochen, ſeit ich mit ihm
lebe, ein ganz eigenes Studium aus ihr gemacht, und ich bin   20
gewiß, daß ſie einen weſentlichen Anteil an der außerordentlichen
Gewalt und Überlegenheit hat, die dieſer Mann — der ſeinem
Aufzug und ſeinen Glücksumſtänden nach in ganz Athen wenige
unter ſich ſieht — über alle Menſchen, die ſich ihm nähern, zu
behaupten weiß. Ich habe ihn während dieſer Zeit, da ich ſelten 25
von ſeiner Seite komme, nicht einen Augenblick anders als heiter
und freundlich geſehen; aber Antiſthenes verſichert mich, daß ſich
nichts Fürchterlichers denken laſſe als das drohende Geſicht, wo=
mit er in einem Handgemenge vor den Mauern von Potidäa
einen feindlichen Trupp, der ſich des verwundeten Alcibiades be= 30
mächtigen wollte, zurückgeſcheucht habe; und ich begreife voll=
kommen, daß er, ſobald er will, grimmig genug ausſehen kann,
um einem Löwen Angſt einzujagen. Ohne Zweifel iſt gerade dies
die Urſache, warum der Ausdruck von Wohlmeinung und Güte
eine ſo große Wirkung in ſeinem Geſichte thut, weil die natür= 35
liche Schönheit der Züge ſo wenig dazu beiträgt, und man alſo
um ſo gewiſſer ſein kann, daß es der Abdruck wahrer Geſinnungen

---

29. **Potidäa,** *Ποτίδαια.* Stadt auf dem Iſthmus von Pallene, war von Athen
abgefallen und mußte längere Zeit belagert werden.

ist und unmittelbar aus dem Herzen kommt. Das Nämliche gilt
(in seiner Art) von dem ziemlich nah an Hohn grenzenden Spotte,
der in den aufgestülpten Nüstern seiner Delphinennase lauert, aber
durch die gewöhnliche heitere Freundlichkeit seiner Augen und das
gutherzige Lächeln seines dicklippigen Mundes so sonderbar gemildert wird, daß er aufhört, Spott zu sein, oder daß nur gerade
so viel davon übrig bleibt, um seiner Art zu scherzen und der
ihm eigenen Ironie etwas Säuerlichsüßes zu geben, das unendlich
angenehm ist, aber sich weder beschreiben noch nachmachen läßt.
Kurz, ich bin gewiß, diese sonderbare Mischung von Weisheit und
Einfalt, von Ernst und Mutwillen, von Gleichmütigkeit und genia-
lischer Laune, Stolz und Bescheidenheit, Treuherzigkeit und Kausticität, die das Eigentümliche seines Charakters ausmacht, und
wodurch er, mit einem Wort, Sokrates ist, könnte gar nicht stattfinden, wenn ihm die Natur eine regelmäßige Gesichtsbildung gegeben hätte, und gerade diese, die er hat, sei diejenige, welche
der in ihm wohnende Genius sich besser als eine andere anpassen
konnte.

Ich wurde von ihm mit seiner gewohnten Humanität aufgenommen; doch richtete er anfangs die Rede selten an mich, ließ
nur zuweilen einen ziemlich scharfen Blick auf mich fallen und
setzte übrigens das Gespräch fort, worin er, da ich ihm vorgestellt
wurde, mit seinen meistens noch jungen Freunden begriffen war.
Aber als ich es für Zeit hielt, mich wieder wegzubegeben, nahm
er mich bei der Hand und sagte: „Ich höre, du gedenkst dich
einige Zeit zu Athen aufzuhalten, um zu sehen, zu hören und
zu lernen, was bei uns Sehens, Hörens und Lernens wert ist.

12 f. Kausticität, bittere Ironie. — 17 f. anpassen konnte. „Alles, was Aristipp
in dieser und andern Stellen seiner Briefe von dem Äußerlichen des Sokrates sagt, stimmt
sowohl mit der Idee, die man sich aus verschiedenen Stellen im Xenophon und Plato von
ihm machen muß, als mit den schönsten Sokratesköpfen auf antiken Gemmen sehr genau
überein; auch scheinen seine Bemerkungen über die Physiognomie und überhaupt über das
Eigene und Charakteristische an der Außenseite desselben einen hinlänglichen Grund zu
enthalten, warum er die bekannte, dem Cicero und Alexander von Aphrodisias so oft nach-
gebetete Anekdote von dem, was dem Sokrates mit dem Physiognomen Zopyrus begegnet
sein soll, wofern sie ihm auch bekannt war, seiner Erwähnung würdigt. Übrigens pflegte
Sokrates selbst über seine silenenmäßige Gestalt zu scherzen, und es wäre lächerlich, ihn
(wie einige gethan haben), der Schönheit seiner Seele zu Ehren und dem Zeugnis seiner
vertrautesten Freunde zu Trotz, zu einem Adonis machen zu wollen. Ich zweifle daher
nicht, daß Epiktet, wenn er ihm σῶμα ἐπίχαρι καὶ ἰδὺ zuschreibt (s. Arriani Diss.,
Ep IV. 11), nicht mehr damit habe sagen wollen, als was Aristipp hier nur ausführlicher
und bestimmter (wie einem Augenzeugen zukommt) ausgedrückt zu haben scheint." W.

Du wirſt deſſen von aller Art manches finden, des Gegenteils
vielleicht noch mehr. Um deſto weniger getäuſcht zu werden, thut
ein Fremder bei uns wohl, wenn er ſein Urteil zurückhält und
etwas mißtrauiſch gegen die erſten Eindrücke iſt. Gefällt es dir
in meiner Geſellſchaft, ſo ſteht's bei dir, ſo oft um mich zu ſein   5
als andere deines Alters, die mir ihr Zutrauen geſchenkt haben
und durch meinen Umgang beſſer zu werden glauben. Ich weiß
wenig, wiewohl ich einen Teil meines Lebens mit Forſchen zubrachte. Wo ich nicht weiter kann, behelfe ich mich mit dem, was
mir das Wahrſcheinlichſte dünkt; denn immer in Zweifeln ſchweben,   10
iſt für einen beſonnenen Menſchen ein unerträglicher Zuſtand; indeſſen reiche ich mit dem Wenigen, worüber ich gewiß bin,
ziemlich aus und halte mich deſto feſter daran. Meine Freunde
haben ein Recht an alles, wodurch ich ihnen nützlich werden kann.
Ich laſſe mich gerne fragen, frage aber auch gern wieder und   15
hab' es aus langer Erfahrung, daß dies die kürzeſte und ſicherſte
Art iſt, einander auf die Spur der Wahrheit zu helfen." — Ich
bat ihn, mich als einen Jüngling zu betrachten, der das Schöne
und Gute liebe und in beiden das Wahre und vornehmlich das
Band, das beide zuſammenſchlinge, durch ihn kennen zu lernen   20
hofft. Er ſchien mit dem, was ich ihm ſagte, nicht unzufrieden,
und ich denke, ſo muß einem Liebhaber, der von ſeiner Geliebten
ſcheiden muß, zu Mute ſein, wie mir's war, da ich mich von
dieſem zauberiſchen alten Mann entfernte.

Ich habe mir ſo nah als möglich an dem Häuschen des   25
Sokrates eine kleine Wohnung bei einem ehrſamen Bürger gemietet, der einer von den fünf- bis ſechstauſend Richtern dieſer
prozeßreichen Republik iſt und, da er wenig Vermögen hat und
(nach hieſiger Bürgerſitte) zu vornehm iſt, ein Handwerk zu treiben,
ohne ſein tägliches Triobolon mit ſeiner zahlreichen Familie ſehr   30

<hr />

30. Triobolon, drei Obolen, 30 Pf. Wieland erklärt: „Obolen. Ein Obolus
war der ſechſte Teil einer Drachme, alſo ein Triobolon ungefähr ſo viel als ein halbes
Kopfſtück." (Da früher die Münzen noch nicht die Bruſtbilder der Münzherren trugen, ſo
nannte man Kopfſtücke diejenigen Münzen, welche ausnahmsweiſe ſchon ſolche Bruſtbilder
zeigten. So war in Süddeutſchland das Kopfſtück ein Zwanzigkreuzerſtück nach Konventions-
fuß geprägt. Beſonders in Öſterreich gab es halbe Kopfſtücke zu zehn Kreuzer und in Bremen
führten die Stücke zu 12 Groten, in Dänemark die Zwanzig- und Zwölfſchillingſtücke dieſen
Namen. In Frankfurt galt das Kopfſtück 5 Batzen oder 6², Kaiſergroſchen, oder 20 Kreuzer
und 80 Pf. Im allgemeinen galt ein Kopfſtück 5 ggr. 4 Pf. oder 6 Sgr. 9 Pf. und
3 Kopfſtücke einen Gulden Konventionsgeld.)

kümmerlich leben müßte. Da vielleicht zwei Drittel der attischen
Bürger sich in dem nämlichen Falle befinden, so erklärt sich daraus,
warum du in dieser Republik, worin das Volk der Gesetzgeber
ist, unter drei bis vier Bürgern immer unfehlbar einen Richter,
5 nämlich ein Mitglied der zehn großen Gerichtshöfe dieser wunder=
vollen Republik findest, und warum alles darauf angelegt ist, das
Prozeßfieber, womit die Athener samt und sonders — den Sokrates
und etliche seiner Freunde ausgenommen — behaftet sind, zu
nähren und unheilbar zu machen. Das Leben eines attischen
10 Bürgers ist ein immerwährender Rechtsstreit, und die Festtage
abgerechnet, vergeht kein Tag im ganzen Jahr, daß er nicht ent=
weder als Richter oder als Partei oder als Anwalt oder als Zeuge
mit einem Rechtshandel beschäftigt ist. Wer diesem Übel abhelfen
wollte, würde dem größten Teil der Athener ihr tägliches Brot ent=
15 ziehen. Vermutlich ist dies auch die wahre Ursache, warum eine
unbeschreibliche Geläufigkeit der Zunge (sie nennen's Stomylie) und
eine gewisse angeborne Wohlredenheit und Begierde, sich selbst
reden zu hören, ein so allgemeiner Charakterzug dieses über allen
Begriff lebhaften Volkes ist.

20   Du wirst dich, wie ich sehe, schon daran gewöhnen müssen,
lieber Kleonidas, daß ich nicht lange in meinem Wege fortgehen
kann, ohne bald auf diesen, bald auf jenen Gegenstand zu stoßen,
der mich zu einer kleinern oder größern Abschweifung verleitet.
Insofern ich dir nur keine Langeweile mache, wird es dir übrigens
25 gleichviel sein, was für einen Weg ich dich führe, da meine Briefe
bloße Spaziergänge für dich sind.

     Ich denke meinem Vorsatz, eine Zeitlang auf dem sokratischen
Fuß, d. i. ein wenig armselig zu leben (wiewohl mich der letzte
Brief meines Vaters auf einmal um fünfhundert Minen reicher
30 gemacht hat), so lange getreu zu bleiben — als ich es aushalten
kann. Bis hierher geht es noch gut. In der That, für einen
Kosmopoliten ist nichts notwendiger, als auf alle Fälle mit zwei
bis drei Obolen des Tages auskommen zu können, wiewohl, es
zu müssen, vielleicht nie mein Fall sein wird.

35   Ich sehe und höre den Sokrates alle Tage und habe außer
seinen Freunden oder eigentlichen Anhängern noch wenig Be=
kanntschaften gemacht; doch soll auch dies mit der Zeit anders

---

16. Stomylie, Schwatzhaftigkeit. (Griechisch στωμυλία.)

werden. Für jetzt iſt mein Hauptzweck, den merkwürdigſten aller
Menſchen ſo lange zu beobachten und zu ſtudieren, bis ich ihn
ganz zu kennen und zu verſtehen glaube.

Ein einziges Mal habe ich in dieſer Zeit mit Sokrates einem
großen Gaſtmahl bei einem atheniſchen Kalokagathos von der erſten 5
Klaſſe beigewohnt, wo einem Cyrener die Miſchung von Üppigkeit
und Pracht mit übel verhehlter Armut und Knauſerei nicht anders
als auffallend ſein mußte. Reich ſcheinen zu wollen, ſowie überhaupt mehr zu ſcheinen, als ſie ſind, iſt eines der charakteriſtiſchen
Erbübel der Kekropiden; dafür, daß niemand mehr reich ſei, haben 10
die Spartaner geſorgt, und es wird eine Reihe von Jahren dazu
gehören, bis Athen ſich von den Folgen ihres mißlungenen An-
ſchlags auf Sicilien und des ſo unglücklich für ſie ausgefallenen
peloponneſiſchen Verheerungskrieges erholt haben wird.

Sokrates galt ehemals für einen ſehr angenehmen Tiſch- 15
geſellſchafter, und viele der vornehmſten Athener würden ein feſt-
liches Gaſtmahl für unvollſtändig gehalten haben, wenn Sokrates
dabei gefehlt hätte. Jetzt pflegt er eine ſolche Einladung nur
ſelten anzunehmen. Ziemlich oft hingegen geſchieht es, daß ſeine
Freunde abends in ſeinem Hauſe ſpeiſen, indem jeder ſein Gericht 20
hinſchickt; eine in Athen gewöhnliche und meines Erachtens ſehr
nachahmungswürdige Art, den Abend in auserleſener Geſellſchaft
ohne Beläſtigung des Hauswirts zuzubringen, vorausgeſetzt, daß
das Höchſte, was eine Schüſſel koſten darf, durch gemeinſchaftliche
Abrede nach einem ſehr frugalen Maßſtabe beſtimmt ſei. Dieſe 25
kleinen freundſchaftlichen Sympoſien ſind durch die genialiſche Art,
wie Sokrates Ernſt und Scherz bald abzuwechſeln, bald in einander zu ſchmelzen weiß, für mich wenigſtens, die unterhaltendſte
und ſogar die lehrreichſte Zeit, die ich in ſeiner Geſellſchaft zubringe.

---

5. „Kalokagathen (καλοκαγαθοι). Was man damals zu Athen einen Kalokagathos
nannte, war mit dem, was die Engländer a Gentleman und die Franzoſen un galant
homme nennen, ziemlich gleichbedeutend. Öfters bezeichnet es auch eine Perſon von vornehmer Geburt und Erziehung. In der moraliſchen Beziehung, da es ſchöngut oder gut-
edel heißt, ſcheint es vom Sokrates zuerſt genommen worden zu ſein." W. — 10. Kekropiden, Athener. — 26. Sympoſien, Trinkgelage.

7. An ebendenselben.

Ich finde je länger je mehr, wie falsch der Begriff ist, den
man sich im Auslande von Sokrates macht, indem man ihn für
einen Philosophen oder Sophisten von Profession und das Haupt
einer eigenen Schule hält. Er ist, wiewohl er vielerlei Kenntnisse
5 besitzt, kein eigentlicher Gelehrter und, ob er gleich ein sehr weiser
und kluger Mann ist, weder das, was man einen Philosophen,
noch was man einen Staatsmann zu nennen pflegt; oder, richtiger
zu reden, seine Weisheit und Klugheit war es eben, was ihn
abhielt, sich aus dem einen oder dem andern dieser Qualitäten
10 eine Lebensart zu machen. Er ist ein zu edler und guter Mensch,
um ein bloßer Bürger von Athen, und gleichwohl zu sehr Bürger
von Athen, um ein echter Weltbürger zu sein. Man erstaunt, bei
einem Manne, der (wenn man ein paar Feldzüge ausnimmt) nie
15 aus Athen gekommen ist, einen solchen Umfang von Welt- und
Menschenkenntnis, einen so hellen, von Vorurteilen und Wahn-
begriffen so gereinigten Verstand und einen so feinen Sinn für
die rechte Art, mit allen Gattungen von Menschen umzugehen, zu
finden; und doch deucht mich (wenn ich dies ohne Schein eines
20 thörichten Dünkels gestehen darf), ich sehe zuweilen eine gewisse
Beschränktheit in seiner Vorstellungsart, die mir bloß daher zu
kommen scheint, daß er sich unvermerkt angewöhnt hat, Athen, den
Mittelpunkt seiner eigenen Thätigkeit, für den Mittelpunkt der
Welt, und was außer Athen ist, keiner sonderlichen Aufmerksam-
25 keit wert zu halten. Ob ich mich hierin irre, darüber werde ich
vielleicht in der Folge Gelegenheit finden, dich selbst zum Richter
zu machen.

Um mir beim Erforschen dieses in seiner Art so ganz einzigen
Mannes viele Zeit und manchen Fehlschluß zu ersparen, habe ich
30 mir Mühe gegeben, über seine Lebensgeschichte so viele und so
zuverlässige Erkundigungen einzuziehen, als mir nur immer möglich war.

Sein Vater Sophroniskus war ein Steinmetz, und seine
Mutter Phänarete die geschickteste und ihres Charakters wegen
35 geschätzteste Hebamme ihrer Zeit in Athen. Er scheint sich auf diese
Mutter etwas zu gute zu thun; denn er liebt, ihrer bei Ge-
legenheit öfters zu erwähnen, und soll einst, da ihm über sein
Talent, junge Leute zu bilden, ein Kompliment gemacht wurde,

3*

in seiner gewohnten Manier, Ernst in Scherz einzukleiden, zur Antwort gegeben haben: „Es ist ein Erbstück von meiner Mutter; meine ganze Kunst besteht in einer gewissen Geschicklichkeit, die Entbindung schwangerer Seelen zu befördern. Die Frucht, die ans Tageslicht kommen soll, muß freilich schon lebendig, gesund 5 und wohlgestaltet in der Seele verborgen liegen, und alles, was ich bei der Geburt thun kann, ist, ihr leicht und mit guter Art herauszuhelfen." Personen, die seine Eltern gekannt haben, versicherten mich, daß er äußerlich seinem Vater und dem Gemüt und der Sinnesart nach seiner Mutter sehr ähnlich sei. 10

Sophroniskus that an seinem Sohne — was er konnte; er gab ihm die gewöhnliche Erziehung aller jungen Athener jener Zeit, die du aus der Scene der beiden Streithähne, Dikäos und Adikos Logos, in den berüchtigten Wolken des Aristophanes kennst. Der junge Sokrates lernte bei einem Schulhalter vom gewöhn= 15 lichen Schlage den Homer und Hesiod, wo nicht verstehen, wenigstens fertig lesen, von einem Singmeister auf der Cither klimpern und alte Lieder nach alten Weisen singen, und übte sich übrigens fleißig im Wettlaufen, Ringen und Fechten auf der Palästra. Der Vater, um seiner Pflicht (nach einem bekannten Gesetze Solons) 20 volle Genüge zu thun, lehrte ihn seine eigene Kunst; die Mutter, welche bei Zeiten merkte, an diesem Sohn etwas mehr als einen künftigen Steinhauer geboren zu haben, wollte wenigstens einen Bildhauer aus ihm werden sehen; und so wurde er, ich weiß nicht welchem damaligen Meister dieser Kunst in die Lehre gegeben. 25 Es scheint nicht, daß er selbst eine besondere Anlage oder Neigung zu ihr in sich gefühlt habe; indessen bracht' er es doch darin auf einen gewissen Grad, machte bis über sein dreißigstes Jahr seine hauptsächlichste Beschäftigung daraus und fertigte binnen dieser Zeit unter andern Arbeiten verschiedene Statuen, wovon die meisten 30 in einem Landhause seines Freundes Kriton zu sehen sind, der sich viele Mühe gegeben hat, so viele derselben zusammenzubringen, als für Geld zu haben waren. Ich habe sie gesehen, und da ich die Werke des Polyklet und Phidias gesehen habe, so darf ich

2ff. Es...befördern. „Was Aristipp hier sagt, wird durch eine bekannte Stelle im Theätetus des Plato bestätigt." W. — 14. Wolken, das gegen Sokrates gerichtete Lustspiel des Aristophanes. In ihnen führen der Dikäos Logos, die gerechte Rede, und der Adikos Logos, die ungerechte Rede, ein Streitgespräch, wer von ihnen stärker sei. — 19. Palästra, παλαιστρα. Ringschule. — 31. Kriton, Κριτων. Crito. Altersgenosse des Sokrates, unterstützte von seinem Reichtum auch dessen Studien. — 31. Polyklet, Πολυκλειτος. Polyclitus. berühmter Bildhauer im Zeitalter des Perikles, dessen Statue

dir ohne Scheu bekennen, daß Sokrates, dessen wahre Bestimmung
war, der Weiseste und Beste unter den Weisen und Guten seiner
Zeit zu sein, schwerlich weder der erste noch der zweite noch der
dritte unter den Bildhauern seiner Zeit geworden wäre. Indessen
5 zeichnet sich doch unter seinen Versuchen in der Kunst eine Gruppe
der Grazien aus, an welcher er wirklich mit Liebe und unter dem
Einfluß der holdseligen Töchter Jupiters gearbeitet zu haben
scheint; man sieht, daß ihm Pindars σεμναι Χαριτες, παντων
ταμιαι εργων εν ουρανω, wirklich erschienen, und daß er im Be=
10 streben, die Ideale, die seiner Seele vorschwebten, im Marmor
festzuhalten, vielleicht noch mehr geleistet hätte, wenn er weniger
hätte leisten wollen. Denn das Einzige, was an diesen Grazien
auszusetzen ist, und was jedem, der sie sieht, auffällt, ist, daß sie
gar zu ehrwürdig sind.

15 Dem besagten Kriton hat es Griechenland zu danken, daß
es sich unter seinen Heroen aller Art auch eines Sokrates rühmen
kann; ohne ihn wäre dieser wahrscheinlich Bildhauer geblieben,
und die reinste sittliche Gestalt, in welcher die Humanität je der
Welt persönlich im wirklichen Leben sichtbar geworden ist, würde,
20 wo nicht unenthüllt, doch auf ewig mit dem Schleier der Unbe=
kanntheit und Vergessenheit bedeckt geblieben sein. Kriton, noch
jetzt der erste sowie der älteste unter den Freunden des Sokrates,
dem er an Alter etliche Jahre vorgeht, ist in den Augen aller,
die ihn kennen und Menschenwert zu schätzen wissen, einer der
25 Edelsten, die dieses an vortrefflichen Männern fruchtbare Land
seit Deukalion und Pyrrha hervorgebracht hat. Glücklicher Weise
ist er auch einer der wohlhabendsten Athener und im Gebrauch
seines ansehnlichen Vermögens so großmütig und freigebig als der
berühmte Cimon, ja selbst auf eine noch verdienstlichere Weise,
30 da kein Verdacht auf ihn fallen kann, daß ein ehrsüchtiges Streben
nach Volksgunst oder irgend eine andere unlautere Absicht den
mindesten Einfluß auf seine Freigebigkeit habe. Zufälliger Weise
(wie man, vielleicht sehr uneigentlich, zu sagen pflegt) kam er in
die Werkstatt des alten Sophroniskus, als der Sohn die erwähnte
35 Graziengruppe eben vollendet hatte. Er betrachtete das Werk und

des Doryphoros als vollkommenstes Muster in Bezug auf die Verhältnisse der Teile des
menschlichen Körpers galt.
8 f. σεμναι Χαριτες, παντων ταμιαι εργων εν ουρανω, die ehr=
würdigen Göttinnen der Anmut, die Schafferinnen aller Werke im Himmel. — 29. Cimon,
Κιμων, Sohn des Miltiades.

den Werkmeiſter mit gleicher Aufmerkſamkeit, ließ ſich mit dem
angehenden Künſtler in ein Geſpräch ein und beſchloß von Stunde
an, ſich um ſein Vertrauen zu bewerben und, wenn er es gewonnen
hätte, alles anzuwenden, um ihn mit guter Manier aus der Stein=
und Bildhauerwerkſtatt in eine ſeinen natürlichen Anlagen ange= 5
meſſenere Art von Thätigkeit zu verſetzen.

Es befanden ſich damals drei Männer in Athen, deren jeder
in dem Fache von Gelehrſamkeit, welches er vorzüglich bearbeitete,
für den erſten galt: Anaxagoras von Klazomenä, ein Philoſoph
aus der Schule des Thales, der Sophiſt Prodikus von Ceos und 10
Damon, ein geborner Athener, einer der berühmteſten Tonkünſtler
ſeiner Zeit. Der erſte hatte das Studium der Natur, wiewohl
auf einem falſchen Wege, der zweite die Kunſt zu reden, als
eines der mächtigſten Werkzeuge, wodurch man in Republiken auf
die Menſchen wirken kann, der dritte die Theorie der Muſik, 15
inſofern ſie eine Art von magiſcher Gewalt über das Gemüt
und die Leidenſchaften auszuüben fähig iſt, zum Hauptgeſchäfte
ſeines Forſchens gemacht. Alle drei genoſſen des Schutzes und
der Achtung des großen Perikles; die vornehmſten Athener ſuchten
ihren Umgang, und jedermann ſchätzte es für ein beſondres Glück, 20
wenn er ſeinem Sohne den Zutritt bei dem erſten und den Unter=
richt der beiden andern verſchaffen konnte.

Sobald Kriton den Vorſatz gefaßt hatte, ſich des jungen
Sokrates mit Ernſt anzunehmen, war ſeine erſte Sorge, ihn mit
dieſen drei Männern, mit welchen er ſelbſt auf einem freund= 25
ſchaftlichen Fuße lebte, in Bekanntſchaft zu ſetzen; denn er zweifelte
nicht, daß ſie ſtark auf den jungen Mann wirken und gar bald
den Gedanken in ihm erwecken würden, die Natur habe ihn zu
einer höheren Beſtimmung berufen, als in Thon, Holz und Stein
zu arbeiten. Verehrern der Kunſt, wie du und ich, mag dies 30
etwas anſtößig klingen; aber die meiſten Griechen machten ſich
damals und noch jetzt einen viel zu geringen Begriff von der=
ſelben, und ein Bildhauer war in ihren Augen am Ende doch
nichts weiter als ein Handwerksmann, der ſein Brot durch
mechaniſche Handarbeit in einer harten Materie ſauer und mühſelig 35

9. Anaxagoras, berühmter Philoſoph der ältern ioniſchen Schule, Lehrer des
Sokrates. — 10. Thales, Quⁱⁱ: und Quⁱⁱ:, einer der ſieben Weiſen, Stifter der
ioniſchen Schule, aus Milet. — Prodikus, der Sophiſt, der die ſchöne Allegorie von
Herkules am Scheidewege erdichtete. — 11. Damon, Jiuⁱⁱ. Lehrer des Perikles, Muſiker
und Sophiſt.

verdienen müsse. Wahrscheinlich hatte Kriton selbst damals keinen
andern Gedanken, als den jungen Sokrates in eine höhere Klasse
hinaufzurücken und durch Entwicklung und Ausbildung seiner
Fähigkeiten in den Stand zu setzen, dereinst eine bedeutende Rolle
5 in der Republik zu spielen. Auch erreichte er seine Absicht, wiewohl in einem ganz anderen Sinne und in der That auf eine
weit vollkommnere Art als er sich vorgestellt haben mochte. Der
Sohn des Sophroniskus gewann in kurzer Zeit die Zuneigung
des gelehrten Triumvirats; sie machten sich ein Vergnügen daraus,
10 ihm Anleitung zu geben und von ihren Kenntnissen so viel mitzuteilen als er davon gebrauchen konnte und wollte. Denn wiewohl er sich mehrere Jahre lang mit allen Arten der spekulativen
Wissenschaften, die von der ionischen Philosophenschule damals mit
ungemeinem Beifall betrieben und von den sogenannten Sophisten
15 nach ihrer eigenen Weise popularisiert wurden, mit vielem Fleiß
gelegt haben soll, so scheint er doch ziemlich bald einen Beruf in
sich gefühlt zu haben, seinen eigenen Weg zu gehen und sich
sowohl in Meinungen als im Leben unabhängig und frei von
fremdem Einfluß zu erhalten. Es war ein leichtes gewesen, seine
20 Wißbegierde zu erwecken; die sogenannte physische Philosophie,
von welcher Anaxagoras Profession machte, hatte unendlich viel
Anziehendes. Denn sie versprach nichts Geringeres, als den un-
durchdringlichen Vorhang, hinter welchem die Natur ihre Mysterien
treibt, wegzuziehen und über die angelegensten Fragen, die der
25 menschliche Geist an sich selbst zu thun sich nicht erwehren kann,
befriedigende Aufschlüsse zu geben. Aber sein guter Verstand ließ
ihn bei Zeiten wahrnehmen, nicht nur daß sie nicht hielt, was
sie versprach, sondern auch, daß sie weit mehr versprach, als sie
halten konnte. Er suchte nach Wahrheit, und man fertigte ihn
30 mit Hypothesen ab, die man zwar mit vielem Scharfsinn zu
möglich scheinenden Auflösungen der Rätsel, die uns die Natur
aufzuraten giebt, anzuwenden wußte, die aber keinen festen Halt
hatten und, wenn sie scharf geprüft wurden, weder den Verstand
noch die Einbildungskraft befriedigten. Er suchte nützliche Wahr-
35 heit, und man wollte, daß er einen großen Wert auf Spekulationen legen sollte, von welchen nicht der mindeste Gebrauch im
menschlichen Leben zu machen war. Alles, was er mit den Nachforschungen, die einen guten Teil seiner schönsten Jahre aufzehrten,
gewonnen zu haben glaubte, war — und konnte für einen so

reinen Wahrheitssinn wie der seinige nichts anderes sein als „das
Bewußtsein, daß er vom Ursprung der Welt und ihren elemen-
tarischen Bestandteilen, von Materie und Geist, von Raum und
Zeit, von den unsichtbaren Kräften, mit deren sichtbaren Wirkungen
die Natur uns überall umgiebt, kurz, von den überirdischen und 5
übersinnlichen, himmlischen und überhimmlischen Dingen gerade
so viel wisse als vorher, nämlich nichts oder wenig mehr als
nichts". — Dies war ein großer Abfall von den glänzenden Erwartungen, die man ihm vorgespiegelt hatte; und was für ein
anderes Resultat konnte aus einer solchen Erfahrung hervorgehen 10
als die innigste Überzeugung, daß der größte Teil der Probleme,
womit die spekulativen Philosophen seiner Zeit sich selbst und ihre
Lehrlinge unterhielten, ganz und gar keine Gegenstände des menschlichen Wissens seien, und daß ein gesund denkender Mensch in
der kurzen Lebenszeit, die ihm von der Natur so kärglich zu- 15
gemessen wird, mehr als genug zu thun habe, wenn er nur zu
einem hinlänglichen Grade von Kenntnis dessen, was allen
Menschen zu wissen nötig, und was nicht zu wissen ein großes
Übel ist, gelangen wolle? Er schätzte diese Überzeugung um so
höher, je mehr Zeit und Mühe sie ihm gekostet hatte, und sie 20
war's, was seinem Geiste diese Richtung auf das Sittlich-Gute
und überhaupt auf das Nützliche in allen Dingen gab, die er von
dieser Zeit an nie wieder aus dem Auge verlor. Indessen fuhr
er noch immer fort, die Bildhauerkunst nebenher zu treiben, insofern sie ihm zu Gewinnung seines notdürftigen Unterhalts un- 25
entbehrlich war. Denn es währte ziemlich lange, bis der edle
Kriton so viel über ihn vermochte, daß er, um sich aller mechanischen
Arbeiten entschlagen zu können, diesem mit ganzer Seele an ihm
hangenden Freunde gestattete, dafür zu sorgen, daß es ihm für
sein übriges Leben nie am Notwendigen fehlen könne. Auch 30
scheint dies nicht eher geschehen zu sein, als nachdem Sokrates
in der Kenntnis seiner selbst so weit gekommen war, daß er seinen
innern Beruf, ein Menschenbildner in einem ganz andern und
unendlich höhern Sinne zu sein, nicht länger bezweifeln konnte.

Eine der wichtigsten Folgen des Verhältnisses, worin er mit 35
Anaxagoras und Kriton stand, war (meines Erachtens) der freie
Zutritt in das Haus des Perikles und die Gelegenheit, die er
dadurch erhielt, diesen großen Mann und seine Staatsverwaltung
näher kennen zu lernen und in dieser Absicht auch den Umgang

mit der berühmten Aspasia, der Juno dieses attischen Jupiters
(wie sie der alte Kratinus in einer seiner Komödien nennt), sich
zu nutze zu machen. Aus dieser Zeit schreibt sich auch seine
Bekanntschaft mit dem berüchtigten Neffen des Perikles, Alcibiades,
5 her, von welchem er schon damals sehr richtig urteilte, daß er
entweder zum Heil oder zum Verderben Griechenlands geboren
sei, je nachdem sein guter oder böser Dämon die Oberhand über
ihn gewinnen würde; und diese Überzeugung allein war es, was ihn
bewog, sich unter die erklärten Liebhaber, von welchen dieser so
10 viel Gutes und Böses versprechende Jüngling beständig umgeben
war, zu mischen und alles mögliche anzuwenden, um das Vertrauen
desselben zu gewinnen, die Liebe des Schönen und Guten in ihm
zu entzünden und ihm für seine Schmeichler und Verführer Gleich=
gültigkeit und Verachtung einzuflößen.

15 Ohne Zweifel trugen alle diese Verhältnisse vieles dazu bei,
ihn auf den wahren Standpunkt in seinem künftigen Wirkungs=
kreise zu stellen und über den Plan seines Lebens in sich selbst
gewiß zu machen. Vermutlich faßte er schon damals den festen
Entschluß, dem er bisher immer treu geblieben ist, der strengsten
20 Erfüllung aller seiner Bügerpflichten unbeschadet, sich jeder Ein=
mischung in die Staatsverwaltung zu enthalten, so selten als
möglich in den Volksversammlungen zu erscheinen und nie als
öffentlicher Redner aufzutreten. Weder seine Familie noch seine
Glücksumstände noch seine Neigung bestimmten ihn, eine politische
25 Rolle in Athen zu spielen; so viele andere hatten dazu einen
nähern Beruf und waren, wofern sie nur wollten, weit besser im=
stande, sich auf diesem Wege um den Staat verdient zu machen.
Ihm hingegen zeigte sich ein neuer, von keinem andern noch be=
tretener Weg, wie er seinen Mitbürgern und Zeitgenossen auf
30 eine ihm eigene Weise ungleich nützlicher als auf jede andere werden
konnte. Die Republik hatte ein sehr dringendes Bedürfnis, an
welches keiner von ihren Vorstehern und Ratgebern dachte, und
diesem nach Vermögen zu Hülfe zu kommen, fühlte er sich von
seinem Genius berufen. In einer Zeit, wo niemand zu bemerken
35 schien, daß die täglich zunehmende Ausartung der alten Sitten
den Staat ebenso unvermerkt dem Verderben immer näher bringe;

---

1. Aspasia, Ἀσπασία, Aspásia, Gemahlin des Perikles, aus Milet. — 2. Kra=
tinus, Κρατῖνος, Cratinus, Lustspieldichter der alten Komödie, Zeitgenosse des Aristo=
phanes. Vgl. Kap. 9.

in einer Zeit, wo der allzu rasche Übergang von der ehemaligen
goldnen Mittelmäßigkeit zu der hohen Stufe von Macht und
Reichtum, worauf Perikles die Republik erhoben hatte, den eiteln
Athenern so glänzende Aussichten eröffnete, daß sie, aller Mäßigung
vergessend, nichts als Alleinherrschaft und unbegrenzte Vermehrung 5
ihrer Besitztümer und Einkünfte träumten; zu einer Zeit, wo ein
Mann von so ruhigem Blick und gesundem Urteil wie er leicht
voraussehen konnte, daß sich ein furchtbares Ungewitter gegen
Athen zusammenziehe, und daß bald genug Umstände eintreten
würden, in welchen der allgemeine Mangel an sittlicher und politischer 10
Tugend durch die unseligsten Folgen tief gefühlt werden müßte;
in einer solchen Zeit sich selbst in Gesinnungen und Grundsätzen,
Worten und Werken zum Vorbilde aller häuslichen und bürger=
lichen Tugenden darzustellen und Jünglinge von edler Art durch
den Reiz seines Umgangs an sich zu ziehen, um sie zu gleichen 15
Grundsätzen und Gesinnungen zu bilden, dies war unleugbar
der größte Dienst, den ein Mann dem Vaterlande leisten konnte;
und der einzige Mann, der es wollte und konnte, — war Sokrates.

Du siehst nun, lieber Kleonidas, in welchem Sinne Sokrates
ein öffentlicher Lehrer genannt werden kann, wiewohl er nie eine 20
Schule gehalten noch gestiftet, nichts geschrieben und mit allen
seinen Bemühungen, die Leute, die mit ihm umgehen, weiser und
besser zu machen, keinen Obolus gewonnen hat. Auch ist zwischen
ihm und den Sophisten, die den Unterricht in den Wissenschaften,
besonders in der Moral, Politik und Demagogik, als eine Pro= 25
fession treiben, nicht die geringste Ähnlichkeit. Er giebt sich so
wenig für einen Gelehrten aus, daß er sich vielmehr im Scherz,
zuweilen auch wohl in vollem Ernst, auf seine Unwissenheit viel
zu gute thut. „Der ganze Unterschied, hörte ich ihn einmal sagen,
zwischen mir, der nichts weiß, und diesen bewunderten Herren, 30
die alles wissen und sich dafür bezahlen lassen, besteht darin, daß
sie zu wissen glauben, was sie nicht wissen, ich hingegen weiß,
daß ich nichts weiß.“ Offenherzig zu reden, scheint er sich in
diesem Punkte zuweilen ein wenig zu täuschen und die Gering=
schätzung gewisser spekulativer Wissenschaften, deren Nutzen nicht 35
sogleich in die Augen fällt oder vielleicht erst künftig noch entdeckt
werden mag, weiter zu treiben, als er thun würde, wenn er sich
seiner Unwissenheit immer bewußt wäre. Übrigens, und wenn er
auch mit einigen Fächern des menschlichen Wissens zu wenig be=

kannt ist, um ein vollgültiges Urteil über ihren Wert fällen zu
können, so ist er hingegen desto gelehrter in den Künsten und
Handwerken, die im gemeinen und bürgerlichen Leben von aner=
kanntem Nutzen sind. Er spricht mit einem jeden sehr verständig
von seiner Profession und giebt ihnen nicht selten Anleitung oder
Winke, wie sie dies oder jenes besser einrichten oder ihre Fabrikate
und Kunstwerke zu einer größern Vollkommenheit bringen könnten,
benimmt sich aber so geschickt dabei, daß er, indem er sich mit ihnen
über ihre Kunst bespricht, vielmehr das Ansehen eines Unwissen=
den hat, der durch bescheidene Fragen von ihnen belehrt zu werden
sucht, als eines Klüglings, der sich anmaßt, den Meistern Lehren
zu geben. Er hat sich in verschiedenen Feldzügen als einen guten
Soldaten bewiesen, versteht sich auf alles, was zum Kriegsdienst
zu Wasser und zu Lande gehört, und weiß im Notfall das Steuer=
ruder so geschickt zu führen als der erfahrenste Schiffer. Schwer=
lich giebt es irgend ein Geschäft, das durch ruhige Besonnenheit,
unerschütterliche Festigkeit, ausharrende Geduld, Nüchternheit, Wach=
samkeit, Gleichgültigkeit gegen Vergnügen und Schmerz, gegen
Hunger und Durst, Frost und Hitze, mit einem Worte, durch
alle Eigenschaften und Tugenden, die einen echten Mann von
Marathon ausmachen, und nur durch diese wohl gelingen kann,
schwerlich giebt es ein solches Geschäft im Frieden oder im Krieg,
womit er nicht zu seiner Ehre zu stande kommen würde; und ich
bin gewiß, wenn die Götter den armen Rechenärn zu einem so
klugen Einfall verhelfen wollten, wie der wäre, wenn sie, anstatt
ihre Kriegsobersten zu Dutzenden aus dem Glückstopf zu ziehen,
ihn zu ihrem Oberfeldherrn machten, ihre Angelegenheiten sollten
gar bald eine bessere Gestalt gewinnen. Mit Einem Wort, Freund
Kleonidas, Sokrates ist ein — tugendhafter Mann im höchsten
und vollständigsten Sinne des Wortes, und darin besteht sein
eigentümlicher Charakter, Wert und Vorzug vor allen seinen Zeit=
genossen. Er taugt zu allem, wozu ein Mann taugen soll, kann
alles, was jedermann können sollte, weiß gerade so viel, als nie=
mand ohne seinen Schaden nicht wissen kann, und ist in jedem
Verhältnis des Lebens, was man sein muß, um ein Vorbild für
alle zu sein.

8. An Kleonidas.

Daß Sokrates, wenn er mit andern philoſophiert, ſich nur zweier Methoden, der Induktion und der Jronie, zu bedienen pflege, hat ſeine Richtigkeit; wenigſtens habe ich nie geſehen, daß er in ſeinen Geſprächen, es ſei nun, daß ſie auf Belehrung oder 5 auf Widerlegung abzielen, einen andern als einen dieſer beiden Wege eingeſchlagen hätte.

Dieſe ſonderbare Art zu philoſophieren ſcheint mir deine hohe Meinung von ihm nicht wenig herabgeſtimmt zu haben. „Die Induktion kann mich, ſagſt du, nichts lehren, als was ich entweder 10 bereits wußte oder mir vermittelſt eines kleinen Grades von Be- ſinnung ſelbſt ſagen konnte; und wie ein ſo weiſer Mann die Jronie für eine taugliche Methode, die Wahrheit ausfindig oder einleuchtend zu machen, halten könne, iſt mir vollends unbegreif- lich." — Über beides, lieber Kleonidas, hoffe ich dich ins klare 15 zu ſetzen, wenn ich dir ſage, bei welchen Perſonen und zu welcher Abſicht Sokrates von der einen und der andern Gebrauch zu machen pflegt. Die Perſonen, mit welchen er ſich am meiſten ab- giebt, ſind (außer ſeinen nähern Freunden und Günſtlingen) ent- weder ſolche, die von ihm belehrt zu werden wünſchen, es ſei nun, 20 daß ſie ihre Unwiſſenheit in der Sache, wovon die Rede iſt, an- erkennen oder ſo ſchwach an ihrer bisherigen Meinung hangen, daß ſie immer bereit ſind, ſie mit einer beſſern zu vertauſchen, oder es ſind naſeweiſe Klüglinge und eingebildete Allwiſſer, die er, da ſie Belehrung weder ſuchen noch anzunehmen aufgelegt ſind, 25 bloß beſchämen und wenigſtens zum ſtillen Bekenntnis ihrer Un- wiſſenheit nötigen will. Bei den erſtern bedient er ſich der In- duktion als einer Lehrart, gegen die letztern der Jronie als einer ſowohl zur Verteidigung als zum Angriff gleich bequemen Waffe.

Die Athener verbinden mit dem Worte Jronie ungefähr den- 30 ſelben Begriff (der Verſpottung) wie wir und alle andern Griechen; nur daß ſich ihm durch den gemeinen Gebrauch ein Nebenbegriff bei ihnen angehängt hat, der aus einem beſondern Zug ihres Nationalcharakters zu entſpringen ſcheint. Der Athener pflegt näm- lich ſeine Meinung nicht leicht ſo kurz und geradezu heraus zu 35 ſagen wie der Spartaner oder Böotier; nicht etwa aus vorſichtiger

---

3. Induktion, der Schluß vom Einzelnen auf das Allgemeine.

Zurückhaltung (wie ich dies an den Korinthern bemerkt zu haben
glaube), sondern weil es ihm, wenn er spricht, selten oder nie so
viel um Wahrheit oder um die Sache selbst zu thun ist als um
das eitle Vergnügen, mit der Feinheit und Gewandtheit seines
5 Witzes und der Geläufigkeit seiner Zunge zu prunken und den
andern entweder seine Überlegenheit fühlen zu lassen oder, falls
es ein Höherer an Stand und Rang oder ein Mann von vorzüglichen Verdiensten ist, die beiden großen Geburtsrechte des
attischen Bürgers, Freiheit und Gleichheit, gegen ihn zu behaupten,
10 indem er ihm zu verstehen giebt, er dünke sich nicht geringer und
mache sich wenig aus Vorzügen, die er nicht selbst besitzt. Du
kannst dir kaum vorstellen, auf wie vielerlei Art die Eitelkeit der
Athener sich in dieser Absicht durch Mienen, Gebärden, Ton und
Beugung der Stimme, kleine Zwischenwörter u. dergl. zu äußern
15 pflegt. Daher das Attikon blepos (wie es Aristophanes nennt),
diese unnachahmliche edle Unverschämtheit im Blick und im Lächeln,
die den Athener aus tausend andern kenntlich macht, und der
höhnische Ton, den sie, sobald sie merken, daß der andere nicht
ihrer Meinung ist, in die Frageformeln: „Wär's etwa nicht so?"
20 oder „Was könntest du wohl dagegen haben?" zu legen wissen.
Vermutlich ist es diese Eitelkeit, was in Verbindung mit der lebhaften Ader von leichtem Witz, wovon der Athener immer sprudelt,
diese Neigung zum Spotten, Necken und Auslachen erzeugt, die
einer der gemeinsten Züge dieses Volkes ist. Ich erkläre mir
25 daraus, daß sie so gern das Gegenteil von dem, was sie sagen
wollen, sagen, zu loben scheinen, wenn sie tadeln, und zu schelten,
wenn sie loben wollen, sich stellen, als ob sie den andern unrecht
verstanden hätten, um ihm widersprechen oder seiner Rede eine
lächerliche Deutung geben zu können, und was dergleichen mehr
30 ist. Diese Art von spottender oder auch bloß scherzhafter Verstellung ist es eigentlich, was die Athener Ironie nennen, und
was sie, zumal bei fröhlichen Tischgelagen und überall, wo ihre
gute Meinung von sich selbst nicht zu sehr dabei ins Gedränge
kommt, einander gern zu gut halten. Auch Sokrates, der über-
35 haupt einer der witzigsten und gutlaunigsten Sterblichen ist, macht
im gemeinen Umgang ziemlich häufigen Gebrauch von dieser Art
von Ironie und weiß sie mit so vieler Leichtigkeit und Feinheit

---

15. Attikon blepos, der attische, d. h. der unverschämte, Blick (τὸ ἀττικὸν
βλέπος, eigentlich βλέμμα).

zu handhaben, daß sie, sogar wenn er einen wirklich schraubt, unmöglich beleidigen kann, sondern entweder für bloßen Scherz gilt oder von einfältigen und sich selbst gefallenden Personen so aufgenommen wird, als ob er ihnen etwas Schmeichelhaftes gesagt hätte. Am gewöhnlichsten bedient er sich derselben, um den 5 Verweisen, die er zuweilen seinen jüngern Freunden zu geben Ursache findet, den Stachel zu benehmen; und ich muß gestehen, daß er in solchen Fällen, wenn die Operation an einem seiner Günstlinge zu verrichten ist, eine sehr sanfte Hand hat, wiewohl ich mich nicht rühmen kann, es an mir selbst erfahren zu haben. 10

Aber die Ironie, die ihm als eine besondere Art zu disputieren ausschließlich zugeschrieben wird, ist von jener gewöhnlichen, sowohl der Art als dem Zweck nach), sehr verschieden. Sie besteht darin, daß er, wenn er's mit Personen, die ihm in gewissen Stücken entweder wirklich oder in ihrer eigenen und andrer Leute 15 Einbildung überlegen sind, z. B. mit schlechtdenkenden, aber vielvermögenden Männern in der Republik, oder mit angesehenen Sophisten zu thun hat, sich äußerst einfältig und unwissend stellt und in diesem Charakter (zu dessen Simulierung ihm seine Gesichtsbildung ungemein zu statten kommt) durch die scheinbare 20 Naivität seiner Fragen und die verdeckt spitzfindige Art, wie er aus ihren Antworten immer neue Fragen hervorzulocken weiß, sie endlich in die Notwendigkeit setzt, sich entweder in offenbare Ungereimtheiten zu verwickeln oder ihre erste Behauptung wieder zurückzunehmen. Du errätst ohne mein Zuthun, wie viel er durch 25 diese Art von Ironie, eine Zeitlang wenigstens, über seine Gegner gewinnen mußte. Er verschaffte dadurch sich selbst desto leichter Gehör und vernichtete unvermerkt die Vorteile, welche Stand, Name, Ansehen und Glücksumstände jenen über ihn hätten geben können. Sie waren nun minder auf ihrer Hut, antworteten desto 30 rascher und zuversichtlicher, je weniger sie vorhersehen konnten, wo er hinaus wolle, räumten ihm immer mehr ein als geschehen wäre, wenn sie die Schlingen gemerkt hätten, die er ihnen durch seine einfältig scheinenden Fragen legte; und wenn sie sich endlich darin verfingen, schien er ganz unschuldig daran zu sein, und die Lacher 35 waren auf seiner Seite. Diese Methode war also da, wo er sie am gewöhnlichsten anwandte, ich meine gegen die Sophisten, sehr fein ausgedacht und vollkommen zweckmäßig. Denn es war ihm nicht darum zu thun, sie zu belehren, sondern sie vor ihren Zuhörern und Verehrern in ihrer Blöße darzustellen. Aber du siehst auch, daß sie nur so lange mit Vorteil zu gebrauchen war, als der Gegner die Falle nicht gewahr wurde; und natürlicher Weise konnte dies in einer Stadt, wo beinahe alles öffentlich geschieht, 5 nicht sehr lange anstehen. Sobald die Sophisten merkten, daß sie einen Schlaukopf vor sich hatten, der mit den Spitzfindigkeiten und Kunstgriffen der Dialektik wenigstens ebenso bekannt war als sie selbst, so hätten sie noch zehnmal einfältiger sein müssen, als Sokrates sich stellte, wenn sie sich durch die schülerhafte Miene, 10 womit er sich ihre Belehrung ausbat, und die vorgegebene Bewunderung ihrer hohen Weisheit länger hätten täuschen lassen. Auch zeigte sich's bald genug, daß er, außer dem erklärten Haß der Sophisten, wenig mehr mit dieser Art zu disputieren gewonnen hatte, als daß er noch jetzt bei dem großen Haufen im Ruf eines 15 Spötters steht, der nie seine wahre Meinung sagt, und dessen Reden man auch dann nicht trauen darf, wenn er etwas ernstlich zu behaupten scheint, weil man nie gewiß ist, ob es nicht Verstellung sei, und was für geheime Absichten er darunter habe, — ein Ruf, der ihm, wie ich besorge, bei einem so argwöhnischen 20 Volke wie das athenische über lang oder kurz noch gefährlich werden kann.

    Übrigens muß ich noch bemerken, daß diese ironische Art zu fragen nicht mit einer andern vermengt werden muß, deren er sich, gewöhnlich in Verbindung mit der Induktion, als einer Lehrart 25 bei seinen Freunden (am häufigsten bei jungen Leuten) bedient, und in welcher, wenn ich nicht irre, seine Kunst, den Seelen zur Geburt zu helfen, besteht, deren ich in einem meiner vorigen Briefe gedacht habe. Die Fragen werden in dieser Absicht immer so gestellt, daß der Gefragte die rechte Antwort entweder gar nicht 30 verfehlen kann oder, falls er sie verfehlte, durch die Folgerungen, welche vermittelst neuer Fragen aus seiner Antwort hervorgelockt werden, sich selbst gar bald von ihrer Unrichtigkeit überzeugen muß. Diese Lehrart, außerdem daß sie die leichteste und populärste ist, scheint mir vorzüglich darin auf den besondern Charakter der 35 Athener berechnet zu sein, daß sie die Aufmerksamkeit des Lehrlings fester hält und, indem sie dem Lehrer das Ansehen giebt, als ob er selbst durch seine Fragen erst belehrt zu werden wünsche, die Rollen gleichsam verwechselt und den Lehrer zum Schüler macht oder wenigstens beide auf gleichen Fuß setzt, nämlich in

aller Gelaſſenheit etwas mit einander zu ſuchen, das keiner von
beiden hat, und woran beiden gleich viel gelegen iſt. Er weiß
es dann immer ohne Mühe ſo einzurichten, daß der Lehrling das
ſchmeichelhafte Vergnügen hat, derjenige zu ſein, der das Geſuchte
findet, wiewohl dazu eben keine große Scharfſichtigkeit erfordert 5
wird; denn er bringt ihn unvermerkt Schritt vor Schritt ſo nahe
zu der Sache hin, daß er endlich mit der Naſe darauf ſtoßen muß.

Ein Beiſpiel wird dir dies am beſten erläutern. Es war
dem Sokrates darum zu thun, den Begriff eines ſeiner Lehrlinge
von der Religioſität gegen die Götter ins reine zu bringen. Daraus 10
entſtand der folgende Dialog: Sokrates. Sage mir, Euthydem,
was hältſt du von der Gottesfurcht? — Euthydem. Ich halte ſie
für etwas ſehr Schönes. — Sokrates. Kannſt du mir alſo ſagen,
was du unter einem gottesfürchtigen Menſchen verſtehſt? — Euthy=
dem. Einen, der die Götter in Ehren hat. — Sokrates. Steht 15
es aber bloß in eines jeden Willkür, auf welche Weiſe er die
Götter ehren will? — Euthydem. Nein; ſondern es ſind Geſetze
vorhanden, deren Vorſchrift man hierin zu befolgen ſchuldig iſt. —
Sokrates. Wer dieſe Geſetze befolgt, wüßte der alſo nicht, wie
man die Götter zu ehren ſchuldig iſt? — Euthydem. Ich ſollt' 20
es denken. — Sokrates. Wer nun weiß, wie er die Götter zu
ehren ſchuldig iſt, glaubt alſo nicht, daß er es auf eine andere
Art zu thun ſchuldig ſei, als wie er es weiß? — Euthydem. Ge=
wiß nicht! — Sokrates. Meinſt du, daß es einen Menſchen gebe,
der die Götter anders ehrt, als er glaubt, daß er es zu thun 25
ſchuldig ſei? — Euthydem. Ich ſollt' es nicht meinen. — Sokrates.
Wer alſo weiß, was die Geſetze in betreff der Götter verordnen,
ehrt der die Götter geſetzmäßig? — Euthydem. Allerdings. —
Sokrates. Und wer ſie geſetzmäßig ehrt, ehrt ſie, wie es ſeine
Schuldigkeit iſt? — Euthydem. Wie könnt' er denn anders? — 30
Sokrates. Wer ſie alſo geſetzmäßig ehrt, iſt gottesfürchtig? —
Euthydem. Ganz unleugbar. — Sokrates. Wir haben alſo den
Begriff des Gottesfürchtigen richtig beſtimmt, wenn wir ſagen: es
ſei derjenige, der da weiß, was die Geſetze in betreff der Götter
verordnet haben? — Euthydem. So dünkt mich's. 35

---

11 ff. Sage mir ... So dünkt mich's. „Dieſes Geſpräch zwiſchen Sokrates und
Euthydemus iſt von Wort zu Wort das nämliche, welches im ſechsten Abſchnitt des vierten Buchs
der Sokratiſchen Denkwürdigkeiten zu leſen iſt. Ariſtipp ſowohl als Xenophon erzählen es,
als ob ſie dabei zugegen geweſen, welches ſehr wohl ſtatthaben konnte, da Xenophon ſich nicht
eher als im vierten Jahre der vierundneunzigſten Olympiade von Athen entfernte, um unter

Ich sehe dich zu dieser Manier, den Seelen zur Geburt zu
helfen, die Achseln ein wenig zucken, Kleonidas; — unter uns
gesagt, auch ich habe schon oft große Not gehabt, die meinigen
bei solchen Gelegenheiten im Respekt zu erhalten. Aber es ist
5 nun nicht anders. Dies ist einmal seine Manier, und du wirst
wenigstens gestehen müssen, daß Mangel an Deutlichkeit nicht ihr
Fehler ist. — „Sie ist nur gar zu deutlich, hör' ich dich sagen.
Was soll man von dem Verstande der jungen Athener denken,
wenn sie einer so wortreichen Methode nötig haben, um einen so
10 leichten Satz zu begreifen? Und das schlimmste ist denn noch,
daß er nicht einmal wahr ist. Denn es ist doch ein täglich vor-
kommender Fall, daß einer recht gut weiß, was er nach dem
Gesetz zu thun schuldig ist, und es doch nicht thut." — Auf das
letztere hab' ich dir keine andere Antwort zu geben als: bei
15 Sokrates ist zwischen Wissen und Ausüben dessen, was pflicht-
mäßig ist, kein Unterschied, und er bemüht sich, auch seine Zög-
linge so zu gewöhnen. Was aber die Lehrart betrifft, wovon
ich dir Ein Beispiel aus tausenden gegeben habe, so weiß ich mir
die Sache selbst nicht anders zu erklären, als daß er sie nötig
20 gefunden haben muß, um die unsägliche Flatterhaftigkeit der jungen
Leute in Athen wenigstens einige Minuten lang bei dem nämlichen Gegenstande festzuhalten. Hätte er zu Cyrene oder Korinth
oder Theben gelebt, so würde er vermutlich gefunden haben, daß
er auf einem kürzern Wege zum Ziele kommen könne. Aber nun
25 ist ihm diese Methode so sehr zur Gewohnheit geworden, daß er
sie auch bei solchen Personen gebraucht, bei denen sie keine gute
Wirkung thut. Ich wenigstens bekenne, daß ich schon mehr als
einmal alle meine Geduld aufbieten mußte, um die Ehrerbietung
nicht aus den Augen zu setzen, die jedermann, und ein junger
30 Mensch mehr als irgend ein anderer, einem Greise schuldig ist,
der an Naturgaben und Geisteskräften den Besten gleich ist, an

ben griechischen Hülfstruppen, welche der jüngere Cyrus zum Behuf seiner Unternehmung
gegen den König, seinen Bruder, angeworben hatte, Dienste zu nehmen. Xenophon und
Aristipp konnten sich also etliche Jahre lang öfters in Gesellschaft des Sokrates gesehen
haben, wiewohl die große Verschiedenheit ihrer Sinnesart und der Umstand, daß Xenophon
damals schon ein Mann von fünfzig Jahren war und überhaupt einen ganz andern Weg
im Leben ging als Aristipp, Ursache sein mochte, daß beide einander immer fremd und
gleichgültig geblieben: nur mit dem Unterschied, daß dieser Mangel an Sympathie Ari-
stippen nicht verhinderte, dem Xenophon bei jeder Gelegenheit Gerechtigkeit widerfahren
zu lassen, dieser hingegen in mehr als einer Stelle der Memorabilien eine Abneigung
gegen jenen verrät, die sogar der Billigkeit Abbruch thut, welche man sonst in seiner Art,
selbst von sehr tadelhaften Menschen zu urteilen, wahrnehmen kann." W.

ſittlicher Vollkommenheit vielleicht alle übertrifft und, da ein Sterb=
licher doch nicht ganz ohne Tadel ſein kann, ſich durch die wenigſten
und ‑ unbedeutendſten Schwachheiten von dem allgemeinen Loſe der
Menſchheit, ſo zu ſagen, frei gekauft hat.

Die neueſten Nachrichten, die mir aus Cyrene zugekommen 5
ſind, laſſen mich beſorgen, daß die zeitherige Ruhe unſers ſo glück=
lich ſcheinenden Vaterlandes von keiner langen Dauer mehr ſein
werde. Doch vielleicht giebt irgend ein guter Dämon unſern
Regenten noch ein Mittel ein, das Ungewittter vor dem Aus=
bruch zu beſchwören. Auf alle Fälle, mein Lieber, ſuche dich ſo 10
lang' als möglich frei zu erhalten; und ſiehſt du, daß die Sachen
eine Wendung nehmen, die dich entweder unvermerkt verwickeln
oder wohl gar gewaltſam in eine der Faktionen, die ſich bereits
zu bilden ſcheinen, hineinziehen möchte, ſo folge meinem Beiſpiel
und flüchte dich in Zeiten unter den zwar etwas engen, aber 15
ſichern Mantel des weiſen Sokrates. Das politiſche Meer, worin
die griechiſchen Republiken wie ebenſo viele ſchwimmende Inſeln
hin und her treiben, iſt zwar immer ein wenig ſtürmiſch; aber
in Vergleichung mit den letztern Zeiten genießen wir dermalen
halcyoniſcher Tage, und für einen aufſtrebenden Zögling der 20
Muſenkünſte iſt doch Athen der einzige Ort in der Welt.

9. An Kleonidas.

Der Komödiendichter, nach welchem du dich ſo angelegen er=
kundigſt, lieber Kleonidas, iſt hier eine ſo allgemein bekannte
Perſon, daß es mir nicht ſchwer fallen kann, dein Verlangen zu 25
befriedigen, zumal da ich (wie du mit Recht vorausſetzeſt) Gelegen=
heiten genug gefunden habe, öfters in ſeiner Geſellſchaft zu ſein
und ſogar in eine Art von Vertraulichkeit mit ihm zu kommen.
Ungeachtet er eine gewiſſe ſehr gut zu ſeiner ſatyriſchen Phyſiognomie
paſſende Ernſthaftigkeit affektiert, wovon ſich der Beweggrund leicht 30
erraten läßt, wird er doch der witzigen Einfälle wegen, die ihm
ohne Anſpruch und Abſicht gleichſam unfreiwillig zu entwiſchen
ſcheinen, für einen der angenehmſten Tiſchgeſellſchafter (einer in
Athen ſehr zahlreichen Klaſſe) gehalten, und man findet ihn ge=

wöhnlich bei allen großen Gastmählern, die in vornehmern Häusern
gegeben werden Da er sich den Freunden des Sokrates durch
seine Wolken (die sie ihm nach mehr als zwanzig Jahren noch
immer nicht vergessen haben) sehr übel empfohlen hat, so wird
5 mir's nicht zum Besten ausgelegt, daß ich kein Bedenken trage,
mit einem so verworfenen Menschen umzugehen. Aber Sokrates
selbst scheint davon keine Kenntnis zu nehmen und spricht über=
haupt weder Gutes noch Böses von ihm, wiewohl er, so oft sich
eine Gelegenheit dazu findet, seine Geringschätzung der Komödie,
10 wie sie ehmals zu Athen beschaffen war und es zum Teil noch
jetzt ist, mit seiner gewohnten Freimütigkeit zu Tage legt. Nicht
als ob er das komische Drama überhaupt mißbilligte — denn ich
hörte ihn einst von den Komödien des Epicharmus mit Achtung
sprechen —, sondern weil er den grenzenlosen Mutwillen, die leiden=
15 schaftlichen Anfälle auf einzelne Personen und die pöbelhaften Späße,
Unflätereien und unzüchtigen Darstellungen, womit die Stücke der
neuern athenischen Komiker besudelt sind, vermöge seiner Grund=
sätze und seines ganzen Charakters unmöglich dulbbar finden kann.
Nichts ist gewisser, als daß diese Art von Komödie, worin Kratinus,
20 Aristophanes und Eupolis mit einander wetteiferten, schon lange auf
immer abgeschafft worden wäre, wenn Sokrates eine entscheidende
Stimme in Athen gehabt hätte; aber ohne allen Grund ist, was
ich in Cyrene von einem unsrer gereisten Leute (die alles besser
als andre wissen wollen) gehört habe: Sokrates und seine Freunde
25 hätten das Gesetz bewirkt, wodurch unter dem Archon Myrrhi=
chides die Komödie aufgehoben wurde, und dieser an der komischen
Muse begangene Frevel sei die wahre Ursache des Hasses, den
die Komödienschreiber auf den Sokrates geworfen, und der Rache,
welche Aristophanes im Namen der ganzen Gilde an ihrem gemein=
30 schaftlichen Feinde genommen habe. Ich sage, dieses Vorgeben ist
ohne allen Grund; denn der Sohn des Sophroniskus, der im
ersten Jahre der fünfundachtzigsten Olympiade, als jenes Gesetz
gegeben wurde, erst achtundzwanzig Jahre zählte, war damals noch
ein unbekannter Steinmetz und weit entfernt, unter den Sophisten
35 selbiger Zeit einen Namen und Rang zu haben. Das Wahre ist,
daß Perikles selbst der unsichtbare Urheber jenes Gesetzes war,

---

13. Epicharmus, Ἐπίχαρμος, Epicharmus, Philosoph und Lustspieldichter aus
Kos, lebte 430 v. Chr. in Syrakus. — 19. Kratinus, Dichter der alten attischen Komödie.
Vgl. Kap. 7. — 20. Eupolis, Εὔπολις, Lustspieldichter aus Athen selbst.

aber es doch mit allem seinen Einfluß nicht länger als zwei Jahre aufrecht erhalten konnte, weil der pöbelhafte Teil des souveränen Volks sich eine seiner liebsten Belustigungen schlechterdings nicht länger vorenthalten lassen wollte.

Es wird dir vielleicht nicht unangenehm sein, bei dieser Gelegenheit die Substanz einer Unterredung zu lesen, die zwischen Aristophanes und mir, nachdem wir bekannter mit einander geworden waren, vorfiel. Denn ich darf nicht vergessen, dir zu sagen, daß sein Satyr, ich weiß nicht warum, eine Art von Geschmack an meinem — weißen oder schwarzen Genius gefunden und (da wir beide so ziemlich unter der Herrschaft unsrer angebornen Hauskobolde stehen) eine Art von gutem Vernehmen zwischen uns gestiftet hat, welches ich mir gleichwohl in meinen Verhältnissen weit weniger zu nutze machen kann, als ich thun würde, wenn ich bloß dem Antrieb meines Dämons oder der Lockstimme seines Satyrs folgte, der, sobald er will, der artigste und wohlgezogenste aller Bocksfüßler ist.

Die Rede war von seinen Wolken, die er noch immer für sein bestes Werk hält, wiewohl die Athener geschmacklos oder launisch genug waren, ihm die Weinflasche des neunzigjährigen Kratinus vorzuziehen. Es versteht sich, daß ich ihm so viel Schmeichelhaftes über das Lieblingskind seines Witzes gesagt hatte, als nötig sein mag, um einen Autor in gute Laune zu setzen, und so entspann sich denn folgender Dialog zwischen uns:

Ich. Wiewohl wir Cyrener dermalen noch kein scenisches Schauspiel besitzen, so gehen doch vielleicht mehr als zwanzig Abschriften deiner Stücke bei uns aus einer Hand in die andere; und — abgerechnet, daß unsre Schuhflicker, Sackträger und Bootsknechte über Werke der Musenkunst keine Stimme haben, — wird das, was die Wolken zum schönsten deiner Stücke macht, schwerlich in einer griechischen Stadt mehr Beifall gefunden haben als bei uns. Um so viel größer war die Verwunderung, da man hörte, die Athener, deren Urteil in solchen Dingen im Auslande einem Götterspruch gleich ist, hätten ganz anders darüber erkannt; und da das Bestreben, sich das Unbegreifliche begreiflich zu machen, nun einmal unter die stärksten Naturtriebe des Menschen gehört,

---

15. meines Dämons. Wieland läßt Aristipps Dämon, was nicht viel anderes als seine Seele bedeutet, sich mit dem Satyr mit Bocksschwanz unterhalten, welchen er dem Aristophanes als Komödiendichter zuschreibt.

so war und ist noch jetzt die gemeine Meinung bei uns, das
Schicksal, das die Wolken zu zweien Malen betroffen haben soll,
könne von keiner andern Ursache herrühren, als weil dem weisen
Sokrates so übel darin mitgespielt wird.

5 Er. Die Cyrener schließen, wie ich sehe, von sich auf die
Athener und glauben, weil sie eine so hohe Meinung von Sokrates
und seiner Weisheit hegen, so müßten wir, seine Mitbürger, die
das Glück haben, von dieser Sonne täglich angestrahlt zu werden,
notwendig um so viel größer von ihm denken. Dies ist aber
10 keineswegs der Fall und würde es vermutlich auch in Cyrene
nicht sein, wenn er euer Mitbürger wäre. Gesetzt aber, Sokrates
gälte zu Athen wirklich für das, wofür ihn die von seinem Chäre=
phon befragte Pythia erklärt haben soll, so kennst du die Athener
noch wenig, wenn du nicht auf den ersten Blick siehst, daß ich
15 ihm in diesem Falle keinen größern Dienst hätte erweisen können,
als ihn dadurch, daß ich ihn dem öffentlichen Gelächter preisgab,
vom Ostracism oder einem vielleicht noch härtern Schicksal zu retten.
Denn daß wir keine gar zu rechtschaffne, gar zu kluge, gar zu
vorzügliche Leute unter uns dulden können, ist, sollt' ich denken,
20 durch unser Verfahren gegen einen Miltiades, Aristides, Themistokles,
Cimon, Anaxagoras, Diagoras und so manche andre schon lange
außer allen Zweifel gesetzt. Indessen fehlt viel, daß der Sohn
des Steinhauers Sophroniskus und der Hebamme Phänarete den
Athenern in einem ebenso glänzenden Licht erscheinen sollte als
25 Ausländern, die ihn nur dem Namen und Rufe nach kennen.
Wir, die wir ihn leibhaft vor unsern Augen herumwandeln sehen
und mit unsern Ohren reden hören, wir kennen der Ehrenmänner
gar viele, die ebenso barfuß und spärlich gekleidet gehen wie er,
ihren Bart ebenso selten dem Barbier untergeben, ebenso schlecht
30 essen und wohnen, sich ebenso ehrbar und genügsam mit ihrer
Xanthippe behelfen und den ganzen langen Tag ebenso geläufig
und ungefähr ebenso gescheit und witzig Moral und Politik sprechen
wie er. Natürlich können also alle, die nicht zu seinen besondern
Freunden gehören, außer seinem silenenmäßigen Kopf und Bauch

---

17. „Ostracism, ein Art außerordentliches Gericht, worin das versammelte athenische
Volk einen Bürger, dessen Gegenwart und Einfluß sie der Republik für schädlich hielten,
auf eine bestimmte oder unbestimmte Zeit des Landes verwiesen; übrigens seiner Ehre
und seinem Vermögen unpräjudicirlich." W. — 21. Diagoras. Gemeint ist der Philo=
soph dieses Namens, welcher auf der Insel Melos geboren war und als Gottesleugner aus
Athen verbannt wurde. Vgl. die Einleitung. — 34. silenenmäßigen Kopf und
Bauch. Silenus (ὁ Σειληνός) wurde nicht allein kahlköpfig dargestellt, sondern war auch

(hinter welchen man eben nicht die höchſte Weisheit zu ſuchen
pflegt) nicht viel mehr an ihm ſehen, als was er mit hundert
und tauſend andern gemein hat. Was ihn aber von andern unter=
ſcheidet, ſein Blick und Gang und Tragen des Kopfes, wodurch
er ſich gleich beim erſten Anblick als einen Mann ankündigt, der 5
nichts bedarf, nichts fürchtet und ſeinen Wert nicht erſt von andern
zu erfahren braucht, ingleichen die ihm eigene Art von Ironie,
die ihm ſeine Verehrer ſogar zum beſondern Verdienſt anrechnen:
das alles iſt gerade das, was ihn dem großen Haufen ſeiner
Mitbürger entweder lächerlich oder gewiſſermaßen verhaßt und 10
furchtbar macht. Denn wie geſagt, der Athener kann nicht leiden,
daß jemand durch ſeine eigene Größe über ihn hervorrage, und
er duldet ſeine Obern nur deswegen, weil er ihnen die Kothurnen,
worin ſie um ſo viel größer als er ſind, ſelbſt angeſchnallt hat
und ſie, ſobald es ihm beliebt, wieder auf ihre eigenen Füße 15
ſtellen kann. Du ſiehſt alſo, daß die Urſache, warum die Wolken
nicht ſo gut, als ich billig erwarten konnte, aufgenommen wurden,
nicht darin zu ſuchen iſt, daß ſie die öffentliche Meinung von dem
Manne, der darin verſpottet wird, gegen ſich gehabt hätten; auch
hat derjenige, der euch ſagte, daß ſie von den Zuſchauern übel 20
aufgenommen worden, die Sache ſehr übertrieben. Ich müßte
meine guten Kechenäer gröblich verleumden, wenn ich nicht bekennte,
daß bei weitem der größere Teil über die drei erſten und die
drei oder vier letzten Auftritte das lebhafteſte Vergnügen äußerte;
und ohne den Einfluß des Alcibiades und die Furcht, in welche 25
ſein Anhang (ein Haufen handfeſter, verwegener Geſellen) den
friedeliebenden Teil der Zuſchauer ſetzte, würde mein Stück wenig=
ſtens den zweiten Preis erhalten haben, da doch einmal der gut=
herzige Entſchluß, dem alten halb kindiſchen Kratinus aus Dank=
barkeit für ehmalige Verdienſte vor ſeinem Ende noch eine Freude 30
zu machen, von den meiſten ſchon voraus gefaßt war, bevor ſie
noch beide Stücke gehört hatten.

Ich. Bei dieſer Bewandtnis der Sache muß man ſich um
ſo mehr verwundern, daß die Wolken (wie man ſagt) bei der
zweiten Aufführung keinen beſſern Erfolg hatten als bei der erſten. 35

Er. Auch hierin hat euch die Sage falſch berichtet. Die
Wolken ſind nicht zweimal aufgeführt worden. Anfangs hatte

ſo dickbäuchig, daß ihm das Gehen ſchwer wurde. Er ritt daher auf einem Eſel dem
Bacchuszuge voran.

ich zwar den Vorsatz, mein Glück an den nächsten Dionysien noch
einmal zu versuchen. Ich machte zu diesem Ende einige wenig
bedeutende Veränderungen und schrieb eine Anrede an die Zu=
schauer, wodurch ich diese zweite Vorstellung gegen das Schicksal
5 der ersten sicher zu stellen hoffte. Aber bei kälterm Blute hielt
ich für besser, dem Rate meiner Freunde zu folgen, denen es zu
viel gewagt schien, den jungen Alcibiades, der damals eben auf
der höchsten Stufe der Volksgunst stand, so geflissentlich zum
Kampf herauszufordern. Denn daß Alcibiades, der ohnehin sich
10 alles zu erlauben gewohnt war, sich des feurigsten seiner Lieb=
haber mit verdoppeltem Eifer annehmen würde, war leicht genug
vorherzusehen.

Ich. Seiner Liebhaber? — Du willst doch damit nichts
sagen, was einen zweideutigen Schein auf die Sitten des weisen
15 Sokrates werfen könnte?

Er. Ich weiß nicht, wie ihr andern Cyrener diese Dinge
nehmt; zu Athen weiß jedermann genau, was er dabei zu denken
hat, wenn sich jemand öffentlich als der Liebhaber eines so schönen
und liederlichen Jünglings beträgt, wie der Sohn des Klinias
20 damals war.

Ich. Mich dünkt, das Verhältnis des Sokrates zu dem
Sohn des Klinias lasse sich auf eine ganz ungezwungene Art so
erklären, daß seine Freundschaft für einen der Republik so wich=
tigen jungen Mann und der moralische Zauber, wodurch er den
25 hoffärtigsten, mutwilligsten und verwegensten aller griechischen
Jünglinge an sich zu fesseln wußte, ihm bei einem unbefangenen
Richter vielmehr zum Verdienst als zum Vorwurf gereichen muß.
Aber wenn du (wie es scheint) anders dachtest, wie kam es, daß
du von diesem Umstande keinen Gebrauch in den Wolken machtest?
30 Er. Soll ich dir die reine Wahrheit gestehen? Ich wußte
damals noch so wenig von dem ehrlichen Sokrates, daß mir
sogar sein vertrauter Umgang mit dem jungen Alcibiades un=
bekannt war, bis mir der Fall meines Stücks Gelegenheit gab,
gelehrter über diesen Punkt zu werden. Ich hatte ihn nur selten

---

1. „Dionysien, gewisse dem Dionysos oder Bacchus gefeierte Festtage zu Athen
und andern Orten." W. Dionysos (Bacchus) war der Schöpfer der menschlichen Kultur
durch den Weinbau. Ihm wurde ein vierfaches Fest gefeiert (τὰ Διονύσια), nämlich die
großen städtischen Dionysien im März, die kleinen oder ländlichen im Dezember auf dem
Lande, die Anthesterien im Monat Anthesterion (Februar) und die Lenäen im Lenäon, der
letzten Hälfte des Januar und Februar.

in der Nähe gesehen und nicht für bedeutend genug gehalten,
ihm genauer nachzufragen; das Meiste, was ich von ihm wußte,
war von zufälligem Hörensagen. Aus seinem öftern Umgang mit
den Sophisten, welche Perikles nach Athen gezogen hatte, schloß
ich, daß er selbst von ihrer Kunst Profession mache. Ich glaubte 5
damals wie viele andere und glaub' es noch, daß diese kunst=
reichen Leute, die sich dafür ausgaben, daß sie Schwarz zu Weiß
und Recht zu Unrecht machen könnten, einen schädlichen Einfluß
auf unsre Jugend hätten und also dem Staate selbst gefährlich
wären. Nun gehört es, wie du weißt, zum Beruf eines Komödien= 10
dichters bei uns, Leute dieser Art dem Volk auf der Schaubühne
in unsrer eignen Manier zu denunzieren; und ich für meinen
Teil hatte mir von der Zeit an, da ich mich der komischen Muse
widmete, zu meinem besondern Zweck vorgesetzt, meinen Stücken
eine politische Richtung auf die Verwaltung und den Zustand der 15
Republik überhaupt zu geben und mich dadurch von meinen Vor=
gängern zu unterscheiden, die ihren stolzesten Wunsch erfüllt sahen,
wenn ihnen ein wieherndes Gelächter aus allen Bänken des
Theaters entgegenschallte, und die ihre Pritschenhiebe den einzelnen
Personen, denen sie zum Spaß oder aus bösem Willen zu Leibe 20
wollten, nur im Vorbeigehen auszuteilen pflegten. In der That
war ich der erste, der den Mut hatte, nicht nur einen Mann
des Volks wie Kleon in Person auf die Bühne zu stellen und
ohne alle Schonung und Barmherzigkeit zu behandeln, sondern
sogar den Heliasten, dem Senat, den Prytanen, ja dem souveränen 25
Volke selbst die derbsten Wahrheiten ins Gesicht zu sagen. Ich
hatte dies in den Rittern so weit getrieben, daß es mir aus mehr
als einem Grunde ratsam schien, in meinem nächsten Stücke einen
andern Weg einzuschlagen, meine Geißel gegen eine andere, für
mich weniger gefährliche Gattung von Menschen zu führen und 30
aus dem häuslichen Leben einen Stoff zu wählen, der mir Ge=
legenheit gäbe, die Nachteile der neumodischen Erziehung und den
verderblichen Einfluß der Sophisten auf die Denkart und Sitten

25. „Helia hieß ein öffentliches Gebäude zu Athen, wo das höchste Gericht über
Staatshändel und Staatsverbrechen, gewöhnlich aus 500, in wichtigen Angelegenheiten
aus 1000, 1500—2000, auch wohl aus noch mehr 1000 Bürgern bestehend, seine Sitzungen
hielt. Diese Richter hießen daher Heliasten. Sie wurden jedesmal ad hoc gewählt und
ihre Anzahl hing von dem Gutbefinden der sechs untersten Archonten ab." W. — „Pry=
tanen, die 50 Glieder des Senats der 500 zu Athen, welche 36 Tage lang das Präsidium
führten und während dieser Zeit, da sie den geheimen Rat der Republik ausmachten, im
Prytaneion auf Kosten des Senats beköstigt wurden." W. Vergleiche den Schluß von
Schillers Gedichte „Die Kraniche des Ibykus".

der Alten und Jungen in Athen nach meiner Weise darzustellen.
Dies, Aristipp, war's im Grunde, was ich mit den Wolken be-
absichtigte, und wer sie für eine Personalsatire auf den guten
Sokrates ansieht, hat meine Meinung und Absicht ganz unrecht
5 gefaßt. Ich kannte den Mann, wie gesagt, zu wenig dazu, und
er war keine so wichtige Person in meinen Augen, daß ich für
nötig gehalten hätte, nun auch an ihm zu thun, was ich ein
Jahr zuvor an Kleon gethan hatte. Auch sollt' es, denke ich,
aus der ganzen Anlage des Stücks in die Augen fallen, daß es
10 mit der komischen Person, der ich seinen Namen gab, bloß darauf
abgesehen war, aus den stärksten Charakterzügen eines abgeschmackten
Pedanten, eines sophistischen Taschenspielers und eines armen
Schluckers ein Zerrbild zusammenzusetzen, womit ich die ganze
löbliche Sophisteninnung der unverdienten Achtung, worin sie
15 bei den Unwissenden steht, verlustig machen könnte. Übrigens
leugne ich nicht, daß die Verachtung, welche Sokrates (wie mir
gesagt wurde) bei allen Anlässen gegen die neuern Komödiendichter und ihre Werke äußerte, natürlicher Weise mit ins Spiel
kam, und daß ich es für meine Schuldigkeit hielt, ihm bei dieser
20 Gelegenheit im Namen der ganzen Brüderschaft unsre Dankbarkeit zu beweisen.

. Ich. Bei dem allen kann ich — verzeihe meiner Freimütigkeit! — nicht anders als beklagen, daß, da es dir nur um ein
Zerrbild zu thun war, gerade ein so tugendhafter und ehrwür-
25 diger Mann wie Sokrates seinen Namen und seinen guten Ruf
dazu hergeben mußte.

Er. Vielleicht kann ich deinen Schmerz durch ein paar kleine
Betrachtungen lindern, die auch wohl nebenher zu meiner Rechtfertigung dienen mögen. Ich finde sehr natürlich, daß dir Sokrates,
30 den du erst in seinem sechs- oder siebenundsechzigsten Jahre kennen
gelernt hast, so ehrwürdig vorkommt. Aber bedenke, daß er seit
der Zeit, da ich mir die Freiheit nahm, ihn auf die komische
Bühne zu stellen, um ganze zweiundzwanzig Jahre älter, weiser
und respektabler geworden ist. Man hält einem alten Manne
35 manches zu gut, was man ihm vor zwanzig Jahren nicht zu
übersehen schuldig war. Damals war man manches noch nicht

---

8. Kleon, Κλέων, eigentlich ein Gerber, wurde der Nachfolger des Perikles in der
Leitung der Staatsgeschäfte und starb auf ziemlich schimpfliche Weise als Feldherr in der
Schlacht bei Amphipolis.

an ihm gewohnt, und es kleidete ihn vielleicht auch nicht so gut
als jetzt. Er trug z. B. die Nase immer höher als andere, schaute
über die Leute weg ins Blaue hinaus, beunruhigte jeden, der
ihm in den Wurf kam, durch unerwartete kleine Fragen, und
wenn sich einer in den Antworten, die er ihm treuherzig gab, 5
zuletzt so verfangen hatte, daß er sich nicht mehr zu helfen wußte,
ging er lachend davon.

Ich. Das that er, um etwa einen jungen von sophistischem
Wind aufgeblasenen Jüngling zum Gefühl seiner Unwissenheit zu
bringen. Ich weiß, daß ihm dieses Mittel bei verschiedenen ge= 10
lungen ist. Der schöne Euthydem z. B., den er dadurch beinahe
zur Verzweiflung brachte, ist jetzt einer seiner eifrigsten und lehr=
begierigsten Anhänger.

Er. Das mag sein. Aber dafür giebt es hundert gegen
einen, denen diese neue Methode, die Leute durch Schrauben 15
und Necken weiser zu machen, nicht ansteht; und ich finde nichts
natürlicher, als daß sie ihm den Ruf eines spitzfindigen, ein=
bildischen, streitsüchtigen und beschwerlichen Menschen zuzog. Dazu
kam denn noch, daß sein Äußerliches und der kurze, öfters ziem=
lich schmutzige Mantel, der gewöhnlich seine ganze Garderobe aus= 20
machte, wenig dazu beitragen konnte, denen, die ihn nicht genauer
kannten, eine große Ehrfurcht für seine Person einzuflößen. Mit
Einem Wort, er gab den Spöttern und Lachern, und das ist
so viel als neun Zehnteln unsrer attischen Autochthonen, zu vieler=
lei Blößen, als daß wir Komiker seiner hätten schonen dürfen; 25
und du wirst mir daher auch keinen meiner Kunstverwandten
nennen können, der sich nicht bei jeder Gelegenheit mehr oder
weniger über ihn lustig gemacht hätte.

Ich (lachend). Ihr seid in der That gefährliche Leute; da
ein Sokrates nicht sicher vor euch war, wer darf hoffen, eurer 30
Pritsche zu entgehen?

Er. Das soll auch niemand hoffen. Man hört wohl, daß
du ein Ausländer bist, Aristipp; du nimmst die Sache gar zu
tragisch. Bei uns lachen die Getroffenen oft am lautesten; die

---

13. Anhänger. „Die besondern Umstände dieser Anekdote sind in Xenophons Sokrati=
schen Denkwürdigkeiten, im zweiten Kapitel des vierten Buchs, ausführlich zu lesen." W.
— 24. Autochthonen. Wieland erklärt: „Menschen, deren Stamm das Land, wo sie
wohnen, von jeher inne gehabt, und also gleichsam von selbst wie die Bäume aus dem
Erdboden hervorgewachsen war. Die Bewohner von Attika wußten sich viel damit, solche
Autochthonen zu sein." Die Griechen waren jedoch aus Asien nach Griechenland gekommen.
Sie gehören zu den jetzt sogenannten Indo=Europäern.

meisten stecken ihre Hiebe stillschweigend ein; ja, ich versichre dich,
Hyperbolus und seinesgleichen mußten es uns sogar Dank, daß
wir ihnen eine Art von Celebrität verschafften und bei unsern
Matrosen, Abladern, Sackträgern, Wurstmachern und Salzfisch=
5 händlern die Meinung erregten, als ob sie Leute von Bedeutung
wären, da ihnen eine Ehre von uns widerfuhr, die gemeiniglich
nur einem Perikles, Lamachus, Kleon, Nicias, Alcibiades und
andern dieses Schlages erwiesen wurde. Ihr andern Fremden
könnt euch nicht vorstellen, wie wenig die Satire bei uns einem
10 Manne, der nicht ohne allen Wert ist, Schaden thut; besonders
hat unser Volk seine Freude daran, wenn seinen Günstlingen
recht übel von den Komikern mitgespielt wird. „Es ist ihnen ge=
sund, denkt mein grillenhafter, griesgrämischer, kindischer alter
Kauz von Demos, es ist ihnen sehr gesund, wenn sie die Geißel
15 immer über ihrem Rücken schweben sehen; und hab' ich es doch
immer in meiner Gewalt, sie zu entschädigen, wenn ihnen zu viel
geschieht." So wurde z. B. der berüchtigte Kleon bald darauf,
nachdem ihn meine Ritter auf eine wirklich grausame und nie er=
hörte Art mißhandelt hatten, zum Oberfeldherrn gegen die Spar=
20 taner erwählt; und bedarf es wohl eines stärkern Beweises, wie
unschädlich das Salz ist, womit wir unsre Mitbürger zu ihrem
eigenen und dem gemeinen Besten reiben, als daß Sokrates seit
mehr als fünf Olympiaden ungestört sein Wesen unter uns treibt
und an Ansehn und Ruhm zu Athen und allenthalben, wo unsre
25 Sprache gesprochen wird, von Jahr zu Jahr zugenommen hat?
Was ihm auch in der Zukunft noch begegnen könnte, immer bleibt
gewiß, daß die Wolken keine Schuld daran haben, da ihm in einer
so langen Zeit nicht ein Haar um ihrentwillen gekrümmt wurde.

---

2. Hyperbolus, Ὑπέρβολος, der Nachfolger des Kleon, eigentlich ein Lampen=
händler, mußte Athen verlassen und starb im Elend. — 14. Demos. „Anspielung auf
den Charakter, welchen Aristophanes in seinen Rittern dem unter dem Namen Demos
personifizierten souveränen Pöbel zu Athen beigelegt, besonders auf die Verse im ersten
Akt, welche ich für diejenigen, die das Original selbst nicht lesen können, aus meiner
Übersetzung (im zweiten Buch des Attischen Museums) hierher setze. Demosthenes und Nikias
sagen den Zuschauern:

> Uns beiden ward ein ziemlich seltsamer
> Patron zu teil, ein sauertöpfischer,
> Heißgrät'ger Mann, der sich mit Bohnen füttert,
> Viel Galle macht, auch etwas übel hört,
> Kurz, ein gewisser Demos aus dem Pnyx*),
> Ein grilliger, griesgräm'ger alter Kauz." W.

*) Pnyx, ἡ πνύξ, der Ort, wo die Volksversammlung stattfand.

Ich. Und was könnte denn dem beſten aller Menſchen, die ich kenne, noch Übels begegnen? Wohin müßte es mit euch Athenern gekommen ſein, wenn das untadeligſte Leben, die reinſte Tugend und die größten Verdienſte um ſeine Mitbürger einem Manne von ſeinen Jahren kein ruhiges und glückliches Ende zu= 5 ſicherten?

Er. Mein guter Ariſtipp, Unſchuld, Tugend und Verdienſte ſchützen weder zu Athen noch irgendwo vor dem Haſſe der Böſen, dem guten Willen der Thoren und den Gruben, in die uns unſre eigne Sorgloſigkeit fallen macht. Überdies denken nicht alle 10 Athener ſo günſtig von ihm wie du. Sokrates lebt, ſpricht und beträgt ſich in allem wie ein freier, aber nicht immer wie ein kluger Mann. Er hat ſich durch ſeine Freimütigkeit Feinde ge= macht; er verachtet ſie und geht ruhig ſeinen Weg. Ich bin keiner von ſeinen Feinden; aber wenn ich einer ſeiner Freunde 15 wäre, ſo würde ich ihn bitten, auf ſeiner Hut zu ſein.

Dieſe Rede machte mich ſtutzen, wie du denken kannſt; aber ich konnte meinen Mann nicht dahin bringen,. ſich näher zu er= klären; er wich mir immer durch allgemeine Formeln aus, und ein dritter und vierter, die ſich zu uns geſellten, lenkten das Ge= 20 ſpräch auf andere Gegenſtände.

Wie ich den Sokrates kenne, würde es zu nichts helfen, wenn ich ihm etwas von dem Inhalt meiner Unterredung mit dem Komiker, den er weder liebt noch achtet, mitteilen wollte; und über eine Bitte, auf ſeiner Hut zu ſein, würde er lachen. Niemand weiß 25 beſſer als er ſelbſt, wie unzuverläſſig die Gemütsart der Athener iſt, und daß es unter ſeinen Mitbürgern Leute giebt, die ihm übel= wollen, wiewohl keiner von ihnen auftreten und ſagen kann: So= krates hat mir jemals unrecht gethan. Er weiß, daß er Feinde hat; aber (wie der Komiker ſagte) er verachtet ſie und geht ſeinen 30 Weg. Ich erinnere mich, daß einſt in einem kleinen vertrauten Kreiſe der unerſchütterlichen Feſtigkeit erwähnt wurde, womit So= krates, als damaliger Vorſteher der Prytanen, ſich der Wut des Volks bei dem geſetzwidrigen Verfahren gegen den Admiral Dio= medon und ſeine Kollegen entgegengeſtellt hatte. Das Geſpräch 35

34 f. Diomedon, ein Feldherr der Athener im peloponneſiſchen Kriege. Im Verlaufe desſelben gewannen dieſe 406 noch die große Seeſchlacht bei den Arginuſen über die ſchon ſehr mächtigen Spartaner. Die Feldherrn der Athener einigten ſich über einen Schlacht= bericht, worin ſie der Wahrheit gemäß ſagten, daß die Rettung ſchiffbrüchiger Landsleute und die Einſammlung der Leichen durch einen Sturm verhindert ſei. Allerdings trug

fiel unvermerkt auf die Unmöglichkeit, daß ein Staatsbeamter in einer Demokratie bei einer ausdauernden Beharrlichkeit auf seiner Pflicht dem Haß und der Verfolgung, die er sich dadurch zuzöge, nicht in kurzer Zeit unterliegen sollte. Es ist traurig, sagte Kriton, sich gegen seinen alten Freund wendend, sich's nur als möglich zu denken, daß ein rechtschaffner Mann gerade deswegen, weil er recht= schaffen ist, Feinde haben soll. — Da es nun aber nicht anders ist, versetzte Sokrates, was soll es uns kümmern? Das Ärgste, das sie uns zufügen können, ist doch nur, daß sie uns dahin ver= setzen, wo wir nichts mehr von ihnen zu leiden haben werden.

Gestehe, Kleonidas, Sokrates ist ein herrlicher Mann! Ich fühle dies zuweilen so lebhaft, daß ich — Sokrates sein möchte, wenn mir's möglich wäre, etwas anders zu sein als dein Aristipp.

---

10. An Kleonidas.

Du bist begierig, von mir zu erfahren, was für eine Be= wandtnis es mit dem Dämonion des Sokrates habe, von welchem dir dein megarischer Gastfreund, wie es scheint, seltsame und un= glaubliche Dinge erzählt hat. „Was denkt sich Sokrates dabei? Von welcher Gattung Dämonen ist dieses Dämonion? Hat es eine Gestalt? Oder ist es eine bloße Stimme, die ihm leise ins Ohr flüstert oder vielleicht ohne Worte sich nur dem innern Sinne ver= nehmbar macht? Oder wirkt es etwa bloß durch leise Berührung? im Wachen oder im Traum? gefragt oder ungefragt? häufig oder selten? Hat es ihn nie getäuscht? Sind die Dinge, die es ihm vorhersagt, so beschaffen, daß es schlechterdings unmöglich ist, sie vorherzusehen? Oder läßt sich begreifen, wie ein Mann von scharfem Blick in den Zusammenhang der Dinge sie auch ohne Dämonion erraten konnte?"

---

auch die Uneinigkeit der Feldherrn einen kleinen Teil der Schuld daran. Bei dem gefähr= lichen Treiben der Parteien in Athen schrie man nun, anstatt sich des herrlichen Sieges zu freuen, nach Rache gegen einen Teil der Feldherrn. Durch das Los erhielt damals Sokrates für einen Tag den Vorsitz unter den Prytanen und dadurch auch in einer für den Feldherrnprozeß sehr wichtigen Volksversammlung. Er war der einzige Prytan, welcher sich vor dem Pöbel nicht beugte, konnte aber die Feldherrn, welche die oligarchische Partei durch Aufhetzung des Pöbels aus dem Wege räumen wollte, nicht vom Tode retten. In der griechischen Geschichte von Ernst Curtius II, S. 648—654 ist auch diese Thätigkeit des Sokrates näher charakterisiert.

16. Dämonion, (τὸ δαιμόνιον). die in dem Menschen wohnende Stimme des Göttlichen, die sich bei Sokrates nach seiner Aussage besonders abmahnend äußerte.

Alle dieſe kleinen Fragen, mein Freund, könnte uns niemand
beſſer antworten als Sokrates ſelbſt. — „Warum fragſt du ihn
denn nicht?" — Ich wollt' es wirklich; zwei= oder dreimal lag
mir die Frage ſchon auf der Zunge; aber immer hielt mich ein,
ich weiß nicht was, eine Art von Scheu zurück, als ob ich im 5
Begriff wäre, etwas Unziemliches zu thun. Aufrichtig zu reden,
Kleonidas, ich ſchäme mich ein wenig, mit einem ſo ehrwürdigen
alten Glatzkopfe von — ſeinem Dämonion zu reden, und es iſt
mir gerade ſo dabei zu Mute, als ob ich ihn fragen wollte, was
ihm dieſe Nacht geträumt habe. Wenn ich aber auch über dieſe 10
Scham Meiſter werden könnte, ſo würde ich vermutlich nicht mehr
damit gewinnen als einer meiner Kameraden, Simmias von Theben,
der ſich das Herz nahm, eine Frage über ſein Dämonion an ihn
zu thun, und keine Antwort von ihm erhielt. „Im Gegenteil,
ſagte mir Simmias in ſeiner böotiſchen Treuherzigkeit, er drehte 15
ſich mit einem ſo finſtern Blick von mir weg, daß mir die Luſt,
ihn wieder zu fragen, auf immer vergangen iſt."

Weil alſo, wie du ſiehſt, die Quelle ſelbſt, aus welcher wir
allenfalls die reinſte Wahrheit zu ſchöpfen hoffen dürften, unzu=
gangbar iſt, ſo wirſt du dich ſchon an dem begnügen müſſen, was 20
ich von ſeinen älteren Freunden und Anhängern nach und nach,
meiſtens nur tropfenweiſe, habe herauspreſſen können. Denn es
iſt, als ob ſie Bedenken trügen, ſich offenherzig gegen mich heraus=
zulaſſen; woran freilich wohl die etwas ungläubige Miene ſchuld
ſein mag, die ich bei ſolchen Gelegenheiten nicht völlig in meine 25
Gewalt bekommen kann. Ich habe immer bemerkt, daß Perſonen,
die mit der Neigung, wunderbare Dinge zu glauben, etwas reichlich
begabt ſind, ſich zurückgehalten fühlen, mit kalten Köpfen ſo frei=
mütig und nach Herzensluſt von ſolchen Dingen zu ſprechen, wie
ſie mit ihresgleichen zu thun pflegen. Was ich indeſſen von der 30
Sache ſelbſt herausgebracht habe (denn an den Meinungen dieſer
Leute kann dir nicht viel gelegen ſein), läuft auf folgendes hinaus:

Sokrates glaubt, durch eine beſondere göttliche Schickung von
Kindheit an eine Art von ihm allein hörbarer Stimme vernommen
zu haben, als ein Warnungszeichen, wenn er etwas beginnen wollte, 35
deren Ausgang oder Erfolg ihm nachteilig geweſen ſein würde.
Über die Art und Weiſe, wie dieſe angebliche Stimme ihm ver=

---

12. Simmias von Theben, Freund des Sokrates und Schüler des Pythagoreers
Philolaos.

nehmbar werde, hat er sich nie erklärt; gewiß aber ist, daß er sie
für etwas Göttliches (δαιμόνιόν τι) oder, genauer zu reden, für
etwas Divinatorisches von eben der Art, wie die Götter, nach dem
gemeinen Volksglauben (welchem auch er immer zugethan war),
5 durch Orakel oder die Eingeweide der Opfertiere, den Flug ge=
wisser Vögel und andere solche Anzeichen den Menschen zukünftige
Dinge, die sich durch keinen Grad menschlicher Klugheit und Er=
fahrenheit vorhersehen lassen, andeuten sollen. Niemand hat ihn
je sagen gehört, daß er einen eigenen Dämon habe; dies aber ist
10 gewiß, daß er diese wahrsagende Stimme — die er jedesmal, so
oft er selbst oder seine Freunde etwas, das zu ihrem Verdruß oder
Schaden ausgefallen wäre, unternehmen wollte, zu vernehmen
glaubte — für eine göttliche Wirkung hielt und sich daher der
Ausdrücke: „Die Stimme, oder das Dämonion, oder Gott hat mich
15 gewarnt" als gleichbedeutend zu bedienen pflegte. Auch darüber,
wie er dazu gekommen sei, die Bedeutung dieses göttlichen Warnungs=
zeichens zu verstehen, hat er sich nie erklärt; vermutlich mag es ihm
in seiner frühen Jugend öfters begegnet sein, einer Stimme, deren
Sprache ihm noch unbekannt war, nicht zu achten; weil es ihm
20 aber jedesmal übel bekam, so wurde er endlich aufmerksamer und
entdeckte auf diese Weise die Meinung und Absicht derselben. Auch
ist bemerkenswert, daß — nachdem er sich durch häufige Erfahrungen
ein= für allemal überzeugt hatte, daß die Stimme sich allezeit richtig
hören lasse, so oft er oder einer seiner Freunde in seiner Gegenwart
25 etwas, das unglücklich für ihn ausgegangen wäre, unternehmen oder
beschließen wollte — er nun auch das Stillschweigen derselben für
ein sicheres Zeichen nahm, daß der Himmel sein Gedeihen zu dem,
was er oder seine Freunde vornehmen wollten, geben werde; so
daß er also diese Wundergabe sowohl auf der rechten als auf der
30 umgekehrten Seite als Warnungs= und Billigungszeichen gebrauchen
konnte. Zum Beweise, wie übel der Ungehorsam gegen die War=
nungen dieses Orakels einigen Bekannten des Sokrates bekommen
sei, sind mir verschiedene Beispiele erzählt worden, womit ich dich
verschonen will, da dir diese Leute unbekannt sind, und die Um=
35 stände, in welche ich mich einlassen müßte, kein Interesse für dich
haben können. Genug, daß ich diese Thatsachen zum Teil aus

29f. sowohl auf der rechten als auf der linken Seite, wie Bürger im
„wilden Jäger" sagt: Laß dich vom rechten Ritter warnen Und nicht vom linken dich um·
garnen.

dem Munde unverwerflicher Zeugen habe, und daß wenigſtens nicht
leicht zu erklären wäre, was den Sokrates hätte bewegen können,
die beſagten Perſonen durch ein erdichtetes Vorgeben, er höre das
gewohnte Warnungszeichen, von Ausführung deſſen, was ſie im
Sinne hatten, zurückzuhalten. Übrigens muß ich zur Steuer der 5
Wahrheit noch hinzuthun, daß ich den Sokrates ſelbſt in den zwei
Jahren, ſeitdem ich ihn alle Tage ſehe und ihm oft in ganzen
Wochen nicht von der Seite komme, dieſer ihm beiwohnenden Art
von Divination mit keinem Wort erwähnen gehört habe. Dies
kann zufälliger Weiſe oder vielleicht wohl gar auf Abraten des 10
Dämonions ſelbſt geſchehen ſein; denn ich habe zuweilen einen
Argwohn, daß es mir nicht recht grün iſt, und bin ziemlich geneigt, ihm die Schuld zu geben, daß Sokrates mich mit einer
gewiſſen Zurückhaltung und Kälte zu behandeln ſcheint, die ich
mir lieber aus dieſer als irgend einer andern Urſache erklären 15
mag. Indeſſen beruht die Sache auf ſo übereinſtimmenden Zeug-
niſſen aller, die ſchon viele Jahre mit ihm gelebt haben, daß es
ungereimt wäre, daran zweifeln zu wollen, daß er wirklich und
ſchon von langer Zeit her dieſe übernatürliche Einwirkung zu erfahren vorgegeben habe. 20

Und hat er dies vorgegeben, ſo zweifle ich nicht, und auch
du, Kleonidas, würdeſt, wenn du nur ein paar Tage mit ihm
umgegangen wäreſt, keinen Augenblick zweifeln, daß er ſelbſt von
der Realität der Sache vollkommen überzeugt iſt.

„Aber wie ſollen wir uns die Möglichkeit einer ſolchen Über- 25
zeugung bei einem ſo verſtändigen, geſetzten und helldenkenden
Manne wie Sokrates iſt erklären?" fragſt du. — Es giebt der
Dinge ſo viele, mein Freund, die wir uns nicht erklären können,
daß es auf eines mehr oder weniger nicht ankommt. Soll ich dir
indeſſen freimütig ſagen, was ich denke? — Sokrates iſt unleugbar 30
ein ſehr weiſer Mann; aber am Ende ſind wir doch alle — von
Weibern geboren; und wem hängt nicht irgend eine Schwachheit
an, die ihn mit allen andern ſo ziemlich auf gleichen Fuß ſetzt?
Die ſeinige iſt (unter uns), daß er ein wenig abergläubiſcher iſt
als einem weiſen Manne ziemt. Es ſcheint wirklich ein Erbſtück 35
von ſeiner Mutter oder Großmutter zu ſein. — „Abergläubiſch?
Sokrates abergläubiſch?" rufſt du. — Ja, Kleonidas! entweder
abergläubiſch oder der größte Heuchler, den je die Sonne beſchienen
hat. Das letztere iſt er nicht, bei Gott, kann er nicht ſein! —

Also jenes! Oder wie nennst du den, der, nicht zufrieden, in
solchen Dingen den Gesetzen seines Landes genug zu thun, in
ganzem Ernst an alle Götter und Göttinnen, von Uranus und
Ge bis zum kleinsten Quellnymphchen auf dem Pernes, an Orakel,
5 prophetische Vögel, Träume und Anzeichen aller Arten glaubt und
seine Freunde nach Delphi oder Klaros schickt, um sich Rats zu
erholen, ob das, was sie beginnen wollen, wohl von statten gehen
werde? Der Grund dieser Anhänglichkeit an den gemeinen Volksglauben muß tief und fest bei ihm sitzen, da Anaxagoras selbst,
10 zu welchem er doch schon in seiner Jugend freien Zutritt hatte,
es nicht weiter bei ihm brachte, als ihm in den reinern Begriffen
von der Gottheit ein neues Mittel zu Unterstützung des Aber-
glaubens an die Hand zu geben. — „Die Gottheit oder die Götter
(denn er pflegt sich ohne Unterschied bald auf die eine, bald auf
15 die andere Art auszudrücken), die Gottheit also, sagt er, welche
für alle Dinge um des Menschen willen und für den Menschen
allein als ihren Liebling um seiner selbst willen sorgt, hat ihn
mit einem Körper, woran alles zu seinem bequemsten Gebrauch
und Nutzen aufs künstlichste eingerichtet ist, versehen; und damit
20 er imstande sei, alle mögliche Vorteile aus der Natur der Dinge
zu ziehen, hat sie ihm die Vernunft mitgeteilt, um ihre Eigenschaften und Beziehungen auf ihn zu erkennen und sie zu dem,
was sie sein sollen, zu Mitteln seines eigenen Zwecks zu machen.
Aber seine Vernunft dringt nicht so tief in den Zusammenhang
25 der Dinge, daß sie ihm auch ihre künftigen Verknüpfungen und
den Nachteil, der seinen Unternehmungen dadurch zuwachsen kann,
hinlänglich zu enthüllen vermöchte. Sie zeigt ihm wohl, wo, wann
und wie er handeln soll; aber die Folgen und der Ausgang seines
Thuns und Lassens bleiben meistens ungewiß. Sollten die Götter
30 für ihren Liebling nicht besser gesorgt haben, als ihn ohne alle
Gewähr und auf bloßes Geratewohl im Dunkel der Zukunft umher-
tappen zu lassen? Allerdings! Sie selbst kommen der Unzulänglichkeit seiner Vernunft zu Hülfe und entschleiern, soweit sie es
ihm nötig oder zuträglich finden, durch Orakel, Träume und Vor-
35 bedeutungen die Zukunft vor ihm. Da es also in seiner Macht
steht, sich auf diesem Wege über den Ausgang seiner Unternehmungen zu unterrichten, so wäre es ebenso thöricht und gottlos,

---

3f. Uranus und Ge (Himmel und Erde) erzeugten miteinander schon die Titanen.

dieſen ihm angebotenen Beiſtand der Götter zu verachten, als es
thöricht und rermeſſen wäre, wenn er in Dingen, worin ſeine
Vernunft ihm hinlängliches Licht geben kann, zu Orakeln und
Divinationen ſeine Zuflucht nehmen wollte.“

Was meinſt du, Kleonidas, ſollte ein Mann von ſehr leb= 5
haftem Geiſte, der ſo räſonniert, nicht unvermerkt dahin gelangen
können, das divinatoriſche Vermögen der Vernunft, das in höherm
oder geringerm Grade allen Menſchen beiwohnt, zumal das dunkle
Vorgefühl eines Übels, welches uns oder andere unter gewiſſen
Umſtänden und Anſcheinungen treffen könnte, für einen Wink der 10
Gottheit, eine ſeinem Innern zuflüſternde dämoniſche Stimme zu
halten und, wenn etwa der Erfolg zufälliger Weiſe einem ſolchen
vermeinten Wink entſprochen hätte, ſich in ſeiner Einbildung der=
geſtalt zu beſtärken, daß, was vielleicht anfangs eine bloße Ver=
mutung war, ihm endlich zur Gewißheit würde, und dies um ſo 15
leichter, wenn er, wie Sokrates, ſich angewöhnt hätte, von der
Gottheit nach morgenländiſcher Weiſe bei allen Gelegenheiten ſo
zu reden, als ob ſie die unmittelbare Urſache aller natürlichen und
menſchlichen Dinge ſei?

Doch bin ich nicht ſelbſt ein Thor, dich und mich mit einer 20
Sache dieſer Art ſo lange aufzuhalten? Muß denn an einem ſo
ungewöhnlichen Manne wie Sokrates alles ſo begreiflich wie an
einem Alltagsmenſchen ſein?

* * *

Die neueſten Berichte, die ich aus Cyrene erhalte, laſſen mich
ohne Dämonion vorausſehen, daß Ariſton durch das Übergewicht, 25
das ihm ſeine eigennützige Freigebigkeit bei der zahlreichſten und
handfeſteſten Volksklaſſe verſchafft, vermutlich in kurzem den Sieg
über ſeine Nebenbuhler davontragen und es in ſeine Gewalt be=
kommen wird, der Republik eine neue Geſtalt zu geben. Ob auch
eine beſſere?　　　　　　　　　　　　　　　　　　　　　　　30
　　　　　— das liegt im Schoße der Götter.

Immer finde ich, daß deine Familie nicht übel gethan hat,
ſich, wie du mir meldeſt, noch in Zeiten und mit guter Art an
die Partei anzuſchließen, die allen Anſcheinungen nach das Spiel
gewinnen wird. Wenn man keine Hoffnung hat, etwas fürs All= 35

---

31. das liegt im Schoße der Götter. Citat aus Homer (θεῶν ἐν γούναι
κεῖται)

gemeine ausrichten zu können, so gebietet die Klugheit, wenigstens
für sich selbst zu sorgen. Aber sollte denn wirklich für die Re=
publik nichts mehr zu thun sein? Ich fürchte, nein! und sehe bei
der allgemeinen Verderbnis unsrer Sitten es noch für ein Glück
5 an, daß es keine energische Seelen unter uns giebt, die uns den
schnell verlodernden Enthusiasmus für Freiheit und Gleichheit,
unter dessen Gewalt wir gar bald zusammensänken, mit schreck=
lichen Krämpfen und Zuckungen büßen lassen würden. In unsrer
Lage wäre vielleicht das schlimmste, was begegnen könnte, wenn
10 die demokratische Partei Mittel fände, sich der Zügel zu bemächtigen.
Indessen da der Ausgang bürgerlicher Unruhen immer ungewiß
ist, rate ich dir und deinen Freunden, es mit keiner Partei ganz
zu verderben und keine so eifrig zu nehmen, daß ihre Niederlage
auch euern Untergang nach sich ziehen müßte.

15   ## 11. An Demokles.

So ist sie denn endlich geborsten, die Gewitterwolke, die wir
schon so lange über unser ungewahrsames Vaterland herhangen
sahen! Jetzt, lieber Demokles, darf ich dir doch wohl bekennen,
daß die Besorgnis, in eine von den Faktionen, die einander der=
20 malen in den Haaren liegen, wider Willen hineingezogen zu werden,
ein Hauptgrund war, meine Reise nach Griechenland zu beschleunigen.
Dächte mein Verwandter Ariston wie ich, oder hätten meine Vor=
stellungen Eingang bei ihm gefunden, so möchte sich unsre Regierung
noch lange zwischen Oligarchie und Demokratie hin und her ge=
25 schaukelt haben, ohne daß die öffentliche Ruhe viel dabei gelitten
hätte. Aber seine hohe Meinung von sich selbst, die zehn Jahre,
die er älter ist als ich, das Unglück, zu früh zum Besitz eines
beinahe fürstlichen Vermögens gekommen zu sein, und der Hof
von Schmeichlern und Parasiten, wovon er überall umgeben ist,
30 standen immer zwischen ihm und mir. Die Republik hat nun
einmal den Grad der Verderbnis erreicht, der eine Veränderung
ihrer Regierungsform unvermeidlich macht; unter den drei oder
vier Nebenbuhlern, die sich um die schöne Basileia bewerben, muß=

---

33. „**Basileia** (das Königtum oder die höchste Staatsgewalt personifiziert). Die
Basileia, auf welche Aristipp anspielt, ist nicht die (angeblich historische) Tochter des Uranos
und der Titäa, deren alberne Legende Diodorus Sikulus im 3. Buche seiner Universal=
geschichte erzählt; sondern die Basileia, die in den Vögeln des Aristophanes kraft eines

ſie (wie es ſcheint) am Ende doch einem zu teil werden; und da
einer ſo viel Recht an ſie hat als der andere, warum ſollte der
eitle und ehrſüchtige Ariſton ſie einem andern überlaſſen, ohne
wenigſtens zu verſuchen, wie weit er es durch ſeine Gunſt beim
Volke und durch ſeinen Anhang unter den jungen Leuten der 5
Mittelklaſſen bringen könne? Zumal da der Umſtand, daß ſeine
Ältermutter dem königlichen Geſchlechte des Battus angehörte, ihm
einen anſcheinenden Vorzug vor den übrigen giebt, deren mehr
oder weniger verdeckte Anſchläge auf ebendaſſelbe Ziel gerichtet ſind?

Daß dies nicht meine Vorſtellungsart ſei, glaube ich durch 10
die That bewieſen zu haben. Aber wie ich ſah, daß Ariſton ſeine
Partei genommen hatte, was blieb mir übrig, als mich ſo weit
als möglich zu entfernen, wenn ich nicht in den Fall kommen
wollte, mich öffentlich entweder für oder wider einen Mann zu
erklären, der ſeit dem Tode ſeines Vaters als das Haupt unſrer 15
Familie angeſehen und aus leicht begreiflichen Urſachen von
allen übrigen Gliedern derſelben teils geſchont, teils offenbar begünſtigt wird?

Aber auch ohne dieſen beſondern Bewegungsgrund würde ich
ſehr verlegen ſein, wenn ich eine von euern Faktionen ſchlechter- 20
dings zur meinigen machen müßte. Seit Erlöſchung des letzten
männlichen Sprößlings der Battiaden ging Cyrene (wie dir bekannt iſt) in eine ziemlich anarchiſche Demokratie über, auf welche
unſer Volk zur Ehre ſeines Menſchenverſtandes gar bald freiwillig
Verzicht that, um ſich einer Art von Ariſtokratie zu unterwerfen, 25
bei welcher es ſich (wie es immer zu gehen pflegt) ſo lange wohl
befand, als die Regenten redliche und verſtändige Männer waren,
keinen andern Zweck als die allgemeine Wohlfahrt hatten und
Einſicht genug beſaßen, ſich in der Wahl der Mittel nicht zu vergreifen. Daß dieſe goldne Zeit nicht bis zur dritten Generation 30
dauerte, verſteht ſich von ſelbſt. Die Geſchichte aller Oligarchieen
iſt auch die unſrige, und es iſt leicht vorauszuſehen, daß wir in
dem krampfhaften Zuſtande, worin ſich unſre Republik dermalen
befindet, noch von Glück zu ſagen haben werden, wenn wir ohne
die fürchterlichen Folgen einer langwierigen Anarchie zu erfahren 35
recht bald, es ſei nun durch Wiederherſtellung der Demokratie

zwiſchen den Vögeln und Göttern geſchloſſenen Friedens mit dem Peiſthetärus vermählt
wird, um ihm die Oberherrſchaft über die Welt durch dieſe Verbindung zu ſichern.“ W.
7. Battus, *Báttos*, Name mehrerer Könige in Cyrene, von denen der erſte
Cyrene gründete.

oder Einwilligung in die Oberherrschaft eines Einzigen, wieder
zur Ruhe kommen, bevor das mächtige Karthago unsern Händeln
auf eine Art, die uns noch weniger behagen dürfte, ein Ende
macht. Zwischen zweien Übeln das kleinste zu wählen, ist oft eine
5 schwere Aufgabe. Ich danke den Göttern, daß ich bei dieser Wahl
keine entscheidende Stimme habe; müßte ich aber schlechterdings
meine Meinung sagen, so würde ich raten das, was man sich am
Ende doch gefallen lassen wird, weil man muß, lieber freiwillig
und zu einer Zeit zu verfügen, da es noch in unsrer Gewalt ist,
10 die Bedingungen selbst zu machen, unter welchen wir die Regierung
mit dem wenigsten Nachteil des Gemeinwesens in die Hände eines
Einzigen legen könnten.

Meines Erachtens giebt es für einen kleinen oder mittelmäßigen Staat keine bessere Verfassung als diejenige, welche Solon
15 den Athenern gab, gewesen wäre, wenn ihm Pallas Athene den
guten Gedanken eingeflüstert hätte, den Pisistratus von freien
Stücken zur Übernahme eines zehnjährigen Archontats zu berufen,
allenfalls mit der Bedingung, ihm diese höchste Würde nach zehn
Jahren, wenn das Volk mit seiner Regierung zufrieden wäre,
20 auf seine ganze Lebenszeit zu verlängern. Die Athener sind nie
glücklicher gewesen als unter der Regierung des Pisistratus und
Hipparchus. Es fehlte ihr nichts, als daß sie nicht verfassungs-
mäßig war. Wäre sie es gewesen, so würde der Tyrann Pisistratus ein Muster guter Fürsten heißen, so würde Athen wahr-
25 scheinlich der blühendste, mächtigste und dauerhafteste unter den
griechischen Staaten geworden sein und so viele tragische Glücks-
wechsel und alles Unheil des siebenundzwanzigjährigen Verheerungskrieges, der sich so übel für sie endigte, nicht erfahren haben.
Möchten die Faktionen, welche unsre Republik zerreißen, und deren
30 keine noch stark genug ist, die Oberhand zu erhalten, sich auf diese
Weise zu Rettung des Vaterlandes vereinigen! Auf allen Fall,
und da mein besagter Rat alles ist, was ich für dasselbe thun
kann, sei es dir freigestellt, von diesem Briefe nach deinem Gutbefinden Gebrauch zu machen. Damit ich dir bei meinem Vor-
35 schlage nicht etwa einer eigennützigen Rücksicht verdächtig werde,
erkläre ich unverhohlen, daß Ariston meine Stimme, wofern ich
eine zu geben hätte, nie erhalten würde, solange Cyrene noch
mehr als Einen Mann aufweisen kann, dem ungleich größere Verdienste ein besseres Recht geben, der Erste im Staat zu sein. Lebe

wohl, Demokles, und berichte mir mit der erſten Gelegenheit, was
für eine Wendung dieſe Händel nehmen, deren Ausgang mir um
ſo weniger gleichgültig ſein kann, da ich aller Wahrſcheinlichkeit
nach in jedem Falle mehr dabei zu verlieren als zu gewinnen
haben werde.   5

----

12. An ebendenſelben.

Es fehlt viel daran, lieber Demokles, daß mir die Nach=
richten von dem immer wahrſcheinlicher werdenden Erfolg der An=
ſchläge meines Verwandten, die du mir durch den Schiffer von
Gortyna zugefertigt haſt, ſo angenehm wären, als du zu glauben   10
ſcheinſt. Sie würden es auch dann nicht ſein, wenn ich nicht
vorausſähe, daß meiner Familie vielleicht kein größeres Unglück
zuſtoßen könnte, als wenn Ariſton in ſeinem Unternehmen glücklich
wäre. Denn wie lange, glaubſt du wohl, daß die willkürliche
Regierung eines jungen Schwindelkopfes dauern würde, der ſich   15
ſelbſt nicht zu regieren weiß und immer das Spielzeug ſeiner
eigenen und fremder Leidenſchaften iſt? Ich beklage es, daß mein
Bruder, durch täuſchende Ausſichten verblendet, ſeine Partei ſo
eifrig zu unterſtützen ſcheint, daß, wenn die kurze Herrlichkeit
vorüber ſein wird, ſein Fall notwendig auch der ihrige ſein muß.   20
Laß mich's wiederholen, mein Freund, um unſre Republik vor
einer unabſehbaren Reihe unſeliger Folgen der gegenwärtigen
Störung ihres innern Gleichgewichtes zu retten, iſt kein anderes
Mittel als eine neue Regierungsform; und dies vorausgeſetzt,
fordere ich alle Weiſen unter Griechen und Barbaren heraus, in   25
dieſem Augenblick eine beſſere für euch zu erſinnen als die Solo=
niſche, unter der Bedingung, deren ich neulich erwähnte; wenn ihr
euch nämlich von freien Stücken entſchlöſſet, unter den vier Ehrgeizigen,
die einander die Tyrannie über Cyrene ſtreitig machen, den Taug=
lichſten, d. i. den, der den beſten Kopf mit der meiſten Stärke des Cha=   30
rakters vereinigt, an die Spitze der Republik zu ſtellen. Da du, wie ich
aus deiner Antwort ſehe, meine Meinung nicht ganz gefaßt zu haben
ſcheinſt, ſo erlaube mir, mich über dieſen Punkt deutlicher zu erklären.

----

10. Gortyna, Γόρτυνα. Gortŷn, Hauptſtadt der Inſel Kreta.

Als die Athener nach dem Tode des edelmütigen Kodrus beschlossen, daß Jupiter allein würdig sei, der Nachfolger eines solchen Königs zu sein, gingen sie nicht plötzlich zu einer demo=
kratischen Verfassung über. Die Republik wurde von einem Archon
5 regiert, welcher anfänglich auf Lebenslang, hernach auf zehn Jahre
mit dieser höchsten Würde bekleidet wurde; und auch nachdem man
in der Folge für besser hielt, die Verrichtungen derselben unter
neun jährliche Archonten zu verteilen, war die Verfassung zu
Solons Zeiten noch immer aristokratisch. Das Volk schmachtete
10 unter dem Druck der vornehmen und reichen Familien, in deren
Händen die ganze Staatsverwaltung lag, und selbst die blutigen
Gesetze Drakons scheinen einen aristokratischen Geist zu atmen und
dahin abgezielt zu haben, durch ihre furchtbare Strenge dieser
Regierungsform eine ewige Dauer zu verschaffen. Natürlicher Weise
15 erfolgte das Gegenteil. Das zur Verzweiflung getriebene Volk
fühlte endlich seine Stärke; die Republik zerfiel in Parteien; jede
hatte einen mächtigen Aristokraten an der Spitze, dessen wahre
Absicht wohl keine andere war, als sich seines Anhangs zu Über=
wältigung der übrigen zu bedienen und sich zum einzigen Stell=
20 vertreter des Königs Jupiter zu erklären. In dieser Lage der
Sachen fand Solon in dem allgemeinen Vertrauen auf seine Weis=
heit ein Mittel, alle Parteien zu vereinigen. Man bevollmächtigte
ihn, nicht nur die alten Gesetze zu verbessern, sondern auch (was
alle Parteien für das Nötigste hielten) der Republik selbst eine
25 neue Verfassung zu geben. Ein so weiser Mann wie Solon konnte,
da er selbst ohne Ehrgeiz war, unmöglich auf den Gedanken fallen,
daß den Gebrechen der Aristokratie abgeholfen wäre, wenn er eine
reine Demokratie an ihre Stelle setzte; er war bloß darauf be=
dacht, die Republik durch Verteilung der Gewalten unter die
30 Archonten, den Areopagus, einen Senat von Vierhundert und die
Volksgemeine dergestalt zu ordnen, daß er sich eine dauerhafte
Harmonie des Ganzen davon versprechen konnte. Indessen bewies
der Erfolg in wenig Jahren, daß seine neue Staatseinrichtung
mit einem Gebrechen behaftet war, welchem hätte vorgebeugt werden
35 können, wenn er etwas weiter vor sich hinausgesehen und der
momentanen Stimmung des Volkes auf der einen und der ver=
stellten Mäßigung der ehmaligen Oligarchen auf der andern Seite

---

30. Areopagus, ὁ Ἄρειος πάγος, ein Rat, der aus den gewesenen Archonten
bestand und die Oberaufsicht über die ganze Staatsverwaltung übte.

nicht zu viel getraut hätte. Das Volk nämlich war durch die
plötzliche Befreiung von den bisherigen Bedrückungen und die Aus=
sicht auf die Vorteile, die es von der Solonischen Gesetzgebung
mit Recht erwartete, so zufriedengestellt, daß es sich mit dem sehr
beschränkten Anteil an der Staatsverwaltung, der ihm durch die=   5
selbe eingeräumt wurde, vor der Hand willig abfinden ließ; auf
der andern Seite sahen die Ehrgeizigen, die es während der Un=
ruhen auf Alleinherrschaft angelegt hatten, daß sie die Ausführung
ihrer Anschläge auf einen günstigern Zeitpunkt verschieben müßten.
Aber Solon hätte billig unbefangen genug sein sollen, voraus=   10
zusehen, daß weder die untern Volksklassen noch die Häupter der
mächtigsten Familien sich in den Schranken, worein er sie ein=
geschlossen hatte, lange halten lassen würden, und daß er also,
um der Ruhe des Staats Dauer zu verschaffen, auf ein haltbares
Mittel bedacht sein müsse, den einen und den andern jede Aus=   15
dehnung ihrer politischen Rechte unmöglich zu machen.   Dieses
Mittel würde er in einem Eparchen (oder wie man ihn sonst
nennen wollte) gefunden haben, dem die Konstitution nicht mehr
aber auch nicht weniger Macht in die Hände gegeben hätte als
erfordert wurde, um das Volk durch die Aristokratie, die Aristo=   20
kratie durch das Volk, und beide durch die Allmacht des Gesetzes
in ihren Schranken zu erhalten.   Der Einwurf, „die Athener hätten
das Nachteilige eines solchen Vorstehers an den ehmaligen lebens=
länglichen Archonten bereits erfahren,‟ wäre von keiner Erheblich=
keit gewesen.   Das Nachteilige lag bloß darin, daß die Gewalt   25
der ersten Archonten zu unbestimmt und zu willkürlich war; denn
im Grunde stellten sie eine Art von Königen unter einem andern
Namen vor.   Aber dies würde bei meinem Eparchen der Fall
nicht gewesen sein, da er durch den aristokratischen Areopagus,
den aus den drei ersten Bürgerklassen gezogenen Senat der Vier=   30
hundert und die allgemeinen Volksversammlungen gesetzmäßig be=
schränkt gewesen wäre, und diese drei Gewalten einander (wie es
ihr Interesse erforderte) mit gehörigem Nachdruck unterstützt haben
würden.   Jeder Versuch des Eparchen, sich über die Gesetze weg=
zuschwingen und unabhängig zu machen, hätte notwendig mißlingen   35
müssen.   Wie gut und wie nötig es gewesen wäre, daß Solon
seinem übrigens so verständig angelegten Staatsgebäude diesen

17. Eparch, ἔπαρχος. Befehlshaber.

Gipfel aufgesetzt hätte, zeigte sich nach seiner Entfernung nur zu
bald. In wenig Jahren wachten die alten Faktionen wieder auf;
Lykurgus bearbeitete die mittlern Bürgerklassen, Megakles die
Aristokraten, Pisistratus das gemeine Volk; weder Solon noch
5 seine Gesetze konnten dem überhand nehmenden Übel wehren; kurz,
es bedurfte der Alleinherrschaft des Pisistratus, die zuletzt die
Oberhand behielt, Ordnung und Ruhe wiederherzustellen und die
Gesetze Solons wieder in Wirksamkeit zu setzen.

Ich hoffe nun, Freund Demokles, dir meine Gedanken über
10 das, was in den dermaligen Umständen zum Besten unsrer Vaterstadt gethan werden könnte, durch dieses so genau auf unsre Umstände passende Beispiele einleuchtend genug gemacht zu haben,
um dich von selbst auf die Betrachtungen zu leiten, die ich deiner
anscheinenden Vorliebe für die reine Demokratie entgegenstellen
15 könnte, wenn ich ein Freund dieser Art von Kämpfen wäre, wo
man Stirn an Stirn und Knie auf Knie mit dem andern um
seine Meinung ringt, oder wenn ich sie für eine gute Art, jemand
von seiner Meinung zurückzubringen, hielte. Zudem würde auch
ein solcher Streit in diesem Augenblick ein wahres Schattengefecht
20 sein. Denn nach allem, was du mir berichtest, zu urteilen, würde,
wenn auch du und deine Freunde euch thätig für die Demokratie
erklären wolltet, schwerlich zu hoffen sein, daß ihr eine Partei
zusammenbringen könntet, die nur jeder einzelnen der bestehenden
Gegenparteien, geschweige allen zusammen, die Spitze zu bieten
25 vermöchte. Und gewiß würden diese sogleich gemeine Sache gegen
jeden machen, der sich nur den leisesten Verdacht zuzöge, als ob
er mit einem solchen Anschlage umgehe. Hingegen müßte ich mich
sehr betrügen, wenn mein Vorschlag nicht noch durchzusetzen wäre,
wofern die redlichen Freunde des Vaterlandes und der Freiheit
30 mit gehöriger Mäßigung und Klugheit zu Werke gingen und sich
zu rechter Zeit für denjenigen erklärten, der sich an der höchsten
Würde im Staat unter den Einschränkungen der Solonischen
Konstitution genügen lassen wollte.

Ich habe meinen Verwandten ausführlich und nachdrücklich
35 über diese Sache geschrieben; aber ich gestehe, daß ich mir wenig
Erfolg davon verspreche. Auf alle Fälle hab' ich das Meinige
gethan, vielleicht mehr, als von einem noch nicht volljährigen
Staatsbürger gefordert werden kann. Geschehe nun, was die
Götter über uns beschlossen haben, oder — um den guten Göttern

kein Unrecht zu thun — was von dem allgewaltigen Einfluß der
beiden großen Regenten unſers wetterlauniſchen Planeten, der
Thorheit, die uns von innen, und dem Zufall, der uns von
außen beherrſcht, vernünftiger Weiſe zu erwarten iſt. Es wäre
viel Glück, wenn wir, indem wir ſo blindlings in den Glückstopf 5
des Schickſals greifen, gerade das beſte Los herauszögen. Ich
für meine Perſon bin auf alles gefaßt, und falls ich dahin
kommen ſollte, wie Bias alles, was ich mein nennen kann, bei
mir zu tragen, ſo tröſte ich mich damit, daß ich wenigſtens nicht
ſchwer zu tragen haben werde. 10

---

13. An Kleonidas.

Ich geſtehe unverhohlen, daß ich ein großer Freund aller
Tage bin, die von unſern frommen Vorfahren dem allgemeinen
Müßiggang und Wohlleben gewidmet wurden. Immerhin mögen
Arbeitſamkeit und Enthaltſamkeit, wo ſie nicht Töchter der Not= 15
wendigkeit ſind, unter die preiswürdigſten Tugenden gerechnet
werden; wenigſtens ſind ſie es bloß als Mittel zu dem, was der
letzte Wunſch aller lebenden Natur iſt; Ruhe iſt die angenehmſte
Belohnung des Arbeiters, und der Arme behilft ſich die meiſte
Zeit ſchlecht, um ſich zuweilen einen guten Tag machen zu 20
können. An Feſttagen ſeh' ich allenthalben fröhliche Geſichter;
jedermann iſt beſſer als gewöhnlich gekleidet, thut ſich gütlicher,
geht ins Bad, kränzt ſich mit Blumen. Gemeinſchaftliche Opfer,
Geſänge und Gebete, feierliche Aufzüge, Übungsſpiele, Tänze und
Schauſpiele nähren und erhöhen den ſympathetiſchen Trieb und 25
laſſen uns vom geſelligen Bürgerleben, deſſen tauſendfache Kolli=
ſionen die Tage der Arbeit und Geſchäftigkeit ſo häufig erſchweren
und verbittern, nur das Gefügige, Angenehme und Tröſtliche
empfinden. Die Natur hat mir, wie du weißt, zu einem ziemlich
kalten Kopf ein warmes Herz gegeben. Mir iſt nie wohler, als 30
wenn ich mich ſo ganz aufgelegt fühle, allen Menſchen hold zu

---

8. Bias, *Bias*, einer der ſieben Weiſen. Als er ſein Vaterland verlaſſen mußte,
ſagte er, daß er alles das Seinige bei ſich trage. Danach nannte ſich Claudius, der
Wandsbecker Bote, bei Herausgabe ſeiner Werke: Asmus, omnia sua secum portans
(Asmus, der ſein Alles bei ſich trägt). Weswegen Claudius den in Deutſchland wirklich
vorhandenen Namen Asmus mit dem Ausſpruche des Bias in Verbindung brachte, iſt
noch nicht aufgeklärt.

sein, und dies bin ich immer, wenn ich sie in Gemeinschaft fröhlich
sehe. Denn da wiege ich mich unvermerkt in die süße Täuschung
ein, sie alle für gut und wohlwollend zu halten, und mache mir
selbst weis, sie würden es immer sein, wenn sie sich immer glücklich
⁵ fühlten. Du wirst es also ganz begreiflich finden, lieber Kleonidas,
daß ich ungeachtet der scheelen Gesichter, die ich mir von meinen
gravitätischen Mitgesellen und zuweilen auch wohl von dem Meister
selbst gefallen lassen muß, keine Gelegenheit versäume, wo ich mir
diesen behäglichen Lebensgenuß verschaffen kann.

¹⁰   Einer meiner hiesigen Bekannten, ein Mann von Geist und
angenehmem Umgang, der nach athenischer Art reich ist und (was
hier in den Augen einer gewissen Klasse noch mehr zu sagen hat)
sein Geschlechtsregister auf mütterlicher Seite von Kodrus ableitet,
besitzt ein schönes Landgut auf der Insel Ägina, die nicht viel
¹⁵ über zweihundert Stadien von Athen entfernt liegt und, wiewohl
von Natur nur ein kahler Felsen, durch eine fünfhundertjährige
Anbauung und den Wetteifer ihrer durch Gewerbe und Handel=
schaft reich gewordenen Einwohner, sie auf alle nur mögliche Weise
zu verschönern, eines der anmutigsten Eilande ist, die im Myr=
²⁰ toischen Meer und im Saronischen Meerbusen zerstreut umherliegen.
Eurybates (so nennt sich mein Freund), der das vornehmste Fest
der Äginer, die Poseidonia, gewöhnlich auf seinem Gute zuzubringen
pflegt, bat mich, ihm diesmal Gesellschaft zu leisten, und ich nahm
seine Einladung um so williger an, da diese Festtage gerade in
²⁵ die schönste Jahreszeit fallen und durch einen großen Markt belebt
werden, der eine Menge Fremde vom festen Lande und den be=
nachbarten Inseln herbeizieht.

     Wir hatten bereits einige Tage in allerlei festlichen Lust=
barkeiten verlebt, als Eurybates mir den Antrag machte, ob ich
³⁰ nicht Lust hätte, den Abend in Gesellschaft der schönen Lais zu=
zubringen? Er setzte, vermutlich um mir desto mehr Lust zu
machen, hinzu: „Wenn ich meinen Augen glauben darf, so ist
schwerlich ein Weib im ganzen Griechenlande, das ihr den Preis
der Schönheit streitig machen kann.“ Da mir die Landessitte
³⁵ bekannt ist, so konnt' ich natürlicher Weise nichts anders denken,
als die Rede sei von einer Hetäre, mit deren Gesellschaft Eury=
bates seine Freunde diesen Abend zu bewirten gedenke; und wie=

---

15. zweihundert Stadien, ungefähr 8 Kilometer. Vgl. Wielands Anmerkung
in Buch 2. — 22. „Poseidonia, Fest des Poseidon oder Neptun.“ W.

wohl ich bisher den Umgang mit Frauenzimmern aus dieser Klasse
immer zu vermeiden suchte, so kamen doch hier mehrere Umstände
zusammen, die eine Ausnahme schicklich zu machen schienen. Kurz,
ich sagte meinem Wirte, es werde mir um so angenehmer sein,
ihm eine so interessante Bekanntschaft zu danken zu haben, da ich 5
gestehen müßte, daß ich eine Art von Ideal in meinem Kopfe
hätte, dem die schöne Lais den Vorzug abzugewinnen einige Mühe
haben würde. Indessen kam der Abend heran, und wie ich eben
mit Verwunderung zu bemerken anfing, daß sich nirgends eine
Anstalt zu einem Gastmahl im Hause zeigte, kam Eurybates, mir 10
zu sagen, es wäre nun Zeit, ihm zu seiner schönen Nachbarin
zu folgen. — „Zu welcher Nachbarin?" — „Zu welcher andern als
der schönen Lais, die vor einigen Tagen hierher gekommen ist,
um von einem kleinen Gute Besitz zu nehmen, das ihr durch
den Tod eines Freundes zugefallen ist, und das glücklicher Weise 15
unmittelbar an das meinige stößt." — „Die Rede ist also nicht
von einer Hetäre?" sagte ich. — „Nun ja, Hetäre oder auch nicht
Hetäre, wie du willst; im Grunde läßt sie sich nicht wohl in eine
andre Klasse stellen, wenn sie ja klassifiziert sein muß; aber dann
ist sie eine Hetäre, wie es, zwei oder drei ausgenommen, noch 20
keine gegeben hat. Sie kommt nicht zu uns, mein guter Aristipp;
man muß zu ihr kommen, und auch dies ist eine Gunst, die nicht
jedem zu teil wird, der sie allenfalls bezahlen könnte. Die schöne
Lais liebt ausgesuchte Gesellschaft; und dem müssen die Grazien
sehr hold sein, der ihr bis auf einen gewissen Grad gefallen zu 25
können hoffen darf. Ohne diese Bedingung ist sie, wie man sagt,
um keinen Preis zu haben. Ob es immer so sein werde, läßt
sich vielleicht, ohne sich an Amor und Aphrodite zu versündigen,
bezweifeln; daß es aber jetzt so sei, ist um so glaublicher, da sie
kaum zwanzig Jahre zählt und von ihrem ersten Liebhaber in 30
einer sehr glücklichen Lage hinterlassen worden ist."

Dieser Vorbericht spannte meine Neugier und Erwartung so
stark, daß mir der Weg, der uns nach dem Hause der schönen
Korintherin führte, dreimal länger vorkam als er in der That
war. Wir fanden sie in einem geräumigen, auf ionischen Marmor= 35
säulen ruhenden Gartensaale, von einem kleinen Kreise dem Ansehn
nach seiner junger Männer umgeben und, wie es schien, in einem
lebhaften Gespräche begriffen. Schon von ferne, bevor es möglich
war, ihre Gesichtszüge genau zu unterscheiden, deuchte mir ihre

Gestalt die edelste, die ich je gesehen hätte. Ihr Anzug war
mehr einfach als gekünstelt und eher kostbar als schimmernd, leicht
genug, um einen Bildner, der keine schöne Form unangedeutet
lassen will, zu befriedigen, aber zugleich so anständig, daß selbst
5 die Grazie der Scham nicht untadeliger bekleidet werden könnte.
— „Die hat einen feinen Takt für ihre Kunst," dachte ich. Aber
stelle dir vor, mein Freund, wie gewaltig ich überrascht wurde,
da ich, ein paar Schritte näher, die nämliche Dame in ihr zu
erkennen glaubte, mit welcher ich vor drei Jahren zu Korinth auf
10 eine so seltsame Art in Bekanntschaft gekommen war, ohne damals
ihren Stand und Namen erfahren zu können. Ich mußte alle
meine Gewalt über mich selbst zusammenraffen, um der edeln
Unbefangenheit, womit sie mich empfing, keine größere Betroffenheit
entgegenzusetzen, als sich allenfalls mit der Wirkung ihrer Schönheit
15 auf jeden, der sie zum erstenmale sah, entschuldigen ließ. Daß
ich es wollte, war ich mir deutlich genug bewußt; doch zweifle ich
sehr, ob es mir in der ersten Viertelstunde so gut gelang, als·
ich wünschte; denn gewöhnlich verrät einer durch die Bemühung,
etwas unter seinem Mantel zu verbergen, daß er etwas verberge,
20 und dies ist genug, um die Aufmerksamkeit aller Umstehenden zu
erregen. Das Wahre ist, daß die Furcht, mich zu irren, und
das Verlangen, mich nicht zu irren, den Blicken, womit ich sie
durch und durch zu erspähen und nach allen Dimensionen aus=
zumessen scheinen mußte, mir (wie sie mir in der Folge selbst
25 sagte) etwas zu gleicher Zeit so Schüchtern=Unverschämtes, Gieriges
und Erstauntes gab, daß sie selbst Mühe gehabt hätte, sich in
gehöriger Fassung zu erhalten, wenn sie nicht auf diese bloß von
meiner Seite unerwartete Zusammenkunft vorbereitet gewesen wäre.
In der That hatte sie sich in den drei Jahren, die seit der ersten
30 verflossen waren, dermaßen verschönert, daß, ungeachtet das Bild
meiner korinthischen Anadyomene noch wenig in meiner Erinnerung
verloren hatte, oder vielmehr eben deswegen, ein kleines Miß=
trauen in meine Augen oder in mein Gedächtnis ganz natürlich
war. Sie war indessen merklich größer geworden, und die Blüte
35 ihrer prächtigen Gestalt schien soeben den Augenblick der höchsten
Vollkommenheit erreicht zu haben, den Augenblick, wo die Fülle
der hundertblättrigen Rose sich nicht länger in der schwellenden
Knospe verschließen läßt, sondern mit Gewalt aufbricht, um ihre
glühenden Reize der Morgensonne zu entfalten. Dies verbreitete

einen so blendenden Glanz um sie her, daß ich, wiewohl die
Ähnlichkeit mit sich selbst zu entschieden war, um nicht jeden auf=
steigenden Zweifel sogleich wieder niederzuschlagen, doch nicht auf=
hören konnte, mich durch immer wiederholtes Anschauen von einer
so angenehmen Wahrheit immer gewisser zu machen. Bei allem 5
dem behielt ich doch noch so viel Besonnenheit, um zu meinem
Troste wahrzunehmen, daß die andern Anwesenden (den einzigen
Eurybates vielleicht ausgenommen) jeder für sich zu stark mit
unsrer schönen Wirtin beschäftigt waren, um sich viel um mich zu
bekümmern. Auch blieb mir nicht unbemerkt, daß sie selbst am 10
wenigsten gewahr zu werden schien, daß etwas Besonderes in mir
vorgehe; und wenn mich ein paar verstohlne Seitenblicke nicht
verständigt hätten, würde die höfliche Kälte, womit sie sich gegen
mich benahm, neue Zweifel haben erregen müssen. Diese nur
mir verständlichen Blicke sagten mir so zuverlässig, sie sei es, daß 15
keine Möglichkeit zu zweifeln übrig blieb; und nun war es auch
um so viel leichter, die Rolle einer ganz neuen Bekanntschaft
natürlich genug zu spielen, um selbst den beobachtenden Eurybates
dadurch zu täuschen und den leisesten Verdacht eines frühern Ver=
hältnisses zwischen uns unmöglich zu machen. Ich überließ mich 20
jetzt mit meinem gewöhnlichen Frohsinn oder Leichtsinn, wenn du
willst, dem heitern Genuß des schönsten Abends, den ich bisher
erlebt hatte, und ich wollte alles in der Welt wetten, daß Tan=
talus an der Tafel Jupiters nicht halb so glücklich war als ich
im Speisesaal dieser irdischen Göttin, welche, nicht zufrieden, uns 25
mit dem Ambrosia und Nektar ihrer Schönheit und ihres Witzes
zu sättigen, außerdem noch alles aufgeboten hatte, was Land und
Meer und die Kunst eines korinthischen Kochs vermochte, um
selbst den Gaumen eines Sybariten zu befriedigen.

Nimm es als einen Beweis der Stärke meiner Liebe zu dir 30
auf, daß ich in diesen Stunden der süßesten Seelenberauschung,
wo es so leicht war, ein letheisches Vergessen alles dessen, was
man sonst liebte, aus den Augen dieser neuen Circe zu trinken,
mehr als einmal herzlich wünschte: „Möchte doch mein Kleonidas
hier sein, wär' es auch auf Gefahr, seiner ersten Liebe ein wenig 35
ungetreu zu werden!" Es ist, denke ich, dem Menschen überhaupt

32. letheisches Vergessen. Lethe, Λήθη, Vergessenheit, ein Fluß in der Unter=
welt. Indem die Schatten der Verstorbenen aus ihm tranken, vergaßen sie das ganze
Erdenleben. — 33. Circe, Κίρκη. Nach Homer wohnte diese zauberkundige Nymphe auf
der Insel Äää.

und vor allem dem Künstler zuträglich, in allen Gattungen und Arten das Höchste gesehen zu haben.

Eine vollkommene Schönheit ist in Griechenland und vermutlich allenthalben etwas sehr Seltenes, die Vereinigung einer solchen Schönheit mit geistigen Reizungen noch seltner. Dies vorausgesetzt, ist die schöne Lais unter den griechischen Weibern, was der Phönix unter den Vögeln ist. Ich habe die berühmte und von Sokrates selbst geschätzte Aspasia, wiewohl in einem schon ziemlich vorgerückten Alter, mehrmals gesehen und gesprochen; sie kann selbst in der Blüte ihrer Schönheit nie ein Recht gehabt haben, mit Lais um den goldnen Apfel zu streiten. An Stärke des Geistes und an Kenntnissen mag ihr vielleicht der Vorzug bleiben; aber an Lebhaftigkeit und Vielgestaltigkeit des Witzes und der Laune ist Lais vielleicht einzig. Die feinsten Wendungen der scherzenden oder nur leicht ritzenden Ironie sind ihr so geläufig, als ob sie bei meinem alten Mentor in die Schule gegangen wäre. Sie spricht gern und viel und findet immer den zierlichsten Ausdruck und das rechte Wort ungesucht auf ihren Lippen.

Ohne, wie Kassandra, vom delphischen Gotte besessen zu sein, glaube ich vorauszusehen, daß diese neue Helena, in ihrer Art wenigstens, ebensoviel Unheil unter den ohnehin so leicht entzündbaren Griechen unsrer Zeit anrichten wird als die Tochter der Leda unter den Achäern und Trojanern des heroischen Zeitalters. Was sie in meinen Augen am gefährlichsten macht, ist ein gewisser unnennbarer Zauber, den ein Dichter mit den unsichtbaren und unzerreißbaren Schlingen vergleichen würde, welche Homers Vulkan aus hinterlistigen Absichten um das Lager seiner treuen Gemahlin legte. Weil ich mich nicht gern mit unerklärbaren und nichts erklärenden Wörtern behelfe, so habe ich in aller Stille ausfindig zu machen gesucht, worin dieser magische Jynx (mit Sokrates zu reden) eigentlich bestehe, und soviel ich jetzt davon sagen kann, dünkt mich, er liege darin, daß sie sich aller ihrer Reizungen immer bewußt ist, ohne daß es scheint, als ob sie ihrentwegen Anspruch an große Bewunderung mache oder mit geheimen

22 f. Tochter der Leda, Helena. — 30. „Jynx. Der Vogel Wendehals, ein bei den Alten berüchtigtes Zaubermittel, dessen sich die vorgeblichen Zauberkünstler, thessalischen Hexen und ihresgleichen bedienten, um durch magische Gewalt verschmähten Liebhabern Gegenliebe zu verschaffen. (S. Theokrits Pharmaceutria, wo der Jynx gleichsam die Hauptrolle spielt.) In metaphorischem Sinn ist also dies Wort mit Liebreiz, insofern er etwas Anziehendes ist, einerlei." W.

Anschlägen auf Eroberungen umgehe. Sie scheint in vollkommener Selbstgenügsamkeit sich mit der Gewißheit zu befriedigen, es hange nur von ihr ab, sobald sie Lust dazu habe, jeden Sterblichen zum Gott und jeden Weisen — zum Narren zu machen, da es hingegen in keines Mannes Gewalt stehe, mehr über sie zu gewinnen, als sie ihm freiwillig einzuräumen geneigt sei. Sie bedient oder begiebt sich dieses Vorrechts mit gleicher Sorglosigkeit, ohne Anschein einer besonderen Absicht; aber wenn sie sich dessen bedient, thut sie es öfters mit einem Mutwillen, der an Grausamkeit grenzt, wiewohl es vielleicht bloßer Naturtrieb, ihre Macht zu versuchen, sein mag. Sie schießt ihre Strahlen umher, wie die Sonne die ihrigen ergießt, unbekümmert, wohin sie fallen, und wie sie wirken, ob sie erwärmen oder beleben oder austrocknen, versengen und zerstören. Daß die Sprache der Griechen keinen Namen für diesen gefährlichen Charakter hat, beweist vermutlich, daß die schöne Lais in ihrer Art die erste ist.

Ich sehe dich für die Freiheit und Ruhe deines Aristipp zittern; aber sei unbesorgt, mein Freund! Der Salamander, sagt man, befindet sich sehr wohl in eben dem Feuer, worin andre lebendige Wesen verzehrt werden. Ich schwöre dir, daß ich in meinem Leben nie freier, heitrer und aufgeräumter war als diesen Abend. Nicht als ob ich mich einer Gleichgültigkeit rühmen wolle, die mir im Grunde wenig Ehre machen würde; genug, Lais selbst scheint zu merken, daß sie an einen jungen Mann geraten ist, den Hermes mit dem berühmten Kräutchen Moly, das alle Bezauberung unkräftig macht, bewaffnet hat, und ich denke, wir wollen noch sehr gute Freunde werden. Überdies war auch hier keine Ursache zur Eifersucht; ich sah keinen Begünstigten; und wie hätte ich mich darüber ärgern sollen, gerade so viele Nebenbuhler zu sehen, als Personen zugegen waren? Das wird nun einmal in den nächsten zehn oder zwanzig Jahren nicht anders sein. Alles kommt darauf an, nicht ob man ihr gefallen will (wer wollte das nicht?), sondern ob man ihr gefällt, und das muß man den Göttern und ihrer Laune anheimstellen. Ausschließliche Anmaßungen an ein solches Wesen machen zu wollen, wäre, nach meiner Vorstellungsart, als wenn einer Sonne und Mond für sich allein behalten

---

25. „Moly, eine talismanische Pflanze von Homers Erfindung, Odyss. 10, welche Ulysses (Odysseus) vom Merkur als ein Gegenmittel gegen die Bezauberungen der schönen Circe erhält." W.

wollte. Wenn ich auch die Macht des großen Königs besäße, ich
würde schwerlich thöricht genug sein, ein solches Unrecht an ihr
und an mir selbst zu begehen. Wer wäre berechtigt, frei zu sein,
wenn ein so hoch von der Natur begünstigtes Weib es nicht sein
5 sollte? Und wie wenig müßte der seinen eigenen Vorteil kennen,
der, wenn er es auch vermöchte, die Liebesgöttin zu seiner Sklavin
machen wollte?

Wir brachten einen Teil der Nacht mit den gewöhnlichen
Ergetzlichkeiten zu, womit die Griechen ihre Symposien zu würzen
10 pflegen. Die schöne Lais hat verschiedene niedliche junge Sklavinnen, die mit Fertigkeit tanzen, singen und auf allen Arten von
besaiteten Instrumenten spielen. Die Unterhaltung wechselte bald
mit muntern Gesprächen, bald mit Musik und mimischen Tänzen ab,
und die Dame des Hauses selbst war so gefällig oder (wie es einige
15 von uns nannten) so grausam, uns zum Abschied mit einer wahren
Sirenenstimme ein süßes Liedchen von Anakreon zu singen, wobei
vermutlich jedermann ebendasselbe fühlte, was Odysseus, als der
einladende Zaubergesang der Töchter des Achelous über die Wellen
zu ihm herüberschallte; und im Weggehen versicherte mehr als einer,
20 daß er die Erlaubnis zu bleiben mit dem Schicksal der Unglücklichen, die in die Klauen jener mörderischen Sängerinnen gerieten,
nicht zu teuer erkauft gehalten hätte. Daß ich keiner von diesen
war, kannst du mir auf mein Wort glauben.

Es hatte sich zufälliger Weise gefügt, daß ich an diesem Tage
25 den Ring am Finger trug, in welchen ich die Haare meiner korinthischen Unbekannten hatte fassen lassen; und so konnte es nicht wohl
fehlen, daß ich Gelegenheit fand, ihr meine Hand, als wie von
ungefähr, nahe genug zu bringen, daß sie ihr durch den Druck
einer Feder aus dem Kasten des Rings heraufgebrachtes Geschenk
30 erkennen konnte. Ein leises Erröten und ein lächelnder Blick, der
unsre alte Bekanntschaft zu gestehen schien, versicherte mich dessen,
und mehr verlangte ich für diesmal nicht.

---

14. An ebendenselben.

Diesen Morgen zog mich, ich weiß nicht was — oder viel-
35 mehr, ich wußte sehr wohl was — in das anmutige Platanen-

18. Töchter des Achelous, die Sirenen.

wäldchen, das die Grenze zwischen dem Landgute meines Wirts
und den Gärten der schönen Lais zieht. Es stände jetzt nur bei
mir, lieber Kleonidas, dir weißzumachen, daß ich so gut wie mein
alter Sokrates einen kleinen Dämon in meinen Diensten habe,
und das noch dazu mit dem Vorzuge, daß der meinige, anstatt 5
mich (wie der Sokratische) bloß abzumahnen, wenn ich etwas nicht
thun soll, mir z. B. ganz vernehmlich zuflüsterte: „Wenn du in
das Platanenwäldchen gingest, würdest du einer schönen Nymphe
begegnen, die vermutlich so wenig vor dir davonliefe als du vor
ihr.“ Ich will aber ehrlich mit dir verfahren und nicht mehr aus 10
mir machen als sich gebührt; und so kannst du dir die Sache,
wenn du willst, ganz natürlich vorstellen. In beiden Fällen wird
das Nämliche herauskommen. Denn kurz und gut, als ich auf
meinem Spaziergange an die Gartenhecke unsrer Nachbarin kam,
sah ich sie durch eine halb offne Thür in einem zierlichen Morgen= 15
anzug beschäftigt, einige soeben aufbrechende Rosen im Gebüsch
abzuschneiden und dazu eines von Anakreons Liedern auf die Rose
halb zu singen, halb zu sumsen, wie man zu singen pflegt, wenn
man nur sich selbst zum Zuhörer hat. Sie erblickte mich sogleich,
indem ich mit der dreisten Schüchternheit, die mir (wie die Mädchen 20
sagen) so wohl ansteht — vermutlich, weil etwas Kunst dabei ist —
gleichsam ungewiß, ob ich es wagen dürfe, weiter zu gehen, in
der Thür stehen blieb. Sie kam mir einige Schritte entgegen.
„Du scheinst, fiel sie mir ins Wort, da ich eine Entschuldigung
zu stottern anfing, mit einer Gabe zu glücklichen Würfen geboren 25
zu sein, Aristipp. Wer hätte gedacht, daß wir uns in weniger
als zwei Jahren zu Ägina wiedersehen würden?“ — „Und das
in einem so reizend aufblühenden Rosengebüsche,“ setzte dein Freund
hinzu. — „Glaubst du auch an Vorbedeutungen?“ — „Wenn sie
meinen Wünschen entgegenkommen, ja.“ — „Da du dich nun ein= 30
mal, versetzte sie lächelnd, ebenso unschuldig, wie ich glauben will,
als ehmals zu Korinth, in mein Gebiet verirrt hast, würde mir’s
übel ziemen, dich unbewirtet zu entlassen. Ich will das Früh=
stück in die Myrtenlaube dort bringen lassen, und wir setzen uns
zusammen und schwatzen die Morgenstunden vorbei, wenn du nichts 35
Angenehmeres zu versäumen hast.“

    Meine Antwort kannst du leicht erraten, Kleonidas; aber
was du vielleicht nicht erraten hättest, war, daß es unvermerkt
Mittag und Abend wurde, ohne daß wir eher ans Abschiednehmen

dachten, bis uns die untergehende Sonne daran erinnerte. Das
Benehmen meiner schönen Wirtin war munter, offen und absicht=
los, immer anständig und edel, ohne Ziererei und Ansprüche, und
doch zugleich so traulich, als ob wir nicht anders als Freunde
5 sein könnten. Mit einem Worte, du kannst dir nichts Liebens=
würdigeres denken als sie, und keinen glücklichern Sterblichen als
mich, der, im Genuß des Gegenwärtigen gänzlich befriedigt, keinen
Augenblick Zeit hatte, zu denken, daß noch viel zu wünschen übrig
sei, und (was dir vielleicht unglaublich scheinen mag) auch nicht
10 durch die leiseste Begierde daran erinnert wurde. Dies ist, denke
ich, die natürliche Wirkung der vollkommenen Schönheit, wenigstens
auf einen Menschen meiner Sinnesart; und hätten die Grazien
nicht soviel Reiz und Anmutendes über alles was sie sagt und
thut bis auf die leiseste Bewegung der Falten an ihrem Gewand
15 ausgegossen, ich glaube, ich könnte Jahre lang täglich um Lais
gewesen sein, ohne jemals aus dem süßen Schlummer, worin ihr
Anschauen meine Sinne ließ, aufzuwachen. „Seltsam!" wirst du
sagen; aber so ist's! Oder vielmehr so war und blieb es — rate,
wie lange? — Beim Poseidon! vier ganzer Sommertage lang;
20 und ohne einen zufälligen Umstand, der dir die Sache zu gehöriger
Zeit begreiflich machen wird, dürften es vielleicht, Amor und Aphro=
dite verzeihen mir's! ebenso viele Wochen oder Monate gewesen sein.

Daß neu angehende Freunde, wovon der eine aus Cyrene
und der andere aus der Pelopsinsel kommt, einander ihre Ge=
25 schichte erzählen, versteht sich von selbst. Die meinige war bald
abgethan, wiewohl Lais nicht glauben wollte, daß ich noch so sehr
Neuling sei, als ich mit völliger Wahrheit, wie dir bekannt ist,
zu sein vorgab oder vielmehr mit Bescheidenheit andeutete. Die
ihrige war indessen nicht viel reicher an Abenteuern; und da du
30 das Beste an ihrer Erzählung, den Zauberklang ihrer Stimme
und den Geist ihrer Augen, entbehren mußt, so will ich sie so
kurz als möglich zusammenfassen:

Lais wurde zu Hykkara in Sicilien geboren. Sie erinnerte
sich, daß sie in einem großen Hause auferzogen wurde, und daß
35 ihr zwei Sklavinnen zu ihrer Besorgung zugegeben waren. Sie
war ungefähr sieben Jahr alt, als sie das Unglück hatte (ich
nenn' es Glück, und du wirst mir's nicht verdenken), bei Eroberung

---

33. Hykkara, Stadt im Norden Siciliens, welcher die ὑκκαι genannten Meerfische
den Namen gegeben hatten.

und Zerstörung ihrer Vaterstadt durch den bekannten athenischen
Feldherrn Nikias vermöge des barbarischen Rechts des Sieges, das
unter unsern Völkern zu ihrer Schande noch immer gilt, in die
Sklaverei zu geraten und mit andern Kindern ihres Alters an
den Meistbietenden verkauft zu werden. Leontides, ein reicher 5
korinthischer Eupatride, kaufte sie und bezahlte sie beinahe so teuer
als ein marmornes Mädchen von einem Polyklet oder Alkamenes.
Dieser Leontides war immer ein großer Liebhaber aller schönen
Dinge gewesen; und wiewohl er im Dienste der paphischen Göttin
bereits grau zu werden begann oder vielmehr eben deswegen kam 10
er auf den Gedanken, sich an der kleinen Laidion Trost und Zeit=
vertreib für seine alten Tage zu erziehen. Er ließ ihr also Unter=
richt in allen Musenkünsten und überhaupt eine so liberale Er=
ziehung geben, als ob sie seine Tochter gewesen wäre, ergötzte sich
in der Stille an ihren schnellen Fortschritten und belohnte sich 15
selbst zu rechter Zeit für alles, was er auf sie gewandt hatte,
so gut als Gicht, Podagra und Hüftweh es erlauben wollten.
Dagegen betrug auch sie sich so gefällig und dankbar gegen ihn
und leistete ihm die Dienste einer Krankenwärterin etliche Jahre
lang mit soviel Sorgfalt, Geschicklichkeit und gutem Willen, daß 20
er ihr seine Erkenntlichkeit nicht stark genug beweisen zu können
glaubte. Sie lebte in seinem Hause als ob sie seine Gemahlin
wäre, schaltete nach Belieben über sein Vermögen und durfte sich
der Freiheit, die er ihr geschenkt hatte, um so unbeschränkter bedienen,
da er Ursache zu haben glaubte, sich auf ihre Klugheit und Be= 25
scheidenheit zu verlassen. In dieser Lage befand sie sich, als ich
durch den bewußten Zufall eine Art von Aktäon (wiewohl mit
besserm Glück) bei ihr zu spielen berufen wurde, und der plötz=
liche Einfall, sich auf Unkosten eines zudringlichen Unbekannten
eine kleine Lust zu machen, wobei sie selbst nichts zu wagen sicher 30
war, hätte einer lebhaften jungen Sicilianerin, welche die schönste
Blumenzeit ihres Lebens einem abgelebten, gichtbrüchigen Lieb=
haber aufzuopfern sich gefallen ließ, von meinem runzligen Freunde
Antisthenes selbst nicht übel gedeutet werden können. Bald nach
dieser Begebenheit starb der alte Leontides und hinterließ seiner 35

---

2. Nikias, *Nizias*, Niklas, brachte zwar während des peloponnesischen Krieges den
nach ihm benannten Frieden zustande, ging aber doch nachher mit Alcibiades auf der
Kriegsflotte nach Sicilien. — 6. Eupatride, εὐπατρίδης, Edelmann. — 9. paphische
Göttin, Aphrodite (Venus). Sie hatte zu Paphos, einer Stadt an der Westküste der
Insel Cyprus, einen Tempel.

schönen Wärterin die Freiheit, zu leben wie und wo sie wollte,
nebst einer beträchtlichen Summe an barem Gelde und dem zierlichen Landsitz zu Ägina, der zwar von keinem großen Ertrag,
aber durch seine reizende Lage und die Schönheit der Gebäude
5 und Gärten beinahe so einzig in seiner Art ist als seine Besitzerin
in der ihrigen.

Die schöne Witwe des korinthischen Eupatriden befindet sich
nun, wie du siehst, in einer Lage, die derjenigen ziemlich ähnlich
ist, in welche Prodikus seinen jungen Herkules auf dem Scheide-
10 wege setzt. Zwei Lebenswege liegen vor ihr, zwischen welchen sie,
wie sie selbst glaubt, wählen muß. Soll sie, kann sie, bei diesem
lebhaften Bewußtsein einer Schönheit und einer Zaubermacht, die
ihr, sobald sie will, alle Herzen und alle Begierden unterwirft,
bei solchen Talenten und einem Triebe zur Unabhängigkeit, dessen
15 ganze Stärke sie in ihrer vorigen Lage kennen zu lernen Gelegenheit hatte, sich entschließen, mit Aufopferung ihrer Freiheit und
ihres ganzen Selbst an einen einzigen, das ist mit Gefahr einer
ewigen Reue, sich in die venerable Gilde der Matronen einzukaufen?
— oder soll sie, mit Verzicht auf diesen ehrenvollen Titel, sich
20 auf immer der reizenden Freiheit versichern, nach ihrem eignen Gefallen glücklich zu sein und glücklich zu machen, wen sie will?

Es müßte einem Paar hochweiser Zottelbärte komisch genug
vorgekommen sein, wenn sie, hinter unsrer Myrtenlaube verborgen,
eine junge Dame wie Lais und einen schwarzlockigen, wohlgenährten
25 Philosophen von zweiundzwanzig Jahren mit einer zwischen pythagorischer Sophrosyne, sokratischer Ironie und aristophanischer
Leichtfertigkeit leise hin- und herschwebenden Miene in der ernstlichen Konferenz über diese Frage hätten behorchen können. Nichts
müßte ihnen lustiger vorgekommen sein als das anscheinende Ver-
30 trauen der jungen Schönen zu der Weisheit eines beinahe ebenso
jungen Freundes, dessen eigenes Interesse bei der Sache stark
genug in die Augen fiel, um ihr seinen Rat auf jeden Fall verdächtig zu machen.

Das Wahrste bei dieser Beratschlagung war indessen, daß
35 die schöne Lais recht gut wußte, wozu sie sich bereits entschlossen
hatte. Vermutlich war es ihr mehr darum zu thun, mir ihre
eigene Art, über diese Dinge zu denken, mitzuteilen, als sich in
der Meinung, daß ich sie nicht anders als billigen könne, zu be-

---

26. Sophrosyne, σωφροσύνη, Besonnenheit.

ſtärken. Dies glaubte ich in ihren Augen zu leſen, da ſie, nach=
dem ſie das Problem beſagtermaßen geſtellt hatte, ſich auf ein=
mal mit der treuherzigen Frage an mich wandte: „Was rätſt du
mir nun, Ariſtipp? — Sage mir deine Meinung ohne Zurück=
haltung und, wenn du die Forderung nicht unbillig findeſt, ſo 5
unbefangen, als ob du der Mann im Monde wäreſt und einer
Bewohnerin des Hesperus raten ſollteſt.“

    „Was du von mir verlangſt, ſchöne Lais, antwortete ich ihr,
iſt eben nicht ganz ſo leicht, als du zu glauben ſcheinſt. Indeſſen
wär’ es mir wenig rühmlich, wenn ich ſchon zwei Jahre um den 10
Weiſeſten aller Menſchen (mit der delphiſchen Prieſterin zu reden)
geweſen wäre und nicht wenigſtens eine Handvoll brauchbarer
Maximen auf die Seite gebracht hätte, womit ich mir und andern
bei Gelegenheit aushelfen könnte. Eine dieſer Maximen iſt: wenn
ich um Rat gefragt werde, immer zu raten, was mir wirklich 15
für die fragende Perſon das Beſte ſcheint, aber zugleich ehrlich
zu geſtehen, daß, wofern ich ſelbſt auf irgend eine Art dabei be=
troffen bin, immer auch, mit oder ohne klares Bewußtſein, einige
Rückſicht auf meine eigene Wenigkeit dabei genommen wird. So
würde ich z. B., wenn ich dächte, daß eine geheime Vorliebe zu 20
dem ehrſamen Matronenſtande in deinem ſchönen Buſen ſchlummere,
und ich ſelbſt etwa der Glückliche ſei, mit dem du deine Freiheit
in die Schanze zu ſchlagen Luſt hätteſt, nicht umhin können, dich
vor mir zu warnen, weil in dieſem Falle zehn gegen eins zu
wetten wäre, daß es uns beide gereuen würde, mich, dir geraten, 25
dich, mir gefolgt zu haben. Eine andre meiner Lebensmaximen
iſt: meine Handlungen ſo wenig wie möglich von den Meinungen
andrer Leute abhangen zu laſſen. Ich müßte mich ſehr irren,
wenn dieſe Regel nicht auch für dich gemacht wäre. Endlich iſt
auch bei mir feſtgeſetzt, daß die Perſon den Stand, nicht der 30
Stand die Perſon adeln muß. Ich ſehe keine Unmöglichkeit,
warum ein junges Frauenzimmer von deinen ſeltenen Vorzügen,
in der unabhängigen Lage, worein dich dein alter Patron geſetzt
hat, unter dem Schutz der Grazien nicht ſo viel Freiheit, als ihr
ſelbſt zuträglich iſt, mit einem gehörigen Betragen, dem die Welt 35
ihren Beifall nie verſagt, ſollte vereinigen können. Mein Rat,
ſchöne Freundin, wäre alſo — mit mehr oder weniger Rückſicht
auf meine Maximen, wenn du willſt, zu thun, was dir dein Herz
und deine Klugheit eingeben.“

„Ich bin mit deinem Rat vollkommen zufrieden, weiser Aristipp, versetzte sie mit einem Lächeln, wie die Augen der Liebesgöttin lächeln mögen, wenn ihr Blick von ungefähr in einen Spiegel fällt. Höre mich also an, mein Freund; denn ich will 5 mich dir so unzurückhaltend erklären, wie Personen meines Geschlechts kaum mit sich selbst zu reden pflegen. Ich habe noch so wenig Gelegenheit gehabt, die Stärke oder Schwäche meines Herzens aus Erfahrung kennen zu lernen, daß es Vermessenheit wäre, wenn ich, wie der Sohn der Amazone beim Euripides, Amorn 10 und seiner Mutter Trotz bieten wollte. Soweit ich mich indessen kenne, scheint es nicht, als ob die Leidenschaft, die der besagte Dichter an seiner Phädra so unübertrefflich schildert, jemals mehr Gewalt über mich erhalten werde als ich ihr freiwillig einzuräumen für gut finde; und ich wünsche vor jeder andern Thorheit so 15 sicher zu sein als vor dem lyrischen Einfall, aus Liebe zu irgend einem Phaon der schönen Sappho den Sprung vom leukadischen Felsen nachzuthun. Bei allem dem gestehe ich gern, daß ich den Umgang mit Männern ebenso sehr liebe, als mir die Unterhaltung mit den griechischen Frauen vom gewöhnlichen Schlage unerträglich 20 ist. Du weißt vermutlich, wie wenig bei der Erziehung der griechischen Töchter in Betracht kommt, daß sie auch eine Seele haben, und daß die Seele kein Geschlecht hat. Sie werden erzogen, um sobald als möglich Ehfrauen zu werden; und der Grieche verlangt von seiner ehlichen Bettgenossin nicht mehr Geist, Talente und 25 Kenntnisse, als sie nötig hat, um (womöglich) schöne Kinder zu gebären, ihre Mägde in der Zucht zu halten und die Geschäfte des Spinnrockens und Webstuhls zu besorgen. Ist sie überdies sanft, keusch und eingezogen, trägt sie, wie die Schnecke, ihr Gynäceon immer auf dem Rücken, und verlangt von keinem andern 30 Manne gesehen zu werden als von ihm, läßt sich an und von ihm alles gefallen und glaubt in Demut, daß es keinen schönern, klügern und bravern Mann in der Welt gebe als den ihrigen, so dankt er den Göttern, die ihn mit einem so frommen tugendsamen Weibe beschenkt haben, ist höchlich zufrieden und hat wahrlich 35 Ursache, es zu sein. Vor der Langenweile, die ihm eine so fromme

9. Sohn der Amazone, „Hippolytus, einigen unsrer Leser aus dem Euripides, andern aus der Phèdre des J. Racine oder aus seinem Nachbilde Silvio im Pastor fido des Guarini bekannt." W. — 16. Phaon, Φάων, der Geliebte der Sappho, war ein schöner Jüngling aus Mitylene. — 28 f. „Gynäceon, das Frauengemach, der Harem bei den Türken, Persern u. s. w." W.

und tugendreiche Hausfrau machen könnte, weiß er sich schon zu
verwahren. Er sieht sie so wenig als möglich; und verlangt er
einen angenehmern weiblichen Umgang, so hält er sich irgend eine
liebenswürdige Gesellschafterin auf seinen eigenen Leib oder bringt
von Zeit zu Zeit einen Abend mit seinen Freunden in Gesellschaft 5
von Hetären zu. Und wie könnt' es anders sein, da unsre ehr=
baren Frauen, von aller männlichen Gesellschaft zeitlebens aus=
geschlossen und auf den Umgang mit ihren Mägden, Schwestern,
Basen und Nachbarinnen eingeschränkt, aller Gelegenheit, sich zu
entwickeln und die Eigenschaften, wodurch man gefällt oder inter= 10
essant wird, zu erwerben, schlechterdings beraubt sind? — Was
bleibt also einer jungen Person meines Geschlechts, wenn sie mit
der Gabe zu gefallen und einem Geiste, der sich nicht in den
engen Raum eines Frauengemachs einzwängen lassen will, von
Mutter Natur ausgestattet worden ist, was bleibt ihr anders übrig, 15
als entweder sich selbst und das ganze Glück ihres Lebens der
leidigen Landessitte aufzuopfern, oder die Freiheit, mit allen Arten
gebildeter und liebenswürdiger Männer Umgang zu haben (als
das einzige Mittel, wie sie selbst entwickelt und gebildet werden
kann), dadurch zu erkaufen, daß sie sich gefallen läßt — zu einer 20
Klasse gerechnet zu werden, die der weise Solon zwar durch einen
schonenden Namen gewissermaßen zu Ehren gezogen hat, die aber
doch sowohl durch ihre Bestimmung als den Charakter und die
Sitten des größten Teils ihrer Mitglieder von einem unheilbaren
Vorurteil gedrückt wird und mit einem Flecken behaftet ist, den 25
alle Vorzüge einer Korinna, Sappho und Aspasia nicht auszulöschen
vermögen? Oder könntest du mir einen andern Weg, dem ge=
meinen Schicksal der frommen und tugendhaften Frauen und —
der tödlichen Langweile ihres Umgangs zu entgehen, zeigen,
Aristipp?"   30

Ich. Wo wolltest du einen Gemahl finden, der dich für das
unendliche Opfer, das du ihm bringen müßtest, entschädigen könnte,
wenn er auch wollte, und von dem du gewiß wärest, er werde
es immer wollen?

Sie. Wenigstens wirst du mir zugeben, daß ich einiges 35
Recht hätte, auch von ihm ein größeres Gegenopfer zu verlangen,
als er mir vermutlich zu bringen geneigt wäre. Und gesetzt, er

26. Korinna, Dichterin aus Böotien zur Zeit Pindars.

wär' es, glaubst du wohl, selbst ein Gott und eine Göttin könnten,
von jeder andern Gesellschaft entfernt, einander lange alles sein?
Ich wenigstens bin mir meines Unvermögens, eine solche Zwei=
siedlerei in die Länge auszuhalten, vollkommen bewußt. Gute
5 Gesellschaft, oder was in Griechenland wenigstens ebensoviel ist,
Männergesellschaft, ist für mich ein unentbehrliches Bedürfnis. Ich
habe zu wohl erfahren, was es ist, mit einem einzigen Manne
und mit lauter Weibern zu leben, um das Experiment zum zweiten=
male zu machen! — Es ist also fest beschlossen, Aristipp, ich werde
10 meine Freiheit behalten, und mein Haus wird allen offen stehen,
die durch persönliche Eigenschaften oder Talente berechtigt sind,
eine gute Aufnahme zu erwarten.

Ich. Gegen diesen heroischen Entschluß kann niemand weniger
einzuwenden haben als ich. Aber — freilich wirst du — wie du
15 selbst sagtest — in der Welt —

Sie. Nur heraus mit dem Worte! — Für eine Hetäre
passieren? Vermutlich. Aber warum sollt' ich mich über das Vor=
urteil, das auf diesem Namen liegt, nicht hinwegsetzen? Jeder
Stand in der Gesellschaft hat gewisse Vorurteile gegen sich. Unsre
20 ehrbaren Matronen passieren im Durchschnitt genommen für Gänse
und Elstern oder falls sie Verstand genug dazu haben für Heuch=
lerinnen, die Tag und Nacht auf nichts als Ränke sinnen, wie
sie ihre Männer hintergehen und die Vorteile des Hetärenstandes
mit der Achtung, die dem Frauenstande gebührt, zugleich nutznießen
25 wollen; und wenn man die Komödiendichter hört, so ist noch die
Frage, ob eine Person von Geist und feinem Gefühl nicht mehr
Ehre davon habe, eine so seltene Hetäre wie Aspasia oder Thar=
gelia zu sein als eine Matrone, wie unter jedem Hundert nach
der gemeinen Meinung wenigstens drei Fünftel sind. Hier oder
30 nirgends tritt der Fall ein, mein Freund, wo ich sehr unrecht
hätte, meine Entschließung von der Meinung anderer Leute ab=
hängen zu lassen. Ich liebe den Umgang mit Mannspersonen;
aber als Männer sind sie mir gleichgültig. Ich kenne sie, denke
ich, bereits genug, um die Stärke und den Umfang der Macht

---

27 f. Aspasia, Ἀσπασία, Aspäsiä, wurde schon deshalb zu den Hetären gerechnet,
weil Perikles sich ihrethalben von seiner Gemahlin trennte, aber mit ihr selbst als einer
Fremden keine ganz rechtmäßige Ehe schließen konnte. — Thargelia, wie Aspasia aus
Milet, soll deren Vorbild gewesen sein. Der weibliche Eigenname heißt griechisch Θαρ-
γηλία, dagegen ist τὰ Θαργήλια mit der Betonung wie im Deutschen ein bestimmtes Fest
in Athen.

zu berechnen, die ich mir ohne Unbescheidenheit über sie zutrauen
darf. Ich weiß, was sie bei mir suchen; und da es bloß von
mir abhängt, sie durch so viele Umwege als mir beliebt im Labyrinth
der Hoffnung herumzuführen, so verlaß dich darauf, daß keiner
mehr finden soll, als ich ihn finden lassen will; und das wird 5
für die meisten wenig genug sein. Kurz, du sollst sehen, Aristipp,
wie bald die allgemeine Sage unter den Griechen gehen wird, es
sei leichter, die Tugend der züchtigsten aller Matronen in Athen
zu Falle zu bringen als einer von denen zu sein, zu deren Gunsten
die Hetäre Lais (weil sie doch Hetäre heißen soll) sich das Recht, 10
Ausnahmen zu machen, vorbehält.

Sie sagte dies mit einem so reizenden Ausdruck von Selbstbewußtsein und Mutwillen, daß es mir beinahe unmöglich war,
nicht auf der Stelle die Probe zu machen, ob ich vielleicht unter
diese Ausnahmen gehören könnte; aber die Furcht, durch ein zu 15
rasches Wagestück mein Spiel auf immer zu verderben, zog mich
noch stark genug zurück, daß ich Meister von mir selber blieb.
Solltest du, sagte ich, indem ich eine ihrer Lilienhände, die in diesem
Augenblick auf ihrem Schoße lag, etwas wärmer als der bloßen
Freundschaft zukommt mit der meinigen drückte, solltest du wirklich 20
hartherzig genug sein, ein so grausames Spiel mit uns Armen
zu treiben, als du dir jetzt einzubilden Belieben trägst? — Hartherzig? versetzte sie mit spottendem Lächeln, ihre Hand schnell
unter der meinigen wegziehend, indem sie sich ebenso schnell von
der Bank, wo wir saßen, aufschwang und wie eine Göttin vor 25
mir stand; zum Beweise, daß ich es wenigstens nicht für dich bin,
laß dir ein= für allemal raten, Freund Aristipp, keine Kunstgriffe
bei mir zu versuchen! Unser Verhältnis ist von einer sehr zarten
Art; ich erlaube dir, den Augenblick zu belauschen; aber hüte dich,
ihm zuvorzukommen! — Beinahe sollt' ich denken, schöne Lais, er= 30
widerte ich, du seist bei dem weisen Sokrates in die Schule gegangen. — „Wie so?" — Weil die Lehre oder Warnung, die du
mir soeben giebst, die nämliche ist, die ich ihn einst einer jungen
Hetäre zu Athen geben hörte. — „Du scherzest, Aristipp; wie käm'
ein Mann wie Sokrates dazu, sich mit dem Unterricht einer Hetäre 35
abzugeben?" — Du kennst ihn noch wenig, schöne Lais, wie ich
sehe. Kein Sterblicher ist freier von Vorurteilen als er, und das
Geschäft seines Lebens ist, allen Arten von Personen unbegehrt
und ohne auf ihren Dank zu rechnen Unterricht und guten Rat

zu geben. Er lehrt einen Gerber besseres Leder machen, einen
Tänzer gefälliger tanzen, einen Maler geistreicher malen, einen
Hipparchen seine Reiter und Pferde besser abrichten; warum sollte
er nicht auch eine unerfahrene, aber schöne und lehrbegierige junge
5 Hetäre zur Virtuosin in ihrer Kunst zu machen suchen? — „Du
erregst meine Neugier; wolltest du mir wohl das Vergnügen
machen, mir alles zu erzählen, was du von dieser sonderbaren
Begebenheit noch im Gedächtnis hast?" — Sehr gern; ich erinnere
mich noch eines jeden Wortes, wiewohl es schon über Jahr und
10 Tag ist, daß sie sich zugetragen hat. Einer von den Unsrigen,
Kleombrotos von Ambracien, ein junger Schwärmer, wenn je einer
war, erzählte uns, er habe soeben durch einen glücklichen Zufall
Gelegenheit gehabt, das schönste Mädchen in Athen zu sehen, und
zwar wie nicht jedermann sie zu sehen bekomme; denn sie sitze eben
15 einem Maler als Modell. Da er nicht aufhören konnte, von der
Schönheit dieser jungen Person als einer unaussprechlichen Sache
zu reden, sagte Sokrates endlich lächelnd: Wenn das ist, so könntest
du uns den ganzen Tag davon sprechen, ohne daß wir ein Wort
mehr wüßten als zuvor; denn von einer unaussprechlichen Sache
20 einen Begriff durchs Ohr zu bekommen, ist unmöglich. — Da
wäre also, sagte dein naseweiser Freund Aristipp, kein andres
Mittel, uns zu überzeugen, daß Kleombrotos nicht zu viel gesagt
habe, wiewohl er eigentlich nichts gesagt hat, als daß wir selbst
hingingen und mit eignen Augen sähen. — So gehen wir denn,
25 sagte Sokrates. Kleombrotos führte uns also alle, soviel unser
gerade um den Meister waren, nach der Wohnung der schönen
Theodota, mit welcher er durch seinen Freund, den Maler,
schon bekannt war; wir wurden gefällig empfangen, stellten uns
in bescheidener Entfernung um den Künstler her und sahen —
30 was zu sehen war. — War das Mädchen wirklich so schön?
unterbrach mich Lais im Ton der vollkommensten Gleichgültigkeit.
— In der That, antwortete ich in eben dem Ton, schön genug,
daß sie mit allen Ehren die Stelle einer von deinen drei Grazien

---

3. Hipparch, ἵππαρχος, Anführer der Reiterei (magister equitum). — 11.
Kleombrotos aus Ambracien war ein akademischer Philosoph. Wieland nimmt
wahrscheinlich nicht ohne Grund an, daß er derselbe Kleombrotos ist, den Plato als
Schüler des Sokrates erwähnt. Einen Schwärmer nennt ihn Wieland, weil er sich, nachdem er Platos Phädon gelesen, ins Meer gestürzt haben soll. — 27. Theodota, mit
welcher Sokrates das Gespräch hatte (Xen. Mem. 3, 11), wurde in der Folge die Geliebte
des Alcibiades und bestattete diesen nach seinem Tode.

einnehmen könnte. Schmeichler! ſagte ſie, indem ſie mir einen leichten
Schlag auf die Schulter gab; ich unterbreche dich nicht wieder.

Als der Maler aufgehört, und die ſchöne Theodota ſich in
ein Nebengemach begeben hatte, um ihren Anzug wieder in die
gewöhnliche Ordnung bringen zu laſſen, warf Sokrates in einem 5
ihm ganz eigenen, unnachahmlichen Mittelton zwiſchen Scherz und
Ernſt die Frage auf: ob wir, die Zuſchauer, der ſchönen Theodota
für die Erlaubnis, ihre Schönheiten in einen ſo genauen Augen=
ſchein zu nehmen, oder Theodota nicht vielmehr uns für die Be=
ſchauung Dank ſchuldig ſei? und entſchied ſie, nach Maßgabe des 10
ihr oder ihnen wahrſcheinlich daraus zuwachſenden Vorteils oder
Nachteils, zu Gunſten der Zuſchauer. Immittelſt hatte er ſeiner
Gewohnheit nach mit ſeinen weit hervorragenden, ſcharfblickenden
Augen das Innere des ganzen Hausweſens ausgekundſchaftet, und
als Theodota wieder ſichtbar ward, machte er ihr ſein Kompliment 15
über den reichen und glänzenden Fuß, auf welchem alles bei ihr
eingerichtet ſei. Das alles, ſetzte er hinzu, muß dich viel Geld
koſten, und ein ſo großer Aufwand ſetzt ein großes Vermögen
voraus. Du haſt ohne Zweifel ein ſchönes Landgut? — Keine
Erdſcholle, antwortete Theodota etwas ſchnippiſch. — „Alſo ver= 20
mutlich ein Haus, das dir anſehnliche Renten abwirft?“ — Auch
das nicht, erwiderte ſie, indem ſie ein Paar große Augen an den
Mann machte, der einer Unbekannten ſo ſonderbare Fragen vor=
legte und ihr dennoch, ſeines ſchlechten Aufzugs ungeachtet, Ehr=
furcht und Zutrauen einzuflößen ſchien. — „Aha! Nun verſteh' 25
ich; du biſt Eigentümerin einer großen Fabrik, worin eine Menge
geſchickter Arbeiter Geld für dich verdienen?“ — Ich? ich beſitze
nichts dergleichen. — „Wovon kannſt du denn einen ſolchen Auf=
wand machen?“ — Die Freigebigkeit meiner guten Freunde, er=
widerte ſie errötend und hielt inne. — „Gute Freunde? Das ge= 30
ſteh' ich! Da haſt du allerdings ein großes Beſitztum. Ein Rudel
Freunde iſt freilich ein ganz andrer Reichtum als eine Herde
Rinder, Schafe und Ziegen! Aber wie fängſt du es an, ſchöne
Theodota, daß du ſo gute Freunde bekommſt? Läßt du es auf
den Zufall ankommen, ob ſich ſo ein Freund wie eine Fliege von 35
ungefähr an dich ſetzt, oder gebrauchſt du etwas Kunſt dazu?“
— Ich verſtehe dich nicht; wie käme ich zu einer ſolchen Kunſt?
— „Wenigſtens ſo leicht als eine Spinne. Du weißt doch, wie
ſie es machen, um ſich ihren Unterhalt zu verſchaffen? Sie weben

eine Art feiner Netze; die Mücken verfangen sich darin und dienen
ihnen zur Speise." — Ich soll also auch so ein Netz weben, meinst
du? — „Warum nicht? Du wirst dir doch nicht einbilden, daß
ein so köstliches Wildbret, als gute Freunde sind, dir so ohne
5 alle List und Mühe, mir nichts dir nichts, in die Küche laufen
werde? Siehst du nicht, wie mancherlei Anstalten die Jäger machen,
um nur einen schlechten Hasen zu erhaschen? Weil der Hase immer
bei Nacht auf die Weide geht, schaffen sie sich Hunde an, die bei
Nacht jagen; und weil er ihnen bei Tage entlaufen würde, halten
10 sie Spürhunde, die, wenn er von der Atzung in sein Lager zurück=
geht, seiner Fährte folgen und ihn dort zu fangen wissen. Weil
er so schnellfüßig ist, daß er ihnen im Freien gar bald aus den
Augen kommt, haben sie Windspiele bei der Hand, die ihn im
Laufen fangen; und da er ihnen auch so vielleicht noch entrinnen
15 könnte, stellen sie überall, wohin er seinen Lauf nehmen könnte,
Jagdnetze auf, worein er sich verwickeln muß." — Das alles mag
zur Hasenjagd sehr dienlich sein, sagte Theodota mit einem kleinen
spöttischen Naserümpfen; nur sehe ich nicht, welches von diesen
Mitteln mir dienen könnte, um Freunde zu erjagen. — „Was
20 meinst du, Theodota, wenn du dir statt eines Spürhundes jemand
anschaffen könntest, der die Gabe hätte, dir die reichen Dilettanten
auszuriechen und in deine Netze zu jagen?" — In meine Netze?
Was für Netze hätte ich denn? — „Das fragst du, schöne Theo=
dota? Eines wenigstens gewiß, das auf alle Fälle schon weit
25 reicht und von der Natur selbst gar zierlich gestrickt wurde; und
wie kannst du vergessen, daß du in diesem schönen Leibe eine
Seele hast, die dich lehren könnte, wie du die Augen brauchen
mußt, um die Männer durch deine Blicke zu bezaubern, was du
reden mußt, um sie aufgeräumt und fröhlich zu machen, wie du
30 den, der dich ernstlich liebt, durch die Anmut deines Betragens
festhalten und den Lüstling, der nur in deinen Reizen schwelgen
will, abschrecken und entfernen sollst? Und hast du nicht auch ein
Gemüt, das dich an deinem Freunde Anteil nehmen macht? das
dich antreibt, die zärtlichste Sorgfalt an ihn zu verschwenden, wenn
35 er krank ist, ihm die lebhafteste Teilnehmung zu zeigen, wenn er
irgend etwas Rühmliches gethan hat, und mit ganzer Seele an
ihm zu hangen, wenn er dir Beweise giebt, daß auch er es recht
herzlich mit dir meine? Ich zweifle nicht, du kannst mehr als
nur liebkosen, du kannst auch lieben; und du machst dir ein Ge=

schäft daraus, die Gewalt, die du über die Gemüter deiner Freunde
haft, dazu anzuwenden, sie zu den edelsten und besten Menschen
zu machen." — Ich versichere dich, sagte Theodota, indem sie den
Mund mehr als nötig war, aufthat, um uns zwei Reihen der
schönsten Perlenzähne zu weisen, von dem allen ist mir nie etwas 5
in den Sinn gekommen. — „Das ist mir leid für dich; denn es
ist nichts weniger als gleichgültig, ob man den Menschen gehörig
und seiner Natur gemäß behandelt oder nicht. Mit Gewalt wirst
du wahrlich keinen Freund weder bekommen noch behalten; das
ist ein Wild, das sich nicht anders fangen und an die Krippe 10
gewöhnen läßt, als daß man ihm wohl begegnet und Vergnügen
macht. Das erste also, worauf du zu sehen hast, ist, daß du von
deinen Liebhabern nichts verlangst als was sie dir leicht und mit
dem wenigsten Aufwand gewähren können, das zweite, daß du
ihnen in eben dieser Art keine Gefälligkeit schuldig bleibst. Das 15
ist ein unfehlbares Mittel, zu machen, daß sie dich immer lieber
gewinnen, dich desto länger lieben und desto freigebiger gegen dich
sind. Du weißt, warum es ihnen eigentlich bei dir zu thun ist;
und es ist wohl nicht deine Meinung, die Tyrannin mit ihnen
zu spielen. Das, wovor du dich hüten mußt, ist also bloß, vor 20
lauter Gefälligkeit dem Guten nicht zu viel zu thun. Du siehst,
daß die leckerhaftesten Gerichte dem, der keine Lust zum Essen hat,
nicht schmecken wollen und dem Satten sogar Ekel erwecken; kannst
du hingegen deinem Gaste Hunger machen, so wird ihm auch gemeine Kost willkommen sein." — Was müßt' ich denn thun (sagte 25
Theodota mit der schafmäßigsten Miene in einem der schönsten
Gesichter), um denen, die mich besuchen, Hunger zu machen? --
„Vor allen Dingen dich wohl in acht nehmen, ihnen, wenn sie
satt sind, nichts weiter vorzusetzen, geschweige, sie noch gar nötigen
zu wollen. Lässest du ihnen Zeit, so wird der Appetit von selbst 30
wiederkommen; wenn du abr siehst, daß dies der Fall ist, so
übereile dich ja nicht; locke sie durch die artigsten Manieren, die
feinsten Liebkosungen; sei lebhaft, reizend, sogar mutwillig; aber
entschlüpfe ihnen immer wieder, wenn sie dich zu haben meinen,
und ergieb dich nicht eher, bis du gewiß bist, daß sie den höchsten 35
Wert auf deine Gefälligkeit legen!" Diese Lehre schien der jungen
Person einzuleuchten. Wenn nur du, sagte sie und lächelte den
alten Herrn so holdselig an, als ihr möglich war, wenn nur du
mir Freunde jagen helfen wolltest? — „Warum nicht, wenn du

mich dazu bereden kannst?" — Das möchte ich wohl gern, wenn
du mir nur sagen wolltest, wie ich es machen muß. — „Das ist
deine Sache; du mußt eine Seite ausfindig machen, wo du mir
beikommen kannst." — So besuche mich nur recht fleißig, lieber
5 Sokrates! — „Ich habe nur nicht viel übrige Zeit, meine gute
Theodota, erwiderte Sokrates, der des Scherzens mit der albernen
Puppe überdrüssig zu werden anfing; meine häuslichen und öffent=
lichen Geschäfte lassen mir wenig müßige Augenblicke. Auch habe
ich eine hübsche Anzahl guter Freundinnen, die mich Tag und
10 Nacht nicht von sich lassen wollen, weil ich sie gar wirksame
Liebestränke und Zauberlieder lehre." — Ei, was du sagst! Ver=
stehst du dich auch auf solche Dinge, Sokrates? — „Wie sollt'
ich nicht? Meinst du, der Apollodor und der Antisthenes hier
gehen mir um nichts und wieder nichts nie von der Seite? Oder
15 Cebes und Simmias kommen ohne ihre guten Ursachen bloß meinet=
wegen bis von Theben hergelaufen? Du begreifst doch, daß so
was nicht ohne Hexerei und Liebestränke und Zauberschnüre mög=
lich ist." — So sei so gut und leihe mir eine solche Schnur,
damit ich sie gleich auf dich werfen kann. — „Ich will aber nicht
20 zu dir gezogen sein, sagte Sokrates lächelnd, du sollst zu mir
kommen." — Von Herzen gern, wenn du mich nur annehmen
willst. — „Das will ich wohl, es wäre denn, daß eben eine bei
mir wäre, die ich lieber habe." — Hier endigte sich dieser in seiner
Art einzige Sokratische Dialog; wir empfahlen uns und gingen
25 lachend unsres Weges. — Schade, sagte Lais, daß so viel Witz
und Laune an so ein attisches Hühnchen verschwendet wurde! Ich
hätte mir nie vorgestellt, daß es eine so erzeinfältige Hetäre in
einer Stadt wie Athen geben könnte. — Das macht, sie ist eine
geborne Athenerin, eines ehrsamen Bürgers Tochter, so wohl=
30 erzogen, wie du vorhin sagtest, daß die griechischen Töchter beinah
alle erzogen würden, und bloß durch Armut und Hang zum
Müßiggang und zur Üppigkeit verleitet, sich in eine Profession zu
werfen, worin sie ungeachtet aller Mühe, die sich Sokrates selbst
mit ihr gegeben, schwerlich jemals eine Virtuosin zu werden die
35 Miene hat.

---

24. **Dialog.** „Die Erzählung, welche Aristipp seiner Freundin von dem Besuch des
Sokrates bei der schönen Theodota macht, stimmt in allem Wesentlichen genau mit der
Xenophontischen im elften Kapitel des dritten Buchs der Memorabilien überein; wenigstens
ist der Unterschied nicht größer, als er gewöhnlich zu sein pflegt, wenn ebendieselbe
Begebenheit von zwei verschiedenen Augenzeugen erzählt wird." W.

Aber weißt du, ſagte Lais, daß ich ganz verliebt in deinen
Sokrates bin und große Luſt habe, dich nach Athen zu begleiten
und ſeine Schülerin zu werden? — Beim Anubis! fuhr ich etwas
unbeſonnen heraus, ich traue dir Mutwillen genug zu, einen ſolchen
Einfall, wenn er dich anwandelt, auszuführen. Niemand kann 5
eine größere Meinung von deiner Zaubermacht haben als ich; ich
glaube, daß dir — alles Mögliche möglich iſt; und doch wollte
ich dir nicht raten, dieſe Probe an dem kaltblütigſten Achtund-
ſechziger, den vermutlich der Erdboden trägt, zu machen, — falls
es dich etwa verdrießen könnte, wenn ſie fehlſchlüge. — Reize mich 10
nicht, Ariſtipp! verſetzte ſie; wer weiß, wie weit ich es trotz ſeiner
achtundſechzig Jahre und ſeiner Kaltblütigkeit mit Hülfe ſeiner eigenen
Theorie bei ihm bringen könnte?

Ich ſchmeichle mir, Freund Kleonidas, durch die großmütige
Vertraulichkeit, womit ich dich an meinem neuen Verhältnis und 15
der ſchönen Lais teilnehmen laſſe, einigen Dank von dir zu verdienen; und in dieſer gerechten Vorausſetzung könnt' ich mich leicht
zu der angenehmen Arbeit entſchließen, eine Art von Tagebuch
über alles Merkwürdige, was während meines Aufenthalts in Ägina
vermutlich noch begegnen wird, für dich zu halten. Freilich werd' 20
ich wenig Zeit zur Schreiben haben, und große Arbeitſamkeit iſt
leider auch keine meiner glänzendſten Tugenden. Ich will mich
alſo zu nichts anheiſchig gemacht haben. Ich überlaſſe mich, wie
du weißt, am liebſten den Eingebungen des Augenblicks, und ſo
thue ich oft mehr, als ich mir ſelbſt zugetraut hatte. 25

Mein Wirt Eurybates, der ſonſt mit ſokratiſchen Tugenden
eben nicht ſchwer beladen iſt, beſitzt wenigſtens eine und gerade
die, wodurch er ſich jetzt am meiſten um mich verdient machen kann,
in einem hohen Grade, und das iſt die edle Tugend, ſeinen Freunden
nicht durch übermäßige Dienſtgefliſſenheit läſtig zu ſein und ſie 30
ihrer Wege gehen zu laſſen, wenn er merkt, daß ihnen ein Gefallen damit geſchieht. Ich geſtehe, daß mir anfangs ein wenig
bange war, ich möchte ihn bei der ſchönen Lais in meinem Wege
finden. Aber nichts weniger! Man ſieht ihn nie in ihrem Hauſe,
als wenn ſie große Geſellſchaft hat, und auch dann iſt er eine 35
ziemlich ſeltene Erſcheinung und oft ſchon wieder verſchwunden,
ehe man ſeine Gegenwart recht gewahr wurde. Auch zeigt er nicht
die geringſte Neugier, von meinem Verhältnis gegen ſie mehr zu
wiſſen als andere. Kurz, es iſt etwas ganz Exemplariſches, wie

wenig wir einander mit unsrer Freundschaft beschwerlich sind. —
Ohne Zweifel wundert dich eine solche Gleichgültigkeit gegen eine
Nachbarin, wie es keine andere in der Welt giebt? Es ging mir
wie dir; ich erkundigte mich unter der Hand ein wenig nach seinem
5 Thun und Lassen, und es entdeckte sich, als ein neues Beispiel
der Unlauterkeit aller menschlichen Tugenden, daß — mein Freund
Eurybates bis über die Ohren in Liebe zu einer — Dame in
Ägina, der Frau eines dasigen Ratsherren, befangen ist, die ihn
so künstlich bei der Nase herumzuführen weiß, daß er sich ihr für
10 das Opfer ihrer Tugend zu grenzenloser Erkenntlichkeit verbunden
glaubt, während die gleisnerische Spitzbübin einen geheimen Plan
mit ihrem ehrenfesten und wohlweisen Gemahl angelegt hat, ihm
ihre besagte Tugend so teuer zu verkaufen, daß er sich für das,
was sie ihn kostet, das schönste Haus, die schönsten Gemälde und
15 Statuen, die schönsten Pferde und Hunde und ein halb Dutzend
der schönsten Tänzerinnen und Flötenspielerinnen im ganzen Achaja
hätte anschaffen können; wiewohl noch viel fehlt, daß sie die schönste
Frau auch nur in Ägina wäre. So spielt „der Götter und der
Menschen Herrscher Amor" einem Abkömmling des großen Kodrus
20 mit, mein Freund!

<hr />

15. An Kleonidas.

Vor einigen Tagen langte ein junger Künstler aus Paros
auf dem Landsitze der schönen Lais an, um ihr eine beinahe vollen=
dete Venus von parischem Marmor zu überbringen, welche Leon=
25 tides kurz vor seiner Reise in das Land, aus welchem man nicht
wiederkommt, bei ihm bestellt hatte. Sie war für einen kleinen
Tempel in dem Myrtenwäldchen bestimmt, das einen Teil der weit=
läuftigen Gärten dieser schönen Villa ausmacht, und Lais hatte
auf Verlangen ihres Patrons zum Modell dazu dienen müssen.
30 Es versteht sich, daß diese Venus — zwar nur hier und da von
einem nebelartigen Gewand umflossen, aber doch nicht gewandlos
ist; denn zu einer noch größern Gefälligkeit hatte sich die junge
Dame schlechterdings nicht bequemen wollen. Die Stellung, die
der Eupatride selbst gewählt hat, und die dir keine schlechte Meinung
35 von seinem Geschmack geben wird, ist der Augenblick, da die junge

18 f. Der Götter und der Menschen Herrscher Amor. Vgl. die Abderiten.

Göttin zum erstenmal in der olympischen Götterversammlung er=
scheint. Die Ausführung läßt von dem jungen Künstler, der sich
Skopas nennt, noch viel Schönes und Großes erwarten; aber schwer=
lich wird er jemals etwas Vollkommneres aufstellen, als der Kopf
und der halb entblößte Oberleib dieser Liebesgöttin ist. — „Man 5
verlangt von uns, sagte mir Skopas, daß wir göttliche Naturen
nach einem höhern Ideal bilden sollen, als was die menschliche
im einzelnen darstellt: aber hier war die Rede nicht davon, mein
Modell zu verschönern; mir war nur bange, daß ich es nicht würde
erreichen können, und in der That bin ich noch nicht mit mir selbst 10
zufrieden." — Ich, der das Werk freilich mit keinem Künstlerauge
ansah, wußte, sogar wenn Lais dabeistand, nichts zu finden, worin
es dem Urbilde noch ähnlicher sein könnte. Selbst den Geist, der
die Beschauer anzusprechen scheint, ein wundervolles, unbeschreib=
liches Gemische von jungfräulicher Befangenheit und innigem Selbst= 15
bewußtsein dessen, was sie ist, hat er aus dem Zaubergesichte meiner
schönen Freundin herausgestohlen; gleich beneidenswürdig, es mag
Geschicklichkeit oder Glück sein, wodurch es ihm gelang. Fühlt
ihr's, scheint sie den um sie her sich drängenden Göttern zu sagen,
daß ich die Göttin der Schönheit bin? 20

Dieser Skopas ist ein sehr interessantes Wesen für mich, und
wiewohl viel fehlt, daß ich es auch für ihn sein müßte, so scheint
er doch einiges Belieben an meiner Unterhaltung zu finden, und
ich bringe täglich etliche Stunden in seiner Werkstatt zu. Denn
außer der besagten Venus hat er noch eine Gruppe des Eros und 25
Anteros und einige Stücke in halberhabener Arbeit zu fertigen,
die für den kleinen Tempel bestimmt sind. Er ist ein helldenkender
Kopf und hat (wie ich sehe), ohne es von Sokrates gelernt zu
haben, ausfindig gemacht, daß ein Bild ebensowohl seine eigene
Seele zu haben und dessen, was es vorstellen soll, sich bewußt 30
zu sein, als Leben zu atmen scheinen müsse. Seiner Versicherung
nach hat er es dem berühmten Sophisten Prodikus zu danken, daß
er von Natur und Kunst und von dem, was für den Menschen
in beiden das Höchste ist, klarere Begriffe hat als die meisten

---

3. Skopas, Σκόπας. berühmter Bildhauer aus Paros, lebte 430 vor Chr. —
25f. Eros und Anteros waren Söhne des Ares (Mars) von der Aphrodite (Venus)
und bezeichnen etwa Liebe und Gegenliebe. — 28f. gelernt zu haben. „Aristipp scheint
bei dieser Parenthese ein Gespräch des Sokrates mit dem Maler Parrhasius im Sinne
gehabt zu haben, wovon uns Xenophon im dritten Buch der Memorabilien die Substanz,
vielleicht nicht ohne einige Beimischung von seinem Eigenen, giebt." W.

seiner Kunstverwandten. Lais ist nicht selten die dritte Person in
seinem Arbeitssaale, und wenn ich zur Eifersucht geneigt wäre,
so käm' es bloß auf mich an, in dieser häßlichen Leidenschaft
schnelle und große Fortschritte zu machen. Denn es ist nicht zu
5 leugnen, daß Skopas durch seine Venus sich eine Art von Recht
an sie erworben hat, und ich müßte mich sehr irren, oder er hat
auf ihre Dankbarkeit um so sicherer gerechnet, da er wirklich ein
liebenswürdiger junger Mann und dem Ansehen nach von unver=
dorbenen Sitten ist. Wie ich mich in dieser Lage benehme, fragst
10 du? — Wie ein weiser Mann, Kleonidas! Ich scheine nichts zu
merken, nichts zu fürchten, nichts vorauszusehen, bin offen und
vertraulich gegen meinen Nebenbuhler, freundschaftlich und anspruch=
los gegen die Dame des Hauses, und glaube durch dieses Be=
tragen bei der letztern desto mehr zu gewinnen, da der gute Skopas
15 (wie alle Göttermacher, denke ich) ziemlich hitzig ist und einen zu
seinem Nachteil begünstigten Mitwerber nicht so leicht ertragen
könnte als ich, der sich's zum Gesetz gemacht hat, den Grazien
keine Gunst weder abzuverdienen, noch viel weniger abnötigen zu
wollen. Daß wirkliche Gleichgültigkeit die Quelle meiner an=
20 scheinenden Ruhe sein könnte, ist ein Gedanke, der ihr gar nicht
in den Sinn kommt.

Gestern traf Lais die Einrichtung, daß wir den ganzen Tag
ungestört allein beisammen sein konnten, weil Skopas noch eine
Sitzung nötig fand, um den Kopf seiner Venus zu vollenden.
25 Gleichwohl schien er selbst nicht recht zu wissen was noch fehlen
sollte, und begnügte sich indessen, hier und da mit leisen Schlägen
an den Haarlocken herum zu spielen. In der That hatte er etwas
ganz anderes auf dem Herzen, und weil ihm vermutlich keine
feinere Wendung, um die Sache einzuleiten, beifallen wollte, fing
30 er zuletzt an, eine Art von mißmütiger Laune zu zeigen, zu welcher
nirgends ein sichtbarer Grund vorhanden war. Was fehlt dir,
Skopas? fragte ihn Lais endlich in einem so sanften Ton, als
ein übellauniger Ehmann von der geduldigsten Gattin nur immer
verlangen könnte. — „Ich kann es nicht länger verbergen; ich bin
35 ärgerlich, daß einem Bilde wie dies etwas fehlen soll." — Und
was fehlt ihm denn noch? fragte ich so bescheiden, als einem in
den Mysterien der Kunst Uneingeweihten gebührt. — Alles, ant=
wortete Skopas. — Alles ist viel, sagte Lais mit einem komischen

Zucken der Augenbrauen und Lippen: arme Aphrodite! Da
müßten wir dich ja gar in irgend einen unzugangbaren Garten=
winkel verbannen!

Skopas. Genug, es fehlt ihr, daß sie nicht so schön ist,
als sie sein könnte; ich nenne dies alles. 5

Lais. Erkläre dich, lieber Skopas. Du siehst mehr als
wir andern. Glaubst du noch etwas verbessern zu können? Bricht
sich vielleicht irgend eine Falte nicht zierlich genug? Ich will dir
gern noch stehen, so oft und lange du es nötig findest.

Eine Falte? sagte Skopas mit einem schweren Seufzer; die 10
Falten sind es eben, was mich ärgert; die Göttin der Schönheit
sollte gar keine Falten haben! — Lais. Also ein nasses Gewand,
meinst du? — Skopas. Wozu überall ein Gewand? Kann das
verwünschte Gewand, wie leicht es auch geworfen ist, etwas anders
thun als die Schönheit umwölken, die vermöge ihrer Natur nichts, 15
was nicht wesentlich zu ihr gehört, an sich dulden kann? — Lais.
Kommst du wieder auf deine alte Grille? — Skopas. Verzeih,
schöne Lais! Daß die Göttin der Schönheit auch durch die zier=
lichste Bekleidung verliert, ist Natur der Sache; das Grillenhafte
— es muß nun einmal heraus — ist die falsche Scham, die eines 20
edlen und freidenkenden Wesens unwürdig ist. Daß ein einfältiges
Ding von einem attischen Bürgermädchen, wiewohl es sich den
Augen der Künstler ohne Bedenken stückweise vermietet, sich mit
Zähnen und Klauen wehrt, wenn es sein letztes Gewand fallen
lassen soll, begreift sich und hat immer seine guten Ursachen. 25
Aber was für einen Grund könnte eine untadelige Schönheit haben,
sich verbergen zu wollen? Ohne Verschleierung gesehen zu werden,
ist ja ihr höchster Triumph. — Lais. Und wenn sie nun keine
Lust hätte, sich dem möglichen Fall auszusetzen, von lüsternen
Augen entweiht zu werden? — Skopas. Das ist als wenn die 30
Sonne nicht leuchten wollte, um ihr Licht zu keinen schlechten
Handlungen herzugeben. Vollkommene Schönheit ist das Gött=
lichste in der Natur; so betrachtet sie das reine Auge des wahren
Künstlers, so jeder Mensch von Gefühl; für beide ist sie ein
Gegenstand der Anbetung, nicht der Begierde. — Lais. Das mag 35
von der Göttin selbst gelten, Skopas; aber welche Sterbliche dürfte
sich ohne Übermut einer vollkommenen Schönheit vermessen? —

---

23. stückweise vermietet. Vergl. Goethes Schweizerreise im Anhange zu Werthers
Leiden.

Skopas. Wenn dies deine einzige Bedenklichkeit ist, so hab' ich
gesiegt. Ich nehme die Verantwortung bei der furchtbaren Nemesis
auf meinen Kopf. — Lais. Komm mir zu Hülfe, Aristipp! Du
siehst, mit was für einem verwegenen Menschen ich zu kämpfen
5 habe. — Aristipp. Ich fürchte sehr, du wirst einen schwachen
Beschützer an mir haben. Der Genius der Kunst ist auf seiner
Seite; das Ratsamste wäre, deucht mich, einen gütlichen Vergleich
mit ihm zu treffen. — Lais in einem tragischen Ton. Auch du gegen
mich, du, den ich für meinen Freund hielt? Nun dann, wenn
10 ich ja das Opfer seines Eigensinns werden soll — Skopas.
Um Vergebung, schöne Lais! Ich fühle, daß mich das Interesse
meiner Bildsäule und der Kunst über die Gebühr zudringlich ge=
macht hat. Ich besinne mich. Es wäre allerdings unbillig —
in der That — am Ende bist auch du nur eine Sterbliche. —
15 Aristipp. Mir fällt ein Ausweg ein, der, wofern er deinen
Beifall hat, schöne Lais, den Künstler zufriedenstellen könnte.
Wenn mich meine Augen nicht sehr getäuscht haben, so ist unter
deinen Aufwärterinnen eine, welche völlig deine Größe hat und,
die Gesichtsbildung ausgenommen, dir an Gestalt so ähnlich ist,
20 daß sie in einiger Entfernung leicht mit dir verwechselt werden
könnte. Wie, wenn du diese an deiner Statt der Kunst preis=
gäbest? — Skopas. Dem Aristipp ist's zu verzeihen, einen solchen
Vorschlag gethan zu haben; ich machte mich des Namens eines
Künstlers auf immer unwürdig, wenn ich ihn annähme. Meine
25 Venus muß in sich selbst vollendet, muß (so zu sagen) eine reine
Auflösung des Problems der Schönheit sein; nicht das leiseste
Mißverhältnis darf die vollkommne Symmetrie aller Teile und
die höchste Einheit des Ganzen stören. — Lais. Dieses Unglück
ist leicht zu verhüten. Wir lassen das Bild, wozu ich selbst, weil
30 es mein ehmaliger Gebieter wollte, zum Modell dienen mußte,
wie es ist, wenig und leicht genug bekleidet, sollt' ich denken, um
einen nicht gar zu eigensinnigen Kunstliebhaber zu befriedigen; und
weil Skopas so große Lust hat, seine Idee einer vollkommnen
Schönheit in einer ganz enthüllten Aphrodite darzustellen, so über=
35 lasse ich ihm meine Lesbia dazu. Ihr Gesicht mag wohl einiger
Verschönerung fähig sein; aber dafür bin ich gut, daß er im
ganzen Griechenland und allen seinen Inseln keinen schönern Körper
finden soll. — Skopas. Als den, dessen Hälfte in diesem Bilde
eine jede andere als die Göttin selbst eifersüchtig machen muß. —

Lais. Da mich Skopas aus billiger Rücksicht, daß ich doch nur
eine Sterbliche bin und also meine geheimen Ursachen haben kann,
ein= für allemal dispensiert hat, so kann von mir nicht mehr die
Rede sein. — Ungütige Lais, rief Skopas, gewiß zweifelst du
nicht, daß das in einer ganz andern Absicht gesagt wurde. —
Wirklich? versetzte sie mit einer naiven Miene, deren Ironie der
junge Mann nur zu stark zu fühlen schien; aber was sollte man
einem so heißen Liebhaber seiner Kunst nicht zu gut halten? Und
wie könnt' ich dir meinen Dank für deine andere Absicht thätiger
beweisen als indem ich dir in meiner Lesbia eine so reiche Ent=
schädigung anbiete? Dies war zu viel für die Empfindlichkeit und
den Stolz eines Künstlers, der sich auf einmal, wiewohl durch
seine eigene Unvorsichtigkeit, von einer schon nahe geglaubten Hoff=
nung herabgestürzt sah. — Ich werde mein Äußerstes thun, sagte
er, sich vergeblich bemühend, ihre Ironie mit einer ebenso naiven
Miene zu erwidern, um dich von dem hohen Wert zu überzeugen,
den ich auf die reiche Entschädigung lege, die du mir versprichst.
Ich gehe mit deiner Erlaubnis sogleich, um zu dem neuen Werke,
das du mir aufträgst, Anstalt zu machen.

Was für ein reizbares Völkchen diese Götter= und Menschen=
bildner sind! sagte Lais, als Skopas sich entfernt hatte. — „Du
mußt es ihm zu gute halten, schöne Lais; er fiel auf einmal von
einer so schönen Hoffnung herab!" — Aber that ich nicht wohl
daran, fuhr sie fort, daß ich seinem grillenhaften Eigensinn nicht
nachgab? — Wenn ich meine Meinung unverhohlen sagen soll,
erwiderte ich, so ist die Idee der Göttin der Schönheit, wie sie
unter den Händen ihrer Dienerinnen, der Grazien, mit ihrem
Gürtel geschmückt hervorgeht, erst lebendig in mir geworden, seit=
dem ich dieses Bild gesehen habe. Skopas hat unstreitig recht,
wenn er behauptet, daß die Bekleidung der Schönheit insofern
nachteilig ist als sie uns die reinen Formen der bedeckten Teile
mehr oder weniger entzieht und das Ganze mehr erraten als sehen
läßt. Aber er hat unrecht, zu vergessen, daß Schönheit mit Grazie
in eins verschmolzen eine viel stärkere Wirkung thut; und ich
wenigstens bin überzeugt, daß eine Bekleidung wie diese hier (die
Bildsäule stand uns gegenüber) gerade das ist, was jene Ver=
einigung bewirkt und einen großen Teil ihres Zaubers ausmacht.
Während sie die Schönheit des Unverschleierten dem äußern Sinn
auffallender macht, setzt sie zugleich den innern in Bewegung und

verdoppelt das Vergnügen des Anschauers, indem sie die Ein=
bildungskraft beschäftigt, mit leiser, lüsterner Hand den neidischen
Schleier von dem Verhüllten wegzuziehen. — Lais. Das ist es
eben, was ich meinte. — Ich. Und was ich nicht hätte sagen
5 sollen; denn ich rede gegen mein eigenes Interesse. Vielleicht
hättest du mir erlaubt, zugegen zu sein, wenn du dem Verlangen
des Skopas nachgegeben hättest? — Du sollst nichts dabei ver=
lieren, daß es nicht geschehen ist, sagte sie, indem sie mir die
Hand reichte und mich durch eine kleine Galerie in einen anmutigen,
10 einsamen Teil des Gartens führte, ich glaube zu fühlen, daß wir
dazu geboren sind, Freunde zu sein. Es giebt keine ewige Liebe;
aber Freundschaft ist ewig oder verdiente diesen Namen nie. —
Der Altar hier ist dieser Unsterblichen geheiligt. Hier, Aristipp,
laß uns schwören, Freunde zu bleiben, solange wir leben, und
15 dieser erste Kuß sei das Siegel unsers schönen Bundes!

Beneide mich nicht zu sehr, guter Kleonidas! Lais ist eine
große Zauberin; sie läßt immer noch viel zu wünschen übrig, und
indem wir uns trennen müssen, wundre ich mich hintennach, wie
wenig das war, wodurch sie mich so glücklich wie einen Gott ge=
20 macht hatte.

16. An Alcombrotus von Ambracien.

Ich danke dir, Lieber, für die guten Nachrichten, die du
mir von unsern Freunden giebst. Mir ist angenehm, daß sie die
Dauer der Poseidonien zu Ägina so genau ausrechnen; ich nehme
25 es als ein Zeichen ihrer Zuneigung auf, daß sie mich so bald
zurück verlangen, wiewohl mir leid wäre, wenn sie aus meinem
langen Ausbleiben (wie sie es nennen) das Gegenteil von mir
vermuten wollten. Die Zeit ist vielleicht das zauberartigste Ding
in der ganzen Natur, wenn man anders ein Ding nennen kann,
30 was das, was es ist, bloß durch unsre Einbildung und unsern
Maßstab wird. Ebendieselbe Zeit, sagt man, die dem einen eine
Stunde deucht, dünkt dem andern ein Augenblick, dem dritten
ein Tag, dem vierten ein Jahrhundert. Ich denke, man könnte
ebenso gut sagen, sie ist es, für den nämlich, dem sie es deucht;
35 denn daß sie einem andern mehr oder weniger ist als mir, giebt
ihm kein Recht, zu fordern, daß es mir auch so sein soll. Ich
bin nun bereits — laß sehen! — zwanzig ..... fünfundzwanzig

... achtundzwanzig ... wahrlich, beim großen Poseidon! ein=
unddreißig Tage hier, und ich versichre dich, heute, am Morgen
des zweiunddreißigsten, ist mir, ich hätte die achtundzwanzig nur
geträumt und sei erst vor drei Tagen in Ägina angekommen.

Was für ein Zauber kann das sein, fragst du, der den 5
kaltblütigen Aristipp zu einem solchen Schwärmer zu machen ver=
mag? — Komm und siehe! — Du bist zu nahe bei mir, um zu
erwarten, daß ich Stunden, die ich besser anwenden kann, Stunden,
die für mich nur Augenblicke und gleichwohl, dem Sonnenzeiger
nach, volle Stunden von breitausend und sechshundert Pulsschlägen 10
sind, dazu verschwenden werde, dich mit schönen Beschreibungen,
wie wohl mir's hier geht, zu unterhalten. Komm herüber, lieber
Kleombrotus; was hast du in Athen zu versäumen? Oder kannst
du nicht, wenn du es nur recht anfängst, für das, was du ver=
säumst, überall Ersatz finden? Was wir in unserm Zirkel zu 15
Athen philosophieren nennen, ist eine sehr gute Sache; nur zu
viel ist nicht gut. Auch Ägina wird von den Musen besucht; du
wirst sie mitten unter uns oder uns mitten unter ihnen finden,
und (was bei euch nicht immer der Fall ist) Arm in Arm mit
den Grazien und von Amorn mit Blumenketten gebunden. Du 20
bedarfst einer kleinen Unterbrechung deiner gewöhnlichen Studien,
die du mit einem so enthusiastischen Eifer betreibst, daß dein
Magen und Unterleib und (unter uns gesagt) dein Kopf selbst in
Gefahr dabei geraten. Auch darf ich dir nicht verhalten, daß
mir vor dem feinen Netz ein wenig bange ist, womit die weise 25
Aspasia dich zu umspinnen sucht. Fahre nicht auf, Lieber, und
mache kein solches Gesicht an mich, als ob ich den Tempel zu
Delphi beraubt oder die Geheimnisse der eleusinischen Göttinnen
verraten hätte! Aspasia ist unleugbar eine Frau von vieler und
langer Erfahrung, von hohem Geist, großer Menschenkenntnis und 30
feiner Lebensart, eine Meisterin in der Kunst, zu reden und zu
überreden; wahrlich, der klügste unter den dermaligen Demagogen
zu Athen müßte noch lange bei ihr in die Schule gehen, bis er
ihr alle die feinen Kunstgriffe abgelernt hätte, womit sie vor dreißig
Jahren den Mann, der Griechenland regierte, zu regieren wußte. 35
Kurz, ich weiß alles, was du mir zur Rechtfertigung der hohen
Meinung, die du von ihr gefaßt hast, sagen kannst. Aber was

28. Die Geheimnisse der eleusinischen Göttinnen und deren Feier bezogen
sich auf den Raub der Proserpina und galten besonders ihrer Mutter, der Demeter (Ceres).

du nicht weißt, nicht siehst, nicht eher, bis es zu spät ist, sehen
wirst, ist, daß die Freundschaft, die sie dir zeigt, nicht ganz so
uneigennützig ist, als du dir einbildest.   Denke nicht, sie habe
immer so exemplarisch gelebt, wie sie jetzt zu leben scheint, da
5 sie, als Witwe von zwei athenischen Demagogen, ihren sechzigsten
Sommer herannahen sieht. — „Ihren sechzigsten Sommer? rufst
du aus, das ist unmöglich, wenn sie nicht von Heben oder Auroren
das Geheimnis niemals alt zu werden, zum Geschenk erhalten
hat." — Das Geheimnis liegt in einem halben Dutzend Alabaster=
10 büchschen auf ihrem Putztische, mein Freund.   Glaube mir, ich
kenne diesen Schlag von Weibern und die Art, wie sie sich für
die Mühe, ihre jungen Freunde zu bilden und in die Welt ein=
zuführen, bezahlt zu machen pflegen, und ich könnte dir ein Lied
davon singen, wiewohl mich keine von ihnen je gefangen hat.
15 Mit dir ist's ein anderes, mein lieber Enthusiast.   Du bist (mit
Erlaubnis zu sagen) eine unschuldige, schwärmerische Motte, die
dem Lichte zufliegt, weil sie von seinem Schein entzückt ist und
nicht eher erfährt, daß es auch brennt, bis sie mit versengten
Flügeln am Boden zappelt.   Laß dich warnen, Freund Kleom=
20 brotus; und wenn du jetzt, wie ich nicht zweifeln will, mit ge=
warnten Augen Entdeckungen machst, die dir meine Meinung von
den Absichten der weisen Dame bestätigen, so eile, dich von ihr
loszuwinden, und komm zu mir herüber! Solltest du einen Vor=
wand dazu nötig zu haben glauben, so brauchst du ja nur ein
25 Geschäft auf einer der Ägäischen Inseln vorzuschützen, und du
begleitest mich dann auf der Reise, die ich in kurzem antreten
werde, um die beträchtlichsten und berühmtesten derselben, Delos,
Naxos, Samos, Chios und Lesbos, zu besuchen.   Fremde, wie
wir, haben ohnehin den Cekropiden keine Rechenschaft zu geben,
30 wenn wir ihr schönes, öltriefendes,, veilchenbekränztes Athen wieder
zu verlassen für gut finden; wiewohl sie keinen Begriff davon zu
haben scheinen, wie man auch anderswo, wo man nicht um zwei
oder drei Obolen von Sardellen, Gerstenbrot und Knoblauch lebt,
ein menschliches Leben führen könne.

---

7. Hebe, ῞Ηβη, Hēbē, bei den späteren Griechen Göttin der Jugend. — 8. das
Geheimnis niemals alt zu werden. Vgl. Friedrich Rückerts schönes Widmungs=
gedicht: „An die Göttin Morgenröte".

17. An Antisthenes zu Athen.

Wie ich höre, wird die unvermutete Verlängerung meines Aufenthalts zu Ägina von meinen Freunden in Athen nicht gebilligt. Man erwartete, daß ich mit Eurybates, den ich dahin begleitet hatte, wiederkommen würde, und die Auskunft, die er über die Ursache meines Zurückbleibens gab, wiewohl ich nicht zweifle, daß sie mit der Wahrheit übereinstimmt, scheint seiner Absicht, mich dadurch zu rechtfertigen, nicht entsprochen zu haben. Du hast, wie ich hoffe, nicht vergessen, Antisthenes, daß die Strenge deiner Grundsätze das Zutrauen, das du mir schon in der ersten Stunde unsres Zusammentreffens zu Olympia einflößtest, seit dieser Zeit so wenig vermindern konnte, daß sie vielmehr der Grund ist, warum ich mich immer vor allen andern Freunden des ehrwürdigen Sokrates vorzüglich an dich angeschlossen habe. Ich weiß sehr wohl, daß meine Jugend und eine gewisse mir angeborne Sorglosigkeit, die ziemlich nahe an Leichtsinn grenzen mag, zuweilen der Zucht eines strengen Freundes bedarf; indessen, wie bescheiden auch einer von sich selbst denkt, kann es ihm doch nicht gleichgültig sein, wenn sein Charakter (vorausgesetzt, er habe einen) von denen verkannt wird, mit welchen er am meisten umgeht; und ich gestehe gern, daß die Gerechtigkeit, die du mir widerfahren lässest, indem du nicht verlangst, daß ich etwas anderes als das Beste, wozu mich die individuelle Form meiner Natur fähig macht, in meinem Leben darstelle, im Grunde die wahre Ursache meiner Anhänglichkeit an dich ist, und daß die Strenge deiner Moral mich längst von dir entfernt hätte, wenn sie nicht durch eine billige Schätzung meines wirklichen Werts gemildert würde.

Ich weiß nicht, warum unser Meister, den ich (wie du mir bezeugen kannst) höchlich ehre und liebe, für gut befunden hat, mich immer in einer gewissen Entfernung von sich zu halten. Hat mir etwa sein Dämonion einen schlimmen Streich bei ihm gespielt? oder entdeckte sein Scharfblick einige Ähnlichkeit zwischen mir und einem seiner ehmaligen Lieblinge, von welchem er sich in seinen Erwartungen am Ende übel betrogen fand? oder ist ihm irgend ein Zug in meiner Physiognomie zuwider? Was es auch sei, genug, ich fühle mich ohne meine Schuld, wie mich dünkt, zurückgehalten, so offen gegen ihn zu sein, als ich wünschte, und wende mich daher lieber an dich), um durch deine Ver=

mittlung bei ihm gerechtfertigt zu werden, wenn es mir gelingen
sollte, mich zuvor bei dir selbst zu rechtfertigen.

    Meine Sokratischen Freunde — oder wie soll ich sie nennen?
— scheinen, wenn sie über mich Gericht halten, zu vergessen, daß
jeder Mensch außer dem allgemeinen Maß der Menschheit noch
sein eigenes hat, womit er gemessen werden muß, wenn man
das, was sich für ihn schickt oder nicht schickt, richtig beurteilen
will. Ich bin weder ein Athener noch Thebaner noch Megarer,
weder eines Steinmetzen noch Gerbers noch Wurstmachers Sohn,
sondern ein Cyrener aus einer Familie, die unter ihren Mit=
bürgern in Ansehen steht und sehr begütert ist. Ich bin diesen
Umständen gemäß nach cyrenischer Weise erzogen worden; und
es wäre daher nicht ganz billig, ebendieselben Anlagen und Ge=
wohnheiten in Rücksicht auf manche Dinge, die zum menschlichen
Leben gehören, von mir zu fordern als von einem in Dürftig=
keit und Schmutz aufgewachsenen und an Entbehrungen aller Art
gewöhnten Jüngling. Indessen habe ich zu Athen Jahre und
Tage lang gezeigt, daß ich ebensogut von zwei oder drei Obolen
des Tags leben kann als ein anderer; nur sehe ich nicht, warum
ich überall und immer so leben soll, oder warum ein kurzer
Kaputrock ohne Unterkleid für das einzige und ausschließliche
Kostüm der Philosophie gelten müßte. Ich achte mich bei Linsen=
brei und Salzfisch für keinen bessern, und bei einer Mahlzeit für
achtzig oder hundert Drachmen für keinen schlechtern Menschen,
als ich sonst bin; und wenn ich es dahin bringe, daß ich auf
jede Weise leben kann, im Überfluß ohne Übermut und Aus=
schweifung, in Einschränkung auf das Unentbehrlichste ohne Störung
meiner guten Laune oder Abwürdigung meines Charakters, so
denke ich alles, was ein vernünftiger Mensch in diesem Stücke
von sich selbst fordern kann, erreicht zu haben. — Doch dies ist
nicht der Hauptpunkt. Die große Frage ist: Was für einen
Zweck habe ich mir überhaupt für mein künftiges Leben vorgesteckt?
und hier ist meine Antwort: Ich bin ein freigeborner Mensch,
und trotz unserm barbarischen Völkerrecht, als ein solcher sollte
jeder Mensch betrachtet und behandelt werden. Daß ich ein ge=
borner Bürger in Cyrene bin, macht mich nicht zum Sklaven
von Cyrene; ich bin auch als Bürger der allgemeinen menschlichen
Gesellschaft geboren, und in dieser großen Kosmopolis ist Cyrene

38. Kosmopolis, Weltstadt.

nur ein einzelnes Haus. Da mir der Zufall Vermögen genug
für meine Bedürfnisse zugeworfen hat, warum sollt' ich dies nicht
als eine Erlaubnis ansehen, in Erwählung einer Lebensart und
Beschäftigung bloß meinem innern Naturtriebe zu folgen? In
meinen Augen ist es noch mehr als Erlaubnis; es ist ein Wink, 5
ein Gebot des Schicksals, mich zu der edelsten Lebensart zu be=
stimmen, und die edelste, für mich wenigstens (denn von mir ist
jetzt bloß die Rede), ist nach meiner Überzeugung, als Weltbürger
zu leben, das heißt, ohne Einschränkung auf irgend eine besondere
Gesellschaft mich den Menschen bloß als Mensch so gefällig und 10
nützlich zu machen als mir möglich ist. In dieser Gesinnung und
mit diesem Zweck ging ich aus Cyrene in die weite Welt, um
vor allen Dingen die Menschen kennen zu lernen, unter denen
ich leben will, und mir so viele Kenntnisse und Geschicklich=
keiten zu meinem und ihrem Nutzen und Vergnügen zu er= 15
werben, als Fähigkeit, Zeit und Umstände nur immer gestatten
werden. Der Ruf des weisen Sokrates zog mich zuerst nach Athen;
aber wahrlich nicht in der Meinung, mich einer Schule oder Sekte
zu verpflichten, oder einem einzelnen Menschen mehr Recht und
Macht über mich einzuräumen als ich ihm entweder freiwillig zu 20
überlassen geneigt oder jedem andern zuzugestehen schuldig bin.
Ich kam als ein schon ziemlich gebildeter und keineswegs un=
wissender Jüngling nach Athen und machte mir die Erlaubnis,
welche Sokrates allen gutartigen und lehrbegierigen jungen Leuten
giebt, ihn zu besuchen und um ihn zu sein, so viel zu nutze als 25
mir zu der Absicht, weiser und klüger in seinem Umgange zu
werden, nötig schien, ohne darum andern nützlichen und angenehmen
Verhältnissen auszuweichen, in welche ein junger Fremdling meiner
Art in einer Stadt wie Athen zu kommen so viele Gelegenheit
findet. Nach einem zweijährigen ununterbrochnen Aufenthalt in 30
dieser ehmaligen Hauptstadt der gesitteten Welt lockt mich das
Bedürfnis einer kleinen Veränderung nach Ägina. Zufälliger Weise
treffe ich da eine junge Frau an, mit welcher ich schon vor zwei
Jahren zu Korinth bekannt geworden war, eine Frau, deren
geringster Vorzug ist, daß Griechenland nie eine schönere gesehen 35
hat. Sie ist die nächste Nachbarin des Landhauses, wo ich wohne.
Sie versammelt öfters auserlesene Gesellschaft in dem ihrigen, und
sie selbst ist die unterhaltendste Gesellschaft, die sich ein Mann,
und wenn er Sokrates selbst wäre, nur immer wünschen könnte.

Wir finden Geschmack an einander, wir sehen uns öfters, wir werden
Freunde. Wohlgebrauchte Zeit fliegt schnell dahin. Eurybates, von
dringenden Geschäften gerufen, geht nach Athen zurück; Aristipp,
der keine dringenden Geschäfte hat, bleibt zu Ägina. Was ist in
5 diesem allen Anstößiges? oder Aristipps, Aritades' Sohn von
Cyrene und Gesellschafters des weisen Sokrates, Unwürdiges? —
„Aber diese schöne Dame, die soviel Geschmack an dir gefunden
hat, und für deren Freund du dich erklärst, ist eine Hetäre." —
Nun ja, wie Korinna, wie Sappho, wie Aspasia von Milet,
10 bevor Perikles sie zu seiner Gemahlin machte, eine Hetäre war;
eine Gesellschafterin (das ist doch die Bedeutung des Wortes?),
mit welcher euer Solon selbst, der Erfinder des Namens, den
Rest seines Lebens mit Freuden ausgelebt hätte. Was kümmern
mich eure Namen? Für mich ist sie das, wozu Natur und Aus=
15 bildung und die verschwenderische Gunst aller Musen und Grazien
sie gemacht haben. Ihresgleichen wird selbst in dem schönen Lande,
wo sie das Licht zuerst erblickte, nur alle tausend Jahre geboren.
Und ich, dessen einziges Geschäft ist, die Menschen und sich selbst
in allen Verhältnissen, die er zu ihnen und sie zu ihm haben
20 können, zu studieren, ich sollte eine solche Gelegenheit nicht be=
nutzen? Enschuldigt mich, lieben Freunde, wenn ich diesmal vielmehr
meinem Genius folge als eurem Urteil oder Vorurteil! Es wird
vermutlich nicht das letzte Mal sein. — Vor der Gefahr, daß mich
diese Circe unauflöslich an sich fesseln oder gar in — einen Ge=
25 fährten des Ulysses verwandeln werde, seid ohne Sorgen! In drei
Tagen geht die schöne Lais nach Korinth zurück, und Aristipp tritt
seine Reise nach den Cykladen an." —

---

18. Antwort des Antisthenes.

Nach Empfang deines Briefes, mein junger Freund, glaubte
30 ich nicht besser thun zu können, als wenn ich ihn dem Sokrates
selbst zu lesen gäbe, für welchen er doch eigentlich geschrieben zu
sein schien. Nachdem er ihn, bei einigen Stellen lächelnd, bei
andern den Kopf ein wenig wiegend, überlesen hatte, sagte er,
indem er mir den Brief zurückgab: Unser Freund Aristipp ist

24f. Gefährten des Ulysses. Dieselben wurden von der Circe in Tiere ver=
wandelt.

erstarkt und kennt den Weg, den er gehen will, so gut, daß er
weder eines Führers noch Wegweisers bedarf. Wenn Cyrene keine
Ansprüche an ihn macht, wie sie wohl schwerlich machen wird, so
sehe ich nicht, warum er nicht ebensowohl als ein Weltbürger
sollte leben können wie irgend ein Vogel in der Luft, der sich, 5
auf welchen Baum er will, setzt und sich übrigens nur vor Leim=
ruten und Schlingen in acht zu nehmen hat. Mit uns Athenern
ist es ein anderes. Wir andern sind zu Bürgern von Athen ge=
boren und hangen nur als athenische Bürger mit der übrigen
Welt zusammen. Oder was meinst du, Kritobul, fuhr er fort, 10
sich auf einmal an diesen wendend, hältst du es für so leicht,
dich von der Pflicht gegen Athen loszusagen? — Das kann und
darf ich nicht, antwortete Kritobul, solange ich in Athen lebe
und Gutes von Athen empfange und erwarte. — Sokrates.
Solltest du nicht Pflichten gegen Athen haben, die dir gar nicht 15
erlauben, ohne den Willen der Athener anderswo zu leben? —
Kritobul stutzte und antwortete nach einigem Zögern: Wenn
ich Vermögen genug hätte, zu leben, wo es mir am besten ge=
fiele, und es gefiele mir an einem andern Orte besser, warum
sollte ich an Athen gebunden sein? — Sokrates. Von wem hast 20
du dein Vermögen? — Kritobul. Das meiste ist von meinen
Voreltern erworben; einen Teil hab' ich vielleicht mir selbst zu
danken. — Sokrates. Wie kommt es, daß die mißgünstigen
und ungerechten Menschen, deren es so viele in der Welt giebt,
Diebe, Straßenräuber oder andere Feinde, so gutherzig waren, 25
deinen Voreltern und dir Zeit und Mittel zum Erwerben zu
lassen und, wenn ihr etwas erworben hattet, es euch nicht weg=
zunehmen? — Kritobul. Davor schützten uns die Gesetze und
die bewaffnete Macht von Athen. — Sokrates. Diesen hättet
ihr also die Möglichkeit des Erwerbs und die Erhaltung eures 30
Vermögens zu danken? — Kritobul. So scheint es. — Sokrates.
Nun möcht' ich wohl wissen, was die Athener bewegen könnte,
euch zu schützen und, um dazu immer bereit zu sein, großen Auf=
wand zu machen, wenn ihr ihnen nichts dagegen thun solltet? —
Kritobul. Auch fehlt sehr viel, daß wir ihnen etwas schuldig 35
blieben. Wir gehorchen ihren Gesetzen, wir steuern nach unserm
Vermögen zu ihren gemeinsamen Ausgaben bei, ziehen in den
Krieg oder rüsten eine Galeere aus, wenn sie uns dazu auf=
fordern, und was dergleichen mehr ist. — Sokrates. Denkst du

aber nicht, die Athener haben damals, da sie es auf sich nahmen,
euch bei dem Vermögen, das ihr unter dem Schutz ihrer Ge=
setze erwarbet, soviel in ihren Mächten ist, zu erhalten, darauf
gerechnet, daß auch ihr euch den Pflichten nie entziehen würdet,
5 die euch schon die natürliche Dankbarkeit gegen den Staat als
euern ersten und größten Wohlthäter auferlegt? — Kritobul.
Ich denke in der That, das haben sie. — Sofrates. Und wenn
nun z. B. dem Kritobul die Lust ankäme, seinem Vaterlande die
Pflicht aufzukünden, könnt' er das, ohne sich als einen undank=
10 baren und gegen sein Vaterland ungerechten Menschen darzustellen?
— Kritobul. Ich sehe, daß ich unrecht hatte, Sofrates. —
Sofrates. Überlege die Sache noch weiter mit dir selbst und
sage mir deine Meinung, wenn wir uns wiedersehen! — Soviel,
Aristipp, den Punkt der Weltbürgerschaft betreffend. Über den
15 andern Hauptpunkt deiner Rechtfertigung habe ich dir noch weniger
zu sagen; denn natürlicher Weise hängt es gänzlich von dir ab,
ob du lieber in der Gesellschaft einer schönen und dich angenehm
unterhaltenden Hetäre oder im Umgang mit Sofrates und seinen
Freunden leben willst.

---

20 ## 19. Aristipp an ebendenselben.

Ich liebe den Lakonism im Reden und Schreiben, guter
Antisthenes, — das will sagen, ich liebe ihn zuweilen, wo Zeit,
Ort, Personen und andere Umstände seinen Gebrauch erfordern
oder schicklich machen. Ich will mich also, da ich jetzt wirklich so
25 wenig Zeit zu verlieren habe als irgend ein spartanischer Ephor,
in der Antwort, die ich euch schuldig zu sein glaube, so kurz als
möglich fassen. Ich gestehe, daß ich mich nicht so leicht über=
wunden gegeben hätte als Kritobul. Da mir aber die Abwesen=
heit nicht gestattete, ihm zu Hülfe zu kommen oder an seinen Platz
30 zu treten, so habe ich über den mitgeteilten Dialog eine Art von
Selbstgespräch angestellt, wovon folgendes das Resultat ist:

Die Natur, meine und aller Dinge Mutter, weiß nichts von
Cyrene und Athen. Sie machte mich zum Menschen, nicht zum
Bürger; aber um ein Mensch zu sein, mußt' ich von jemand ge=
35 zeugt und irgendwo geboren werden. Das Schicksal wollte, daß
es zu Cyrene und von einem cyrenischen Bürger geschehen sollte.

Aber man wird nicht Mensch, um Bürger zu sein, sondern man wird Bürger, damit man Mensch sein könne, d. i. damit man alles das sicherer und besser sein und werden könne, was der Mensch seinen Naturanlagen nach sein und werden soll. Der Mensch ist also nicht, wie man gemeiniglich zu glauben scheint, dem Bürger, sondern der Bürger dem Menschen untergeordnet. Hingegen steht die Pflicht des Bürgers gegen den Staat und des Staats gegen den Bürger in genauem Gleichgewicht. Sobald meine Voreltern Bürger von Cyrene wurden, übernahm diese Stadt die Pflicht, sie und ihre Nachkommen bei ihren wesentlichsten Menschenrechten und bei ihrem Eigentum zu schützen, und wir sind ihr für die Erfüllung dieser ihrer Pflicht keinen Dank schuldig; wir über= nahmen dagegen die Leistung der Bürgerpflichten gegen sie, und sie ist uns ebenso wenig Dank dafür schuldig; jeder Teil that, was ihm oblag. Der Vertrag aber, den wir darüber mit einander eingingen, war nichts weniger als unbedingt. Cyrene versprach, uns zu schützen, insofern sie es könnte; denn gegen den großen König oder eine andere überlegene Macht vermag sie nichts. Wir hingegen behielten uns das Recht vor, mit allem, was unser ist, auszuwandern, falls wir unter einem andern Schutze sichrer und glücklicher leben zu können vermeinen würden, — ein Vorbehalt, der überhaupt zu unsrer Sicherheit nötig ist, weil zwar Cyrene uns zu Erfüllung unsrer Pflichten mit Gewalt anhalten kann, wir hingegen nicht vermögend sind, sie hinwieder zu dem, was sie uns schuldig ist, zu zwingen. Was mich selbst persönlich betrifft, so sehe ich meine Menschheit oder, was mir ebendasselbe ist, meine Weltbürgerschaft für mein Höchstes und Alles an. Die Cyrener können mir, wenn es ihnen beliebt (was vielleicht bald genug be= gegnen wird), alles nehmen, was ich zu Cyrene habe; solange sie mir erlauben, ein freier Mensch zu sein, werde ich mich nicht über sie beklagen. Meine guten Dienste glaube ich, mit gehöriger Einschränkung, jeder besondern Gesellschaft, deren Schutz ich ge= nieße, so wie allen Menschen, mit denen ich lebe, schuldig zu sein. Träte jemals ein besonderer Fall ein, wo ich meinem Vaterlande nützlich sein könnte, so würde ich mich schon als Weltbürger dazu verbunden halten, insofern nicht etwa eine höhere Pflicht, z. B. nicht unrecht zu thun, dabei ins Gedränge käme. Denn wenn etwa den Cyrenern einmal die Lust ankäme, Sicilien zu erobern, so würde ich mich ebenso wenig schuldig glauben, ihnen meinen

Kopf oder Arm oder auch nur eine Drachme aus meinem Beutel
dazu herzugeben, als ihnen den Mond erobern zu helfen. Auch
verlangt man zu Cyrene nichts dergleichen von mir. Fordert Athen
von ihren Bürgern mehr, so ist das ihre Sache und geht mich,
5 denke ich, nichts an.

Soviel über den ersten Punkt deiner Antwort, ehrenwerter
Antisthenes. Den zweiten, an welchem Sokrates schwerlich Anteil
hat, glaube ich nur auf eine einzige anständige Art beantworten
zu können, und diese ist, daß ich gar nichts darüber sage.

---

10   ## 20. An Kleonidas.

In der Voraussetzung, daß ich dir dadurch einiges Vergnügen
mache, fahre ich in meinem, wiewohl nur uneigentlich sogenannten
äginischen Tagebuche fort; denn es wäre deiner Gefälligkeit zu
viel zugemutet, wenn ich dich mit den abgeschiedenen Schatten aller
15 Tage, die ich hier verlebt habe, in Bekanntschaft setzen wollte, in
der Meinung, daß sie für dich ebensoviel Interesse haben müßten
als sie in ihrem Leben für mich hatten. Von meinen glücklichsten
Tagen und Stunden pfleg' ich gar nicht zu sprechen; ich betrachte
sie als eine Art von heiligen Dingen, auf welchen, wie auf den
20 Körben der Kanephoren an den Eleusinien, der Schleier des Ge-
heimnisses liegen muß. Wird er weggezogen, so erblicken unein-
geweihte Augen, wie in jenen mysteriösen Körben, nichts als —
Honigkuchen, Granatkörner, Bohnen und Salz.

Skopas ist nun mit seiner Venus-Lesbia (vorerst nur aus
25 gebranntem Thon, wie sich von selbst versteht) fertig und hat sein
Möglichstes gethan, den Stolz der undankbaren Lais durch eine
gefährliche Nebenbuhlerin zu kränken, die bei dem großen Haufen
der Angaffer schon allein durch ihre vollständige Nacktheit keinen
geringen Vorteil über sie erhält. Die junge Sklavin aus Lesbos,
30 die ihm (nicht ungern, wie es schien) zum Modell dabei diente, ist
wirklich in ihren individuellen Formen von einer so seltenen Schön-

---

20. Kanephoren, Korbträgerinnen, welche an den Festen der Demeter, der Athene
oder des Dionys in Prozession einen Korb mit heiligen Geräten auf dem Kopfe trugen.
Man wählte die schönsten Jungfrauen dazu aus, und da sie beide Hände zu den Körben
emporstreckten, so war ihre Haltung eine sehr ideale. Die Kanephoren der Bildhauer
Polyklet und Skopas sind sehr berühmt. ὁ, ἡ κανηφόρος, korbtragend. — 24. Venus-
Lesbia, weil die Sklavin Lesbia Modell stand.

heit, daß es wohl, solange uns ein allgemein anerkannter Kanon
der Schönheit fehlt, unmöglich sein dürfte, das Problem, welche
von beiden Bildsäulen die schönere sei, rein aufzulösen. Meine
Vorliebe für die erste beweist bloß für meinen eigenen Geschmack.
Mehrere Anbeter der schönen Lais, die man in der Meinung ließ, 5
sie wäre das Modell zu beiden, streiten für die zweite; und Lais
scheint sich so wenig dadurch beleidigt zu finden, daß sie unter der
Bedingung, das Exemplar, das aus Marmor gemacht werden soll,
für sich zu behalten, so großmütig gewesen ist, dem in sein eignes
Werk verliebten neuen Pygmalion ein Geschenk — mit dem Ur= 10
bilde zu machen. Da du dir, sagte sie scherzend zu Skopas, schwer=
lich Hoffnung machen darfst, daß Amor das Wunder, das er einst
zu Pygmalions Gunsten that, dir zuliebe wiederholen werde, so
nimm meine Lesbia dafür und bilde dir ein, sie sei dein eignes,
für dich von ihm belebtes Kunstwerk selbst! — Die Wahrheit ist, 15
daß der arme Skopas, wofern die allzu reizende Sklavin nicht ein
Mittel gefunden hätte, das gestörte Gleichgewicht seines äußern und
innern Menschen (nach der Sokratischen Maxime, deren du dich
aus einem meiner Briefe erinnern wirst) baldmöglichst wieder her=
zustellen, schwerlich jemals mit seiner Arbeit fertig geworden wäre, 20
so mächtig wirkte das zauberisch anziehende Lächeln, womit die ge=
fällige Nymphe, um die ihr aufgetragene Rolle der Göttin mit der
gewissenhaftesten Treue zu spielen, ihn unter der Arbeit anzusehen
für ihre Schuldigkeit hielt. Skopas arbeitete nun immer besser,
je ruhiger er arbeitete, und wer weiß, ob er nicht am Ende das 25
Modell selbst für das unter seinen Händen unvermerkt zum Ideal
veredelte Nachbild ohne Aufgeld zurückgegeben hätte, wenn Lais
zum Tausche geneigt gewesen wäre. Man behauptet allgemein,
sagte sie in ihrem gewohnten scherzhaften Ton, ein Künstler, der
etwas Vollkommenes hervorbringen wolle, müsse mit Liebe arbeiten; 30
aber Skopas hat noch mehr gethan, er hat mit Begierde gearbeitet;
und vermutlich ist dies die Ursache, warum er in dieser Venus
sein Urbild und sich selbst übertroffen hat.

．

1. „Kanon, Regel, Musterbild. Eine gewisse Bildsäule Polyklets wurde als Muster
der richtigsten und in der schönsten Eurhythmie und Harmonie stehenden Verhältnisse aller
Teile des menschlichen Körpers von den Bildhauern der Kanon genannt." W. — 33. über=
troffen hat. „Wenn es Grund hätte, daß eine Venus des Skopas den Beinamen Pothos
(Begierde, Sehnsucht) geführt hätte, wie Caylus in seiner Abhandlung De la sculpture
et des sculpteurs anciens selon Pline sagt, so könnte man glauben, dieser Scherz der
schönen Lais hätte zu jenem Beinamen Anlaß gegeben. Aber Aphrodite konnte ohne einen
Barbarism, den die griechische Sprache nicht erträgt, keinen männlichen Beinamen, wie

Dem wackern Skopas muß ich es zum Ruhme nachsagen, daß er sich bei den kleinen Spöttereien der schönen Lais ziemlich artig benahm; vielleicht weil er sie als Wirkungen einer geheimen Eifersucht betrachtete und sich also schmeicheln konnte, eine Art von Triumph über sie erhalten zu haben. Übrigens hatte er Ursache, mit seiner Reise nach Ägina sehr zufrieden zu sein; denn er wurde — außer der reizenden Lesbierin, in welcher er nun ein treffliches Modell eigentümlich und ausschließlich besitzt, — noch mit baren Dariken königlich belohnt.

Diese großherzige Freigebigkeit und, um dem Kinde seinen rechten Namen zu geben, eine ungezügelte Neigung zum Verschwenden überhaupt ist ein so starker Zug im Charakter meiner schönen Freundin, daß ich sehr besorge, er werde in der Folge, und nur zu bald, eine Änderung in dem Plane, dessen ich bereits erwähnt habe, nötig machen. Ich hielt es für eine Pflicht der Freundschaft, ihr, da wir einsmals allein waren, mit einigem Ernst davon zu sprechen. Ich sehe nur zu wohl, war ihre Antwort, daß deine Warnung nichts weniger als überflüssig ist; aber ich kann weder meine Art zu leben noch meine Sinnesart ändern. — Ich. Noch nie fühlte ich so lebhaft als in diesem Augenblick, beste Laiska, daß meine Liebe zu dir Freundschaft ist. Ich würde mich

---

πόϑος ist, führen. Auch sagt Plinius nicht, daß die Venus des Skopas Pothos geheißen habe; er nennt bloß, indem er eine ziemliche Anzahl der vorzüglichsten Werke dieses Künstlers aufzählt, eine Venus, einen Pothos und einen Phaëthon vor allen übrigen: is (Skopas) fecit Venerem et Pothon et Phaëthontem, qui Samothraciae sanctissimis ceremoniis coluntur. (H. N., XXXVI. 5.) Wie dieser Pothos aber eigentlich gebildet gewesen, und vornehmlich, wie er nebst dem Phaëthon zu der Ehre gekommen, die ihm auf jener durch die kabirischen oder orphischen Mysterien berühmt gewordenen Insel mit hochheiligen Ceremonien erzeigt worden sein soll, gehört (meines Wissens) unter die noch unaufgelösten antiquarischen Probleme. In den alten Genealogieen der Götter und Götterkinder findet sich kein Pothos; dem Homer ist er, als ein dämonisches Wesen, ebenso unbekannt wie Eros; und wenn Plato in seinem (von wenigen recht verstandenen) Kratylus den Sokrates einen spitzfindigen Unterschied zwischen Himeros, Pothos und Eros machen läßt, so spricht er von ihnen nicht als von Dämonen oder Genien, sondern betrachtet sie bloß als eine dreifache Modifikation des Θυμός, b. i. der leidenschaftlichen Bewegung des Gemüts zu einem begehrten Gegenstand, so daß Pothos die Begierde nach einem abwesenden bezeichnet, Himeros und Eros hingegen sich auf ein gegenwärtiges Objekt beziehen, aber unter sich wieder darin verschieden sind, daß die Begier, womit Himeros die Seele wie durch einen heftigen Strom zu dem Begehrten hinreißt, sich aus ihm selbst ergießt, da sie hingegen im Eros erst durch den Gegenstand entzündet wird und von außen her durch die Augen in die Seele strömt (εἰσρεῖ ἔξωϑεν, καὶ οὐκ οἰκεία ἐστὶν ᾗ ῥοὴ αὔτη τῷ ἔχοντι, ἀλλ' ἐπείσακτος διὰ τῶν ὀμμάτων). So viel scheint indessen gewiß, daß der Pothos des Skopas eine allegorische Person, vermutlich ein vom Eros und Himeros hinlänglich unterschiedener und die Sehnsucht nach einem abwesenden Geliebten symbolisierender Genius gewesen sein müsse. Vielleicht war Skopas der erste Künstler, der diese Personifikation unternahm; wenigstens scheint er sich darin gefallen zu haben, da nach dem Berichte des Pausanias (Libr. 1. c. 43, §. 7, pag. 167, edit. Facii) auch in einem Tempel der Venus zu Megara neben den Bildsäulen des Eros und Himeros auch eine des Pothos zu sehen war." W.

selbst hassen, wenn ich der selbstsüchtigen Anmaßung fähig wäre,
die Glückseligkeit, die du zu geben fähig bist, zu meinem aus=
schließlichen Eigentum machen zu wollen. Aber daß das, was nur
die edelsten oder ganz besonders von den Göttern und dir be=
günstigten Sterblichen zu genießen würdig sind, jemals wenn auch 5
einen noch so hohen Marktpreis haben sollte, dies nur zu denken,
ist mir in bloßer Rücksicht auf dich selbst unerträglich. — Sie.
So weit, lieber Aristipp, soll und wird es niemals kommen. —
Ich. Gewiß nicht, solange ich selbst noch eine Drachme im Ver=
mögen habe. — Sie lachend. Damit würdest du das Unglück, das 10
du befürchtest, nicht lange verhüten. Ich denke einen für dich und
mich bequemern Ausweg gefunden zu haben; und damit ich dich
über dieses Kapitel auf einmal und für immer ins Klare setze, so
höre, wie ich über mein Verhältnis zu deinem Geschlecht denke,
und was für eine Maßregel ich zu meiner Sicherheit vor den An= 15
maßungen desselben bei mir selbst festgesetzt habe. Ich sagte dir
bereits mit der Offenheit, die du immer bei mir finden sollst, daß
ich auf einen zwangfreien Umgang, mit welchen Männern es mir
beliebt, nicht Verzicht thun könnte, ohne ein wesentliches Stück
meiner Glückseligkeit aufzuopfern; ich sagte dir auch die wahre 20
Ursache, warum ein solcher Umgang Bedürfnis für mich ist. Denn
daß die gewöhnliche Triebfeder der wechselseitigen Anmutung beider
Geschlechter gegen einander sehr wenig Anteil an diesem Zug meines
Charakters habe, darf ich dir um so mehr gestehen, da ich mir
nichts darauf zu gut thue, und wofern es der Natur beliebt hätte, 25
mir das, was seine Besitzerinnen Zärtlichkeit und Bedürfnis zu
lieben nennen, in einem reichern Maße mitzuteilen, mich dessen
keineswegs schämen würde. Es wird dich also wenig befremden,
wenn ich dir sage, daß meiner Meinung nach eine Frau, die ihre
Unabhängigkeit behaupten will, euer Geschlecht überhaupt als eine 30
feindliche Macht betrachten muß, mit welcher sie, ohne ihre eigene
Wohlfahrt aufzuopfern, nie einen aufrichtigen Frieden eingehen
kann. Dies ist, deucht mich, eine notwendige Folge der unleug=
baren Thatsache, daß der weibliche Teil der Menschheit sich beinahe
auf dem ganzen Erdboden in einem Zustande von Abwürdigung 35
und Unterdrückung befindet, der sich auf nichts in der Welt als
Überlegenheit der Männer an körperlicher Stärke gründen kann,
da die Vorzüge des Geistes, in deren ausschließlichen Besitz sie sich
zu setzen suchen, nicht ein natürliches Vorrecht ihres Geschlechts,

sondern eine der Usurpationen ist, deren sie sich kraft ihrer stärkeren
Knochen über uns angemaßt haben. Bei allen Völkern ist der
Zustand der Weiber desto unglücklicher, je roher die Männer sind;
aber auch unter den policierten Nationen und bei der gebildetsten
unter allen werden wir von den Männern, überhaupt genommen,
entweder als Sklavinnen ihrer Bedürfnisse oder als Werkzeuge
ihres Vergnügens behandelt, und die schönste unter uns müßte
sehr blödsinnig sein, wenn sie sich auf den Glanz oder die Zahl
ihrer vorgeblichen Anbeter und Sklaven das Geringste einbildete
und sich selbst verbergen könnte, was die Herren bei dem betrüg=
lichen Spiele, das sie mit unsrer Eitelkeit und Schwachherzigkeit
treiben, gewinnen wollen. Anakreon meint, die Natur, die jedes
ihrer Geschöpfe mit irgend einer Waffe zu seiner Verteidigung
versehe, habe dem Weibe zur Schutzwehr gegen die Stärke des
Mannes die Schönheit verliehen; aber ohne den Verstand, einen
klugen und weisen Gebrauch von ihr zu machen, ist die Schönheit
selbst eine sehr zweideutige Gabe und ihrer Besitzerin meistens mehr
nachteilig als nützlich. Ich für meinen Teil danke der guten Mutter
Natur, daß sie mich gerade mit so viel Verstand bewaffnet hat, als
ich nötig habe, um den Mann im allgemeinen als den natürlichen
Feind meines Geschlechts anzusehen, gegen welchen wir nie zu viel
Vorsichtsmaßregeln nehmen können. Der gesellschaftliche Zustand
hat zwar einen anscheinenden Frieden zwischen beiden Geschlechtern
gestiftet; aber im Grund ist dieser Friede auf seiten der Männer
bloß eine andere Art, den Krieg fortzusetzen; und da ihnen, von
der Stärke ihrer Knochen und Muskeln gewaltsamen Gebrauch gegen
uns zu machen, untersagt ist, so lassen sie sich's desto angelegener
sein, die treuherzigen Vögelchen durch Schmeichelei und Liebkosungen
in ihre Schlingen zu locken. Und uns sollte nicht ebendasselbe
gegen sie erlaubt sein? Wir sollten die Betrüger nicht wieder be=
trügen und falls wir klug genug sind uns vor ihren Schlingen
zu hüten, das einzige, wodurch wir an ihre schwache Seite kommen
können, unsre Reizungen, nicht auf jede uns beliebige und vorteil=
hafte Art gegen sie gebrauchen dürfen? Bei der großen Nemesis!
ich mache mir so wenig Bedenken darüber, daß ich mich selbst ver=
achten würde, wenn ich mir jemals ein anderes Verhältnis gegen
das Männergeschlecht geben wollte als das, wozu uns sein Ver=
fahren gegen uns einladet und, wenn wir anders unsre alberne
Gutherzigkeit nicht zu spät bereuen wollen, nötigt. Da sie uns

keine andre Wahl gelassen haben als entweder ihre Sklaven zu
sein oder sie zu den unsrigen zu machen, was hätt' ein Weib, das
seine Freiheit liebt, hier lange zu bedenken? — Du siehst die
Grundlage meines Plans, lieber Aristipp; ich habe dir ohne Zurück=
haltung gezeigt, wie ich über die Männer denke, weil du für mich 5
kein Mann oder, wenn du lieber willst, mehr als ein Mann, weil
du mein Freund, ein mir verwandtes, kongenialisches Wesen bist.
Was ich noch hinzuzusetzen habe, errätst du vermutlich von selbst.
Ich opfre meiner Liebe zur Unabhängigkeit und dem Verlangen,
nach meiner eigenen Weise glücklich zu sein, einen Namen auf und 10
unterziehe mich dadurch den Folgen des nicht ganz ungerechten
Vorurteils, das alle Arten von Personen drückt, die sich dem Ver=
gnügen des Publikums widmen und dafür von ihm belohnt werden;
aber meine Meinung ist nicht, diesen Namen anders als auf meine
eignen Bedingungen zu tragen. Diesen sich zu unterwerfen, kann 15
ich niemand zwingen; wer sie sich also gefallen läßt, sollt' es ihm
auch am Ende dünken, daß er einen schlechten Handel gemacht und
das Vergnügen, mich zu sehen, zu hören und etliche fröhliche
Stunden unter Scherz, Musik und Tanz, mit Komus und Bacchus
oder mit Amorn und den Grazien in meinem Hause zugebracht zu 20
haben, allzu teuer bezahlt habe, der würde von mir und allen
Verständigen ausgelacht werden, wenn er sich über Unrecht beklagen
wollte. Ich setze einen ziemlich hohen, wiewohl unbestimmten Preis
auf das Vorrecht, freien Zutritt in meinem Hause zu haben, mache
aber kein Geheimnis daraus, daß ich mich durch die Geschenke, die 25
ich von meinen Liebhabern, wie die morgenländischen Fürsten von
ihren um Gehör bittenden Unterthanen, annehme, zu keinen be=
sondern, geschweige ihnen selbst beliebigen Gefälligkeiten verbunden
halte. Es steht einem jeden frei, seine Eitelkeit oder seinen Wett=
eifer mit reichen und freigebigen Nebenbuhlern so weit zu treiben 30
als er will; und wer an der Zulänglichkeit seines persönlichen
Werts zu zweifeln Ursache hat, mag immerhin versuchen, ob er

---

7. kongenialisch, voller Verständnis und von gleicher Grundrichtung. Was Wieland
unter kongenial versteht, hat er sehr hübsch erklärt, indem er Aristipp am Schlusse des
40. Kapitels an Lais schreiben läßt: „erinnere dich meiner, so oft du den Grazien und
deinem Genius, der auch der meine ist, opferst". Genialis bedeutet nicht, was wir jetzt
genial nennen, sondern zum Genius gehörig. Dieser Genius kann dann entweder der
Genius als Erzeuger oder als Teilnehmer an Freude und Leid sein. Die Römer haben
das Wort congenialis nicht gekannt, doch ist das hier von Wieland gebrauchte Wort im
römischen Sinne gebildet und bedeutet geistesverwandt, was denselben Genius hat. Mit
dem Französischen congénial, auch congénital, angeboren, hat daher das hier von
Wieland gebrauchte Wort nichts zu schaffen.

diesen Mangel durch den Wert der Opfergaben ersetzen könne, die
er seiner Abgöttin zu Füßen legt. Sie befindet sich, wiewohl sie
ihre Gottheit bloß der Thorheit ihrer Anbeter zu danken hat, in
diesem Stück in dem nämlichen Falle wie alle andere Götter,
5 welche sehr wohl wissen, warum die Menschen ihnen Opfer bringen,
aber sich durch die Annahme derselben keineswegs verpflichten, alle
Wünsche der Opfernden zu erfüllen oder auch nur das, warum
gebeten wird, zu gewähren. — Was sagst du zu diesem Plan,
Aristipp? Denkst du nicht, daß er mir im Notfall hinlängliche
10 Mittel verschaffen könne, meine dermalige Lebensweise fortzusetzen,
ohne jemals, wie du vorhin besorgtest, genötigt zu sein, mich unter
mich selbst herabzuwürdigen?

Ich. Ich sage, wenn er dir nicht gelänge, so würde ich
keiner andern raten den Versuch zu machen. Aber es hat keine
15 Not; ich bin vielmehr überzeugt, du wirst auf diesem Wege, selbst
durch den Ruf, daß es eine höchst mißliche Sache sei, deinetwegen
nach Korinth zu reisen, in Gefahr kommen, nach und nach Deu=
kalions und Hellens ganze edle Nachkommenschaft, Dorier, Jonier
und Äolier, vor deiner Thür liegen zu sehen.

20 Sie, lachend. Das soll ihnen herzlich gern erlaubt sein, voraus=
gesetzt daß es immer von mir abhange, wem ich sie öffnen lassen will.

Ich. Einer Theodota möchte ich deinen Plan nicht raten.
Um ihn mit Erfolg auszuführen, muß man im Besitz deiner
Schönheit, deiner Talente, deines Verstandes und deiner —
25 Kälte sein.

Sie. Wie, mein schöner Herr? Solltest du dich über meine
Kälte zu beklagen haben?

Ich. Nicht zu beklagen, liebe Laiska! denn sie ist es eben,
was deinen kleinsten Gunstbezeugungen einen so hohen Wert giebt,
30 daß die Grazien dem Manne nie gelächelt haben müßten, der

---

18. Hellen, Ἕλλην, Sohn des Deukalion und der Pyrrha. Nach ihm sollen die
Hellenen benannt sein. — 19. vor deiner Thür liegen zu sehen. „Einige Leser
werden sich vielleicht bei dieser Stelle des
Non cuivis homini contingit adire Corinthum
aus Horazens Epistel an Scäva und des
Ad cujus jacuit Graecia tota fores
des Properz (L. II. El. 6.) erinnern. Aristipp konnte sie freilich nicht im Sinne gehabt
haben; aber das erste ist auch bloß die Übersetzung des griechischen Sprichworts: οὐ
παντὸς ἀνδρὸς εἰς Κόρινθον ἐστιν ὁ πλοῦς, welches älter als Lais und Aristipp war;
und das andere könnte möglicher Weise für eine Anspielung des sehr belesenen römischen
Dichters auf diesen Scherz des Aristipp gehalten werden, wenn man nicht zugeben will,
daß zwei Personen auf ebendenselben Gedanken und Ausdruck geraten können, ohne daß
die eine ihn notwendig der andern abgestohlen haben muß." W.

nicht den leiſeſten Händedruck von dir den freigebigſten Lieb=
koſungen einer jeden andern vorzöge. Auch iſt dies eine der not=
wendigſten Bedingungen der Ausführbarkeit deines Plans. Denn
kein Liebhaber dient lange ohne allen Sold, und eine Schöne, die
nicht geſonnen iſt, viel zu geben, muß die Gabe beſitzen, das 5
Wenige mit einer Art zu geben, daß es viel ſcheint. Du, ſchöne
Lais, beſitzeſt dieſe Gabe in einem ſo hohen Grade, daß ich keinen
Augenblick zweifle, du würdeſt dir mit dieſer Kunſt, deine Lieb=
haber durch den Zauber einer ſich immer annähernden und ent=
fernenden Hoffnung bei gutem Mute und in deiner Gewalt zu 10
erhalten, ſo gut als die berühmte Thargelia ein Diadem ver=
ſchaffen können, wofern dich je die Luſt anwandelte, deine Freiheit
gegen ein Diadem zu vertauſchen. — Sie. So hoch fliegen meine
Wünſche nicht. — Ich. In der That würdeſt du einen ſchlimmen
Tauſch treffen. — Sie. Das denke ich auch. 15

Dieſe Lais — höre ich dich ſagen, Kleonidas — iſt in der
That eine Hetäre, wie vermutlich noch keine war und vielleicht in
tauſend Jahren keine wieder erſcheinen wird; aber mit aller ihrer
Philoſophie doch — nur eine Hetäre, und eine um ſo viel ge=
fährlichere, je mehr ſie vor andern voraus hat. Nimm dich in 20
acht, Ariſtipp! — Ich bin ſo ziemlich deiner Meinung, Freund
Kleonidas; ſie iſt ein gefährliches Geſchöpf. Sie wird manchen
Kopf verrücken, der vorher recht ſtand, manchen Narren noch
närriſcher machen und manchen vollen Beutel leeren. Was ſie
aus mir und dir machen wird (denn auch du wirſt, wie ich hoffe, 25
nach Korinth kommen), wird die Zeit lehren.

Der Tag meiner Trennung von dieſer Circe, in der ich
gleichwohl mehr einen Freund als ein Weib liebe, rückt immer
näher. Sie geht nach Korinth zurück, und ich mache mich zu
einer Reiſe in die Inſeln fertig, von wannen ich in einigen 30
Monaten etwas leichter an Dariken und reicher an Kenntniſſen
der Natur und der Kunſt nach der ſchönen Athenä zurückkehren
werde. Bewunderſt du mich nicht, daß ich mich mit ſo leichtem
Herzen von der reizendſten aller Zauberinnen trennen kann?

21. An Kritobulus. 35

Mein Aufenthalt in Ägina hat länger gedauert als ich
vorherſehen konnte, und meine Abweſenheit von Athen wird ſich

in eine noch größere Länge ziehen; denn ich bin im Begriff, einen
Streifzug durch die merkwürdigsten Inseln des Ägäischen und
Jonischen Meeres zu thun. Du hast vielleicht schon gehört, daß
ich unsern Freund Kleombrotus eingeladen habe, herüber zu
5 kommen und mich auf dieser Reise zu begleiten. Die Luftver=
änderung wird seiner Gesundheit zuträglich sein, und die mannig=
faltige Menge neuer Gegenstände seiner allzu wirksamen Phantasie
eine andere Nahrung und einen weitern Spielraum geben und sie
dadurch verhindern, sich in diejenigen, die ihn zeither einzig be=
10 schäftigten, gar zu tief hineinzugraben. Der Kreis, den unser
ehrwürdiger Meister um sich her zu sehen gewohnt ist, wird durch
unsre Abwesenheit auf einige Zeit — um zwei, die man kaum
vermissen wird, vermindert, und wir werden mit einer Menge
neuer Ideen und praktischer Kenntnisse schwer beladen zurück=
15 kommen, die uns Stoff zum Fragen und ihm Gelegenheit, unsre
Begriffe zu berichtigen, geben werden. Sage ihm, es vergehe
kein Tag, da ich mich nicht einer seiner weisen Lehren erinnere
oder von einer seiner Maximen Gebrauch mache — nach meiner
Weise, versteht sich; denn an einer ängstlichen, schülerhaften Kopie
20 würde er selbst kein Wohlgefallen haben. Wenn ich einen Weg
zu machen habe, worauf man sich leicht verirren kann, bin ich
froh, wenn ich einen kundigen Wegweiser finde; ich gehe neben,
auch wohl zuweilen ein wenig vor oder hinter ihm, ohne meine
Füße in seine Tritte zu setzen oder mich der Freiheit zu begeben,
25 dann und wann einen kleinen Umweg zu nehmen, um etwa einer
Nachtigall im Gebüsche zuzuhören, mich an einer schönen Ansicht
zu ergetzen oder die Aufschrift an einem verfallenden Denkmal
zusammenzubuchstabieren. Es ist mit der Philosophie, denke ich, wie
mit den Nasen: das, was eine Nase zur Nase macht, ist bei allen
30 dasselbe, und doch hat jedermann seine eigene.

---

22. Lais an Aristipp.

Wie, mein weiser Freund? Sollt' es wirklich dein Ernst sein?
Ich soll mich von Lesbos aus so treuherzig machen lassen, nach
einer Abwesenheit, binnen welcher der Mond fünfmal gewechselt
35 hat, an — deine Treue zu glauben? Du hättest dich nur darum

in einen Liebeshandel mit der reizenden Lesbierin verwickelt, um
mir einen recht heroiſchen Beweis zu geben, daß die bloße Er=
innerung an deine Anadyomene hinlänglich ſei, alle Pfeile, die
Eros aus den großen ſchwarzen Augen der ſchönen Leukonoe nach
deinem Buſen ſchießt, kalt und kraftlos abglitſchen zu laſſen? 5
und daß ein Mann nichts als eine Haarlocke von Lais am Finger
zu tragen brauche, um einer ſo warmen und verführeriſchen Lieb=
haberin, wie du mir deine Wirtin beſchreibſt, widerſtehen zu können?
Und deine freilich noch ziemlich unerfahrne Freundin ſollte ſo ge=
fällig ſein, ſich ein ſolches Märchen weismachen zu laſſen? bloß 10
weil ſie geſtehen muß, es wäre ganz artig, wenn es — kein
Märchen wäre? Nein, guter Ariſtipp! ſo weit geht die Liebe zum
Wunderbaren nicht bei mir; und ich wollte den beſten Kuß, den
ich zu geben vermag, daranſetzen, könnt' ich mich in dieſem Augen=
blick (die Stunde ſag' ich dir aus guten Urſachen nicht) in das 15
zierliche kleine Kabinett, wovon du mir eine ſo genaue Beſchreibung
machſt, verſetzen; ich würde etwas nicht halb ſo Wunderbares ſehen
als die Treue, woraus du dir, vermutlich um der Seltenheit der
Sache willen, ein ſo großes Verdienſt bei mir zu machen ſcheinſt.
Aber denke nicht, mein guter Philoſoph, daß ich die kleine Schlange 20
nicht gewahr werde, die unter dieſen Blumen verſteckt liegt Du
haſt ausfindig gemacht, daß Großmut meine ſchwache Seite iſt.
Wenn ich ſie, denkſt du, nur erſt ſo weit bringen kann, daß ſie
an meine Treue glaubt, ſo iſt mir die ihrige gewiſſer, als wenn
ich ſie unter ſieben Riegel im ehernen Turm der Danae ein= 25
geſchloſſen hielte. Sie wird ſich in der ſeltenſten aller Tugenden
nicht von mir übertreffen laſſen wollen, und käme auch der ſchönſte
der Götter, der ewigjunge Bacchus ſelbſt, mich aus ihrem Herzen
zu vertreiben. Nicht wahr, Ariſtipp, ich habe dich erraten? Aber
was du mit allem deinem Scharfſinn ewig nicht erraten hätteſt, 30
während du dich zu Lesbos mit der ſchönen Leukonoe — in der
Tugend übſt, hab' ich unter dem prächtigſten Ahorn in der Welt
am Quell des Iliſſus unweit Athen eine Eroberung gemacht, die
du mir nicht zugetraut hätteſt — und nun rate!

----

25. Danae wurde von ihrem Vater Akriſios eingeſperrt und von Zeus in Geſtalt
des goldnen Regens beſucht. — 33. Iliſſos, ein den Muſen heiliger Fluß, der auf dem
Berge Hymettos entſprang.

23. Lais an ebendenselben.

Wenn eine Frau die Neugier eines Mannes geflissentlich erregt, so macht sie sich dadurch anheischig, sie zu befriedigen. Nicht wahr? Ihr andern nehmt das für ebenso gewiß, als ob sie sich mit Brief und Siegel dazu verbindlich gemacht hätte, und — ihr habt recht. Ich säume also nicht, lieber Aristipp, dir vor allen Dingen begreiflich zu machen, wie ich unter den großen Ahorn am Quell des Ilissus geraten bin.

Meine Zurückkunft nach Korinth erneuerte die Ansprüche zweier oder dreier junger Eupatriden, die keinen schlimmen Handel zu treffen glaubten, wenn sie sich mit dem Eigentum meiner kleinen Person ein gesetzmäßiges Recht an den Nachlaß meines alten Patrons erkaufen könnten, der ihnen überaus gelegen käme, die Lücken ihrer verpraßten Erbgüter wieder auszufüllen. Weil ich alles gern auf eine decente Art mache, so dulde ich die Bewerbungen dieser spekulativen Köpfe, ohne sie weder aufzumuntern noch abzuschrecken, und hätte sich noch ein vierter gefunden, dessen Umgang etwas mehr Interesse für mich gehabt hätte, so möchte ich den Isthmus von acht oder neun Monaten, der mich von Ägina trennt, noch erträglich gefunden haben. — Ihr seid so eitle Geschöpfe, ihr andern, daß ich dir's vielleicht nicht gestehen sollte; aber da du es doch von selbst erraten hättest, will ich's lieber frei bekennen, daß ich dich, bevor die sieben ersten Tage vorbei waren, schon lebhafter vermißte, als ich mir selbst zugetraut hätte. Meine Liebhaber hatten freilich nach der lästigen Unverdrossenheit ihrer Aufwartungen zu urteilen keine Langeweile bei mir; aber dafür machten sie mir deren so viel, daß ich des albernen Spiels endlich überdrüssig ward. Nein, sagte ich, es ist nicht länger auszuhalten; Aristipp läßt mich sitzen und schaukelt sich zwischen den Cykladen herum. Wie, wenn ich ihm nachreiste? — Nachreisen? — Pfui! das sähe ja gleich so aus, als ob eine verlaßne Ariadne ihren Ungetreuen verfolgen wollte? Nein, nicht nachreisen, aber reisen will ich, und zwar nach Athen, um, während er sich auf den Schauplätzen alter Götter- und Heldenmärchen herumtreibt, seine Stelle — bei dem weisen Sokrates einzunehmen.

32. Ariadne, Ἀριάδνη, war dem Theseus gefolgt, dem sie bei seinem Gange ins Labyrinth von Kreta geholfen hatte, war aber auf Naxos von ihm verlassen und wurde dort die Geliebte des Weingottes.

Gedacht, gethan! Es wird eingepackt, angeſpannt, ich ſetze mich
mit meinen Grazien (wie du ſie zu nennen pflegteſt) in den
Wagen und rolle davon, von drei wohlbewehrten Dienern zu
Pferde begleitet, wiewohl die Landſtraße zwiſchen Korinth und
Athen nicht mehr ſo unſicher iſt wie zu Theſeus' Zeiten. Ich 5
verweile mich etliche Tage zu Megara, wo ich Geſchäfte mit einem
alten Gaſtfreund des Leontides abzuthun hatte, ſetze meine Reiſe
fort und lange an einem ſchönen Abend in einiger Entfernung
von Athen auf einem mit Bäumen und Gebüſchen bekränzten
Hügel an, deſſen Anmut mich und meine Nymphen zum Abſteigen 10
einladet. Ich befehle meinen Leuten, langſam fortzufahren und
mich bei einem gewiſſen Tempel, der an unſerm Wege liegt, zu
erwarten. Kaum ſind wir auf dem weichſten Raſen ein paar
hundert Schritte vorwärts gegangen, als ein prächtiger Ahorn
von ungewöhnlicher Größe und Schönheit unſre Augen auf ſich 15
zieht, neben welchem in kleiner Entfernung eine kryſtallhelle Quelle,
zwiſchen Roſen und Lorbeerbüſchen rieſelnd, unvermerkt zu einem
Bach wird, der den Durchgehenden kaum die Knöchel benetzt. Ein
rüſtiger, wiewohl glatzköpfiger Alter, an Geſtalt und Geſichts=
bildung, wie man die Silenen abzubilden pflegt, und ein ſchöner, 20
zum Manne heranreifender Jüngling, beide unbeſchuht, der Alte

18. benetzt. „Einem jeden, der den Phädrus des Plato im Original oder in der
neuſten Überſetzung (von dem Herrn Grafen Friedrich Leopold zu Stolberg) geleſen hat,
muß ſogleich in die Augen ſpringen, daß hier von keinem andern Ahorn die Rede ſein
könne als von dem, der durch die in ſeinem Schatten vorgefallne Unterredung zwiſchen
Sokrates und dem ſchönen Phädrus einer der berühmteſten Bäume in der Welt geworden
iſt; und ſo hätte ſich's durch ein ſonderbares Spiel des Zufalls gefügt daß die ſchöne
Lais ihre erſte Bekanntſchaft mit Sokrates (um deſſentwillen ſie die Reiſe nach Athen
unternahm) gerade unter dieſem Ahorn an eben dem Abend, da jenes berühmte Geſpräch
vorgefallen, gemacht hätte. Unglücklicher Weiſe ſtößt ſich's (wenn wir auch andere kleine
Zweifel nicht achten wollen) an einen topographiſchen Umſtand, der dieſe Zuſammenkunft
unmöglich zu machen ſcheint. Der beſagte Ahorn nämlich ſtand ganz nahe an dem kleinen
Bach Iliſſus, der aus dem Berg Hymettus oſtwärts von Athen entſpringt; Lais aber kam
von Megara und Eleuſis auf dem entgegengeſetzten Wege her und hätte ohne irgend einen
denkbaren Grund einen Umweg von mehreren Meilen nehmen müſſen, um bei dem Ahorn,
unter welchem Sokrates zufälliger Weiſe ſaß, vorbeizukommen. Daß entweder ſie ſelbſt
oder Plato in der Angabe des Orts ſo gröblich ſich geirrt haben ſollte, läßt ſich um ſo
weniger annehmen, da beide in der Bezeichnung deſſelben genau zuſammenſtimmen. Ich
ſehe alſo weder, wie dieſer Knoten, wofern unſre Ariſtippiſche Briefſammlung echt ſein
ſollte, aufgelöſt, noch wie der Urheber derſelben, falls ſie erdichtet iſt, von dem Vorwurf
einer groben Unwiſſenheit oder Nachläſſigkeit freigeſprochen werden könnte. Das einzige
Mittel, aus dieſer Schwierigkeit herauszukommen, wäre, wenn der geneigte Leſer ſich
gefallen laſſen wollte, den Ahorn ſamt dem Iliſſus und dem Berg Hymettus in Gedanken
auf die Weſtſeite vor Athen an die Straße von Eleuſis zu verſetzen, — eine Gefälligkeit,
die man ihm freilich, wofern er ſich nicht aus gutem Willen dazu bequemt, nicht wohl
anſinnen kann, ob ſie gleich im Grunde nicht mühſamer wäre, als wenn Merkur und
Charon beim Lucian durch die magiſche Kraft etlicher homeriſcher Verſe den Oſſa auf den
Olymp, den Pelion auf den Oſſa und zuletzt noch gar den Öta und den Parnaß auf
den Pelion türmten, um ſich einen tauglichen Standpunkt zur Überſicht des Erdkreiſes zu
verſchaffen.“ W.

nur mit einem kurzen, hier und da ausgefaserten Mantel, der
andere weniger spärlich und beinahe zierlich bekleidet, sitzen auf
einer Rasenbank am Fuß des Ahorns und scheinen, in einem
lebhaften Gespräche begriffen, uns nicht eher gewahr zu werden,
5 bis wir, völlig aus dem Gebüsche hervortretend, kaum noch zwanzig
Schritte von ihnen entfernt sind. Jetzt erblicken sie uns, stutzen,
flüstern einander etliche leise Worte zu und sehen aus, als ob
irgend eine magische Gewalt es ihnen unmöglich mache, aufzustehen
und sich zu entfernen. Wir waren alle vier zwar so leicht, wie
10 es die Hitze des Tages erforderte, aber (was sich ohnehin versteht)
sehr sittsam und einfach gekleidet, und es begreift sich, daß der
unerwartete Anblick vier solcher Figuren wie wir an einem so
einsamen und dichterischen Orte etwas Auffallendes und beinahe
Wunderbares für sie haben mußte. Ich gehe langsam auf sie zu,
15 grüße sie und frage, weil mir nicht gleich eine andere Einleitung
beifallen will, ob dies der nächste Weg nach Athen sei. Mir
deuchte, als ob sie sich durch diese Frage merklich erleichtert fühlten;
denn ich wollte wetten, der alte Herr, der etwas abergläubisch
sein soll, würde verlegen gewesen sein, wie er uns anreden müsse,
20 um der Sache weder zu viel noch zu wenig zu thun. Nun
übersah er mich aus seinen großen, weit hervorstehenden Augen
vom Kopfe bis zu den Füßen und erwiderte in einem freund=
lichen Tone, wir könnten die Stadt auf keinem Wege mehr ver=
fehlen. Dieser Ort ist so anmutig, sagte ich, daß wir uns, wenn
25 es euch nicht zuwider ist, einen Augenblick zu euch setzen und an
euerm unterbrochnen Gespräch, wofern es keine Geheimnisse betrifft,
Anteil zu nehmen wünschen. — Beides, versetzte er, steht euch frei,
wiewohl der Gegenstand, womit wir uns beschäftigten, wirklich
eine Art von Geheimnis ist. An einem den Musen geheiligten
30 Orte wie dieser sind Personen wie ihr nie zu viel. Nicht wahr,
junger Mann? Der Jüngling errötete, sah ihn lächelnd an und
nickte Beifall. Geheimnisse, erwiderte ich, an denen man die
ersten besten Anteil nehmen lassen kann, müssen wenigstens sehr
unschuldig sein. Das eurige war vermutlich ein philosophisches?
35 — Der Alte. Und gehört ganz besonders unter eure Gerichts=
barkeit; denn es betraf Schönheit und Liebe. Da die Liebe sich
doch nur an das Schöne hält, so suchten wir dahinter zu kommen,
was denn eigentlich das Schöne sei. — Ich. Und was fandet
ihr? — Der Alte. Daß, wiewohl jedermann das Schöne liebt,

doch vielleicht nicht einer ſich ſelbſt oder andern zu ſagen weiß,
was es ſei. — Ich. Vielleicht iſt es mit dem Schönen wie mit
der Farbe, die jeder Sehende kennt und unterſcheidet, wiewohl er
nicht ſagen kann, was Blau oder Grün iſt. — Der Alte. Du
meinſt vermutlich, jedermann kann ſagen, dies Kraut iſt grün, 5
dieſe Blume rot, dieſe blau; aber niemand kann ſagen, was die
Grüne, die Bläue, die Röte ſei? — Ich. Es kann auch, dachte
ich, niemanden viel daran gelegen ſein, ob er's ſagen kann oder
nicht. — Der Alte. Mit den Farben mag es immerhin dieſe
Bewandtnis haben; aber was das Schöne betrifft, ſo möcht' es 10
wohl gut, ja ſogar nötig ſein, ſagen zu können, was es iſt,
damit wir immer ſicher ſein könnten, nichts zu lieben, als was
wirklich und immer ſchön iſt. — Ich. Aber ſollte dies denn auch
ſo nötig ſein als du zu glauben ſcheinſt? Verzeih, ehrwürdiger
Unbekannter, wenn ich meine Meinung zu frei ſage! — Der Alte. 15
Ich werde die meinige ebenſo frei ſagen, und ſo ſind wir quitt.
— Ich. Man hat Beiſpiele, daß auch Gegenſtände, die entweder
nie ſchön waren oder es zu ſein aufgehört hatten, leidenſchaftlich
geliebt wurden. — Der Alte. Gewiß! Aber dieſe Gegenſtände
werden dann geliebt, nicht weil ſie häßlich, ſondern weil ſie 20
ungeachtet ihrer Häßlichkeit dennoch liebenswürdig ſind. Ich glaube
nicht, daß jemals ein Menſch war, dem ein Höcker etwas ſehr
Liebreizendes gedeucht hätte; aber daß eine höckerige Perſon demungeachtet ſehr liebenswürdig ſein könne, iſt wohl unleugbar. —
Ich. Nicht nur das; es giebt Leute, welche behaupten, ein wahrer 25
Liebhaber finde ſogar den Höcker des Geliebten ſchön, und es ſoll
wirklich ſolche bezauberte Virtuoſen in der Liebe geben. — Der
Alte. Was dir, ſchöne Dame, unbegreiflich iſt; nicht wahr? —
Der Jüngling. Ich bekenne, daß ich einer von dieſen Bezauberten bin. — Der Alte. Alles was du dieſen Damen damit 30
bewieſen hätteſt, wäre, daß es eine Liebe giebt, die eine Art von
Wahnſinn iſt. — Ich. Sollte nicht jede wahre Liebe eine Art
von Wahnſinn ſein? — Der Alte betrachtete mich ſtatt der
Antwort mit einem forſchenden Blick; aber der Jüngling platzte
heraus: Wenn dies iſt, ſchöne Fremde, ſo brauchſt du nur zu 35
reiſen, um alle unſre Städte, vom Tänaros bis zum Athos, in

<hr />

23. Höckerige Perſon. Wieland dachte bei dieſer Erörterung vielleicht an das
Hoffräulein von Göchhauſen. — 36. Tänaros, gewöhnlich Tänarum, τὸ Ταίναρον,
Vorgebirge Lakoniens, jetzt Kap Matapan. — Athos, ὁ Ἄθως, ein Berg an der Küſte
des Strymoniſchen Meerbuſens, jetzt monte ſanto.

lauter Irrenhäuser zu verwandeln. — Ich. Wenn es wahr wäre,
daß die Wahnsinnigen die Glücklichsten unter den Menschen sind,
so hättest du mir etwas sehr Verbindliches gesagt. Wer wollte
nicht wünschen, alle Menschen glücklich machen zu können? — Der
5 Alte. Das wären sie schon lange, wenn Wahnsinn glücklich
machte. Aber noch hab' ich keinen Menschen gesehen, der sich
gewünscht hätte, wahnsinnig zu sein. — Ich. Vermutlich auch
keinen Liebhaber, der es zu sein geglaubt hätte, wiewohl sie es
alle sind. — Der Alte. Ich hätte große Lust, dir zu beweisen,
10 daß du dich sehr an der Liebe versündigst; aber der Tag neigt
sich, und es ist noch eine ziemliche Strecke von hier bis zur Stadt.
— Ich. Ich habe einen Wagen, der auf mich wartet. Er hat
viel Raum; und doch darf ich es wohl schwerlich wagen, euch
einen Platz darin anzubieten? — Der Alte. Wenn du einen
15 Triumpheinzug in Athen halten willst, so wäre dies das kürzeste
Mittel; du würdest unfehlbar in wenig Augenblicken die ganze
Stadt vor, neben und hinter dir her haben. Wir beide sind,
wie du siehst, Fußgänger und ganz dazu eingerichtet. Aber, wenn
die Frage nicht unbescheiden ist, gedenkst du dich in Athen zu
20 verweilen? — Ich. Der Zweck meiner Reise ist sehr einfach.
Ich wollte von allem, was in Athen zu sehen ist, nur einen
einzigen Mann kennen lernen, und der Zufall hat mich mehr als
ich hoffen durfte begünstigt. Lebet wohl!

Und so eilte ich mit der Leichtfüßigkeit einer Waldnymphe
25 von dannen, bestieg meinen Wagen wieder und ließ meine beiden
Bewunderer, vermutlich sehr ungewiß, was sie aus mir machen
sollten, bald so weit hinter mir, daß ich sie völlig aus den Augen
verlor.

Wie gefällt dir dieser Anfang, Aristipp? Er ist, wie du
30 nicht zweifeln wirst, mit großen Begebenheiten schwanger, und
wenn du mich recht schön bittest — oder auch nicht bittest, so
habe ich große Lust, dich mit der ganzen Geschichte meiner philo=
sophischen Mystifizierung in Athen zu beschenken. Ich bin nicht
eitel genug, mir im Ernst mit der einzigen Eroberung zu schmeicheln,
35 die mich hoffärtig machen könnte — der Mann sieht mir zu hell
aus seinen Delphinsaugen. — Aber daß er die meinige gemacht
hat, es mag ihm nun schmeicheln oder nicht, das hat seine
Richtigkeit.

Vor allen Dingen, schöne Halbgöttin, laß dir ein kleines Abenteuer erzählen, das mir dieser Tage aufstieß, da ich den ganzen Morgen damit zugebracht hatte, die Berge um Mytilene zu durchstreichen. Du weißt, denke ich, daß die Kräuterkunde seit 5 einiger Zeit meine Lieblingsbeschäftigung ist, als eine Art Studien, wozu ein wandernder Weltbürger wie ich aller Orten Stoff findet, und wovon er gelegenheitlich allerlei nützlichen Gebrauch machen kann. Ich hatte mich ziemlich weit ins Gebirge hinein verirrt; die Sonne wurde drückend, und mein Gaumen sehr trocken, als 10 ich endlich am Fuß eines Felsens, an welchem eine Herde Ziegen herumkletterte, unter einem hohen Nußbaum eine Hütte und vor der Thür der Hütte ein junges Weib erblickte, die, im Schatten sitzend, Wolle spann. Ich bat sie um ein wenig Wasser, meinen Durst zu löschen, und sie eilte, mir einen Topf voll frischer Milch 15 zu holen, und bot mir ihn freundlich hin, weigerte sich aber, bei= nahe beleidigt, da ich ihr ein paar Drachmen in die Hand drückte, etwas anzunehmen, weil es (sagte sie) nicht Sitte in Lesbos sei, sich für solche kleine Liebesdienste bezahlen zu lassen. — Werde nicht ungehalten, liebe Laiska! Mein Abenteuer war freilich des 20 Erzählens nicht wert; aber es ist gerade, als ob ich dir meine Geschichte mit meiner gefälligen Wirtin zu Mytilene erzählt hätte. Leider ist hier keine Gelegenheit, mir aus der Treue, über die du spottest, ein Verdienst bei dir zu machen. Es ist etwas, das einem jeden echten Sokratiker, ja dem Meister selbst alle Tage 25 begegnen könnte. Schwerlich giebt es eine anspruchlosere Tochter der Natur als die gute Leukonoe. Was sie zu geben hat, ist in ihren eigenen Augen etwas so Unbedeutendes, daß sie sich schämen würde, einen größern Wert darauf zu legen als meine Ziegen= hirtin auf ihren Topf mit Milch). Meine Treue bleibt dir also 30 auf rühmlichere Gelegenheiten vorbehalten; auch wollt' ich wetten, du bist von der Unmöglichkeit meiner Untreue so völlig überzeugt, daß es lächerlich wäre, wenn ich jemals damit groß gegen dich thun wollte. Es giebt nur Eine Lais, die alle Arten von Reizen in sich vereinigt und auf alle mögliche Weise liebenswürdig ist. 35 Über wen wollte sie eifersüchtig sein? Das ist eine Leidenschaft,

---

4. Mytilene, Μυτιλήνη, Hauptstadt von Lesbos.

die sie ihren Liebhabern überläßt. Aber wehe dem, der nicht gleich
bei ihrem ersten Anblick seine Partie darüber nimmt! Ich weiß
wohl, du wirst die stolze Ruhe, womit ich dich in der Welt
herumschwärmen sehe, mit dem verhaßten Namen Kaltsinn belegen;
5 aber ich hülle mich in meine Unschuld. Denn ich bleibe dabei,
der ruhige Liebhaber ist der einzige zuverlässige Liebhaber. Bei
allem dem ist es nicht einmal wahr, daß ich so ruhig bei deiner
Reise nach Athen bin, als ich vorgebe; nicht, weil du gerade soviel
Anbeter dort zurücklassen wirst als Männer, die dich gesehen haben;
10 und wer wird dich nicht sehen wollen? Die ganze Welt soll vor
dir knieen, das ist es ja eben, was ich will! Was ich befürchte,
ist bloß, daß du gerade den Einzigen, dessen Eroberung dir schmeicheln würde, nicht erobern wirst. Denn daß du sie bereits gemacht
hättest, ist doch wohl nur Scherz. Arme Laiska! Ich fühl' es
15 schon in allen Nerven, wie es dich kränken würde, vergebens nach
Athen gereist zu sein! Aber ich fürchte, ich fürchte! Diesen Kopf
zu verrücken, würde der Göttin selbst, deren sichtbare Statthalterin
du bist, nicht möglicher sein als dir. Ich werde deinen nächsten
Brief mit Zittern erbrechen und kann ihn doch kaum erwarten.

20 ## 25. Lais an Aristipp.

Aber wer sagt dir denn, wunderlicher Mensch, daß ich mir
nur im Traume einfallen lasse, den einzigen gesunden Kopf in ganz
Griechenland verrücken zu wollen? — Und wenn ich es könnte,
würdet ihr andern desto weiser sein? Daß ihr doch alle, ohne
25 Ausnahme, wie es scheint, gar viel dabei zu gewinnen glaubt,
wenn ihr einen großen Menschen ein paar Stufen zu euch herunter-
ziehen könntet; als ob er nicht immer um ebensoviel größer bliebe
als ihr, wenn er auch auf derselben Fläche mit euch steht! Wie
konntest du dir einbilden, ich werde nicht merken, warum du so
30 ängstlich für den Ruhm meiner Reizungen bekümmert bist? Aber
sei ohne Sorgen, mein Freund! Ich mache keinen Anspruch, von
einem Manne wie Sokrates anders als nach seiner eigenen Weise
geliebt zu werden, und es würde mir unendlichemal weniger schmeicheln, wenn ich, um sein Herz zu gewinnen, ihm vorher den Kopf
35 verrücken müßte. Glücklicher Weise ist die Sache bereits entschieden;
mein Spiel ist gewonnen, und ich bin desto besser mit mir selbst

zufrieden, weil ich es ohne hetärische Winkelzüge aufrichtig
und redlich gewonnen habe. Doch alles an seinem Ort und zu
seiner Zeit!

Es gefällt mir hier so wohl, daß ich gute Lust habe, ein
Tagebuch über meinen hiesigen Aufenthalt zu schreiben, und du 5
sollst sehen, daß der weiseste aller Menschen keine schlechte Rolle
darin spielt.

———　———

Ich lebe nun vierzehn volle Tage hier, und von diesen ist
kein einziger vorbeigegangen, ohne daß ich deinen Sokrates gesehen und gesprochen hätte. Allenthalben, wo ich zu sehen bin, 10
ist er auch; in der großen Halle, in der Akademie, im Odeon,
auf dem Ziegelplatz, im Piräos, unter den Propyläen, überall,
wo ich hingehe, find' ich ihn immer schon da oder bin doch gewiß,
daß er wie gerufen kommen wird. Du lachst, Aristipp, daß ich
so einfältig bin, etwas auf meine Rechnung zu setzen, was Sokrates 15
schon seit vierzig Jahren alle Tage zu thun pflegt. — „Man ist
es, sagst du, zu Athen gewohnt, ihn aller Orten zu sehen, wo
viele Menschen zusammenkommen; und er würde gar nicht mehr
bemerkt werden, wenn er nicht so viel und so laut spräche, daß
man ihn wohl hören muß, man wolle oder nicht.“ — Aber, mein 20
schöner Herr, daß er mich in acht ganzen Tagen auch nicht ein
einziges Mal verfehlt haben sollte, wenn unser Zusammentreffen
bloßer Zufall wäre, das sollst du mich nicht bereden! Und daß
er immer nur mit mir spricht, kommt wohl auch daher, weil sonst
niemand mit ihm reden mag? Und daß er, seit ich zu Athen bin, 25
täglich ins Bad geht und Sohlen unter die Füße bindet und
immer in seinem besten, neugewalkten Mantel prangt, hat er wohl
auch seit vierzig Jahren immer so gemacht? — Höre, Aristipp!
ich sage dir, verkümmere mir meine Freude nicht, oder wir bleiben
nicht lange gute Freunde!　　　　　　　　　　　　　　　　30

———

Das muß ich den Athenern nachrühmen, sie betragen sich,
auch seitdem der erste Taumel vorüber ist, mit vieler Urbanität
und Artigkeit gegen mich und meine Grazien. Aber freilich, immer
in Ungewißheit zu schweben, wie ich heiße, wer ich bin, wo ich
herkomme, was ich zu Athen zu suchen habe, wie lange ich bleibe 35

———

12. Propyläen, τὰ Προπύλαια, die herrlichen Zugänge zum Parthenon.

werde, wie es mir da gefällt, — und einander über alle diese
Fragen keine Antwort geben zu können, ist mehr, als man einem
so lebhaften und wißbegierigen Volke zumuten kann. Über den
letzten Punkt erhalten sie zwar bei jeder Gelegenheit die verbind=
5 lichsten Erklärungen; aber über alles übrige mußten sie sich einige
Tage mit der allgemeinen Nachricht, die sie von meinen Leuten
in größtem Vertrauen erhielten, behelfen: daß wir sehr weit her=
kämen, daß ich mich eines Gelübdes gegen die große Göttermutter
von Berecynt zu entledigen hätte, und daß ich nach Athen gekommen
10 sei, weil ja niemand sagen könnte, er habe etwas Sehenswürdiges
in seinem Leben gesehen, wenn er Athen nicht gesehen hätte. Damit
kamen wir nun etliche Tage so ziemlich aus; aber wie das Aufsehen,
das ich gegen meine Absicht erregte, immer auffallender wurde, wie
man überall von nichts als der schönen Unbekannten sprach und
15 tausenderlei lächerliche Sagen, Vermutungen und Hypothesen über
sie herumliefen, fanden endlich die Gynäkonomen für nötig, ihr
Amt zu verrichten und sich etwas näher, wiewohl sehr manierlich,
nach meinem Namen und Stande zu erkundigen. Um ihrer recht
bald und mit ebenso guter Manier loszuwerden, fiel mir in der
20 Eile nichts Besseres ein, als mich (mit deiner vorausgesetzten Er=
laubnis) für eine Cyrenerin, Namens Anaximandra, eine Verwandte
von Aristipp, Aritadessohn, auszugeben, die wegen der neulich zu
Cyrene ausgebrochenen Unruhen für gut befunden hätte auszu=
wandern und sich bis zur Wiederherstellung der Ordnung in ihrer
25 Vaterstadt in Griechenland aufzuhalten. Die Herren zogen sich
nach Empfang dieser Auskunft mit allem möglichen Atticism wieder
zurück, und seitdem begegnet mir, wie mich dünkt, jedermann mit
verdoppelter Aufmerksamkeit und Achtung; so groß ist der Kredit,
in welchen mein neuer Vetter die Stadt Cyrene bei den guten
30 Rechenäern gesetzt hat. Du kannst dir leicht vorstellen, daß ich
mich, um meinen neuen Namen und Stand gehörig zu behaupten,
bei meinem Verehrer Sokrates nach dir erkundigen mußte. Um
dich weder zu stolz noch zu demütig zu machen, will ich dir nicht
wiedersagen, was er von dir urteilt. Genug, ich sagte ihm: da
35 du, bei vielen Fähigkeiten und guten Eigenschaften, von etwas

---

9. Berecynt, *Βερεκυντία*, nicht, wie Wieland schreibt Berecynth, ist der Name
einer Stadt und Landschaft am Berge Berecyntus in Phrygien, wo die Cybele verehrt
wurde. — 16. „Gynäkonomen, obrigkeitliche Personen zu Athen, denen die Polizei des
weiblichen Teiles der Einwohner dieser großen Stadt anbefohlen war." W. — 22.
Aritadessohn, Aritades' Sohn.

leichtem Sinne wärest und das Vergnügen vielleicht etwas mehr
liebtest als einem edeln, emporstrebenden Jünglinge zuträglich sei,
so hätte die Familie geglaubt nicht besser thun zu können, als
wenn sie dir auf einige Zeit das Glück, um Sokrates zu sein,
verschaffte; — und er versicherte mich dagegen, die Schuld werde 5
nicht an ihm liegen, wenn die gute Absicht deiner edeln Familie
verfehlt werden sollte. Das laß dir gesagt sein, Vetter Aristipp!

Wenn ich Lust hätte, dem guten Willen der attischen Jugend
von der ersten Klasse und den übel verhehlten kleinen Entwürfen
ihrer Väter einige Aufmunterung zu geben, so würde mein Aufent= 10
halt zu Athen eine Kette von Lustpartieen, Gastmählern und Ver=
gnügungen aller Gattung sein. Die allgemeine Schwärmerei, die
meine Erscheinung erregte, ging anfangs so weit, daß ich sogar
einem Freunde nicht ohne Unbescheidenheit davon sprechen kann.
Ich glaube, wenn ich mit meinen drei Grazien gerades Weges 15
vom Tempel der Aphrodite Besitz genommen hätte, niemand würde
mir das Recht dazu streitig gemacht haben. Dieser Grad von Be=
rauschung konnte natürlicher Weise von keiner langen Dauer sein;
dagegen hat der Wetteifer, sich um mich verdient zu machen, bei
allen, die sich durch persönliche oder angeerbte Vorzüge dazu berechtigt 20
halten, eher zu als abgenommen. Aber ich entziehe mich den Wir=
kungen desselben soviel möglich, und bleibe meinem Plan getreu.
Des Sokrates wegen bin ich nach Athen gekommen, und ihm vor=
züglich soll die Zeit meines Hierbleibens gewidmet sein. Ich habe
mir alle Einladungen in die Häuser meiner Verehrer verbeten und 25
sehe außer an öffentlichen Orten keine Gesellschaft als in meiner
eigenen Wohnung. Denn ich habe durch Vermittelung deines Freun=
des Eurybates (der mir die strengste Verschwiegenheit versprochen
hat) ein ganz artiges kleines Haus mit einem geräumigen Saale
gemietet, wo sich alle Abende eine auserlesene Gesellschaft von 30
ältern Freunden des Sokrates einfindet, unter welchen er selbst
nur selten fehlt. Die jüngern sind (zu großer Unlust des schönen
Phädrus, meines erklärten Anbeters) ohne Barmherzigkeit aus=
geschlossen. Ich wollte, du könntest sehen, wie hübsch ich mich als
Wirtin mitten unter einer Gesellschaft von sechs oder acht weisen 35

---

33. Phädrus, ὁ Φαῖδρος, aus Myrrhinus in Attika, nach dem Plato den schon
erwähnten Dialog benannte.

Männern ausnehme, von denen der jüngste seine funfzig Jahre
auf dem Rücken hat; und wie stolz würdest du erst auf deine
neue Base sein, wenn du sie mit solchen Antagonisten über das
selbständige Schöne und Gute, über den Grund des Rechten, über
5 das höchste Gut und über die vollkommenste Republik ganze Abende
lang disputieren hörtest und bemerktest, mit welcher Natur oder
Kunst (wie du willst) sie diesen spröden Materien ihre Trockenheit
zu benehmen und die graubärtigen Streithähne selbst in gebührender
Zucht und Ordnung zu erhalten weiß. Aber freilich darf uns
10 dann die Hauptperson nicht fehlen, er, dessen scharfer Blick, treffen=
der Witz und muntre Laune ihn zur Seele unsrer Gesellschaft
macht. Der undankbarste Stoff wird unter seinen Händen reich=
haltig, und die scherzhafte sympotische Manier, womit er die sub=
tilsten Probleme der Moral und Menschenkunde zu unterhaltenden
15 Tischgesprächen zuzurichten weiß, scheint die verwickeltsten Knoten
oft feiner, wenigstens immer zu größerm Vergnügen der Zuhörer,
zu lösen als durch eine ernsthaftere und schulgerechtere Analyse
geschehen würde. Aber Ehre, dem Ehre gebührt! Die schöne
Anaximandra thut natürlicher Weise ihre Wirkung, und seine ältesten
20 Freunde versichern mich, daß sie ihn in seinem ganzen Leben nie
so aufgeräumt und jovialisch gesehen haben als — seit dem Tage
meiner Ankunft in Athen. Nenn es nun und erkläre dir's, wie
du willst, ich streite nie um Worte; aber du wirst mir erlauben,
daß ich mich an die Erklärung halte, die für meine Eigenliebe
25 die schmeichelhafteste ist.

_____

Ich gefalle mir so wohl zu Athen, daß ich, wenn mir Eury=
bates reinen Mund hält und nicht etwa ein neidischer Dämon mir
jemand, der mich zu Korinth gekannt hat, in den Weg wirft,
große Lust habe, meinen Aufenthalt noch um mehrere Tage zu
30 verlängern.
  Mein geheimes Liebesverständnis mit dem alten Spötter (denn
bis zu Erklärungen über einen so zarten und unaussprechlichen
Gegenstand ist es zwischen uns noch nicht gekommen) geht noch
immer seinen Gang, und ich schließe aus dem Vergnügen, das
35 ich an seinem Umgang finde, daß ihm der meinige wenigstens

3. „Antagonist, Gegner, Gegenkämpfer, im Ringen, Fechten oder andern Zwei=
kämpfen in Schimpf und Ernst." W. Schimpf bedeutet Scherz — 13. sympotische
Manier, zum Gastmahle passende Art und Weise.

ebenſo angenehm ſein müſſe. Wiewohl er eine Aſpaſia gekannt
hat, glaube ich doch etwas Neues für ihn zu ſein; und bei aller
ſeiner anſcheinenden Beſchränktheit hat vielleicht kein Sterblicher
jemals eine allgemeinere Empfänglichkeit und einen reinern Sinn
für alles Menſchliche gehabt als er.   5

Wünſche mir Glück, Ariſtipp! Heute hab' ich einen ganzen
Morgen mit meinem Liebhaber Sokrates auf der Burg von Athen
unter vier Augen zugebracht; denn die ehrliche Haut Simmias von
Theben und den feinen, wohlerzogenen Kritobul, die ihn begleiteten,
rechne ich für nichts, weil ſie ſo beſcheiden waren, uns faſt immer 10
allein zu laſſen. Wir beſahen alle Merkwürdigkeiten des Orts,
der das Sublimſte und Schönſte, was Baukunſt und Bildnerei in
der Welt hervorgebracht haben, in keinem größern Raume ver=
einigt als gerade nötig war, um dem Auge alles unter einem
einzigen Geſichtspunkte als das erhabenſte Ganze darzuſtellen. Mir 15
war als ob ich dieſe Wunder der Kunſt zum erſtenmal ſähe, da
ich ſie mit Sokrates ſah, wiewohl ich ſchon zuvor in Geſellſchaft
des Eurybates hier geweſen war. Am längſten verweilten wir,
wie billig, unter den Propyläen, wo die ſchönſten Bildſäulen von
Phidias, Alkamenes, Myron und Menon uns ein paar Stunden 20
unterhielten. Sokrates, wiewohl in ſeiner Jugend ſelbſt ein Bild=
hauer, ſprach von dieſen Werken mit der verſtändigen Beſcheiden=
heit eines Mannes, der den Meißel ſeit vierzig Jahren nicht ge=
führt hatte und, ſeinem eigenen Urteil nach, nie weiter als in
den Vorhof der Kunſt gekommen war. Indeſſen ſchien er mir 25
Bemerkungen zu machen, wovon auch ein Meiſter hätte Vorteil
ziehen können. Ich fragte ihn, in welche Rangordnung er die
genannten Künſtler ſtelle. Frage lieber dein eigen Gefühl! war
ſeine Antwort. — „So iſt Phidias der erſte." — Unſtreitig, er=
widerte er. In Phidias findet ſich alles, was den großen Künſtler 30
macht, beiſammen; er iſt, ſo zu ſagen, ein Homer, der ſtatt in
Verſen in Marmor und Elfenbein dichtet. Ihm allein ſcheinen
die Götter, die er bildete, wirklich erſchienen zu ſein: Alkamenes
beſtrebte ſich menſchliche Geſtalten zu göttlichen zu veredeln. Beide

---

Sf. Simmias von Theben, der Schüler des Pythagoreers Philolaos, war in der
That ein Freund des Sokrates. — Kritobulos, Sohn des Kriton in Athen, ebenfalls.
— 20. Alkamenes, Άλκαμένης, Schüler des Phidias. — Myron, Μύρων, Myro,
450 vor Chr. (Auch von Erz.) — Menon, Μένων, vgl. Einleitung.

haben dem Myron nichts als den Vorzug der Grazie übrig gelassen.
Menon, vielleicht der beste unter den Lehrlingen des Phidias, ist
gegen diese drei — nichts als ein Lehrling. Eine Diane von
Myron veranlaßte mich), den Wunsch hören zu lassen, daß ich die
Grazien sehen möchte, welche Sokrates selbst in seiner Jugend
gearbeitet hatte. Sie sind nicht wert von dir gesehen zu werden,
versetzte er; ich bin nie mit ihnen zufrieden gewesen; aber seitdem
ich deine Grazien kenne, würde ich die meinigen noch zehnmal
steifer und steinerner finden als sonst. — Meine Grazien? sagte
ich verwundert; es sind allerdings drei liebliche Mädchen; aber
doch — — Ich rede nicht von deinen Aufwärterinnen, schöne
Anarimandra; ich meine deine eigenen Grazien. — Mache mich
nicht stolz, Sokrates; ich dachte nicht, daß du auch schmeicheln
könntest. — „Zum Beweise, daß ich weder schmeichle noch scherze,
will ich mich näher erklären. Ich habe, seitdem ich dich kenne,
drei Dinge an dir bemerkt, die dich aus allen Schönen, die mir
jemals vorgekommen sind, auszeichnen und dir gerade das sind,
was der Liebesgöttin die Grazien. Das erste ist ein dir eignes,
kaum sichtbares, deinen Mund, deine Augen, dein ganzes Gesicht
sanft umfließendes Lächeln, das nie verschwindet, es sei, daß du
sprichst oder einem andern zuhörst, auch sogar dann nicht, wenn
du etwas Mißfälliges siehst oder hörst, zu trauern oder zu zürnen
scheinst; das zweite, eine unnachahmlich zierliche Leichtigkeit im
Gang und in allen Bewegungen und Stellungen des Körpers,
die dir, wenn du gehst, etwas Schwebendes, und wenn du in
Ruhe bist das Ansehen giebt, als ob du, ehe man sich's versehe,
davonfliegen werdest; eine Leichtigkeit, die niemals weder an sich
selbst vergessende Lässigkeit noch an Leichtfertigkeit streift und immer
mit dem edelsten Anstand und mit anspruchloser angeborner Würde
verbunden ist." — Eine plötzliche Schamröte ergoß sich, wie er
dies mit soviel anscheinender Treuherzigkeit sagte, über mein ganzes
Gesicht bei dem Gedanken, daß ich mit einem so guten und ehr=
würdigen Manne am Ende doch nur Komödie spiele. — Gut, rief
er; da haben wir die dritte Grazie! diese holde Schamröte, die
Tochter des zartesten Gefühls, die dem Adel deiner Gesichtsbildung
und dem Ausdruck des Selbstbewußtseins nichts benimmt und sich
dadurch so wesentlich vom Erröten der kindischen oder bäurischen
Verlegenheit unterscheidet. Ein Bildhauer, der Genie und Kunst
genug besäße, dieses Lächeln, diese Leichtigkeit und dieses Erröten

zu verkörpern und in Gestalt dreier lieblicher Nymphen darzustellen, hätte uns die Grazien dargestellt.

Gestehe, Aristipp, daß es keine sehr leichte Sache war, in diesem Augenblicke nicht ein wenig aus meiner Rolle zu kommen. Aber Sokrates selbst half mir ohne sein Wissen wieder hinein. 5 Ich sage dir dies, fuhr er fort, weder um deine Eigenliebe zu kitzeln, noch weil es mir im geringsten schwer gewesen wäre, meine Bemerkungen für mich zu behalten, sondern weil ich diese Gelegenheit nicht entschlüpfen lassen möchte, ohne dir die hohe Bestimmung zu Gemüte zu führen, um derentwillen die Götter so 10 viel Schönheit und Würde mit so viel Reiz und Anmut in dir vereinigt haben.

Und nun, Freund Aristipp, setzte er sich mit mir unter den großen Ölbaum vor dem Tempel der Athene Polias und begann mit einer ihm nicht gewöhnlichen Begeisterung eine lange Rede 15 über — Schönheit und Liebe. Er setzte als etwas, woran ich nicht zweifeln könne, voraus, daß beide ohne Tugend weder zu ihrer Vollkommenheit gelangen, noch von Dauer sein könnten. Er bewies, indem er die Begriffe in seiner etwas spitzfindigen Manier sonderte und entwickelte, daß das Schöne und Gute im 20 Grund ebendasselbe, und Tugend nichts anders als reine Liebe zu allem Schönen und Guten sei; eine Liebe, die vermöge ihrer Natur gleich der Flamme immer emporstrebe, durch nichts Unvollkommenes befriedigt werde und nur im Genuß des höchsten Schönen, zu welchem sie stufenweis emporsteige, Ruhe finde. — Und was meinst 25 du, daß er mit dem allen wollte? Nichts Geringeres als mich überzeugen, „daß die Natur mich ganz eigentlich zu einer Lehrerin und Priesterin, ja noch mehr, zu einer unmittelbaren Darstellerin des Ideals der Tugend, mit einem Wort, zur personifizierten Tugend selbst bestimmt und ausgerüstet habe; und daß es also 30 die erste meiner Pflichten sei, die Erreichung dieses hohen Ziels zum großen Geschäfte meines Lebens zu machen".

Es würde mir kaum möglich sein, nur den zehnten Teil der erhabenen Dinge, die er mir sagte, wieder zusammenzubringen; aber des Schlusses seiner Rede erinnere ich mich noch von Wort 35

14. „Polias (Beschützerin der Stadt), ein Beiname der Minerva als der Schutzgöttin von Athen. Vor dem Tempel, den sie unter diesem Namen auf der Akropolis hatte, stand ein uralter Ölbaum, der Tradition nach eben derselbe, durch dessen Hervorbringung die Göttin den Sieg über den Neptun, der ihr das Schirmrecht über Athen streitig machte, erhalten hatte." W.

zu Wort. „Wenn, sagte er, die Tugend sich sichtbar machen könnte, was für eine andere Gestalt als die deinige könnte sie annehmen wollen, um alle Herzen an sich zu ziehen und festzuhalten? Es hängt bloß von deinem Wollen ab, der Welt zu zeigen, daß sie sichtbar werden könnte; und wenn Tyche dich zur Königin des ganzen Erdkreises erhübe, wie wenig wäre das gegen die Höhe, zu welcher du dich aus eigener Macht, ohne etwas anders als dich selbst vorzustellen, erheben kannst, bloß indem du die Pflicht, die dir deine Schönheit auferlegt, in ihrem ganzen Umfang erfüllst!‟

Du wirst mir gern glauben, Aristipp, daß es mich einige Mühe kostete, die Bewegung zu verbergen, in welche mich diese sonderbare Anrede setzte. Was in seiner Moral überspannt war, that doch die komische Wirkung nicht, die es vielleicht in dem Munde eines andern gethan hätte. Ich fühlte es sehr wohl, aber ich hätte um alles in der Welt nicht darüber scherzen können; denn ich fühlte zugleich, daß etwas Wahres daran war, das sich nicht wegscherzen lassen würde. In diesem Augenblick, glaube ich, eilten mir die Grazien, die er selbst mir zugegeben hatte, alle drei zu Hülfe. Ich legte meine Hand mit einem kaum merklichen Druck auf die seinige und sagte, indem ich ihm mit ernstem Lächeln errötend in die Augen sah: Der Ort, wo wir sind, und die sicht= bare Gegenwart so vieler Götter und Heroen, die uns umgeben, hat dich mächtig ergriffen, ehrwürdiger Sokrates; du sprichst wie ein Begeisterter und beinahe wie ein Gott. Ich bin nur eine schwache Sterbliche; und doch schwebt auch mir ein hohes Ideal vor, das ich vielleicht nie erreichen werde. Ich hoffe, dieses Mor= gens und aller andern Stunden, die ich in deiner Gesellschaft lebte, nie zu vergessen; und wenn ich —

Zu gutem Glücke zog mich Aristophanes, der auf einmal hinter den Säulen hervorrauschend auf uns zugelaufen kam, aus der Verlegenheit, meine Periode auszuründen. Da wir uns schon öfters gesehen hatten, hielt er sich berechtigt, mich im Ton einer alten Bekanntschaft anzureden und darüber zu scherzen, daß er mich mit dem weisen Sokrates so allein überrascht hätte. Dieser ant= wortete ihm mit der gewandtesten Leichtigkeit in eben demselben Ton, und beide bewiesen mir (da ich ihr wahres Verhältnis kannte) durch ihr Benehmen gegen einander, daß die attische Urbani=

5. „Tyche, die Göttin des glücklichen und unglücklichen Zufalls.‟ W.

tät eine ſehr preisliche Bürgertugend iſt. Bald darauf geſellten
ſich noch mehrere Bekannte zu uns, und als ſich der Komiker
wieder entfernt hatte, ſagte Sokrates lächelnd zu mir: An dieſem
Menſchen könnteſt du gleich dein erſtes Meiſterſtück machen, Anari=
mandra. — Ich würde ſchwerlich viel Ehre davon haben, ver= 5
ſetzte ich, wenn Sokrates ſelbſt in zwanzig Jahren nichts über
ihn vermochte. — Keineswegs, erwiderte er, da du alles haſt,
was mir fehlt. Schönheit, Anmut und Jugend ſind gar mächtige
Anlockungen. — Aber ein ſo ſchlauer Vogel wie dieſer, ſagte ich,
würde ſich die Lockſpeiſe belieben laſſen und der Schlinge doch zu 10
entgehen wiſſen.

Wir ſtiegen nun durch die Propyläen wieder in die Stadt
herab, und ich konnte dem Einfall nicht widerſtehen, meinen Blumen=
kranz abzunehmen und die Bildſäule des großen Mannes damit
zu krönen, deſſen königlichem Geiſt Athen ihren hohen Glanz über 15
alle andern Städte in der Welt zu danken hat.

Soeben erhalte ich von Korinth Nachricht, daß der beſchwer=
lichſte meiner Nachſteller den Weg, den ich genommen, entdeckt
habe und morgen in Athen eintreffen werde. Er ſoll das Neſt
leer finden. Morgen mit dem früheſten fliege ich nach Korinth 20
zurück. Aber damit ſich doch die Athener eine Zeit lang meiner
erinnern, muß ich noch etwas thun, das in ihrer Stadt vermut=
lich noch nie geſehen worden iſt. Ich habe alle Bekannte, die
ich hier gemacht, junge und alte, zwanzig bis dreißig an der Zahl,
zu einem kleinen Abſchiedsfeſt einladen laſſen. Ein halb Dutzend 25
Köche ſind bereits in voller Arbeit; denn ich werde meine Gäſte
mit einem Sympoſion in korinthiſcher und cyreniſcher Manier be=
wirten. Alle Götter der Freude ſollen von der Partie ſein; ich
laſſe die berühmteſten Zitherſpielerinnen und Auletriden dazu be=
ſtellen, und deine Grazien ſollen alle ihre Talente in Geſang, 30
Tanz und Mimik den Augen und Ohren der entzückten Cekropier
preisgeben. Du ſiehſt, es will ſich nicht anders ſchicken, als daß
die edle Anarimandra von Cyrene, die mit dem Pracht und Ver=

---

29. „Auletriden (Flötenſpielerinnen), gewöhnlich wie die Tänzerinnen und Zither=
ſpielerinnen eine Klaſſe von Hetären, welche bei Gaſtmählern gedungen wurden die Gäſte
mit ihrer Kunſt zu unterhalten." W. — 31. „Cekropier, ein Beiname der Athener von
Cekrops, dem erſten Stifter der Stadt Athen, welche anfangs nach ihm Cekropia genannt
wurde." W. Am Ende des 6. Kapitels nennt er ſcherzend ſogar alle Athener Cekropiden.

gnügen liebenden Aristipp verwandt zu sein die Ehre hat, den
Athenern ihre Dankbarkeit für die gute Aufnahme, die sie bei
ihnen fand, auf eine seiner würdige Art beweise; und muß ich
nicht meinem erhabnen Liebhaber zeigen, daß seine Lehren und
5 Ermahnungen auf keinen unfruchtbaren Boden gefallen sind? Denke
ja nicht, daß ich seiner dadurch spotten wolle. Die Grazien haben
auch ihre Philosophie, und er soll sehen, daß sie sich mit der
seinigen, wenn sie anders nicht gar zu störrisch ist, ganz gut ver=
trägt. Ob ich auch deinen sauertöpfischen Antisthenes zu der freund=
10 lichen Tugend bekehren werde, die, um die Herzen zu gewinnen,
die Gestalt der Freude annimmt? Wir wollen sehen.

Ich melde dir von Eleusis aus, daß alles recht gut abge=
laufen ist. Meine Gäste schienen von mir und meinem Gastmahl
und den Talenten meiner Grazien bezaubert. Sogar die finstere
15 Stirne des strengen Antisthenes entrunzelte sich. Den Sokrates
allein glaubte ich bald ernsthafter, bald ironischer zu sehen als
gewöhnlich, und man hätte zuweilen denken sollen, er sei von der
Polizei bestellt, mich zu beobachten, so scharfe Seitenblicke heftete
er von Zeit zu Zeit auf mich. Aber Anaximandra machte es wie
20 Hippokleides und ließ sich's nicht kümmern, oder vielmehr sie be=
gegnete ihm mit der zärtlichen Aufmerksamkeit einer guten Tochter
und schien nichts an ihm zu sehen, was ihre fröhliche Stimmung
hätte unterbrechen können. Das Fest dauerte ziemlich weit in die
Nacht, und Sokrates war einer der letzten, die sich zurückzogen.
25 Nachdem die Gesellschaft sich in einzelne Gruppen geteilt hatte,
und während die meisten den Spielen und Tänzen zusahen, fanden
wir uns wie durch Zufall in einer Ecke des Saals allein. Ich
lenkte das Gespräch mit guter Art auf dich und bat ihn, mir
ganz offenherzig zu sagen, was er von dir denke. Aristipp, ant=
30 wortete er, ist ein junger Mann von vorzüglichen Anlagen; als

20. „Hippokleides. Ein vornehmer Athener dieses Namens bewarb sich, zugleich
mit Megakles, Alkmäons Sohn von Athen, und vielen andern ansehnlichen Freiern um
Agariste, die Tochter des Klisthenes, Tyrannen von Sicyon. Der Vater wußte sich nicht
besser zu helfen, als daß er seine Tochter demjenigen zusagte, der bei einem angestellten
großen Gastmahl die vorzüglichsten Talente beweisen würde. Hippokleides trieb bei diesem
Wettstreit seinen Eifer so weit, daß er, um eine Kunst, worin es ihm keiner seiner Mit=
werber nachthun könnte, zu zeigen, auf dem Kopfe zu tanzen anfing. Das dünkte dem
alten Herrn gar zu arg. Du hast dich um meine Tochter getanzt, sagte er zu dem jungen
Springinsfeld; ich gebe sie dem Sohne Alkmäons. Das läßt Hippokleides sich nicht kümmern,
erwiderte dieser, und man fand die Antwort so merkwürdig, daß sie zu einem der gemeinsten
Sprichwörter ward." W.

ein Liebhaber des Schönen möchte er auch wohl die Tugend lieben,
wenn ſie nur keine Opfer forderte. Seine Sinnesart iſt edel;
aber was ihm immer gefährlich ſein wird, iſt ſein Hang zu einem
freien Leben und zur Sinnenluſt. — Ich. Wir haben ihn nie
ausſchweifend gekannt. Sollte er die Gelegenheit, weiſer bei dir 5
zu werden, ſo wenig benutzt haben, daß er ſich erſt zu Athen
verſchlimmert hätte? — Sokrates. Auch ich habe ihn nie über
die Grenzlinien des Wohlanſtändigen hinausſchweifen ſehen, und
über einen gewiſſen Punkt beſchämt ſeine Unſträflichkeit unſre
meiſten Jünglinge. Aber ſein letzter Aufenthalt zu Ägina machte 10
mich vielleicht ſeinetwegen beſorgter als nötig war. — Ich. Wie
ſo? Hat man dir vielleicht von ſeiner Anhänglichkeit an eine ge=
wiſſe Lais von Korinth geſprochen? — Sokrates. Ich höre
wenig auf Gerüchte. Sie ſoll außerordentlich ſchön, geiſtvoll und
liebenswürdig ſein, und eben darum halte ich ſie bei der freien 15
Denkart, wovon ſie Profeſſion macht, für eine ſehr gefährliche
Zauberin. — Ich. Sokrates, du ſiehſt Anaximandren jetzt zum
letztenmal, und ſie könnte ſich nicht verzeihen, dich länger zu
täuſchen. Ich ſelbſt bin dieſe Lais, die du unter einem andern
Namen liebenswürdig gefunden haſt, und die dir in dieſem Augen= 20
blick des Scheidens geſteht, daß ſie dich allen Männern vorzieht,
die ſie jemals geſehen hat. — Sokrates. Deine Aufrichtigkeit,
ſchöne Lais, iſt der Erwiderung wert: du ſagſt mir nichts Neues;
ſchon dieſen Morgen wußte ich, wer du warſt. Du glaubteſt, ich
ſchwärme; jetzt begreifſt du, daß ich bei ruhigem Mute war. Lebe 25
wohl und erinnere dich zuweilen an den Ölbaum der Polias!
— Ich konnte mich nicht erwehren, meinen Mund auf ſeine Hand
zu bücken, und, ſo wahr mir Urania gnädig ſei, eine Thräne,
glaube ich, fiel auf ſie herab. Er drückte die meinige und ent=
fernte ſich.   30

---

26. Ariſtipp an Lais.

Es war der allesvermögenden Lais Anaximandra vorbehalten,
uns an Sokrates eine Seite zu zeigen, die ohne ſie entweder gar
niemals oder wenigſtens in keinem ſo ſchönen Lichte ſichtbar ge=

<hr>

28. Urania. Nicht die Muſe oder die Nymphe Urania, ſondern die Liebesgöttin
Urania, die Göttin der geiſtigen Liebe im Gegenſatze zur Sinnenliebe (Πάνδημος) iſt
hier gemeint.

worden wäre. Die ganze Art seines Benehmens gegen dich macht
ihn in meinen Augen sehr ehrwürdig, und besonders am letzten
Tage ist er so ganz Sokrates, so ganz, was nur er allein sein
kann, der seltenste, oder soll ich sagen seltsamste, Hermaphrodit von
5 Vernunft und Schwärmerei, den die menschliche Natur vielleicht
jemals hervorgebracht hat! Wirklich glaube ich, daß du dir nicht
zu viel schmeichelst, wenn du ihn (wiewohl nur im Scherz) unter
deine Liebhaber zählst. Wer weiß, ob du nicht wohl gar diesen
philosophischen Herkules so weit hättest bringen können als wei-
10 land deine Zauberschwester Omphale den thebanischen, wenn es
nicht Grundsatz bei ihm wäre, in solchen Notfällen sich eines schnell-
wirkenden Hausmittels zu bedienen. Ich wollte wetten, seine gries-
grämische Xanthippe hat ihn in zwanzig Jahren nicht so zärtlich
gesehen als während deines Aufenthalts in Athen.
15   Schön war es von dir, liebe Laiska, daß du ihm noch in
den letzten Augenblicken deinen wahren Namen entdecktest, und
noch schöner das Spiel des Zufalls, daß du ihm nichts offenbartest
als was er schon wußte. Vermutlich muß er dem Eurybates das
Geheimnis abgelockt haben; denn er besitzt einen zu scharfen Spür-
20 sinn als daß er nicht hätte merken sollen, daß es mit der Anaximandra von Cyrene, Aristipps Verwandtin, nicht ganz richtig sei.
Übrigens hoffe ich, durch deinen genialischen Einfall, dich in per-
sönliches Verhältnis mit Sokrates zu setzen, ein beträchtliches bei
ihm gewonnen zu haben; oder wofern er mich nach meiner Zurück-
25 kunft nicht mit günstigern Augen ansieht, werde ich geradezu behaupten, daß es bloße Eifersucht darüber sei, daß meine Weisheit
mir nicht verbietet, — glücklicher zu sein als er. Wirklich zieht
mich die Neugier zu sehen, wie er mich aufnehmen wird, mächtig
nach Athen zurück. Aber ich bin seit etlichen Tagen zu Lemnos
30 und dem Schauplatze der homerischen Gesänge zu nahe, um es
bei den Musen verantworten zu können, wenn ich nicht nach der
trojanischen Küste vollends hinübersetzen wollte. Indessen hoffe
ich längstens in acht Wochen mit Hülfe der nördlichen Winde,
die um diese Zeit regieren, wieder in Athen zu sein; und dort,
35 schöne Lais, schmeichle ich mir, einen Brief von dir zu finden,

---

4. Hermaphrodit, Ἑρμαφρόδιτος, ein Sohn der Aphrodite und des Hermes,
der aber als Zwitter weder das Geschlecht der einen noch des andern hatte. — 10. Omphale, Ὀμφάλη, Omphále, ließ den Herkules Wolle spinnen. — 13. Xanthippe (nicht
Xantippe, wie Wieland hier schreibt), die Ehefrau des Sokrates.

der mir ſagt, ob dir indeſſen irgend ein günſtiger Wind einen
Liebhaber zugeweht hat, der dich des alten Sokrates vergeſſen
machen kann.

---

27. Demokles an Ariſtipp.

Dein Rat kam zu ſpät, Ariſtipp. Die Freunde der Frei= 5
heit, unter welchen eine beträchtliche Anzahl entſchloſſener Männer
war, ſind auf einmal aus dem Nebel der Verborgenheit hervor=
getreten. Evagoras, den du als einen ehrgeizigen und unter=
nehmenden Mann kennen wirſt, hat Mittel gefunden, ſich an ihre
Spitze zu ſtellen. Sie haben ſich verſammelt, verſchiedene kräftige 10
Vorkehrungen für die öffentliche Sicherheit getroffen und die Häupter
der drei Faktionen, jeden insbeſondere, zu einer förmlichen Er=
klärung über die Abſicht ihrer ſchon lange nicht mehr geheimen
Zurüſtungen aufgefordert. Man hat einander eine Zeit lang münd=
lich und ſchriftlich mit allerlei Ausflüchten und, als dieſe erſchöpft 15
waren, mit Vergleichsvorſchlägen aufgezogen. Wie aber die demo=
kratiſche Partei in vollem Ernſt erklärte, daß ſie ſich ſelbſt ſo
lange als die rechtmäßigen Beſchützer der Geſetze und der Freiheit
anſehen und benehmen würden, bis die Oligarchen die Waffen=
vorräte, womit ſie ihre Häuſer gewiß zu keinem unſchuldigen Ge= 20
brauch angefüllt, ausgeliefert, alle ihre Ämter niedergelegt und der
allgemeinen Bürgerverſammlung Treue und Gehorſam geſchworen
haben würden, machten (wie leicht vorherzuſehen war und doch
nicht vorhergeſehen wurde) die Triumvirn, Alcimedon, Hippokles
und Ariſton, plötzlich Friede unter einander und gemeine Sache 25
gegen den gemeinen Feind, mit der Übereinkunft, wenn ſie die
Oberhand erhalten hätten, die Regierung des Staats gemein=
ſchaftlich zu führen.

Die Götter haben uns nicht begünſtigt, Ariſtipp. Es kam
in dieſen Tagen zu einem wütenden Gefecht auf dem großen Markt= 30
platze. Die Triumvirn, welche außer einem Trupp ſchwerbewaff=
neter Reiterei einige hundert kretiſche Söldner und den ganzen
cyreniſchen Pöbel auf ihrer Seite hatten, überwältigten uns endlich
nach einem langen, verzweifelten Widerſtand durch ihre Überlegen=
heit an Waffen und Anzahl. Etliche hundert der feurigſten Patrioten 35
fielen mit rühmlichen Wunden bedeckt; der Überreſt hielt es für

Pflicht sich dem Vaterlande auf einen glücklichern Tag aufzusparen und rettete sich durch die Flucht.

Du vermutest ohne Zweifel voraus, daß die Sieger sich ihres Glücks anstatt mit Mäßigung mit aller Grausamkeit bedienen, die von übermütigen und mißtrauischen Tyrannen zu erwarten ist. Die Gefängnisse sind mit Personen von allen Ständen, die man für verdächtig hält, angefüllt, und reich zu sein oder dafür zu gelten, ist schon allein mehr als hinlänglich, um den raubgierigen Herrschern und ihren Günstlingen verdächtig zu sein. Die entflohenen Patrioten werden für vogelfrei erklärt, ihre Anverwandten aus der Stadt verbannt und ihre Güter eingezogen. Alle unsre Hoffnung beruht nun — auf unserer Verzweiflung und auf der alten Erfahrung, daß Räuber, wie eifrig sie auch, um Beute zu machen, zusammengehalten haben, gewöhnlich über der Teilung zerfallen. Wir haben uns indessen nach und nach wieder zusammengefunden und uns im Gebirg, an der Grenze der Cesamonen, eines festen Postens bemächtigt, wo wir, täglich durch Verbannte oder Flüchtlinge verstärkt, uns so lange zu halten hoffen, bis uns etwa ein günstiger Stern eine Wahrscheinlichkeit zeigt, die Befreiung des Vaterlandes mit besserm Erfolg zu unternehmen. Vielleicht ist mir einer von den Deinigen (deren leider keiner auf unsrer Seite stand) mit Nachrichten von diesen Ereignissen bei dir zuvorgekommen; denn die Notwendigkeit, mich von einigen Wunden heilen zu lassen, verhinderte mich, eher an dich zu schreiben. Beklage das traurige Schicksal der vor kurzem noch so blühenden und glücklichen Cyrene und versuche alles, was du kannst, da du es nicht abzuwenden vermochtest, es wenigstens zu erleichtern!

---

28. Kleonidas an Aristipp.

Du bist bereits benachrichtigt, lieber Aristipp, daß es bei uns endlich zu einem Ausbruch gekommen ist, wobei die Oligarchen den Sieg erhalten haben. Möchten sie, da es nun einmal unser Schicksal ist, sich dessen nur mit Mäßigung bedienen! Aber noch stürmen die Leidenschaften von allen Seiten zu wild, um der Humanität, ja nur der Klugheit, die ihren eignen Vorteil kaltblütig berechnet, Gehör zu geben.

Die Eintracht unsers Triumvirats ist von kurzer Dauer

gewesen. Ariston, der freigebigste und populärste unter ihnen, hat (wie man sich ins Ohr sagt) Mittel gefunden, seine beiden Kollegen mit guter Art auf die Seite zu schaffen. Sie wurden bei einem öffentlichen Opfer von drei seltsam verkleideten Banditen angefallen und mit einigen Dolchstichen ermordet. Beide waren ihrer Raub= 5 gier und Grausamkeit wegen so verhaßt, daß niemand ihr Schicksal bedauerte. Ariston selbst, sagt man, sollte das dritte Schlachtopfer sein; er wurde aber glücklicher Weise von deinem Bruder Arista= goras und etlichen andern gerettet, bevor der ihm zugedachte dritte Dolch seine Brust erreichen konnte. Die Mörder, die sich (nach 10 ihrem eignen freien Geständnis) aus bloßem Patriotism zu dieser That verschworen hatten, wurden ohne Widerstand in Verhaft ge= nommen und in die engste Verwahrung gebracht. Wie es aber auch zugegangen sein mag: als sie am folgenden Morgen zum Verhör abgeholt werden sollten, fand man das Gefängnis leer, 15 und die Vögel waren samt dem Kerkermeister ausgeflogen. Du kannst leicht denken, daß verschieblich über diese Geschichte glossiert wird. Indessen benutzte Ariston die Schwärmerei, womit das Volk an seiner Gefahr und Erhaltung Anteil nahm, und ließ sich un= verzüglich, vermöge des Rechts seiner Großmutter, die von einer 20 Seitenlinie der Battiaden abstammt, unter dem wildesten Zujauchzen und Frohlocken des herbeiströmenden Pöbels zum König von Cyre= naika ausrufen. Prächtige Feste und öffentliche Lustbarkeiten be= zeichneten die ersten Tage seiner Regierung und machten mit den Hinrichtungen und Proskriptionen des verhaßten Triumvirats einen 25 sehr auffallenden Kontrast. Ariston schien dadurch (in der raschen Meinung des Volkes wenigstens) von allem Anteil an jenen Gräueln losgesprochen zu werden und seinen Mitbürgern unter einer milden Regierung goldne Zeiten zuzusichern. Vermutlich zu diesem Ende hat er, wie es heißt, die Sorgen der Staatsverwaltung deinem 30 Bruder und einigen andern, die sich damit beladen wollten, über= lassen, und er scheint nichts Angelegneres zu haben, als sich mit allen Arten von Genüssen, die ihm die wirkliche Gewalt verschaffen kann, so schnell als möglich zu überfüllen. Wohl mög' es ihm bekommen, sag' ich, zweifle aber sehr, daß ich wahr gesagt habe. 35 Dein Vater, der an dieser raschen Umkehrung der Dinge kein sonderliches Wohlgefallen haben soll, hat sich unter dem Schutze

---

21. Battiaden, das Herrschergeschlecht Cyrenes. (*Barriádys*: der Nachkomme des Battos.)

seines hohen Alters auf sein Landgut zurückgezogen und scheint
alle Wünsche, wozu ihn die gegenwärtigen Verhältnisse berechtigen,
auf die Freiheit und Ruhe, die in seinen Jahren so wohlthätig
sind, oder (wie er selbst sich ausdrückt) auf die Erlaubnis, im
5 Frieden auszuleben, beschränkt zu haben. Ich besuche ihn öfters;
er scheint mich gern zu sehen, weil ich ihm immer etwas Angenehmes von dir zu erzählen weiß.

Ich danke den Göttern, daß ich zu unbedeutend bin, um in
diesen gefährlichen Zeitläufen eine Rolle spielen zu müssen, und
10 nicht ehrgeizig oder unruhig genug, um etwas bedeuten zu wollen.
Meine Familie ist durch die goldene, nie genug gepriesene Mittelmäßigkeit vor Neid und Raubgier gleich gesichert; und solange
wir uns wie bisher des Schutzes deines edeln Bruders erfreuen
können, ist der Anteil, den wir an der allgemeinen Ruhe des
15 Vaterlandes nehmen, das Einzige, was die unsrige stören kann.
Leider fehlt noch viel, daß wir uns der Hoffnung beßrer Zeiten
frohen Mutes überlassen dürften. Die demokratische Partei ist
noch nicht gedämpft, und unsre dermalige Regierung, zu sehr mit
der innern Polizei beschäftigt, scheint den Bewegungen ihrer Feinde
20 mit einer Gleichgültigkeit zuzusehen, die ich mir nicht wohl erklären
kann. Gewiß ist, sie muß ihre Ursachen dazu haben, ungewiß,
ob der Ausgang sie rechtfertigen wird.

29. Aristipp an Ariston.

Das Glück hat deine Wünsche begünstigt, Ariston; du hast
25 das höchste Ziel des menschlichen Ehrgeizes erreicht. Unglücklicher
Weise sind die Stufen, auf denen du bis zum Thron hinaufgestiegen bist, mit Bürgerblut befleckt. Wenn du ihn nur durch
Verbrechen ersteigen konntest, so glaube wenigstens den Schmeichlern
nicht, die dich bereden wollen, unter dem Glanz des Thrones
30 würden auch Verbrechen schön. — Doch das Geschehene kann kein
Gott ungeschehen machen; aber das Andenken desselben im Gedächtnis der Menschen auslöschen kannst du selbst. Je größer die
Opfer waren, die deine Erhebung dem Vaterlande kostete, desto
größer und ausgebreiteter ist das Gute, das es jetzt aus deiner
35 Hand zu erwarten berechtigt ist, da du alles vermagst. Den Weg

haben dir Gelon, Hieron, Piſiſtratus und Perikles vorgezeichnet.
Möge das Volk, das dich mit Jubel zu ſeinem König ausrief
— und nicht wußte, was es that — Urſache finden, noch in
funfzig Jahren den Tag zu ſegnen, da es ſein Wohl oder Weh
in deine Hände legte; und möge Ariſton, der König, nie ver= 5
geſſen, daß er einſt ſeines Volkes Mitbürger war!

---

30. Ariſtipp an Lais.

Nach einer Wanderung von mehr als fünf Monaten bin ich
wieder wohlbehalten auf dem „öltriefenden Boden angelangt, den
Pallas Athene beſchützt", in dieſer Stadt, von welcher der Dichter 10
Lyſippus ſagt:

Haſt du Athenä nicht geſehn, biſt du ein Klotz:
Sahſt du ſie, und ſie fing dich nicht, ein Stockfiſch;
Trennſt du dich wohlgemut von ihr, ein Müllertier.

Ich hoffe dies Letztere werde nicht im ſtrengſten Sinn der Worte 15
zu nehmen ſein; denn ich ſehe wohl, daß ich Athen noch mehr
als einmal wohlgemut verlaſſen werde; aber dafür bin ich auch
gewiß, ich werde ebenſo oft wieder zurückkommen; und ich müßte
mich ſehr irren, oder dieſes wechſelnde Kommen und Gehen iſt
das wahre Mittel, wie man der Vorteile und Annehmlichkeiten 20
des Aufenthalts in dieſer Hauptſtadt der geſitteten Welt genießen
kann, ohne ihrer überdrüſſig zu werden, oder ſie von den über=
mütigen, naſeweiſen und wetterlauniſchen Einwohnern gar zu teuer
zu erkaufen. Nimm es nicht übel, Laiska, daß ich von den edeln
Theſeiden, deinen erklärten Liebhabern, mit ſo wenig Ehrerbietung 25
rede. Ich leugne es nicht, ein Fremder, der ſich eine Zeit lang
unter ihnen aufhält und, es ſei nun durch perſönliche Eigenſchaften
oder durch Geburt, Stand und glänzenden Aufzug, ihre Aufmerk=

1. Gelon, Hieron, die am meiſten anerkannten Herrſcher von Syrakus. Bei Hiero
iſt wohl an Hiero I. zu denken, welcher, Gelons Bruder, von 477—467 regierte und ein
Freund der griechiſchen Gelehrten und Dichter war. — 11. Lyſippus. „Wenn man
den Namen Lyſippus hört, denkt man gewöhnlich nur an den großen Bildhauer, der dieſen
Namen zu einem der berühmteſten in der Kunſtgeſchichte gemacht hat. Es gab aber auch
einen Komödiendichter dieſes Namens, und von ihm ſind die vom Ariſtipp hier angeführten
Verſe, die im Original alſo lauten:

Εἰ μὴ τεθέασαι τὰς Ἀθήνας, στέλεχος εἶ·
Εἰ δὲ τεθέασαι, μὴ τεθήρευσαι δ᾽, ὄνος·
Εἰ δ᾽ εὐαρέστων ἀποτρέχεις, κανθήλιος.

S. Henr. Stephani Dicaearchi Geograph. Quaedam, c. 3 (in Vol. XI. Thes. Gronov.,
p. 14), oder Hudſons Geograph. Graec., T. II." W.

samkeit erregt, muß von ihrer Liebenswürdigkeit bezaubert werden;
aber laß ihn nur so lange bleiben, bis sie es nicht mehr der Mühe
wert halten, Umstände mit ihm zu machen: ich wette, er wird
den Unterschied zwischen dem Athener im Feierkleide und dem
5 Athener im Kaputrocke sehr auffallend finden. Das ist allent=
halben so, wirst du sagen. Ich gesteh' es; aber doch zweifle ich
sehr, ob irgend ein anderes Volk dich die zuvorkommende Artig=
keit und Gefälligkeit, womit es dich anfangs überhäuft, so teuer
bezahlen läßt als der Athener, von dessen Charakter einer der
10 wesentlichsten Züge ist, daß er andere gerade so viel unter ihrem
wahren Wert schätzt, als er sich selbst über den seinigen würdigt.

Ich weiß nicht, ob du von einem Gemälde des berühmten
Parrhasius gehört hast, worin er den schon vom Aristophanes so
treffend personifizierten Athenischen Demos in einer Art von alle=
15 gorisch=historischer Komposition zu schildern unternahm. Seine
Absicht, sagt man, war, die Athener von der schönen und häß=
lichen Seite mit allen ihren Tugenden und Lastern, Ungleichheiten,
Launen und Widersprüchen mit sich selbst zugleich und auf Einen
Blick darzustellen. Es war keine leichte Aufgabe, ebendasselbe
20 Volk rasch, jähzornig, unbeständig, ungerecht, leichtsinnig, hartnäckig,
geizig, verschwenderisch, stolz, grausam und unbändig auf der einen
Seite, und mild, lenksam, gutherzig, mitleidig, gerecht, edel und groß=
mütig auf der andern zu zeigen; oder vielmehr, er unternahm etwas,
das seiner Kunst unmöglich zu sein scheint. Du bist vielleicht neu=
25 gierig, zu wissen, wie er es anfing? Das Gemälde stellt eine athe=
nische Volksversammlung vor, welche, nachdem sie in möglichster
Eile irgend eine Ruhm und Gewinn versprechende Unternehmung
beschlossen, eine summarische Rechnung über Einkünfte und Aus=
gaben des Staats abgehört und einen General etwas tumultuarisch
30 zum Tode verurteilt hat, eben im Begriff ist, auseinander zu
gehen. Man zählt mehr als hundert halbe und ganze Figuren,
von welchen die bedeutendsten in drei große Hauptgruppen ver=
teilt sind. In der ersten ist der Demagog, der soeben irgend ein
ausschweifendes Projekt (etwa die Eroberung von Sicilien oder
35 Ägypten) durch seine rhetorische Taschenspielerkunst durchgesetzt hat,
die Hauptfigur. Das hoffärtigste Selbstgefühl und der Vorgenuß
des Triumphs über den glücklichen Erfolg seiner Vorschläge, den

---

13. Parrhasius, Παῤῥάσιος, ordnete um die Zeit des Sokrates die Gesetze der
Malerei.

er als etwas Unfehlbares voraussetzt, ist in der ganzen Person, im Tragen des Kopfs, im Ausdruck des Gesichts und in der ganzen Haltung und Gebärdung des stolz einherschreitenden Projekt= machers auf die sprechendste Weise bezeichnet. In den Gesichtern und Stellungen seiner ihn umgebenden Anhänger zeigt sich in 5 verschiedenen Schattierungen Leichtsinn, Selbstgefälligkeit, Kühn= heit und herausfordernder Trotz. Es ist, als ob sie sagen wollten: „Das kann nicht fehlen! Arme Schelme! wir wollen bald mit euch fertig sein! Wer kann den Athenern widerstehen? Was wäre Männern wie wir unmöglich?" — Gleichwohl bemerkt man 10 hinter jenen ein paar Achselzucker, die dem Unternehmen einen unglücklichen Ausgang zu weissagen scheinen; ein dritter hängt den Kopf so melancholisch, als ob schon alles verloren sei; ein vierter scheint mit einem schwärmerischen Beförderer des Projekts in einem lebhaften Wortwechsel begriffen zu sein. Die zweite 15 Gruppe drängt sich um den Schatzmeister der Republik, der seine Freude über die Gefälligkeit, womit ihm das Volk seine Rechnungen passieren ließ, unter einer sorgenvollen Finanzministermiene zu verbergen sucht. Ein Schwarm lockerer Brüder, im vollständigen Kostüm ausgemachter Kinäden und Parasiten, schlendern neben 20 und hinter ihm her und scheinen in fröhlichem Gefühl, daß es weder ihnen selbst noch der Republik jemals fehlen könne, einen großen Schmaus auf den Abend zu verabreden. Ein anderer, der sich durch die schlaueste Schelmenphysiognomie auszeichnet und etliche hungrige, zu Allem bereitwillige Gesellen hinter sich her 25 schleichen hat, nähert sich dem Ohr des Ministers und scheint ihn durch Darbietung der halboffnen Hand der versprochnen Erkenntlich= keit für den geleisteten Dienst erinnern zu wollen. Aber auf der Seite sieht man ein paar ältliche, heliastische Figuren mit be= denklichen Gesichtern, deren einer dem andern die Fehler in der 30 abgelegten Rechnung vorzuzählen scheint, während ein dritter, Allein= stehender, den sein schäbiger Kittel und ein Gesicht, das einer mit Zahlen beschriebenen Rechentafel gleicht, für das, was er ist, ankündigt, auf einem Stückchen Schiefer nachrechnet und durch die Miene, womit er seitwärts nach dem Schatzmeister schielt, den 35 nahen Staatsbankrott weissagt. Die dritte Gruppe begleitet den verurteilten Feldherrn nach dem Gefängnis. Einige, die ihn zu=

---

20. Kinäbe, κίναιδος, unzüchtiger Mensch.

nächst umgeben, drücken in verschiedenen Graden Teilnehmung,
Schmerz und Mitleiden aus, während er selbst seinem Schicksal
mit großherziger Entschlossenheit entgegengeht. In einiger Entfernung sieht man einen Haufen Sykophanten und falsche Zeugen
5 hinter etlichen Männern von Bedeutung, die sich durch ihre boshafte Freude über den gelungenen Streich als die Feinde des
verurteilten Feldherrn ankündigen. Ein einzelner junger Mann,
an eine Herme angelehnt, scheint durch seine Gebärde und einen
wehmütig-scheuen Seitenblick auf das schuldlose Opfer einer schänd-
10 lichen Kabale seine Reue zu verraten, daß er die Anzahl der
schwarzen Steine durch den seinigen vermehrt hat. Außer diesen
Hauptgruppen erblickt man hier und da einzelne oder in kleine
Haufen verstreute Figuren, die, an dem Vorgegangenen keinen
Anteil nehmend, nichts Angelegeners zu haben scheinen, als der
15 Palästra oder dem Bad oder dem Prytaneon, wo eine wohlbesetzte
Tafel ihrer wartet, zuzueilen. Alles das ist mit ebensoviel Geist
und Leben als Fleiß und Zierlichkeit ausgeführt, und gewiß ist
dieses in seiner Art vielleicht einzige Meisterwerk die große Summe
wert, für welche ein reicher Kunstliebhaber zu Mytilene es vor
20 kurzem an sich gebracht hat. Indessen, wiewohl ich gestehen muß,
daß Parrhasius, wo nicht die einzige, doch die sinnreichste und
verständlichste Art, das, was er uns durch dieses Gemälde zu
erraten geben wollte, anzudeuten, ausfindig gemacht habe, ist doch
nicht zu leugnen, daß seine Absicht, — wenn es anders seine
25 Absicht war, die Veränderlichkeit und Vielgestaltigkeit des alle
mögliche Widersprüche in sich vereinigenden Charakters des athenischen Demos allegorisch darzustellen, — nur unvollkommen und
zweideutig dadurch erreicht wird. Denn was er uns darstellt, ist
nicht die personifizierte Idee, die man mit dem Worte Volk ver-
30 bindet, insofern ihm ein gewisser allgemeiner Charakter zukommt,
sondern eine Menge einzelner Glieder dieses Volks, in der besondern Handlung, Leidenschaft oder Gemütsstimmung, worein sie
sich in diesem Moment gesetzt befinden. Die Arbeit, sich selbst
einen allgemeinen Volkscharakter aus allen diesen Ingredienzen
35 zusammenzusetzen, bleibt dem Anschauer überlassen; aber auch dieser
kann doch, da alles das ebensogut zu Korinth oder Megalopolis

---

4. Sykophant, συκοφάντης, falscher Denunciant. Vgl. die Abderiten. —
8. Herme, Ἑρμῆς. Pfeiler mit Kopf des Hermes. Solche Hermen (Ἑρμαῖ) standen
überall an Straßen und Wegen. — 15. Palästra, Ringschule. Vgl. die Einl.

oder Cyrene hätte begegnen können, weiter nichts als den Charakter
des Volks in einer jeden Demokratie darin aufsuchen, und der
Maler hat diesen Einwurf dadurch, daß er die Scene auf den
großen Markt zu Athen setzte, höchstens aus den Augen gerückt,
aber keineswegs vernichtet. Doch, wie gesagt, die Schuld, daß er 5
nicht mehr leisten konnte, liegt nicht an ihm, sondern an den
Schranken der Kunst; und außerdem daß dieses Stück, bloß als
historisches Gemälde betrachtet, alle Wünsche des strengsten Kenners
befriedigt, gesteh' ich gern, daß man auf keine sinnreichere Art
etwas Unmögliches versuchen kann. 10

10. versuchen kann. „Außer unserm Aristipp (dessen Autorität ich hier keineswegs
in Anschlag gebracht haben will) ist Plinius der einzige alte Schriftsteller, der des hier
beschriebenen Gemäldes Meldung thut; aber die Art, wie er sich darüber ausdrückt, scheint
mir anzuzeigen, daß er es bloß von Hörensagen gekannt habe. Hier sind seine eigenen
Worte: Pinxit et demon Atheniensium, argumento quoque ingenioso: volebat
namque varium, iracundum, injustum, inconstantem, eundem exorabilem, clemen-
tem, misericordem, excelsum, gloriosum, humilem, ferocem fugacemque et omnia
pariter, ostendere. — De la Naure in einem Mémoire sur la manière, dont Pline
a traité de la Peinture, ist mit dem berühmten de Piles (Cours de Peinture, p. 75 sequ.)
geneigt, zu glauben, daß Parrhasius diese schwere und beinahe unmögliche Aufgabe durch
eine allegorische Komposition auf eine ähnliche Weise, wie Raphael in seiner sogenannten
Schule von Athen ein ähnliches Problem, nämlich eine Charakteristik der verschiednen
philosophischen Schulen und Sekten unter den Griechen, aufzulösen versucht habe. Car
enfin (sagt er) un tableau allégorique du génie d'un peuple par le moyen de
plusieurs groupes, qui en retraçant des événements historiques de divers temps,
marqueraient la vicissitud des sentiments populaires, ne paraît pas plus difficile
à concevoir qu'un tableau allégorique du génie de la Philosophie par d'autres
groupes, qui en représentant des personnages historiques de différents pays et
de différents siècles, indiquent la vicissitude des opinions philosophiques. Le
parallèle (setzt er hinzu) semble complet, avec cette différence, que le sujet caustique
de Parrhasius était délicat à traiter: aussi Pline a-t-il insinué par le terme il
voulait, que l'exécution, ou du moins le succès, furent moins heureux que
l'invention. — Mir scheint das volebat des Plinius nichts weiter anzudeuten, als daß
er sich, da er dieses sonderbare Gemälde nicht selbst gesehen hatte, aus bescheidener Zurückhaltung nicht positiver ausdrücken wollte. Übrigens berge ich nicht, daß ich die Idee, die
uns Aristipp von diesem Gemälde giebt, und die Art, wie das rätselhafte Problem dadurch
aufgelöst wird, der zwar sinnreichen, aber dem Leser keinen klaren Begriff gebenden
Hypothese des de Piles vorziehe. Die erheblichste Einwendung, die man gegen sie machen
kann und wird, gründet sich auf die ziemlich allgemein angenommene Meinung, weder
Parrhasius noch irgend ein anderer griechischer Maler hätte aus Unbekanntschaft mit den
Regeln der Perspektive auch nur den Gedanken fassen können, ein Stück auf diese Art
zusammenzusetzen und zu disponieren, wie der Demos Athenäon nach Aristipps Beschreibung
hätte geordnet sein müssen. Die Alten, sagt man, hatten keinen Begriff von Vor-, Mittel-
und Hintergrund; sie stellten, auch in ihren reichsten Kompositionen, alle Figuren und
Gruppen auf Einen Plan, und die optischen Gesetze, nach welchen verschiedene Körper, in
verschiedenen Entfernungen aus Einem Gesichtspunkt gesehen, verhältnismäßig größer oder
kleiner, stärker oder matter gefärbt erscheinen, waren ihnen unbekannt. Ohne mich hier
in Erörterung der Gründe einzulassen, warum ich über diesen Punkt der Meinung des
Grafen Caylus zugethan bin (s. dessen Abhandlung über die Perspektive der Alten, im
neunundbreißigsten Band der Mémoires de Literature) begnüge ich mich zu sagen, daß
ich für den Demos des Parrhasius, so wie Aristipp dieses Gemälde beschreibt, weiter nichts
verlange, als was man den beiden großen Kompositionen eines ältern Malers, des
Polygnotus, die an den beiden Hauptwänden der sogenannten Lesche zu Delphi zu sehen
waren, und wovon die eine das eroberte Troja und die Abfahrt der Griechen, die andere
den homerischen Ulyß im Hades darstellte, zugestehen muß, wenn man anders so billig
sein will, einem Maler, wie Polygnotus war, zuzutrauen, daß er die ungeheure Menge
von Figuren und Gruppen, womit diese großen Schildereien nach dem ausführlichen Bericht

Ich bin durch dieſe zufällige Abſchweifung ziemlich weit von dem, was ich dir ſchreiben wollte, weggekommen; aber da ich dieß treffliche Stück noch ſo friſch im Gedächtnis habe, und du eine ſo warme Liebhaberin der Kunſt biſt, ſo konnte ich, oder

des Pauſanias angefüllt waren, etwas ordentlicher und verſtändlicher zuſammengeſetzt haben werde, als dieſer geſchmackloſe inquisitive traveller ſie beſchreibt. Zwar geht er mit der mühſeligſten Genauigkeit in die kleinſten détails ein, zählt uns alle auf dem ganzen Gemälde vorkommende, beinahe unzählige Perſonen, mit dem jedem beigeſchriebenen Namen, wie aus einer Muſterrolle, zu, bemerkt, ob ſie einen Bart haben oder noch bart= los ſind, ob ihre Namen aus dem Homer oder aus der ſogenannten kleinen Ilias eines gewiſſen Leſches genommen oder vom Polygnot eigenmächtig erfunden worden, und was dergleichen mehr iſt. Ihm iſt die kleinſte Kleinigkeit dieſer Art merkwürdig; z. B. daß zu den Füßen eines gewiſſen unbedeutenden Amphiales ein Knabe ſitzt, dem kein Name bei= geſchrieben iſt; daß Meges und Lykomedes, jener eine Wunde am Arm, dieſer eine an der Vorhand hat; daß nach dem Bericht des beſagten Dichters Leſches Meges ſeine Wunde von einem gewiſſen Admet, Lykomedes die ſeinige von Agenorn bekommen; daß der Maler nach armen Lykomed, ohne von dem Dichter dazu autoriſiert zu ſein, noch eine andere Wunde am Schenkel und eine dritte am Kopfe geſchlagen u. ſ. w. Und in tauſend ſolchen einzelnen Beſchreibungen und Umſtändlichkeiten, immer mit beigemiſchten mikrologiſch=philologiſchen Anmerkungen von dieſem Schlage, verwirrt und verliert der gute Mann ſich ſelbſt, ſeine Leſer und das Gemälde, wovon die Rede iſt, dermaßen, daß er ſelbſt und wir vor lauter Bäumen den Wald nicht ſehen können. Alle dieſe einzelnen Perſonen und Sachen, die er uns ſo graphiſch, als ihm möglich iſt, vorzeichnet, in unſerm Kopfe zuſammenzuordnen und ein Ganzes daraus zu machen, überläßt er uns ſelbſt. Daß dies eben nicht ſchlechter= dings unmöglich ſei, hat Graf Caylus durch eine der ehemaligen Académie des Belles Lettres vorgelegte und von einem gewiſſen Le Lorrain in Kupfer geätzte Zeichnung be= wieſen. (S. Descript. de deux Tableaux de Polygnote etc. im dreizehnten Bande der Histoire de l'Acad. Roy. des Inscr. et B. L., p. 54 der Duodezausgabe.) Indeſſen hat Pauſanias ſein Möglichſtes getan, uns über den Punkt, woran uns jetzt am meiſten ge= legen iſt, wo nicht gänzlich irre zu führen, doch wenigſtens ungewiß zu machen und bei vielen den Gedanken zu veranlaſſen, weil er von der maleriſchen Anordnung und der hierin bewieſenen Kunſt des Meiſters kein Wort ſagt, ſo müſſe es wohl dem Gemälde ſelbſt daran gefehlt haben. Aber dieſen Schluß kann oder ſollte doch niemand machen, der ſich aus dem ganzen Werke des Pauſanias handgreiflich überzeugen könnte, daß es unmöglich iſt, weniger Sinn für die Kunſt zu haben als er, und daß alle Werke der bildenden Künſte, in deren Aufſuchung, Beaugenſcheinigung und Beſchreibung er ſo ſorg= fältig und mühſam war, ihn nur inſofern intereſſierten, als ſie ihm zu dem, was zugleich ſein Hauptſtudium und ſein Steckenpferd war, zu mythologiſchen, antiquariſchen, topo= graphiſchen, chronologiſchen, genealogiſchen, kurz, zu allen möglichen Arten von hiſtoriſchen Anmerkungen und Unterſuchungen Gelegenheit gaben. Dies muß (ſeinen übrigen Ver= dienſten unbeſchadet) als Wahrheit anerkannt werden, oder wir würden genötigt ſein, uns auch von dem olympiſchen Jupiter des Phidias, ſeiner kalten, platten, genie= und gefühlloſen Beſchreibung zufolge, einem ganz andern Begriff zu machen, als wozu uns alle andern Schriftſteller des Altertums, die dieſes erhabnen Kunſtwerks erwähnen, be= rechtigen. Übrigens werde ich mit niemand hadern, der ſich ſelbſt begreiflich machen kann, wie Polygnot jene zwei von Pauſanias detaillierten Gemälde ohne einige, obgleich noch ſehr unvollkommene perſpektiviſche Ordnanz und Haltung der Gruppen, in welche die ungeheure Menge von Figuren notwendig verteilt ſein mußten, habe zuſtande bringen können. Ich ſage bloß: Waren dieſe großen Kompoſitionen des Polygnotus das, was ſie nach dem Begriff, den ich mir aus Xenophon und Plinius von dieſem Künſtler mache, ſein konnten, und (wofern ſie nicht ein kindiſches Gemengſel über, unter und neben einander gekleckſter iſolierter Figuren waren) ſein mußten, ſo dürfte wohl gegen die Möglichkeit, daß Parrhaſius — ein jüngerer und größerer Meiſter als Polygnot — ein Werk wie das von Ariſtipp in dieſem Briefe (nur mit etwas mehr Kunſtgefühl als Pauſanias zeigt) beſchriebene Gemälde habe aufſtellen können, wenig Erhebliches einzuwenden ſein. Denn wofern er, wie man kein Zweifel iſt, einer von jenen summis pictoribus, formarum varietate, locos distinguentibus war (Cicero, de Orat., II. 87), ſo müßte es nicht natürlich zu= gegangen ſein, wenn er nicht ſo viel Menſchenverſtand, Augenmaß und Kunſtfertigkeit beſeſſen hätte, als dazu erfordert wird, den Markt zu Athen auf einer Tafel von gehöriger Größe ohne Verwirrung und Unnatur mit allen von Ariſtipp angegebenen Figuren und Gruppen auszufüllen. Und mehr verlangen wir nicht von ihm." W.

wollte ich — ooch), wozu bedarf es einer Entſchuldigung? Was
ich geſchrieben habe, ſteht nun einmal da, und ich komme noch
immer früh genug dazu, dir ins Ohr zu ſagen, daß du mir, wie
es ſcheint, mit deinem Verſuch, das Herz meines alten Chirons
durch eine Kriegsliſt zu erobern, keinen ſonderlichen Dienſt bei 5
ihm geleiſtet haſt. Ich finde ihn ſeit meiner Zurückkunft noch
merklich kälter als zuvor, und ſeine Vertrauten begegnen mir ſo
fremd und vornehm, daß ich oft alle meine Urbanität zuſammennehmen muß, um — ihnen nicht ins Geſicht zu lachen. Aber ich
habe eine andere Manier, ſie zu ärgern; ich thue, als ob ich 10
nichts merke, benehme mich gegen Meiſter und Geſellen wie vorher und ſehe den erſtern faſt täglich an öffentlichen Orten, wiewohl ſelten in ſeinem Hauſe. Um meine müßigen Stunden auszufüllen, übe ich mich mit einigen der beſten Cithariſten in der
Muſik und laſſe mir von dem berühmten Hippias Unterricht in 15
der Redekunſt geben. Er iſt teuer; aber er könnte doppelt ſoviel
fordern, ohne daß ich es zu viel fände, ſo groß iſt das Vergnügen, ihn reden zu hören. Seine gewöhnliche Methode iſt,
heute für, morgen gegen einen Satz zu ſprechen. Die Sokratiker
nehmen ihm das übel; mit Unrecht, dünkt mich. Es giebt ſchwer- 20
lich ein beſſeres Mittel, die Urteilskraft zu ſchärfen und ſich vor
Einſeitigkeit und Unbilligkeit gegen Andersdenkende zu verwahren,
als wenn man jede Sache von allen ihren Seiten und im verſchiedenſten Lichte betrachtet. Noch eine Urſache, warum ich den
Umgang mit Hippias liebe und ihn ſo oft als möglich ſehe, iſt 25
ſeine große Menſchenkenntnis; verſteht ſich, der wirklichen Menſchen,
wie ſie leiben und leben, und des Laufs der Welt, nicht wie wir
ihn alle gern hätten, ſondern wie er iſt. Du kannſt dir leicht
vorſtellen, Laiska, daß ich mich durch dieſe kleine Vorliebe für
einen Sophiſten, von welchem die Anhänger des Sokrates, be- 30
ſonders der junge Plato, mit der größten Verachtung ſprechen,
ſchlecht bei den letztern empfehle, zumal da ich ſeit meiner Zurückkunft meine Art zu leben abgeändert habe, mich beſſer kleide,

4. „Chiron, der Erzieher des Achilles und verſchiedener anderer Götterſöhne aus der
heroiſchen Zeit; vermutlich ein nach damaliger Art gelehrter Theſſalier von demjenigen
Stamme, der den Namen der Centauren führte, aus welchen die ſpätere Mythologie (von
der bildenden Kunſt unterſtützt und vielleicht veranlaßt) eine Art von Ungeheuer, welche
halb Menſch halb Pferd geweſen ſein ſollten, gemacht hat. Wie Diodor die Geſchichte
dieſer Centauren berichtigt, iſt aus dem 4. Buche ſeines hiſtoriſchen Werkes zu erſehen.“ W.
— 15. Hippias. Gemeint iſt der Sophiſt, nach welchem zwei Geſpräche des Plato benannt ſind, von denen eins unecht iſt.

etliche Bediente und einen sicilischen Koch halte und wöchentlich
ein- oder zweimal die artigsten Leute, die ich hier kenne, zum
Abendessen einlade. „Auch Hetären?" fragst du mit deiner eignen
schelmischen Miene. — Hetären? Nein, bei allen Grazien des
5 weisen Sokrates und der schönen Lais! — Hoffentlich nimmst du
das nicht so, als ob ich dir ein Kompliment damit machen wolle.
Ich würde mich selbst verachten, wenn mir eine solche Katachresis
nur im Traum einfallen könnte. Nie, nie wird es mir möglich
sein, mir das liebenswürdigste aller weiblichen Wesen anders als
10 einzig in ihrer Art, geschweige unter einer Rubrik zu denken, die
ich auch dann, wenn sie mit lauter Korinnen, Melissen und
Aspasien besetzt wäre, ihrer noch unwürdig finden würde. Ich
kenne dermalen keine dieses Standes in Athen, die eine Gesellschaft wie diejenige, die ich zuweilen bei mir versammle, zu ver-
15 schönern liebenswürdig genug wäre. Aber schicke mir nur diejenige
unter deinen Nymphen, die es am wenigsten ist, und sie soll
durch einen einstimmigen Beschluß zur Königin unsrer kleinen
Symposien ernannt werden.

31. Lais an Aristipp.

20   Ich habe Uranien zwei schneeweiße Täubchen und dem Wogen-
bändiger Poseidon einen Stör von der ersten Größe für deine glückliche Wiederkunft geopfert. Ein schwarzer Stier mit vergoldeten
Hörnern ist ihm auf den Tag gelobt, an dem wir uns in Ägina
wiedersehen werden.

25   Es ist doch eine schöne Sache, Freund, so in der Welt
herumzustreichen und alles, was groß, selten und sehenswert ist,
mit seinen eignen Augen zu besehen. Die Beschreibung, die du
mir von dem Gemälde des Parrhasius zu Mytilene giebst, könnte
mich leicht dahin bringen, selbst nach Lesbos zu reisen, um mich
30 gewiß zu machen, daß die Kunst binnen dreißig bis vierzig Jahren
schon zu einer solchen Höhe hinaufgestiegen sei. Leontides sagte
mir, sein Landsmann und Zeitgenoß Kleophant habe für einen

---

7. „Katachresis, eine fehlerhafte Redefigur bei den alten Grammatikern, wenn ein
Wort auf eine ungewöhnliche und auffallende Art gegen seine wahre Bedeutung genommen
wird. (Die notwendigen und daher nicht zu tadelnden Katachresen, wovon Quintilian
spricht, gehören eigentlich nicht in diese Rubrik und sollten billig einen andern Namen
haben.)" W.

großen Maler gegolten, weil man einige Verschiedenheit in den
Gesichtern seiner Figuren wahrgenommen; von Ausdruck der Leiden=
schaften, Gemütsregungen und Sitten hatte man damals noch keinen
Begriff, und an die feinern Bezeichnungen der Gradationen in
allem diesem war vollends gar nicht zu denken. Aber die sinn= 5
reichen Anmerkungen, die du über die verfehlte Absicht des Künstlers
und über die Unmöglichkeit, den Charakter eines ganzen Volkes in
einer historiierten Allegorie zu personifizieren, machst, hättest du dir,
dünkt mich, ersparen können, mein lieber Philosoph. Wer sagt
dir denn, daß Parrhasius eine solche Absicht hatte? oder wie kannst 10
du dir einbilden, ein Maler, der das alles, was du an seinem
Werke rühmst, leisten konnte, habe etwas unternehmen wollen, das
der Kunst unmöglich ist? Ich bin gewiß, es fiel ihm so wenig
ein, das attische Volk, insofern es sich als eine moralische Person
denken läßt, in diesem Gemälde darstellen zu wollen, als die An= 15
wohner des Imaus oder das Volk im Mond. Warum wollen
wir ihm eine andere Absicht leihen, als die sich in seinem Werke
selbst ankündigt? Warum soll es noch etwas andres sein, als es
augenscheinlich ist? Parrhasius wollte eine auseinander gehende athe=
nische Volksversammlung malen, und zwar so, daß wir erraten 20
könnten, was in derselben verhandelt worden, und wie es über=
haupt darin zuzugehen pflege. Es war ein sinnreicher Gedanke,
und ihn auszuführen unleugbar eine Aufgabe, an die sich nur ein
großer Meister wagen durfte. Deiner Beschreibung nach hat er
das, was er leisten wollte, wirklich in einem so hohen Grade ge= 25
leistet, daß die Kunst in Andeutung dessen, was sie dem Scharfsinn
des Anschauers überlassen muß, schwerlich weiter gehen kann. Was
wollt ihr noch mehr? Die Nachricht, die du mir von dem Be=
nehmen der Sokratiker und des Meisters selbst gegen dich giebst,
hat für mich nichts Unerwartetes. Alles, dünkt mich, ist, wie es 30
sein kann: wenn jeder bleiben soll, wozu ihn Natur und Umstände
gemacht haben, könnt ihr in keinem andern Verhältnis mit einander
stehen, und ich bin mit deinem Betragen gegen sie völlig zufrieden.
Dein neuer Freund Hippias ist mir nicht so neu, als du zu glauben
scheinst. Ich lernte ihn schon vor einigen Jahren bei meinem Alten 35
kennen, und ich müßte mich sehr irren, wenn es ihn schwer an=
kommen sollte, bloß mir zu Gefallen nach Korinth zu reisen. Wenn
er's thäte, so ist er bis jetzt vielleicht der einzige, der dir gefährlich
werden könnte. Bei dieser Gelegenheit fällt mir ein, daß ich dir

eine vor kurzem gemachte Entdeckung mitzuteilen habe. Oder solltest du es vielleicht schon wissen, daß sich ein zärtliches Herzensverständnis zwischen meiner kleinen Musarion und deinem wundervollen Freunde Kleombrotus angesponnen hat, wovon wir beide (ich weiß nicht recht, warum) während der ganzen acht Tage, die er vor eurer Reise in meinem Hause zu Ägina mit uns lebte, nichts gewahr wurden? Wie hätt' es aber auch zugehen sollen? Sie hielten die Sache so geheim, daß die Hauptpersonen selbst, wenn es nur irgend möglich wäre, nichts davon gewahr worden wären. Solange sie einander alle Tage sehen und sprechen konnten, soviel sie wollten, war die Sprache der Augen die einzige, wodurch ihre liebenden Seelen sich einander mitteilten. Gäbe es, um einen jungen Her=
kules, der lauter Geist ist, mit einer niedlichen kleinen Hebe, die lauter Seele ist, in Verbindung zu setzen, noch ein geistigeres Mittel als Blicke, so würden ihnen sogar Blicke noch zu materiell geschienen haben, um sich ihrer zu Unterhaltung dieser heiligen Flamme zu bedienen, die sich im Augenblick der ersten Annäherung wie durch einen aus heiterm Himmel plötzlich herabfallenden Blitz in ihren kongenialischen Seelen entzündete. Dies ersehe ich aus einem Briefe des erhabnen Kleombrotus an meine kleine Muse, worin er unter anderm sagt: „O Musarion, warum können Seelen wie die unsrigen einander nicht unmittelbar berühren, unmittelbar um=
schlingen, durchdringen und in eine einzige zusammenfließen! Warum muß ich Armer ein so dürftiges, kaltes, kraftloses, kümmerliches Mittel, als Worte sind, zu Hülfe nehmen, um dir zu sagen, was keine menschliche Sprache, was die Sprache der Götter selbst nicht aussprechen kann, — wie ich dich liebe!" — Du fragst mich, Aristipp, wie ich zur Entdeckung dieses unsichtbaren und unaus=
sprechlichen Liebeshandels gekommen sei? Wisse also, mein Freund, daß der arme Kleombrotus, wie er nach seiner Abreise mit dir die bisherigen einzigen Vermittler seines geheimen Verständnisses nicht länger gebrauchen konnte, sich endlich durch die höchste Not gezwungen sah, zu dem gemeinen Hülfsmittel zu schreiten, dessen wir andern gewöhnlichen Menschenkinder uns in solchen Fällen zu bedienen pflegen. Kurz, die kleine Musarion erhielt nach und nach einige große Briefe von ihm, die du lesenswürdig finden würdest, wenn ich Zeit oder (aufrichtig zu sein) Dienstgeflissenheit genug

3. Musarion, vgl. Einleitung.

gehabt hätte, ſie für dich abzuſchreiben. Zufälliger Weiſe fand ich
dieſen Morgen, da das Mädchen eben anderswo beſchäftigt war, ihr
Schmuckkäſtchen, worin ſie dieſen Schatz verwahrte, unverſchloſſen,
und ſo erfuhr ich denn mehr, als die gute Seele glaubt, daß ich
wiſſe; denn ich ſchlich mich unbemerkt wieder fort und bin ent=   5
ſchloſſen, mir nicht das Geringſte von der gemachten Entdeckung
gegen ſie merken zu laſſen.   Wenn du es mit dem begeiſterten
Kleombrotus ebenſo halten wirſt, ſo können wir uns von dem
Fortgang und der Entknotigung dieſes ſublimen Liebeshandels noch
manche Kurzweil verſprechen.   10

---

32. An Lais.

Ich werde mich künftig wohl hüten, den Kunſtrichter zu
machen, wenn ich mit dir von dem Werk eines großen Meiſters
ſpreche. Ganz gewiß haſt du die Idee des Parrhaſius auf den
erſten Blick richtig gefaßt, und ich begreife jetzt ſelbſt nicht, wie 15
ich dem Anſehen eines vorgeblichen Kenners, an deſſen Seite ich
den ſogenannten Demos Athenäon ſah, mehr glauben konnte als
dem Zeugnis meiner eignen Augen, die mir ebendaſſelbe ſagten,
was du. So kann uns die löbliche Tugend der Beſcheidenheit
— oder die Untugend des Mißtrauens in uns ſelbſt zuweilen 20
irre führen!
Kleombrotus hat ſein Geheimnis beſſer in ſeinem Buſen ver=
wahrt als Muſarion ſeine Briefe in ihrem Schmuckkäſtchen. Ich
merkte zwar, daß ſeine Phantaſie während unſerer ganzen Reiſe
ſehr hoch hinaufgeſchraubt war; aber geſchraubt war ſie auch vorher 25
geweſen, und was etwa das Mehr austragen mochte, ſetzte ich,
den Regeln der Wahrſcheinlichkeit gemäß, auf deine Rechnung.
Denn wie konnt' ich mir einbilden, daß ein ſolcher Schwärmer die
ſchöne Lais ungeſtraft hätte ſehen können? Daß nur ein Schwärmer
wie er es könne, fiel mir nicht ein — und iſt doch ſo wahr! 30
Deſto beſſer für ihn, daß er es konnte! Bei dir würde er ſchwer=
lich ſo wohl gefahren ſein als bei der kleinen Muſarion, und ſie
ſchickt ſich freilich beſſer dazu, ſeiner phantaſtiſchen Art zu lieben
(die er dem jungen Plato, einem noch größern Schwärmer als
er ſelbſt, abgelernt hat) zum Zunder zu dienen als du. Da es 35
ihm nun einmal angethan iſt, daß er ſich nur in Seelen verlieben

kann, so hätte ihm nichts Glücklicheres begegnen können, als so
von ungefähr auf das sanfte Seelchen eines so ganz aus Lilien=
glanz und Rosenduft zusammengehauchten und von Amors zärt=
lichstem Seufzer beseelten Mädchens zu stoßen; und ich freue mich
5 für sie und uns, daß du geneigt bist, sie unter dem Schleier ihrer
vermeinten Unsichtbarkeit ihr Wesen so lange forttreiben zu lassen,
bis etwa Natur oder Zufall dem empfindsamen Kinderspiel ein
Ende macht.

    Meine Bekanntschaft oder Freundschaft, wenn du willst, mit
10 dem verführerischen Hippias steht noch in vollem Wachstum. Wir
sehen uns beinahe täglich und scheinen einander immer mehr Ge=
schmack abzugewinnen. Es fehlt zwar viel, daß seine Philosophie
auch die meinige sei. Sie geht nicht weiter als auf Lebensklug=
heit; dein Freund Aristipp hingegen (rümpfe deine schöne Nase
15 nicht gar zu spöttisch, Laiska!) hat es dem Sohne des Sophro=
niskus zu danken, daß er sich kein geringeres Ziel als Lebens=
weisheit vorgesteckt hat. Zwar ist nicht zu leugnen, daß Hippias
mit seiner Aufgabe bereits im reinen ist, während ich noch un=
gewiß bin, ob ich jemals mit Auflösung der meinigen zustande
20 kommen werde; aber dafür wirst du mir zugeben, daß die seinige
auch bei weitem nicht so schwer und verwickelt ist. Übrigens den
einzigen Punkt, worin wir nie zusammentreffen werden, ausge=
nommen, haben wir eine unendliche Menge Berührungspunkte, und
ich finde wirklich alles in ihm beisammen, was man sich an einem
25 angenehmen, beinahe zu allem brauchbaren Gesellschafter wünschen
kann. Bis jetzt ist mir noch niemand vorgekommen, der vielseitiger
und mannigfaltiger, freier von Vorurteilen, behender in richtiger
Auffassung fremder Gedanken und Meinungen und weniger schwer=
fällig in Behauptung seiner eignen wäre, als Hippias. Überdies
30 besitzt er eine unendliche Menge von Kenntnissen und Geschicklich=
keiten aller Art, und ich bin noch nie in seiner Gesellschaft gewesen,
ohne irgend etwas Wissenswürdiges oder Brauchbares von ihm
gehört oder gelernt zu haben. Aber freilich interessiert mich auch
beinahe alles in der Welt, und es giebt schwerlich ein so brotloses
35 Künstchen, das ich nicht zu lernen versucht würde, wenn es irgends
ohne großen Zeitaufwand und gleichsam im Vorbeigehen zu er=
lernen ist.

    Sage indessen meiner edeln Base Anaximandra, sie würde
mir großes Unrecht thun, wenn sie glaubte, Sokrates werde nun

gerade so viel bei mir verlieren, als Hippias gewinne. Meiner
Sinnesart nach kann dies nie der Fall sein; und wenn sich auch
meine anfangs vielleicht allzu hohe Meinung von dem athenischen
Weisen um etwas herabgestimmt haben sollte, so hat wenigstens
der Sophist von Elea nicht die geringste Schuld daran. Da ich 5
einmal auf diesen Punkt gekommen bin, liebe Laïska, so will ich
mich so aufrichtig gegen dich erklären, als ob ich als bloßer Zeuge
dessen, was ich von der Sache weiß, vor deinem Richterstuhl
stände. Ich werde nie aufhören, den Sokrates zu ehren und mit
Dankbarkeit zu erkennen, daß ich in seinem Umgang besser ge= 10
worden bin. Auch kann ich dir, wenn du es begehrst, ziemlich
genau sagen, worin, wodurch und wiefern ich mich durch ihn ge=
bessert finde. Wenigstens glaube ich, daß ich ohne ihn nie zu
dem Ideal der sittlichen Form meiner Natur gekommen wäre,
dessen Ausbildung und Darstellung im Leben immer mein ange= 15
legenstes Geschäft sein wird. Freilich würde mir Hippias sagen,
diese Form wäre auch ohne Hülfe des Sokrates in mir entwickelt
worden so gut als die Kinder, denen seine Mutter zur Geburt
verhalf, vermutlich auch ohne sie in die Welt gekommen wären.
Das könnte vielleicht sein, es kann aber auch nicht sein; ich streite 20
nicht gern über Dinge, die sich nicht aufs reine bringen lassen;
genug, ich hasse eine Vorstellungsart, die mir ein so humanes
und angenehmes Gefühl, als die Dankbarkeit ist, raubt, wiewohl
Sokrates selbst durch den edeln Eigensinn, alles, was er zu geben
hat, unentgeltlich zu geben, es mir unmöglich macht, sie ihm be= 25
weisen zu können. Aber auch ohne Rücksicht auf das, was ich
ihm in diesen vier Jahren schuldig geworden bin, habe ich ihn
in so langer Zeit hinlänglich kennen gelernt, um mit Überzeugung
zu sagen: ich kenne keinen weisern und bessern Mann als ihn;
und wenn ich noch dreimal so lange mit ihm lebte, was könnt' 30
ich mehr sagen? Wozu also sollt' ich noch immerfort wie sein
Schatten hinter oder neben ihm her gleiten? Warum nicht auch
andere merkwürdige Menschen aufsuchen, oder wenn sie mir von
ungefähr begegnen, mich eine Zeit lang zu ihnen halten, um zu
sehen, ob ich nicht auch durch diese besser werden kann? Denn 35
— da ich nun einmal im Bekennen bin, warum sollt' ich nicht
auch dies gestehen, da es die bloße reine Wahrheit ist? — Sokrates
ist für mich ein Buch, das ich schon lange auswendig weiß, eine
Musik, die ich tausendmal gehört, eine Bildsäule, die ich tausend=

mal von allen Seiten betrachtet habe. Seit vier Jahren höre
und sehe ich alle Tage ungefähr ebendasselbe bei ihm; und wie=
wohl ich ihn damit nicht getadelt haben will, so mag doch, dächte
ich, ein für so vielerlei Schönes und Gutes empfänglicher und
5 (mit deiner Erlaubnis) „das Vergnügen, wo nicht mehr, als einem
emporstrebenden Jüngling geziemt", doch gewiß nicht weniger, lieben=
der junger Mann zu entschuldigen sein, wenn er es endlich müde
wird, Tag vor Tag zu hören, an jedem Abend sich mit der Er=
innerung, nichts anders den ganzen Tag über gehört zu haben,
10 niederzulegen und am folgenden Morgen mit der Gewißheit auf=
zustehen, daß er auch heute nichts anders hören werde, als „daß
ein braver Mann seinem Vaterlande, seinen Freunden und seinem
Hauswesen nützlich sein, den Feinden hingegen allen möglichen
Schaden zufügen und, um dieses und jenes besser zu können, immer
15 mäßig, nüchtern und enthaltsam sein, die Wollust fliehen, Hunger
und Durst, Frost und Hitze leicht ertragen, keine Arbeit scheuen,
keinen Schmerz achten und aller aphrodisischen Anfechtungen, damit
sie sich ja nicht etwa auf einen einzigen liebreizenden Gegenstand
werfen möchten, durch den ersten besten Ableiter aufs schleunigste
20 loszuwerden suchen müsse". — Diese (unter uns gesagt) aus einem
etwas groben Faden gewebte Moral, deren Theorie man in einer
Stunde weg hat, und bei welcher alles bloß auf einen derben
Vorsatz und lange Übung ankommt, mag zum Hausgebrauch eines
attischen Bürgers, zumal wenn er von zwei oder drei Obolen des
25 Tags leben muß, ebenso zureichend sein, als sie unstreitig nach
Zeit und Ort und Erfordernis der vorhabenden Sache auch jedem
andern Biedermann zuträglich ist; aber ein ehrlicher Weltbürger,
der sich darauf einrichten will, überall zu Hause zu sein und,
seinem eigentümlichen Charakter unbeschadet, ... in alle Lagen
30 zu passen und mit allen Menschen zu leben, langt damit nicht
aus und muß noch ein ziemliches Teil mehr wissen und können,
um seine Rolle gut zu spielen und, wofern er es auch andern
Leuten ohne seine Schuld nicht immer recht machen kann, wenigstens
so selten als möglich sich selbst sagen zu müssen: das hättest du
35 besser, klüger oder schicklicher machen können. Überdies sehe ich
nicht, warum ein Mann, dem seine Umstände erlauben, über das
Unentbehrliche in Nahrung, Kleidung, Wohnung und andern zum
menschlichen Leben gehörigen Dingen hinauszugehen, gerade nur
seine Philosophie auf die bloße Notdurft einschränken müßte. Das

Menſchengeſchlecht iſt zu ewigem Fortſchreiten, der einzelne Menſch zu möglichſter Ausbildung ſeiner ſelbſt in der Welt. Dies ſagt mir mein Dämonion, und ich glaube ihm wenigſtens ebenſo ſicher folgen zu können als Sokrates dem ſeinigen.

Übrigens ſteht meines Bedünkens dem Meiſter ſelbſt manches 5 wohl an und verdient ſogar alle Achtung, was an ſeinen Nach= ahmern nicht die nämliche Grazie hat, zumal wenn ſie der Sache nie zu viel thun zu können glauben und noch ſokratiſcher ſein wollen als Sokrates ſelbſt. Unter allen treibt es keiner weiter als Antiſthenes; denn gegen ihn iſt Sokrates ein Stutzer. 10 Seitdem ich mir die Freiheit nahm', in meine gewohnte Lebens= weiſe zurückzutreten, ſchien er (vermutlich um mich durch den Ab= ſtich deſto ärger zu beſchämen) von der ſokratiſchen Schlichtheit bis zum ſchmutzigen Koſtüm der königlichen Bettler in den Tra= gödien des Euripides herabſteigen zu wollen. Dies machte ihn 15 eben nicht zum angenehmſten Nachbar; indeſſen wußte ich mir mit einem ſehr einfachen Mittel zu helfen und verbannte mich aus ſeiner Atmoſphäre, ſoweit ich konnte. Nun ward er, kraft der Vorrechte, die ihm unſre ehemalige Vertraulichkeit gab, zudringlich, und weil die Gelegenheiten, uns öffentlich zu ſehen, immer ſeltner 20 wurden, ſuchte er mich ſogar in meinem Hauſe auf, um mich mit dem ziemlich grobkörnigen attiſchen oder vielmehr piräiſchen Salze ſeiner Sarkasmen tüchtig durchzureiben. Da dies nicht anſchlagen wollte, und er nur immer lachende Antworten von mir erhielt, kehrte er zuletzt die rauhe Seite heraus und machte mir ernſthafte 25 und bittere Vorwürfe, als ob ich der ſokratiſchen Geſellſchaft durch meine Lebensweiſe und ſybaritiſche Sitten (wie er zu ſagen beliebte) Schande machte. Einsmals kam er dazu, da ich eben für ein rotes Rebhuhn funfzig Drachmen bezahlt hatte, d. i. un= gefähr ſo viel, als er ſelbſt in einem halben Jahre zu verzehren 30 hat, und in der That etwas viel für ein Rebhuhn. — Schämſt du dich nicht, ſchnarchte er mich in Gegenwart vieler Leute mit dem Ton und der Miene eines ergrimmten Pädotriben an, du, der für einen Freund des Sokrates angeſehen ſein will, eine ſo

S. 22. piräiſchen. „Antiſthenes war in dem Flecken Piräum zu Hauſe, der zu dem attiſchen Hafen gleiches Namens gehörte und größtenteils von Handwerkern, die der Schiffs= bau beſchäftigte, Matroſen, Fiſchern und andern zur unterſten Klaſſe des atheniſchen Volkes gerechneten Leuten bewohnt wurde. Dies erklärt, was Ariſtipp unter piräiſchem Salz im Gegenſatz mit attiſchem zu verſtehen ſcheint.“ W. — 33. Pädotribe, παιδοτριβης. Knabenlehrer, zunächſt in der Ringkunſt.

große Summe für einen wenig Augenblicke dauernden Kitzel deines
Gaumens auszugeben? Ich merkte leicht, daß er mich reizen wollte,
um dem Volke, das in solchen Fällen immer Partei gegen den Fremden
nimmt, eine Scene auf meine Kosten zu geben. Würdest du, sagte
5 ich mit größter Gelassenheit, das Rebhuhn nicht selbst gekauft
haben, wenn es nur einen Obolus kostete? — Das ist ganz ein
anders, versetzte er. — „Keineswegs, Antisthenes; mir sind funfzig
Drachmen nicht mehr als dir ein Obolus." — Die Zuhörer lachten;
ich ging davon, und seitdem sahen wir uns nicht wieder.

10   Ich erzähle dir diese kleine Anekdote, schöne Lais, um dir
einen deiner angenehmen athenischen Tischfreunde wieder ins Ge=
dächtnis zu rufen, und damit du dich nicht zu sehr verwunderst,
wenn du etwa hören solltest, Aristipp von Cyrene und Sokrates
seien auf immer mit einander zerfallen, weil besagter Aristipp
15 seinem Lehrer funfzig Drachmen, um welche dieser ihn angesprochen,
rund abgeschlagen und doch zu gleicher Zeit fünfhundert um ein
rotes Rebhuhn ausgegeben habe.

Hippias gedenkt, in kurzem eine Reise nach Syrakus zu
unternehmen, und macht mir den Antrag, ihn dahin zu begleiten.
20 Außerdem daß ich nicht weiß, was mich in Athen zurückhalten sollte,
habe ich große Lust, das Land zu sehen, wo meine Freundin Lais
geboren wurde, und, was mir noch angelegener ist, bei dieser
Gelegenheit vielleicht sie selbst in Korinth wiederzusehen. Der An=
trag wird also vermutlich angenommen werden.

---

25   33. Lais an Aristipp.

Wiewohl ich nie so übel von meinem Freund Aristipp denken
werde, um zu besorgen, daß er sich jemals ungerecht und un=
dankbar gegen einen Sokrates zu zeigen fähig sei, so dünkt es
mich doch hohe Zeit, daß du mit oder ohne Hippias je eher je
30 lieber — nach Syrakus reisest. Vielleicht irre ich mich, aber ich
glaube wirklich in deinem letzten Briefe hier und da Spuren von
dem Einfluß, den dein neuer Freund auf deine Vorstellungsart
gewinnt, wahrzunehmen.

Die Anekdote hat mir den kleinen Triumph, den meine
35 Reize zu Athen über die Runzeln des finstern Antisthenes er=
hielten, nicht ohne gerechten Stolz wieder ins Gedächtnis gebracht.

Übrigens, wie wenig Amönität der gute Mann auch in den Ton seines Tadels gelegt hat, kann ich ihm doch in der Hauptsache nicht ganz unrecht geben; und ich möchte dir wohl selbst raten, wofern funfzig Drachmen der gewöhnliche Preis der roten Reb= hühner zu Athen sind, deinen Tisch nicht allzu oft mit einem so 5 teuern Leckerbissen besetzen zu lassen. Denn wenn dein übriger Aufwand mit diesem einzelnen Artifel in gehörigem Verhältnis stehen sollte, so möchten wohl die Einkünfte einer persischen Satrapie nicht zureichen, deine Wirtschaft im Gange zu erhalten.

Da ich schwerlich hoffen darf, dich in der nächsten Rosenzeit 10 zu Ägina zu sehen, so ist es desto freundlicher von dir, wenn du mich im Vorbeigehen durch einen Besuch in Korinth entschädigst. Ich denke nicht, daß Hippias zu viel dabei sein wird, wiewohl ich dir für die Folgen der Erneuerung einer fünf Jahre unter= brochnen Bekanntschaft mit einem so liebenswürdigen Manne, wie 15 du ihn beschreibst, nicht stehen will. Überlege also wohl, wieviel du etwa zu wagen gesonnen bist, und vergiß auch nicht, mit in den Anschlag zu bringen, daß meine eigenen Reizungen (wie mich glaubwürdige Personen versichern) noch in täglichem Zunehmen sind. Wir Schönen haben, wie du weißt, zuweilen gar wunder= 20 liche Launen.

34. Aristipp an Lais.

Die gute Gesellschaft, die man gewöhnlich bei Hippias findet, hat sich seit kurzem um eine sehr interessante Person vermehrt. Sie nennt sich Timandra und war die Gesellschafterin und Ge= 25 liebte des schönen Alcibiades in der letzten Zeit des herumirrenden Lebens dieses berüchtigten Abenteurers. Da ich so glücklich bin, eine Dame zu kennen, neben welcher jede andere erröten würde, wenn man sie schön nennen wollte, so sage ich bloß, daß diese Timandra eine der liebenswürdigsten Personen ist, die ich noch 30 gesehen habe; und was sie in meinen Augen auch achtungswürdig macht, ist die Anhänglichkeit und Treue, mit welcher sie jenem im Guten und im Bösen unübertrefflichen Manne auch im Un= glück und bis in seinen Tod zugethan blieb. Die unaffektierte

---

1. Amönität, amoenitas, Anmut — 34. zugethan blieb. „Was Plutarch am Schlusse seines Alcibiades von dieser Timandra sagt, paßt sehr gut zu der vorteilhaften Schilderung, welche unser Aristipp von ihr macht. Daß sie aber (wie eben dieser Autor im Vorbeigehen als etwas Ungewisses erwähnt, der Scholiast des Aristophanes aber, wenn

Wärme, womit ſie noch jetzt von ihm ſpricht, ſcheint die Auf=
richtigkeit der Trauer zu beſtätigen, worin ſie etliche Jahre nach
ſeinem Tode in einſamer Verborgenheit zugebracht haben ſoll.
Nun hat ſie ſich mit dem, was ſie aus den Trümmern der un=
5 ermeßlichen Reichtümer ihres unglücklichen Freundes retten konnte,
nach Athen begeben, wo ſie ſehr eingezogen lebt und nur mit
vieler Mühe vermocht werden kann, zuweilen in einer ausgeſuchten
kleinen Geſellſchaft die Tafel des Hippias zu zieren, der (wenn ich
dir's nicht ſchon geſagt habe) in ſeinen Talenten und in ſeiner Ge=
10 wandtheit Mittel gefunden hat, ſich zu einem der reichſten Sophiſten
in der ganzen Hellas zu machen, ſowie er mit deiner Erlaubnis
einer der erſten Virtuoſen in der Kunſt, gut zu eſſen, iſt. Er hat
der ſchönen Timandra Anträge gethan, die in ihrer Lage kaum
zu verwerfen wären, wenn Hippias auch weniger von allem dem
15 beſäße, was ſie über den Verluſt eines Alcibiades tröſten kann.
Noch ſcheint ſie unentſchloſſen; doch zweifle ich nicht, daß ſie ſich
überreden laſſen wird, uns auf der Reiſe nach Syrakus Geſellſchaft
zu leiſten. Du ſiehſt alſo, liebe Laiska, falls du etwa einen kleinen
Anſchlag auf meinen Reiſegefährten gemacht haben ſollteſt, daß
20 du eine Rivalin zu bekämpfen haben wirſt, die ſich dermalen, wo
nicht ſeines Herzens (und rate, warum?), doch gewiß ſeines Ge=
ſchmacks und ſeiner Phantaſie gänzlich bemächtigt zu haben ſcheint.

Kleombrotus dauert mich. Er hat, als er hörte, daß wir
nach Korinth gehen würden, alles verſucht, um von der Geſellſchaft
25 zu ſein; aber Hippias, der mit einer natürlichen Antipathie gegen
alle Arten der Schwärmerei und Schwärmer geboren iſt, konnte
nicht bewogen werden, ſeine Einwilligung dazu zu geben. Die
Not des armen Jungen ſtieg endlich ſo hoch, daß ich, wenn wir
allein waren, ſein Geheimnis ſchon mehr als einmal, unter dem
30 heftigſten Grimmen und Würgen, ſich ſchon ganz nah an ſeine
Lippen hinaufarbeiten ſah; aber immer hatte er doch Stärke genug,
es mit Gewalt wieder hinunterzudrücken. Da ich ihm nun ge=

anders Epimandra nicht die rechte Lesart iſt, poſitiv verſichert) die Mutter der Lais von
Hyklara geweſen, ſcheint dadurch ſchon hinlänglich widerlegt zu ſein, daß Timandra in
dieſem Falle wenigſtens über vierzig Jahre gehabt haben müßte, als ſie mit dem Alci=
biades während ſeiner Verborgenheit in einem phrygiſchen Dorfe lebte. Die Lais, welche
eine Tochter der Timandra geweſen ſein ſoll, müßte alſo, wofern die Sage Grund hätte,
eine von den ſpätern Laiſſen geweſen ſein, die dieſen durch die erſte Lais ſo berühmt
gewordenen Namen, vielleicht der guten Vorbedeutung wegen, angenommen haben mögen." W.
Über den Tod des Alcibiades vergleiche Curtius, griechiſche Geſchichte III, S. 18. Nach
dieſer Schilderung ging in der That Timandra hinter Alcibiades her für ihn durch's Feuer
bei ſeinem Tode.

holfen wissen möchte, so sann ich so lange auf Mittel und Wege, bis mir endlich einfiel, ihn mit meinem edeln Freund Eurybates bekannt zu machen. Eurybates ist ein leidenschaftlicher Liebhaber der Dichter und der Kunst, ihre Werke gut zu lesen; und Kleombrotus, außerdem daß er selbst Dithyramben von der 5 ersten Stärke macht, deklamiert so vortrefflich, daß er es beinahe mit dem großen Rhapsodisten Jon aufnehmen könnte. Diese Talente haben ihn bereits in so hohe Gunst bei Eurybates gesetzt, daß ich gewiß bin, er wird ihn künftigen Frühling mit nach Ägina nehmen, und die beiden liebenden Seelchen werden sich 10 dort unter deinem Schutze wieder — nach Herzenslust anschauen, durchdringen und in Eine hermaphroditische Seele zusammenfließen können. Kleombrotus ist von seinem neuen Freunde ganz bezaubert. — Ich bedaure nur, sagte ich diesen Morgen mit der arglosesten Miene zu ihm, daß ihr euch so bald wieder werdet trennen müssen; 15 denn Eurybates wird den Frühling in Ägina zubringen. — Was thut das? versetzte Kleombrotus; warum sollt' ich ihn nicht nach Ägina begleiten können? Das ist wahr, erwiderte ich, wenn dich deine Anhänglichkeit an Sokrates und Plato nicht zurückhält. — Du siehst, Laiska, ich wollte mir nur eine kleine Kurzweil mit 20 dem verschwiegenen Liebhaber machen; aber meine letzten Worte verdarben alles. Sie fielen ihm so stark auf die Brust, daß er plötzlich den Kopf hängen ließ und mit einem tiefen Seufzer traurig fortschneckte. Ich bin gewiß, es wird ihn harte Kämpfe kosten, bis ihn die Leidenschaft überzeugt haben wird, daß in der 25 Notwendigkeit zwischen beiden zu wählen Musarion doch den Vorzug haben müsse.

Hippias hat endlich über die Bedenklichkeiten der schönen Witwe des Alcibiades gesiegt, und unsere Abreise ist auf einen der nächsten Tage angesetzt. Wenn uns der Gott der Winde 30 nicht zuwider ist, hoffe ich noch vor dem Eintritt des nächsten Vollmonds zur Feier unsrer ersten Zusammenkunft in Korinth den Grazien mit dir zu opfern.

---

7. Rhapsodist Jon aus Ephesus, von ihm führt ein Dialog des Plato den Namen.

35. An ebendieselbe.

Ist es wahr, meine Laiska, daß ich dich gesehen, drei Götter-
tage mit dir gelebt, unsern ewigen, am Altar der Freundschaft zu
Ägina beschwornen Bund erneuert und den sokratischen Grazien
5 und dem Götter- und Menschenherrscher Amor in deinem eigenen
Tempel zu Korinth geopfert habe? Wie die Stunden in einem
schönen Traum, einem einzigen langen, unteilbaren Augenblick ähnlich, schwanden sie vorüber, diese Wonnetage; aber noch immer
meinem innersten Sinne gegenwärtig, auch in der geistigen Gestalt
10 der bloßen Erinnerung, löschen sie alles aus, was sich mir als
gegenwärtig darstellen will; alles Wirkliche scheint mir Traum; ich
sehe nur dich, höre nur den Sirenenton deiner süßen Rede, sauge
den allmächtigen Geist der Liebe aus deinen Lippen und fühle
deinen göttlichen Busen auf meinem Herzen wallen. Schon bin
15 ich drei volle Tage (sagen die Leute) in Syrakus, in der größten,
prächtigsten, schönsten Stadt des ganzen Erdbodens, und wenn du
mich fragtest, wo der weltberühmte Tempel der Tyche stehe, und
ob er auf dorischen oder ionischen Säulen ruhe, so wüßt' ich dir
nicht zu antworten. Lais, Lais! Was hast du aus mir gemacht?
20 aus mir, der sich auf die Kälte seines Kopfs soviel zu gute that?
O du, mächtiger als Circe und Medea, gieb mir meine Sinne
wieder! Löse den Zauber, den du auf mich geworfen hast! Was
wolltest du mit einem Wahnsinnigen anfangen? — Wunderbar,
daß ich deine Gegenwart mit ihrer ganzen Allgewalt ertragen
25 konnte und, entfernt von dir, der bloßen Erinnerung unterliege!
Beinahe möcht' ich mit dir hadern, daß du so unendlich liebenswürdig bist. — Ich rede im Fieber, Liebe, nicht wahr? — Es ist
hohe Zeit, daß ich aufhöre.

---

36. Lais an Aristipp.

30 Welcher ungnädigen Nymphe bist du zur Unzeit in den Weg
gekommen, Aristipp? Wüßte ich nicht, wie wenig das war, das
dich in so wunderbare Seelenzuckungen zu setzen scheint, und daß
ein Löffel voll Wein, sei es auch vom besten Cyprier, niemanden
berauschen kann, du hättest mich beinahe glauben gemacht, es sei

17. Tyche, Τύχη, die Schicksalsgöttin.

dein Ernſt. Aber vermutlich wollteſt du nur einen kleinen Verſuch
machen, wie weit du es in der Manier des jungen Kleombrotus
bringen könnteſt. Ich würde dich beklagen, wenn du wirklich ſo
wenig ertragen könnteſt, als du vorgiebſt. Gut indeſſen, daß du
mich gewarnt haſt. Ich werde mir's geſagt ſein laſſen und mich 5
wohl hüten, dich glücklicher zu machen, als dir zuträglich iſt.
Wenn ein Tröpfchen Nektar in einem Becher voll Waſſer dir ſchon
ſo ſtark zu Kopfe ſteigt, was für ein Unheil würde eine ganze
Trinkſchale unvermiſchten Göttertranks in deinem Gehirn anrichten!

Ernſtlich zu reden, lieber Ariſtipp, muß ich faſt vermuten, 10
daß du mich über die kleinen Untreuen, wozu dich die ſchöne
Timandra, vielleicht ohne Abſicht und Wiſſen, verleitet, ſicher machen
willſt. Wenn das deine Meinung wäre, mein Freund, ſo hätteſt
du das unrechte Mittel ergriffen. Bleibe, wenn ich dir raten darf,
in deinem gewöhnlichen Ton und verlaß dich wegen des übrigen 15
auf mich! Ich weiß, wie viel man euch zu gut halten muß, und
bei mir biſt du vor den zwei häßlichſten Weiblichkeiten, der Eifer=
ſucht und der Nachluſt, ſicher. Ich werde immer ehrlich und auf=
richtig mit dir verfahren, aber ich erwarte auch das Nämliche
von dir.   20

Syrakus, ſagt man, hat die ſchönſten Weiber in ganz Griechen=
land. Findeſt du es wirklich ſo? Sage mir gelegentlich ein Wort
hierüber und melde mir zugleich, wie meine neue Freundin mit
ihrem ſophiſtiſchen Liebhaber, oder wie man es nennen muß, haus=
hält! Etwas Kunſt wird ſie nötig haben, wenn ſie ſo viel Gewalt 25
über ihn behalten will, als ſchlechterdings nötig iſt, wenn ein
Mann ſich glücklich durch uns fühlen ſoll. Doch ſie iſt in einer
guten Schule geweſen, und die ehemalige Geliebte des Alcibiades
kann des Rats einer Anfängerin nicht bedürfen. Wenn ich ſie
recht geſehen habe, ſo iſt viel feiner Sinn, um nicht Schlauheit 30
zu ſagen, unter der naiven Einfalt verſteckt, die ihr eine ſo eigene
Anmut giebt und deſto ſicherer wirkt, weil ſie mit Geiſt und Güte
des Herzens verbunden iſt. Sie iſt wirklich ein liebenswürdiges
Weib, und ich erlaube dir, ihr ſo gut zu ſein, als dein Freund
Hippias es gern ſehen mag.   35

37. Aristipp an Lais.

Ich glaube wirklich, daß ich dir jüngst in einer Art von
Fieber geschrieben habe, Laiska. Was ich schrieb, mögen die Götter
wissen! Ich weiß nichts weiter davon, als daß in den ersten acht
5 Tagen nach der Abfahrt von Korinth die Erinnerung an dich
mein ganzes Wesen dermaßen ausfüllte, daß keine andre Vor=
stellung Platz neben ihr finden konnte. Wenn du glaubst, daß
ein solcher Zustand ziemlich nah an Wahnsinn grenze, so bin ich
völlig deiner Meinung, oder vielmehr, um entschiedener Wahnsinn
10 zu werden, hätte er vielleicht nur noch acht Tage dauern müssen.
Indessen war's doch schon ein gutes Zeichen, daß mir nicht so
ganz wohl bei der Sache war, als wenn ich Kleombrotus gewesen
wäre. Ich stand schon im Begriff, mit einem Arzt davon zu
sprechen, als wir zu gutem Glücke von Hermokrates, einem der
15 angesehensten Männer der Stadt, zu einem großen Gastmahl ein=
geladen wurden. Die Gesellschaft war auserlesen, die Bewirtung
(um alles mit einem Worte zu sagen) sicilianisch; und wie die
Fröhlichkeit nach und nach rauschender ward, gingen auch die großen
Becher immer fleißiger herum. Ich schonte den herrlichen Syrakuser
20 unsers reichen Wirtes nicht, und siehe da, am folgenden Morgen,
als ich meinen kleinen Rausch ausgeschlafen hatte, stand ich so
heiter, unbefangen und lichtstrahlend vom Lager auf als Helios
aus den Armen der Thalassa.
Du siehst, liebe Laiska, daß man an dem Gehirn eines echten
25 Sokratikers nicht so leicht verzagen darf. Indessen sind wir, wie
gesagt, über das Gefährliche der Nympholepsie, über die du, Grau=
same, mich noch gar bespotten konntest, gänzlich einverstanden; nur
gegen die Folge, die du daraus ziehst, hab' ich eine starke Ein=
wendung. Der Satz, worauf du deinen Schluß gründest, mag in
30 vielen Fällen gelten; aber auf die Liebe läßt er sich nicht an=
wenden. Mit dieser Leidenschaft ist es (übrigens ohne Vergleichung)
wie mit gewissen Krankheiten, wo eine kleine Gabe ebenderselben
Arznei das Übel vermehrt, eine starke hingegen die trefflichste
Wirkung thut. Auf diese Gefahr wag es also immerhin mit mir,
35 schöne Hebe! Vergiß, daß ich nur ein Sterblicher bin, reiche mir

---

23. „Thalassa, Göttin des Meers oder das Meer selbst personifiziert." W. —
26. „Nympholepsie, der fanatische, dem Wahnsinn ähnliche Zustand, worein (wie die
Alten glaubten) diejenigen gerieten, die einer Nymphe unversehens ansichtig wurden." W.

die Nektarschale so voll wie einem Olympier, und du wirst
Wunder sehen!

Timandra, die dich — liebt wäre vielleicht zu viel gesagt,
mehr als von irgend einem schönen Weibe gefordert werden kann
— aber die dich neidlos bewundert, ist auf dein Andenken und
deine Teilnehmung stolz. Sie scheint sich in ihrer neuen Lage
wohl zu gefallen, und mein Egoist lebt in einer sehr vergnüglichen
Ehe mit ihr. Er kann sich keine bessere Hausfrau wünschen, sie
keinen Mann, bei dem sie es in allen Stücken besser hätte, so daß
ich nicht sehe, warum ihre Verbindung nicht bis auf den letzten
Faden halten sollte. Timandra hat alles bis zum Überfluß, was
seine Sinnlichkeit befriedigen kann; dabei ist sie sanft, munter und
immer frohen Sinnes, ohne Laune, Eigensinn und Eifersucht, steht
seinem Hauswesen mit Treue und Klugheit vor, kommt allen seinen
Wünschen entgegen, versteht seine leisesten Winke, ist ihm nie be=
schwerlich und erlaubt ihm stillschweigend, so viele kleine Seiten=
sprünge zu machen, als er Lust und Gelegenheit hat. Wie ge=
neigt Hippias sein mag, ihr gleiche Freiheit nachzusehen, weiß ich
nicht und werde ihm schwerlich jemals Ursache geben, sich darüber
zu erklären. Indessen erkenne ich mit gebührendem Danke, daß
du meiner Phantasie einen freiern Spielraum verstattest als sie
selbst verlangt; ich gedenke einen so bescheidenen Gebrauch von
deiner Großmut zu machen, daß Sokrates selbst nicht mehr von
seinen Jüngern fordern zu dürfen glaubt.

Soviel ich bis jetzt zu sehen Gelegenheit hatte, scheint die
öffentliche Meinung der Schönheit der Syrakuserinnen nicht zu
viel zu schmeicheln. Vor wenig Tagen gab mir eines ihrer vor=
nehmsten Feste Gelegenheit, mich mit meinen eigenen Augen davon
zu überzeugen. Der lange Zug von jungen Mädchen (den Töchtern
der angesehensten und begütertsten Bürgern), die in zierlich ge=
falteten, bis zu den schönen Knöcheln herabfließenden weißen Ge=
wändern, Blumenkränze um das halb aufgewundne, halb auf die
Schulter fallende volllockichte Haar und den leicht umflorten Busen
mit reichgestickten Bändern umgürtet, Paar und Paar mit leichtem
Schritt und edelm Anstand dem Dianentempel zuwallten, alle in
der ersten Entknospung der Jugend und Schönheit, keine, die nicht
einem Skopas zum Modell einer Grazie hätte dienen können —
ich gestehe dir, Lais̄ka, es war ein entzückender Anblick! Und als
sie sich nun im feierlich=ernsten Tanz Hand in Hand, gleich einem

lebendigen Blumenkranz, um den Opferaltar herumwanden, in den
reinsten Silbertönen einen Pindarischen Hymnus aus ihren Nach-
tigallkehlen anstimmend, — wahrlich, ein vorbeischwebender Gott
hätte sich (wie der Dichter sagt) bei diesem Schauspiel verweilt;
5 und nie dünkte mich einen solchen Triumph der weiblichen Schönheit und Anmut gesehen zu haben. Das Auge irrte geblendet und
alles Auswählens vergessend um den weit ausgedehnten Kreis dieser
Zauberschwestern umher, unvermögend, auf einer zu verweilen, weil
schon im nächsten Augenblick eine vielleicht noch schönere ihre Stelle
10 eingenommen hatte, um sie im folgenden gleich wieder an eine
ebenso reizende abzutreten. Du selbst, du Einzige, hättest auf
einmal mitten unter ihnen erscheinen müssen, um den Zauber zu
vernichten und hunderttausend Augen, die mit diesem lieblichen
Reihen von mehr als hundert Grazien zugleich herumgedreht wurden,
15 plötzlich an dich allein zu fesseln.

---

38. An Learchus zu Korinth.

Der gute Genius deines gastfreundlichen Hauses, edler Heraklide, hat mich glücklich zu Korinths schönster Tochter, der Beherrscherin der reichsten Insel der Welt, herübergeführt. Du kennst
20 Athen und Syrakus, und dir darf ich also wohl gestehen, was
ich auf dem großen Marktplatz zu Athen kaum zu denken wagen
dürfte: daß Syrakus die stolze Minervenstadt an Größe, Bauart,
Volksmenge und Mitteln, die Prachtliebe und Üppigkeit ihrer
Bürger zu befriedigen, weit hinter sich zurückläßt. Von den Ein-
25 wohnern urteilen zu können, bin ich noch zu kurze Zeit hier; aber
weniger wäre schon genug, um zu sehen, daß sie den Athenern auch
an Lebhaftigkeit, Feuer, Wankelmut, Leichtsinn und raschen Sprüngen
von einem Äußersten zum andern den Vorzug streitig machen könnten.
Es begreift sich, daß ein solches Volk (wie mir ein schon lange
30 unter ihnen wohnender Tarentiner sagte) weder mit noch ohne
Freiheit leben kann. Seit der Zeit, da sie von deinem Stamm-
genossen Archias zum zweitenmale gegründet wurde (also seit mehr
als dreihundert Jahren), macht ein rastloses Hin- und Herschaukeln
von Oligarchie zu Demokratie und von Demokratie zur Herrschaft
35 eines Einzigen den summarischen Inhalt ihrer Geschichte aus; und

---

32. Archias, der Heraklide aus Korinth, erbaute Syrakus.

wiewohl so viele Versuche sie belehrt haben sollten, daß sie sich
bei der oligarchischen Regierung nie so übel als bei der demo=
kratischen, und bei der monarchischen (selbst eines Hieron und
Dionysius) immer besser als bei der oligarchischen befanden, so
ist doch der unglückliche Hang zur Demokratie ein so tief ein= 5
gewurzeltes Übel bei diesem Volke, daß alles, was sie seit der
Vertreibung der Geloniden von innerlichen Unruhen und Um=
wälzungen erlitten haben, sie nicht von der Begierde heilen kann,
bei dem geringsten Anschein eines glücklichen Erfolgs das heilsame
Joch wieder abzuschütteln, welches ihnen Dionysius mit ebensoviel 10
Gewandtheit als Stärke auf den Nacken gelegt hat. Es sind nun
zehn Jahre verflossen, seitdem dieser sogenannte Tyrann sich der
Alleinherrschaft in Syrakus bemächtigt hat. Daß er dies nicht konnte,
ohne einen großen Teil der mächtigsten und reichsten Familien,
die ihm hartnäckig und wütend widerstanden, zu unterdrücken, war 15
Natur der Sache; aber niemand zweifelt, daß ihm selbst nichts
erwünschter wäre, als wenn ihm die Syrakusaner erlauben wollten,
das Andenken der ersten Jahre seiner eigenmächtigen Regierung
auszulöschen und die Fortsetzung derselben für sie und für ganz
Sicilien so glücklich und wohlthätig zu machen als es einst die 20
Regierung des noch jetzt gepriesenen Gelon war. Niemand würde
mehr dabei gewinnen als sie selbst. Denn es ist leicht vorher=
zusehen, daß ohne ein gemeinschaftliches Oberhaupt, welches alle
Städte Siciliens dazu vermögen kann, ihre Stärke gegen den
gemeinschaftlichen Feind, die Karthager, zu vereinigen, unfehlbar 25
eine nach der andern dem schrecklichen Schicksal von Agrigent unter=
liegen werde; und gewiß würde es schwer sein, im ganzen Sicilien
einen Mann zu finden, der in allen Eigenschaften und Talenten,
die zu einem im Krieg und im Frieden großen Fürsten erfordert
werden, sich mit Dionysius messen könnte. Aber der Syrakusaner 30
ist eitel und stolz; er will sich (wie der Athener) von niemand
befehlen lassen, dem er nicht selbst die Erlaubnis dazu gegeben
hat, der ihm nicht über alles Rechenschaft ablegen muß, und den
er nicht wieder absetzen und vernichten kann, sobald es ihm beliebt.
Der Gedanke, von einem ihrer Mitbürger eigenmächtig beherrscht 35
zu werden, macht sie blind und gefühllos gegen alle Vorteile, die
dem Ganzen durch die Regierung des Dionysius zuwachsen könnten,
wenn er nicht von Zeit zu Zeit durch die Versuche der ehmaligen
Demagogen, sein Joch wieder abzuschütteln, verhindert würde, seinen

eignen Weg ruhig fortzugehen; und da jene ebenso wenig Lust zu
haben scheinen, ihre Versuche aufzugeben, als er, die Regierung
niederzulegen, so ist wahrscheinlich genug, daß sie Mittel finden
werden, aus einem vortrefflichen Fürsten, den das Schicksal den
5 Sicilianern geben wollte, durch ihre eigene Thorheit einen arg=
wöhnischen, strengen und vielleicht grausamen Tyrannen zu machen.

Ich hörte vor kurzem in einer Gesellschaft angesehener Per=
sonen dem Dionysius (über welchen man hier sehr frei urteilt)
ein großes Verbrechen daraus machen, daß er sich nicht gescheut
10 hätte, öffentlich zu sagen: „die Souveränität gewähre ihm nie
einen so vollen Genuß, als wenn er, was er wolle, sogleich aus=
führen könne". So, meinten sie, könne nur ein Tyrann sprechen,
dem nichts heilig sei, und der sich an kein Gesetz gebunden halte.
Mir schien diese Rede einer mildern Deutung nicht nur fähig zu
15 sein, sondern sie sogar zu fordern. „Der Wunsch, alles, was man
will, ausführen zu können, sagte ich, setzt so wenig einen bösen
Willen voraus, daß er vielmehr Guten und Bösen, Thoren und
Verständigen gemein ist; und vielleicht ist das größte Leiden guter
Menschen, daß sie nur selten können, was sie wollen. Mich dünkt
20 aber, fuhr ich fort, Dionysius habe bei diesem Worte noch be=
sonders einen der wesentlichsten Vorzüge der Monarchie vor der
Volkssouveränität vor Augen gehabt. Die Schleunigkeit der Aus=
führung dessen, was als notwendig beschlossen wurde, ist in allen
Fällen nützlich. Oft hängt die Erhaltung des ganzen Staats oder
25 doch die Verhütung eines großen Schadens davon ab, daß eine
genommene Maßregel pünktlich und auf der Stelle vollzogen werde.
Dies ist nur da zu bewerkstelligen, wo der Wille des Regenten
in keinem andern Willen Hindernisse findet, sondern im Gegenteil
jedermann sich beeifert, die Ausführung dessen, was der oberste
30 Befehlshaber will, befördern zu helfen. In Republiken ist dies
selten der Fall; denn nichts ist unerhörter, als daß ein Freistaat
nicht in Parteien geteilt sei, die einander mit dem unverdrossen=
sten Eifer entgegenwirken. Besonders ist in der Demokratie der

---

11 f. ausführen könne. „Auch Plutarch legt dieses Wort dem Dionysius in den
Mund: Καὶ τὸ τοῦ Διονυσίου ἀληθὲς ἐστι. Ἔφη γὰρ ἀπολαύειν μάλιστα τῆς ἀρχῆς,
ὅταν ταχέως ὃ βούλεται ποιῇ. ΠΡΟΣ ΗΓΕΜ. ΑΠΑΙΔ., pag. 368. (Opp. Moral,
edit. Xylandri.) Aus dem Vorhergehenden und Nachfolgenden ist mir klar, daß der gute
Plutarch (dem es bloß darum zu thun war, bei dieser Gelegenheit eine, wiewohl sehr
alltägliche, moralische Lehre anzubringen) die Meinung des Dionysius ebenso unrichtig
gefaßt habe als die syrakusischen Herren, mit welchen Aristipp hier disputiert. Der
natürlichste Sinn dieses Fürstenworts oder vielmehr der einzige, den es ohne Verdrehung
und Deutelung darbietet, scheint derjenige zu sein, welchen Aristipp darin gesehen hat." W.

Wille des Souveräns nicht nur an sich launisch und veränderlich,
sondern er wird noch durch die vielerlei Sinne der vielen Köpfe,
die ihn bearbeiten, so stark hin und her gerüttelt, so oft auf=
gehalten, unschlüssig gemacht und in Widerspruch mit sich selbst
gesetzt, daß meistens die Zeit der Ausführung schon vorüber ist, 5
bevor man in der Volksversammlung zu einem Beschluß kommen
konnte. Ist dieser endlich gefaßt, so gehen nun die Hindernisse
der Vollziehung an. Keiner der Demagogen, die einander die
Regierung des sich selbst zu regieren unvermögenden Souveräns
streitig machen, gönnt einem andern als sich selbst die Ehre und 10
die Belohnungen einer gelungenen Unternehmung. Jeder, der
entweder einer andern Meinung war oder bei dem Beschlossenen
seine Rechnung nicht findet, bietet alle seine Kräfte auf, die Aus=
führung zu hintertreiben oder mißlingen zu machen; von allen
Seiten nichts als Schwierigkeiten, Fußangeln und Fallgruben, 15
nirgends eine sichre Rechnung auf den guten Willen, den Gehor=
sam, den Eifer und die Wachsamkeit der Untergeordneten, wovon
doch am Ende alles abhängt. Dafür geht es denn auch in den
Republiken, zumal in denen, wo das Volk zugleich sein eigner
Souverän und Unterthan ist, gewöhnlich, und wenige seltne Fälle 20
ausgenommen, so zu — wie der allgemeine Augenschein zeigt. Von
jeher blieb einem Volke, um fürs erste immer selbst recht zu
wissen, was es wolle, und es dann wirklich ausgeführt zu sehen,
kein anderes Mittel, als seine höchste Gewalt einem Einzigen zu
übertragen und ihm eben dadurch unbeschränkte Vollmacht zu geben, 25
alles zu thun, was er zu Vollziehung des allgemeinen Willens
oder (was ebendasselbe ist) zu Erzielung der Sicherheit und Wohl=
fahrt des Staats für notwendig und dienlich erkennen würde."
Ich konnte leicht merken, daß ich mich der Gesellschaft durch diese
Rede nicht sonderlich empfohlen hatte. Da es aber den meisten 30
bekannt war, daß ich ein Ausländer sei, der sich nur kurze Zeit
zu Syrakus aufzuhalten gedenke und bei dem sogenannten Tyrannen
nichts zu suchen habe, ließ ich mich durch das Vorurteil, das
einige vielleicht gegen mich fassen mochten, nicht abschrecken, meine
Meinung über die Gegenstände, die der Verfolg des Gesprächs 35
herbeiführte, so freimütig zu sagen, als es sich in einer Gesell=
schaft ziemte, die aus lauter erklärten Freunden der Freiheit zu
bestehen schien. Einer von den Lebhaftesten hatte sich den Aus=
druck entwischen lassen: man müßte zum Sklaven geboren sein,

um die Herrschaft eines Einzigen, der sich mit Gewalt eingedrungen,
geduldig zu ertragen. — Aber wie, sagte ich, wenn ihr selbst
ihm die Herrschaft um eurer eigenen Sicherheit und Ruhe willen
von freien Stücken auftrüget? Es wäre wenigstens so viel damit
5 gewonnen, daß ihr nicht nötig hättet, einen Fürsten, unter dessen
Regierung der Staat augenscheinlich immer blühender, mächtiger
und reicher wird, mit dem verhaßten Namen eines Tyrannen zu
belegen. — Wie? versetzte jener hitzig, der müßte ein dreifacher
Sklave sein, der sich freiwillig einen Herren geben wollte! —
10 Ich sehe wohl, erwiderte ich mit großer Gelassenheit, warum du
dich so eifrig gegen meinen Vorschlag erklärst. Aber es giebt
Mittel gegen alles. Man könnte ihn ja durch eine Grundverfassung,
einen von ihm unabhängigen Senat oder (wie die Spartaner)
durch Aufseher einschränken und sich dadurch gegen jeden Miß=
15 brauch der höchsten Gewalt sicher stellen! Ein Volk, sagte mein
feuervoller Gegner, das nicht imstande ist, ohne einen Herren zu
leben, wird ebenso wenig vermögend sein, seiner Macht Grenzen
zu setzen oder sie in denjenigen zurückzuhalten, die er sich vielleicht
anfangs aus Politik gefallen zu lassen scheinen wird. — Und
20 was wird das Schlimmste sein, das daraus erfolgen möchte? fragte
ich, vielleicht mit einer etwas attischen Miene, die ich mir (wie
ich besorge) unter den Cekropiden unvermerkt angewöhnt habe. —
Welche Frage! rief mein Gegenkämpfer halb entrüstet; ist denn
irgend etwas Böses und Schändliches, irgend eine ungerechte,
25 gottlose, ungeheure That, die ein Mensch, der alles kann, was
er will, nicht zu begehen fähig wäre? — „Fähig wäre? Das
geb' ich zu; aber daß er ein so unsinniger Thor sein wird, alles
Böse wirklich zu thun, dessen er fähig ist, Böses ohne alle Not
oder Herausforderung, bloß um das Vergnügen zu haben, Böses
30 zu thun, daran zweifle ich sehr. Einen Wahnsinnigen, ein reißen=
des Tier oder einen unter Verbrechen und Schandthaten grau ge=
wordenen Bösewicht wollen wir freilich nicht zum Hirten des
Volks bestellen." — Bei einem Menschen, der alles kann (ver=
setzte jener etwas kälter, weil er sich im Vorteil zu sehen glaubte),
35 bedarf es nur einer einzigen Leidenschaft, die ihn überwältigt,
um ihn, wenn er vorher auch ein Mensch wie andere war, zu
allem, was du sagtest, zu einem Wahnsinnigen, zu einem Tiger,
zu einem Bösewicht, der vor keinem Verbrechen erschrickt, zu
machen. — Ich bin in die Enge getrieben, erwiderte ich; du

hätteſt die großen Vorzüge der Demokratie vor der Alleinherr=
ſchaft in kein ſtärkeres Licht ſetzen können. Um vor allen Ge=
fahren dieſer Art ſicher zu ſein, giebt es alſo wohl kein beſſeres
Mittel, als daß ein Volk ſich ſelbſt regiere? Niemand iſt dazu
geſchickter, und nichts war wohl von jeher unerhörter, als daß 5
eine ſouveräne Volksverſammlung etwas Unbeſonnenes oder Un=
gerechtes beſchloſſen oder die Macht, alles zu können, was ſie
will, zu Befriedigung irgend einer häßlichen Leidenſchaft miß=
braucht und ſich treuloſer, räuberiſcher und grauſamer Handlungen
ſchuldig gemacht hätte. — Ein allgemeines Gelächter ſchien meinen 10
Gegner in eine unangenehme Lage zu ſetzen, und ich ſah, daß
es hohe Zeit ſei, einen ernſthaftern Ton anzuſtimmen. Verzeih,
ſagte ich zu ihm, wenn ich zur Unzeit geſcherzt habe! Ich wollte
weiter nichts damit ſagen, als daß unumſchränkte Gewalt immer
mit Gefahr des Mißbrauchs verbunden iſt, ſie mag nun in den 15
Händen eines Einzigen oder eines Senats oder eines ganzen Volkes
ſein. Alles kommt am Ende auf den Verſtand und die ſittliche
Beſchaffenheit des Regierers, vieles auf Zeit und Umſtände, Stim=
mung, Laune und Einfluß des Augenblicks an. Einſchränkungen
helfen wenig oder nichts. Eine höchſte Gewalt muß in jedem 20
Staate ſein, und die höchſte Gewalt läßt ſich nicht einſchränken;
denn dies könnte doch nur durch eine noch höhere geſchehen, und
in dieſem Fall wäre dieſe, nicht jene die höchſte. Die Möglich=
keit ihres Mißbrauchs bleibt alſo ein unvermeidliches Übel, weil
ſie ihren Grund in einem unheilbaren Gebrechen der Menſchheit 25
hat. Aber es iſt immer zu vermuten, daß ein einzelner Regent
die Macht, alles zu thun, was er will, weniger, ſeltner und leid=
licher mißbrauchen werde, als ein ſo vielköpfiges Ungeheuer von
mehrern tauſenden an Verſtand, Erziehung, Einſicht, Erfahrenheit,
Vermögen u. ſ. w. ſo ſehr ungleichen und von den verſchiedenſten 30
Triebfedern in Bewegung geſetzten Menſchen iſt; und wenn auch
beide keinen edlern Zweck und Antrieb haben als Eigennutz und
Selbſtbefriedigung, ſo iſt es doch ungleich wahrſcheinlicher, daß
der Einzige die Notwendigkeit einſehe, daß er ſeine Macht, um
ſie ruhig und mit Ruhm zu genießen, zur Wohlfahrt des Staats 35
anwenden müſſe, als daß ein ganzes Volk nicht beinahe immer
gegen ſein wahres Intereſſe handle, ſo oft das Privatintereſſe der
Perſonen, denen es ſich gern oder ungern anvertrauen muß, mit
dem ſeinigen in Widerſpruch ſteht.

Mein Gegner gewann wieder Mut. Du missest nicht mit
einerlei Maß, sagte er; du nimmst einen Tyrannen an, der immer
nach Grundsätzen handelt, sich nie seinen Launen oder Leiden=
schaften überläßt, immer sein wahres Interesse kennt und vor den
5 Augen hat, mit einem Worte, der die Weisheit und Klugheit
selbst ist. Das Volk in der Demokratie hingegen ist nach deiner
Voraussetzung ein blindes, vernunftloses und unbändiges Ungeheuer,
das nicht weiß, was ihm gut ist, das immer mit dem Maulkorb
vor der Schnauze an der Kette gehen muß und immer das Un=
10 glück hat, von Thoren oder Schelmen geführt zu werden. Sei,
wenn ich bitten darf, nur so billig gegen die Demokratie, als
du großmütig gegen die Tyrannie und das Königtum bist! Wenn
ich dir die Möglichkeit eines Alleinherrschers zugebe, der das höchste
Gesetz der allgemeinen Wohlfahrt nie aus den Augen setzt, sich
15 seiner Allgewalt immer mit Klugheit und Mäßigung bedient und
seine höchste Selbstbefriedigung im Wohlstande seiner Unterthanen
findet, wenn ich dir die Möglichkeit zugebe, daß ein solcher Phönix
nicht platterdings ein bloßes Hirngespenst sei, so wirst du mir
auch die Möglichkeit einer Republik, worin ein freies, edel denkendes
20 und zu jeder sittlichen und bürgerlichen Tugend erzogenes Volk
sich von den Weisesten und Besten aus seinem Mittel nach guten
Gesetzen freiwillig regieren läßt, zugeben und zugleich bekennen
müssen, daß eine solche Republik jeder andern Staatsverfassung
unendlich vorzuziehen ist.

25   Alle anwesenden Syrakusaner klatschten, nickten oder lächelten
ihrem edeln Mitbürger Beifall zu und schienen zu erwarten, daß
ich billig oder wenigstens urban genug sein würde, mich über=
wunden zu geben. Aber so ganz leicht wollt' ich ihnen den ver=
meinten Sieg doch auch nicht machen. Ich sehe nur ein Einziges
30 hierbei zu bedenken, sagte ich und hielt ein. Und was wäre das,
wenn man fragen darf? sagte mein Antagonist. — Nichts, ver=
setzte ich, als daß ein so verständiges und tugendhaftes Volk,
wie es mein edler Gegner voraussetzt, ganz und gar keiner Re=
gierung bedürfte. Laßt uns so ehrlich sein, einander zu gestehen,
35 daß die Unentbehrlichkeit aller bürgerlichen Verfassungen und Re=
gierungen keinen andern Grund hat als die Schwäche und Ver=
kehrtheit des armen Menschengeschlechts. Sie sind ein notwendiges
Übel, das einem ungleich größern abhilft oder vorbeugt und bloß
dadurch zum Gut wird. Indessen da die Regierer nicht weniger

Menschen sind als die Regierungsbedürftigen, so wäre wohl nichts billiger, als daß wir unsre Forderungen nicht allzu hoch spannten und niemand dafür büßen ließen, daß er ebenso wenig vollkommen ist als wir. Warum wollten wir uns das Gute, das wir haben, dadurch verkümmern, daß es uns nicht gut genug ist? Jede Regierungsart hat ihre eigene Vorzüge und Gebrechen; wiegt man sie gehörig gegen einander, so gleichen sich wechselsweise diese durch jene und jene durch diese aus, und was übrig bleibt, ist so un= endlich wenig, daß es die Mühe nicht verlohnt, darum zu habern. Die Mehrheit der Stimmen erklärte sich für meinen Vorschlag zur Güte, und alle schienen sich zuletzt in der Meinung zu ver= einigen: daß ein Volk, das sich bei der politischen Freiheit nie recht wohl befunden, durch den Verlust derselben wenig verloren habe und bei einem klugen und tapfern Alleinherrscher wahrschein= lich noch gewinnen würde, wenn es weise genug sein könnte, das Bestreben des Regenten, sich seines, wiewohl gesetzwidriger Weise errungenen Platzes würdig zu beweisen, durch Zutrauen und guten Willen aufzumuntern, anstatt ihn durch Mißtrauen, Unzufrieden= heit und heimliche Anschläge gegen seine Person zu tyrannischen Maßregeln zu zwingen, die ihm, als zu seiner Sicherheit not= wendig, endlich zur Gewohnheit werden und das Verderben des Fürsten und des Volks zugleich zur Folge haben könnten.

Ich bin etwas ausführlich in Erzählung dieser politischen Konversation gewesen, edler Learchus, weil ich dein Verlangen, die gegenwärtige Stimmung der Syrakusaner zu kennen, besser dadurch zu befriedigen hoffe als durch allgemeine Bemerkungen, die bei einem so kurzen Aufenthalt ohnehin wenig Zuverlässigkeit haben könnten. Unsre Gesellschaft bestand größtenteils aus Männern der ersten aristokratischen Familien zu Syrakus, und ich glaube, daß man von ihnen mit ziemlicher Sicherheit, nicht zu irren, auf die übrigen schließen könne. Es war sehr natürlich, daß sie, so oft des Tyrannen erwähnt oder auf ihn angespielt wurde, eine ge= wisse Gleichgültigkeit und Zurückhaltung affektierten, die einen ganz unkundigen Fremden ungewiß lassen konnte, ob sie seine Freunde oder Feinde wären; mir aber, der von ihren Angelegen= heiten hinlänglich unterrichtet ist, war es leicht, ihre wahre Ge= sinnung durch die übel passende Larve durchschimmern zu sehen. Nie werden sie zu dem Tyrannen, nie der Tyrann zu ihnen Vertrauen fassen; beide Teile haben einander zu viel Leides ge=

than, als daß jemals eine aufrichtige Aussöhnung möglich wäre;
auch wissen beide sehr wohl, wessen sie sich zu einander zu ver=
sehen haben, und nehmen ihre Maßregeln danach. Aber stärker
als alles dies fiel mir eine andere Bemerkung auf, die ich an
5 diesem Abend zu machen Gelegenheit hatte. Unter allen diesen
eifrigen Republikanern und Patrioten — solltest du es denken,
lieber Learchus? — war nicht einer, der sich auch nur den Schein
zu geben gesucht hätte, als ob ihm das wahre Interesse Siciliens
oder auch nur seiner eigenen Vaterstadt und des syrakusischen
10 Volks am Herzen liege. Ein Blinder hätte sehen müssen, daß
weder dieses noch jenes bei ihren Gesinnungen gegen den Tyrannen
in die mindeste Betrachtung kam. Sie hatten eine gewichtigere
und ihnen näher liegende Ursache ihn zu hassen; und ich halte
mich überzeugt, keiner von ihnen würde das geringste Bedenken
15 tragen, sich selbst noch heute auf den Thron des Dionysius zu
setzen, wenn er es möglich zu machen wüßte. — Und doch muß
ich hintennach über mich selbst lachen, daß mir so etwas auffallen
konnte. Verstand sich's nicht von selbst? Was für einen Grund
hatte ich, etwas anders zu erwarten?

20   Mein Reisegefährte Hippias wurde bald nach unsrer An=
kunft von seinem Freunde Philistus bei Hofe aufgeführt und ge=
fällt dem Tyrannen so wohl, daß er ihm fast immer zur Seite
sein muß. Dionysius sieht sehr gut, was ihm ein Mann wie
Hippias sein könnte, und scheint große Lust zu haben, ihn mit
25 goldenen Ketten an sich zu fesseln; aber Hippias hat zu wenig
Ehrgeiz und liebt seine Ruhe und Unabhängigkeit zu sehr, als
daß er sich nur einen Augenblick versucht fühlen sollte, sie um
die unzuverlässige Gunst eines Fürsten zu vertauschen, mit welchem
er den öffentlichen Haß und die Gefahren eines immer schwanken=
30 den Thrones teilen müßte. Dionysius hat sich auch nach mir
erkundigt, und ich soll ihm an einem der nächsten Tage vor=
gestellt werden.

---

39. An ebendenselben.

Seit kurzem giebt uns Dionysius ein Schauspiel zu Syrakus,
35 dessengleichen vielleicht noch nie in der Welt gesehen worden ist.

---

21. Philistus, Φίλιστος, Philistus, berühmter Geschichtschreiber am Hofe des Dionys.

Alles was in den fünf Städten, woraus diese ungeheure Stadt
besteht, Hände und Füße hat, ist in Bewegung; alle Häuser,
Straßen und Märkte wimmeln von geschäftig hin und her eilen=
den Menschen; auf allen Schiffswerften, auf allen großen Plätzen
in und außerhalb der Stadt arbeiten Zimmerleute und Schmiede 5
zu Tausenden; die Ufer rings umher sind mit Schiffbauholz und
Mastbäumen bedeckt, wovon täglich große Schiffsladungen vom
Ätna und aus den apenninischen Gebirgen anlangen, und My=
riaden von Zeug= und Waffenschmieden und andern Handarbeitern
machen den ganzen Tag ein Getöse, wovon einem Tauben die 10
Ohren gellen möchten. Mit einem Worte, Dionysius hat gerade
zur gelegensten Zeit den glücklichen Gedanken gefaßt, Sicilien
von den Überfällen der Karthager auf immer zu befreien, und
macht zu diesem Ende Zurüstungen und Anstalten, welche hin=
länglich scheinen könnten, wenn er den ganzen Erdboden zu erobern 15
gesonnen wäre. Aber was noch mehr ist, er hat Mittel gefunden,
die Syrakusaner für seinen Plan einzunehmen und in eine so
fanatische Begeisterung zu setzen, daß jedermann sich in die Wette
beeifert, seine Absichten zu befördern, seine Befehle zu vollziehen
und seinen Beifall zu verdienen. Außer seinen Syrakusiern und 20
andern Sicilianern hat er aus Italien und Griechenland die er=
sindsamsten Köpfe und die geschicktesten Mechaniker und Kunst=
arbeiter zusammengebracht. Er selbst ist die Seele, die alle Ver=
richtungen dieser ungeheuern Masse von Menschen leitet und belebt.
Für alles, was gearbeitet wird, besonders für allerlei neue Kriegs= 25
maschinen, die eine erstaunliche Wirkung thun sollen, und eine
Art von Galeeren mit fünf Reihen Ruder von seiner eigenen
Erfindung (sagt man) hat er Modelle verfertigen lassen, nach
welchen alles in der möglichsten Vollkommenheit gearbeitet wird,
und ansehnliche Preise sind für diejenigen ausgesetzt, die in 30
jedem Fache die beste Arbeit liefern. Dionysius selbst ist überall
persönlich zugegen, sieht und beurteilt mit der Schärfe und Billig=
keit einer echten Sachkenntnis, was gethan wird, spricht freundlich
mit den Arbeitern, muntert ihren Fleiß durch Lob und kleine
Belohnungen auf, zieht sogar jeden, der sich in seinem Fache be= 35
sonders hervorthut, an seine Tafel, kurz, bezaubert alle diese
Menschen — durch eine Leutseligkeit und Popularität, die ihm
alle Herzen — auf wie lange, möcht' ich nicht sagen — aber ge=
wiß so lang', als er ihrer und sie seiner bedürfen, gewinnen

muß. Seine bittersten Feinde, die Aristokraten, sehen sich ge=
nötigt, mit dem Strom des allgemeinen Enthusiasmus fortzutreiben,
ihren Ingrimm hinter lächelnde Hofgesichter zu verstecken und durch
den thätigen Anteil, den sie an seinen Anstalten nehmen, ihren
5 — Patriotism zu erproben.

Einem Staatsmann von deiner Einsicht, edler Learchus, habe
ich durch diese bloße kunstlose Angabe dessen, was ich hier täglich
sehe, einen tiefern Blick in den Charakter des merkwürdigen
Mannes eröffnet, der jetzt an der Spitze der Sicilier steht und
10 die Aufmerksamkeit aller Griechen erregt, als ich durch die müh=
samste Aufzählung eines jeden einzelnen Zugs vielleicht bewirkt
hätte. Dionysius versichert sich nicht allein durch alle diese Vor=
bereitungen des Sieges über den mächtigen Feind, den er zu be=
kämpfen haben wird, er versichert sich zugleich der Zuneigung des
15 Volks, das ihn, anstatt wie andere Herrscher sich dem Müßig=
gang und den Wollüsten zu überlassen, mit großen Planen zum
allgemeinen Glück Siciliens beschäftigt sieht; er benimmt dadurch
seinen Feinden den Mut, etwas gegen ihn zu unternehmen, und
legt einen so festen Grund zu einer lange dauernden Regierung,
20 daß ich eine große Wette eingehen wollte, er wird, wo nicht
immer ebenso ruhig, doch gewiß ebenso sicher auf seinem usurpierten
Throne sitzen, als ob er kraft eines längst verjährten Erbrechts
zum König geboren wäre.

Du kannst dir nun selbst vorstellen, Learchus — du, der
25 den Geist des Volks, der sich allenthalben gleich ist, kennt —,
wie stolz die große Mehrheit der Syrakusaner in diesem Augen=
blick auf ihren Fürsten sein muß; wie geschmeichelt sie sich durch
den Anteil fühlen, den er sie mit der schlauesten Popularität an
seiner Größe nehmen läßt, und wie gewaltig sie der Anblick aller
30 der Wunder verblendet, die sie täglich vor ihren Augen entstehen
sehen, und die er freilich ohne alle Hexerei bloß dadurch bewirkt,
daß er mittelst kluger Anwendung der Kräfte und Schätze einer
mächtigen Republik so viele Köpfe, Arme und Hände zu einem ein=
zigen großen Zweck in zusammenstimmende Thätigkeit zu setzen weiß.
35 Kurz, Dionysius hat das wahre Mittel gefunden, die Syrakusaner
(eine Zeit lang wenigstens) vergessen zu machen, daß er einst ihr
Mitbürger war; er erscheint vor ihren Augen im vollen Glanz
des homerischen Agamemnons, den Göttern gleich und der Herr=
schaft würdig, die dem Tapfersten, Klügsten und Thätigsten, so

12*

lange der Enthusiasmus, den er einhaucht, währt, zu allen Zeiten
so willig eingeräumt worden ist.

Ich habe, seitdem ich ihm vom Philistus und Hippias vorgestellt wurde, öfters Gelegenheit gehabt, ihn reden zu hören und
handeln zu sehen, und werde täglich mehr in der Meinung be- 5
stärkt, daß jedes an die Monarchie gewöhnte Volk sich unter einem
Fürsten wie er glücklich achten würde. Schon sein Äußerliches
kündigt einen Mann an, der besser zum Regieren als zum
Gehorchen taugt. Er ist groß und stark gebaut, seine Gesichtsbildung edel, männlich und, wofern mich mein physiognomischer 10
Sinn nicht betrügt, mehr Klugheit und Gewalt über sich selbst
als Unerschrockenheit und Selbstvertrauen bezeichnend, seine Augen
klein, aber feurig, sein Blick scharf, umherspähend und beinahe
lauernd, seine Miene, sobald er will, einnehmend, aber sowie
er sich vergißt, kalt, finster, abschreckend, und wenn er zum Zorn 15
gereizt wird, fürchterlich. Daß er überhaupt eher das Ansehen
eines Demagogen als eines Königs hat, scheint ihm in seiner
Lage vielmehr vorteilhaft als nachteilig und ist eine ebenso natürliche Folge des Standes, worin er geboren, und der Bestimmung,
für welche er erzogen wurde und sich selbst ausbildete, als daß 20
er unendlich mehr Kenntnisse besitzt und alles, was er weiß, viel
gründlicher weiß, als bei Personen gewöhnlich ist, die das durch
den Zufall der Geburt sind, was er durch sich selbst geworden
ist. Aus eben diesem Grunde kann ihm, deucht mich, zu keinem
besondern Verdienst angerechnet werden, daß er, der selbst ein 25
Gelehrter und ein Mann von Talenten ist, Wissenschaft und
Kunst liebt, Gelehrte und Künstler ehrt und sich besser in ihrem
Umgang gefällt als unter Leuten, die sich durch ihren Stamm-
baum oder ihre glänzenden Glücksumstände über die Notwendigkeit eines persönlichen Werts erhaben glauben. Hingegen scheint 30
es mir auch unbillig, ihm (wie viele thun) einen Vorwurf daraus
zu machen, daß er in seinen Erholungsstunden — Verse macht
und vielleicht bessere, als von königlichen Versen gefordert werden
kann. Bis jetzt wenigstens scheint er seinen Umgang mit der
tragischen Muse, in die er stark verliebt sein soll, noch sehr ge- 35
heim zu halten; und in der That fordert die große Tragödie,
die er selbst zu spielen vorhat, seine ganze Thätigkeit in einem so
hohen Grade, daß ihm weder Zeit noch Lust übrig bleiben kann,
sich in einen Wettlauf mit Sophokles und Euripides einzulassen.

Über seinen Charakter urteilen zu wollen, würde von mir
in zweifacher Rücksicht verwegen sein; nur dies wage ich zu be=
haupten, daß er von Natur nichts weniger als so gefühllos und
grausam ist, wie ihn seine Gegner schildern. Um ihn zu dem
5 kühnen Entschluß zu bringen, dessen guten Erfolg er viel weniger
dem Glück als seiner Klugheit und Geschicklichkeit zu danken hat,
brauchte es nur zwei Blicke, einen auf Syrakus und Sicilien
überhaupt und einen in sich selbst. Jenen war nur durch Ver=
einigung unter Einen unbeschränkten Herrscher zu helfen, und das
10 Talent, dieser Herrscher zu sein, fühlte er in sich. Als der Ent=
schluß einmal gefaßt und das Spiel angefangen war, mußte er
nun alles darauf setzen. Alles gewinnen oder alles verlieren!
ein drittes gab es jetzt nicht mehr für ihn. Natürlich war das
erste sein Zweck, und wer den Zweck will, will die Mittel. In
15 seiner Vorstellungsart konnten die Kämpfe mit den Aristokraten
und Demagogen, wenn sie auch noch weit mehr Köpfe und Pro=
skriptionen gekostet hätten, als sie wirklich kosteten, kein Grund
sein, der reizenden Basileia nicht nachzustreben. Aber daraus
schließen zu wollen, er müsse notwendig grausam, blutdürstig und
20 der unmenschlichsten Greuel fähig sein, wäre ein ebenso falscher
als unbilliger Schluß. Was er that, war nicht mehr, als wozu
er teils durch den wütenden Widerstand der Gegenpartei gezwungen,
teils durch ihre mehr als barbarische Mißhandlung seiner Gemahlin
auf eine Art gereizt wurde, die den sanftesten aller Menschen
25 zum Wüterich gemacht hätte. Auch ist gewiß, daß seine Feinde
das, was wirklich geschah, sehr übertrieben haben; und ich zweifle
sehr, ob unter denen, die er auf seinem Wege zum Thron, weil
sie sich selbst unter die Räder seines Wagens warfen, zertreten
mußte oder den racheschreienden Manen einer geliebten Gattin
30 opferte, nur ein Einziger war, dessen Tod ein Verlust für den
Staat gewesen ist.

Wie dem aber auch sein möchte: daß er, seitdem man ihn
ruhiger regieren läßt, seinen höchsten Stolz darein setzt, zum Glück

18. „Basileia (das Königtum oder die höchste Staatsgewalt personifiziert). Die
Basileia, auf welche Aristipp anspielt, ist nicht die (angeblich historische) Tochter des
Uranos und der Titäa, deren alberne Legende Diodorus Sikulus im 3. Buche seiner
Universalgeschichte erzählt; sondern die Basileia, die in den Vögeln des Aristophanes kraft
eines zwischen den Vögeln und Göttern geschlossenen Friedens mit dem Peisthetäros ver=
mählt wird, um ihm die Oberherrschaft über die Welt durch diese Verbindung zu ver=
sichern." W. — 29. Manen, manes, manium, die Schattengeister der Toten oder auch,
wie Wieland es hier mit vollem Rechte auffaßt: die Geister einer einzelnen verstorbenen
Person.

Siciliens zu regieren, beweiſen alle ſeine Handlungen, und (wie
ich neulich dem Syrakuſaner ſagte) wofern er in der Folge mehr
in Hierons als in Gelons Fußſtapfen treten ſollte, ſo wird nie=
mand ſchuld daran ſein als die Syrakuſaner ſelbſt. Dies, edler
Learch, iſt dermalen alles, was ich dir vom Dionyſius zu ſagen　5
weiß, und ich ſetze nur hinzu, daß Hippias über dies alles mit
mir gleicher Meinung iſt.

　　Ob die Griechen des feſten Landes Urſache haben, über die
immer wachſende Macht dieſes Fürſten eiferſüchtig zu ſein, zumal
wenn es ihm (was vielleicht bei ſeiner Unternehmung gegen Kar=　10
thago ſeine Hauptabſicht iſt) gelingen ſollte, ſich von ganz Sici=
lien Meiſter zu machen, — überlaſſe ich deiner tiefer ſehenden
Staatsklugheit. Mir (wenn ich im Vorbeigehen meine unbedeu=
tende Meinung ſagen darf) ſcheint Korinth bei ſeinen ehrgeizigen
Planen am wenigſten gefährdet zu ſein, aber wohl im Gegenteil　15
ſich durch eine gelegenheitliche Verbindung mit ihm eine kräftige
Stütze gegen die Übermacht und die Anmaßungen der Athener
und Spartaner verſchaffen zu können. Übrigens bedarf es bei
dir wohl keiner Verſicherung, daß ich nicht den geringſten Vor=
teil dabei ſuche noch finde, wenn ich den ſyrakuſiſchen Tyrannen　20
aus der düſtern, verzerrenden und grauſenhaften Beleuchtung, in
welche ſein Charakter mit abſichtlich böſem Willen von ſeinen
Feinden geſetzt wird, in das reine, nichts verbergende noch ver=
fälſchende Sonnenlicht geſtellt habe. Er bedarf meiner ſo wenig
als ich ſeiner, und da ich im Begriff bin, Sicilien wieder zu　25
verlaſſen, was könnte mich bewegen, mich des Vorrechts eines
Ausländers, unparteiiſch zu ſein, von freien Stücken zu begeben?
Die neueſten Nachrichten, die mir aus Cyrene zugekommen ſind,
melden mir, daß Ariſton den übel bedachten Verſuch, den Diony=
ſius nachzuahmen, ohne ein Dionyſius zu ſein, bereits mit ſeinem　30
Leben bezahlt hat. Noch iſt die öffentliche Ruhe und Ordnung
nicht wieder hergeſtellt; aber beide Parteien ſcheinen geneigt, ſich
auf billige Bedingungen zu vergleichen, und ich verſpreche den an=
gefangenen Unterhandlungen einen guten Erfolg, da mein Bruder
Ariſtagoras und mein Freund Demokles an der Spitze der Par=　35
teien ſtehen. Was mich zur Rückkehr nötigt, iſt daher nicht ſowohl
die Hoffnung, meinem Vaterlande bei dieſer Gelegenheit vielleicht
einige Dienſte thun zu können als die Nachricht, daß mein Vater
(ein alter Freund des deinigen) ſeinem Ziele nahe zu ſein glaubt

und mich im Leben noch zu sehen verlangt. Ich beurlaube mich
also hiermit von Griechenland und von dir, edler und gastfreund=
licher Learch. Mein nächster Brief wird dir aus Cyrene zu=
kommen; indessen gehabe dich wohl!

---

5   40.   Aristagoras an Aristipp.

Hoffentlich hat der weise Sokrates deine weltbürgerliche Phi=
losophie von ihrem hohen Fluge der Erde wieder nahe genug ge=
bracht, daß dir die Schicksale deines Vaterlandes nicht ganz gleich=
gültig sein werden. Es ist freilich nur ein Ameisenhaufen, wenn
10 du willst; aber uns Ameisen ist unsere Erdscholle eine Welt. Ich
berichte dir also, lieber Aristipp, daß Ariston, dem du dich durch
deinen kleinen Brief schlecht empfohlen hattest, deine Weissagung
bald genug erfüllt und mich und meine Mitarbeiter von dem un=
dankbaren Frondienst, seine Thorheiten, wo nicht immer zu ver=
15 güten, wenigstens zu verschleiern und den Übermut seiner Günst=
linge in Schranken zu halten, befreit hat. Selten ist ein Mensch
von den zufälligen Umständen mehr begünstigt worden als Ari=
ston; und wie wenig er auch des Diadems würdig war, hätte er
nur so viel Thätigkeit und Gewalt über seine Leidenschaften be=
20 sessen, als nötig war, die schwärmerische Zuneigung der untern
Volksklassen eine Zeit lang zu rechtfertigen, so säß' er jetzt ruhig
auf dem Fürstenstuhl der Battiaden; seine Feinde hätten den Mut
verloren; der Bürgerkrieg wäre in der Geburt erstickt worden, und
die üppigen, Ruhe und Vergnügen über alles liebenden Cyrener,
25 durch seine Popularität, Prachtliebe und Freigebigkeit bestochen,
hätten sich unvermerkt gewöhnt, seine Indolenz und Verdienst=
losigkeit für Tugenden eines milden, friedeliebenden Fürsten an=
zusehen. Aber sein böser Dämon gewann gleich in den ersten
Wochen seiner Regierung die Oberhand. Anstatt die Verwirrung
30 und Schwäche seiner Feinde zu benutzen und die Flüchtigen ohne
Verzug bis in ihren letzten Schlupfwinkel zu verfolgen, überließ
er sich seinen dir wohlbekannten Neigungen, ordnete Feste an,
affektierte, von dem Bürgerkriege als einer geendigten Sache zu
reden, und teilte die eingezogenen Güter der Proskribierten unter
35 seine Parasiten aus. Die Vorstellungen seiner getreuesten Räte
wurden nicht gehört, und alles, was ihm die Leute rieten, denen

er folgte, war zu seinem Verderben. Dennoch hätte alles noch
leidlich ablaufen mögen, wenn er uns nur erlaubt hätte, gegen
die (sogenannten) Rebellen, die sich in einen haltbaren Posten an
den Grenzen der Cesamonen geworfen hatten, auszurücken, bevor
sie Zeit gewannen, die übrigen Flüchtlinge, Mißvergnügte und 5
Verbannte, an sich zu ziehen und unvermerkt zu einem Heer an-
zuwachsen. Aber Ariston wollte die Ehre, seine Truppen in eigner
Person anzuführen, keinem andern abtreten und glaubte sogar
seine Sache sehr politisch anzustellen, wenn er seinen Feinden Zeit
ließe, sich alle in einen Haufen zusammenzudrängen, damit er der 10
Rebellion mit Einem Schlag ein Ende machen könnte. Und so
mußte das Einzige, was allenfalls an ihm zu rühmen war, seine
persönliche Tapferkeit, durch die Unklugheit, womit er sie hand-
habte, die Ursache seines Verderbens werden. Die republikanische
Partei hatte durch sein Zögern Luft bekommen und durch die rast- 15
lose Thätigkeit ihrer Anführer Mittel gefunden, etliche tausend
Messenier, die, von den Spartanern aus Naupaktos und Kephalonia vertrieben, sich an die cyrenische Küste geflüchtet hatten,
unter dem Versprechen, ihnen die Ländereien der Königlichen und
das Bürgerrecht von Cyrene zu schenken, an sich zu ziehen und 20
durch diese Verstärkung zu einem furchtbaren Heer anzuschwellen.
Denn die Messenier wurden von jeher unter die tapfersten und
streitbarsten Völker Griechenlands gezählt; und was konnte man
nicht von solchen Kriegern in einer Lage erwarten, worin sie
außer einem elenden Leben nichts zu verlieren, hingegen, wenn 25
sie siegten, ein neues Vaterland, reiche Vergütung alles Ver-
lornen und die völligste Sicherheit vor ihrem ewigen Todfeinde,
den Spartanern, zu gewinnen hatten? Die Republikaner fühlten
sich nun stark genug, etwas zu unternehmen, wozu der Mangel an
Lebensmitteln sie ohnehin bald gezwungen haben würde; sie ver- 30
ließen ihre Verschanzungen, unterwarfen sich das platte Land umher und gingen mutig auf Cyrene los. Jetzt erwachte Ariston
plötzlich aus seiner bisherigen Unthätigkeit. Aber der Fanatism
des Volkes für ihn hatte sich abgekühlt, und es kostete Mühe, bis
er mit Hülfe seiner gätulischen Leibwache so viele bewaffnete Bürger 35

17f. Naupaktos am Korinthischen Meerbusen, jetzt Lepanto. — Kephalonia,
Cephallonia ist der jetzige Name der alten Κεφαλληνία, der größten griechischen Insel
des Jonischen Meeres. Die Messenier hatten sich nach beiden Orten geflüchtet, nachdem
sie von den Spartanern im dritten messenischen Kriege besiegt waren. — 35. gätulisch.
Gaetulia war eine Landschaft im nordwestlichen Afrika.

und Landleute zusammenbrachte, daß er dem Feinde, den er noch
immer verachtete, die Spitze bieten zu können wähnte. Es kam
einige Meilen von der Stadt zu einem entscheidenden Treffen; beide
Teile fanden einen stärkern Widerstand als sie erwartet hatten und
5 fochten mit desto größerer Erbitterung; es war vielleicht der blutigste
Tag, den Cyrene je gesehen hatte. Eine Menge angesehener Bürger,
eine große Anzahl der vornehmsten Befehlshaber und alle Messenier,
die als Verzweifelte fechtend weder Quartier gaben noch annahmen,
auf der feindlichen Seite, — und ein großer Teil Volks auf der
10 unsrigen blieben auf dem Platze; Ariston selbst stürzte mitten
unter seinen für ihn kämpfenden und um ihn her fallenden gätulischen Löwen tödlich verwundet zu Boden und wurde am folgenden
Tage unter einem Haufen Erschlagener hervorgezogen. Das Ge-
metzel währte so lange, bis die Nacht den Überrest beider Heere
15 zum Rückzug zwang. Brauchte es nun etwas weiters als auf
beiden Seiten wieder zur Besinnung zu kommen, um aufs lebendigste zu fühlen, daß Friede und Mäßigung der einzige Weg
sei, alles Unheil, das Zwietracht und ungezügelte Leidenschaften
über unser blutendes Vaterland zusammengehäuft hatten, soviel
20 möglich wieder gut zu machen? Friede, Aussöhnung, Verzeihung
war jetzt das allgemeinste und dringendste Bedürfnis. Demokles,
der beliebteste unter den übriggebliebnen Anführern der demokratischen Partei, und ich von seiten derer, die es mit Ariston gehalten hatten, wurden also bevollmächtigt, in Unterhandlung zu
25 treten, und das Resultat war: daß beide Parteien einander ewiges
Vergessen alles Vergangenen zuschwören, die Verbannten zurückbe-
rufen, die eingezognen Güter zurückgegeben und von jeder Seite
fünf Männer ernannt werden sollten, um den gesamten freien
Einwohnern von Cyrene eine Regierungsform vorzuschlagen, durch
30 welche die Republik zugleich vor allen künftigen Fehden zwischen
den alten Familien und dem Volke und vor der Gefahr, wieder in
die Gewalt eines Einzigen zu gerathen, sicher gestellt würde. Diese
neue Regierungsform liegt noch auf dem Amboß; alles übrige ist
bereits vollzogen. Da die Wahl der Zehnmänner auf lauter red-
35 liche und staatskundige Bürger gefallen ist und unser Volk zum
voraus geneigt scheint, sich jeder neuen Ordnung der Dinge zu
fügen, so ist nicht zu zweifeln, daß Cyrene in kurzer Zeit von den
Wunden wieder geheilt sein wird, die ihr der thörichte Ehrgeiz
einiger ausschweifenden und übelberatnen Schwindelköpfe geschlagen

hat. Es giebt Fälle, wo eine starke Verblutung einem Staate
so wie gewissen menschlichen Körpern heilsam ist und bei vor=
sichtiger Behandlung den Grund zu einer bessern Gesundheit
legen kann.

Möchte ich nicht genötigt sein, mein Bruder, dir diese tröst= 5
liche Nachricht durch eine andere zu verbittern, die uns beide un=
mittelbarer betrifft! Unser guter alter Vater verspricht sich selbst
die Freude nicht, die bessern Zeiten, die uns bevorstehen, zu er=
leben. Er verlangt sehr, dich noch zu sehen, und vielleicht würde
die Erfüllung dieses Wunsches zu Verlängerung seiner Tage bei= 10
tragen. Ich bitte dich also, deine Hierherkunft so sehr du immer
kannst zu beschleunigen. Mögen die Gelübbe, die wir alle um
Begünstigung deiner Reise thun, dem Ohr einer freundlichen Gott=
heit begegnen!

---

41. Aristipp an Lais.   15

Du ahnest wohl nicht, schöne Lais, daß drei in deinem
Hause gelebte Tage mich dem höchsten Ziele der Philosophie näher
gebracht haben als vier Jahre in der Sokratischen Schule. Wenn
es wahr ist (und das ist es gewiß!), daß die Tugend der Selbst=
bezwingung die Wurzel aller übrigen ist, wie viel habe ich nicht 20
dem Angedenken jenes flüchtigen Wonnetraums zu danken! Glaube
mir, diese ganze Zeit, da ich wieder von dir getrennt bin — ich
erröte, dir zu gestehen, wie viel Jahre sie mir schon währt —,
war ein einziger unaufhörlicher Kampf meines Willens, mich von
dir zu entfernen, mit dem unwiderstehlichsten Drang, zu dir zurück= 25
zufliegen. Bis hieher habe ich obgesiegt, und fortkämpfen werd'
ich ihn — diesen peinlichern Kampf als die schwersten, wodurch
man die olympischen und isthmischen Kronen erringt, — und
meinen Mut mit der Hoffnung stärken, daß du (wie bald oder
wie spät, mögen die Götter wissen!) den Sieger mit dem süßesten 30
Kusse, den deine Nektarlippen je geküßt haben, belohnen werdest.
— Lache nicht über eine so seltsame Tugendübung! Du würdest
dich, wenn du ihrer spotten könntest, an dir selbst, an mir und
an der Tugend gleich stark versündigen. Wirklich und in ganzem
Ernst, ich zweifle sehr, ob jemals eine größere That als die 35
meinige gethan worden ist, und es giebt Augenblicke, wo ich mit

dem stolzesten Selbstgefühl auf alle zwölf Arbeiten des theba=
nischen Herkules herabsehe. Denke ja nicht, Liebe, daß eine solche
Selbstpeinigung nichts Verdienstliches habe, weil sie keinem Menschen
in der Welt zu etwas nütze und am Ende nichts als grillenhafter
5 Eigensinn sei. Eben darin liegt das Verdienstliche, daß ich —
bloß um mich selbst auf künftige Fälle, die vielleicht nie kommen
werden, in Bezwingung meiner Begierden zu üben, — den stärksten
Reizungen widerstehe, die vielleicht jemals einem Sterblichen zu=
gesetzt haben. Bin ich tapfer genug, in diesem Kampfe immer
10 Sieger zu bleiben, welche Gefahr wird mir in meinem ganzen
Leben furchtbar sein? bei welchen Sirenenfelsen werd' ich nicht
mit unverstopften Ohren vorbeisegeln können? Wahrlich, Laiska,
ich hätte jetzt schon Ursache, mich für keinen kleinen Helden aus=
zugeben, wenn ich nicht zu ehrlich wäre, dich und mich selbst be=
15 lügen zu wollen. Aber ich kann und will dir nicht verhalten,
daß es Stunden giebt, wo ich den Sieg nicht mir selbst zu ver=
danken habe, Stunden, wo meine mit jedem Augenblick ab=
nehmende Kraft dem mächtigen Jynx, der mich zu dir zieht, nur
noch matten Widerstand thut, kurz, wo ich im Begriff bin, nach
20 dem Hafen zu rennen, die erste beste Jacht zu mieten und mit
vollen Segeln nach Korinth zurückzueilen; — was vielleicht in
einem dieser unglücklichen Augenblicke bereits geschehen wäre, wenn
nicht die gerechte Furcht, daß du mich, wenn ich so unerwartet
vor dir erschiene, als einen Feigherzigen, der ohne Schild aus
25 der Schlacht zurückkommt, auf der Stelle wieder zurückschicken
würdest, mehr über mich vermöchte als der erhabene Beweg=
grund, mir selbst zu beweisen, daß ich — wollen kann, was ich
will. Denn darauf läuft doch am Ende die ganze Herrlichkeit
hinaus.

30 Die neuesten Nachrichten, die ich aus Cyrene erhalte, sind
nicht sehr geschickt, mir das Herbe meiner Tugendübungen zu ver=
süßen. Ariston ist (wie leicht vorherzusehen war) wieder gestürzt;
die öffentlichen Angelegenheiten, in welche unsre Familie, edle
Anaximandra, ziemlich verwickelt ist, sind noch immer in Ver=
35 wirrung, und was mir näher andringt als das alles: mein alter
Vater, der gütigste und gefälligste Vater, den ich mir jemals
wünschen konnte, scheint am Ziel seiner Tage zu sein. Dieser
Umstand nötigt mich, meinen Reiseplan zu ändern; anstatt die
Städte der südlichen Küste von Italien zu besuchen, kehre ich

morgen mit einem für Habrumetum befrachteten Schiffe nach Libyen
zurück. Sollte ich, wie ich fast besorgen muß, meinen Vater nicht
mehr unter den Lebenden antreffen, so sehe ich nicht, was mich
in Cyrene aufhalten könnte. Denn meine eignen Angelegenheiten
werden mit meinem Bruder, der ein ebenso edelmütiger als kluger ₅
Geschäftsmann ist, bald abgethan sein, und von der Pflicht, mich
in die öffentlichen zu mischen, dispensiert mich glücklicher Weise meine
Jugend. In diesem Falle würde ich vielleicht bald genug zurück=
kommen können, um dich noch zu Ägina anzutreffen. Indessen
lebe wohl, meine Freundin, und erinnere dich meiner, so oft du ₁₀
den Grazien und deinem Genius, der auch der meinige ist, opferst!

--- — —

42. Aristipp an Learchus zu Korinth.

Ein heftiger und anhaltender Sturm, der uns mehrere Tage
im Hafen von Skandeia zurückhielt, hat mich um die beste Frucht
meiner Reise gebracht. Ich bin zwar glücklich in Cyrene angelangt, ₁₅
aber den ehrwürdigen Aritades, den ich noch zu sehen hoffte, —
sah ich nicht mehr. Ich weiß, edler Learch, auch du wirst dem
Andenken eines Freundes deines Hauses, den du vor dreißig
Jahren bei deinem Vater gesehen zu haben dich vielleicht noch er=
innerst, eine fromme Thräne schenken. Er war ein guter Mann ₂₀
im edelsten Sinne dieser Benennung. Hätte Cyrene unter zehn=
tausend Bürgern nur hundert seinesgleichen gehabt, so würden die
armen Leute jetzt nicht so viel Not und Mühe haben, all das
Unheil wieder gut zu machen, das die Verkehrtheit einiger wenigen
und die Thorheit der Menge im Laufe des verflossnen Jahres ₂₅
über sie gebracht hat. Das große Interesse der öffentlichen An=
gelegenheiten verschlingt in diesem Zeitpunkt jedes Privatgefühl.
Vornehmlich beschäftigt die künftige Staatsverfassung alle Köpfe
und Zungen; man hört in allen Gesellschaften und auf allen Ver=
sammlungsplätzen nichts anders; jedermann hat entweder einen ₃₀
Vorschlag zu thun oder stellt Vermutungen über die neue Republik
an, die in kurzem aus der Werkstatt der Zehnmänner hervorgehen
soll, und bekrittelt sie im voraus, falls sie so oder so ausgefallen

1. Habrumetum, Adrumetum, Ἀδρούμητος. Hauptstadt im Süden von Africa
propria, Stapelort an der Meeresküste. — 11. deinem Genius. Vgl. die Anmerkung
zu „kongenialisch" im 20. Kapitel. — 14. Skandeia, Σκάνδεια, Hafenort auf der Süd=
seite der an der lakonischen Küste gelegenen Insel Cythere.

ſein ſollte. Daß ich ein bloßer Zuſchauer bei allen dieſen Be=
wegungen bin, wird dich nicht befremden, da mich weder meine
Erfahrenheit noch unſre Geſetze, die keinem Bürger vor ſeinem
dreißigſten Jahr eine aktive Stimme geſtatten, zu öffentlicher Teil=
5 nehmung an Geſchäften dieſer Art berufen, und vor unzeitiger
Einmiſchung meine ganze Art zu denken mich bewahrt. Ich über=
laſſe alles meinem Bruder Ariſtagoras und meinem Freunde De=
mokles (die das Vertrauen ihrer Mitbürger in einem vorzüglichen
Grade beſitzen) um ſo ruhiger, da ſie durch gleiche Mäßigung
10 und Klugheit bei gleich redlichen Abſichten völlig dazu geeigen=
ſchaftet ſcheinen, uns, wo nicht die beſte Verfaſſung, die ſich denken
läßt, wenigſtens die beſte, die unter den gegenwärtigen Umſtänden
möglich iſt, zu geben.

43. An ebendenſelben.

15 Das neue Palladion unſrer Stadt iſt nun fertig und (wie
die Cyrener ein raſches und ungeduldiges Völkchen ſind) von der
allgemeinen Volksverſammlung mit großem Jubel angenommen
und eingeführt worden. Dir die innere Organiſation unſrer mit
Griechenland in keiner Verbindung ſtehenden Republik bis in
20 ihren kleinſten Äſten und Zweigen darzulegen, möchte dir und
mir zu langweilig ſein; ich begnüge mich alſo, dir nur das
Weſentlichſte, und auch dies nur mit den äußerſten Linien, vor=
zuzeichnen.
Die höchſte Staatsgewalt iſt in einer ziemlich zweckmäßigen
25 Proportion (wie mich deucht) zwiſchen dem Senat, welcher aus=
ſchließlich aus den älteſten und begütertſten Familien genommen
wird, und dem Volk, oder vielmehr dem aus dem Mittel des=
ſelben erwählten Großen Rat, der das Volk vorſtellt, verteilt.
Der Senat beſteht aus hundert Perſonen, die ihren Platz in
30 demſelben lebenslänglich behalten. Der Vorſitzer, Epiſtates ge=
nannt, iſt das Haupt der ganzen Republik; er hat das große
Siegel in ſeiner Verwahrung, und da er für die Ausführung der
Beſchlüſſe des Senats verantwortlich iſt, ſo iſt jeder Bürger von
Cyrene ohne Ausnahme ſeinen Befehlen und Aufträgen ſchleunigen
35 und unverweigerlichen Gehorſam ſchuldig. Er beſitzt aber dieſe
beinahe königliche Gewalt nur dreißig Tage lang und kann erſt
in fünf Jahren wieder dazu erwählt werden. Die Senatoren,

die nicht unter fünfunddreißig Jahre alt ſein dürfen, ſind in drei
Klaſſen abgeteilt. Die erſte beſteht aus zwölf Demarchen oder
Polizeimeiſtern (welche künftig bloß aus den monatlich abgehenden
Epiſtaten genommen werden ſollen), deren jeder in einem der
zwölf Quartiere, in welche die Stadt abgeteilt iſt, für die Er= 5
haltung guter Zucht und Ordnung und öffentlicher ſowohl als
häuslicher Sicherheit zu ſorgen hat. Sie ſind zugleich Schieds=
richter in allen unter den Bürgern vorfallenden Streitigkeiten und
berechtigt, wenn kein Vergleich ſtattfindet, in erſter Inſtanz ab=
zuurteilen. Auch kommen ſie zweimal in der Woche zuſammen, 10
um ſich über alles, was zur allgemeinen Stadtpolizei gehört, es
betreffe nun Abſtellung von Mißbräuchen oder Vorſchläge zu Ver=
beſſerungen, zu beraten. Sie erſtatten dem Senat alle Monate
Bericht über den Zuſtand der Stadt und legen ihm ihre Vor=
ſchläge zur Entſcheidung vor. Die zweite Klaſſe des Senats 15
beſteht aus den vierundzwanzig Perſonen, unter welche die haupt=
ſächlichſten Ämter der Republik verteilt ſind, dem Kanzler und
Schatzmeiſter und den ſämtlichen Oberaufſehern der öffentlichen
Gebäude, Tempel, Gymnaſien, Bäder, Brunnen u. ſ. w., ferner
der Feſte und religiöſen Feierlichkeiten, des Kriegsſtaats und 20
Seeweſens, der Zeughäuſer, der öffentlichen Fruchtböden, des
Ackerbaues, der Bergwerke u. ſ. w. Dieſe erſcheinen gewöhnlich
nur alsdann im Senat, wenn ſie Vorträge zu thun, Verhaltungs=
befehle einzuholen oder Rechenſchaft abzulegen haben. Alle übrigen
Senatoren machen das Kollegium aus, dem die Verwaltung der 25
bürgerlichen und peinlichen Gerechtigkeit anvertraut iſt und welches
wieder in verſchiedene Abteilungen zerfällt. Die Epiſtaten und
Demarchen dienen dem Gemeinweſen umſonſt; die zweite und dritte
Klaſſe ſind auf einen anſtändigen Gehalt geſetzt. Der Staat
beſoldet ſeine Diener aus dem Schatz; die Richter hingegen erhalten 30
ihren Ehrenſold aus einer öffentlich verwalteten Kaſſe, in welche
alle Geldbußen und die vom Geſetz beſtimmten Gerichtsgebühren
fließen, welche die unterliegende Partei bezahlen muß, und wovon
allein die ärmſte Bürgerklaſſe ausgenommen iſt; denn für dieſe
hat unſre Juſtiz keinen Beutel, aber dafür einen derben Knittel, 35
um die Leute von leichtfertigen Händeln abzuſchrecken.

　　　Der Senat verſammelt ſich gewöhnlich ſechsmal in jedem
Monat und außerdem ſo oft es der Epiſtat nötig findet. Er
vereinigt unter den verfaſſungsmäßigen Einſchränkungen alle Ge=

walten in sich. Alle seine Verordnungen haben, insofern sie den
schon vorhandenen Gesetzen nicht widerstreiten, Gesetzeskraft; aber
diejenigen, die den ganzen Staat betreffen, nur bis zur nächsten
Sitzung des Großen Rates, der aus hundertundzweiundneunzig
5 Plebejern besteht, wozu jedes Quartier sechzehn von den Bürgern
desselben erwählte Mitglieder hergiebt. Dieser muß alle Monate,
am ersten Tage nach dem Neumond, von dem Epistaten zusammen=
berufen werden, um den Verordnungen des Senats, welche die
Kraft eines gemeingültigen Gesetzes erhalten sollen, die Bestätigung
10 zu geben oder zu versagen. Diese Bestätigung ist nicht länger
als auf fünf Jahre kräftig; nach Verfluß derselben wird das
Gesetz einer Revision ausgestellt, durch welche es entweder ver=
worfen oder auf dreißig Jahre festgesetzt wird. Über Krieg und
Frieden kann nur der Große Rat entscheiden. Neue Auflagen
15 können nur mit seiner Bewilligung stattfinden, auch muß ihm von
jedem abgehenden Epistaten Bericht über den Zustand der Republik
und alle Jahre von dem Schatzamt Rechnung über die Verwaltung
der öffentlichen Einkünfte abgelegt werden.

    Auf diese Weise glaubten unsre Nomotheten zugleich sowohl
20 für die Freiheit und Sicherheit, die der Staat seinen Bürgern
zu garantieren schuldig ist, als für die Erhaltung der bürgerlichen
Ordnung hinlänglich gesorgt zu haben. Aber sie fanden noch
eine Gewalt nötig, um der großen Macht, die dem aristokratischen
Senat anvertraut ist, das Gegengewicht zu halten und dem
25 demokratischen Großen Rat jeden Mißbrauch seiner hemmenden
Gewalt unmöglich zu machen. Zu diesem Ende verordneten sie
noch ein Kollegium von sechs Eparchen, welche, von allen andern
unabhängig, zur einen Hälfte vom Großen Rat aus den Eupa=
triden und zur andern vom Senat aus dem Volk erwählt werden
30 und keine andere Verrichtung haben, als die Bewahrer der Gesetze
und der Verfassung zu sein und zu verhindern, daß weder der
Senat und die aus dessen Mittel bestellten Magistratspersonen
ihre Gewalt über die Schranken der Gesetze ausdehnen, noch der
Große Rat dem Kleinen seine Beistimmung aus unstatthaften
35 Ursachen versagen könne. In beiderlei Fällen haben sie den
Räten und übrigen Staatsbeamten Vorstellungen zu thun und

---

19. **Nomotheten**, ό νομοϑέτης, der Gesetzgeber. Wieland hat folgende Anmerkung:
„Thesmotheten hießen zu Athen unter den neun jährlichen Archonten die sechs letzten,
denen die Oberaufsicht über die Vollziehung der Gesetze anvertraut war." Wir gaben diese
Erläuterung selbst schon zu den Abderiten.

sind, wofern diese nicht gehört würden, berechtigt, eine von den
Prytanen ergangene Verordnung zu suspendieren oder eine vom
Großen Rat versagte Sanktion durch die ihrige zu ersetzen. Die
ihnen verliehene Macht geht so weit, daß sie eine jede Magistrats=
person und überhaupt jeden Bürger, der etwas gegen die Republik 5
oder ihre Verfassung unternehmen wollte, in Verhaft zu nehmen
und einem besondern Gerichte, das aus den zwölf Demarchen,
zwölf durchs Los erwählten Prytanen und fünfundzwanzig Ple=
bejern, unter dem Vorsitz des ältesten Eparchen, zusammengesetzt
ist, zur Untersuchung und Bestrafung zu übergeben berechtigt sind. 10
Diese Staatsaufseher bleiben nur ein Jahr im Amte, haben den
Vorsitz über alle andern obrigkeitlichen Personen, unmittelbar nach
dem Epistaten, und werden vom Volk als ebenso viele für seine
Rechte und für die öffentliche Wohlfahrt wachende Schutzgeister
angesehen, sind aber nach ihrem Austritt einer so strengen Ver= 15
antwortlichkeit unterworfen, daß auf jede Versäumnis ihrer Pflicht
die Strafe einer zehnjährigen Landesverweisung steht.

Ich füge diesem kurzen Abriß unsrer neuen Verfassung nur
noch dieses hinzu, daß, weil die cyrenische Priesterschaft sich bei
der letzten Revolution durch eine besonders eifrige Vorliebe für 20
die Tyrannie hervorgethan, die Einrichtung getroffen worden ist,
daß die jedesmaligen Demarchen zugleich die Oberpriester in ihrem
Quartier, und der Epistat, als das Oberhaupt des Staats, zugleich
der Hohepriester desselben ist.

Wie gefällt dir nun unsre Republik in dieser neuen Gestalt, 25
edler Learch? Sie ist mit obrigkeitlichen Personen nicht so über=
laden wie Athen und hat, wenn ich ihr nicht zu viel schmeichle,
so ziemlich die Miene, ihre zwanzig Jahre so gut wie irgend eine
andere auszudauern. Oder meinst du nicht? — Ernsthaft zu
reden, es wäre unartig von mir, wenn ich unsern Prometheen 30
die Freude, eine so zierlich gearbeitete Konstitution zustande gebracht
zu haben, und meinen Mitbürgern ihr Vergnügen an derselben
durch Mitteilung meiner Gedanken verkümmern wollte. Aber bei
dir darf ich die Weissagung wohl ingeheim hinterlegen, daß unsre
Staatsmaschine, wie richtig sie auch einige Jahre spielen mag, 35
noch ehe dreißig Jahre in die Welt gekommen sind, wieder ins
Stocken geraten und den Söhnen ihrer Verfertiger wenigstens
ebensoviel zu schaffen machen werde als die vorige den Vätern.
Alle bürgerliche Gesellschaften haben den unheilbaren Radikalfehler,

daß sie, weil sie sich nicht selbst regieren können, von Menschen
regiert werden müssen, die — es größtenteils ebenso wenig können.
Man kann unsre Regierer nicht oft genug daran erinnern, daß
bürgerliche Gesetze nur ein sehr unvollkommnes und unzulängliches
5 Surrogat für den Mangel guter Sitten, und jede Regierung,
ihre Form sei noch so künstlich ausgesonnen, nur eine schwache
Stellvertreterin der Vernunft ist, die in jedem Menschen regieren
sollte. Was hieraus unmittelbar folgt, ist, denke ich: man könne
nicht ernstlich genug daran arbeiten, die Menschen vernünftig und
10 sittig zu machen. Aber wie die Machthaber hiervon zu über=
zeugen oder vielmehr dahin zu bringen wären, die Wege, die zu
diesem Ziele führen, ernstlich einzuschlagen? — Dies ist noch
immer das große unaufgelöste Problem! Wie kann man ihnen
zumuten, daß sie mit Ernst und Eifer daran arbeiten sollen, sich
15 selbst überflüssig zu machen?

---●---

13. Problem. Diese Stelle erinnert vielfach an die Gespräche unter vier Augen.

Aristipp

und einige seiner Zeitgenossen.

Omnis Aristippum decuit color et status et res
Tentantem majora fere, minoribus aequum.

*   *   *

Sibi res, non se rebus submittere.

Zweites Buch.

13 *

Zweites Buch.

1. Lais an Aristipp.

Die ungewöhnliche Schönheit dieses Frühjahres hat mich schon in den ersten Tagen der Blütenzeit nach Ägina gelockt; oder vielmehr die kleine Musarion ließ mir keine Ruhe, sobald sie die erste Schwalbe zwitschern hörte. Du solltest nur um der Nachtigallen willen eher nach Ägina gehen, sagte sie alle Morgen und Abende; gewiß, sie singen nirgend so schön als in unserm Lustwäldchen zu Ägina.

Du mußt wissen, Aristipp, daß Musarion meinem alten Patron vor ungefähr sechzehn Jahren von einer schönen thracischen Sklavin geboren und auf seinem Gute zu Ägina bis an seinen Tod erzogen wurde. Er selbst entdeckte mir dies kurz vor seinem Ende, indem er das Schicksal des jungen Mädchens gänzlich in meine Hände stellte. Du zweifelst nicht, daß ich ihr sogleich die Freiheit gab; und da ich nicht alt genug bin, ihre Mutter vorzustellen, gehe ich mit ihr, wie du gesehen hast, wie mit einer jüngern Schwester um.

Die Sehnsucht des guten Kindes nach Ägina ward nach und nach so lebhaft, daß ich ihrem Andringen nicht länger widerstehen konnte. Wir sind also wieder hier in deinem Lieblingssitz, und unsre Nachtigallen greifen sich so gewaltig an, daß man sie bis in Athen hören muß; denn sie haben bereits den begeisterten Kleombrotus im Gefolge seines edeln Freundes zu uns herüber gesungen. Eurybates hat (wie dir bekannt ist) auch eine Nachtigall oder vielmehr eine Sirene zu Ägina, deren Zaubergesang ihm so gefährlich zu werden droht, daß ich mich ziemlich versucht fühle, den armen Menschen aus purem Mitleiden dem Verderben zu entreißen, das sie ihm zubereitet. In ganzem Ernst, Freund Aristipp,

Eurybates dauert mich), und wer weiß, wie weit ich die Großmut
zu treiben fähig wäre, wenn ich nicht — rate selbst, wen? — in
wenig Wochen zu Ägina erwartete, dessen gute Meinung von mir
ich nicht gern verscherzen möchte, und der eine so heroische Auf=
opferung meiner selbst — bloß um einen Abkömmling des Kodrus 5
im Besitz seines schönen Landguts zu erhalten — vielleicht nicht
verdienstlich genug finden dürfte, sie für ein würdiges Gegenstück
der peinlichen Tugendübungen anzusehen, die er sich selbst ganzer
drei Monate lang zu Syrakus auferlegt haben soll.

Ohne Scherz, lieber Aristipp, auch deine Freundin, sich 10
schmeichelnd, daß sie immer noch die einzige ist, sehnt sich, dich
bald wiederzusehen; und wenn sie dir gleich eine Treue, die ihr
nichts kostet, nicht hoch anzurechnen gedenkt, so gesteht sie doch,
daß sie dir's schwerlich verzeihen könnte, wenn du deine philo=
sophischen Kampfübungen auf ihre Rechnung länger fortsetzen und, 15
anstatt — zu den Nachtigallen in Ägina zurückzueilen, etwa noch
eine kleine Reise zu den unbescholtnen Äthiopiern machen wolltest.
Ich habe dir eine Neuigkeit mitzuteilen, die nicht sehr geschickt ist,
deine Meinung von den Athenern zu verbessern. Sokrates, unter
allen beschuhten und unbeschuhten Achaiern unstreitig der beste, soll 20
(wie die Rede geht) von drei redseligen Buben, dem Gerber und
Volksredner Anytus, dem Rhetor Lykon und einem gewissen Dichter=
ling, wenn ich nicht irre, Melitus genannt, angeklagt worden sein,
„daß er neue Götter in Athen einführen wolle und die jungen
Leute verderbe!" Jedermann findet diese Anklage gar zu ungereimt, 25
und ich habe noch niemand gesehen, der ernsthaft davon hätte
sprechen können oder im geringsten für unsern alten Freund in
Sorgen stände, wiewohl der Kläger auf keine geringere als die
Todesstrafe anträgt. Ungeachtet ich die Sache ebenso ansehe, so
gestehe ich doch, ich traue den Athenern nur halb und verlasse 30
mich mehr auf die Anzahl und den Eifer seiner Freunde als auf
die Güte seiner Sache und die Gerechtigkeit der Heliasten oder
Areopagiten. Hoffentlich wird der Sturm schon glücklich vorüber
sein, ehe du dich von Cyrene losmachen kannst. Denn soeben ver=
sichert mich einer meiner athenischen Bekannten, der die Stadt 35
erst diesen Morgen verlassen hat, der berühmte Lysias arbeite an

22 f. Anytus, Ἄνυτος, angesehener Bürger. — Lykon, Λύκων, von Aristophanes
als Parasit verspottet. — Melitos, Μέλιτος, tragischer Dichter. — 36. Lysias, Λυσίας,
der Redner.

einer ganz vortrefflichen Schutzrede für unsern ehrwürdigen Freund,
und die allgemeine Stimmung sei dem Beklagten so günstig, daß
es ihm nur ein gutes Wort an seine Richter kosten werde, um
lauter weiße Steine zu erhalten. In der That sind seine An=
5 kläger so gar schlechte Menschen, und die Klagpunkte passen so
übel auf Sokrates, daß Aristophanes selbst, wie ich höre, sich
darüber ärgert, daß solche verächtliche Sykophanten aus seinem
schon vierundzwanzigjährigen Spaß Ernst machen wollen, und sich
schlechterdings weigert, an ihrer Verschwörung teilzunehmen. Du
10 kannst also, denke ich, deines alten Chirons wegen außer aller
Sorge sein.

----

2. An Lais.

Deine Briefe müssen einen sehr betriebsamen Genius haben,
schöne Lais; denn der Schiffer, der mir soeben den letzten über=
15 bringt, versichert mir, daß er die Reise von Ägina nach Cyrene,
die er seit vielen Jahren zwei= bis dreimal jährlich mache, in
seinem Leben nie in so kurzer Zeit und mit so günstigen Winden
gemacht habe als diesmal.

Deine Neuigkeit hat mich befremdet, aber nicht im geringsten
20 beunruhigt. Eine so boshafte Anklage, von so namenlosen Menschen
wie diese, kann einem Sokrates nicht gefährlich sein, oder die
Kechenäer müßten von aller Scham und Vernunft gänzlich ver=
lassen werden. Ich kenne von den Anklägern nur einen persönlich,
den Lederhändler Anytus, einen würdigen Nachfolger des berüch=
25 tigten Kleons, nur daß er sich gegen diesen ungefähr verhält wie
ein Schafsfell zu einer Hirschhaut; ob er sich's gleich ein paar
hundert tüchtige Bocksfelle kosten ließ, um es in der edeln Kunst,
dem übel hörenden, halb kindischen alten Demos im Pnyx die
Ohren voll zu schreien, so weit zu bringen, daß er sich unter den
30 dermaligen Volksrednern so gut als ein anderer hören lassen darf.
Lykon ist ein verdorbner Schulhalter in der Rhetorik, und ich ent=
sinne mich nicht, den Namen des Dichterlings Melitus je gehört
zu haben. Was für Leute, um gegen einen Mann wie Sokrates
aufzustehen! und wie fände nur ein Schatten von Wahrscheinlich=
35 keit statt, daß die Athener den biedersten und tugendhaftesten aller

----

10. **Chiron**, Χείρων, der gelehrte Centaur, mit dem hier Sokrates verglichen wird,
vgl. oben. — 22. **Kechenäer**, vgl. oben. — 28. **im Pnyx**, richtiger in der Pnyx, ἡ πνύξ
war ein Ort zu Volksversammlungen in Athen. Vgl. oben.

ihrer Mitbürger, einen Mann, deſſen Name im ganzen Griechen=
land in Ehren gehalten wird, die Profeſſion eines freiwilligen
unbezahlten Volks= und Jugendlehrers dreißig Jahre lang un=
geſtört hätten treiben laſſen, um ihn erſt in ſeinem ſiebzigſten
deswegen zur Rede zu ſtellen und ſolcher albernen Beſchuldigungen 5
wegen aus der Stadt zu verweiſen oder gar zum Tode zu ver=
urteilen? Wie du ſagſt, wir haben nichts für ihn zu fürchten;
die ganze Komödie wird ſich, ſo gut als ehemals die Wolken des
Ariſtophanes, auf eine ehrenvolle Art für ihn und auf eine ſo
ſchmähliche für die drei Sykophanten endigen, daß ſie uns hinter= 10
drein Stoff genug zum Lachen geben ſoll.

Wir haben meines Wiſſens keine Nachtigallen in Cyrene.
Ich werde mich alſo, ſobald ich hier loskommen kann, auf den
Weg machen, um die deinigen noch ſingen zu hören, bevor ihre
Zeit vorüber iſt. An Sirenen fehlt es auch bei uns nicht; aber 15
ich kenne keine ſchlimmere als die ſchlaue Lyſandra, von welcher
du den armen Eurybates zu erlöſen geſonnen ſcheinſt. In der
That wär' es eine verdienſtliche That, und um eine der ſchönſten
Hiſtorien daraus zu machen, brauchte es nichts, als daß der edle
Kobride großmütig genug wäre, keinen Erſatz von dir zu fordern, 20
oder wie der gute Kleombrot ſich am geiſtigen Ambroſia deines
bloßen Anſchauens genügen ließe; wiewohl zu befürchten iſt, daß
ſo materielle Weſen wie die atheniſchen und korinthiſchen Eupa=
triden es bei einer ſo leichten erotiſchen Diät ſchwerlich lange
aushalten möchten. 25

Du wirſt von Learch vernommen haben, daß ich nicht ſo
glücklich war, den Aritades noch am Leben anzutreffen. Ich habe
einen ſehr gütigen Vater, Cyrene einen ihrer beſten Bürger an
ihm verloren. Seine Jugend fiel in eine Zeit, wo die Lebensart
bei uns viel einfacher, die Sitten reiner, die Verhältniſſe unter 30
Verwandten, Nachbarn und Mitbürgern enger und herzlicher waren
als heutzutage. Aritades blieb dem Genius ſeiner beſſern Zeit
getreu, ohne von der jetzigen Generation zu verlangen, daß ſie
vorſätzlich wieder ſo weit zurückſchreite, als ſie in allem unvermerkt
vorwärts gerückt iſt. Wahrſcheinlich hat der traurige Ausgang 35
unſrer letzten Revolution den Faden ſeines Lebens früher abge=
riſſen als die Natur es wollte. Das Vordringen des republi=
kaniſchen Kriegsheers in den letzten Tagen Ariſtons nötigte ihn,
ſich in die Stadt zu flüchten und ſeine Güter der Verheerung

preißzugeben. Natürlicher Weise treffen die Folgen dieses Unfalls auch mich. Ich werde nicht reich genug zurückkommen, um meine gewohnte Lebensart in die Länge fortsetzen zu können; und ich sehe eine Zeit voraus, wo ich mich vielleicht werde entschließen
5 müssen, entweder bei der Philosophie des Sokrates zu hungern oder meine von Hippias gelernten Künste wuchern zu lassen. — Doch diese Zeit ist noch fern genug, und im nächsten Jahrzehend wenigstens soll es mir nicht an Mitteln fehlen, den Lebensplan, den ich mir für diese Periode gemacht habe, vollständig und ge=
10 mächlich auszuführen. Sei also von dieser Seite unbesorgt für mich, meine Liebe; ich werde in zehn Jahren so viel Vorrat für die Zukunft gesammelt und so große Fortschritte in der Kunst zu leben gemacht haben, daß ich mit beiden auszulangen hoffe, wenn ich auch so alt wie Tithon würde.
15   Mein Bruder ist zu tief in die Geschäfte seiner einzigen Liebschaft, unsrer aus dem politischen Medeenkessel neuverjüngt herausgestiegenen Republik, verwickelt, als daß ihm Muße zu seinen Privatangelegenheiten übrig bliebe. Aber Eros und Aphrodite verhüten, daß ich hier so lange ausharre, bis unsre Erbschafts=
20 sache bei Drachmen und Obolen ausgeglichen ist! Ich gedenke mich mit irgend einer mäßigen Summe abfinden zu lassen, um desto eher in Ägina anzukommen, wo ich meinen edlen Freund Eurybates (unter uns gesagt) lieber zu deinen schönen Füßen als in deinen Armen überraschen möchte.

25   ### 3. Lais an Aristipp.

     Es ist vielleicht glücklich für dich, lieber Aristipp, daß du länger in Cyrene aufgehalten wirst, als du hofftest; denn die Sachen in der Minervenstadt haben indes eine Wendung ge= nommen, die sich niemand einbilden konnte. O die Athener, die
30 Athener! Wie verhaßt ist mir jetzt dieser Name! Ich verbiete allen, die um mich sind, ihn auszusprechen, und er soll in den

---

14. Tithon, Τιθωνός, wurde von der Göttin Morgenröte entführt, welche ihm von Zeus Unsterblichkeit auswirkte. Doch vergaß sie bei ihm zur Unsterblichkeit auch ewige Jugend zu erbitten. Er schrumpfte daher zuletzt so sehr ein, daß er zur Heuschrecke wurde. Hierauf beziehen sich außer Rückerts schon erwähntem Gedichte auch Bürgers Sonette: „Auf die Morgenröte", besonders Strophe 3, und „An das Herz", besonders Strophe 4. — 16. Medeenkessel. Medea tötete einen Widder, kochte ihn und verjüngte ihn. Dadurch bewog sie die Töchter des Pelias ihren Vater zu töten und zu kochen, ließ sie aber dann im Stich, so daß Pelias tot blieb.

nächſten fünf Jahren nicht über meine Lippen kommen. Kannſt
du glauben, daß die Elenden unmenſchlich genug ſein konnten?
— die Hand verſagt mir fortzufahren. — O, daß ich nicht Circe,
nicht Medea, nicht der Erinnyen eine bin! — Und wenn ich dir
erſt ſage, warum ſie ihn verurteilt haben, und wie wild es dabei 5
zugegangen iſt! — Sokrates hielt es (mit Recht) ſeiner unwürdig,
ſich auf die boshaft alberne Anklage in eine Verteidigung in ge=
wöhnlicher Form einzulaſſen, gab auch nicht zu, daß einer von
ſeinen Freunden für ihn aufträte. In der That (nach dem, was
man mir davon erzählt hat, zu urteilen) iſt nie etwas Jämmer= 10
licheres gehört worden als die Beweiſe, womit der Schwätzer
Melitus ſeine Anklage gut zu machen ſuchte. Sokrates hörte ihm
lachend zu und fand, ſie bedürften keiner Widerlegung, da er ſich
auf die eigene Überzeugung der Richter berufen könne. „Mein
ganzes Leben, ſagte er, iſt die vollſtändigſte Antwort auf die Be= 15
ſchuldigungen meiner Ankläger.“ — Die ehrſamen Heliaſten fanden
ſich durch die Kürze dieſer Apologie beleidigt. Welcher Trotz!
ſagten ſie unter einander, welcher Übermut! das iſt nicht zu dulden,
das muß beſtraft werden, wenn er auch ſonſt nichts verbrochen
hat. Sie ſchritten zum Urteil, und der Beklagte wurde mit 20
281 Steinen von 500 für ſchuldig erklärt. Weil es indeſſen doch
ihre Meinung war, ihn, wenn er um Milderung der Strafe
bäte, mit einer Geldbuße davonkommen zu laſſen, ſo fragte man
ihn, was er für eine Strafe verdient zu haben glaubte? „Lebens=
länglich im Prytaneum unterhalten zu werden,“ war ſeine Antwort. 25
Dies brachte die Richter dermaßen auf, daß ſie unter großem
Lärm zu einer nochmaligen Stimmgebung ſchritten, wo ſich dann
ergab, daß er mit 360 Steinen zum Tode verurteilt war. Dabei
blieb es, und er wurde ſofort in das öffentliche Gefängnis ab=
geführt. Der Tag ſeines Todes iſt einer alten Gewohnheit zufolge 30
auf die Wiederkunft des Heiligen Schiffes ausgeſetzt, welches alle
Jahre mit den Abgeordneten der Republik zum Andenken der
berühmteſten Heldenthat des Theſeus nach Delos geſchickt wird.
Seine Freunde haben indes die Freiheit ihn täglich zu beſuchen
und er unterhält ſich mit ihnen auf ſeine gewohnte Art ſo un= 35
befangen und heiter als ob das, was ihm bevorſteht, nur eine
kleine Reiſe nach Ägina wäre.

Alle diese Umstände habe ich von sehr guter Hand, und auch diesen, daß sein vertrautester alter Freund, Kriton (der sehr reich sein soll), alles mögliche angewandt habe, ihn zu bewegen, daß er sich von ihm befreien und außer Landes in Sicherheit bringen lassen möchte. Aber Sokrates sei unerschütterlich auf seinem Vorsatz beharrt, sich dem Urteil seiner gesetzmäßigen Richter nicht zu entziehen. „Ich bleibe, habe er gesagt, um den Gesetzen meines Vaterlandes, denen ich Gehorsam schuldig bin, genug zu thun; so sterbe ich schuldlos, wie ich gelebt habe; durch die Flucht würde ich den Tod verdienen, den ich jetzt unschuldig leide."

Ich muß aufhören, Aristipp — bleibe immerhin wo du bist; wenn du auch herüber fliegen könntest, was würd' es helfen? Ich danke den Göttern, daß sie dir den Schmerz, ein Zeuge seines Todes zu sein, erspart haben. — Und doch — wenn's möglich ist, so komm! komm je eher je lieber! Du kannst zwar deinem alten Freunde nichts helfen; aber ich bedarf deiner. Du allein kannst die schwarzen Wolken zerstreuen, die mein Gemüt verdüstern und zusammendrücken.

---

4. Eurybates an Aristipp.

Lais hat dich vorbereitet, Freund Aristipp; aber dir das Ärgste zu melden, versagt ihr der Mut. Sokrates — ist nicht mehr!

Ein unglücklicher Augenblick, eine Art von Mißverständnis, unzeitiger Stolz von seiten der Richter, und — wenn ich's sagen darf — ein wenig Eigensinn auf seiten des noch stolzer zu sein freilich nur zu wohl berechtigten Sokrates ist schuld an einer Übereilung, welche die Athener sich selbst nie verzeihen werden. Du weißt, wie sie sind. Es ist nun einmal von jeher Sitte bei uns gewesen, daß ein Beklagter, wär' er noch so unschuldig, mehr die Humanität seiner Richter als ihre Gerechtigkeit auf seine Seite zu bringen suchen muß. Man versichert mich heilig, das Gericht sei in keiner ihm ungünstigen Stimmung gewesen. Aber seine ihm zur andern Natur gewordene Ironie, eine Kaltblütigkeit, die ihm für Trotz ausgelegt wurde, die tumultuarische Art, wie es bei der ganzen Verhandlung zuging, und woran zum Teil die Hitze und der unbesonnene Eifer seiner jungen Freunde selbst schuld war, das alles stimmte die Richter um; und so konnten sie es

nicht ertragen, daß er anstatt (wie gewöhnlich) um Milderung der
Strafe anzusuchen, mit einer Miene — die man freilich, seitdem
Athen steht, noch nie im Gesicht eines auf den Tod Angeklagten
gesehen hat — sagte: die Strafe, die er verdient habe, sei ein
lebenslänglicher Freitisch im Prytaneion. 5

Das Geschehene ist nun nicht mehr zu ändern. — Der Name
Sokrates wird mit ewigem Ruhm auf die Nachwelt kommen; alle
seine kleinen Menschlichkeiten werden vergessen sein, und nur die
Sage, daß er der weiseste aller Menschen gewesen, wird von einem
Jahrhundert dem andern übergeben werden; uns Athener hingegen 10
wird ewig die Schande drücken, einen solchen Mitbürger verkannt
zu haben. Wohl dem, der nicht unter seinen Richtern saß!

Die dreißig Tage, die er nach seiner Verurteilung im Ge=
fängnis zubrachte, sollen die schönsten seines ganzen Lebens ge=
wesen sein. Weinend sprechen seine Freunde mit Entzücken davon. 15
Er weigerte sich aus den edelsten Beweggründen, sich aus dem
Gefängnis entführen und in Sicherheit bringen zu lassen, wozu
Kriton alles schon veranstaltet hatte. Wenige Stunden vor seinem
Tode unterhielt er sich mit seinen Freunden über die Unsterblichkeit
der Seele und tröstete sich durch die Zuversicht, womit er ihnen 20
von seiner Hoffnung, in ein besseres Leben hinüberzugehen, als
von einer gewissen Sache sprach. Der junge Plato will, wie ich
höre, alle diese Gespräche — vermutlich in seiner eignen Manier,
wovon er bereits Proben gegeben hat, mit welchen Sokrates nicht
sonderlich zufrieden sein soll — aufschreiben und bekannt machen. 25
Ich wünsche, daß er so wenig von dem Seinigen hinzuthun möge,
als einem jungen Manne von seinem seltnen Genie nur immer zuzu=
muten ist; aber er hat eine zu warme Einbildungskraft und zu viel
Neigung zur dialektischen Spinneweberei, um den schlichten Sokrates
unverschönert und, wenn ich so sagen darf, in seiner ganzen Silenen= 30
haftigkeit darzustellen, die wir alle an ihm gekannt haben, und
die mit seiner Weisheit so sonderbar zusammengewachsen war.

Der arme Kleombrot ist untröstbar. Schon vorher mußte
ich alles anwenden, was ich über ihn vermag, ihn abzuhalten,
daß er nicht nach Athen zurückstürmte, um (wie er sagte) seinen 35
geliebten Meister entweder zu retten oder mit ihm zu sterben.
Das erste stand nicht in seiner Macht, hingegen hätt' er sich leicht
schlimme Händel zuziehen können, da unser Volk (wie dir bekannt
ist) nicht leiden kann, daß Ausländer sich in unsre Sachen mischen.

Nun kriecht er aus einem Winkel in den andern und macht
sich selbst Vorwürfe, daß er seinen Lehrer zu einer solchen
Zeit verlassen habe; als ob jemand sich so etwas hätte träumen
lassen können, da wir nach Ägina gingen. Kurz, er ist in einem
erbärmlichen Zustande. Die kleine Musarion, die ihn zerstreuen
sollte, sitzt den ganzen Tag Hand in Hand neben ihm und hilft
ihm weinen. Lais selbst ist noch zu sehr erschüttert als daß sie
andere trösten könnte. Alle unsre Hoffnung, ihn wieder zurecht
zu bringen, beruht also auf dir, lieber Aristipp. Deine sämtlichen
Freunde in Ägina sehen dir mit Sehnsucht entgegen.

5. An Eurybates.

Das sind nun eure so hochgepriesenen Freistaaten, Eurybates!
So geht es in euern Demokratieen zu! Bei allen Göttern der
Rache! eine solche Abscheulichkeit war nur in einer Ochlokratie
wie die eurige möglich! Ihr schimpft auf das, was ihr Tyrannie
nennt? Wahrlich, unter dem Tyrannen Dionysius hätte Sokrates
so lange leben mögen als Nestor; alle Gerber, Rhetoren und
Versemacher von ganz Sicilien sollten ihm kein Haar gekrümmt
haben! — Im Grunde dauern mich deine Athener. Was können
sie dafür, daß die Regiersucht solcher ehrgeizigen Aristokraten und
Demagogen wie Klisthenes und Perikles ihnen in ihre schwind=
lichten Köpfe gesetzt hat, ein Wurstmacher, Kleiderwalker oder
Lampenhändler verstehe sich so gut aufs Regieren und Urteilsprechen
als einer, der dazu erzogen worden ist? Der Tag, da Athen
von der edeln und weislich abgewogenen Solonischen Aristodemo=
kratie zu einer reinen Ochlokratie herabgewürdigt wurde, war der
unseligste von allen, die ihr seit Cekrops und Theseus mit schwarzer
Kreide bezeichnet habt. Alles Elend, das in den letzten dreißig
Jahren über eure Stadt gekommen ist, alles Unheil, das ihr über
Griechenland gebracht habt, all die Schandmale, die ihr durch so
viele Handlungen des gefühllosesten Undanks gegen eure verdienst=
vollsten Bürger eurem Namen auf ewig eingebrannt habt, schreiben
sich von diesem Tage her. — Wie? die dreißig Tyrannen selbst,
denen euch Lysander preisgab, die gewaltthätigsten und verruchtesten

14. Ochlokratie, ὀχλοκρατεία, Pöbelherrschaft. — 21. Klisthenes, der die Pisi=
stratiden vertrieb.

aller Menschen, wagten es nicht, sich an Sokrates zu vergreifen, als er ihnen mit spottender Verachtung die derbsten Wahrheiten ins Gesicht sagte, und eure Heliasten, Leute, die für drei Obolen des Tags, je nachdem sie einem wohl oder übel wollen, Recht oder Unrecht sprechen, verurteilen ihn zum Tode, weil er sie nicht 5 um eine gnädige Strafe bitten will, verurteilen ihn bloß, um ihm zu zeigen, daß sein Leben von ihrer Willkür abhange? Die Elenden! — Aber noch einmal, nicht sie, sondern die Urheber einer Verfassung, welche die Macht über Leben und Tod in die Hände solcher Wichte legt, sind verwünschenswert. 10

Doch wozu dieser Eifer? Und was berechtigt mich, meine Galle über dich, der an diesem Greuel unschuldig ist, auszugießen? Verzeih, Eurybates! Ich fühle, daß es mich noch viel Arbeit an mir selbst kosten wird, bis ich es so weit gebracht habe, alles an den Menschen natürlich zu finden, was sie zu thun fähig sind, 15 und mich mit einer solchen Natur zu vertragen. Ich schmeichelte mir sonst es schon ziemlich weit in diesem ebenso schweren als unentbehrlichen Teile der Lebenskunst gebracht zu haben, — zu früh, wie ich sehe; aber freilich, auf ein solches Ungeheuer der schandbarsten Narrheit und Verkehrtheit wie dieser justizmäßige 20 Sokratesmord war ich nicht gefaßt.

In drei Tagen schiffe ich mich nach Ägina ein und gedenke, von dort aus eine Reise nach den vornehmsten Städten Joniens zu unternehmen und mich in jeder so lange aufzuhalten, als ich etwas zu sehen, zu hören und zu lernen finde, das in meinen 25 Plan taugt. Athen wiederzusehen, bin ich noch unfähig; der Anblick eines Heliasten würde mich wahnsinnig machen.

Lebe wohl, Eurybates, und stelle, wenn du kannst, die Zeiten wieder her, da die Minervenstadt noch von lebenslänglichen Archonten regiert wurde. Eure Triobolenzünftler haben mich mit der Aristo= 30 kratie auf immer ausgesöhnt. Es ist zwar im Durchschnitt genommen nicht viel Gutes von euch zu rühmen, ihr andern Eupatriden; aber das bleibt doch wahr, daß der Schlechteste von euch nicht fähig gewesen wäre, weder Ankläger eines Sokrates zu sein, noch ihm Schierlingssaft zu trinken zu geben. 35

---

30. Triobolenzünftler, „Anspielung an die Ὀργατορας τριωβολου des Aristophanes in den Rittern. (S. Attisches Museum, 2. B.)" W

6. An Lais.

Um uns die gezwungene Unterwerfung unter das eiserne
Gesetz der Notwendigkeit erträglicher zu machen, giebt es wohl
kein besseres Mittel, liebe Laiska, als uns des großen Vorrechts
5 zu bedienen, womit die Natur den Menschen vor allen andern
lebenden Wesen begabt hat, „daß es in seiner Macht steht, bloß
durch eine willkürliche Anwendung seiner Denkkraft, wo nicht allen,
doch gewiß dem größten Teil der Übel, die ihm zustoßen, den
Stachel zu benehmen, indem er sie aus dem düstern Licht, worin
10 sie ihm erscheinen, in ein freundlicheres versetzt und sie so lange
auf alle mögliche Seiten wendet, bis er eine findet, die ihm einen
tröstlichen Anblick gewährt". An diese sollten wir uns dann, wenn
wir weise wären, festhalten, ohne spitzfindig nachzugrübeln, wie
viel davon etwa bloße Täuschung sein möchte. Warum wollten
15 wir die Schale mit Nepenthes, die uns eine mitleidige Gottheit
reicht, ausschlagen, um uns vorsätzlich dem Gram einer einseitigen
Vorstellung zu überlassen, der, wie der Geier des Prometheus,
an unserm Leben nagt, ohne daß irgend etwas Gutes für uns
oder andere daraus entspringen kann? Was wir selbst, was alle
20 bessern Menschen, was die Welt überhaupt durch den Tod unsers
unersetzlichen Freundes verloren hat, kann uns durch unsern Unmut
nicht wiedergegeben werden. Reißen wir uns mit unsern Gedanken
von allen eigennützigen Gefühlen los und erwägen dafür, was
er selbst, der Geliebte, dessen Verlust wir beklagen, verloren oder
25 gewonnen haben mag! — War es nicht eher ein Gut als ein Übel
für ihn, die Zeit der immer fühlbarer werdenden Abnahme, die
Zeit nicht zu erleben, wo der Mensch in seinen eigenen und andrer
Augen nur noch als eine zusehends in Trümmer zerfallende Ruine
dessen, was er war, erscheint? „Er hätte, sagen wir, noch lange,
30 vielleicht noch zehn Jahre leiblich leben können." — O ja, und
dann vielleicht noch andere zehn Jahre unter allen Entbehrungen
und Beschwerden des höchsten Greisenalters, wie eine allmählich
sterbende Pflanze, hingeschmachtet! der Welt unnütz, sich selbst und
seinen Freunden lästig, ein trauriger Gegenstand ihrer in bloßes
35 Mitleiden verwandelten Liebe! Ihm war ein besseres Los be-
schieden. Denn wahrlich, im Genuß aller seiner Kräfte und einer
vollständigen Gesundheit der Seele und des Leibes siebzig Jahre

---

15. Nepenthes, φάρμακον νηπενθές, ein Zaubermittel, das den Kummer lindert.

zurückzulegen und dann ohne Krankheit und Schmerzen ſo ſchnell
und leicht aus der Welt zu kommen wie er iſt ein Glück, das
unter tauſend Menſchen kaum einem zu teil wird. — „Er ſtarb
ſchuldlos von ungerechten Richtern verurteilt,“ — aber ruhig,
heiter, freudig, im Bewußtſein eines ganzen wohlgeführten, un= 5
tadelhaften, gemeinnützlichen Lebens! geliebt, geehrt, beweint und
betrauert von allen guten Menſchen! Er lebt fort im Herzen
ſeiner Freunde, wird ewig leben im Andenken der ſpäteſten Nach=
welt, die ſeinen Namen zur gewöhnlichen Bezeichnung der Idee
eines weiſen und tugendhaften Mannes machen wird. Seine denk= 10
würdigſten Reden, ſeine Lehre, ſein bürgerliches und häusliches
Leben werden, von ſeinen Freunden in Schriften dargeſtellt, noch
Jahrtauſende lang, vielleicht unter Völkern, deren Benennung uns
jetzt noch unbekannt iſt, Gutes wirken. Giebt es ein glorreicheres
Los für einen Sterblichgebornen, als mit allen dieſen Vorzügen 15
gekrönt von der Tafel der Natur aufzuſtehen und ſchlafen zu
gehen — entweder zur Ruhe eines ewigen Schlafs, oder (wie er
ſelbſt glaubte) um, mit den Geiſtern aller Edeln und Guten, die
vor ihm waren, vereinigt, ein neues Leben in der unſichtbaren
Welt zu beginnen? — Trauern wir alſo nicht um Sokrates! Er 20
hat nichts verloren, nichts das ihm nicht reichlich erſetzt wird,
nichts wofür ihm nicht ſchon die letzte Stunde, da ſich Vergangen=
heit und Zukunft in ſeinem Bewußtſein in Ein großes, klares,
lebendiges Gefühl zuſammendrängte, überſchwänglichen Erſatz ge=
geben hätte. — „Aber was wir ſelbſt an ihm verloren haben?“ 25
— iſt im Grunde wenig, meine Freunde! denn von allem, was
wir bereits von ihm beſitzen, können wir nichts verlieren als durch
unſre eigne Schuld; und in der Folge hätte er doch nur wenig
mehr für uns ſein können. Geſetzt aber auch, wir hätten viel
verloren, ſo ſei uns dies ein neuer Antrieb, einander deſto ſorg= 30
fältiger und eifriger alles zu ſein, was in unſerm Vermögen iſt!

Ich geſtehe, daß es mir jetzt äußerſt peinlich wäre, nach
Athen zurückzukehren, wo mich alles noch zu friſch an ihn erinnern
würde; aber in einigen Jahren werden dieſe Erinnerungen viel=
mehr angenehm als ſchmerzhaft ſein. Was die Athener betrifft, 35
die ſind im Durchſchnitt ein ſo verächtliches Geſindel, daß ſie nicht
einmal unſers Haſſes wert ſind, geſchweige daß die liebenswürdigſte
aller Erdentöchter um ihrentwillen zur Medea oder Tiſiphone werden

38. Tiſiphone, Τισιφόνη, Rächerin des Mordes, eine Erinnye.

sollte. An weniger gefühllosen Menschen würden Scham und Reue
bereits eine strenge Rache genommen haben. Aber ich besorge sehr,
die Athener sind weder der Scham noch der Reue fähig. Desto
schlimmer für sie! Sie werden ihrer verdienten Strafe nicht ent=
5 rinnen; und schwerlich würdest du, wenn dir auch alle Fackeln und
Schlangenpeitschen der Erinnyen zu Dienste ständen, grausam genug
sein, ihnen die Hälfte der Plagen anzuthun, die sie selbst durch
die natürlichen Folgen ihrer unheilbaren Verkehrtheit über sich auf=
häufen werden.

10   Meine Geschäfte in Cyrene werden in zehn Tagen beendigt
sein, und dann fliege ich mit dem ersten günstigen Winde deiner
Zauberinsel zu. Ich bringe dir auf meine Gefahr meinen Freund
Kleonidas mit, einen jungen Mann, der es wert ist, dich zu sehen
und dir bekannt zu werden, und der so sehr mein anderes Ich
15 ist, daß du schwerlich mehr für ihn thun könntest, als ich ihm
gönnen würde. Er ist mit allen Anlagen zur bildenden Kunst
geboren, gab sich aber in seinen frühern Jugendjahren ganz den
Musenkünsten hin. Er würde mich schon vor fünf Jahren nach
Griechenland begleitet haben, wenn ihn nicht eine schwärmerische
20 Leidenschaft für die Tochter des damals sich bei uns aufhaltenden
Malers Pausias zurückgehalten hätte, die an Schönheit und —
Dumpfheit eine andere Theodota ist. Um seine Geliebte so nahe
und so oft als möglich zu sehen, bestellte er bei dem Vater ein
Gemälde nach dem andern und brachte unter dem Vorwande, den
25 Künstler arbeiten zu sehen, einen großen Teil des Tages in seinem
Hause zu. Die Folge davon war, daß seine Phantasie für die
Tochter nach und nach erkaltete, hingegen eine leidenschaftliche Liebe
für die Kunst des Vaters in ihm erwachte, für welche er, wie
sich in kurzem zeigte, eine entschiedene Anlage hat. Da er reich
30 genug ist, bloß zu seinem und seiner Freunde Vergnügen zu ar=
beiten, wird er die Malerei, wiewohl sie seitdem seine hauptsäch=
lichste Beschäftigung war, schwerlich jemals als Profession treiben.
Nichts desto weniger verspreche ich mir von ihm, daß er mit der
vorzüglichen Geistesbildung und dem Dichtertalent, die ihm dabei
35 zu statten kommen, ungleich mehr leisten wird, als man gewöhnlich
von einem bloßen Liebhaber erwartet. Kurz, ich habe mir in

21. Pausias aus Sikyon.

den Kopf geſetzt, es fehle ihm, um noch weiter als ſein Lehrer
ſelbſt zu kommen, weiter nichts, als die ſchöne Lais zu ſehen und
von ihr aufgemuntert zu werden. Ich habe alſo nicht von ihm
abgelaſſen, bis ich ihn ſchon im voraus ſo verliebt in dich gemacht
habe, daß er vor Ungeduld brennt, ſich mit ſeinen eignen Künſtler= 5
augen zu überzeugen, ob du noch ſchöner und reizender biſt als
die Idee, die er ſich von dir gemacht und in einem Bilde der
Hebe, die dem neu vergötterten Herakles die erſte Nektarſchale
reicht, in der That meiſterhaft ausgeführt hat. Wir wollen ſehen!

7. An Hippias.   10

Ich bin wieder in Ägina, mein lieber Hippias, — in einem
der anmutigſten Winkel der Erde, in der auserleſenſten Geſell=
ſchaft, von allem umgeben, was ſeinern Sinnen ſchmeicheln, die
Phantaſie bezaubern und die edelſten Bedürfniſſe gebildeter Menſchen
befriedigen kann; um alles mit einem Worte zu ſagen: ich bin 15
bei Lais. — Aber Athen liegt uns zu nah! — Sokrates, den
Giftbecher am Munde, mitten unter ſeinen die Hände ringenden, in
Thränen zerfließenden oder den Ausbruch des bitterſten Schmerzes
aus Liebe zu ihm gewaltſam zurückhaltenden Freunden, ſtellt ſich
noch immer und überall zwiſchen uns und alles, was uns zur 20
Freude einladen will. Unſrer ſchönen Freundin, der die Bilder
der Tage und Stunden, die ſie noch vor kurzem in ſeiner Geſell=
ſchaft zubrachte, wieder ſo lebendig vor den Augen ſchweben, daß
ihr die Vergangenheit beinahe zur Gegenwart wird, iſt es ebenſo
zu Mute wie mir. — Wie wohlthätig, o Hippias, würde uns 25
jetzt deine Geſellſchaft ſein! — Aber ſo bleibt uns weiter kein
anderes Mittel übrig als uns von der verhaßten Scene ſo weit
als möglich zu entfernen. Neue Anſichten, neue Menſchen, neue
Verbindungen, kurz, eine neue Welt um uns her iſt nötig, unſrer
dem Gefühl und der Erinnerung noch zu ſchwach entgegenwirkenden 30
Vernunft zu Hülfe zu kommen; auch werden bereits Anſtalten ge=
macht in zehn Tagen nach Milet abzureiſen, wo Lais ſich einige
Zeit aufzuhalten gedenkt, während ich eine Wanderung durch andere
merkwürdige Städte von Jonien, Karien, Lydien und Phrygien
unternehmen werde.   35
Findeſt du nicht auch, Hippias, daß man der Philoſophie

zu viel Ehre erweist, wenn man ihr die Macht zuschreibt, dem
Gefühle, der Einbildungskraft und den Leidenschaften immer un=
umschränkt zu gebieten? Wahrscheinlich wird ihr vieles gut ge=
schrieben, das auf Rechnung des Temperaments, einer natürlichen
Apathie oder Schwäche des sympathetischen Gefühls und andrer
solcher Ursachen zu setzen war. Nichts ist leichter, als mit solchen
Vorteilen (wenn sie ja diesen Namen verdienen) sich die Miene
eines Weisen zu geben und auf andere, die mit einem weichern
Herzen, wärmerem Blute, zärtern Nerven und mehr Anlage zu
Freundschaft und Liebe geboren sind, als auf schwache Seelen
herabzusehen. Aber alles was die Weisheit von Menschen meiner
Art in dergleichen Fällen fordern kann, ist, denke ich, daß wir
uns nicht vorsätzlich selbst peinigen und aus vermeinter Pflicht,
oder weil man etwas Schönes und Großes darein setzt, alles
hartnäckig von uns weisen, wodurch das gestörte Gleichgewicht in
unserm Innern wieder hergestellt und das Gemüt für die Freude
wieder empfänglich gemacht werden könnte. In diesem traurigen
Falle befindet sich mein junger Freund Kleombrot von Ambracien,
den du, wenn du dich dessen noch erinnerst, mehr als einmal bei
mir gesehen hast; einer von den jüngsten und eifrigsten Anhängern
des Sokrates. Weder ich noch Eurybates, dessen Gesellschafter
und Hausgenosse er seit einiger Zeit ist, noch Lais, die ihn wohl
leiden mag, noch die holde Musarion selbst, mit deren Seele er
schon Jahr und Tag in einem sonderbaren Liebesverständnis steht,
vermögen etwas über die tiefe Schwermut, die sich seiner seit dem
unseligen Ereignis zu Athen bemächtigt hat. Er wirft sich selbst
vor, daß er seinen Meister verlassen habe und nicht wenigstens
auf die erste Nachricht von der Verschwörung seiner Feinde gegen
ihn sogleich nach Athen zurückgeflogen sei. Der Gedanke töte ihn,
sagt er, daß er fähig gewesen sei, sich sorglos einer wollüstigen
Unthätigkeit zu überlassen, indessen der Anblick und die Gesellschaft
seiner getreuen, bis in den Tod bei ihm ausharrenden Freunde
das Einzige gewesen, was dem besten aller Menschen zur Er=
leichterung seines grausamen Schicksals übrig geblieben sei. Kurz,
der arme Mensch kann sich selbst nicht verzeihen, daß Sokrates
— ohne ihn sterben konnte; als ob seine Gegenwart etwas anders
hätte helfen können als seine ohnehin überspannte Einbildung bis
zum gänzlichen Wahnsinn hinaufzutreiben. Er besteht nun darauf,
nach Ambracien zurückzugehen, und da wir ihn nicht mit Gewalt

zurückhalten können — noch wollen, wird er uns an einem der
nächſten Tage verlaſſen. Mich dünkt ſelbſt, es iſt das beſte, was
er thun kann, und wir andern werden uns ſehr dadurch erleichtert
finden; denn ein Menſch, der aller Vernunft zum Trotz in der
Traurigkeit als in ſeinem Elemente leben und weben will, paßt 5
nicht wohl in eine Geſellſchaft, die ſich's zur Pflicht macht, dieſer
ſchlimmſten aller Krankheiten der Seele ſoviel nur immer möglich
alle Nahrung zu entziehen.

In dieſer Rückſicht kommt mir ſehr zu ſtatten, daß ich meinen
geliebteſten Jugendfreund Kleonidas aus Cyrene mitgebracht habe, 10
der einer von den Glücklichgebornen iſt, die ſich nur zeigen dürfen,
um überall geliebt zu werden. Hier ſtehen ihm bereits alle Herzen
offen, und es iſt mein Glück, daß Lais in ſeinen Augen zu ſehr
Göttin iſt, als daß es einem Sterblichen geziemen könnte, An=
ſprüche an ſie zu machen. Wie lange dieſes religiöſe Gefühl 15
dauern wird, muß die Zeit lehren; genug, daß Lais ſich an der
Abgötterei, die er mit ihr treibt, genügen läßt und es ihm nicht
übel zu nehmen ſcheint, wenn ſeine Augen auf den weniger blen=
denden, aber ein Herz, das nichts von ihnen beſorgt, unvermerkt
überſchleichenden Reizen der kleinen Muſarion mit einer beſondern 20
Anmutung verweilen. Du würdeſt dich wundern, Hippias, zu
was für einer zierlichen Nymphengeſtalt das Mädchen in der
kurzen Zeit, ſeitdem du ſie zu Korinth ſahſt, ſich ausgebildet hat.
Wenn ich nicht ſehr irre, ſo iſt ſie der weinerlichen Rolle ziemlich
überdrüſſig, die ſie ihrem geiſtigen Liebhaber zu Gefallen ſeit 25
einigen Wochen ſpielen mußte; und ich wollte nicht dafür ſtehen,
daß ſie nicht in aller Unſchuld, und ohne ſelbſt zu wiſſen, was
in ihrem kleinen Herzen vorgeht, zwiſchen dem ſchönen, immer
heitern, immer zur Freude geſtimmten Schwärmer Kleonidas und
dem düſtern, traurigen, gleich einem Schatten einherſchleichenden, 30
ſeufzenden und klagenden Schwärmer Kleombrotus Vergleichungen
anſtellt, die nicht zum Nachteil des erſtern ausfallen, zumal da
der letztere ſo tief in ſeinem Gram verſunken iſt, daß er von dem
allen nichts gewahr zu werden ſcheint.

Kleonidas iſt aus Gunſt der Natur und der Muſen zugleich 35
Dichter und Maler, beides mit einem nicht gemeinen Talent,
wiewohl ohne Anſpruch auf eine Stelle unter den Meiſtern dieſer
Künſte. Was ich ihm zu Cyrene von der ſchönen Lais ſagte,
brachte ihn auf den Einfall, ſeine Idee, wie dieſe Dame nach

meiner Beschreibung aussehen müßte, in einem Bilde der Hebe,
mit einer einzigen Farbe in der Manier des Zeuxis gemalt, darzustellen.   Du vermutest leicht, daß dies Nachbild einer bloßen
Idee, neben unsre Schönheitsgöttin selbst gestellt, der Divinations-
kraft des Malers keine sonderliche Ehre machte; auch konnt' ich
ihn, sobald er die letztere selbst gesehen hatte, nur mit Gewalt
abhalten, sein Bild ins Feuer zu werfen; aber was uns alle
in Erstaunen setzte, war, daß die kleine Musarion — der Hebe
meines Freundes so ähnlich sah, als ob sie ihm dazu gesessen
hätte.   Natürlich veranlaßte dies mancherlei Scherze, wobei die
beiden betroffenen Personen die Miene hatten, als ob sie nicht
übel Lust hätten, Ernst daraus zu machen.   Immer ist dieses
Spiel des Zufalls, das einer sympathetischen Ahnung so ähnlich
sieht, sonderbar genug.   Verzeihe, Hippias, daß ich dich so lange
bei einem Unbekannten aufhalte, der dich wenig interessieren kann.
Aber ich hoffe, du wirst ihn persönlich kennen lernen und es mir
dann eher danken als übel nehmen, daß ich euch schon im voraus
in Bekanntschaft mit einander gesetzt habe.   Weniger gleichgültig
wird dir auf alle Fälle sein zu hören, daß unser edler Freund
Eurybates glücklich aus den Klauen seiner Lamia herausgerissen
worden ist, wenigstens noch zeitig genug, um nicht ganz von ihr
aufgezehrt zu werden.   Wirklich waren wir, Lais und ich, in
sehr ernstlichen Beratschlagungen begriffen, wie wir dabei zu Werke
gehen wollten, ohne daß sie sich zu mehr, als sie willens ist,
verbindlich zu machen scheinen möchte, als ein abermaliger Zufall,
oder vielmehr Eros, der wirklich ein ganz besonderes Spiel mit
uns Ägineten treibt, uns auf einmal aller weitern Mühe
überhob, die Sache zu einem glücklichen Ende zu bringen.   Du
erinnerst dich ohne Zweifel noch der schönen Droso, einer von
den drei Grazien unsrer Freundin, — wie wir ihre drei gewöhnlichen Aufwärterinnen zu nennen pflegen, seitdem sie von mir zu
dieser Würde erhoben wurden.   An einem dieser letzten Abende
führte uns Lais an das Ufer einer stillen kleinen Bucht, die an
einen Teil ihrer Gärten anspült, um uns das Vergnügen des
Fischens mit der Angel zu verschaffen.   Eurybates war auch dabei.
Zufälliger Weise hatte sich die schöne Droso mit ihrer Angelrute
auf eine unsichern Stelle zu weit hinausgewagt; der Fuß glitschte
ihr aus, sie verlor das Gleichgewicht und fiel ins Wasser.   Eurybates, der es zuerst gewahr wurde und, wie die meisten Athener,

ein guter Schwimmer iſt, ſpringt ihr augenblicklich nach; er faßt
ſie beim erſten Auftauchen mit beiden Armen und bringt ſie
glücklich ans Land. Der Schrecken des Falls und die Schamröte,
in naſſem Gewande von dem tapfern Eurybates auf das dicht=
begraſte Ufer gelegt worden zu ſein, war nebſt den Scherzen, 5
welche das arme Mädchen von ihren Geſpielen beim Umkleiden
auszuhalten hatte, das Schlimmſte, was dieſer Zufall nach ſich zog.
Das beſte davon ward ihrem edeln Retter zu teil; denn ſeit dieſem
Augenblick machte ſich die holde Droſo zur Beherrſcherin ſeines
Herzens, und von Lyſandra war ſo wenig mehr die Rede, als 10
ob ſie nie in der Welt geweſen ſei. Kleombrot iſt in dieſer
Nacht verſchwunden. Der Tag unſerer Abreiſe nach Milet rückt
heran. Ich begleite Lais, Kleonidas begleitet mich. Eurybates
hat glücklicher Weiſe Geſchäfte zu Milet. Daß Muſarion und die
drei Grazien von der Partie ſind, verſteht ſich. 15

Mache mir die Freude, lieber Hippias, recht bald Nachricht
von dir und dem ſchönen Syrakus zu erhalten und von euerm
Tyrannen, den ich ohne Bedenken zum Selbſtherrſcher aller eurer
Demokratieen und Oligarchieen krönen würde, wenn König Jupiter,
deſſen Statthalter (nach Homer) die beſcepterten Herren auf Erden 20
ſind, mir ſeine Machtvollkommenheit nur auf eine halbe Stunde
überlaſſen wollte.

---

8. Hippias an Ariſtipp.

Man iſt es an den Athenern zu ſehr gewohnt, daß ſie ihren
größten und verdienteſten Männern am übelſten mitſpielen, als 25
daß die gerichtliche Mordung des alten Sokrates ſonderliches Auf=
ſehen in Griechenland gemacht haben ſollte. Hätte ſich Anaxagoras
und noch vor kurzem Diagoras der Melier, der ein ebenſo
wackerer Mann und ein noch beſſerer Kopf als der Sohn des
Sophroniskus war, nicht bei Zeiten aus dem Staube gemacht, ſo 30
würde dieſer die Ehre nicht erhalten haben, der erſte zu ſein, den
ſie (ſagt man) aus der Welt ſchafften, weil er zu weiſe für ſie war.

Unter uns, Ariſtipp, ich glaube, man ſagt den Athenern
und der Weisheit mehr Böſes nach, als ſie verdienen. Der gute

---

28. Diagoras der Melier, der bekannte Gottesleugner. Vergl. S. 361—389.

Sokrates hätte mit aller seiner Weisheit, die am Ende den Athenern weder warm noch kalt gab, ihrentwegen noch lange leben können, wenn er durch seine Ironie und den faunischen Mutwillen, alle Leute, die sich mit ihm einließen, zu necken und
5 in die Enge zu treiben, und durch das ewige Einmischen in fremde Angelegenheiten und alles besser wissen als andere sich nicht schon seit langer Zeit verhaßt und durch seinen anscheinenden Müßig= gang und seine armselige Lebensart noch obendrein verächtlich gemacht hätte. Nach Solons Gesetzen soll jeder Bürger der
10 dritten Klasse entweder irgend eine nützliche und ehrliche Profession treiben oder der Republik unmittelbare Dienste thun. Sokrates that ihrer Meinung nach weder dieses noch jenes; denn daß er tagtäglich an allen öffentlichen Orten zu sehen und zu hören war und von einer Bude und Werkstatt zur andern ging, um die
15 Leute mit seinen Fragen und Subtilitäten (wie sie es nannten) zu beunruhigen, wurde ihm natürlicher Weise von dem gemeinen Mann und selbst von den meisten aus den höhern Klassen für keine Beschäftigung und zu keinem Verdienst angerechnet, wie gut er selbst es auch damit meinen mochte.

20 Wenn wir niemand unrecht thun wollen, Aristipp, müssen wir billig sein. Um die Schuld der Athener in diesem fatalen Handel richtig abwägen zu können, müßten wir untersucht haben, ob sie in ihrer Lage und vermöge ihrer gewohnten Vorstellungsart anders von ihm denken konnten; und wer dies untersuchen wollte,
25 müßte sich völlig an ihren Platz stellen können.

Hier in Syrakus hört man die verschiedensten Urteile über diese Tragödie, die, solange sie die Neuigkeit des Tages war, auch das einzige war, wovon überall gesprochen wurde. Die meisten hatten viel an dem Benehmen des Helden auszusetzen;
30 besonders wurde der spottende und trotzende Ton, womit er sich gegen seine Richter verteidigte oder vielmehr nicht verteidigen wollte, fast allgemein getadelt. Doch fanden sich auch einige, denen dieser Ton der einzige schien, der sich für ihn schickte, wiewohl er leicht voraussehen konnte, was er ihm kosten werde.
35 Aber in Einem Punkt stimmt ganz Syrakus überein, darin nämlich, daß er unrecht gethan habe, den Beistand zur Flucht, den ihm

---

9 f. der dritten Klasse, Solon hatte alle Bürger in 4 Klassen geteilt. In der dritten befand sich der wohlhabende Mittelstand, der im Felde als Schwerbewaffnete den Kern des Heeres bildete.

sein Freund Kriton anbot und beinahe aufdrang, so eigensinnig
auszuschlagen. Wenn er auch (sagt man) auf sich selbst und
seine Freunde und Weib und Kinder keine Rücksicht nehmen
wollte, so war es Pflicht eines guten Bürgers, den Athenern die
Nachreue über ein ungerechtes Urteil und den Tadel aller übrigen 5
Griechen zu ersparen. Vornehmlich wurde der Grund seiner
Weigerung ganz unhaltbar gefunden. „Ich bin, sagte er, den
Gesetzen der Republik Gehorsam schuldig; meine gesetzmäßigen
Richter haben mich nach dem Gesetz zum Tode verurteilt, also
bin ich schuldig, das Urteil an mir vollziehen zu lassen.“ — 10
Gleichwohl (wenden die Andersdenkenden ein) war er selbst über=
zeugt, daß er unschuldig verurteilt worden sei. Hatte dies seine
Richtigkeit, so war er nicht nach dem Gesetz verurteilt; denn das
Gesetz verdammt keinen Unschuldigen. — „Aber, sagte Sokrates,
ich bin nicht zum Richter über meine Richter gesetzt; ich kann 15
mich also ihrem Urteil deswegen, weil es ungerecht ist, nicht
entziehen; denn dadurch würde ich mich eigenmächtig zu ihrem
Richter setzen.“ — Ich habe diesen Einwurf in seinem Namen
öfters geltend gemacht, und es ist mir von niemand eine Antwort
geworden, die ihn wirklich entkräftet hätte; auch gestehe ich, daß 20
ich ihn in der bürgerlichen Ordnung der Dinge für unwiderleglich
halte. Woher kam es also, daß jedermann, wenn er nicht weiter
konnte, sich auf sein innerstes Gefühl berief, welches sich diesem
Argument unabtreiblich entgegenstemme? Wie kann die Vernunft
mit unserm innern Gefühl dessen, was recht ist, in Widerspruch 25
stehen? — Höre, wie ich mir dieses Problem auflöse, und sage
mir deine Meinung davon. Das Gefühl, worauf sich meine
Antisokratiker beriefen, ist nichts anders als eine dunkle Vor=
stellung des Widerspruchs, der zwischen dem notwendigen Gesetz
der Natur und den verabredeten Gesetzen der bürgerlichen Gesell= 30
schaft vorwaltet. Die Natur hat uns die Selbsterhaltung zur
ersten aller Pflichten gemacht. Alle andern stehen unter dieser
und müssen ihr im Fall eines Zusammenstoßes weichen; denn um
irgend eine Pflicht erfüllen zu können, muß ich da sein. Da
also dieses Naturgesetz allen bürgerlichen vorgeht, so konnte Sokrates 35
den Satz, daß er sich keines Richteramtes über seine Richter an=
maßen dürfe, nicht gegen die Pflicht der Selbsterhaltung geltend
machen. Du wirst mir vielleicht einwenden: „wenn dieser Schluß
gelte, so sei auch ein rechtmäßig Verurteilter befugt, sich der ver=

dienten Strafe zu entziehen, wenn er könne" — und ich habe keine
andere Antwort hierauf als — Ja!

Auch Dionysius scheint, troß seinem Tyrannentum, der
Meinung zu sein, daß Sokrates sich hätte retten sollen, da er
es mit Sicherheit konnte. Als neulich in seiner Gegenwart von
dieser Geschichte gesprochen wurde, sagte er: Ich bedaure den alten
Mann; er sollte willkommen gewesen sein, wenn er sich zu mir
hätte flüchten wollen; weder seine Philosophie noch sein Dämonion
sollte ihm die mindeste Anfechtung in Sicilien zugezogen haben.
— Doch genug von einer Sache, die nun nicht mehr zu ändern ist!

Wenn euch Kleombrotus lieb ist, so verliert ihn ja nicht aus
den Augen. Einem Schwärmer von dieser Stärke oder Schwäche
(wie man's nehmen will) ist nicht über die Gasse zu trauen.
Sein vertrauter Umgang mit dem jungen Plato hat ihm un=
wiederbringlichen Schaden gethan. Es ist mit schwachen Köpfen,
die sich an solche meteorische Menschen hängen, wie mit Leuten
von mittelmäßigem Vermögen, die in vertrauter Gesellschaft mit
reichen Praffern leben und es ihnen gleich thun wollen; sie gehen
bei Zeiten zu Grunde, wiewohl sie keinen größern Aufwand
machen, als den diese sehr wohl aushalten können. Plato ist ein
weit größerer Schwärmer als Kleombrot; aber er ist ihm auch
ebensosehr an Geisteskraft überlegen. Plato wird von seiner
Schwärmerei, wie ein guter Reiter von seinem Pferd, immer
Meister bleiben oder doch nur selten und ohne Schaden abgeworfen
werden; mit dem armen Phaëton=Kleombrot gehen die Sonnen=
pferde durch, und ich besorge, es wird kein gutes Ende mit ihm
nehmen. Ich habe nicht gern mit solchen Menschen zu schaffen;
dies war die Ursache, warum ich mich deinem Gedanken, ihn mit
uns nach Syrakus zu nehmen, so ernstlich widersetzte.

Kleonidas könnte mir auch bloß als dein Freund nicht
gleichgültig sein; um so mehr danke ich dir für seine Bekannt=
schaft, da ich mir viel Vergnügen von ihr verspreche. Der Zufall,
daß seine aus der bloßen Phantasie gemalte Hebe der jungen
Musarion so ähnlich sah, ist in der That (vorausgesetzt, die
Ähnlichkeit sei wirklich so groß als du sagst) ein artiger —
Zufall und weiter nichts. Denkst du dir etwas bei den Worten . .
„sympathetische Ahnung"? Ich kann mir nichts dabei denken.

16. meteorische, die mit ihrem Genie plötzlich wie ein Meteor auftauchen.

Ich weiß von keiner andern Sympathie als von Übereinstimmung
der Gemüter aus Ähnlichkeit der Gefühle und Neigungen. Was
hat aber diese mit Ahnungen zu thun? Wie käme der Mensch
zu Ahnungen? Welches unsrer Organe sollte das Vehikel der=
selben sein? Wenn ich Ahnungen zugeben müßte, so sehe ich 5
nicht, warum ich nicht aus gleichem Grunde alles Wunderbare
und Unglaubliche für möglich halten müßte, was unsre Mytho=
logen aus ägyptischen, arabischen und syrischen Sagen und Volks=
märchen in unsre Götter= und Heldengeschichte übergetragen haben.
Alle diese Phantasmen gehören ins Gebiet der Dichter und können 10
unter ihren Händen zur Unterhaltung des großen Haufens und,
mit Geist und Geschmack behandelt, sogar zum Vergnügen der
Verständigen dienen; aber in die Reihe der Ursachen, woraus die
wirklichen Dinge erklärbar sind, sollen sie sich nicht stellen.

Dionysius, nach welchem du dich erkundigst, ist noch immer 15
mit den gewaltigen Zurüstungen beschäftigt, deren Anfang du
gesehen hast. Syrakus sieht wie ein einziger ungeheurer Werkplatz
aus, wo sich alle wieder aufgestandene Kureten, Cyklopen, Chalyben,
und Telchinen der Vorwelt das Wort gegeben hätten, mit allen
Künstlern und Werkmeistern der jetzigen Zeit zusammenzukommen, 20
um alles Metall im Schoß der Erde und alles Holz auf ihren
Bergrücken zu einer Unternehmung, wie die Welt noch keine
gesehen hat, zu verarbeiten. Man muß gestehen, daß Dionysius
alle mögliche Maßregeln nimmt, um seiner Sache gewiß zu sein,
und daß die Kunst, große Dinge mit kleinen Mitteln zu thun, 25
keinen Reiz für seinen Ehrgeiz zu haben scheint. Es ist nun
kein Geheimnis mehr, daß alle diese Kriegszurüstungen den Kar=
thagern gelten, und die Feindseligkeiten sind im Begriff, aus=
zubrechen.

Je näher ich die Syrakusaner kennen lerne, je mehr über= 30
zeuge ich mich, daß die Athener (mit Erlaubnis der schönen Lais
zu sagen) ein gutartiges, lenksames und verständiges Volk in Ver=
gleichung mit ihnen sind. Es ist leicht vorherzusehen, daß die
Harmonie, die seit einiger Zeit zwischen ihnen und dem Diony=
sius zu bestehen scheint, von keiner langen Dauer sein wird. 35

---

4. Vehikel, Werkzeug. — 18 f. Kureten, *Κουρῆτες*, Priester des Zeus, welche ihn
durch Waffentänze zu einer lärmenden Musik verehrten. Sie erbauten die ersten Wohnungen
und vereinigten die Tiere zuerst in Herden. Chalyben am Pontus, berühmt durch Berg=
bau und Eisenarbeiten. Telchinen, *Τελχῖνες*, auf Rhodos, welche dem Kronos das
Sichelschwert anfertigten.

Die Eupatriden von Syrakus können und werden sich nie mit
ihm aussöhnen und lauern Tag und Nacht mit einer Unruhe
und Ungeduld, die er nur zu sehr gewahr wird, auf Gelegenheit,
ihn entweder, wenn es mit Vorteil geschehen kann, offenbar an=
5 zugreifen oder in eine der Schlingen zu locken, die sie ihm überall
zu legen beflissen sind. Ich möchte wohl wissen, wie es möglich
wäre, daß ihn dies nicht mißtrauisch, argwöhnisch, feindselig und
streng gegen Leute machen sollte, von deren versteckten Dolchen
er allenthalben umringt ist. Man hört die bittersten Klagen,
10 daß keine zwei oder drei Bürger aus den höhern Klassen mit
einander sprechen können, ohne sich von Aufpassern und Angebern
belauscht zu sehen; als ob dies eine andere Ursache hätte, als
weil Dionysius sicher darauf rechnen kann, daß nicht leicht zwei
oder drei Personen dieser Art beisammen stehen ohne eine Ver=
15 schwörung gegen ihn zu verabreden. Sie zwingen ihn zu tyranni=
schen Maßregeln und schreien dann über seine Gewaltthätigkeit und
Grausamkeit. Wäre er nicht immer von etlichen Freunden, die
einerlei Interesse mit ihm verbindet, und von einer ausländischen
Leibwache, auf die er sich gänzlich verlassen kann, umgeben, so
20 möchte er der weiseste und beste aller Fürsten sein, er wäre seines
Lebens keinen Augenblick sicher. Wahrlich, es gehört ein Mann
wie er dazu, ein Mann, dessen Charakter ein so sonderbares Ge=
misch von Feuer und Kälte, von strenger Vernunft und launen=
haftem Witz, von Geschmeidigkeit und Unbiegsamkeit, Humanität
25 und Grausamkeit ist, um sich unter solchen Umständen nur acht
Tage auf dem Throne zu erhalten. Was das Volk im engern
Sinn des Wortes betrifft, dies hängt zwar dem Ansehen nach
ziemlich stark an ihm; aber es giebt nichts Veränderlichers in der
ganzen Natur als die Sinnesart des Syrakusaners, und Diony=
30 sius weiß recht gut, daß er sich auf seine Popularität bei den
untern Klassen ebenso wenig verlassen kann, als er auf die Dank=
barkeit eines Aristokraten zählen darf, dessen Zuneigung er durch
die ausgezeichnetsten Gunstbezeugungen zu gewinnen gesucht hat.
Die arbeitsamen Klassen hängen jetzt an ihm, weil er ihnen viel
35 zu verdienen giebt, und weil die großen Zurüstungen, woran sie
für ihn arbeiten, große, wiewohl dunkle und unbestimmte Er=
wartungen in ihnen erregen, auf deren Ausgang sie gespannt
sind; aber ich stehe ihm nicht dafür, daß sie sich nicht, wenn der
Krieg ausgebrochen sein wird, beim ersten widrigen Zufall von

irgend einem ſtürmiſchen Demagogen durch eine einzige mit empha=
tiſchen Phraſen und gigantiſchen Figuren ausgeſtopfte Rede plötz=
lich umwenden und dahin bringen laſſen, die Waffen, an welchen
ſie jetzt arbeiten, anſtatt gegen Karthago, gegen Dionyſius zu
gebrauchen. Auch verſieht er ſich keines Beſſern zu ihnen, wie= 5
wohl er ihnen äußerlich das unbefangenſte Vertrauen zeigt.

In Ermanglung anderer Vorwürfe — und in der That
ſehe ich nicht, was an ſeiner Regierung mit Grund auszuſetzen
wäre — bemühen ſich ſeine Feinde, ihn dem Volk als einen
Menſchen ohne Religion und ohne Sitten verhaßt zu machen. 10
Es giebt zwar ſchwerlich ein unmoraliſcheres, verderbteres, leicht=
fertigeres und ruchloſeres Volk auf dieſem Erdenrund als die
Syrakuſaner; alle Laſter, wegen deren ehemals Sybaris, Krotona
und Tarent berüchtigt waren, gehen unter ihnen ziemlich öffent=
lich im Schwang; Athen und Korinth haben dermalen nichts vor 15
ihnen in dieſem Punkte voraus; aber dafür ſind ſie eifrige Götzen=
diener und halten ſcharf über gewiſſe geſetzliche Formen. Weder
das eine noch das andere iſt bei Dionyſius der Fall; er denkt
ſehr frei und erlaubt ſich zu handeln wie er denkt. Bekannter=
maßen nahm er ſich, als die Syrakuſaner in ihrem erſten Auf= 20
ſtand gegen ihn ſeine erſte Gemahlin ermordet hatten, auf Einen
Tag zwei andere (eine aus Lokri und die andere aus Syrakus),
die mit ihm und unter ſich ſelbſt in dem beſten Einverſtändniſſe
leben. Ich will die Freiheit, die er ſich dadurch gegen die in
Griechenland eingeführte Sitte herausnahm, keineswegs und am 25
allerwenigſten aus politiſchen Gründen rechtfertigen; aber die Na=
tur entſetzt ſich doch nicht vor einer ſolchen That! Wenn die
Bigamie gegen die griechiſche Sitte iſt, ſo iſt hingegen die Viel=
weiberei in den Morgenländern allgemein; und am Ende, wenn
er mit ſeinen zwei Frauen und ſie mit ihm zufrieden ſind (wie 30
das wirklich der Fall iſt), wem kann es nicht gleichgültig ſein,
ob er nur Eine Gemahlin und ein halb Dutzend Kebsweiber,
oder zwei Gemahlinnen und kein Kebsweib hat? Aber du ſollteſt
hören, was dieſe tugendhaften Syrakuſaner, die ohne alles Be=
denken ehebrecheriſcher Weiſe ſo viele Frauen haben als ſie be= 35
ſtreiten können, für ein Aufhebens über dieſe Unthat des Tyrannen
machen, und was ihre ehemaligen Volksredner aus dieſer Veran=

---

1 f. emphatiſch, mit Anſpielung geſagt (ἔμφατος). bezeichnend (ἐμφατικός). — 13 ff.
Sybaris, Krotona, Lokri und Tarent, griechiſche Kolonieen in Unteritalien.

lassung der Tyrannie für Lobreden halten! Doch das alles ist
nichts gegen eine andere Abscheulichkeit, die das tyrannische Unge=
heuer begangen hat. Höre an und erstaune, daß die menschliche
Natur eines solchen Greuels fähig ist! Du erinnerst dich vermut=
5 lich noch der großen Bildsäule des Äskulaps mit dem langen,
dickflockigen, massivgoldenen Barte, die in seinem Tempel zu Sy=
rakus steht. Stelle dir vor, daß der Unmensch — der jetzt frei=
lich zu seinen großen Ausgaben viel Geld nötig hat — sich gottes=
vergessener Weise erfrechte, dem marmornen Äskulap seinen goldnen
10 Bart — abscheren zu lassen und den Frevel noch gar durch einen
Scherz (der freilich in einer Aristophanischen Komödie den Athenern
großen Spaß gemacht hätte) rechtfertigen zu wollen. Es sei gegen
alle Zucht und Ordnung, sagte er lachend, daß der Sohn einen
so großen Bart führe, da sein Vater Apollo gar keinen habe.
15 Mit einem ähnlichen Vorwand ließ er Jupitern neulich seinen,
ich weiß nicht wie viele Talente schweren goldnen Mantel ab=
nehmen. Was soll, sprach er, Jupitern ein goldner Mantel?
Im Sommer ist er zu schwer und im Winter zu kalt; Jupiter
giebt mir seinen unbequemen Talar, den ich besser brauchen kann,
20 und ich gebe ihm dafür einen hübschen wollenen, der für Sommer
und Winter taugt, so ist beiden geholfen. Du kannst dir kaum
vorstellen, Aristipp, welchen Schaden Dionysius sich durch diesen
witzigen Tempelraub bei den gottseligen Syrakusanern gethan hat,
und was er sich nun alles nachsagen lassen muß, weil man einen
25 Menschen, der so gottlose Dinge sagen und thun konnte, aller
möglichen Abscheulichkeiten fähig hält.

Dionysius lacht dazu, und geht seinen Weg. Als ich ihm
einsmals meine Verwunderung darüber zeigte, wie er noch Lust
haben könne, ein Volk zu beherrschen, das nicht wert sei, einen
30 guten König zu haben, antwortete er mir: Ich weiß nicht, ob es
irgendwo in der Welt ein Volk giebt, das einen guten König
wert ist. Jedermann treibt, was er am besten zu verstehen glaubt,
und das erste, worauf er zu sehen hat, ist, kein Pfuscher in
seiner Kunst zu sein. Hätte ich vor zwölf Jahren gewußt was
35 ich jetzt weiß, so möchte ich vielleicht in der Dunkelheit geblieben
sein. Jetzt habe ich keine Wahl mehr, und da ich nun einmal
den König spielen muß, so hätte ich unrecht, wenn ich ihn nicht
gern spielte und mir eine Art von Spaß aus dem närrischen
Wettkampf machte, worin ich mit den Syrakusiern befangen bin.

Denn wirklich ringen wir aus allen Kräften mit einander, ich,
ob ich ſie durch eine vernünftige Regierung zwingen könne, gerecht gegen mich zu werden, ſie, ob ſie mich durch Undankbarkeit
und unartiges Betragen dahin bringen können, ihre Vorwürfe
und Verleumdungen zu verdienen. Aber es ſoll ihnen nicht ge- 5
lingen. Ich werde ſie immer regieren, wie ſie es nötig haben,
mit dem Hirtenſtabe, wenn ſie fromme Schafe ſind, mit der Peitſche,
wenn ſie die Affen mit mir ſpielen wollen. Wer den Syra-
kuſiern an meinem Platz Gutes thun will, muß es ihnen auf-
bringen und auf ihren Undank rechnen. Ich mache mir nichts 10
aus ihrem Haß, wenig aus ihrer Liebe, bin gegen alles Böſe,
was ſie mir thun können, auf meiner Hut und gedenke bei dieſer
Methode ruhig auf meinem Bette zu ſterben, ungeachtet ſie gegen
mich komplottieren werden, ſolang' ich lebe.

Da alle Anſcheinungen vermuten laſſen, daß Sicilien der 15
Schauplatz eines langwierigen Krieges werden dürfte, weil Karthago gewiß alle ihre Kräfte zuſammennehmen wird, ſich in einer
für ſie ſo wichtigen Inſel zu erhalten, ſo iſt es Zeit, daß ich zur
Ausführung meines Vorhabens, mein übriges Leben in einer der
lebhafteſten Städte des griechiſchen Aſiens zuzubringen, Anſtalt 20
mache. Es würde ſchon eher geſchehen ſein, wenn ich mich nicht
hätte bewegen laſſen, einigen jungen Leuten aus den erſten Häuſern
dieſer Stadt in der Kunſt zu reden Unterricht zu geben und ihren
Übungen eine Zeit lang vorzuſtehen. Du wirſt dich vielleicht
wundern, daß ich mich in dem Verhältnis, worin ich mit dem 25
argwöhniſchen Dionyſius ſtehe, zu einem ſo verdächtigen Geſchäft
habe entſchließen können. Er ſcheint aber wenig von den Red-
nern, die ich bilden werde, zu beſorgen. „Das hätte ich dir nicht
zugetraut, Freund Hippias, ſagte er dieſer Tage lachend zu mir,
daß du meine Feinde eine ſo gefährliche Art von Waffen gegen 30
mich gebrauchen lehren würdeſt.“ — Sie ſollen ſie für dich gebrauchen, König Dionyſius, nicht gegen dich. — „Darauf möcht'
ich mich nicht verlaſſen, erwiderte er; aber ſolange Zungen keine
Dolche ſind, hat es nichts zu ſagen. Ich bin ſelbſt ein Liebhaber deiner Kunſt, und du wirſt mir erlauben, euern Übungen 35
zuweilen beizuwohnen.“ — Wirklich kam er zwei- oder dreimal
unverſehens dazu und ſetzte neulich wie zum Scherz einen Preis
für die beſte Lobrede auf den berüchtigten Tyrannen Buſiris.
Ich habe ſtarke Vermutungen, ſagte er lächelnd, daß dieſer Buſiris,

dem die Mythologen einen so bösen Namen gemacht haben, ein
ganz guter Schlag von Fürsten gewesen ist. — Meine jungen
Eupatriden strengten sich nun in die Wette an, wer den Busiris
am spitzfindigsten rechtfertigen und lobpreisen könne, und der Preis
5 wurde vom Dionysius selbst dem, der es — am schlechtesten ge=
macht hatte, zuerkannt. — Das schwör' ich dir zu, Aristipp, wenn
ich Syrakus verlasse, wird der Tyrann der Einzige sein, von dem
ich mich ungern trenne.

Du siehst, daß wir in der guten Meinung von Dionysius
10 nahe zusammentreffen, und daß ich kein Bedenken tragen würde,
ihn, wenn es auf meine Stimme ankäme, zum Beherrscher des
ganzen Siciliens zu machen. Wenn du ihn aber zum Autokrator
aller Demokratieen und Oligarchieen in Griechenland zu erheben
gedenkst, so möcht' ich dich wohl bitten, nur einen einzigen Frei=
15 staat von hinlänglicher Größe, um sich in der Unabhängigkeit er=
halten zu können, übrig zu lassen, wär' es auch nur, damit wir
und unsersgleichen nicht nötig hätten, unter den Garamanten oder
Massageten Schutz zu suchen, wenn es unserm irdischen Jupiter
etwa einfiele, den Tyrannen etwas derber mit uns zu spielen,
20 als unsrer persönlichen Freiheit zuträglich sein möchte. Ich stehe
dir nicht dafür, daß nicht auch einem Dionysius so etwas —
Tyrannisches begegnen könnte.

---

9. An Hippias.

Die Urteile der Syrakusaner über die heroische Art, wie
25 Sokrates die letzte Probe, worauf seine Tugend gesetzt wurde,
bestanden hat, sind des Charakters, den du ihnen giebst, vollkommen
würdig, edler Hippias. Es ist wirklich lustig, wenn solche Sy=
bariten einen Mann wie Sokrates seine Pflichten lehren wollen.
— „Es war seine Pflicht (sagen diese Virtuosen), Pflicht gegen
30 Weib, Kinder und Freunde, sich selbst zu erhalten, und vornehm=
lich Pflicht gegen sein Vaterland, den Athenern die Nachreue über
ein ungerechtes Urteil zu ersparen. Denn da er unschuldig war, so
konnte ihn das Gesetz nicht verdammen; seine Verurteilung war
also eine schreiende Ungerechtigkeit." — Aber woher wußten denn

---

17 f. Garamanten, im Innern von Afrika. Massageten, am Kaspischen Meere,
jetzt Mongolen.

die Richter, daß er unſchuldig war? Die Klage ſchien bewieſen
zu ſein, und er weigerte ſich, den Gegenbeweis zu führen. Die
Richter mußten den Geſetzen zufolge, nicht nach dem, was ſie
glaubten oder nicht glaubten, ſondern nach dem, was vor Gericht
bewieſen und verhandelt worden war, ſprechen. Sofrates hatte 5
alſo recht, zu ſagen, er ſei durch die Geſetze von Athen gerichtet
worden und müſſe ſich als ein guter Bürger dem Urteil unter=
werfen. — „Aber, ſagen jene, er war ſich doch ſeiner Unſchuld
bewußt." — Unſtreitig; die Frage iſt nur: berechtigte ihn dieſes
Selbſtbewußtſein, das Urteil ſeiner Richter zu kaſſieren oder (was 10
auf das nämliche hinausläuft) ſich demſelben durch die Flucht
zu entziehen? Konnt' er das, ohne ſich zum Richter über ſeine
Richter aufzuwerfen? Welcher Staat in der Welt möchte beſtehen
können, wenn die Bürger berechtigt wären, die Urteile ihrer
Obrigkeit zu kontrollieren, und wenn jeder Ausſpruch, den das 15
Geſetz aus dem Munde ſeiner Wortführer über ſie und ihre
Handlungen, Anſprüche oder Streitigkeiten unter einander gethan
hätte, einer eigenmächtigen Reviſion der intereſſierten Parteien
unterworfen wäre? Der Bürger eines Staats begiebt ſich eben
dadurch, daß er ſich den Geſetzen desſelben und der geſetzmäßig 20
angeordneten Obrigkeit unterwirft, alles Rechts, ſich gegen ihre
Entſcheidungen aufzulehnen oder die Vollziehung derſelben zu ver=
hindern. — „Aber (wendet man ein) warum empört ſich gegen
dieſen unleugbaren Ausſpruch der Vernunft ein gebieteriſches Ge=
fühl in uns, welches wir nicht zum Schweigen bringen können?" 25
— Mich dünkt, Hippias, du haſt hierauf die wahre Antwort ge=
funden. Dies Gefühl hängt an einer andern Ordnung der Dinge;
es iſt weder mehr noch weniger als der mächtige Erhaltungstrieb,
den die Natur in alle lebenden Weſen gelegt hat. Nur darin
kann ich dir nicht beiſtimmen, wenn du dieſen Trieb zum höchſten 30
Naturgeſetz und den Gehorſam gegen dieſes Geſetz zu einer Pflicht
machſt, welcher alle andern weichen müſſen; denn nach meinem
Begriff vernichteſt du dadurch ſogar die bloße Möglichkeit deſſen,
was ich mit Sofrates Tugend nenne. Ich werde zur Selbſt=
erhaltung von der Natur aufgefordert und bin berechtigt, meiner 35
Erhaltung alle andern Pflichten im Fall des Zuſammenſtoßes
nachzuſetzen; aber ich bin nicht dazu verbunden. Ich bin ein freies
Weſen; will ich mich meines Rechtes begeben und mich ſelbſt für
andere aufopfern, ſo iſt keine Macht in der ganzen Natur berechtigt,

mich daran zu hindern. Beruht nicht die wesentlichste Pflicht des
Bürgers, sein Leben für die Verteidigung seines Vaterlandes zu
wagen und hinzugeben, lediglich auf diesem Rechte? Überhaupt
kenne ich keine Tugend, die nicht in freiwilliger Aufopferung be=
5 steht und von der Größe des Opfers ihren höhern oder niedern
Wert erhält. Tugend ist, nach meinem Begriff, moralisches Helden=
tum; niemand ist verbunden, ein Held zu sein. Ich verdenke es
daher einem Schuldigen nicht, wenn er sein nach dem Gesetz ver=
wirktes Leben durch die Flucht rettet; aber ich ehre und bewundere
10 den schuldlos Verurteilten, der lieber sich selbst aufopfern als
seinen Mitbürgern ein Beispiel des Ungehorsams gegen die Gesetze
geben will. Eine so edelmütige Gesinnung mag (wenn man will)
an jedem andern als etwas Verdienstliches angesehen werden: an
Sokrates war sie nicht mehr als was alle, die ihn kannten, von
15 ihm zu erwarten befugt waren. Hatte er nicht bei jeder Gelegen=
heit zu erkennen gegeben, daß er die Rechte des Menschen den
Pflichten des Bürgers unterordne? Hatte er nicht das Haupt=
geschäft seines Lebens daraus gemacht, seiner Republik gute Bürger
zu erziehen und sich selbst als Vorbild aller Bürgertugenden dar=
20 zustellen? War es nicht eine auszeichnende Eigenschaft seiner
Sittenlehre, daß er sogar die guten Angewöhnungen, zu welchen
uns die Pflicht gegen uns selbst auffordert, vorzüglich deswegen
zu empfehlen pflegte, weil sie uns geschickter machten, unsre Bürger=
pflichten zu erfüllen? Wie wäre es einem solchen Manne ange=
25 standen ein solches Leben, bloß um dessen Dauer zu fristen, so
nah am Ziele noch durch eine Handlung zu entehren, wodurch er
seine eigenen Grundsätze so gröblich verleugnet haben würde? Die
standhafte Weigerung, seine Bande von Kriton zerreißen zu lassen,
setzte seinem ganzen Leben die Krone auf, da hingegen, wenn er
30 dem Triebe der Selbsterhaltung und den Bitten seines Freundes
nachgab, diese einzige Schwachheit seine eigene Überzeugung von der
Wahrheit seiner Lehre verdächtig gemacht und die gute Wirkung
seines bisherigen Beispiels entkräftet, ja bei vielen gänzlich ver=
nichtet, ihn selbst aber auf ewig in den großen Haufen der all=
35 täglichen Menschen herabgestoßen hätte, die keinen höhern Beweg=
grund kennen als ihren persönlichen Vorteil und immer bereit
sind, diesem das beste des ganzen Menschengeschlechts aufzuopfern.

    Übrigens wollen wir nicht vergessen, daß Sokrates auch von
seinem Dämonion (wie er dem Kriton gesagt haben soll) von der

Flucht aus dem Gefängnis abgehalten wurde und also voraus
verſichert war, daß die Sache übel ablaufen würde. Ich denke,
wir werden den Helden überhaupt kein Unrecht thun, wenn wir
vorausſetzen, daß ſie alle, ſoviel ihrer je geweſen ſind, immer
mehr oder minder ein wenig geſchwärmt haben. Sokrates glaubte 5
in ganzem Ernſt an eine göttliche Stimme, die ſich von Zeit zu
Zeit in ſeinem Innern hören laſſe; und für einen ſo einfachen
ſchlichten Mann wäre dies Einzige ſchon mehr als hinreichend ge=
weſen, ihm ſo viel Stärke zu geben, als er nötig hatte in einem
Alter von mehr als ſiebzig Jahren dem Tode mit Mut entgegen 10
zu gehen. Und ſo viel von Sokrates ehrwürdigen Andenkens.

Daß unſre Freundin Lais in Milet Aufſehen macht, brauche
ich dir kaum zu ſagen; das verſteht ſich von ſelbſt, wiewohl wenig
Städte in der Welt ſein mögen, die ſich ſchönerer Weiber rühmen
können als dieſe prächtigſte, reichſte und wollüſtigſte Handelsſtadt 15
von Jonien. Da ſie ſich öfters und allenthalben, wo für ſie ſelbſt
etwas Merkwürdiges zu ſehen iſt, wenigſtens durch das dünne
Silbergewölk eines koiſchen Schleiers ſehen läßt und hier ungefähr
auf dem nämlichen Fuß lebt wie zu Korinth, ſo fehlt es ihr
unter den Erſten und Reichſten dieſer üppigen Metropolis nicht 20
an Anbetern, die ſich in die Wette beſtreben, einen günſtigen Blick
der Göttin auf ſich und ihre angebotenen Opfergaben zu ziehen.
Aber noch bleibt ſie ihrem erſten Plan getreu, ſchreckt zwar niemand
ab, muntert aber auch niemand auf, nimmt nur kleine unbedeutende
Geſchenke an und macht einen Aufwand, als ob die Quelle, woraus 25
ſie ſchöpft, nie verſiegen könne. Dies alles erhöht die Achtung nicht
wenig, die man ſchon der bloßen Schönheit, ſelbſt in einem un=
ſcheinbaren Aufzuge, zu erweiſen geneigt iſt; ſogar die Hetären
betrachten ſie mit einer Art Ehrfurcht und würden ſich geſchmeichelt
finden, wenn ſie eine ſo vollkommne Perſon an der Spitze ihres 30
Ordens erblickten. Man fragt einander, wer ſie ſei; und es gehen
zwanzig verſchiedene Märchen, immer eines wunderbarer als das
andere, über ihren wahren Namen und Stand und ihre geheime
Geſchichte herum. Ich würde, wenn ich ihr Vertrauen auch weniger
beſäße, leicht erraten, wohin dies alles zielt; und ich bin gänzlich 35
der Meinung, daß es der einzige Weg iſt, ihren Wohlſtand auf

---

18. koiſchen Schleiers, die Inſel Kos an der Küſte von Kleinaſien, wo ſich die
Anadyomene von Apelles befand, hatte Webereien durchſichtiger Gewänder.

eine Art, die ihrer nicht ganz unwürdig ist, sicher zu stellen. Das
Nähere hierüber zu seiner Zeit.

Mein Kleonidas gefällt allgemein und strahlt von Freude
und Wonne, da er hier, mit lauter schönen Gegenständen um=
5 geben, sich in seinem wahren Elemente fühlt und, wie er sagt,
erst jetzt recht zu leben anfängt. Er findet in Milet alles bei=
sammen, was den feurigsten Liebhaber der Künste, die das Leben
verschönern, befriedigen kann: die herrlichsten Werke der edeln und
zierlichen ionischen Baukunst, eine zahllose Menge Bildsäulen von
10 den besten Meistern und reiche Gemäldesammlungen aus allen
Schulen, vornehmlich von den berühmtesten Malern unserer Zeit,
Polygnot, Zeuxis, Parrhasius, Timanthes, Pausias, Euxenidas,
Apollodor und andern. Er bringt einen großen Teil seiner Zeit
damit zu alle diese Kunstwerke zu studieren und, indem er einem
15 jeden das, worin er vorzüglich ist, abzulernen sucht, zu einer eigen=
tümlichen Manier zu gelangen, die ihn von allen unterscheide und
ihm von niemand so leicht nachgemacht werden könne. Wie es
ihm gelingen werde, wird die Zeit lehren. Noch ist er wenig
mit sich selbst zufrieden und schilt uns Idioten, wenn wir etwas
20 schön finden, das er gemacht oder vielmehr angefangen hat;
denn noch kann er nicht von sich erhalten etwas fertig zu machen.
Vornehmlich preist er sich glücklich, daß er durch die Bekanntschaft
mit Lais von seinen vermeinten Idealen oder Phantasmen (wie
er sie nennt) zur Natur selbst zurückgeführt worden sei. Wenn
25 ich, sagt er, es einmal dahin gebracht haben werde, irgend einen
bestimmten Zug ihrer Augenbraunen richtig zu zeichnen und nur
eines ihrer Ohrläppchen so zu malen, wie ich es sehe, will ich
mich für keinen kleinen Künstler halten.

·Kleombrot ist in seinem Ambracien angelangt, und ich gebe
30 die Hoffnung noch nicht auf, daß ihn die vaterländische Luft viel=
leicht allmählich wieder zurecht bringen könnte. Wenigstens halte
ich es für ein gutes Zeichen, daß er die Trennung von der Ge=
sellschaft, die er verlassen hat, zu fühlen und ohne es sich selbst
zu gestehen ganz heimlich sich zu uns zurückzuwünschen scheint.

---

12. Timanthes, Τιμάνθης. ους, Maler von Kythnos (Sikyon), Zeitgenosse des
Zeuxis und Parrhasios. Vergl. Einleitung. — Euxenidas, ein griechischer Maler, der
um 380 blühte. — 19. „Idiot. Das Wort Idiot (ἰδιώτης) bezeichnet in seiner ganzen
Stärke einen schlecht erzogenen, daher unwissenden und in den Geschicklichkeiten und Kennt=
nissen, worauf die Erziehung bei den Griechen gerichtet war, unerfahrenen, an Vorstellungs=
art, Sitten, Gesinnungen und Manieren pöbelhaften Menschen, und ist insofern dem ἀγαϑος
oder καλοκαγαϑος entgegengesetzt und mit ἀπαιδευτος ziemlich gleichbedeutend." W.

Sollte dieſe Diſpoſition zunehmen und bis zur Sehnſucht ſteigen,
ſo iſt beſchloſſen ihn zu uns einzuladen; und ich zweiſle kaum,
daß die zärtliche Muſarion ſich keine große Gewalt anthun müßte,
ihm den erſten Platz in ihrem Herzen wieder einzuräumen, wenn
er mit einem aufgeheiterten Geſicht zu ihr zurückkehrte.   5

     Ich bin im Begriff eine Reiſe durch alle Städte von Jonien
und Karien zu machen und gedenke, mich zu Epheſus lange genug
zu verweilen, um dich da zu erwarten. Was wollteſt du länger in
dem unruhigen Syrakus? Wie ſchön auch Himmel und Erde in
Sicilien ſind, mit dem warmen Glanze dieſes Himmels, der mich 10
umfließt, mit der üppigen Pracht dieſer Erde, mit der herz=
erweiternden Milde der wollüſtigen Blumenluft, die ich hier atme,
kurz, dem Leben in dieſem Götterlande iſt nichts anders zu ver=
gleichen.

<hr>

10. Kleombrotus an Ariſtipp.   15

     Laß ab von mir, guter Ariſtipp! Alle deine Mühe, mir
das Bild des gewaltſam ſterbenden Sokrates und das Gefühl
meiner Undankbarkeit gegen ihn erträglich zu machen, iſt ver=
geblich. Niemals, niemals werd' ich mir verzeihen können, daß
ich die heiligſte der Pflichten einer phantaſtiſchen Leidenſchaft und 20
ſelbſtſüchtigen Weichlichkeit aufzuopfern fähig war! Und daß ich
es nicht könne, — daß die Zeit, die alle andern Seelenſchmerzen
heilt, nur für die meinigen keinen Balſam habe, dafür hat
Plato geſorgt.

     Dieſer Tage wird mir ein Buch von Athen zugeſchickt, 25
Phädon betitelt, worin Plato dieſen Eleaten ſeinem Freunde
Echekrates erzählen läßt, wie Sokrates am Tage ſeines Todes
ſich noch mit den Seinigen unterhalten und überhaupt bis zum
letzten Augenblick ſich benommen habe. Dem Buche war ein
kleines Stück Papier beigefügt, worauf nichts als das einzige 30
furchtbare Wort Lies! mit großen Buchſtaben geſchrieben ſtand.

     — Unmöglich könnt' ich dir beſchreiben, wie mir beim erſten An=
blick dieſer Rollen zu Mute war. Es währte eine gute Weile,
bis ich nur die Buchſtaben zu unterſcheiden vermochte; mehr als
einmal ergriff ich das Buch mit zitternder Hand und mußt' es 35

<hr>

6 f. Jonien. Gemeint iſt die kleinaſiatiſche Landſchaft zwiſchen Äolis und Karien.
Karien, die ſüdweſtlichſte Landſchaft Kleinaſiens. — 27. Echekrates aus Phlius.

wieder beiseite legen. Aber wie ich endlich die Augen wieder
gebrauchen konnte und bis zu der Stelle gekommen war, wo
Phädon alle Athener, die sich an diesem traurig=feierlichen Tage um
ihren dem Tode geweihten Freund und Vater versammelt hatten,
5 aufzählt, und Echekrates fragt: Waren auch Auswärtige dabei?
und Phädon den Simmias, Cebes und Phädondes von Theben
und den Euklides und Terpsion von Megara nennt, und dann
auf die Frage: Wie? waren denn Aristipp und Kleombrot nicht
auch da? die Antwort giebt: Nein, es hieß, sie wären zu Ägina
10 — fiel mir das Buch aus der Hand, mir ward finster vor den
Augen, und ich sank zu Boden.

Von diesem Augenblick an sind mir die schrecklichen Worte:
„Es hieß, sie wären in Ägina," nicht aus den Gedanken ge=
kommen; sie erklingen immer in meinen Ohren und stehen allent=
15 halben mit kolossischen Buchstaben geschrieben, wo ich hinsehe.
Aber von diesem Augenblick an stand es auch fest und uner=
schütterlich in meiner Seele, was mir noch allein übrig sei. —
Beneidenswürdiger Aristipp! Dir that das verleumderische Gerücht
unrecht; dich hatte die Pflicht nach Cyrene abgerufen! Aber ich
20 Unglückseliger, ich war zu Ägina! — In wenigen Stunden konnt'
ich zu Athen sein, — wußte alles, was vorgefallen war, —
hatte vierzig Tage, um zur Besinnung zu kommen, und ließ mich
bald durch falsche Scham, bald durch die unmännliche Furcht,
ich würde den Anblick des geliebten Sterbenden nicht ertragen
25 können, bald durch die thörichte Hoffnung, daß seine Freunde
Mittel finden würden, ihn zu befreien, zurückhalten, die schönste,
dringendste, heiligste der Pflichten zu erfüllen! — Nein, Aristipp!
mute mir nicht zu, daß ich mit dieser Furienschlange im Busen,
mit diesem in meinem Innern wühlenden Bewußtsein länger leben
30 soll! Daß ich leben soll, um in jedem Auge, das mich anblickt,
die Worte zu lesen: Er war in Ägina! — O Sokrates! wenn
noch ein Mittel ist, deinen zürnenden Schatten zu versöhnen, so
ist es dies allein! Wenn noch ein Mittel ist, meine Seele von
diesem schwarzen Flecken zu reinigen, so. ist es dies allein! Und
35 wär' es (wie du sagtest) allen andern Menschen unrecht, eigen=
mächtig aus dem Leben zu gehen, ich bin ausgenommen! Mir ist

6 f. Simmias, Schüler des Pythagoreers Philolaos. Cebes, Κέβης, Schüler des
Sokrates. Phädondes, Φαιδωνίδης, von ihm ist zweifelhaft, ob er aus Theben oder
Kyrene war. Euklides, Εὐκλείδης, gemeint ist der Philosoph, welcher die Schule von
Megara stiftete. — 15. kolossischen = kolossalen, riesenhaften.

es Pflicht, dich im Hades, im Elysium, im unsichtbaren Reiche
der Geister, überall, wo du auch sein magst, aufzusuchen und so
lange zu deinen Füßen zu liegen, bis du mir vergeben hast! —
Wähne nicht, ich schwärme, Aristipp! Meine Sinnen sind in diesem
Augenblick reiner, meine Seele freier als jemals — die Stunde 5
ist da — Ich höre den dumpfen Ruf der Unterirdischen — Was
säum' ich länger? Lebe wohl, Aristipp! — Lais! — Musarion!
— Lebet wohl! Vergeßt mich! ich bin nicht würdig, in euren
Herzen fortzuleben.

11. An Lais.   10

Der arme Kleombrot — gute Laiska! — doch, du hast eine
starke Seele, meine Freundin, ich schone dich nicht. Hier ist sein
Abschiedsbrief, und hier das Buch, das ihm den letzten Stoß ge=
geben hat — den Stoß, der ihn von einem Felsen des ambraci=
schen Ufers in die Wellen stürzte. Der arme Jüngling! Er war 15
eines bessern Schicksals wert und verdiente diesen kaltblütigen,

---

9. fortzuleben. „Daß Kleombrot durch die Lesung des Platonischen Dialogs Phädon
veranlaßt worden sei, seinem Leben freiwillig ein Ende zu machen, war aus einem Epi=
gramm des Kallimachus bekannt, welches die einzige Quelle dieser Anekdote zu sein scheint.
Denn Cicero, welcher derselben im 34. Kapitel des 1. Buchs seiner Tuskulanischen Gespräche
Erwähnung thut, beruft sich auf dieses Epigramm, und alle andern, die dieser Begebenheit
erwähnen oder über sie räsonnieren, sind um mehrere Jahrhunderte später und scheinen
das, was sie davon wissen, entweder aus dem griechischen Dichter selbst oder aus dem
Römer geschöpft zu haben. Das Epigramm des Kallimachus lautet:

Εἶπας Ἥλιε χαῖρε Κλεόμβροτος ὡμβρακιώτης;
   ἥλατ᾽ ἀφ᾽ ὑψηλοῦ τείχεος εἰς ἀΐδην,
Ἄξιον οὐτι παθὼν θανάτου κακον, ἀλλὰ Πλάτωνος
   ἓν τὸ περὶ ψυχῆς γράμμ᾽ ἀναλεξάμενος.

Rufend: „Sonne fahr wohl!" sprang von Ambraciens hohen
   Mauern Kleombrotus einst rasch in den Hades hinab;
Nicht als hätt' er etwas des Todes Wertes erlitten,
   Bloß weil er Platons Schrift über die Seele durchlas.

Der Phädon (welcher vermutlich gemeint ist) hätte also bei diesem Jünger des Sokrates
völlig das Gegenteil von dem gewirkt, was er auf den Philosophen Olympiodorus
wirkte, der in seinem Kommentar über diesen Platonischen Dialog versichert, er würde sich
schon lange ums Leben gebracht haben, wenn ihn Plato nicht von der Unsterblichkeit der
Seele überzeugt hätte. Es wird wohl immer eine unauflösliche Frage bleiben, ob die
Worte des Epigramms, „ἄξιον οὐτι παθὼν" u. s. w., nur eine Vermutung des Dichters
sind oder sich auf irgend ein besonderes historisches Zeugnis gründen. Daß Kleombrot sich
zu Ambracien (gleichviel, ob von der Stadtmauer oder von einer Felsenspitze) ins Meer
gestürzt habe, weil er Platons Phädon gelesen, scheint Thatsache zu sein; daß er es aber
aus ungeduldigem Verlangen, sich von der Wahrheit der im Phädon vorgetragenen Lehre
zu überzeugen, gethan habe, ist wenigstens ungewiß und bei weitem nicht so wahrscheinlich
als die Ursache und Veranlassung, die in dem vorliegenden Briefe angegeben wird. So
dünkt es wenigstens mir, jedem sein Recht, die Sache anders zu sehen, vorbehalten." W.

hämischen Dolchstoß von der Hand eines ehemaligen Freundes
nicht! — Ich gestehe dir, Lais, ich bin aufgebracht über diesen
stolzen Abkömmling Poseidons. „Es hieß, sie wären in Ägina.“
— Und wo war denn er? — „Plato war krank,“ sagt' er. —
Sonderbar genug! Er mußte also sehr krank, schlechterdings unvermögend sein, sich von seinem Lager zu erheben, oder er hätte
kommen sollen, und wenn er sich auch, gegen das Verbot seines
Arztes, in einer Sänfte nach dem Kerker hätte tragen lassen müssen.
Oder war er etwa nur krank, um desto mehr Freiheit zu haben,
den sterbenden Weisen sagen zu lassen, was ihm beliebte? Wirklich kann man sich eines solchen Argwohnes kaum erwehren, wenn
man sieht, wie er den ehrlichen Sokrates noch in seinen letzten
Stunden seine Freunde in den verschlungensten Irrgängen der
subtilsten Dialektik herumtreiben läßt, und welche Mühe der gute
alte Mann sich geben muß, die simpelsten Dinge in unauflösliche
Knoten zusammenzudrehen, bloß damit der scharfsinnige Sohn des
Ariston sich den Spaß machen könne, sie entweder wieder aus
einander zu wickeln oder zu zerschneiden und seine Stärke in der
eristischen Verzierkunst vor den Athenern, den großen Liebhabern
von Hahnen- und Sophistenkämpfen, auszulegen. — Ich merke,
liebe Laiska, daß ich zu verstimmt bin, um dich, wenn ich so
fortführe, nicht sehr übel zu unterhalten; also lebe wohl, du Einzige,
und vergiß der Abwesenden nicht!

12. Lais an Aristipp.

Nein, unglücklicher, aber guter und bei aller deiner Schwäche
edelmütiger Kleombrot, du sollst nicht vergessen werden! Und wenn
noch etwas von dir übrig ist, dem es wohlthut, wenn deine
Freunde sich deiner oft mit Liebe und Wehmut erinnern, so nimm
diesen Trost mit dir hinüber in das bessere Leben, das dich dein
Sokrates hoffen ließ!

---

3. Poseidons. „Plato stammte aus einem patrizischen Geschlechte in Athen. Dropides, ein Bruder des athenischen Gesetzgebers Solon, war der Altervater der Mutter
Platons; Dropides stammte in gerader Linie von Kodrus, dem letzten Könige von Athen,
und Kodrus war in der fünften Generation ein Abkömmling von dem Könige von Pylos
und Vater Nestors, Neleus, einem vorgeblichen Sohne Poseidons oder Neptuns (nach Plutarch und Diogenes von Laërte). Dieser Genealogie zufolge nennt hier Aristipp den Plato
ein wenig naserümpfend einen Abkömmling Poseidons.“ W. — 19. eristische Verzierkunst = Disputierkunst, Kunst über einen Gegenstand in spitzfindiger Weise zu streiten.

Wer hätte ſich dieſen Ausgang einbilden können, lieber Ari=
ſtipp? — Und doch bringt ſich mir zuweilen der Gedanke auf,
wir hätten es ſollen. Aber wer ſelbſt wenig Anlage zu irgend
einer Art von Schwärmerei hat, kann ſich nie lebendig genug in
einen ſolchen Kopf hineindenken und läßt ſich nicht träumen, was 5
für Unheil er in einem mit lauter Zunder und Brennſtoff ange=
füllten Gemüt anrichten kann.

Meine größte Sorge iſt jetzt die zarte Muſarion ſtufenweiſe
zu der fatalen Nachricht vorzubereiten. Erſt wenn ſie ſich nach
und nach an den Gedanken, daß er nicht mehr iſt, gewöhnt hat, 10
darf ſie die Art ſeines Todes erfahren. Ich traue dir zu, du
werdeſt gern hören, daß Kleonidas mir einen guten Teil deſſen,
was ich durch deine Neigung zum Landſtreichen entbehre, zu er=
ſetzen ſucht; und dafür wirſt du ſo artig ſein, auch ihm und mir
zuzutrauen, daß er nicht unglücklich in dieſer Bemühung ſein 15
könne. Begeiſtert von dem Anteil, den wir alle an dem Schick=
ſal deines unglücklichen Freundes nehmen, und von Platons
Schilderung der Todesſtunde des Sokrates, hat er mir die Ideeen
zu zwei großen Gemälden mitgeteilt, womit er beiden ein Denk=
mal zu ſtiften geſonnen iſt. Zum erſten hat er bereits eine leicht= 20
gefärbte Zeichnung entworfen, die mir ſeinen Gedanken glücklich
zu ſymboliſieren ſcheint. Die Scene iſt ein weit in die See her=
vorragender kahler Felſen an einem wilden klippenvollen Strande,
den reizenden Ufern einer entfernten, aus dem warmen, roſigen
Duft eines ſtillen Sommerabends wie unter einem durchſichtigen 25
Schleier hervorſcheinenden Landſchaft gegenüber. Kleombrot, von
der Reue in Geſtalt einer Erinnys mit Schlangengeißeln verfolgt,
ſtürzt ſich von der Spitze des Felſens herab; aber ein freund=
licher Genius, mit mächtigen Flügeln über der ſchäumenden Bran=
dung ſchwebend, iſt bereit, den Fallenden in ſeine gegen ihn aus= 30
gebreitete Arme aufzufaſſen, um ihn an das entgegenliegende
Ufer der Inſel der Seligen zu tragen, wo Sokrates zwiſchen
Pythagoras und Solon von verſchiedenen andern Weiſen und
Heroen der Vorzeit umgeben aus einem lieblichen Hain ihm ent=
gegen zu kommen ſcheint. Unter das Bild ſoll mit goldnen Buch= 35
ſtaben geſchrieben werden: Er war in Ägina und iſt nun bei
Sokrates.

Um den Tod des Sokrates ſo wahr als nur immer mög=
lich darzuſtellen, wird er nächſtens eine Reiſe nach Theben, Athen

und Megara unternehmen und sich mit den vorzüglichsten Freun=
den des Weisen, mit Kriton, Kritobul, Apollodor, Aschines,
Antisthenes, Cebes und Euklides, bekannt machen, um Zeichnungen
nach dem Leben von ihnen zu nehmen, damit er sie in dem großen
5 Gemälde desto richtiger bezeichnen, gruppieren und in Handlung
setzen könne. Um den lieben Plato auch hier nicht leer aus=
gehen zu lassen, soll einer aus der Gruppe, die am entferntesten
von der Hauptperson ist, seinen Nachbar mit dem Ausbruck der
Verwunderung fragen: Wo bleibt Plato? und der andere wird
10 mit Achselzucken antworten: Es heißt, er sei unpäßlich. Du siehst,
Aristipp, wem Kleonidas durch dieses Parergon einen kleinen Liebes=
dienst zu erweisen hofft? — Der Einfall verdiente wenigstens einen
Kuß, hör' ich dich sagen. Auch bekam er ihn in deinem Namen
auf der Stelle. Aber — wie es zuging, weiß ich selbst nicht
15 recht — es mußten wohl ein paar Nektartropfen zu viel darein
gekommen sein; denn — wir wurden beide ein wenig davon be=
rauscht. — Laß dir sagen, Freund Aristipp, — es ist ein ge=
fährlicher Mensch, dein Kleonidas; du hättest ihn wohl können zu
Hause lassen!

20   Mein Unstern fügte es, als ich zu Athen war, daß Plato
die ganze Zeit über abwesend sein mußte; denn nun sehe ich erst,
wie schmeichelhaft mir seine Eroberung gewesen wäre. Sein Buch
hat mir eine große Meinung von der Feinheit seines Geistes und
von seinem Dichtergenie gegeben. Wahr ist's, man müßte den
25 Sokrates gar nicht gekannt haben, wenn man nicht sehen sollte,
daß Plato sich große Freiheiten mit ihm herausnimmt; und ich
wollte selbst meinen besten Halsschmuck dransetzen, er habe bei
aller seiner Redseligkeit nicht den dritten Teil von allem dem ge=
sagt, was ihn der junge Schwätzer grübeln und subtilisieren läßt.
30 Indessen ist doch nicht weniger wahr, daß er die Eigenheiten
seines Meisters mit vieler Gewandtheit nachzuahmen weiß; und
wiewohl er sie überhaupt (was den Nachahmern gewöhnlich zu
begegnen pflegt) merklich übertreibt, so ist doch an vielen Stellen
das Originale und Auszeichnende im Ton und in der Manier des
35 Alten gar nicht zu verkennen. Aber was mir von diesem Schrift=

---

2. Aschines. Gemeint ist der Philosoph, ein Sohn des Lysanias. — 10. unpäß=
lich. „Anspielung auf die eigenen Worte Platons in der oben von Alcombrot in seinem
Briefe an Aristipp angezogenen Stelle: „Wo blieb denn Plato? — Es hieß, er sei un=
päßlich." W. — 11. Parergon, Nebenwerk, Zugabe.

ſteller und dem, was er uns ſein könnte, wenn er wollte, den
größten Begriff giebt, iſt die Darſtellung der letzten Stunde ſeines
Helden, von dem Augenblick an, wo er ſagt: es werde nun Zeit
für ihn ſein, ins Bad zu gehen. Mich dünkt, wir haben nichts
ſo Schönes in unſrer Sprache als dieſe Erzählung, die ſo ganz 5
ſchlicht und anſpruchlos ausſieht, und in der doch, wenn ich nicht
ſehr irre, ſo viel wahre epiſche und pſychagogiſche Kunſt iſt. Ich
habe dieſes Stück ſchon zum drittenmal geleſen, und jedesmal
mit dem reinen Vergnügen und der völligen Befriedigung, die
nur das hohe Schöne der Seele gewähren kann. 10

So viel Rühmens von dem Werk eines Menſchen, den du
nicht liebſt, und das freiwillige Geſtändnis — einer Untreue in
einem und ebendemſelben Briefe iſt deiner Philoſophie beinahe zu
viel auf einmal zugemutet, lieber Ariſtipp. Das möcht' es wirklich ſein, wenn du nicht wäreſt, was du biſt: ſo einzig in deiner 15
Art wie deine Freundin Lais in der ihrigen. Was ſollte ſie dir
nicht vertrauen dürfen?

---

13. An Lais.

Ja wohl, ſchöne Lais, darfſt du mir alles vertrauen! Du,
der die Grazien einen Freibrief gegeben haben, nichts zu ſagen 20
noch zu thun, was Ariſtipp nicht gut fände. Zudem iſt Kleonidas
mein anderes Ich; was du ihm thuſt, iſt mir gethan; und wäre
es nicht unter deiner Würde, die edeln Dienſte meines Freundes
nicht auf eine edle Art zu belohnen?

Wird er ſeine Reiſe bald antreten? Mich verlangt ſehr, 25
ſeinen Tod des Sokrates vollendet zu ſehen. Sobald ich höre,
daß er es iſt, ergreife ich dieſen Vorwand, um eine Lebende wieder
zu ſehen, die mir Amor ſelbſt, wenn er ein Maler wäre, nicht
zu Danke malen könnte, und — fliege nach Milet zurück.

Hippias meldet mir, daß er vor dem Ende dieſes Monats 30
zu Athen eintreffen werde, um von da nach Samos abzugehen,
wo er ſeinen künftigen Wohnſitz aufzuſchlagen beſchloſſen hat.
Denke nur, der unbeſtändige Menſch hat die ſchöne Timandra

---

7. epiſche und pſychagogiſche Kunſt, die Kunſt durch anziehende Darſtellung die
Seelen zu lenken. Wieland erklärt: „pſychagogiſch, was das Gemüt in eine ſanft
anziehende, ruhig vergnügliche Bewegung ſetzt.“

einem seiner Freunde in Syrakus abgetreten! Ich weiß, schreibt
er mir, nichts an ihr auszusetzen, als daß sie zu gut für mich
ist.   Wahrscheinlich hat er irgend einen geheimen Beweggrund,
warum er frank und frei zu Samos anlangen will.   Ich habe
5 ihm eine Abschrift des Phädon zugeschickt und ihn in deinem
Namen ersucht, uns über den spekulativen Teil desselben seine
Meinung zu sagen.

Inzwischen unterschreibe ich, ohne daß es mir die mindeste
Gefälligkeit kostet, alles, was du Rühmliches von diesem sonder=
10 baren prosaischen Gedichte gesagt hast.   Denn eine Art von Ge=
dicht ist es am Ende doch, und zum Dichter wäre Plato geboren
gewesen, wenn ihn nicht sein böser Genius neben seinem natür=
lichen Hang zum Fabulieren und Allegorisieren noch mit einem
unwiderstehlichen Trieb, sich selbst und andre in dialektische Spinne=
15 weben zu verfangen, gestraft hätte.   Da ihm die schlichte populäre
Philosophie des Sokrates kein Genüge that, vertiefte er sich schon
früh in den Grübeleien der eleatischen und pythagorischen Schule,
die sich damit abgeben, das Innerste der Natur und den ersten
Grund der Dinge, das Unendliche, den Ursprung der Welt, das
20 Wesen der Materie und des Geistes, kurz, alles ergründen zu
wollen, was nicht zu ergründen ist.   Unbefriedigt schwärmte er
nun von einem Systeme zum andern, baute bald auf diese, bald
auf jene Hypothese, riß dann, wenn er wieder einige Zeit um
Sokrates gewesen war, wieder ein, was er gebaut hatte, und
25 würde vermutlich zuletzt unter lauter Ruinen gelebt und nie etwas
Haltbares zustande gebracht haben, wenn ihn die Muse, die ihm
als sein guter Dämon zugegeben ist, nicht immer antriebe, aus
den Bruchstücken, die in seiner Phantasie über und durch einander
liegen, bald diesen, bald jenen luftigen und schimmernden Zauber=
30 palast zusammenzusetzen.   Jetzt ist er noch so voll von diesen Ma=
terialien, daß ihm die Wahl weh zu thun scheint, und er uns
lieber alles auf einmal geben möchte.   In der That hat er in
seinem Phädon so vielerlei für Person, Ort und Zeit Schickliches
und Unschickliches zusammengedrängt, daß ich in diesem einzigen
35 Dialog die Embryonen von zwanzig andern sehe, die er vermutlich
nach und nach auszubrüten gedenkt.   Doch das möchte er immer=
hin, und viel Glücks dazu! Denn warum sollte er nicht Bücher
schreiben, da er das Talent, seinen Gedanken jede beliebige Gestalt
zu geben, und eine Fülle attischer Redseligkeit in seiner Gewalt

hat und, ſobald er nur will, den Verſtand, die Einbildungskraft
und das Gemüt ſeiner Leſer zugleich in Bewegung zu ſetzen und
zu unterhalten weiß? — Aber wenn er fortfahren wollte, dem
guten Sokrates die Hauptrolle in ſeinen philoſophiſchen Dramen
aufzubringen und gerade dem Manne, der die Philoſophie vom 5
Himmel oder vielmehr aus dem windigen Reiche der „regenbe=
ladenen Jungfrauen" des Ariſtophanes wieder auf die Erde herab=
holte und in das häusliche und bürgerliche Leben der Menſchen
einführte, kurz, ſich ausſchließlich mit einer Lebensweisheit be=
ſchäftigte, die für jedermann verſtändlich und brauchbar war, wenn 10
Plato fortfahren wollte, ſeine Liebhaberei, abgezogene Begriffe bis
zu einem unbrauchbaren Grad von Feinheit auszuſpinnen und die
Leute mit Zweifelsknoten, die er ſelbſt nicht aufzulöſen weiß, zu
beunruhigen, gerade dieſem Manne vor die Thür zu legen: dies,
ich bekenne es, würd' ich ihm nicht wohl verzeihen können. Freilich 15
muß es jedem erlaubt ſein, das Wahre, zu welchem ſo vielerlei
Wege führen, auf demjenigen zu ſuchen, den er für den nächſten
oder anmutigſten hält; nur ſtelle jeder ſich ſelbſt vor und nehme
ſich nicht heraus, das Geſicht eines andern zu einer Larve vor
ſein eigenes zu machen. 20

Daß Plato ſich nicht zugleich mit dir in Athen befand,
meine Freundin, hat deinen ſieggewohnten Reizen vielleicht eine
kleine Demütigung erſpart, wenigſtens hätteſt du dich in einen
Hylas oder Hyacinth verkleiden müſſen, um ſeine Aufmerkſamkeit
zu erregen. — Doch ich will ihm keinen Vorwurf aus den Verſen 25
machen, worin er (damals ſelbſt noch wenig mehr als ein Knabe)
ſeine Leidenſchaft für die ſchönen Knaben Aſter, Alexis, Agathon
u. a. (vielleicht nur, um die Mode mitzumachen) eine ſehr feurige
Sprache reden ließ; denn es iſt allerdings zu glauben, daß Sokrates,
zu welchem er ſich ſeit ſeinem zwanzigſten Jahre ziemlich fleißig 30
hielt, ihm dieſe kleine attiſche Unart abgewöhnt haben werde.

6 f. regenbeladenen Jungfrauen, die Wolken, die bei Ariſtophanes als Schutz=
göttinnen des Sokrates erſcheinen. — 24. Hylas, ῞Υλας ein ſchöner Knabe, den Herakles
liebte, der aber als er aus einer Quelle ſchöpfte, von den Nymphen in die Flut hinab=
gezogen wurde. Hyacinth, ein ſchöner Jüngling, den Apollo und Zephyrus liebten, und
den Apollo aus Eiferſucht mit einem Diskus tot warf. — 31. abgewöhnt haben werde.
„Diogenes von Laërte hat uns zwei oder drei von dieſen Epigrammen aufbehalten, wodurch
Ariſtipp den göttlichen Plato bei ſeiner ſchönen Freundin in den Verdacht zu bringen ſucht,
als ob er gegen die Reize ihres Geſchlechts unempfindlich geweſen. Der Kompilator hat
aber nicht vergeſſen, auch ein paar andere, an eine gewiſſe Xanthippe (vermutlich nicht die
etwas ſaure, aber ſonſt unbeſcholtene Hausfrau des Sokrates) und an die Hetäre Archia=
naſſa von Kolophon, beizufügen, die unſerm Briefſteller unbekannt geweſen ſein müſſen,

Ich gedachte mich nicht länger zu Ephesus zu verweilen, als nötig war, eine alte Gastfreundschaft zwischen meiner Familie und einem hiesigen angesehenen Hause zu erneuern und den weltberühmten Tempel der ephesischen Göttin zu besehen. Zufälliger
5 Weise erfahre ich von dem alten Maler Evenor, daß sein ehmaliger Schüler Parrhasius (ein geborner Ephesier) täglich erwartet werde. Der alte Mann legte einen besondern Nachdruck auf das Wort Lehrling und schien sich nicht wenig darauf zu gute zu thun, daß er einen Schüler habe bilden können, der seinen
10 Meister weit hinter sich zurückgelassen. Parrhasius langte den folgenden Tag an, und seine Bekanntschaft hat so viel Anziehendes für mich, daß ich schon eine ganze Dekade länger hier bin als anfangs meine Absicht war. Vielleicht wirst du das Vergnügen haben ihn in Milet zu sehen. Ich wünsche es um Kleonidas'
15 willen, der, wofern wir dem stolzen Parrhasius verbergen, daß er sein Nebenbuhler in der Kunst ist, vielleicht Gelegenheit fände ihm das eine oder andere von seinen Geheimnissen, die Färbung zu behandeln, abzuhaschen. Denn es ist unglaublich, was der Mann mit seinen vier Farben für Wunder thut.
20 Du bist mir aller Wahrscheinlichkeit nach große Entschädigung schuldig, meine schöne Freundin, und ich will dich vorher gewarnt haben, nicht zu sehr zu erschrecken, wenn ich in irgend einer schönen mondhellen Nacht, da du mich am wenigsten erwartet hättest, auf einmal wie aus dem Monde gefallen vor dir stehe und mir —
25 einen Abdruck des Kusses ausbitte, womit du den schönen Kleonidas unter die Götter versetzt hast. Denn dies ist nach dem Ton seines letzten Briefes zu schließen, der Fall mit ihm, wiewohl er so bescheiden ist, mir aus der Ursache seiner Apotheose ein Geheimnis zu machen.

---

und mit welchen Plato sich gegen jene Beschuldigung aufs vollständigste hätte rechtfertigen können. Aber ernsthaft zu reden, wäre nichts unbilliger, als solchen jugendlichen Scherzen, wie z. B. das Epigramm auf die alte Archianasse:

„In deren Runzeln sogar dräuend ein Liebesgott saß"

mehr Bedeutung beizulegen, als sie für unbefangene Augen haben können." W.
     4. ephesischen Göttin, Artemis (Diana). — 12. Dekade, δεκάς. hier: zehn Tage.

14. An Kleonidas.

Ein glücklicher Zufall hat mich zu Ephesus mit dem größten
Maler unserer Zeit in Bekanntschaft gesetzt. Du errätst sogleich,
daß ich den Parrhasius meine, von welchem die zwei kleinen
Stücke in dem Landhause unsrer Freundin zu Agina dich so sehr ₅
bezauberten, und von dessen Demos du mich mit einer Bewun=
derung, die an mir etwas Ungewöhnliches ist, sprechen hörtest. In
der That giebt es dermalen noch schwerlich etwas Vollendeteres
in eurer Kunst und ich wollte, du entschlössest dich, bevor du an
die Ausführung der beiden Denkmäler gehst, zu einer Reise nach ₁₀
Mytilene, bloß dieses Gemäldes wegen, an welchem ein Auge wie
das deinige so viel zu sehen und zu studieren finden würde.

Parrhasius ist ein feiner, stattlicher Mann, der neben andern
mit seiner Kunst in Bezug stehenden Kenntnissen sich vorzüglich
auf die Menschenkunde mit Ernst gelegt zu haben scheint. Von ₁₅
dem Künstlerstolz, den man ihm schuld giebt, mag er wohl nicht
ganz frei sein; und warum sollte er auch nicht fühlen dürfen,
was er ist, und wie nahe die Malerkunst, die vor ihm noch in
der Wiege lag, der Hora ihrer schönsten Blüte durch ihn gebracht
worden? Er spricht gern von dem, was er in dieser Rücksicht ₂₀
geleistet habe, und da ihn dies notwendig auf den Zustand führt,
worin er seine Kunst gefunden, so ist natürlich, daß er an den
Werken der alten Meister, ohne darum ungerecht gegen sie zu
sein, mehr zu tadeln als zu loben hat. Ob er aber ebenso ge=
recht gegen seine jetzt blühenden Nebenbuhler, einen Zeuxis, Ti= ₂₅
manthes, Pausias u. a., sei, ließe sich fast bezweifeln; wenigstens
hält er zurück, wenn die Rede von ihnen ist, und giebt, wenn
dieses oder jenes von ihren Werken gerühmt wird, seine Bei=
stimmung gewöhnlich nur mit den Achseln oder Augenbrauen. Man
sagte mir, es sei eine von seinen Eigenheiten, daß er beim Ar= ₃₀
beiten weder einen andern Maler noch jemand, der im Ruf eines
Kenners der Kunst stehe, zusehen lasse. Gegen bloße Liebhaber
hingegen ist er desto gefälliger, und ich habe unter diesem Titel
das Vergnügen gehabt, ihn an einem großen Gemälde arbeiten
zu sehen, das die Entscheidung des Streits um die Waffen Achills ₃₅
zwischen Ajax und Ulysses vorstellt und in kurzem zu Samos um
den Preis mitwerben soll. Nur wenn er die letzte Hand an ein

---

19. Hora, ὥρα, hora, Zeitpunkt.

Werk legt, schließt er sich vor jedermann ein, vermutlich weil er
ein Geheimnis besitzt, um seinen Gemälden den schönen Ton und
das Lebenatmende und Beseelte zu geben, das so sehr daran bewundert wird.   Ich sprach ihm von seinem Demos, wie einem
5 bloßen Liebhaber zukommt, mit Entzücken und erhielt dadurch das
Recht, ihm in gebührender Einfalt und Demut die Frage vorzu-
legen: ob es wirklich seine Meinung gewesen sei, den Charakter
des athenischen Volks in diesem Stücke darzustellen? Er antwortete
mir lachend: Vermutlich ist es dir von dem Besitzer unter dieser
10 Benennung gezeigt worden? Da ich es bejahte, fuhr er fort: Ich
will dir offenherzig sagen, was an der Sache ist. Es war wirklich
mein erster Gedanke, daß es ein allegorisches Gemälde werden
sollte; aber die Schwierigkeit war, wie ich es anstellen wollte, die
Widersprüche im Charakter des athenischen Volkes so zu personi-
15 fizieren, daß gescheite Leute ohne Wahrsagergeist erraten könnten,
was ich wolle. In zwei Stücken, deren jedes nur Eine Seite dieses
Charakters gezeigt hätte, möchte dies allenfalls angegangen sein,
wiewohl die Sache noch immer große Schwierigkeiten hatte; aber
auf Einer Tafel fand ich es platterdings unmöglich. Nach langem
20 Hinundhersinnen fiel mir ein, anstatt meine Absicht durch allegorische Personen erreichen zu wollen, würde ich besser zum Ziel
kommen, wenn ich eine wieder auseinandergehende Volksversammlung schilderte, und zwar so, daß man aus den verschiedenen
Gruppen erraten könnte, was unmittelbar vorher verhandelt und
25 beschlossen worden, und was dieser und jener für eine Rolle dabei
gespielt habe. Ich gestehe, daß ich diesen Gedanken für eine Ein-
gebung meines guten Genius hielt und ihn daher mit mehr als
gewöhnlicher Begeisterung ausführte. Ich hatte nun Gelegenheit,
alle die verschiedenen Züge, woraus der Charakter der Athener
30 zusammengesetzt ist, auf die natürlichste Art in Handlung und
Kontrast zu setzen. Mein Stück, wiewohl es im Grunde nichts
mehr ist, als was der Augenschein ausweist, wurde dennoch für
den nachdenkenden Beschauer, der den Geist eines Gemäldes zu
erhaschen weiß, wirklich das, wozu ich es anfangs machen wollte:
35 eine Charakteristik der Athener, und da der Name Demos Athenäon
beides gleich schicklich bezeichnen konnte, so verkaufte ich es dem
Liebhaber zu Mytilene unter diesem Titel, mit welchem es mich
hoffentlich eine Weile überleben wird. — Gewiß so lange, sagte
ich, als die Erde mit einer allgemeinen Verbrennung oder Er-

ſäufung verſchont bleibt, wofern die Beſitzer nur Sorge tragen,
es vor dem nachteiligen Einfluß der Luft und der Sonne zu bewahren. — Meine Farben halten bis auf einen gewiſſen Grad
beides aus, verſetzte Parrhaſius. — Du mußt deren wirklich ganz
eigene und andere unbekannte haben, ſagte ich, da du ſolche Wunder 5
damit thun kannſt. — Gleichwohl ſiehſt du nur vier auf meiner
Palette, war ſeine Antwort; und nun hatte ich keine Luſt, weiter
zu fragen. Parrhaſius zeigte mir unter verſchiedenen zum Verkauf
fertigen Stücken zwei zuſammengehörende, die ich ihres ſonderbaren
Effekts wegen für unſre Freundin gekauft habe. Beide Tafeln 10
ſtellen ebendenſelben ſchwerbewaffneten Kriegsmann vor; auf der
einen iſt er in vollem Lauf begriffen, auf der andern legt er
ſeine Rüſtung ab, um auszuruhen; in beiden herrſcht ein ſo hoher
Grad von Wahrheit und Leben, daß man ihn auf jener ſchwitzen
zu ſehen und auf dieſer keuchen zu hören glaubt. Er war ſo 15
zufrieden mit mir, als ich dieſe eben nicht ſchwer zu machende
Bemerkung machte, daß er mich noch eine ziemliche Anzahl kleiner,
auf elfenbeinerne Täfelchen gemalter Stücke ſehen ließ, die an
täuſchender Lebendigkeit und Grazie der Ausführung ſowie an
Leichtfertigkeit des Inhalts alles weit übertreffen, was ich je 20
in dieſer Art geſehen habe. Laß dir genug ſein, Kleonidas, daß
eine in Götterwonne hinſterbende Leda das züchtigſte Stück von
der ganzen Sammlung war. Da er mich etwas verlegen ſah
— (du weißt, ich liebe die Entweihungen der heiligen Myſterien
Amors und Aphroditens nicht) —, ſagte er mir ganz unbefangen: 25
dieſe Scherze meines Pinſels ſind eigentlich nur für mich ſelbſt
gemacht und dienen mir zur Erholung nach ernſthaftern Arbeiten.
Ich würde keines davon um irgend einen Preis verkaufen; nur
dieſe Leda iſt derjenigen beſtimmt (wofern ſich eine ſolche finden
ſollte), die ſchöner iſt als ſie und ſtatt des göttlichen Schwans 30
— mit mir vorlieb nehmen will. Du ſiehſt, Freund Kleonidas,
daß Parrhaſius nicht nur ein großer Maler, ſondern auch ein
großer Schalk iſt und die ſchwache Seite der Leden kennt. Wenn
es nur auf die erſte ſeiner Bedingungen ankäme, ſo wäre die

---

15. glaubt. „Plinius erwähnt dieſer beiden Stücke unter den berühmteſten Werken
dieſes Meiſters. Sunt et duae picturae ejus nobilissimae, Hoplitides: alter in
certamine ita decurrens, ut sudare videatur; alter arma deponens, ut anhelare
sentiatur. (H. N., lib. 35, c. 10.)“ W. — 20. Inhalts. „Pinxit et minoribus tabellis
libidines, eo genere petulantis joci se reficiens. (Plin., XXXV. 10.)“ W.

seinige schon verspielt. Ich möchte wohl wissen, was Lais zu diesem tollen Einfall sagt.

Parrhasius ist reich und lebt auf einem ziemlich asiatischen Fuß. Ich sah verschiedene schöne Sklaven und Sklavinnen in
5 seinem Hause, und eine der letztern schien mir seiner Leda sehr ähnlich zu sehen. Und so viel von deinem berühmten Kunst= verwandten.

Ich brauche dir nicht zu sagen, wie ungeduldig ich nach der Ausführung deiner zwei herrlichen Ideen bin. Für die kleine
10 Rache, die du für mich an dem spitznasigen Plato genommen hast, hat dir Lais, wie ich höre, schon in ihrem und meinem Namen gedankt. Strenger wird ihn hoffentlich sein eigenes Gefühl bestrafen, wenn er hören wird, daß er mit drei hämischen Worten einen Jüngling, der wahrlich der Sokratischen Bildung Ehre
15 gemacht haben würde, zur Verzweiflung getrieben hat.

---

15. Lais an Aristipp.

Leugne nur nicht, Aristipp, daß du eifersüchtiger bist, als du mir und vielleicht dir selbst gern gestehen möchtest. Wenn es so ist, so hast du unrecht, mein Freund. Ein Kuß ist am Ende
20 doch nichts mehr als ein Kuß, und wenn in einer kleinen Be= rauschung auch ein halbes Dutzend daraus geworden wären, so sollte, dächt' ich, um eines so guten Einfalls willen wie der, wofür Kleonidas sie bekam, eine solche Kleinigkeit einem Freunde wohl zu gönnen sein. Oder könntest du auch nur im Traume
25 den Argwohn hegen, ich sei leichtsinnig genug, meine Musarion um einen Liebhaber wie Kleonidas bringen zu wollen? Ich werde dir mit deiner Erlaubnis keine weitere Erläuterung über diese Sache geben; genug wenn ich dir sage, daß zwischen ihnen beiden eine Art von Freundschaft (wie sie es nennen) erklärt ist, die ich
30 ohne mich deutlich herauszulassen auf alle Weise begünstige und, wenn sie noch einige kleine Proben ausgehalten hat, zu beider= seitiger Zufriedenheit in einen ehelichen Liebesknoten zusammen= zustricken gesonnen bin. Musarion ist eines Mannes wie Kleonidas wert und Kleonidas könnte in allen drei Weltteilen schwerlich ein
35 Mädchen finden, das in jeder Beziehung, es sei als Freundin

---

3 f. asiatischen Fuß, wie Horaz sagt: Persicos odi apparatus.

und Lebensgefährtin oder als Mutter ſeiner Kinder oder als
Geſpielin ſeiner fröhlichen Stunden oder als Modell für ſeine
Lieblingskunſt, ſich beſſer für ihn ſchickte als meine Muſarion,
die zu einer ſeltnen Schönheit und Anmut und einem Gemüt,
das die Keime aller weiblichen Tugenden in ſich trägt, gerade 5
ſo viel Verſtand und Witz zum Anteil bekommen hat, als ein
Weib im Kreiſe des häuslichen Lebens nötig haben kann. Ich
glaube, mich der Pflicht, die mir ihr edler Vater auferlegt hat,
nicht beſſer als durch eine ſolche Verbindung entledigen zu können,
und ich freue mich voraus, daß mein Plan deinen Beifall haben wird. 10

Eurybates iſt ſeit kurzem nach Athen zurückgekehrt, und wir
werden die Lücke, die ein ſo angenehmer Geſellſchafter in unſerm
Zirkel läßt, nicht ſo leicht erſetzt bekommen. Er hat mir mit
einem ſchönen mediſchen Eunuchen, der ein trefflicher Sänger und
Zitherſpieler iſt, ein Geſchenk gemacht. Was konnt' ich da weniger 15
thun, als ihm die Charis Droſo zum Gegengeſchenk aufzubringen?
— O zweifelſt du etwa, daß ich großmütig genug zu einem
ſolchen Opfer war? — Gleichwohl that ich's nicht. Ich begnügte
mich ihr die Freiheit zu ſchenken und überließ es ihr ſelbſt mit
ihrer Perſon nach eignem Belieben zu ſchalten. Eurybates verliert 20
nichts dabei. Sie begleitet ihn nach dem ſchönen Athen, und
wenn ſie die ſokratiſchen Lehren, die ich ihr mitgegeben habe,
befolgen will, ſo wird ſie wahrſcheinlich Urſache haben mit ihrem
Loſe zufrieden zu ſein. — Ich pfuſche der Eheſtifterin Here ziemlich
ſtark ins Handwerk wie du ſiehſt; es iſt eine wahre Liebhaberei 25
bei mir und muß wohl an einer Perſon, die ſo ungeneigt iſt,
ſich ſelbſt binden zu laſſen, ſeltſam genug ſcheinen. Erkläre dir's,
wie du kannſt; ich mag mir den Kopf nicht zerbrechen, die Urſache
davon zu ergründen.

Du ſchreibſt mir, du habeſt den Hippias in meinem Namen 30
erſucht uns ſeine Gedanken über die letzten Reden des Sokrates
im Phädon mitzuteilen. Wozu das? Was kümmert mich's, wie
Hippias über dieſe Dinge denkt? Wenn ich jemands Gedanken
darüber wiſſen möchte, ſo ſind es die deinigen; wenigſtens ſolange
ich keinen andern kenne, mit dem ich in allem, was Intereſſe für 35
mich hat, lieber ſympathiſieren möchte als mit dir.

16. Leonidas an Aristipp.

Fast besorge ich, Freund Aristipp, irgend eine gefällige
Epheserin habe das Bild unsrer edeln Freundin in deinem Kopf
ein wenig abgebleicht. Du möchtest wissen, schreibst du mir, was
5 sie zu dem Preise, den Parrhasius auf seine Leda setzt, sagen
würde? — Das will ich dir nicht verhalten, mein Lieber. „Par=
rhasius, sagte sie, mag nur in Zeiten, wofern es nicht schon ge=
schehen ist, für eine hübsche Anzahl Kopieen sorgen; denn an Leden,
die seinen Preis nicht zu hoch finden werden, kann es ihm so
10 leicht nicht fehlen; und er wird wahrscheinlich, wenn ihm die Lust
ankommt, den Schwan zu spielen, jede Lebende schöner finden als
seine gemalte.“ — Dies ist alles was sie sagte, und ich dächte,
das hättest du erraten können.

Ich bin im Begriff, nach Theben und Athen abzugehen,
15 und hoffe meine Leute in wenig Tagen beisammen zu haben.
Denn ich brauche nichts als Umrisse und hier und da einen
charakteristischen Strich; das übrige soll sich wohl in meinem
Gedächtnis erhalten. Meinen Rückweg werde ich über Samos
nehmen, wo bei einer öffentlichen Gemäldeausstellung Parrhasius
20 und Timanthes mit einigen andern um den Preis streiten werden,
den eine Gesellschaft von Kunstliebhabern auf die beste malerische
Darstellung des Streits um die Waffen Achills im Lager der
Griechen vor Troja ausgesetzt hat. Doch das hast du ja schon
vom Parrhasius gehört. Die Reise nach Mytilene hat mir ein
25 glücklicher Zufall erspart. Der Besitzer des berühmten Demos
Athenäon ist vor einiger Zeit gestorben; seine gesammelten Kunst=
werke werden von seinen Erben verkauft, und jenes kostbare Stück
hat Hegesander, ein Günstling des Plutus zu Milet, um fünf=
hundert Dariken an sich gebracht. Ohne Zweifel wird es um
30 die Zeit, da du nach Milet zurückkommst, in seiner Galerie zu
sehen sein. Parrhasius hat viel geleistet; aber die Kunst ist
unendlich. Keiner kann alles, keiner erreicht das Ziel und selbst
in dem, worin einer alle seine Vorgänger übertroffen hat, kann
und wird er von irgend einem Nachfolger übertroffen werden.
35 Zeuxis wird wegen der Richtigkeit seiner Umrisse und des
Täuschenden seiner Färbung bewundert; Parrhasius glaubt es ihm
in beidem zuvorzuthun und hat vielleicht recht; aber daß er die

---

28. Plutus, Πλοῦτος, der Gott des Reichtums.

höchste Stufe in beidem schon erstiegen habe, glaube ich wenigstens
nicht, wenn ich auch nicht sagen könnte, worin, geschweige, wie
er übertroffen werden könne. Die Fortschritte, welche die Malerkunst in den letzten dreißig Jahren gemacht hat, sind zum Erstaunen; laß uns noch dreißig oder vierzig Jahre leben, und wir 5
werden vielleicht aus den Schulen derer, die jetzt den Vorsitz
haben, eines Parrhasius, Timanthes, Zeuxis, Pausias, Künstler
hervorgehen sehen, die diese ebenso weit hinter sich zurücklassen, als
sie ihren Lehrmeistern vorgesprungen sind. Da ich des Timanthes
erwähnt habe, darf ich nicht vergessen, daß er sich diesen ganzen 10
Monat über zu Milet aufgehalten hat, um das Gemälde zu
vollenden, womit er zu Samos um den Preis streiten will. Ich
habe mich — wie du denken kannst — um seine Freundschaft beworben;
Lais begegnet ihm mit ausgezeichneter Achtung, und er fehlt nie
bei den Symposien, die sie den vorzüglichsten Männern, Ein- 15
heimischen und Fremden, welche sich hier aufhalten, häufig zu geben
pflegt. Zur Erkenntlichkeit hat er sie mit einem kleinen Gemälde
beschenkt, worauf Hebe der Götterkönigin eine Schale mit Nektar
reicht, und in dieser die schöne Lais, in jener die liebliche Musarion
unverkennbar ist, wiewohl ihm keine von beiden gesessen hat. Ehe 20
ich dieses Stück sah, hatte ich keinen Begriff davon, daß man
gemalten Augen so viel Geist, gemalten Lippen und Wangen eine
so herzgewinnende Beredsamkeit geben und aus dem Ganzen einer
nachgeahmten Gestalt einen so täuschenden Wiederschein des unsichtbaren Innern hervorleuchten lassen könne. Ich müßte mich sehr 25
irren, oder hier ist mehr als Parrhasius. — Timanthes würde sich
auch ohne sein Talent in jeder guten Gesellschaft als ein vor-
züglicher Mensch ausnehmen; so wie unter seinen Kunstverwandten
wenige sein mögen, die mit so viel Ursache zum Stolz eine so
edle Art von Bescheidenheit besitzen wie er. 30

Aus unsrer Vaterstadt, lieber Aristipp, habe ich kürzlich so
gute Nachrichten erhalten, daß die immer näher rückende Aussicht
an meine Zurückkunft mich erfreuen würde, müßt' ich mich nicht

---

9. vorgesprungen sind. „Diese in der Natur der Sache gegründete Weissagung
ging, wiewohl etwas später, als Aristipp glaubte, in Apelles, Protogenes und Aristides in
Erfüllung. Wenn Plinius von dem letztern sagt: is omnium primus animum pinxit
et sensus omnes expressit, so kann er damit nicht haben sagen wollen, er sei der erste
(der Zeit nach) gewesen, der die Seele und das Gemüt zu malen gewußt habe; denn da
hätte er sich selbst in dem, was er vorher an Timanthes und Parrhasius gerühmt hatte,
widersprochen; sondern nur, er habe in diesem Stück allen seinen Vorgängern und Nachfolgern den Rang abgewonnen." W. — 18. Götterkönigin, Hera.

von so manchen liebenswürdigen Personen trennen, die ich in
Griechenland zurücklassen werde mit der Gewißheit, sie nirgends
wiederzufinden als vielleicht da, wo der arme Kleombrot zu frühzeitig hingegangen ist.

5   17. Hippias an Aristipp.

Kaum kann ich glauben, daß die schöne und allzu weise Lais
im Ernst zu wissen verlange, was ich von dem Phädon des jungen
Platon halte. Wenn sie ihn (was ich doch voraussetzen muß)
gelesen hat, so kann sie sich selbst am besten sagen, ob sie durch
10 die vorgeblichen Beweise der Unvergänglichkeit und Unsterblichkeit
der Seele, die er seinem Meister in den Mund legt, überzeugt
ist oder nicht. Ich für meine Person erinnere mich nicht, in
meinem ganzen Leben etwas Frostigeres und weniger Befriedigendes
über diesen Gegenstand gehört oder gelesen zu haben. Wahrlich,
15 es steht schlecht mit der Hoffnung derer, die sich ewig zu leben
wünschen und, weil das Rezept zu Medeens Kräuterbad verloren
gegangen ist, und die Quelle der Jugend erst noch entdeckt werden
soll, kein andres Mittel, ihres Wunsches teilhaft zu werden sehen,
als nach dem Tode in einer unsichtbaren Welt ein neues Leben
20 zu beginnen, — es steht (sage ich) schlecht um ihre Hoffnung,
wenn sie auf keinem festern Grunde ruht als auf der Behauptung:
„es müsse auf den Tod ein neues Leben folgen, weil das Erwachen aus dem Schlaf entstehe, und beides eine notwendige
Folge davon sei, daß jedes Ding, dem etwas entgegengesetzt ist,
25 aus diesem Entgegengesetzten entspringe". Was wird die Nachwelt (wofern dieses Platonische Machwerk seinen Schöpfer überleben sollte) von Sokrates und von denen, die ihn für einen
Weisen hielten, denken müssen, wenn sie liest, daß er ein paar
Stunden vor seinem Tode seine besten Freunde, lauter gesetzte
30 und zum Teil schon bejahrte Leute, mit so läppischen Fragstücken,
wie man sie etwa an ein Kind von drei Jahren thun könnte,
unterhalten habe; und sollte sie wohl glaublich finden, daß so
verständige junge Männer, wie Cebes und Simmias, sich diese
kindische Art von Belehrung hätten wohlgefallen lassen? Oder
35 was denkst du, das man zu einem Dialog im Geschmack der

---

16. Medeens Kräuterbad sollte den Vater des Jason nach der Meinung seiner
Töchter verjüngen, that aber keine Wirkung, nachdem er auf Anstiften der falschen Zauberin
Medea, die ihn nur aus dem Wege räumen wollte, zerstückelt war. Vgl. S. 201.

kleinen Probe, die ich mir (Wunders halben) abzuſchreiben die Mühe geben will, ſagen werde?

Sokrates zu Cebes. Was meinſt du, Cebes, iſt irgend etwas dem Leben ſo entgegengeſetzt als das Schlafen dem Erwachen?

Cebes. Allerdings.   5

Sokrates. Was denn?

Cebes. Geſtorben ſein.

Sokrates. Entſtehen nicht beide aus einander entgegen= geſetzten Dingen, und muß es nicht mit ihren reſpektiven Ent= ſtehungen (γενεσεις) ebendieſelbe Bewandtnis haben?   10

Cebes. Wie könnt' es anders?

Sokrates. Ich will dir nur das eine Paar der ſoeben genannten Dinge ſagen, ſowohl ſie ſelbſt als ihre Entſtehungen; und du ſagſt mir dann das andere. Ich ſetze alſo Schlafen und Wachen, und nun ſag' ich: aus dem Wachen entſteht das Schlafen, 15 und umgekehrt aus dem Schlafen das Wachen, und ihre Ent= ſtehungen ſind vom einen das Einſchlummern, vom andern das Aufwachen. Hab' ich es deutlich genug geſagt oder nicht?

Cebes. Sehr deutlich.

Sokrates. Nun ſage du mir auch, wie es ſich mit dem 20 Leben und dem Geſtorbenſein verhält. Sagſt du nicht, daß Leben das Gegenteil ſei von Geſtorbenſein?

Cebes. Allerdings.

Sokrates. Und daß ſie aus einander entſpringen?

Cebes. Ja.   25

Sokrates. Was wird alſo aus dem Lebenden?

Cebes. Das Geſtorbene.

Sokrates. Und aus dem Geſtorbenen?

Cebes. Notwendig muß man bekennen, das Lebende.

Sokrates. Dieſemnach, mein lieber Cebes, entſtehen die 30 Lebenden aus den Geſtorbenen?

Cebes. So ſcheint es.

Sokrates. Unſre Seelen ſind alſo im Hades?

Cebes. Man ſollt' es denken.

Sokrates. Und was ihre beiderſeitigen Entſtehungen be= 35 trifft, liegt nicht die eine klar am Tage? Denn Sterben iſt doch etwas Augenſcheinliches; oder nicht?

Cebes. Ganz gewiß.

Sokrates. Wie wollen wir nun weiter verfahren? Wollen

wir das, was aus dem Gestorbensein entsteht, nicht ebenfalls für etwas Entgegengesetztes halten? Sollte die Natur nur hier allein hinken? Oder müssen wir hier eine dem Sterben entgegengesetzte Entstehung annehmen?

5 Cebes. Das müssen wir allerdings.

Sokrates. Was für eine also?

Cebes. Das Wiederaufleben.

Sokrates. Wenn nun ein Wiederaufleben stattfindet, wäre da nicht das Wiederaufleben eine Entstehung des Lebenden aus 10 dem Gestorbenen?

Cebes. Unstreitig.

Sokrates. Wir sind also genötigt, als etwas Ausgemachtes einzuräumen, daß die Lebenden ebensowohl aus den Gestorbenen entspringen als die Gestorbenen aus den Lebenden; und wenn 15 dies ist, so haben wir einen hinreichenden Grund, anzunehmen, daß die Seelen der Verstorbenen irgendwo sein müssen, von wannen sie wieder geboren werden können?

Cebes. Aus dem Eingestandenen folgt dies notwendig u. s. w.

Nun frage ich dich, Aristipp, ob das unauslöschliche Lachen 20 der seligen Götter im ersten Buch der Ilias hinlänglich wäre, eine solche Manier zu philosophieren nach Würden zu belachen? Und in was für ein unendliches und unermeßliches Wiehern müßten erst die besagten Götter (die über ihren neuen, dienstfertig von einem zum andern herumhinkenden Mundschenken so entsetzlich 25 lachen konnten) ausbersten, wenn sie ein paar gravitätische Leute unter den Wolken über Dinge, wovon sie nichts verstehen noch wissen können, im höchsten Ernst so possierlich irre reden hörten? Gleichwohl läßt Plato den guten alten Sokrates seinen ganzen Sterbe- tag über in diesem Geschmack dialogieren, und der ganze Diskurs dreht 30 sich immer um diesen feinen Beweis herum. Und welch ein Be- weis! Aus einer Induktion, die am Ende auf ein bloßes Spiel mit Worten hinausläuft und auf dem grundlosen Vorgeben beruht: Wenn zwei einander entgegengesetzte Dinge auf einander folgen, so entstehen sie aus einander! Diesem Grundsatz zufolge könnt' 35 er uns ebenso bündig beweisen, ein Hungriger müsse notwendig satt werden, wenn er gleich nichts zu essen hat, oder die alte Hekube

36. Hekube, Hekuba, Gemahlin des Priamus. Shakespeare läßt Hamlet fragen „Was ist ihm Hekuba?" ein Wort, an welches Goethe höchst geistvoll in Wilhelm Meister anknüpft.

müſſe wieder jung und eine zweite Helena werden; denn
Hunger und Sättigung, Alter und Jugend, Runzeln und Schön=
heit ſind einander entgegengeſetzt und folgen auf einander, müſſen
alſo ebenſo notwendig aus einander entſpringen als das Wachen
aus dem Schlafen und das Leben aus dem Tode. Der Beweis 5
müßte ſich gut ausnehmen, wenn er nach dem obigen Muſter in
kurzen Fragen und Antworten mit möglichſter Langweiligkeit ge=
führt würde! — Und dennoch hat der ſinnreiche junge Menſch
in ſeiner ſubtilen Einbildungskraft Mittel gefunden, uns etwas
noch Lächerlicheres zum beſten zu geben. Wenn er beweiſen könnte, 10
meint er, daß unſre Seelen vor dieſem Leben ſchon irgendwo da=
geweſen wären, ſo hätte er damit ſo gut als bewieſen, daß ſie
auch nach demſelben irgendwo ſein könnten. Und wie führt er
dieſen Beweis? Alle Menſchen, ſagt er, bringen eine Art von
Begriffen mit auf die Welt, die ſie weder durch ihre eigenen 15
Sinne noch durch fremden Unterricht erlangen. Wer daran zweifelt,
lege nur dem erſten beſten Kinde von drei oder vier Jahren
Fragen vor, zu deren Beantwortung nichts als gemeiner Menſchen=
verſtand erfordert wird, und das Kind, wenn es recht gefragt,
das heißt, wenn ihm die Antwort auf die Zunge gelegt wird, 20
wird auch allemal die rechte Antwort geben. Man zeige ihm
z. B. zwei Stücke Holz von ungleicher Größe und frage: „Sind
dieſe Stücke Holz gleich groß?" ſo wird es ohne Anſtand mit
Nein antworten. Wie könnt' es aber das, wenn es nicht ſchon
einen Begriff von der abſoluten Größe und Gleichheit hätte, den 25
ihm doch gewiß weder ſeine Amme noch ſein Pädagog beigebracht
haben? Woher alſo könnte das Kind den Begriff vom Großen
und Gleichen an ſich, das weder Holz noch Stein noch irgend
etwas anderes in die Sinne Fallendes iſt, ſondern bloß als
das für ſich beſtehende Große und Gleiche, mit dem Verſtande 30
angeſchaut werden kann, woher könnt' es dieſen Begriff haben,
wenn es ihn nicht ſchon vor ſeiner Geburt, alſo in einem vor=
hergehenden Leben, bekommen hätte? Und wie hätte es ihn auch
in dieſem erhalten können, wenn es nicht in einer Welt gelebt
hätte, wo Groß und Gleich, Rund und Eckicht, Warm und Kalt, 35
kurz, alle durch die Sprache bezeichnete abſtrakte und allgemeine
Begriffe, wie ſie Namen haben mögen, als ſelbſtändige, wiewohl
unkörperliche und überſinnliche Weſen, eine uns Sterblichen un=
begreifliche Art von Exiſtenz haben oder vielmehr die einzigen

wahrhaft und ewig existierenden Dinge (τα ὄντως ὄντα) sind?
In dieser unsichtbaren Welt lebten einst unsre Seelen mitten
unter diesen nur dem reinen Verstand anschaubaren Dingen das
wahre Geister- und Götterleben; und vermutlich wird uns Plato
(der in diesem Lande Nirgendswo ganz zu Hause zu sein scheint)
künftig noch offenbaren, wie es zugegangen, daß unsre besagten
Seelen aus einem so herrlichen Zustande in den schlammichten
Pfuhl der Materie herabgeworfen, und in tierische Körper als in
eine Art von dunkeln unterirdischen Kerkern (wie er sagt) ein-
gesperrt worden, wo sie durch die fünf Sinne, als ebenso viele
Spalten in der Mauer, die Schatten jener wirklichen Wesen erblicken und bei diesen wesenlosen Erscheinungen sich jener, wiewohl
nur dunkel, wieder erinnern. Genug vor der Hand, daß es so
und nicht anders ist, und daß nach Platons positiver Versicherung
nichts thörichter und erbärmlicher sein kann als der unglückliche
Wahn, worin wir andern gemeinen Menschen befangen sind, als
ob die Erde, worauf wir herumkriechen, die wahre Erde und das
Scheinleben in dieser Sinnenwelt zu Korinth, Ägina oder Milet,
wo wir uns (unter den gehörigen Bedingungen) sehr wohl zu
befinden glauben, das wahre Leben sei. Nichts weniger! Im
Gegenteil, es ist ein so elender Zustand, daß der ärmste Sklave
in den Bergwerken von Laurium, wenn er wie Plato philosophieren
könnte, unendlich glücklicher wäre als mein Freund Aristipp an
einem mit allem, was Land und Meer Köstliches hat, besetzten
Tische der schönen Lais gegenüber in der auserlesensten, fröhlichsten
Gesellschaft und unter den angenehmsten Unterhaltungen. Kurz,
solange unsre Seelen, an den Leib gefesselt, in den finstern
Höhlen und Grüften dieser unterirdischen Erde schmachten und bis
sie durch den Tod — der aber freilich nur dem platonisierenden
Philosophen ein freundlicher Genius ist — wieder ins wahre
Leben geboren und zum Anschauen und unmittelbaren Umgang
mit den sämtlichen Nenn- und Zeit-, auch Vor- und Verbindungs-
wörtern an sich emporgestiegen sein werden, ist (außer dem philosophischen Tod, wodurch der platonische Weise sich bereits in dem
gegenwärtigen Scheinleben eine freilich noch etwas ärmliche Art
von Existenz verschaffen kann) an kein wahres Leben, geschweige
an etwas, das den Namen Glückseligkeit verdiente, zu gedenken.

Frage doch die schöne Lais in meinem Namen, wie sie sich
in der Gesellschaft dieser platonischen Stammwesen, zwischen der

selbständigen Langweile und dem absoluten Hojahnen, gefallen
würde, und sie wird mir hoffentlich zu gut halten, daß ich mich
über solche Hirngespenster nicht ernsthafter erkläre. In der That
kann ich es mir selbst kaum verzeihen, daß ich mich so lange
dabei aufgehalten, zumal da ich mich dadurch so verstimmt habe, 5
daß ich dir nichts weiter zu schreiben weiß, als daß ich vor wenigen
Tagen zu Samos angekommen bin und durch die gute Besorgung
meines Freundes Zenodor sogleich eine bequeme Wohnung bezogen
habe, worin ich dich je eher je lieber zu bewirten hoffe.

18. Aristipp an Lais. 10

Wenn der Brief des Hippias, von welchem ich dir hier eine
Abschrift überreiche, Stoff zu angenehmer Unterhaltung in einer
deiner musurgischen Abendgesellschaften geben könnte, so würde ich
mich wegen der kleinen Ungebühr, wodurch ich ihn erschlichen habe,
hinlänglich entschuldigt halten. Du wirst finden, daß er ein wenig 15
unbarmherzig mit dem armen Plato umgeht und das neu aus=
gestellte hermaphroditische Mittelding von Dialektik und Poesie von
einer zu schiefen Seite betrachtet, um ihm völlige Gerechtigkeit
widerfahren zu lassen. Indessen scheint doch Plato (selbst zu seiner
Ehre gesagt!) keine große Meinung von der Stärke seiner Beweise 20
für das künftige Leben unsrer Seelen im Hades und in der
überirdischen Erde zu hegen; auch geht auf dem langweilig fort=
schneckenden Wege des Fragens und Antwortens so viel Kraft
verloren; die wackern thebanischen Jünglinge, Cebes und Simmias,
die dadurch entbunden werden sollen, fühlen sich durch die Ope= 25
ration so abgemattet, und die so mühsam zur Welt gebrachte Frucht
selbst scheint so viel dabei gelitten zu haben, — daß es mich nicht
wundert, wenn die sämtlichen Interessenten kein sonderliches Vertrauen
in ihre Dauerhaftigkeit zu setzen scheinen und sich des Zweifels,
ob es auch richtig mit der Niederkunft zugegangen, nicht recht 30
erwehren können. Wie sollten sie auch, da Sokrates selbst sich
am Ende, wie es nun Ernst werden soll, mit bloßen Vermutungen
und Hoffnungen behilft und die reine Auflösung des Problems
von der Erfahrung, die er zu machen im Begriff ist, erwartet?

---

1. Hojahnen, gähnen, der Volks=, nicht der Schriftsprache angehöriger Ausdruck;
doch braucht ihn Wieland öfter. Sonst findet er sich bei Gerstenberg und Zachariä. —
13. musurgisch, was sich mit den Musen beschäftigt. — 17. Dialektik, begriffsmäßiges
Denken.

Es bedarf keines tiefen Nachdenkens, um zu sehen, daß über den Zustand der Seele nach dem Tode nicht eher etwas entschieden werden kann, bis erst eine befriedigende Antwort auf folgende Fragen gefunden ist: Was ist unsre Seele? — Wo und was war sie, bevor sie mit diesem Leibe verbunden wurde, ohne dessen Ver= mittlung sie, dermalen, weder empfinden noch denken noch wirken kann? — Ist diese Unentbehrlichkeit ihres Organs eine bloße Be= dingung unsers gegenwärtigen Lebens? oder kann sie auch ohne dasselbe, als ein für sich bestehendes Wesen, fortfahren, zu denken und zu wirken? Und wofern dies nicht möglich wäre, kennen wir irgend ein Gesetz oder eine Veranstaltung in der Natur, ver= möge deren sie wieder mit einem andern ihrem Bedürfnis ange= messenen Leibe versehen werden könnte und müßte?

Es fehlt viel, daß der Platonische Sokrates auch nur Eine dieser Fragen so beantwortet hätte, daß die Unmöglichkeit des Gegenteils augenscheinlich wäre. Gesetzt aber auch, sie könnten so beantwortet werden, so wäre uns doch nur die Möglichkeit der Sache begreiflich gemacht und es käme noch immer darauf an: ob alles Mögliche auch erfolgen müsse? oder, ob nicht die Er= fahrung der einzige Weg sei, worauf wir gewiß werden können, daß unsre Seelen den Verlust ihres Organs wirklich überleben werden?

Bei dieser Bewandtnis der Sache ist klar, daß, solange die Menschen nicht Mittel finden, den dichten Vorhang, der noch immer vor die Mysterien der Natur gezogen ist, aufzuziehen, nichts völlig Gewisses über das Fortdauern der Seele und ihren Zustand nach diesem Leben festgesetzt werden könne. Hoffnungen, Ver= mutungen, Hypothesen sind alles, womit derjenige sich behelfen muß, der sich in den Gedanken nicht beruhigen kann: alles unter der Sonne hat einen Anfang und ein Ende; nichts besteht immer unter seiner gegenwärtigen Gestalt; alle Naturwesen, die wir kennen, haben einen gewissen Punkt der Reife, nach dessen Er= reichung sie wieder abnehmen und endlich, indem sie in ihre ersten Bestandteile wieder aufgelöst werden, aufhören zu sein, was sie waren. Sollte nicht auch der Mensch sich dieses allgemein scheinende Naturgesetz, wofern es wirklich allgemein wäre, gefallen lassen? Warum nicht wie ein gesättigter Gast von der Tafel der Natur aufstehen und sich schlafen legen? — „Um nie wieder zu erwachen?" — Warum nicht, wenn wir dazu geboren sind? — Oder fühlst

du auch, Laiska, daß etwas in dir ist, das sich gegen diesen
Gedanken auflehnt? eine Art von dunklem, aber innigem Gefühl,
daß dein wahres, eigentliches Ich eben darum immer fortdauern
wird, weil es ihm unmöglich ist, sein eigenes Nichtsein zu denken;
weil wir, ohne Unsinn zu reden, nicht einmal vom Nichtsein reden 5
können? Sollte die Behauptung, „daß das Selbständige in uns,
welches unter allen Veränderungen, denen es unterworfen sein
mag, immer sich selbst gleich bleibt, unvergänglich sei", noch einen
andern Beweis bedürfen als diesen: daß es uns ebenso unmöglich
ist Etwas als Nichts, wie Nichts als Etwas zu denken, und 10
daß sich weder eine Ursache, wie, noch ein Zweck, warum es zu
sein aufhören sollte, ersinnen läßt? Sollte dies nicht die ganz
einfache natürliche Ursache sein, warum uns der Gedanke an den
Tod so selten ein wenig beunruhigt? Wenn er sich uns auch darstellt, so wirkt er wenig mehr auf uns, als wenn uns jemand 15
in größtem Ernst versicherte, wir seien nicht da, wiewohl wir
selbst uns unsers Daseins aufs lebendigste bewußt wären.

Ich rede, wie du siehst, von Menschen unsersgleichen; denn
daß es mit denen, die unter der Gewalt einer ungezügelten Einbildungskraft stehen und sich vor den Schreckbildern des Tartarus 20
und Pyriphlegethon grauen lassen, gleiche Bewandtnis habe, will
ich keineswegs behaupten. Indessen begehre ich ebenso wenig zu
leugnen, daß unsre Ruhe bei dem Gedanken des Todes, insofern
sie sich auf die gefühlte Unmöglichkeit des Nichtseins gründet,
nicht vielleicht eine bloße Täuschung sei, die aus dem üppigen 25
Gefühl einer vollströmenden Lebenskraft entspringen und uns dereinst, wenn die Quelle zu versiegen beginnt, wieder verlassen könnte.

Es wäre also nicht überflüssig, wenn wir der Natur noch
andere Fingerzeige ablauerten, die uns auf Betrachtungen hin-
wiesen, wodurch wir der Unzulänglichkeit jenes ahnenden Gefühls 30
zu Hülfe kommen könnten. Sollte Plato nicht am Ende doch
recht haben, wenn er behauptet: unsre Seele bedürfe des Leibes
nicht schlechterdings zu ihren eigentümlichen Verrichtungen; er sei
ihr darin mehr hinderlich als behülflich, und sie würde ohne ihn
nur desto besser denken und wirken können? — Daß er (wie es 35
seine Art ist) die Sache übertreibt und Folgen daraus zieht, vermöge deren er den Körper als ein Gefängnis der Seele betrachtet, dadurch wollen wir uns nicht irre machen lassen. Wir

21. Pyriphlegethon, Feuerstrom in der Unterwelt.

gönnen ihm diese Vorstellungsart sehr gern, und er wird uns
dafür erlauben, unsern Körper (dermalen wenigstens) für ein ganz
bequemes, mit allem Nötigen und vielem Nützlichen und Ange=
nehmen wohlversehenes Wohnhaus unsrer Seele anzusehen. Die
Frage sei also jetzt nur: kann unsre Seele unter gewissen Um=
ständen der Organe ihres Körpers zu ihren eigentümlichen Ver=
richtungen entbehren oder nicht? — Was wir schlafend in Träu=
men erfahren, wird uns vielleicht einiges Licht hierüber geben
können. Es ist wohl kein Zweifel, daß wir im Traum ohne Zu=
thun unsrer Augen und Ohren sehen und hören, ohne Hülfe der
Füße gehen, ohne die Sprachwerkzeuge wirklich zu gebrauchen,
reden, kurz, daß die Seele zu wachen glaubt und sich in voller
Aktivität befindet, während ihr Körper in tiefer Ruhe abgespannt
und unbeweglich daliegt, und die Organe der Sinnlichkeit und
die äußerlichen Gliedmaßen überhaupt, soviel wir wenigstens
wissen, nicht das Geringste zu den Verrichtungen derselben bei=
tragen. Aber hüten wir uns, einen zu raschen Schluß aus dieser
Erfahrung zu machen! Auch im Traume bleibt die Seele an ihren
Körper gebunden; sie wähnt, mit seinen Augen zu sehen, mit
seinen Ohren zu hören und sich aller seiner Gliedmaßen mit und
ohne ihre Willkür zu bedienen; kurz, ihr Körper (wiewohl er
keinen Anteil an dem, was in ihrem Innern vorgeht, zu nehmen
scheint) bleibt auch im Traume ihr unzertrennlicher Gefährte, der
beständige Typus ihrer Vorstellungen und das unmittelbare Werk=
zeug ihrer unfreiwilligen Empfänglichkeit sowohl als ihrer will=
türlichen Selbstbewegungen.

Indessen ist bemerkenswert, daß sie in diesem sonderbaren
Zustande zwar immer mit ihrem Körper vereinigt ist, aber viel
weniger von ihm eingeschränkt wird als im Wachen. Wir ver=
setzen uns mit der Leichtigkeit einer Flaumfeder in einem Augen=
blick an die entferntesten Orte, wir fliegen ohne Flügel durch die
Luft, gehen unbenetzt und unversengt durch Wasser und Feuer
u. s. w.; auch sind die Beispiele nicht selten, daß unsre geistigen
Kräfte im Träumen viel höher gespannt sind als im Wachen, und
daß wir Dinge vermögen, wozu wir wachend entweder gar keine
oder eine nur geringe Anlage besitzen.

Seltner, aber doch zuweilen ist es, als ob wir zu einer höhern
Art von Existenz gelangt wären; wir sehen schärfer, hören feiner,
fühlen zarter als im Zustande des Wachens; die Gegenstände

unsrer Liebe zeigen sich uns wie durch ein reineres Medium, und die Gefühle und Gesinnungen, die sie in uns erzeugen, sind von aller gröbern Sinnlichkeit dermaßen geläutert, daß wir darüber erstaunen müßten, wenn sie uns in diesem erhöhten Zustande nicht ganz natürlich vorkämen. Ich selbst, Laiska, habe dich im Traume (was unglaublich ist) noch schöner gesehen, als du mir wachend erscheinst; ich wußte, daß du es warst, und doch sah ich die himmlische Göttin der Schönheit und Liebe selbst in dir, und es giebt keine Worte, das, was ich fühlte, zart und rein genug auszudrücken.

Sollte sich nun aus allem diesem nicht mit ziemlicher Wahrscheinlichkeit schließen lassen: unsre Seele, — die im Träumen ohne wirkliche Hülfe der äußern Sinne sieht und hört und desto schönere Erscheinungen hat, desto leichter, fröhlicher und unbeschränkter ihre eigenen Kräfte spielen läßt, je größer die Unthätigkeit des Körpers ist, — sie werde durch die gänzliche Befreiung von den Einschränkungen desselben sich selbst nur desto stärker fühlen, ihre mannigfaltigen Kräfte nur desto freier und freudiger entwickeln und mit einem Wort anstatt aufzuhören zu sein erst recht zu leben anfangen? Man sollt' es meinen; und doch wäre dieser Schluß noch zu rasch. Unser Freund Hippias könnte uns einwenden, „der Körper sei im Zustande des Träumens so unthätig nicht, als es scheine; blieben gleich die äußern Organe dabei aus dem Spiele, so seien ohne Zweifel die innern desto geschäftiger; die allgemeine Erfahrung, daß zu schönen, anmutigen und mit einer Art von poetischer Wahrheit zusammengesetzten Träumen ein gesunder Schlaf notwendig sei, ein Fieberkranker hingegen von lauter wilden, düstern, wahnsinnigen und schreckhaften Träumen geängstigt werde, diese Erfahrung allein beweise schon hinlänglich, daß der Körper zu unsern Träumen mehr beitrage als wir angenommen hätten, und wir seien also noch keinesweges berechtigt von der Selbstthätigkeit unsrer Seele im Träumen auf die Fortdauer derselben nach der gänzlichen Trennung vom Leibe zu schließen". — Was hätten wir wohl hierauf zu antworten?

So leicht, denke ich, wollen wir uns die Waffen nicht aus den Händen ringen lassen. Der letzte Einwurf wenigstens wird

1. durch ein reineres Medium, auf einer der Sinnenwelt mehr enthobenen Zwischenstufe.

uns wenig zu schaffen machen, denn er ist vielmehr für als wider
uns. Gerade der Umstand, daß ein gesunder, d. i. ein ruhiger
Schlaf, ein sehr gemäßigter Lauf des Blutes und eine allgemeine
Erschlaffung der Nerven notwendige Bedingungen derjenigen Art
5 von Träumen sind, auf welche wir unsere Vermutungen gestützt
haben, gerade dieser Umstand beweist, daß die Seele im Träumen
der Mitwirkung des Körpers wenig oder gar nicht bedarf; und
daraus, daß unordentliche Bewegungen und stürmische Erschütte=
rungen des animalischen Systems das Gehirn mit wilden und gräß=
10 lichen Phantomen anfüllen, folgt keineswegs, daß auch zu den
schönen und anmutigen, ja zuweilen sogar sinnreichen und sub=
limen Träumen, die uns im Zustande eines ruhigen Schlummers
erscheinen, eine besondere Mitwirkung die Körpers nötig sei. Nicht
so leicht dürfte hingegen der Behauptung, — „daß bei aller Ruhe
15 der äußern Organe die innern — des Gehirns vermutlich —
desto geschäftiger im Träumen sein könnten", — mit Grund zu
widersprechen sein, da es uns noch viel zu sehr an Beobachtungen
und genauer Kenntnis der feinsten Teile unsers Körpers mangelt.
Aber führt uns nicht dieser Einwurf selbst auf den Gedanken:
20 daß das innerste und unmittelbarste Organ unsrer Seele (eben=
dasselbe, das bei den Träumen, wovon die Rede ist, mitwirken
soll) aus einem unendlich feinern Stoff als der gröbere Körper,
der ihm gleichsam nur zum Tribonion dient, gebildet und von
einer so vollkommenen und unzerstörbaren Natur sein könnte, daß
25 die Seele immer damit bekleidet bliebe und nach der Trennung
von ihrem sichtbaren Körper vermittelst desselben sowohl ihr eigenes
Geschäft fortsetzte als in einer Art von Zusammenhang mit der
äußern Welt verbliebe, oder vielmehr sich zwar in eine neue Welt
versetzt fände, aber auch sogleich in derselben zu Hause wäre und,
30 indem sie ihren neuen Zustand an den vorigen anzuknüpfen wüßte,
im Grunde doch ihre vorige Art zu sein nur auf eine ihrer Na=
tur gemäßere Weise fortsetzte?
Der Einwurf, daß sich das wirkliche Dasein eines solchen
unsichtbaren Seelenorgans nicht beweisen lasse, braucht uns nichts
35 zu kümmern; denn da es bloß darauf ankommt uns irgend ein

11f. sublimen, hohen, erhabnen. — 23. Tribonion, altes Kleidchen. Τριβώνιον
bezeichnet besonders das abgeschabte Mäntelchen, welches die griechischen Philosophen von
den Spartanern annahmen und das endlich von jenen die Mönche erbten. Wieland erklärt:
„Tribon oder Tribonion, eine Art Überrock oder Mantel von grober Wolle, der kaum über
die Kniee reichte und worin öfter die ganze Garderobe der athenischen Bürger von geringem
Vermögen bestand."

mögliches Mittel, wie die Seele nach dem Tode fortdauern könne,
zu denken, ſo iſt es ſchon genug, daß uns die Unmöglichkeit desſelben nicht bewieſen werden kann; ob es ſich wirklich ſo verhalte,
kann die einzige Offenbarerin deſſen, was wirklich iſt, die Erfahrung, allein bewähren. 5

Indeſſen bedürfen wir auch dieſer Hypotheſe nicht, um zu
begreifen, wie unſre Perſönlichkeit oder das, was unſer eigentliches
Ich ausmacht, und was man gewöhnlich unter dem Wort Seele
verſteht, nach der Trennung vom Körper fortdauern könne. Wenn
wir ſehen, ſo iſt es ja nicht das Auge, wenn wir hören, nicht 10
das Ohr, was ſich der Vorſtellung bewußt iſt, die durch das
Sehen und Hören in uns veranlaßt wird; die Seele iſt es, welche
ſieht und hört, ſo wie ſie allein es iſt, was aus jenen Darſtellungen der Sinne Begriffe und Gedanken erzeugt, ſie vergleicht
und unterſcheidet, trennt und zuſammenſetzt u. ſ. f. Die Art und 15
Weiſe, wie unſre Seele mit ihrem Körper zuſammenhängt, iſt
eines der unerforſchlichen Geheimniſſe der Natur; ich weiß nichts
davon; aber daß dieſes Ich, das ſich ſelbſt fühlt, ſich ſelbſt betrachtet, ſich ſelbſt bewegt, ſich vieles Vergangenen erinnert, viel
Künftiges vorherſieht und, indem es beides mit dem Gegenwär- 20
tigen verbindet, der Baumeiſter einer eigenen Welt in ſich ſelbſt
wird, dieſes Ich, deſſen weſentlichſte Bedürfniſſe Wahrheit, Ordnung, Schönheit und Vollkommenheit ſind, das nur durch den
Genuß derſelben befriedigt wird und immer beſchäftigt iſt, ſie in
ſich ſelbſt und außer ſich hervorzubringen, — daß dieſes Ich ein 25
von meinem Körper ganz verſchiedenes Etwas iſt, dies weiß ich
ſo gewiß als ich mir ſelbſt bewußt bin. Warum alſo ſollte aus
meiner dermaligen Einſchränkung durch einen organiſchen Körper
notwendig folgen, daß er mir zu meinem Daſein oder, was ebenſoviel iſt, zum Gebrauch meiner Kräfte und Fähigkeiten in und 30
außer mir ſchlechterdings unentbehrlich ſei? Iſt dieſe Folgerung
nicht von ebenderſelben Art wie der Irrtum jenes Fußgängers,
der den erſten theſſaliſchen Reiter, den er zu Geſichte bekam, für
einen Centauren anſah, weil er ſich nicht vorſtellen konnte, daß
der Reiter ſobald es ihm beliebe abſteigen und auf ſeinen eigenen 35
Füßen gehen könne?

Und nun, liebe Laïska, dünkt dich nicht auch, wenn wir
alle dieſe Betrachtungen mit der vorhin erwähnten Unmöglichkeit,

---

31. Centauren, Fabelweſen, halb Menſch, halb Pferd.

uns selbst als nicht existierend zu denken, zusammennehmen, es
entstehe daraus ein hinlänglicher Grund für uns, den Tod, den
der Pöbel sich als das schrecklichste aller schrecklichen Dinge vor=
stellt, für den Übergang zu einer höhern Art von Dasein zu halten
5 und ohne ihn zu wünschen oder zu beschleunigen ihm, wenn er
von selbst kommt, ebenso ruhig ins Gesicht zu sehen als Sokrates?
Was denkst du dazu, meine Freundin? — Was mich be=
trifft, ich denke in diesem Augenblicke, daß ich vermutlich der erste
Mensch in der Welt bin, der sich einfallen ließ, eine Frau wie
10 du — mit Todesbetrachtungen zu unterhalten, und was noch
sonderbarer ist, der gewiß sein kann, die Grazien, Scherze und
Freuden, die dich immer und überall umgeben, nicht dadurch ver=
scheucht zu haben.

19. Lais an Aristipp.

15   Ich bin eine zu große Liebhaberin vom Leben, mein lieber
Aristipp, als daß ich mich nicht sehr gern überreden lassen möchte,
daß ich immer leben werde. Ich rechne es dem spitzfindigen Plato
(der soviel dabei gewönne, wenn er es weniger wäre) zu keinem
geringen Verdienst an, daß er dir durch seinen Phädon Anlaß
20 gegeben, mich über diesen Punkt (der am Ende doch Alten und
Jungen, Schönen und Häßlichen gleich angelegen sein muß) mit
mir selbst ins reine zu bringen. Indessen mag es wohl ganz
gut für uns sein, daß alles Gewicht der Gründe, die uns den
Tod in einem so fröhlichen Lichte zeigen, dennoch keine völlige
25 Gewißheit hervorbringt, so daß ein Sokrates selbst nicht mehr
dadurch gewinnt als es zuletzt mit einer gewissen zwischen Hoff=
nung und Gleichgültigkeit leise hin= und herschwebenden Ruhe
darauf ankommen zu lassen, was an der Sache sein werde. Wären
wir völlig gewiß, daß uns der Tod zu einer so großen Ver=
30 besserung unsrer Existenz befördern werde, wie ihr andern Philo=
sophen uns so sinnreich vorzuspiegeln wißt, wer wollte in den
nackten Felsen von Seriphos grau werden, wenn er nur seinen
Kahn vom Ufer abzuschneiden brauchte, um in das zauberische
Land der Hesperiden oder in Platons überirdische Erde hinüber
35 zu fahren? Denn was dieser seinen Sokrates über unsre vorgeb=
liche Soldatenpflicht — unsern Posten nicht eher zu verlassen,

---

32. Seriphos, Σέριφος, bergreiche Insel im Ägäischen Meere. — 34. Hesperiden,
'Εσπερίδες, Nymphen, welche die Gärten mit goldnen Äpfeln bewachten.

bis wir abgelöſt werden — ſagen läßt, überzeugt mich nicht; und ich ſehe nicht ein, was meine Freiheit über mich ſelbſt zu gebieten beſchränken ſollte, ſobald meine dermalige Exiſtenz nicht anders als unter unerträglichen Bedingungen verlängert werden kann.

Es iſt ſehr artig von dir, Lieber, daß du es in meine Wahl 5 ſtellſt, ob ich mit oder ohne Körper fortzuleben hoffen will. Als ich deinen Brief erhielt, ſaß ich eben einem großen Spiegel gegen= über, und (ich geſtehe dir meine Thorheit) ich konnte mich nicht entſchließen, bei meiner künftigen Reiſe in die Geiſterwelt nicht wenigſtens die Geſtalt, die mir entgegenſah, mitzunehmen, wenn 10 ich auch allenfalls großmütig genug ſein könnte, dem palpabeln Teil meines dermaligen Doppelweſens zu entſagen. Ob ich ſelbſt ein zu materielles Weſen bin, oder woran es ſonſt liegen mag, genug, ich kann mich mit der Vorſtellung einer ſo ganz ausgezogenen, ſplitternackten Seele nicht befreunden; ein wenig 15 Draperie muß um mich herfließen; darauf habe ich, wie du weißt, nun einmal meinen Kopf geſetzt. Der ſubtile Leib, den du meiner Seele zugeſtehſt, würde mir alſo ſeiner Leichtigkeit und Gewandt= heit wegen nicht übel behagen; aber die Unſichtbarkeit, die du ihm (ich weiß nicht, warum) beizulegen beliebſt, ſteht mir nicht an, 20 und ich muß dich bitten, ihn mit ſo viel Lichtſtoff zu durchweben, daß er wenigſtens aus einem halb durchſichtigen Roſenwölkchen gebildet zu ſein ſcheine und von meinen guten Freunden in der andern Welt ohne Anſtrengung ihrer Augen geſehen werden könne. Die ſublime Geſtalt, worin ich dir im Traume zu erſcheinen pflege, 25 giebt mir gute Hoffnung, daß es gerade dieſelbe ſein könnte, in welcher ich mich ihnen zu zeigen wünſche. Indeſſen wittere ich doch einige Schwierigkeiten, und ich möchte wohl wiſſen, wie du es z. B. mit der Geſchlechtsverſchiedenheit zu halten gedenkſt? Ich gebe zu, daß ich bei der Umgeſtaltung in einen Adonis oder 30 Nireus von ſeiten der Schönheit mehr gewönne als verlöre; aber man iſt doch immer lieber, was man iſt, und wenn der ätheriſche Leib, den du den Leuten in der andern Welt allenfalls noch laſſen willſt, nichts, was vermutlich keinen Gebrauch mehr in der= ſelben haben wird, behalten ſoll, ſo muß eine Geſtalt heraus= 35 kommen, gegen welche ich meine jetzige nicht vertauſchen möchte.

---

11. palpabel, palpabilis, betaſtbar, handgreiflich. — 17. Der ſubtile, der zarte Leib. — 25. ſublim, erhaben. — 30 f. Adonis, Geliebter der Venus. Nireus, nach dem Achill der ſchönſte von allen Griechen, die nach Troja zogen.

Wie viel fällt bloß deswegen weg, weil wir (denke ich) nicht mehr
essen und trinken oder wenigstens, um uns von Nektar und Am=
brosia zu nähren, keine so animalischen Verdauungs= und Ab=
sonderungswerkzeuge nötig haben werden wie dermalen? Und was
5 wollten wir mit Armen und Beinen machen, da vermutlich alle
die Bedürfnisse und Verrichtungen, wozu sie in diesem Leben nötig
sind, dort aufhören werden? Kurz, ich sehe nicht, was von unsrer
jetzigen Organisation übrig bleiben könnte als der Kopf, an welchen
etwa noch ein Paar Flügel gesetzt werden könnten, die ihm zu=
10 gleich zur Bewegung und zur Einhüllung dienen würden. Wirklich
gefällt mir diese Idee immer besser, je mehr ich ihr nachdenke,
und mir ist, ich würde mich an eine so leichte geistige Existenz in
Gesellschaft guter und schöner Köpfe sehr bald gewöhnen können.
— Aber ein bloßer Kopf, meint die kleine Musarion, wäre doch
15 ihre Sache nicht; sie kann sich keine Glückseligkeit ohne Liebe
denken, und eine Liebe, die bloß im Kopfe sitzt, scheint ihr etwas
so Kaltes und Langweiliges, daß sie lieber ganz darauf Verzicht
thun wollte. — Du kannst leicht denken, Aristipp, daß ich mich
der Köpfe mit gehörigem Eifer annahm und behauptete: was
20 ihnen allenfalls an Feuer und Innigkeit abginge, würde reichlich
dadurch ersetzt, daß sie die Liebe desto feiner zu behandeln, ihr
mehr Reiz der Mannigfaltigkeit zu geben und sie dadurch viel
besser zu unterhalten und vor Langeweile und Sättigung zu ver=
wahren wüßten, als wenn sich die Hypochondrieen mit ins Spiel
25 mischten. Wir stritten uns lange darüber und kamen zuletzt doch
darin überein, daß unsre dermalige Art zu sein vorderhand wohl
die beste sein möchte. Dabei, lieber Aristipp, wollen wir's denn
auch einstweilen bewenden lassen und der guten Mutter Natur
zutrauen, sie würde uns weder das Verlangen noch die Kraft ins
30 Unendliche fortzuleben gegeben haben, wenn es nicht ihr Ernst
wäre, daß mit der Zeit noch etwas Besseres aus uns werden sollte.
Wie sie das anstellen will, ist ihre Sache; genug, daß sie unser
vollständigstes Zutrauen verdient und (wie Plato weislich sagt)
in allem andern so verständig zu Werke geht, daß wir nicht zu
35 besorgen haben, sie werde in diesem Punkte allein sich selbst un=
gleich sein und nicht wissen, was sie mit uns anfangen wolle.

---

24. „Hypochondrieen, die im Unterleibe enthaltenen Eingeweide, wo nach der Mei=
nung der Platoniker u. a. der tierische Teil der menschlichen Seele seinen Sitz hatte." W

17*

20. Aristipp an Lais.

Es ist sehr natürlich, daß die Besitzerin eines Körpers, der
den größten Künstlern das unerreichbare Ideal der Schönheit dar=
stellt, sich nie von ihm zu trennen wünscht und also wenigstens
seine Gestalt, wäre sie auch nur aus Wolkenstoff gewebt, ins 5
andere Leben mit hinübernehmen möchte. Denn die Feinheit des
Stoffes würde der Schönheit so wenig nachteilig sein, daß sie
vielmehr dadurch erhöht werden müßte. Dessen ungeachtet, schöne
Lais, scheint dein Widerwille gegen das, was du eine splitter=
nackte Seele nennst, mehr von einer irrigen Vorstellung als von 10
der Sache selbst herzurühren. Warum sollte es, was die Schön=
heit betrifft, mit der Seele nicht ebendieselbe Bewandtnis haben
wie mit dem Leibe? So wie nach der sehr wahrscheinlichen Be=
hauptung unsers Freundes Skopas ein untadelig schöner Leib
durch jede Bedeckung in den Augen der Anschauer nur verlieren 15
kann und sich erst alsdann in seiner ganzen Glorie zeigt, wenn
er ohne alle Hülle gesehen wird, so mag auch vermutlich eine
schöne Seele nur dann, wenn sie, nach gänzlicher Entkleidung vom
Stoff, in ihrer eigentümlichen Gestalt erscheint, durch unmittelbares
Anschauen des reinen Ebenmaßes aller ihrer Verhältnisse und der 20
Harmonie und Einheit, die in allen Teilen und Ausschmückungen
ihres Innern herrscht, dem anschauenden Geist einen ungleich höhern
Genuß der Vollkommenheit gewähren als die Einwindelung in
einen Körper zulassen kann, der, wenn er auch aus Licht und
Äther gewebt wäre, doch nie so durchsichtig sein könnte, daß er 25
einem wahren Seelenliebhaber nicht noch viel zu wünschen übrig
lassen sollte.

Doch ich will auf dieser Idee um so weniger bestehen, da
der plötzliche Übergang aus unsrer gegenwärtigen Art zu sein in
die rein geistige ein Sprung wäre, dergleichen die Natur nicht zu 30
machen pflegt. Ich halte mich also an deine Flügelköpfe, Laiska!
eine so glückliche Vermutung, daß ich beinahe schwören wollte, du
müßtest es wirklich erraten haben. Freilich wird bei dieser Art
von Seelenbekleidung niemand mehr gewinnen als du; aber dies
ist auch nur billig, da niemand mehr dabei aufopfert als du. 35
Gewiß kann kein verständiger Schätzer des Werts der Dinge das
letztere höher würdigen als ich; aber gleichwohl muß ich gestehen,
ich habe mich in die Idee einer Welt von lauter Flügelköpfen

bereits so stark verliebt, daß ich, wenn es nur auf mich ankäme,
keinen Augenblick zögern wollte, dich und mich und alle, die wir
lieben, auf der Stelle in eine solche Welt zu versetzen. Sollte
die holde Musarion darauf bestehen, daß sie sich an dem bloßen
5 Kopfe des schönen Kleonidas nicht begnügen könne, so könnten
wir ihr zu Gefallen etwa noch soviel Leib hinzuthun, daß die Bewohner unserer künftigen Welt die Gestalt geflügelter Brustbilder
bekämen; aber mit recht gutem Willen würde ich mich nie dazu
bequemen. Denn es fällt auf den ersten Blick in die Augen,
10 daß die Idee der Flügelköpfe durch diesen üppigen Zuwachs an
Masse die Hälfte von ihrer Schönheit verliert. Und warum?
Bloß weil die gute Musarion sich die Mühe noch nicht genommen
hat, ihr Vorurteil gegen den Kopf in etwas genauere Untersuchung
zu ziehen. Ich getraue mir zu behaupten, daß die Liebe, die
15 ihren Sitz im Kopfe hat, nicht nur von edlerer und zarterer Natur,
sondern auch schmeichelhafter sowohl für den Geliebten als den
Liebenden ist als die andere. Denn sie gründet sich anstatt auf
eine blinde und dem Verstande zuvoreilende Neigung auf reines
Anschauen der Vollkommenheiten des Geliebten. Sie ist weniger
20 feurig und lodernd; aber ihre Flamme brennt desto heller, gleicher
und anhaltender, verzehrt sich nicht selbst und vermischt sich nicht
mit so manchen andern Leidenschaften, welche über und unter dem
Zwerchfelle nisten und so leicht die Harmonie der Liebenden unterbrechen. Wollten wir die Nachgiebigkeit so weit treiben, unsre
25 Köpfe in Büsten zu verwandeln, so möchten wir ebenso mehr noch
den ganzen übrigen Rumpf hinzuthun und die reine Seelenliebe,
die nur zwischen Köpfen stattfindet, durch Einmischung der Ge-
schlechtsverschiedenheit vollends zu dieser vulgaren Leidenschaft herab-
würdigen, die den armen Sterblichen soviel Not und Plackerei
30 macht und von welcher auf immer befreit zu sein gewiß keiner
der geringsten Vorzüge des Lebens in der Welt der Geister ist.
      Überhaupt bitte ich nicht zu vergessen, daß wir (wie Platons
Sokrates sehr schön darthut) durch unsre Versetzung in diese letztere
keine Befriedigung verlieren, die uns nicht durch viel höhere, unsrer
35 geistigen Natur gemäßere Genüsse reichlich und überflüssig ersetzt
werden; und daß Musarion, sobald sie selbst nichts als Kopf
sein wird, den Mangel des übrigen an sich selbst und ihrem
Liebhaber ebenso wenig spüren wird als man in einer Welt, deren
Bewohner nur vier Sinne hätten, einen fünften vermissen würde.

Mit einem Worte, Laiska, laſſen wir es bei deiner Hypotheſe,
welche meines Erachtens ſo ſinnreich und philoſophiſch iſt, daß
Anaxagoras der Geiſt und der ſublime Weiſe von Samos ſelbſt
Freude daran gehabt hätten, wofern die ſchöne Aſpaſia oder die
edle Theano ſo glücklich geweſen wären, dir mit Erfindung der‑ 5
ſelben zuvorzukommen.   Ich wenigſtens finde ſie ſo tröſtlich, daß
ich die Entfernung von dir künftig ungleich beſſer ertragen werde
als bisher, weil ich ſie als eine Vorübung betrachte, wodurch wir
beide in Zeiten angewöhnt werden, einander — leider! nichts als
Kopf zu ſein.   10

Ich ſchreibe dir dies auf einem reizenden Landgute im Pan‑
ionion, wohin mich einer meiner Bekannten zu Epheſus einge‑
laden hat, und wo ich mir ſo wohl gefalle, daß meine Reiſe zu
Hippias vermutlich noch einige Zeit verſchoben bleiben wird.

Wenn ich dir nur ein wenig lieb bin, beſte Laiska, ſo er‑ 15
innere dich, daß du mir ſchon mehr als einmal dein Bild ver‑
ſprochen haſt. Ich bitte bloß um deinen Kopf — wohl zu merken,
kein Bruſtbild! Ja, ich würde ſchon mit einem deiner Augen zu‑
frieden ſein, wenn ein Maler in der Welt wäre, der den Blick
hinein oder vielmehr heraus malen könnte, womit du mir zu 20
Ägina in der ſeligſten Stunde meines Lebens ewige Freundſchaft
angelobteſt.

21. Kleonidas an Ariſtipp.

Ich bin mit meinem Geſchäfte eher zuſtande gekommen als
ich hoffen durfte. Beinahe alle Freunde des göttlichen Sokrates, 25
die ſeine gerichtliche Ermordung und die Furcht vor den Ver‑
folgungen ſeiner Feinde von Athen verſcheucht hatte, haben ſich
nach und nach wieder zuſammengefunden und man begegnet ihnen
mit ſo vieler Achtung, als ob man das an ihrem Meiſter be‑
gangene Unrecht dadurch zu vergüten ſuchte. Es giebt wohl ſehr 30
wenige Athener, die das Geſchehene, wenn es möglich wäre, nicht
ungeſchehen zu machen geneigt wären; aber was man mir ſchon
zu Theben von der allgemeinen Trauer des Volks und von der
Rache, die es an den Anklägern des verdienſtvollen Greiſes ge‑
nommen haben ſollte, für gewiß erzählte, iſt ohne allen Grund. 35

---

3. der ſublime Weiſe von Samos, Pythagoras. — 5. Theano, deſſen Gattin.
— 11 f. Panionion, Πανιώνιον, religiöſer Mittelpunkt der ioniſchen Kolonieen an der
kleinaſiatiſchen Küſte.

Die Athener sind zu leichtsinnig und ruchlos, um einer tiefen, anhaltenden Reue über irgend eine ihrer Unthaten fähig zu sein.

Mein Tod des Sokrates, der nun beinahe fertig ist, erhält durch eine Menge kleiner Umstände, die mir meistens von dem 5 wackern alten Kriton an die Hand gegeben wurden, und vornehmlich durch die richtige, beim ersten Anblick kenntliche Bezeichnung aller dabei gegenwärtigen Personen einen Grad von historischer Wahrheit, der diesem Gemälde ein ganz eigenes Interesse giebt, so daß es (wie ich aus mehr als Einem Beispiel weiß) von 10 niemand, der den Sokrates und seine Freunde öfters gesehen hat, ohne Rührung betrachtet werden kann. Der Maßstab von anderthalb Spannen, den ich für die proportionelle Größe der Figuren angenommen habe, trägt, wie ich glaube, zu der guten Wirkung des Ganzen vieles bei, teils weil es so bequemer mit einem Blick 15 umfaßt wird, teils weil sich bei dieser Größe alles deutlich bezeichnen und ausdrücken läßt, ohne daß die künstliche Darstellung der Natur gar zu gleich sieht und sich selbst dadurch Schaden thut. In Lebensgröße würde ein solches Gemälde, wenn es gut gemacht wäre, kaum auszuhalten sein.

20 Das Fest der Juno zu Samos und der Wettstreit der Künstler ist nun vorbei, und du hast vielleicht schon gehört, daß Timanthes mit seinem Ajas und Skopas mit seiner Aphrodite (die du zu Ägina entstehen sahst) beinahe mit allen Stimmen den Preis erhalten hat. Parrhasius, der Einzige, der meinem 25 Freunde den Sieg streitig machen konnte, ist sehr übel mit dem Urteil zufrieden von hier abgegangen. Es verdrieße ihn, sagte er, nur für seinen armen Helden, daß er nun zum zweitenmal gegen einen Unwürdigen habe verlieren müssen. Man muß beide Stücke selbst gesehen haben, um zu erraten, was die Richter bewogen 30 haben könne, dem Timanthes den Vorzug zu geben. In der That sind beide Gemälde vortrefflich; an beiden ist sehr viel zu loben, wenig oder nichts mit Recht zu tadeln. Beide sind mit großer Kunst zusammengesetzt, groß gedacht und mit vielem Fleiß ausgeführt; auch haben beide Künstler ebendenselben Augenblick 35 der Handlung erwählt, nämlich den, da Odysseus unmittelbar

2. fähig zu sein. „S. die Erläuterung des Abbé Barthélemy sur les prétendus regrets, que les Athéniens témoignèrent après la mort de Socrate, pag. 535 des 5. Teils der Reise Anacharsis' des Jüngern durch Griechenland." W. — 28. verlieren müssen. „Plinius erwähnt dieser Anekdote im 10. Kap. des 35. Buchs: Magnis suffragiis superatus a Timanthe Sami in Ajace armorumque judicio, herois nomine se moleste ferre dicebat, quod iterum ab indigno victus esset." W.

nach dem Ausſpruch der verſammelten Achaier ſich der Waffen
des Achill bemächtigt. Ich geſtehe, daß ich lange zwiſchen dieſen
beiden Meiſterwerken ungewiß hin und her ſchwebte, bis ich mich
endlich durch ebendasſelbe Gefühl, das die Richter bewogen zu
haben ſcheint, auf Timanthes' Seite ziehen ließ. Sein zauberiſcher 5
Pinſel beſticht nämlich das Auge gleich beim erſten Anblick durch
die Wärme und Harmonie ſeiner Färbung und thut durch einen
gewiſſen heroiſchen Geiſt, der das Ganze durchweht, und den
ſchönen Ton, der alle Figuren und Gruppen zuſammenbindet, eine
ſtärkere oder wenigſtens ſchnellere Wirkung als das Werk ſeines 10
Antagoniſten. Der letztere hat durch die äußerſt ſorgfältige Aus=
führung der einzelnen Figuren, und weil beinahe jede ſich unſers
Auges beſonders zu bemächtigen ſtrebt, über das Ganze eine
gewiſſe Kälte verbreitet, die von dem Feuer des Timanthiſchen
Stücks zu ſtark abſticht, um nicht in den Augen der meiſten An= 15
ſchauer gegen dieſes zu verlieren, wiewohl der Kenner immer
wieder zu Betrachtung der einzelnen Teile in dem Werke des
Parrhaſius zurückkehrt und immer mehr zu bewundern findet, je
ſchärfer er unterſucht. Merkwürdig iſt die verſchiedene Art, wie
beide Künſtler die zwei Hauptperſonen behandelt haben. Parrhaſius 20
läßt ſeinen Odyſſeus ſich der ihm zugeſprochnen Waffen mit einem
beinahe höhniſch triumphierenden Blick auf ſeinen Mitbewerber
bemächtigen, während Ajas in ſeinen von Odyſſeus abgewandten
und über Agamemnon, Menelaus und das griechiſche Heer hin=
blitzenden Augen ſowie in ſeiner ganzen Miene und Gebärdung 25
Zorn und Verachtung ausdrückt und den Griechen ihren Undank
ohne alle Zurückhaltung vorzuwerfen ſcheint. Timanthes' Ajas
hingegen ſteht ſtumm und in ſich ſelbſt zuſammengedrängt mit
dem ganzen furchtbaren Ausdruck einer verbiſſen Wut, die dem
Ausbruch nah iſt, aber noch durch einen ſchmerzlichen innerlichen 30
Kampf zurückgehalten wird, indes ſein Odyſſeus über ſein Glück
errötend beinahe zu zweifeln ſcheint, ob er den Sieg wirklich
erhalten habe. Die Samier, ſagte man, ſind ein ſehr ſinnreiches
Volk und große Liebhaber der homeriſchen Geſänge; jedermann
bemerkte gegen ſeinen Nachbar, daß Timanth auf die Anrede des 35
Odyſſeus an die zürnende Seele des Ajas im fünften Geſang
der Odyſſee angeſpielt habe; und dieſe Bemerkung that vielleicht
mehr als alles andere, um den Sieg auf ſeine Seite zu ent=
ſcheiden. Übrigens muß ich von ihm anrühmen, daß er beim

Empfang des Preises wie sein Ulysses errötete und, vielleicht auf=
richtiger als der homerische, durch den über einen so großen
und ältern Meister erhaltenen Vorzug mehr gedemütigt als auf=
gebläht zu sein schien.

Timanth hat die Gewohnheit, alle seine vorzüglichen Werke
für sich selbst zu kopieren, und nicht selten ist das Nachbild noch
vollkommner als das Original. Gegenwärtig ist er im Begriff,
die Kopie eines großen Gemäldes zu vollenden, welches ein reicher
Kunstliebhaber zu Argos bei ihm bestellt hat, und womit er in
kurzem selbst dahin abzugehen gedenkt. Es stellt die Aufopferung
der Iphigenia in Aulis vor und ist eines seiner schönsten Bilder.
Iphigenia, eine echte Gestalt aus der Heroenzeit, von hoher, tadel=
loser Schönheit und in der ersten Blume der Jugend, steht am
Altar, mit schwärmerischer Entschlossenheit bereit, sich für das
Heil und den Ruhm ihres Vaterlandes zu opfern; ihre Stellung,
ihr großes, zur Göttin aufgehobenes Auge, ihr ganzes Wesen
scheint zu sagen hier bin ich! und kein Zug verrät die auch nur
leiseste Schwäche, wodurch das Wohlgefallen der Göttin an dem
reinen jungfräulichen Opfer vermindert worden wäre. Um sie her
stehen die Häupter der Achaier, Menelaus, Diomedes, Achilles,
Odysseus u. s. w., und hinter ihnen in einem weiten Kreise das
ganze griechische Heer. Alle, selbst den Priester Kalchas nicht
ausgenommen, zeigen sich in verschiedenen Graden nach ihrem
Charakter oder Verhältnis gegen das Haus Agamemnons gerührt
und teilnehmend; nur Agamemnon, der Vater selbst, steht zwar
gegen den Altar gekehrt, aber das Gesicht mit einem Zipfel seines
langen faltenreichen Talars bedeckt. Ich war eben bei Timanth
in seiner Werkstatt, als ein junger Athener mit einem paar andern
Fremden kam und sich die Erlaubnis ausbat dieses Gemälde zu
besehen, dessen Schönheit ihm sehr angerühmt worden sei. Alle
drei ließen es an bewundernden Ausrufungen nicht fehlen; doch
bemerkte einer mit einer bedeutenden Kennermiene gegen seine
Gefährten, ob ihnen nicht auch eine gewisse Kälte im Ausdruck
des Schmerzes, den die umstehenden Helden zeigten, besonders
beim Menelaus, der doch der Oheim der Prinzessin sei, zu herrschen
scheine? Aber der Athener konnte nicht Worte genug finden, den
sinnreichen Gedanken des Künstlers zu bewundern, daß er, nachdem
er alles, was die Kunst vermöge, im Ausdruck der verschiednen
Grade einer anständigen Betrübnis an den Umstehenden erschöpft

habe, den Vater selbst verhüllt und es dadurch der Einbildungs=
kraft der Anschauer überlassen habe, das was der Pinsel nicht
vermocht, selbst zu ersetzen und gleichsam auszumalen. Ein andrer
behauptete, diese Verhüllung sei gerade der möglichst stärkste Aus=
druck des grenzenlosen väterlichen Jammers und müsse eine weit 5
größere Wirkung thun als der höchste Schmerz, den das unverhüllte
Gesicht Agamemnons hätte ausdrücken können. Timanth, nachdem
er dem Streit dieser weisen Kunstkenner eine Zeit lang lächelnd
zugehört hatte, sagte endlich: Die Herren sind sehr gütig, mir so=
viel von ihrem eigenen Scharfsinne zu leihen; denn ich muß 10
gestehen, daß ich bei der Verhüllung Agamemnons sowie bei der
Behandlung des ganzen Stücks keinen andern Gedanken hatte als
die bekannte Scene in der Iphigenia des Euripides gerade so,
wie der Dichter sie schildert, und wie ich sie mehrmal auf der
Schaubühne gesehen, darzustellen. Steckt in der Verhüllung irgend 15
ein besonderes Verdienst, so gebührt alles Lob dem Dichter; ich
zweifle aber sehr, daß sein Agamemnon einen andern Grund,
warum er seinen Kopf einhüllt, hatte, als weil er sich selbst nicht
so viel Stärke zutraute, daß er beim Anblick des tödlichen Stoßes
in die Brust seines Kindes Gewalt genug über sich behalten 20
würde, um die Heiligkeit des Opfers nicht durch irgend einen
ungebührlichen Ausbruch des Vatergefühls zu entweihen. Denn
nach den Begriffen und Sitten jener Zeiten mußten solche Opfer,
um von den Göttern mit Wohlgefallen aufgenommen zu werden,
freiwillig, ja mit fröhlichem Herzen dargebracht werden. Auch 25
den übrigen Anwesenden war jeder stärkere Ausdruck von Schmerz
und Betrübnis untersagt; das Schlachtopfer wurde mit Blumen
bekränzt unter jubelnden Lobgesängen zum Altar geführt, und
sogar nach Vollendung der Ceremonie war es weder Verwandten
noch Freunden erlaubt, den Tod der geliebten Aufgeopferten durch 30
irgend eine sonst gebräuchliche Handlung oder Sitte zu betrauern.
Weit entfernt also daß ein Maler, der eine solche Geschichte
bearbeitet, seine Kunst im Ausdruck der verschiedenen Grade des
Schmerzes und der Traurigkeit erschöpfen dürfte, besteht seine
größte Geschicklichkeit bloß darin, daß er die Umstehenden nicht 35
mehr Teilnahme und Rührung zeigen lasse als nötig ist, daß sie
nicht als Unmenschen oder ganz gefühllose Klötze dastehen. An
die sinnreiche Idee, die Einbildungskraft der Anschauer ergänzen
zu lassen, was der Pinsel des Malers oder die Kunst des Schau=

spielers nicht vermochte, hat Euripides vermutlich so wenig gedacht
als ich. Es dürfte doch wohl eine unerläßliche Pflicht des Künstlers
sein, der Einbildungskraft soviel nur immer möglich ist vor=
zuarbeiten; auch erfordert es eben keine außerordentliche Kunst,
5 den höchsten Grad irgend einer Leidenschaft oder irgend eines
Leidens mit Pinselstrichen auszudrücken. Aber gerade dieser höchste
Grad ist dem Maler wie dem Bildner durch ein unverbrüchliches
Gesetz der Kunst untersagt, weil er eine Verunstaltung der Gesichts=
züge bewirkt, die das edelste Angesicht in ein widerliches Zerrbild
10 verwandeln würde. — Der Athener stutzte einen Augenblick über
diese authentische Erklärung aus dem Munde des Meisters selbst,
der doch wohl am besten wissen mußte, was er hatte machen
wollen; doch erholte er sich sogleich wieder und versicherte uns
mit einem großen Strom von Worten: er sei gewiß, daß er den
15 wahren Sinn der Verhüllung erraten habe. „Das Genie (setzte
er mit vieler Urbanität hinzu) wirkt oft als bloßer Naturtrieb,
und selbst der größte Künstler, wenn er etwas unverbesserlich
Gutes gemacht hat, ist sich nicht allemal der Ursache bewußt,
warum es so und nicht anders sein mußte." — Als wir wieder
20 allein waren, lachten wir beide herzlich über dieses kleine Abenteuer,
und Timanth, dem dergleichen Kenner häufiger vorgekommen sind
als mir, versicherte mich, es sei sehr möglich, daß das schiefe
Urteil dieses Menschen die öffentliche Meinung von seiner Iphigenia
auf immer bestimme und ihm, lange nachdem die Zeit das Gemälde
25 selbst zerstört haben werde, noch Lobsprüche zuziehe, die er sich
schämen müßte, verdient zu haben.

Der Umgang mit diesem liebenswürdigen Künstler ist mir
so angenehm und zugleich so belehrend und zuträglich in Rücksicht
auf meine Liebhaberei, daß ich mich nicht entschließen kann, Samos
30 eher zu verlassen, als bis er selbst abgehen wird. Er hat mir
verschiedene wichtige Winke zum Vorteil meines sterbenden Sokrates

26. verdient zu haben. „Diese Vermutung des Timanthes ist bekanntlich in vollem
Maß eingetroffen. Plinius folgte in seinem Urteil über den angeblichen Kunstgriff, welchen
der Maler durch Verhüllung des Agamemnon angebracht haben sollte, allem Ansehen nach
bloß der damals schon allgemein angenommenen und seitdem von unzähligen Neuern (ohne
nähere Untersuchung, wie es scheint) nachgesprochenen Meinung. Timanthi plurimum
adfuit ingenii; ejus enim est Iphigenia, oratorum laudibus celebrata, quá stante ad
aras peritura, cum moestos pinxisset omnes, praecipue patruum Menelaum, quum
tristitiae omnem imaginem consumpsisset, patris ipsius vultum velavit, quem digne
ostendere non poterat (l. cit.). Ich müßte mich sehr irren, oder die Erklärung, welche
Timanth in dieser Erzählung des Aleonidas den drei jungen Kunstkennern giebt, bedarf
keiner weitern Beweise, um für die einzig wahre Darstellung seines Verfahrens und der
Gründe desselben erkannt zu werden." W.

gegeben, und ich hoffe, ihr sollt es gewahr werden, daß mir ein solcher Meister zur Seite dabei gestanden hat.

Beinahe hätte ich vergessen, dir zu sagen, lieber Aristipp, daß ich mich bei Kriton und Cebes im Vertrauen erkundigte, ob man sich auf die Echtheit der Gespräche, welche Plato dem Sokrates 5 im Phädon zuschreibt, verlassen könne. Beide versicherten mich, es wäre zwar die Rede von der geistigen Natur der Seele und von ihrem Zustande nach dem Tode gewesen; aber Plato hätte so viel von dem Seinigen eingemengt und die Zusätze so künstlich mit dem, was Sokrates wirklich gesagt habe, zu verweben gewußt, 10 daß es ihnen selbst, wofern sie eine Scheidung vornehmen müßten, schwer sein würde, jedem das Seinige zu geben. Ebendasselbe sagte mir der wackere alte Kriton auch von dem Dialog, welchem Plato seinen Namen überschrieben hat, und worin unter anderm die schöne Rede der personifizierten Gesetze und überhaupt die 15 dialektische Form der Fragen und Antworten ganz auf Platons Rechnung komme. Übrigens haben diese beiden Dialogen viel Aufsehen in Athen gemacht und wegen der klugen Schonung, womit die Athener darin behandelt werden, und des schönen Lichts, in welchem der sittliche Charakter des Sokrates darin erscheint, 20 nicht wenig zu der günstigen Stimmung beigetragen, welche der= malen über ihn und seine Anhänger zu Athen die herrschende ist.

Du würdest mir keine kleine Freude machen, Aristipp, wenn du deine beschlossene Reise nach Samos so beschleunigen wolltest, daß du Timanthen noch anträfest, wozu die Gelegenheit vielleicht 25 nie wieder kommt. Auch Hippias erwartet dich mit Ungeduld.

----

22. Aristipp an Lais.

Es bedarf wohl keiner Beteuerung, schöne Lais, daß, wenn ich meiner Neigung Gehör gäbe, Kleonidas nicht ohne mich nach Milet zurückreisen sollte; auch schmeichle ich mir nach dieser neuen 30 Probe von Selbstüberwindung für einen tapfern Mann bei dir zu gelten. Ich würde nicht wenig stolz darauf sein, wenn ich mir verbergen könnte, daß das Vergnügen, in meinen eigenen Augen einen desto größern Wert zu haben, auch mit in Rechnung ge= bracht werden muß, und daß bei allen meinen Aufopferungen am 35 Ende doch niemand gewinnt als ich selbst. Wird nicht die Freude des Wiederſehens um ſo überſchwänglicher ſein, je länger ſie aufgeſpart wird?

Ich habe hier unvermutet Gelegenheit gefunden, mich in einigen Wiſſenſchaften zu üben, die mit in meinen Plan gehören und einem Manne, der nach der möglichſten Ausbildung trachtet, nicht nur zur Zierde gereichen, ſondern der Seele ſelbſt einen höhern Schwung und eine ganz andere Anſicht der Natur und des großen Ganzen, in welches wir eingefugt ſind, geben, als diejenige, an welche wir durch ununterbrochnes Herumtreiben in dem engen Kreiſe des alltäglichen Lebens unvermerkt gewöhnt werden. Ich liebe, wie du weißt, die Vielſeitigkeit; ich kann zu gleicher Zeit die verſchiedenſten Dinge treiben und mich mit den ungleichartigſten Menſchen ſo gut vertragen, daß jeder mich für ſeinesgleichen oder wenigſtens für ein Subjekt von ganz guter Hoffnung gelten läßt. Hippias, bei welchem ich gewöhnlich den Abend zubringe, würde nicht begreifen, wie ich ſo viele Zeit mit Pythagoreiſchen Phantaſten verderben könne, wenn er nicht glaubte, es geſchehe bloß, um ſie auszuholen und mich am Ende deſto luſtiger über ſie zu machen: diejenigen hingegen, die er Phantaſten nennt, wiſſen ſich meinen Umgang mit Hippias nicht anders zu erklären als durch die Vorausſetzung, daß ich hinter alle ſeine Sophiſtenkünſte und Blendwerke zu kommen ſuche, um ihn und ſeinesgleichen zu ſeiner Zeit mit deſto beſſerm Erfolge bekämpfen zu können. Das Wahre iſt indeſſen, daß ich von den Pythagoreern rechnen und meſſen lerne und bei Hippias mich dem Vergnügen einer freien genialiſchen Unterhaltung überlaſſe, die ungeachtet ihrer anſcheinenden Frivolität für einen, der alles an ſeinen rechten Ort zu ſtellen weiß, immer lehrreich und nützlich iſt.

Du wirſt finden, liebe Lais, daß Kleonidas durch ſeine zeitherigen kleinen Reiſen unter den Griechen viel gewonnen hat. Mit ſeinen herrlichen Anlagen bedurft' es nur einiger äußern Veranlaſſungen, um ſich zuſehends zu entwickeln und auf einmal als ein vollendeter Menſch dazuſtehen. Ich rechne darauf, daß er dich meine Abweſenheit ſo wenig bemerken laſſen wird, daß ich vielmehr bei jeder andern als bei dir Gefahr liefe gänzlich vergeſſen zu werden.

23. Lais an Aristipp.

Kleonidas ist ohne dich zurückgekommen, Aristipp, und der Gedanke, daß es Leute zu Milet gebe, die sich dadurch in ihrer Erwartung getäuscht finden könnten, scheint nur sehr leicht über deinen heroischen Busen hingeschlüpft zu sein. Du bist, sagt Kleo= 5 nidas, bis über die Ohren in Pythagorischen Zahlen versunken, studierst die Verhältnisse der Saitenschwingungen auf dem Monochord und bringst mit einem Zögling des berühmten Philolaus ganze Nächte zu, auf der Zinne eines alten Turms die Bewegungen der Planeten zu beobachten. Das alles ist schön und bewunderns= 10 würdig; und doch, wie schnell auch deine Lieblingsneigung, alles und wo möglich noch ein wenig mehr als alles zu wissen, zu einer so mächtigen Leidenschaft angeschwollen sein mag, eine kurze Unterbrechung würde deinen Eifer nur verdoppelt haben, und die Reise von Samos nach Milet ist für einen so geübten Seefahrer 15 wie du etwas so Unbedeutendes, daß ich um mir das Problem zu erklären am Ende doch genötigt bin, einen kleinen sokratischen Jynx zu Hülfe zu nehmen, der dich an den samischen Boden festzaubert. Hab' ich recht geraten, so wirst du mir hoffentlich kein Geheimnis aus deinem Glücke machen, da du nicht zweifeln kannst, 20 daß ich zu sehr deine Freundin bin, um nicht lebhaften Anteil daran zu nehmen.

24. Aristipp an Lais.

Auf den kleinen Brief, den ich soeben von dir erhalte, schöne Lais, ist nur eine einzige Antwort möglich, und um sie dir selbst 25 zu bringen, gehe ich stehendes Fußes nach der Rehde, miete ein Boot und schwimme zu dir hinüber. — Mit aller meiner Eile habe ich doch nicht eher bei deiner Pforte anlanden können als zu einer Stunde, wo ich Gefahr laufe, dich in irgend einem schönen Traume zu stören. Ich habe einige Mühe gehabt deinen Pförtner 30

7. **Monochord**, μονόχορδος. Ein Instrument mit Einer Saite, das für die Theorie der Musik wichtig war. Mit dieser Theorie beschäftigten sich die Pythagorer in der That. — 8. **Philolaus**, der bedeutendste der älteren Pythagorer. Aus seinen erhaltenen Fragmenten hauptsächlich kennen wir die Pythagorische Philosophie. — 10. **Planet**, πλανήτης. In einer angeblich von Philolaus verfaßten Schrift ist nicht allein von der Musik, sondern auch von den Planeten Merkur, Mars, Jupiter, Venus, Saturn die Rede. Alle andern Planeten sind erst in neuester Zeit bekt. Der Pythagorer Ekphantus lehrte die Axendrehung der Erde.

zu wecken, und noch größere, von ihm eingelassen zu werden. Nur durch tausend Schwüre, daß ich dir ohne allen Verzug Dinge von der größten Wichtigkeit zu hinterbringen hätte, erhielt ich endlich von dem ehrlichen Paphlagonier, daß er eine deiner Dienerinnen wecken wolle, die dir, wenn sie anders nicht noch ungefälliger als der Pförtner ist, dieses Zeichen meiner Gegenwart überreichen wird.

Antwort.

Diesmal, mein Lieber, hat dir deine Philosophie einen losen Streich gespielt; denn unter allen möglichen Antworten auf mein Letztes bist du gerade auf die einzige gefallen, die du nicht hättest geben sollen. Oder woher konntest du wissen, mein voreiliger Herr, daß du mir nicht ungelegen kommest? — Wie ist nun zu helfen? Das beste wäre wohl, wenn ich dich auf der Stelle wieder zurückschickte; wenigstens ist es, was ich thun müßte, wenn ich den Eingebungen deines bösen Genius Gehör gäbe. Soll ich? soll ich nicht? Es ist ein Unglück, daß ich gerade keine bessere Ratgeberin bei der Hand habe als die schelmische Euphorion, die zu den Füßen meines Bettes liegt und, ich weiß nicht warum, deine Partei mit solcher Wärme nimmt, daß ich ebenso mehr dem Rat meines eignen Herzens folgen könnte als dem ihrigen. — Du gehst also wieder, nicht wahr? Es wäre wirklich schön von dir, wenn es auch nur der Seltenheit wegen wäre. — Was will das unverschämte Mädchen? — Da guckt sie mir über die Achseln in meine Schreiberei, und wie sie sieht, daß ich dir deinen Rückpaß schreibe, zieht mir nicht das unartige Ding die Schreibtafel unter den Händen weg und läuft mit ihr davon?

25. Lais an Aristipp.

Ich habe seit einiger Zeit einen Abend in jeder Dekade dazu bestimmt, eine Tischgesellschaft von Philosophen, Sophisten oder Phrontisten (wenn du ihnen lieber einen Aristophanischen Namen giebst) bei mir zu sehen. Doch muß ich dir sagen, daß diese Benennungen in meinem Wörterbuche nicht für gleichbedeutend gelten.

---

4. Paphlagonier, Παφλαγόνες. Diese galten als Polterer. — 31. Phrontisten, Grübler. Vgl. unten S. 275.

Jede bezeichnet mir eine beſondere Klaſſe der Hauptgattung, die man im gemeinen Leben mit dem allgemeinen Namen der Sophiſten zu belegen gewohnt iſt. Es giebt eine Art heller Köpfe, welche die Ausbildung einer glücklichen Anlage hauptſächlich dem Leben in der wirklichen Welt und den mannigfaltigen Gelegenheiten und Aufforderungen zum Nachdenken, die ihnen darin aufgeſtoßen ſind, zu danken haben. Sie zeichnen ſich durch einen ſchärfern Blick in die menſchlichen Angelegenheiten von den beiden andern Klaſſen aus, welche gemeiniglich in der Welt um ſie her ſo fremd und neu ſind, als ob ſie eben erſt aus der berühmten Platoniſchen Höhle hervorgekrochen wären. Jene ſind meiſtens ebenſo viel= ſeitig und geſchmeidig als fein und an ſich haltend; ſie entſcheiden ſelten, kleben nicht hartnäckig an ihren Meinungen, widerſprechen mit Beſcheidenheit, glauben wenig zu wiſſen, und unterrichten oft mit ihrer Unwiſſenheit beſſer als die poſitiven Herren mit ihrer Allwiſſerei. Ich geſtehe meine Vorliebe zu den Mitgliedern dieſer Klaſſe, die eben nicht ſehr zahlreich iſt, und die ich, wiewohl ſie die Philoſophie nicht als ein Geſchäft treiben, Philoſophen in der eigentlichen Bedeutung des Worts nenne. Sophiſten heißen bei mir eure Philoſophen von Profeſſion, die dem Spekulieren bloß um des Spekulierens willen obliegen und bei geſellſchaftlichen Ge= ſprächen, wie intereſſant auch der Gegenſtand ſein mag, keinen andern Zweck haben, als Recht zu behalten. Gehen dieſe dialek= tiſchen Herren in der Grübelei ſo weit, daß ſie genötigt ſind, für Begriffe, die niemand hat als ſie, neue Wörter zu erfinden, die niemand verſteht als ſie, ſo nenne ich ſie Phrontiſten. Ich habe nur einen Einzigen dieſes Schlags in meinen Zirkel aufgenommen, weil er ſeine Spinnenweberei mit einer drolligen Art von Laune treibt und, wenn die Unterhaltung einen gar zu ernſthaften und ſchwerfälligen Gang nehmen will, immer zu ſeiner eigenen Ver= wunderung Mittel findet, die Geſellſchaft durch die ſublime Ab= ſurdität ſeiner Behauptungen wieder in den rechten Ton zu ſtimmen.

---

10 f. **Platoniſche Höhle.** Über dieſe ſpricht Wieland ſelbſt ausführlicher im 4. Buche Kapitel 7. Plato in Rep. VII, 514—517 vergleicht die Menſchen, welche keine philoſophiſche Bildung erlangt haben, mit Gefangenen, die in einer unterirdiſchen Höhle in der Weiſe gefeſſelt ſind, daß ſie nichts als eine ihnen gegenüberliegende Wand erblicken können, die von einem außerhalb befindlichen Lichte durch eine kleine Öffnung auf der entgegengeſetzten Seite der Höhle ſchwach beleuchtet wird und auf der unſichern Schatten von allerlei Dingen erſcheinen, die zwiſchen dem Lichtpunkte und den Gefangenen vorüberziehen. Wie dieſe Gefangenen die Schatten für wirkliche Dinge halten würden, ſo werden die philoſophiſch Ungebildeten durch die ſinnlich erſcheinenden Dinge getäuſcht, als wären ſie das Wirkliche und das allein Wirkliche.

Um dem gewöhnlichen Schicksal solcher Gesellschaften desto sicherer zu entgehen, werden außer Kleonidas und Musarion immer auch zwei oder drei schöne und geistvolle Milesierinnen aus Aspasiens Schule eingeladen, mit deren Hülfe es mir bisher noch so ziem-
5 lich gelungen ist, meine kampflustigen Symposiasten in den Schranken der Urbanität zu erhalten.

In unsrer letzten Sitzung lenkte einer unsrer Sophisten das Gespräch auf die Frage, was das höchste Gut des Menschen sei.
— In allen Dingen immer nach dem Höchsten zwar nicht wirk-
10 lich zu streben, aber wenigstens den Schnabel aufzusperren und danach zu schnappen, ist, wie du weißt, eine angeborne Eigenheit der menschlichen Natur. Das Problem erregte also allgemeine Aufmerksamkeit und verschaffte uns den ganzen Abend reichen Stoff zu mannigfaltiger Unterhaltung. Jede anwesende Person hatte
15 ihr eigenes höchstes Gut, welches sie (vermöge eines andern unsrer Naturtriebe) zum allgemeinen zu erheben suchte. Einer meinte, dieser Vorzug könne nur demjenigen Gute zuerkannt werden, das uns auf der einen Seite allen vermeidlichen Übeln entgehen und alle unvermeidlichen ertragen lehre, auf der andern uns in den
20 Besitz des Besten von allem Guten, dessen wir fähig sind, setze und uns alles übrige entbehrlich mache; und dies könne seiner Meinung nach nichts anders als die Weisheit sein.

Ein anderer behauptete, nur die Tugend vermöge das alles; und nachdem sie sich eine Weile darüber gestritten hatten, verglich
25 sie einer meiner Philosophen, indem er klar machte, daß Weisheit und Tugend nur zwei verschiedene Ansichten und Benennungen einer und ebenderselben Sache seien; so daß endlich alle drei zum Erstaunen der ganzen Gesellschaft, die ein solches Wunder noch nie gesehen hatte, friedlich übereinkamen, die Sokratische Sophrosyne,
30 welche Weisheit und Tugend zugleich bezeichnet, für das höchste Gut zu erklären.

Sophrosyne, sagte ein vierter aus der Familie des Hippokrates, ist Gesundheit der Seele, ein großes und wesentliches Gut, aber ohne Gesundheit des Leibes doch nur die Hälfte des höchsten
35 Gutes. Gesundheit von beiden ist die notwendige Bedingung des Genusses alles andern Guten, so wie das Gegenteil derselben alle andere Übel in sich begreift; das höchste aller Güter ist also Gesundheit.

5. Symposiasten, Zechgenossen, Tischgenossen.

Nachdem der Enkel des großen Hippokrates seinen Satz mit stattlichen Gründen ausgeführt hatte, nahm Kleonidas das Wort und bewies mit allem Feuer, womit ihn die Augen der gegen ihm über sitzenden Musarion reichlich versahen, und mit großem Beifall des weiblichen Teils der Gesellschaft: „das höchste Gut verdiene nur das genennt zu werden, dessen reinster Genuß uns den Göttern an Wonne gleich mache"; und nun berief er sich mit einem Ernst, der ein allgemeines Lachen erregte, auf das Gewissen aller Anwesenden, ob wir etwas anderes kennten, von welchem sich dies mit so viel Wahrheit sagen lasse als die Liebe?

Wider beide erhob sich ein sechster und bewies gegen den Arzt: die Gesundheit könne schon darum nicht selbst das höchste Gut sein, weil sie nur eine Bedingung des Genusses desselben sei; gegen Kleonidas: seine Behauptung könnte allenfalls nur von der glücklichen Liebe gelten; und gegen beide: ein Gut, das nicht immer in unsrer Gewalt sei, könne nicht das höchste Gut des Menschen heißen. Indessen schien er ziemlich verlegen zu sein, etwas Besseres aufzustellen, als der Hausmeister, der uns in den Speisesaal berief, einem meiner Philosophen Gelegenheit gab, mit einer scherzend ernsten Miene zu behaupten: wenn eine Gesellschaft von Repräsentanten des ganzen menschlichen Geschlechts sich den ganzen Tag über diese Frage gestritten hätte, so würde eine wohlbesetzte Tafel sie endlich dahin vereinigen, daß alle — wenigstens gerade so thun würden, als ob sie die angenehmste Befriedigung der Eßlust für den höchsten Genuß hielten, den die Natur dem Menschen vergönne, solange Zunge und Gaumen die empfindlichsten seiner Organe, und der Magen das große Rad bleibe, wodurch seine Existenz im Gang erhalten werde.

Ich muß der ganzen Gesellschaft die Gerechtigkeit widerfahren lassen, daß sie sich zwei Stunden lang, jedes in seiner Manier, beeiferte, der Hypothese des Philosophen Ehre zu machen. Mitunter wurde viel Schönes zum Preis der Kochkunst gesagt und (nicht ohne Grund, dünkt mich) behauptet: daß sie eine der ersten Stellen unter den schönen Künsten verdiene und einen der wesentlichsten Vorzüge des Menschen vor den übrigen Tieren ausmache. Auch dem Erfinder des Weins wurde mit vieler Andacht ein schallender Lobgesang angestimmt, und der Becher der Freude war kaum dreimal herumgegangen als verschiedene von unsern Weisen

36. Erfinder des Weins, Bacchus.

ziemlich naiv merken ließen, daß es nur einiger Aufmunterung von seiten der schönen Milesierinnen bedurft hätte, um die Verfechter der Weisheit und Tugend über die schmale Grenzlinie der So= kratischen Sophrosyne hinüberzulocken. Als aber zum Schluß des
5 Gastmahls der große Sesamkuchen aufgetragen wurde, bemächtigte sich der Phrontist (der unter dem Essen der Stillste und Geschäf= tigste von allen gewesen war) des Worts mit allgemeiner Ein= stimmung und bewies uns, nachdem er seinen Kuchen einem hinter ihm lauernden kleinen Bedienten einzusacken gegeben hatte, aus
10 voller Selbstüberzeugung: „das höchste Gut bestehe in dem Ent= schluß, freiwillig aller Dinge außer uns zu entbehren und den reinsten und vollständigsten Selbstgenuß im bloßen Dasein zu finden". Zur Erläuterung dieses paradoxen Satzes brachte der Mann anfangs einige kurzweilige Dinge vor, z. B. einen Beweis,
15 daß die Menschen durch eine künstliche Verminderung der Aus= dünstung und eine allmähliche Austrocknung des Magens zuver= lässig so weit kommen könnten, bloß von Luft und Wasser zu leben; ingleichen daß das gesellschaftliche Leben und die Sprache als die zwei größten Hindernisse unsrer Vervollkommnung anzusehen seien,
20 und es also ohne eine gänzliche Absonderung der Menschen von einander nie möglich sein werde, zu jener reinen Existenz an sich selbst und in sich selbst und durch sich selbst und für sich selbst zu gelangen, in welcher unser höchstes Gut bestehe. Dieser Unsinn schien eine Zeit lang die ganze Gesellschaft zu belustigen; aber
25 als unser Phrontist, um uns desto gründlicher zu überzeugen, sich von einer Abstraktion zur andern emporarbeitete und endlich so hoch über die Region des Menschenverstandes hinaufgekommen war, daß er uns Erklärungen von Worten, wobei nichts zu denken war, und Worte für Begriffe, die keinen Gegenstand hatten, geben
30 wollte, wurde er durch einen allgemeinen Aufstand unterbrochen und an das ewige Schweigen erinnert, das er sich durch seine

---

5. Sesamkuchen, σησαμοῦς, ein beliebter Leckerbissen in Athen. Der Sesam war ein ölhaltiges orientalisches Schotengewächs, welches unter anderen zerstoßen und geröstet bald mit Honig, bald als Käse genossen wurde. — 6. „Phrontisten, übertriebene subtile und pedantische Grübler, wahrscheinlich ein von Aristophanes in den Wolken zuerst in diesem Sinne gebrauchtes Wort." W. Vgl. S. 271. — 9. gegeben hatte. „Es war eine alte Sitte bei den Athenern, daß jeder Gast seinen eigenen Bedienten mitbrachte, um sich von ihm bei der Tafel bedienen zu lassen, und vornehmlich, um von den verschiedenen Gerichten, wovon jedem Gast eine reichliche Portion vorgesetzt wurde, alles, was dieser nicht selbst verzehrte, und was transportabel war (z. B. Stücke gebratnen Wildbrets, Würste, Hühner, Fische, wildes Geflügel, Kuchen u. s. w.) in einen bei sich habenden Korb oder Sack stecken und nach Hause tragen zu lassen." W.

Grundsätze selbst auferlegt habe. Alle übrigen vereinigten sich nun in dem Wunsche, daß Aristipp zugegen sein möchte, um den Ausspruch zu thun, welche der vorgetragenen Auflösungen des Problems die wahre sei, oder wofern er keine dafür halte uns seine eigene mitzuteilen.

Ich versprach, dich von allem Vorgegangenen zu benach= richtigen und, da ich dich für zu bescheiden hielt, das Amt eines Richters zu übernehmen, dich wenigstens zu bewegen, uns deine Meinung von der Sache zu sagen. Ich verspreche mir von deiner Gefälligkeit, Freund Aristipp, du werdest nicht wollen, daß ich vergebens drei lange Stunden mit dem Schreibstift in der Hand auf meinem Faulbettchen gesessen haben soll. — Ich darf nicht vergessen, daß wir uns ausbitten, die hiermit an dich gelangende Frage einer genauern Aufmerksamkeit zu würdigen und uns deine Gedanken ohne sokratische Ironie in ganzem Ernst mitzuteilen.

26. Aristipp an Lais.

Du hast wohlgethan, schöne Lais, daß du mich ausdrücklich angewiesen hast, mich über das seltsame Problem, womit dich deine gelehrte Tischgesellschaft neulich unterhalten hat, ernsthaft vernehmen zu lassen; denn ich gestehe, daß die Frage: was das höchste Gut des Menschen sei, in meiner Vorstellungsart etwas Lächerliches hat, und daß mir nie eingefallen wäre, sie könnte von so weisen Männern, wie die bärtigen Genossen deiner sophistischen Symposien sind, in wirklichem Ernst aufgeworfen und beantwortet werden. Meine erste Frage bei jeder Aufgabe dieser oder ähn= licher Art ist: Wozu soll's? Bei dieser, dünkt mich, fällt es auf den ersten Blick in die Augen, daß es uns zu nichts helfen könnte, das Höchste zu kennen, da es uns doch, eben darum, weil es so hoch über uns schwebt, unerreichbar ist. In dieser Rücksicht möchte wohl der Äsopische Fuchs, der die Trauben, die ihm zu hoch hingen, für sauer erklärte, mehr praktische Weisheit gezeigt haben als wir, wenn wir uns die Augen aus dem Kopfe gucken, um in einer so schwindlichten Höhe ein Gut zu entdecken, welches wir mit allen unsern Sprüngen doch nie erschnappen werden. Beim Genuß eines Guten kommt es nicht auf die Größe desselben, sondern auf unsre Empfänglichkeit an. Das erfreulichste aller Dinge, das Licht, ist für den Blinden nichts; an der festlichsten

Tafel des Großen Königs kann der gierigste Fresser nicht mehr
zu sich nehmen, als sein Magen faßt, und einer Mücke kann es
gleichviel sein, ob sie aus einer Muschelschale oder aus dem Ocean
trinkt. Du selbst, schöne Lais, hast, indem du mir das Problem
5 vorlegst, mit einem einzigen Aristophanischen Worte verraten, daß
die Unart der Menschen, „die Schnäbel immer nach unerreichbaren
Dingen aufzusperren", dir selbst ebenso lächerlich ist als mir.
Indessen du willst, daß ich ernsthaft von der Sache spreche, und
ich gehorche um so williger, da vielleicht am Ende doch ein Re=
10 sultat herauskommen dürfte, das die Mühe des Weges bezahlt,
auf welchem wir es gefunden haben.

Vor allen Dingen also wollen wir uns erinnern, daß die
Wörter gut und böse (wie alle andern, welche irgend eine Be=
schaffenheit oder Eigenschaft, die wir den Dingen zuschreiben, be=
15 zeichnen) immer von solchen Gegenständen gebraucht werden, welche
nur in ihrer Beziehung auf uns, d. i. unserm Gefühl, unsrer
Einbildung oder unserm Urteil nach), gut oder böse sind. Alles,
was ist, mag an sich sehr gut sein; aber das braucht uns nicht
zu kümmern; denn es kann uns nichts helfen. Wir haben bloß
20 zu fragen, ob ein Ding uns gut oder böse sei, das ist, ob es
uns wohl oder übel bekommen würde. Der Krokodil ist in der
Leiter der Naturwesen, was er sein soll, und also in seiner Art
so gut als ein anderes Tier; aber für die Anwohner des Nils
ist er ein sehr schlimmer Nachbar.

25 Die Frage: „Was ist für den Menschen gut oder böse?"
ist also immer eine mehr oder minder verwickelte Aufgabe, bei
deren Auflösung das meiste auf Ort, Zeit und Umstände ankommt.
Dasselbe Wasser, das in Fässern und Krügen dem Seefahrer
unentbehrlich ist, taugt nichts im Schiffsraum; dasselbe Feuer,
30 das auf dem Herde gut ist, unsre Speisen zu kochen, würde in
einer angefüllten Scheune großes Unglück anrichten; ebenderselbe
Trank ist dem Kranken Arznei, dem Gesunden Gift, oder in dieser
Krankheit in kleiner Gabe heilsam, in einer andern und in größerer
Portion genommen tödlich. Ich zweifle sehr, oder ich behaupte
35 vielmehr für gewiß, daß man mir im ganzen Umfang der Natur,
selbst unter den nützlichsten und unentbehrlichsten Dingen, kein
einziges nennen könne, das auf andere Weise als unter gewissen
Bedingungen und Einschränkungen gut für uns ist. Das Nämliche
gilt von allen Beschaffenheiten, Natur= und Glücksgaben, die dem

Menschen beiwohnen, wie von allen Lagen und Zuständen, worin
er sich befindet. Vollkommene Gesundheit (ein so hohes Gut, daß
ein König, wenn er von den natürlichen Strafen der Unmäßigkeit
gefoltert wird, sie mit der Hälfte seines Reichs zurückzukaufen
wünscht) ist für den, der sie mißbraucht, eines der größten Übel.
Schönheit, Witz, Talente, Reichtum, hohe Ehrenstellen, Macht,
Scepter und Kronen, wie oft haben sie schon ihre Besitzer ins
tiefste Elend und Verderben gestürzt! Ist doch sogar das Leben,
die erste Bedingung alles Genusses, selbst nur bedingungsweise
ein Gut und wird täglich von vielen Tausenden entweder aus
Pflicht oder zu Befriedigung dieser oder jener Leidenschaft in die
Schanze geschlagen! Sogar Wahrheit, Gerechtigkeit, Weisheit und
Tugend, wie schön und gut sie sich in der Idee dem Verstande
darstellen, sind doch nicht unter allen Umständen und Beziehungen
für jeden Menschen, in jeder Bedeutung des Worts, gut. So
ist z. B. nicht gut, die Wahrheit zur Unzeit oder auf eine
ungeschickte Art zu sagen; so ist nicht jedem gut, alles Wahre
zu wissen; so ist möglich, daß ein gerechter Richter mir un=
recht thut, indem er mich nach einem gerechten Gesetze ver=
urteilt; so ist das höchste Recht zuweilen Unrecht; so giebt es
keine Tugend, die für den, der sie ausübt, nicht entweder durch
irgend einen äußerlichen Umstand oder durch seine eigene Schuld
zu einer Quelle von wirklichen Übeln für ihn selbst und andere
werden könnte; so kann, was an dem einen Weisheit ist, an einem
andern Thorheit sein u. s. w. Wenn nun alles, was die Menschen
gut nennen, nur unter gewissen Umständen und Einschränkungen,
also nur durch rechten und weisen Gebrauch, wirklich gut für uns
ist; wenn das Gute unter gewissen Bedingungen zum Übel und
aus gleichem Grunde das Böse zum Gut werden kann: wird nicht
aller Wahrscheinlichkeit nach ebendasselbe von jedem höhern und
so endlich auch von dem höchsten Gute gelten? Klingt es aber
nicht widersinnig, daß das höchste Gut bei veränderten Personen
und Umständen das höchste Übel sein könnte?

Die bisherige Betrachtung scheint uns das glänzende Phantom,
dem wir nachgehen, immer weiter aus den Augen gerückt zu haben.
Laß uns versuchen, ob wir ihm vielleicht auf einem andern Wege
wieder näher kommen werden. Wir suchen das höchste Gut des
Menschen. Die erste Frage müßte also sein: Was ist der Mensch?
Die Natur stellt lauter einzelne Menschen auf, und es fehlt viel,

daß diese nichts als gleichlautende Exemplarien eines und ebendes=
selben Originals sein sollten. Der Mensch ist also bloß entweder ein
kollektives Wort für die sämtlichen einzelnen Menschen vom ersten
Paar, das aus dem Schoß der Erde oder des Wassers hervorging,
5 bis zu den letzten, die das Unglück oder Glück haben werden, die
nächste, unsrer Welt von den Pythagoreern geweissagte Verbren=
nung zu erleben, — oder es bezeichnet einen idealischen Koloß,
der aus dem, was alle Menschen gemein haben, gebildet ist, und
wovon nach Plato der bloße Schatten durch die Ritzen unsers
10 Kerkers in unsre Seele fällt, indes das Urbild selbst in der in=
telligiblen Welt der Platonischen Ontos Onton wirklich vorhanden
ist. Da ein bloßer Schatten, zumal der Schatten eines bloß in=
telligibeln Dinges, ein gar zu dünnes, leeres und flüchtiges Unding
ist, um ein brauchbares Resultat zu geben, so werden wir uns
15 wohl an den ersten Begriff halten müssen, der als eine Prosopopöie
des ganzen Menschengeschlechts betrachtet werden kann.

Um die Menschen, so wie sie als die regierende Familie im
Tierreich wirklich und leibhaft auf dem Erdboden herumwandeln,
soviel möglich mit einem Blick zu übersehen, wollen wir uns
20 mit deiner Erlaubnis, Laiska, in Gedanken entweder mit dem
Trygäus des Aristophanes auf einen Balkon der Jupitersburg
oder auf die höchste Turmspitze seiner Nephelokokkygia stellen und
dann sehen — was zu sehen sein wird. Das Erste, denke ich,
ist die erstaunliche Verschiedenheit dieser sonderbaren Tiere, die
25 man unter dem kollektiven Namen Mensch zu begreifen genötigt
ist, da sie bei der auffallendsten Ungleichheit unter sich selbst
gleichwohl von allen andern Tierarten zu stark abstechen, um zu
einer derselben gerechnet werden zu können. Wir sehen einige in
kleiner Anzahl, nackend oder nur sehr dürftig bekleidet und mit
30 Bogen, Pfeilen und Spießen bewaffnet, in ungeheuern Wäldern

---

11. der Platonischen Ontos Onton. (ὄντως ὄν, genit. plur. ὄντως ὄντων).
cf. Plato Phaedr. 247, C; E. Rep. X, 597, D. — „In der nicht sinnlich wahrnehmbaren,
nur durch Denken zu erreichenden Welt der Platonischen reinen Wesenheiten", d. h. der
Ideen, die allein das wirklich Seiende sind, während die irdischen Dinge an sich nicht sind
und das Sein nur haben durch Teilnahme an den Ideen als deren Abbilder und Schatten.
— 15. „Prosopopöie, Personifizierung abstrakter Begriffe und lebloser oder wenigstens
unpersönlicher Dinge. Auch die Redefigur abwesende Personen als gegenwärtig anzustellen
und sprechen oder handeln zu lassen führt bei den Grammatikern diesen Namen." W. Das
Wort heißt griechisch προσωποποιία. — 21. Trygäus, Τρυγαῖος, der Winzer, Weinmann,
Hauptrolle in dem Stücke des Aristophanes, worin er den Frieden empfiehlt. Trygäus holt die
Göttin des Friedens aus dem Himmel. — 22. Nephelokokkygia, Νεφελοκοκκυγία, Wolken=
kuckucksheim, wie Wieland erklärt: „Die Stadt, die er die Vögel unter Anführung des
athenischen Abenteurers Peisthetäros den Göttern zu Trotz in die Wolken bauen läßt."

umherschweifen, wo ihr beinahe einziges Geschäft ist, die wilden
Tiere zu verfolgen, die ihnen zur Speise und zur Kleidung dienen.
Andere finden wir an den Ufern großer Seeen beschäftigt, mit
Angelruten oder Netzen dem Wasser einen oft kärglichen Unterhalt
abzuverdienen. Wieder andere bringen unter mildern Himmels= 5
strichen ihr Leben mit Viehzucht und Hütung ihrer Herden hin;
und noch andere genötigt, die geringere Freigebigkeit der Natur
durch strenge Arbeit zu ersetzen, sehen wir mit den ersten An=
fängen des Ackerbaues, der Gärtnerei, der Baukunst und Schiffahrt
beschäftigt. Alle diese verschiedene Menschengeschlechter leben in 10
einer Art von tierischer Freiheit, mehr oder weniger armselig, oft
kümmerlich, aber wenn sie nur notdürftig zu leben haben mit
ihrem Zustande zufrieden, weil sie keinen bessern kennen.

Was meinst du nun, das diese Jäger, Fischer, Hirten und
Pflanzer, die sich noch glücklich preisen, wenn sie mit mühseliger 15
Anstrengung aller ihrer Kräfte sich des notdürftigsten Unterhalts
für einige Tage oder Monate versichern können, was meinst du,
das sie sich für eine Vorstellung von dem höchsten Gute machen?
Frage sie, und du wirst hören, daß ihre üppigsten Wünsche nicht
über eine glückliche Bärenjagd, einen starken Fischzug, die Ver= 20
dopplung ihrer Herden und reichliche Ernte hinausgehen; und
erschiene ihnen ein Gott, der es in ihre Wahl stellte, was sie
von ihm erbitten wollten, weder ihre Einbildungskraft noch ihre
Vernunft würde sie weiter führen als zu der hohen Glückseligkeit,
ihr Leben lang ohne Mühe, Gefahr und Arbeit — die Forderungen 25
ihres Magens befriedigen zu können.

Diese Naturmenschen machen indes, wiewohl sie vielleicht den
größten Teil des Erdbodens einnehmen, den kleinsten des Menschen=
geschlechts aus. Der weit größere lebt in bürgerlicher Gesellschaft,
wenige in Freistaaten, wo anfangs die Not, in der Folge das 30
Verlangen nach Wohlstand, Reichtum und Ansehen, unter dem
belebenden Einfluß einer durch weise Gesetze zugleich begünstigten
und eingeschränkten Freiheit, alle Arten von Entwicklung der mensch=
lichen Fähigkeiten, Leibes= und Geistesübungen, Handarbeiten, Künste
und Wissenschaften hervorgebracht und zum Teil auf eine bewun= 35
dernswürdige Höhe getrieben hat. Diese über ein großes Stück
von Asien und Europa und die nördliche Küste von Libyen ver=
breiteten, mehr oder weniger ausgebildeten Menschen scheinen beim
ersten Überblick sich zu jenen rohen Kindern der Natur wie die

Götter zu den Menſchen zu verhalten; forſchen wir aber genauer
nach, ſo werden wir uns bald überzeugen, daß unter einer My=
riade policierter Menſchen neuntauſend ſind, die ſich überhaupt
viel weniger glücklich, ja oft viel unglücklicher fühlen oder wähnen
5 als jene nackten Waldmänner, Troglodyten und Ichthyophagen.
Denn bei weitem die größere Zahl lebt in Armut und Mangel
an allen Bequemlichkeiten, genießt wenig oder nichts von den
Früchten des anſcheinenden Wohlſtands und Reichtums des Staats,
muß, um einer kleinen Anzahl üppiger Müßiggänger ein pracht=
10 volles und wollüſtiges Leben zu verſchaffen, über Vermögen arbeiten
und ſich oft ſchlechter nähren als die Wilden und, damit an ihrem
Elend nichts fehle, geduldig zuſehen, wie die Müßiggänger ſich
auf ihre Unkoſten wohl ſein laſſen. Nun frage ich dich abermal:
Was dünkt dich, das für die neunzig Hundertteile der policierten
15 Menſchheit nach ihrer eigenen Schätzung das höchſte Gut ſein
werde? Wir wollen ſie ſelbſt nicht fragen; denn ſie ſind nicht
unverdorben genug, uns wie ihre Brüder in den Wäldern des
Atlas, Kaukaſus und Imaus die wahre Antwort zu geben. Aber
rechne darauf, daß ſie ſich von keiner höhern Glückſeligkeit träumen
20 laſſen, als täglich zu leben wie die Freier der Penelope oder die
Höflinge des Alcinous in der Odyſſee und wie dieſe aller Arbeit
überhoben zu ſein. Grobe ſinnliche Befriedigungen bei nie ab=
nehmender Geſundheit und Stärke und ein müßiges ſorgenfreies
Leben, dies iſt's, was ſie ſich als das höchſte Gut denken, und
25 höher gehen weder ihre Wünſche noch ihre dermalige Empfäng=
lichkeit. Und warum nicht? da unter den übrigen ſchwerlich zehn
vom Hundert ſind, in deren Buſen, wenn Prometheus nicht ver=
geſſen hätte, ihn durchſichtig zu machen, wir nicht ebendieſelben
Wünſche, nur mehr oder weniger verfeinert und auf alle ihre
30 Leidenſchaften ausgedehnt, erblicken würden. Wenigſtens läßt mich,
was ich über dieſen Punkt bisher wahrgenommen habe, nichts
anders glauben. Sinnlichkeit iſt nun einmal die Grundlage der
menſchlichen Natur; Eſſen, Trinken und Schlafen das erſte Be=

---

2 f. Myriade, 10 000. Wenigſtens verſteht es Wieland hier ſo. μύριοι bedeutet
unendlich viele, μύριοι 10 000. — 3. policierter = polierter, gebildeter. — 5. „Troglo=
dyten, Höhlenbewohner, wurden nach dieſer tieriſchen Lebensweiſe von den Alten ge=
wiſſe noch im roheſten Naturzuſtande begriffene Menſchenhorden genannt, deren Plinius in
ſeiner Naturgeſchichte mehrere anführt.“ W. Vgl. S. 284, „Ichthyophagen (Fiſcheſſer),
diejenige Klaſſe der rohen Naturmenſchen, die ſich hauptſächlich vom Fiſchfang nähren.“ W.,
der aber Ichthyophagen ſchreibt. — 18. Imaus, Ἴμαος. Fortſetzung des Gebirges
Paropamiſus in Aſien. — 21. Alcinous, Ἀλκίνους, der König der Phäaken, welcher
dem ſchiffbrüchigen Odyſſeus zu Ehren Feſte feierte.

dürfnis, das erste Geschäft und das erste Vergnügen des Kindes
sowie das letzte des Greises, bei welchem das Wohlbehagen an
den Vergnügungen des Gaumens in eben dem Verhältnis zu=
nimmt, wie das Vermögen andre Triebe zu befriedigen abnimmt
und aufhört. Stelle einen jeden Sophisten, der dies nicht gestehen 5
will, ohne daß er deine Absicht merken kann, auf die Probe, und
du wirst schwerlich einen einzigen finden, der seine prahlerische
Theorie nicht durch die That Lügen strafen wird.

Wie dann, Laiska? Dein scherzender Philosoph sollte also
am Ende doch noch recht behalten? — Ja·und nein sage ich; 10
und wenn dies widersinnig klingt, wer kann dafür, wenn der
Mensch, seiner centaurischen Natur nach, ein so widersinniges Ding
ist, daß mein Freund Plato sich und uns nicht besser zu helfen
weiß als durch den wohlmeinenden Rat, den tierischen Teil
geradezu abzuwürgen und den geistigen allein leben zu lassen? 15
Meine Vorstellungsart erlaubt mir nicht, so streng mit der Hälfte
meines Ichs zu verfahren; und da diese Doppelnatur nun einmal
mein dermaliges Wesen ausmacht, so denke ich vielmehr alles
Ernstes darauf, einen billigen Vertrag zwischen beiden Teilen zu=
stande zu bringen, mit dem Vorbehalt, falls es mir damit nicht 20
gelingen sollte, mich auf die Seite der Vernunft zu schlagen und
vermittelst ihrer Oberherrschaft über den animalischen Teil diese
Sokratische Sophrosyne in mir hervorzubringen, die zwar nicht
das höchste Gut, aber doch gewiß ein sehr großes und zum reinen
Genuß aller andern unentbehrlich ist. Im Grunde sollte jener 25
Vertrag so schwer nicht zu stiften sein, da die Natur selbst in
beiden Teilen schon Anstalt dazu gemacht und dem geistigen eine
sonderbare Anmutung zu dem tierischen, diesem hingegen, trotz
seiner angebornen Wildheit, eine ebenso sonderbare Willigkeit, sich
von jenem zäumen und regieren zu lassen, eingepflanzt hat. In 30
der That kommt in dieser Rücksicht alles darauf an, daß das
Tier, wenn es seine Schuldigkeit thun soll, fleißig zur Arbeit und
zum Gehorsam angehalten, aber auch wohl behandelt, gut genährt
und hinlänglich gewartet werde. Sobald es merkt, daß der regie=
rende Teil es wohl mit ihm meint, ist es folgsam und geschmeidig; 35
wird ihm aber übel begegnet, gleich fängt es an muckisch zu
werden, beißt um sich, schlägt aus, spreizt, bäumt und wälzt sich
und läßt nicht nach, bis es den Reiter abgeworfen hat. Ist dieser
überhaupt nicht stark und verständig genug, den Zügel recht zu

führen und sein Tier im Respekt zu erhalten, was Wunder, wenn
es mit ihm durchgeht und sich gerade so meisterlos aufführt, als
ob es keinen Herrn über sich erkennte?

Um diese Allegorie nicht zu lange zu verfolgen, bemerke ich
nur, daß das Dasein der Vernunft und ihr Einfluß auf unsre
sinnliche oder tierische Natur sich, wie bei den Kindern schon in
der frühen Dämmerung des Lebens, so bei allen, selbst den rohesten
Völkern schon in den ersten Anfängen der Kultur vornehmlich
darin beweist, daß sie (wofern nicht besondere klimatische oder
andere zufällige Ursachen im Wege stehen) sich selbst und ihren
Zustand immer zu verschönern und zu verbessern suchen. So
langsam es anfangs damit zugeht, so schnell nimmt der Trieb
zum Schönern und Bessern zu, wenn einmal gewisse Perioden
zurückgelegt sind, und die Vernunft selbst in ihrer Entwicklung
einen gewissen Grad von Stärke erreicht hat. Daß wir aber
demungeachtet im ganzen noch so weit zurück sind, liegt wohl
hauptsächlich an der Kürze unsers Lebens, welches in Verhältnis
mit allen übrigen Bedingungen, unter welchen wir es empfangen,
in viel zu enge Grenzen eingeschlossen ist, als daß die Menschen
(wenige Ausnahmen abgerechnet) große Fortschritte zur Verbesserung
ihres eigenen innern und äußern Zustandes machen oder etwas
Beträchtliches zum allgemeinen Besten beitragen könnten; indessen
zeigt sich doch von einer Generation zur andern ein gewisses, im
Kleinen meist unmerkliches, aber im Großen ziemlich sichtbares
Streben nach dem, was man füglich (wie ich glaube) den Zweck
der Natur mit dem Menschen nennen kann. Und was könnte
dieser anders sein als die immer steigende Vervollkommnung der
ganzen Gattung, wozu jeder Einzelne, der einst da war, etwas
(wie wenig es auch sei) beigetragen hat, und von welcher nun
hinwieder jede neue Generation und jedes einzelne Glied derselben
mehr oder weniger Vorteil zieht? Da nichts, was einmal da war
oder geschah, ohne Folgen ist, also nichts ganz verloren geht, da
jedes Jahrzehend und Jahrhundert seine Versuche, Erfahrungen,
Entdeckungen und Erfindungen den Nachkommenden zur Fort=
setzung, Ausbildung, Verbesserung und Vermehrung überliefert, so
kann dies schlechterdings nicht anders sein. Die Rückfälle, die
man von Zeit zu Zeit wahrzunehmen wähnt, die alte Sage, „daß
nichts Neues unter der Sonne geschähe", und die Abnahme der
menschlichen Gattung, die man uns schon aus dem alten Homer

erweisen zu können glaubt, sind nur anscheinend. Besondere Völker,
einzelne Menschen können wohl in einigen Stücken schlechter als
ihre Vorfahren werden; aber das Menschengeschlecht, als Eine
fortdauernde Person betrachtet, der unsterbliche Anthropodämon
Mensch, nimmt immer zu und sieht keine Grenzen seiner Vervoll= 5
kommnung. Denn nur dem einzelnen Menschen, nicht der Mensch=
heit sind Grenzen gesetzt.

Die Fortschritte, welche wir Griechen seit der Zeit, da Euro=
pens Bewohner noch stammelnde Waldmenschen und Troglodyten
waren, bis zu der Stufe, worauf wir dermalen stehen, gemacht 10
haben, werden andre Menschen, vielleicht ganz andre Völker, nach
uns in den nächsten Jahrtausenden fortsetzen, und unfehlbar wird
eine Zeit kommen, wo die Menschen durch künstliche Mittel sehen
werden, was uns unsichtbar ist; wo sie Schätze von Kenntnissen,
wovon sich jetzt niemand träumen läßt, gesammelt, neue Mine= 15
ralien, Pflanzen und Tiere, neue Eigenschaften der Körper, neue
Heilkräfte, kurz, unendlich viel Neues im Himmel, auf Erden und
im Ocean entdeckt und vermittelst alles dessen nicht nur unsre Er=
findungen viel höher getrieben, sondern eine Menge uns ganz un=
bekannter Künste und Kunstwerkzeuge erfunden haben werden u. s. w. 20

Nun, meine Freundin, sind wir auf der Höhe, von welcher
aus wir uns, dünkt mich, überzeugen können, daß die Aufgabe,
die du mir zu lösen gegeben hast, unauflösbar ist. Es giebt kein
andres höchstes Gut (wenn man es so nennen will) für den
Menschen, als „das zu sein und zu werden, was er nach dem 25
Zweck der Natur sein soll und werden kann"; aber eben dies ist
der Punkt, den er nie erreichen wird, wiewohl er sich ihm ewig
annähern soll. Wo über jeder Stufe noch eine höhere ist, giebt
es kein Höchstes — als täuschungsweise, wie dem, der einen hohen
Berg ersteigen will, diese oder jene Spitze die höchste scheint, bis 30
er sie erklettert hat und nun erst sieht, daß neue Gipfel sich über
ihm in die Wolken türmen. Alles, was für einen Menschen in
seinem dermaligen Leben (dem einzigen, das er kennt) gut ist, ist
zur rechten Zeit, am rechten Ort, im rechten Maß und recht ge=
braucht, für den Augenblick das Höchste; für den unsterblichen 35

---

4. „Anthropodämon scheint ein von Aristipp erfundenes Wort zu sein, um damit
diejenige energische Eigenschaft der menschlichen Natur zu bezeichnen, wodurch sie vermöge
einer innern Notwendigkeit endlich der höchsten Vollkommenheit entgegenstrebt ohne sie
gleichwohl jemals zu erreichen." W. — 9. Troglodyten, Τρωγλοδύται, in Höhlen le=
bende Naturmenschen. Vgl. S. 281.

Menſchen giebt es kein Höchſtes als das Unendliche. Weiter,
ſchöne Laiska, habe ich's bis jetzt nicht bringen können, und ich
zweifle nicht, daß viel daran fehlt, daß meine Antwort deinen
Sophiſten und Phrontiſten genug thun ſollte. Was mich ſelbſt
betrifft, ich habe nie nach hohen Dingen, geſchweige nach dem
Höchſten getrachtet; und dafür haben mir die Götter immer reichlich
mehr gegeben als ich zu begehren gewagt hätte. Von allen ihren
Gaben die reichſte iſt, daß ſie mich mit dir zu gleicher Zeit ge=
boren werden ließen, mich mit dir zuſammenbrachten und in der
Stunde, da du mir deine Freundſchaft ſchenkteſt, mich auf mein
ganzes Leben zu einem der glücklichſten Sterblichen weihten. Müßt'
ich nicht Adraſteien zu erzürnen fürchten, wenn ich meine Wünſche
noch höher zu treiben verſuchen wollte?

---

27. Aleonidas an Aristipp.

Seit einiger Zeit befindet ſich ein junger Perſer, Namens
Araſambes, hier, der großes Aufſehen macht. Er iſt (um bei
dem anzufangen, was zuerſt in die Augen fällt) der ſchönſte Mann,
den ich noch geſehen habe, von hoher Geburt (ſeine Mutter war
eine Schweſter des letzten Königs) und, wie es ſcheint, Herr eines
unermeßlichen Vermögens. Sein vor kurzem verſtorbener Vater,
welcher Statthalter von Syrien geweſen war und ſeinen Sohn
zu einer Stelle beſtimmte, wo (ſeiner Meinung nach) ein feineres
politiſches Verhältnis gegen die vornehmſten griechiſchen Freiſtaaten
dem Dienſt des großen Königs nützlich ſein könnte, hatte ihn zu
dieſem Ende ſchon in der erſten Jugend zu Sardes und Epheſus
nach griechiſcher Art erziehen laſſen. Er ſpricht unſre Sprache
ſehr geläufig, kennt unſere Dichter, und in Übungen, die ſich für
eine Perſon ſeines Standes ſchicken, thut es ihm hier keiner zu=
vor. Er verbindet morgenländiſche Prachtliebe mit griechiſchem
Geſchmack, hat die ſchönſten Pferde, die jemals in Jonien geſehen
wurden, und macht ſich den Mileſiern durch die funkelnden Dariken,
die er in Umlauf bringt, nicht wenig beliebt.

---

12. „Adraſteia, ein Beiname der Göttin Nemeſis, deren Amt war, alle aus Stolz
und Übermut begangenen Frevel zu rächen und deren Ungnade man ſich alſo nach dem ge=
meinen Glauben durch Ungenügſamkeit und allzu üppige Wünſche zuzog." W. — 31. „Dariken,
eine unter dem König Darius zuerſt geprägte perſiſche Goldmünze, ungefähr vier Thaler
ſechs oder acht Groſchen unſeres Geldes wert." W.

Du errätſt leicht, Ariſtipp, was dir alle dieſe Vorboten an=
kündigen. Wie hätte ein ſo verzärtelter Günſtling der Götter
gegen die Reize des ſchönſten Weibes unſerer Zeit gleichgültig
bleiben können? Es ſcheint vielmehr, Eros, der ſich nicht immer
an ungleichen und widerſinniſchen Verbindungen beluſtigt, habe ihn 5
gefliſſentlich nach Milet geführt, damit er die Einzige fände, die
ihn ſelbſt zweifelhaft machen kann, ob er ihrer Liebe würdig ſei.
Kurz, Araſambes liegt mit abamantenen Ketten gebunden zu den
Füßen der ſchönen Lais und erwartet von ihren Lippen die Ent=
ſcheidung, „ob er der glücklichſte oder der elendeſte aller Sterb= 10
lichen ſein ſoll". Sie ſcheint noch unentſchloſſen, wiewohl ich es
für unmöglich halte, daß ſie von ſo vielen Vorzügen und Ver=
ſuchungen nicht endlich überwältigt werden ſollte. Aber das wunder=
bare Weib behält immer ſo viel Herrſchaft über ſich ſelbſt, daß
es noch keinem gelungen iſt, ihre ſchwache Seite ausfindig zu 15
machen; und wenn ſie ſeiner Leidenſchaft endlich nachgiebt, ſo ge=
ſchieht es gewiß nicht anders als mit Vorbehalt ihrer Freiheit,
die ihr, wie ſie ſagt, um den Thron des Großen Königs ſelbſt
nicht feil wäre. Auch kennt Araſambes ſie ſchon zu gut, um ſich
von den reichen Geſchenken, womit er ſie überhäuft, viele Wirkung 20
zu verſprechen; und damit man ſehe, daß er ſelbſt keinen Wert
darauf lege, ſchenkt er einen Perlenſchmuck, der zwanzig attiſche
Talente wert iſt, mit einer Miene weg, als ob es eine ver=
goldete Haarnadel wäre und bloß dadurch zu etwas werde, wenn
ſie es anzunehmen würdige; aber er treibt es in dieſer großen 25
Manier ſo weit, daß unſre Freundin für nötig hielt ihm zu er=
klären, daß ſie unter keiner Bedingung weder kleine noch große
Geſchenke mehr von ihm annehmen würde. Du weißt, in welchem
Grade die Zauberin es in ihrer Gewalt hat, ſelbſt dem Ver=
wegenſten dieſe Art von zurückſchauernder Ehrfurcht zu gebieten, 30
wovon man beim Eintritt in das heilige Dunkel eines berühmten
Tempels oder Hains unfreiwillig befallen wird. Araſambes, der
ſie wirklich bis zur Anbetung liebt, fühlt ſich durch dieſe aber=
gläubiſche Scheu noch mehr als andere durchdrungen und bedarf
daher eines Vertrauten um ſo mehr, da die ungewohnte Zurückhal= 35

<hr>

8. „Abamantene, unbezwingbare Ketten, ſind nicht diamantene, ſondern ſtählerne
Ketten. Der Diamant war zu Ariſtipps Zeiten den Griechen noch unbekannt und erhielt
erſt viel ſpäter ſeiner Härte wegen den Namen Adamas." W. — 23. „Talent, das gemeine
oder kleinere attiſche Talent enthielt 60 Minen oder 6000 Drachmen, und iſt alſo ungefähr
1000 Konventionsthalern unſeres Geldes gleich." W.

tung seiner Leidenschaft ein peinlicher Zustand ist, den er nicht
sehr lange ausdauern könnte. Dieser Vertraute, mein Freund —
bin ich selbst, und höre, wie ich dazu gekommen bin. Bald nach
meiner Zurückkunft nach Milet geriet ich auf den Einfall, das
5 berühmte allegorische Märchen vom Prodikus, den Herkules auf dem
Scheidewege, in zwei Seitenstücken zu malen, so daß Lais in dem
einen die Tugend, in dem andern die Wollust vorstellt, und (wie
du bereits erraten hast) der junge Göttersohn im einen der erstern,
im andern ihrer reizenden Gegnerin die Hand reicht. Ich arbeitete
10 mit Liebe an diesen Bildern, aber so geheim, daß sogar Musarion
nichts davon gewahr ward. Als sie vollendet waren, fügte sich's,
daß mein Perser (der schon vorher eine besondere Zuneigung auf
mich geworfen hatte und die Kunst liebt) in meine Werkstatt kam
und über die beiden Bilder in ein solches Entzücken geriet, daß
15 ich mich genötigt sah sie ihm zu überlassen, nachdem ich ihn mit
vieler Mühe dahin gebracht, von der Hälfte des Preises, den er
selbst darauf setzte, abzustehen. Von dieser Zeit an hat er mich
zum Vertrauten und Vermittler seiner Leidenschaft gemacht, und
da Tyche in ihrer freigebigsten Laune unsrer verschwenderischen
20 Freundin nichts Angemesseneres hätte zuschicken können als einen
solchen Liebhaber, so hoffe ich, mein Geschäft zu beider Teile Zufriedenheit bald und glücklich zu Ende zu bringen.

Wenn ich mich nicht sehr an dir irre, lieber Aristipp, so
wirst du dich in dies alles wie ein weiser Mann fügen und mit
25 einer Freundschaft, die dir immer ein beneidenswertes Vorrecht
vorbehalten wird, sehr wohl vorlieb nehmen können.

------

28. Aristipp an Kleonidas.

Die Nachrichten, die du mir von unsrer Freundin mitteilst,
stimmen zu gut in meine üppigsten Wünsche für ihr Glück, als
30 daß sie mir nicht große Freude gemacht haben sollten. Die Liebe
eines solchen Mannes wie dein Perser ist das einzige ihrer nicht
ganz unwürdige Mittel, ihre gewohnte Lebensart immer fort-
zuführen, insofern sie nur von sich erhalten kann, ihrer groß-
herzigen Verachtung des verächtlichsten und schätzbarsten, unent-

------

19. „Tyche, die Göttin des glücklichen und unglücklichen Zufalls." W.

behrlichſten und unbrauchbarſten aller ſublunariſchen Dinge einige
Schranken zu ſetzen und nur ſo viel Ökonomie in ihr Hausweſen
zu bringen als der Große König ſelbſt nötig hat, wenn er mit
ſeinen Einkünften auslangen will. Daß ſie den prächtigen Vogel
nicht eher als bis es ihr ſelbſt gefällt aus ihrem goldnen Käfig
entlaſſen und hingegen fleißig dafür ſorgen wird, ihre eigene
Perſon von den verhaßten Geſetzen der morgenländiſchen Gynäceen
frei zu erhalten, bin ich zu gewiß, als daß ſie hierüber meines
Rates bedürfte. Es bleibt mir alſo nichts übrig als mich ihres
Glückes zu freuen und zu wünſchen, daß ſie es recht lange
dauern laſſe.

　　Du urteilſt ſehr richtig von mir, Freund Kleonidas, wenn
du mich der Narrheit, die Sonne für mich allein behalten zu
wollen, unfähig glaubſt. Eben ſo wenig ſoll es, wie ich hoffe,
jemals in die Macht einer Perſon oder einer Sache, die ich liebe,
kommen, ſich mir in einem ſo hohen Grade wichtig zu machen,
daß ich ihrer nicht ohne Verluſt meiner Gemütsruhe entbehren
könnte. Ich liebte die ſchöne Lais beim erſten Anblick, weil ſie
mir gefiel; und ſie gefiel mir aus eben der Urſache, warum mir
irgend etwas gefällt, und deſto mehr, je mehr ſie zugleich die
Summe meiner feineren Gefühle vermehrte und meinen Geiſt
in die angenehmſte Thätigkeit ſetzte. In allem dieſem iſt mir's,
denke ich, wie jedem andern Menſchen. Aber was ich vor meinem
unbekannten Freund Araſambes und vielen andern voraus habe,
iſt, daß die ſchöne Lais ſelbſt mit allen ihren Vollkommenheiten
für mich kein unentbehrliches, geſchweige mein höchſtes Gut iſt.
Ich habe Augen für alle ihre Vorzüge, Sinn für alle ihre Reize;
ſie iſt mir alles, was ſie einem Manne von Verſtand und Gefühl
ſein kann; aber ſie vermag (einzelne Augenblicke vielleicht aus=
genommen) wenig oder nichts über meine Freiheit; ich verlaſſe
ſie, ohne mich loszureißen zu müſſen, ſogar wenn ſie lieber ſähe,
daß ich bliebe; ich komme mit dem lebhafteſten Vergnügen wieder
und ſcheide zum zweiten=, dritten= und viertenmal, immer durch
den Gedanken des Wiederſehens wohl getröſtet und im Gleich=
gewicht erhalten. Indeſſen würde ich mich ſelbſt belachen, wenn
ich mir deswegen viel auf meine Weisheit zu gute thun wollte.
Du weißt, daß ich mit einem Frohſinn, der an Leichtſinn grenzt,

1. ſublunariſch, sublunaris, unter dem Monde. — 7. „Gynäceon, das Frauen=
gemach, der Harem bei den Türken, Perſern u. ſ. w." W.

geboren bin; ich fühle mehr schnell und lebhaft als tief; ich habe
Sinn für alles Schöne und Gute, ohne Affektation einer besondern
Zartheit, und das Schönere und Bessere benimmt nach meiner
Schätzung dem Geringern nichts.   Bei einer solchen Anlage war
5 es natürlich, daß die bewundernswürdige Gleichmütigkeit, wozu
es mein edler Lehrer Sofrates mit einem vielleicht nicht so lenk=
samen Temperamente gebracht hatte, einen so starken Eindruck auf
mich machte, daß ich mir vornahm mich öfters, auch ohne besondere
Veranlassung, in Bezwingung meiner Begierden und Schwächtigung
10 meiner Wünsche zu üben.   Kurz, ich machte mir zur Maxime,
mich in allem mit dem Guten in jedem leidlichen Grade zu behelfen,
ohne hartnäckig auf dem Besten zu bestehen; und ich befinde mich
bei dieser Mäßigung so wohl, daß ich meine Diät einem jeden
anraten möchte, der es mit sich selbst so gut meint, daß er, um
15 größere Unlust zu vermeiden, lieber weniger Vergnügen haben als
Gefahr laufen will, einen Platz an der Göttertafel mit der Strafe
des Tantalus zu bezahlen.   Dadurch gewinne ich den Vorteil,
daß ich mich auch bei Nektar und Ambrosia bescheiden aufführe
und daher nie in den Fall kommen kann, meinen Übermut so
20 streng wie jener Göttersohn zu büßen.
       Dies heißt viel über sich selbst philosophiert! Brauche davon,
was du kannst, und fahre fort, mir mitzuteilen, was du mir gut
findest.
       Es war ein herrlicher Gedanke, Lieber, den du hattest, die
25 schöne Lais unter zwei so entgegengesetzten und beide doch so gut
passenden Charakteren darzustellen.   Du würdest dich mir durch
eine Kopei von deiner eigenen Hand unendlich verbinden, wär' es
auch nur von den beiden einzelnen Figuren.   Vermutlich setzt dein
persischer Freund seine Hoffnung auf die gefälligere Gestalt, wie=
30 wohl er seine Göttin unter beiden anbetet.   Gewiß ist schwerlich
jemals ein schönes Weib so gleich geschickt gewesen, beide Personen
zu spielen und sich selbst, sobald sie will, durch sich selbst aus=
zulöschen.   Ein gefährliches Talent, welches zu mißbrauchen sie
glücklicher Weise keine Anlage hat.   Indessen werde ich sie doch nie
35 aus den Augen verlieren, um auf den Fall, da sie eines Freundes

---

17. Tantalus, *Τάνταλος*, stand in der Unterwelt bis an den Hals im Wasser, das
jedoch immer zurückwich, wenn er trinken wollte; vor ihm schwebten die schönsten Früchte,
ohne daß er sie je erreichen konnte. Es war dies die Strafe dafür, daß er von der Götter=
tafel, zu der ihn Zeus zugelassen, Ambrosia und Nektar entwandt hatte.

bedürfte, immer bei der Hand zu sein; denn auf dem schönen, breiten und kurzweiligen Wege, den sie geht, nicht zu verirren, ist schwerer als sie zu glauben scheint.

29. Lais an Aristipp.

Kleonidas hat dir das Neueste aus Milet bereits zu wissen 5 gethan. Eine freundliche persische Perise (damit du doch siehst, daß ich durch meinen neuen Anbeter schon ein wenig gelehrter geworden bin) hat mir einen Liebhaber bis vom Euphrates her zugeschickt; und welch einen Liebhaber! schön wie ein Medier, liebenswürdig wie ein Grieche und beinahe so reich wie Midas 10 und Krösus! Denn was wir armen Griechen tausend Drachmen nennen, ist ihm eine Hand voll Obolen; und wie ich nötig fand, seiner übermäßigen Freigebigkeit mit aller Strenge einer Gebieterin Einhalt zu thun, verwunderte sich der hoffärtige Mensch, daß ich solche Kleinigkeiten meiner Aufmerksamkeit würdigen möge. Wirklich 15 scheint er eines so großen Maßstabs gewohnt zu sein, daß er Geschenke, die einer Königin dargebracht werden dürften, für Kleinigkeiten ansieht und sich daher ihrentwegen weder zu der mindesten Freiheit noch zu Erwartung einer größern Gefälligkeit von meiner Seite berechtigt glaubt. Das sticht nun freilich von 20 der ökonomischen Manier der Söhne Deukalions, mit ihren Geliebten bei Drachmen und Obolen abzurechnen, gewaltig ab und thut dem edeln Achämeniden, wie du leicht erachten kannst, keinen Schaden bei mir. — Kurz, lieber Aristipp, dieser Arasambes ist ein sehr gutherziger und umgänglicher Barbar, und es ahnt mir 25 zuweilen, ich werde noch in starke Versuchungen kommen, zu ver=

6. „Perise (Peris), persische Benennung einer Art von wohlthätigen Genien und Feen." W. — 10 f. Midas und Krösus, beide Könige durch ihren Reichtum sprichwörtlich. — 21. Söhne Deukalions, Hellenen. — 22. „Drachmen, eine Silbermünze, an Wert ungefähr einem Kopfstücke von 20 Kr. gleich, deren hundert eine Mine ausmachten." W. — 23. „Achämeniden, Abkömmlinge des Achämenes. So nennen die griechischen Geschichtschreiber eine Dynastie der Könige von Persien, deren Stifter Achämenes (nach Freret) ungefähr 800 Jahre vor unserer gemeinen Zeitrechnung gelebt haben soll. Seine Abkömmlinge teilten sich in zwei Linien, wovon die ältere von Achämenes bis auf Kambyses, den Sohn des großen Cyrus, dauerte, und die jüngere von Darius Hystaspes' Sohne angefangene mit Darius Koboman ein Ende nahm. Arasambes wird also (als ein vorausgesetzter Sohn einer Schwester des Darius Nothus) von Lais scherzweise II, 2 ein Achämenide genannt." W. — 25. „Barbar. Die Griechen nannten alle nicht griechisch redenden Völker Barbaren, ohne auf ihre mehrere oder mindere Kultur und Policierung dabei Rücksicht zu nehmen; wiewohl sie sich auch hierin großer Vorzüge über die übrigen Erdbewohner bewußt waren und mit einer gewissen Verachtung auf alle Nicht=Griechen herabsahen." W.

gessen, daß ich eine Griechin bin und die Entführung der schönen
Helena an allen Asiaten zu rächen habe. Die einzige morgen=
ländische Unart, die ihm ankleben mag, scheint ein ziemlicher
Ansatz zur Eifersucht zu sein, und dies wäre auch das Einzige,
das mich zurückschrecken könnte. Wenn er nicht so viel Zutrauen
zu mir fassen kann, sich auf mein Wort ohne Riegel und Hüter
sicher zu glauben, so brech' ich ab, lass' ihm alle seine Geschenke
wieder zustellen und fahre mit dem ersten guten Winde nach
Korinth zurück.

Mein Plan mit Musarion und Kleonidas ist zu seiner Reise
gediehen; sie ist seiner wert; und wiewohl er bisher (wenn wahre
Liebe sich verhehlen ließe) ihr selbst und der ganzen Welt ein
Geheimnis aus dem wahren Namen seiner zärtlichen Freundschaft
zu ihr gemacht hat, so bin ich doch völlig gewiß, daß ich durch
das Band, das ich zwischen ihnen zu knüpfen im Begriff bin, den
feurigsten seiner Wünsche befriedige.

Du, mein weiser Freund, liegst noch immer zu Samos den
meteorischen Dingen mit so großem Eifer ob, daß ich Bedenken
tragen sollte, dich mit den Puppenspielen, die uns Kindern der
Erde so wichtig scheinen, in deinen erhabenen Anschauungen zu
stören. Wie hoch du dich aber auch immer, selbst über die
Jupitersburg und das luftige Wolkenkuckuksheim deines Freundes
Aristophanes, erheben magst, so denke ich doch meine Ansprüche
an deine Freundschaft so leicht nicht aufzugeben, und schmeichle
mir hinwieder, daß alle Pythagorische Zahlen, Zirkel und Dreiecke
nicht vermögend sein sollen, deine Anadyomene immer aus deiner
Erinnerung zu verdrängen.

---

30. Kleonidas an Aristipp.

Freue dich meines Glücks mit mir, Aristipp! Musarion,
meine Musarion — — das war sie meinen Gefühlen und Wünschen
nach schon beim ersten Blick; aber da mir die Absichten ihrer groß=
mütigen Vormünderin mit ihr unbekannt waren, und ich es für
unedel hielt, ihre Zuneigung verstohlner Weise zu gewinnen, ver=
schloß ich meine Wünsche in meinen Busen und hielt mich zurück,
sie sogar dir zu entdecken, vor dem ich nie ein anderes Geheimnis

18. meteorischen, überirdischen.

haben werde — dieſe Muſarion, mein Freund, ohne die für mich
kein Glück iſt (halte mir dieſen einzigen Zug von Ungleichheit
mit dir zu gut!), ohne die ich das reinſte Glück des Lebens nie
gekannt hätte, ſie iſt mein! Sie wird mir in einen andern
Weltteil folgen! In kurzem werden die hochzeitlichen Fackeln für
deinen Freund angezündet. Möchteſt du doch in Perſon gegenwärtig an unſrer Freude Anteil nehmen! Ich darf es nicht hoffen;
aber ich ſehe den Tag kommen, der uns in Cyrene, vielleicht
enger als jemals, wieder vereinigen wird.

Die ſchöne Lais, die Stifterin meines Glücks, hat ſich ihrer
ſich ſelbſt auferlegten Pflicht gegen die Tochter des Leontides auf
eine höchſt edle Art erledigt, und bei den guten Ausſichten, die
ich in unſerm Vaterlande habe, ſcheint mein künftiger Wohlſtand
ſo feſt gegründet zu ſein, als es in dieſem ewigen Wogen der
menſchlichen Dinge überhaupt möglich iſt.

Auch der fürſtliche Araſambes iſt dem Ziel ſeiner feurigſten
Wünſche nah. Lais ſcheint immer mehr Reigung zu ihm, er
immer mehr von dem Zutrauen, das man für ein höheres, aber
wohlthätiges Weſen fühlt, zu ihr zu faſſen. Er will ſie bloß
ihr ſelbſt, nicht ſeinem Ungeſtüm noch ſeinen Schätzen zu danken
haben; und dies iſt, wenn ich ſie recht beurteile, gerade das Geheimnis, ſie zu gewinnen. Sie werden (wenigſtens ſo lange,
als ihn der König nicht an ſeine Hofſtatt beruft) abwechſelnd
bald zu Epheſus, bald zu Sardes, bald auf den prächtigen Gütern,
die er in Lydien hat, leben, und Lais wird einen Zauberkreis
von Freuden und Scherzen, Muſen und Grazien um ihn her
ziehen, der ſeine Wohnung in einen Götterſitz verwandeln wird.

Araſambes hat alles verſucht, mich bei ihm zurückzuhalten;
aber Umſtände und Pflichten, und ich weiß nicht welches ſtille,
aber drängende Sehnen nach der vaterländiſchen Luft rufen mich
gebieteriſch nach Libyen zurück. Doch werde ich bis zu der
Jahreszeit, die der Überfahrt die günſtigſte iſt, bei ihm verharren
und, wenn ich es irgend bewerkſtelligen kann, dich, mein Freund,
noch vorher zu Samos ſehen.

— —

31. Aristipp an Lais.

Ich rate dir, schönste und mächtigste der Erdentöchter, opfre der Ate unverzüglich das Kostbarste was du — entbehren kannst; denn du bist zu glücklich als daß deine Freunde deinetwegen ruhig
5 sein dürften. Nicht als ob du es für deinen Wert je zu viel sein könntest; sondern weil es (wie man sagt) neidische Mächte giebt, welche nicht wollen, daß die Götter alle Schätze ihres Füllhorns so verschwenderisch auf ein einziges sterbliches Wesen herabschütten.

10 Arasambes ist nach allem, was mir Kleonidas von ihm meldet, deiner würdig und nach allem, was du selbst anzudeuten scheinst, dem Glücke nah, von dir dafür erkannt zu werden. Deine Weisheit wird dich in dem goldnen Strom, worin du schwimmst, vor Übermut bewahren; deine Edelmütigkeit wird in einem weiten
15 Kreise Glückseligkeit um dich her verbreiten; und die Klugheit, die ich dir wünsche, wird den Gedanken an die Zukunft und die ungewisse Flüchtigkeit des Gegenwärtigen nie ganz aus deiner Seele schwinden lassen. Auch erinnerst du dich, wie ich sicher hoffe, mitten unter den glänzenden und rauschenden Freuden, die
20 dich täglich umschwärmen werden, zuweilen eines Freundes, der in seiner Art vielleicht doch einzig ist, und den du immer da, wo du ihn ließest, wiederfinden sollst. Denn weder Ort noch Zeit werden je die Gesinnungen schwächen, die dein erster Anblick in ihm anfachte und eine Folge freudebringender Horen im trauten
25 Umgang unsrer verschwisterten Seelen zur Reife brachte. Sollte auch eine Zeit kommen, die ihm jeden andern Genuß entzöge, so wird die bloße Erinnerung an Ägina, Korinth und Milet ihm Ersatz für alles sein und, solang' er weiß, daß du glücklich bist, ihn gegen alles, was seine Ruhe von außen bestürmen könnte,
30 gleichgültig machen.

---

2. Ich rate dir. Vergl. Schillers Ring des Polykrates. — 3. „Ate, eine den bösen Feen in den Märchen der Dame Daulnoy ähnliche Göttin, die nicht leiden konnte, wenn es einem Menschen gar zu wohl ging. Hesiodus macht sie zu einer Tochter der Nacht, Homer aber zu einer Tochter Jupiters in der sonderbaren Stelle des 19. Gesanges der Ilias, wo Agamemnon die Schuld seiner dem Sohne der Thetis zugefügten Beleidigung auf die Ate schiebt und bei dieser Gelegenheit ihre ganze Legende (wie er sie vermutlich ehemals von seiner Amme erzählen gehört hatte) den versammelten Fürsten der Griechen vorträgt." W. — 24. Horen, ῟Ωραι, die Göttinnen alles Zeitwechsels, was sie freilich erst bei späteren Dichtern sind.

32. Aristipp an Hippias.

Ich höre mit vielem Vergnügen, daß du im Begriff bist, das unruhige Samos zu verlassen und in die schöne und reiche, den Frieden und die Künste des Friedens liebende Hauptstadt von Jonien zu ziehen, wo du dich in jeder Hinsicht besser befinden wirst; es sei, daß du einen würdigen Schauplatz für deine Talente oder nur einen Ort suchst, wo du so frei und angenehm als vielleicht an keinem andern in der Welt einer selbst erwählten Gesellschaft von Freunden, den Musen und deinem Genius leben kannst. Was hätte dich auch länger in Samos zurückhalten sollen? Überall wo die Athener den Meister spielen, ist in die Länge nicht gut wohnen. Ich habe öfters sagen hören, der Athener sei nirgends artig und liebenswürdig als in Athen selbst; ich für meine Person habe gefunden, daß sie allenthalben die liebenswürdigsten aller Menschen sind, sobald sie eine Ursache haben, es sein zu wollen, und die widerwärtigsten, sobald sie jenes für unnötig halten. Wenn sie dies zu Athen weniger zu sein scheinen, so rührt es vielleicht von einer zwiefachen Täuschung her. In den Inseln sind sie die Wenigern an der Zahl, und ihre Unarten fallen daher um so stärker auf, zumal da sie gewohnt sind, sich gegen ihre Kolonieen, Schutzverwandten und Unterthanen alles zu erlauben. Zu Athen sind ebendieselben Unarten unter die ganze Masse der Bürger verteilt, also an den Einzelnen weniger auffallend, wie man sich im Lande der Buckligen bald gewöhnen würde, lauter Höcker zu sehen. Überdies kommt den Athenern zu gut, daß alles, was ein gebildeter Mensch nur immer zu sehen, zu hören und zu genießen verlangen kann, so vollständig und in einem so seltnen Grade von Vollkommenheit in Athen vereinigt ist, daß ein Fremder, der sich auf einmal in den Mittelpunkt alles Großen, Schönen und Angenehmen versetzt glaubt, den Glanz, den das Ganze von sich wirft, auch auf den Einwohnern wiederscheinen sieht und das, was ihm von ihrer häßlichen Seite in die Augen fällt, um so mehr in einem mildernden Lichte betrachtet, je mehr sie sich anfangs beeifern, ihm nur die schöne und gefällige zu zeigen. Du wirst in den ersten Tagen eine große Ähnlichkeit zwischen den Athenern und Milesiern finden; sie dient aber nur, die Verschiedenheit desto auffallender zu machen, welche meines Bedünkens

4 f. Hauptstadt von Jonien Milet.

ganz zum Vorteil der letztern ist. Doch ich will deinem eignen
Urteil nicht vorgreifen und bin vielmehr begierig, das meinige
dadurch entweder bestätigt oder berichtigt zu sehen.

Vermutlich ist dir Xenophons Anabasis bereits zu Gesichte
5 gekommen, die seit einiger Zeit soviel von sich und ihrem Ver=
fasser zu reden macht; oder sollte es noch nicht geschehen sein, so
wirst du dich zu Milet leicht mit einem Exemplar versehen können;
denn die Nachfrage nach diesem Buch ist so stark, daß die Biblio=
kapelen von Athen und Korinth nichts Angelegners haben, als
10 die Hände aller Geschwindschreiber, die in beiden Städten aufzu=
treiben sind, mit möglichster Vervielfältigung desselben zu beschäf=
tigen. Ich glaube nicht zu viel von diesem Werke, so beschränkt
auch der Gegenstand desselben ist, zu sagen, wenn ich es in Rück=
sicht auf die historische Kunst mit dem berühmten Kanon des Bild=
15 hauers Polyklet vergleiche und behaupte, so müsse jede Geschichte
geschrieben sein, auf deren historische Wahrheit man sich verlassen
können soll. Die ganze Erzählung ist wie eine Landschaft im
vollen Sonnenlicht; alles liegt hell und offen vor unsern Augen;
nichts steht im Schatten, damit etwas anderes desto stärker heraus=
20 gehoben werde; alles erscheint in seiner eigenen Gestalt und Farbe,
nichts vergrößert, nichts verschönert, sondern im Gegenteil jede
so häufig sich anbietende Gelegenheit, das Außerordentliche und
Wunderbare der Thatsachen durch Kolorit und Beleuchtung geltend
zu machen, geflissentlich vernachlässigt, und die Begebenheiten mit
25 ihren Ursachen und Folgen, die Handlungen mit ihren Motiven
und dem Drange der äußern Umstände so natürlich verbunden,
daß das Wunderbarste so begreiflich als das Alltäglichste wird.
Ein Maler oder Dichter, von welchem alles dies gesagt werden
könnte, würde schlecht dadurch gelobt sein; aber was bei diesen
30 Mangel an Genie und Kunst verriete, ist nach meinem Begriff
das höchste Lob des Geschichtschreibers. Xenophon hat es allen, die
nach ihm kommen werden, schwer, wo nicht unmöglich gemacht,
ihn hierin zu übertreffen. Nichts kann ungeschminkter, ja selbst
ungeschmückter sein als die naive Grazie seines Stils, nichts ein=
35 facher und anspruchloser als seine Art zu erzählen, nichts kalt=

---

8 f. „Bibliokapelen hießen um diese Zeit, da der Bücher und der Autoren immer
mehr wurden, Leute, welche Profession davon machten, von alten und neuen Büchern immer
eine Anzahl schön geschriebener Exemplarien zum Verkauf bereit zu halten, und vermutlich
auch die öffentlichen Märkte mit dieser Ware bezogen, nach welcher, so wie die Litte=
ratur bei den Griechen immer mehr Zuwachs und Ausdehnung bekam, auch die Nachfrage
immer stärker wurde." W.

blütiger und unparteiiſcher als ſeine Charakterſchilderungen, die bei
aller Beſtimmtheit und Schärfe der Zeichnung doch ſo ſanft ge=
halten und beleuchtet ſind, daß jeder nachteilige Zug ihm von
der Wahrheit ſelbſt wider Willen abgedrungen ſcheint. Übrigens
geſtehe ich gern, daß alles, was ich der Anabaſis hier zum Ruhme 5
nachſage, ſchlechterdings erforderlich war, da der Verfaſſer im
Grunde ſelbſt der Held des Stücks iſt und alſo die Einfalt und
Beſcheidenheit, in welche er alles Große und Ruhmwürdige, was
ihm die Wahrheit von Xenophon zu ſagen nötigt, einhüllt, wofern
ſie ihm nicht natürlich wäre, hätte heucheln müſſen, um das Ver= 10
dächtige und Verhaßte, das der Erzählung unſrer eignen Groß=
thaten anzukleben pflegt, durch den Schleier der Grazien dem
Auge der Tadelſucht und Mißgunſt zu entziehen.

Was mir dieſes Buch ſo beſonders lieb macht, iſt die So=
kratiſche Sophroſyne, die es von Anfang bis zu Ende atmet, und 15
die in allem, was Xenophon ſich ſelbſt darin denken, reden und
handeln läßt, ſo lebendig dargeſtellt iſt, daß, indem ich leſe, un=
zählige Erinnerungen in mir erwachen, welche ſeiner an ſich ſchon
ſo anziehenden Erzählung durch tauſend feine Ideenverbindungen
und leiſe Beziehungen auf etwas, ſo ich ehemals an Sokrates 20
wahrgenommen oder aus ſeinem Munde gehört, einen Grad von
Intereſſe geben, den ſie freilich nur für wenige haben kann. In=
deſſen muß doch dieſes in ſeiner Art einzige Buch auch für Leſer,
die kein näheres Verhältnis zu Sokrates hatten, immer eines der
unterhaltendſten, die unſre Sprache aufzuweiſen hat, bleiben, und 25
ich müßte mich ſehr irren, wenn es nicht noch in den ſpäteſten
Zeiten das Handbuch und der unzertrennliche Gefährte aller großen
Feldherren werden ſollte.

In den letzten dreißig bis vierzig Jahren haben ſich die
Athener zu ihrem größten Schaden einer Menge wild und ohne 30
alle Kultur aus dem Boden hervorgeſchoſſener Heerführer anver=
traut, die ſich's gar nicht zu Sinne kommen ließen, daß Krieg
führen und einem Kriegsheere vorſtehen eine Kunſt ſei, welche viel
Wiſſenſchaft vorausſetzt und ebenſo gut gelernt ſein will wie irgend
eine andere. Xenophons Anabaſis wird hoffentlich ſolchen Auto= 35
ſchediaſten (wie Sokrates ſie zu nennen pflegte) die Augen öffnen

───────

35 f. „Autoſchediaſt, einer der etwas, wozu gewöhnlich Kunſt, Wiſſenſchaft und große
Übung erfordert wird, ohne Vorbereitung, aus dem Stegreif (wie wir zu ſagen pflegen)
oder auch ohne Unterricht, aus bloßem inſtinktmäßigen innern Antrieb unternimmt. So=

und ihnen einleuchtend machen, welch eine ſeltene Vereinigung
großer, ungewöhnlicher Naturgaben mit einer Menge erworbener
Talente, welche Stärke und Erhabenheit der Seele, Geiſtesgegen=
wart, Mäßigung und Gewalt über ſich ſelbſt, welch ein behendes,
5 feſtes, in der Nähe und Ferne gleich ſcharf ſehendes Auge, welche
Sorge für die mannigfaltigen Bedürfniſſe eines Kriegsheeres,
welche Aufmerkſamkeit auf die kleinſten Umſtände, welche Voraus=
ſicht aller möglichen Zufälle, welche Fertigkeit, die günſtigen auf
der Stelle zu benutzen und, was widrige geſchadet haben, ſogleich
10 wieder gut zu machen, welche Geſchicklichkeit, die unter ihm ſtehen=
den Menſchen zu prüfen, zu lenken, zu gewinnen und mit weiſer
Strenge an einen ebenſo pünktlichen als willigen Gehorſam zu
gewöhnen, mit einem Worte, wie unendlich viel dazu gehöre,
daß ein bloßer Freiwilliger, wie Xenophon war, als er dem Cyrus
15 ſeine Dienſte anbot, ſich in kurzer Zeit als einen ſo vollkommenen
Feldherren zeigen könne, wie er ſich während dieſes beiſpielloſen
Unternehmens erwieſen hat, wo es um nichts Geringeres zu thun
war, als ein Heer von zehntauſend aus allen Teilen Griechen=
lands zuſammengerafften Kriegern, die nichts als ſich ſelbſt und
20 ihre Waffen hatten, aus dem Herzen des feindlichen Landes durch
eine lange Reihe barbariſcher, feindſeliger Völker, über unzugang=
bare Gebirge und brückenloſe Flüſſe, einen Weg von mehr als
25 000 Stadien in ihr Vaterland zurückzuführen. Übrigens iſt
vielleicht der wichtigſte Dienſt, den er durch dieſes Buch der ganzen
25 Hellas geleiſtet hat, dieſer: daß ſie ſich daraus überzeugen können,
wie furchtbar ſie den Barbaren durch ihr ſchwerbewaffnetes Fuß=
volk und durch ihre Disciplin und Taktik ſind, und welch eine
leichte Sache, wofern ſie nur unter ſich ſelbſt einig wären, es
ſein würde, mit dreißig= bis vierzigtauſend Griechen, von einem
30 Ageſilaus oder Xenophon geführt, ſich des ganzen ungeheuern
Perſerreichs zu bemächtigen. Wenn dieſer Rückzug der Zehntauſend
den Mut ihrer braven Vorfahren nicht in ihnen aufzureizen ver=
mag, dann gebe ich ſie gänzlich verloren!

　　　Aber wie meinſt du, Hippias, daß die edeln und weiſen
35 Athener einem Mitbürger, der ihnen ſo große Ehre macht, und

trates beſchuldigt deſſen den größten Teil der damaligen atheniſchen Feldherrn in ſeiner
Unterredung mit dem Sohne des Perikles. (Memorab. III, 5—20.)" W.

23. „Stadium (Stadion), das gewöhnliche Maß der Ortsentfernung, deſſen ſich die
Griechen bedienten. Nach der Berechnung des Abbé Barthélemy beträgt ein Stadium ein
Achtel einer römiſchen Meile, oder 94½ franzöſiſche Toiſen; alſo 5000 Stadien gerade 189
franzöſiſche Meilen zu 2500 Toiſen." W.

von deſſen Talenten und Charakter ſie ſo große Vorteile ziehen
könnten, ihre Achtung bewieſen haben? Sie fanden ſich durch
ſeine, ihnen übrigens ganz unnachteilige Vorliebe zu den Lace=
dämoniern beleidigt und haben ihn — auf ewig aus Attika hinaus=
gewieſen. O die Kechenäer!   5

Wenn dir in dem reizenden Milet noch eine leere Stunde
übrig bleibt, die du an deinen Freund Ariſtipp zu verſchenken
willig biſt, ſo wird mich dein Brief zu Rhodus finden, ſofern
du ihn an Lykophon, Menalippus' Sohn (einen allen Schiffern
in dieſen Meeren bekannten Namen), zur Beſtellung empfehlen   10
willſt. L. W.

33. Hippias an Ariſtipp.

Xenophons Anabaſis, welche, weil der Rückzug die Haupt=
ſache ausmacht, ebenſo gut Katabaſis heißen kann, war mir be=
reits bekannt, als ich deinen Brief aus Rhodus erhielt. Auch ich 15
habe ſie mit Vergnügen geleſen, und wiewohl mir deucht, daß
von dem hohen Werte, den du dieſem Werke beizulegen ſcheinſt,
noch etwas abgehen könnte, ſo geſtehe ich doch, daß es nicht leicht
wäre, eine an ſich ſelbſt ſo wunderbare Geſchichte, wie der Zug
und Rückzug der zehntauſend Griechen, mit weniger Prunk und   20
in einem treuherzigern Ton zu erzählen; was das unfehlbarſte
Mittel iſt, einen nicht allzu mißtrauiſchen Leſer in die angenehme
Täuſchung zu ſetzen, daß er ohne allen Argwohn durch dieſen
Ton ſelbſt getäuſcht zu werden immer die reinſte Wahrheit zu
leſen glaubt. Ich ſage dies nicht, um die Aufrichtigkeit Xeno= 25
phons verdächtig zu machen; indeſſen bin ich gewiß, von allen
den Hauptleuten, die eine Rolle in dieſer Geſchichte ſpielen, würde
ein jeder ſie mit andern Umſtänden erzählt und vieles mit andern
Augen und in einem andern Lichte geſehen haben. Wenn nun
jeder von ihnen eine Katabaſis geſchrieben hätte, müßte nicht ein 30

4 f. auf ewig aus Attika hinausgewieſen. Dies geſchah erſt auf Antrag des
Eubulos, als Xenophon 394 v. Chr. an der Schlacht von Koronea „gegen ſeine eignen
Landsleute", die Athener, teilgenommen hatte. Man ſehe übrigens über Xenophon die
Einleitung zu Ariſtipp. — 13. Anabaſis, ἀνάβασις, bedeutet den Zug nach Hochaſien,
das Hinaufſteigen vom Meere ins Innere des Landes. — 14. Katabaſis, κατάβασις,
Zug aus Hochaſien nach dem Meere hinab. Bei Xenophon nimmt die Schilderung des
Hinzuges, der Anabaſis, nur 2 Bücher, die des Rückzuges, der Katabaſis, 5 ein.

unbefangener Leser öfters zweifelhaft sein, wem er glauben sollte?
Dieser Einwurf gilt gegen die Zuverlässigkeit einer jeden Geschichts=
erzählung einer Reihe von Begebenheiten, in welche nebst dem
Erzähler selbst viele an Denkart, sittlichem Charakter, Absichten
und Interesse verschiedene Menschen verwickelt waren; und er ist
um so weniger zu heben, da er sich auf die menschliche Natur
selbst gründet und daher schwerlich eine Ausnahme zu Gunsten
irgend eines Einzelnen zuläßt. Alles, was wir von einem solchen
Erzähler zu fordern berechtigt sind, ist, daß er den Willen habe,
uns nichts für wahr zu geben, als was er selbst für wahr hält.
Werden wir dann demungeachtet getäuscht, so liegt die Schuld an
uns selbst, nicht an ihm. Ich zweifle so wenig daran, daß Xeno=
phon uns nichts als reine historische Wahrheit geben wollte, daß
ich vielmehr sagen möchte, er habe diesem löblichen Vorsatz keinen
geringen Teil des Vergnügens aufgeopfert, das er uns hätte
machen können, wenn er, wie Herodot, unsre Einbildungskraft
etwas mehr Anteil an seiner Erzählung hätte nehmen lassen wollen.
Denn nichts kann einem Schriftsteller leichter begegnen als vor
lauter Begierde wahr zu sein langweilig zu werden. Doch dafür
ist in diesem Werke gesorgt. Man kann sich darauf verlassen, daß
ein Autor, der seine eigene Geschichte und Thaten erzählt, wofern
er nicht ohne alles Genie ist, nie sehr langweilig werden wird.
Solltest du den kleinen Streich nicht bemerkt haben, Aristipp,
den ihm die wunderbare Zauberin, die man aus Mangel eines
passendern Namens Eigenliebe nennt, vermutlich ohne sein Wissen
und Wollen, gespielt hat, „ihm, so oft er uns erzählt, was Xeno=
phon der Athener gedacht, gesprochen, gethan und gewollt hat,
ganz leise, leise das Sokratische Ideal eines vollkommnen Feld=
herren unterzuschieben"? Eine Täuschung, deren er sich um so
weniger versah, da er vermutlich dadurch, daß er von sich selbst
immer in der dritten Person spricht, eine treffliche Maßregel gegen
die Nachstellungen des hinterlistigen Ichs genommen zu haben
glaubte. Daß er während dieses ganzen Kriegszuges jenes Ideal
immer vor Augen hatte, daß er es zu erreichen strebte, war eines
ehmaligen Zöglings und vieljährigen Freundes des weisesten aller
Menschen würdig; aber daß er es so vollständig in seiner eigenen
Person darstellt, dabei könnte sich doch wohl ihm selbst unbemerkt
etwas Poesie eingemischt haben. Oder wollen wir es ihm etwa
gutschreiben, daß er sich so ganz unverhohlen zu der Sokratischen

Schwachheit, — in vollem Ernſt an Zeus Meilichios und Her=
kules Hegemon zu glauben, bekennt und uns mit der Treuherzig=
keit eines böotiſchen Bäuerleins ſeine Träume und noch manche
andere Dinge erzählt, die er ſeiner Urgroßmutter nachzuſagen
hätte erröten ſollen? Ich mußte laut auflachen, wie ich im vierten 5
Buche las, was geſchehen ſei, da ſie eines Tages auf ihrem be=
ſchwerlichen Marſche über die karduchiſchen Berge, bei einem
äußerſt heftigen und ſchneidenden Nordwind, der ihnen mit vollen
Backen ins Geſicht blies, ſich durch ellentiefen Schnee ſo mühſelig
durcharbeiten mußten, daß viele Menſchen und Tiere dabei ver= 10
loren gingen. „Da hieß uns einer von den Wahrſagern, dem
Wind ein Opfer zu ſchlachten,‟ ſagt Xenophon mit einer Einfalt,
die man für Sokratiſche Jronie halten müßte, wenn er nicht un=
mittelbar darauf mit dem gläubigſten Ernſt hinzuſetzte: „Es wurde
alſo geopfert, und es deuchte alle, daß die Strenge des Windes 15
nachgelaſſen habe.‟ — Doch dieſes Geſchichtchen ließe allenfalls
noch eine leidliche Erklärung zu. Der Gott Boreas, der zu Athen
und an mehrern Orten Griechenlands einen Altar hat, wird vor=
züglich von den Arkadiern zu Megalopolis verehrt; und beinahe
der dritte Teil des Heers beſtand aus Arkadiern. Der Einfall 20
des Wahrſagers, den Zorn dieſes Gottes durch ein Opfer zu be=
ſänftigen, war alſo nichts weniger als unverſtändig, da er dazu
diente, den Mut des gemeinen Mannes wieder zu beleben und
die Wut des Windes, falls ſie indeſſen nicht etwa von ſelbſt nach=
ließ, wenigſtens durch die Kraft des Glaubens zu dämpfen. Das 25
letztere ſcheint auch der Fall geweſen zu ſein; denn Xenophon ſagt
nicht, der Wind habe wirklich nachgelaſſen, ſondern nur, ſie hätten
alle geglaubt, er laſſe zuſehends nach. Schwerer dürfte es ſein,
den Menſchenverſtand unſers Sokratiſchen Kriegshelden mit ſeinem
überſchwänglichen Glauben an die Hieroſkopie zu vereinigen. Jn 30
der That treibt er dieſe Schwachheit ſo weit, daß man oft lieber
an ſeiner Aufrichtigkeit zweifeln und ſeine ſeltſame Beharrlichkeit,
ſich alle Augenblicke in den Eingeweiden der Opfertiere mit dem
blindeſten Vertrauen auf ihre Entſcheidung Rates zu erholen für
einen Kunſtgriff halten möchte, eine aus ſo vielerlei verſchiedenen 35

---

1 f. **Zeus Meilichios,** Zeus als Beſchützer derer, die ihm Sühnopfer brachten
(μειλίχιος, anmutig). **Hegemon,** ἡγεμών, Anführer. — 7. **karduchiſche Berge,**
Fortſetzung des Taurus an der Grenze von Aſſyrien. — 30. „**Hieroſkopie,** die Kunſt
und das Geſchäft derjenigen Art von Wahrſagern, die nach ſorgfältiger Beſchauung der
Eingeweide eines Opfertieres aus gewiſſen Beſchaffenheiten deſſelben den glücklichen oder
unglücklichen Erfolg eines Unternehmens vorherſagten.‟ W.

griechischen Staaten gezogene über den schlechten Erfolg ihrer großen
Erwartungen mißmutige, widerspenstige, mißtrauische und immer
zum Aufstand bereite Mannschaft (wie die Zehntausend sich in
dieser ganzen Geschichte beweisen) desto leichter beisammen und
5 in einiger Subordination zu erhalten. Aber man sieht sich alle
Augenblicke genötigt, diese Vermutung wieder aufzugeben, so häufig
sind die Beispiele, wo ohne die Voraussetzung, daß er an diese
Art von Divination in vollem Ernst geglaubt habe, entweder sein
Betragen schlechterdings unbegreiflich wäre oder wo sich nicht der
10 mindeste Beweggrund ersinnen läßt, warum er vernünftigen Lesern
seines Buchs die Gesundheit seines Verstandes durch eine ohne
allen Zweck vorgegebene Deisidämonie hätte verdächtig machen wollen.
Das Sonderbarste bei der Sache ist, daß er in diesem Aberglauben
viel weiter geht als sein Meister selbst, dessen Ansehen sonst so
15 viel bei ihm gilt. Sokrates wollte, daß man nur in Fällen,
wo das Orakel der Vernunft verstummt, seine Zuflucht zu den
Opferlebern oder zu den Hexametern der Pythia nehmen sollte;
Xenophon hingegen sagt zu seinen versammelten Soldaten: „Ich
berate mich, wie ihr seht, aus den Opfereingeweiden, so oft und
20 viel ich nur immer kann, sowohl für euch als für mich selbst,
damit ich nichts reden, denken noch thun möge als was euch und
mir das Rühmlichste und Beste ist." — Konnte und mußte ihm
nicht, wenigstens in den meisten Fällen, seine Vernunft die sicherste
Auskunft hierüber geben? Du wirst mir vielleicht sagen: dieser
25 seltsamen Schwachheit ungeachtet hat sich Xenophon bei diesem
Rückzug als einen der verständigsten, geschicktesten und tapfersten
Kriegsobersten bewiesen, die jemals gewesen sind. — Aber würde
er dies ohne eine so lächerliche Grille weniger oder nicht vielmehr
in einem noch höhern Grade gewesen sein? Bei allem dem ge=
30 stehe ich gern, daß Xenophon, ein wenig Sokratische Pedanterie
abgerechnet, der polierteste, sittlichste und für alle Lagen und Ver=
hältnisse des öffentlichen und Privatlebens tauglichste Mann nicht
nur unter allen Sokratikern, sondern vielleicht unter allen Griechen,
so wie er noch jetzt, in einem Alter von mehr als funfzig Jahren,
35 einer der schönsten ist; und ich kann ihm dies um so zuversicht=
licher nachsagen, da ich ihn hier zu Milet mehr als einmal im
Gefolge des Agesilaus gesehen und gesprochen habe. Dieser König
von Sparta scheint im Begriff zu sein, das was du von einer

12. „Deisidämonie, abergläubische Dämonenfurcht." W.

sehr möglichen Folge des Rückzugs der Zehntausend geweißagt
hast, wahr zu machen. Aber der böse Dämon der Griechen ist
mit den Schutzgöttern Persiens im geheimen Einverständnis; oder,
ohne Figuren zu reden, ihre Zwietracht und Eifersucht über einander,
die seit dem trojanischen Kriege die Quelle alles ihres Unglücks 5
war, wird auch diesmal die Sicherheit des Perserreichs sein und
es so lange bleiben, bis sich in Griechenland selbst ein König erhebt, der vor allen Dingen der Unabhängigkeit aller dieser kleinen
Republiken ein Ende macht, welche sich ihrer Freiheit so schlecht
zu ihrem eigenen Besten zu bedienen wissen. Dieser König wird 10
über lang oder kurz wie ein Gewitter über sie herfallen, und
wer weiß, ob er nicht in Sicilien oder Thessalien oder Macedonien
schon geboren ist?

Je länger ich hier lebe, je mehr finde ich, daß du mir nicht
zu viel von dem Aufenthalt in Milet versprochen hast, und die 15
Einwohner scheinen mir den Vorzug, den du ihnen vor den
Athenern giebst, täglich mehr zu rechtfertigen. Die Milesier haben
den guten Verstand, keine glänzendere Rolle in der Welt spielen
zu wollen als wozu sie durch die Lage ihrer Stadt bestimmt
sind, und scheinen sich ohne Mühe in den Schranken zu halten, 20
welche die Mittelmäßigkeit ihres Gemeinwesens um sie her zieht.
Milet ist alles, was es sein kann, indem es einer der ansehnlichsten und blühendsten Handelsplätze in der Welt ist, und sich
dabei zu erhalten, scheint ihr höchster Ehrgeiz zu sein.

Wie glücklich wären die Athener, wenn sie, seit Solon den 25
Grund zu ihrem ehemaligen Wohlstand legte, sich so wie die
Milesier zu mäßigen gewußt hätten! Aber das Ansehen und der
Ruhm, den sie sich in dem Zeitraum des medischen Kriegs erwarben,
machte sie schwindlicht; seit dieser Zeit können sie nicht ruhig sein,
wenn sie nicht die Ersten in Griechenland sind; aber sie können 30
ebenso wenig ruhen, wenn sie es geworden sind. Mit jeder höhern
Stufe, die sie ersteigen, entdecken sie, wie viel noch fehlt, um die
Ersten in der Welt zu sein; und nun ist ihnen nichts, was sie
haben, genug, und sie schnappen so lange nach dem lustigen
Gegenstand ihrer Unersättlichkeit, bis sie auch das verlieren was 35
sie hatten und durch Genügsamkeit und ein zugleich männliches
und kluges Betragen ewig erhalten könnten. Der Athener ist
unendlich eifersüchtig über eine Freiheit, die er nicht zu gebrauchen

28. medischen = persischen.

weiß; er will bloß frei sein, damit ihm alle andern dienen; des=
wegen will er es allein sein und unterwirft sich alles, was nicht
mächtig genug ist, ihm zu widerstehen; der Milesier ist mit so
viel Freiheit zufrieden als er zu seinem Wohlstand nötig hat und
5 verlangt keine größere Macht als die Beschützung seines aus=
gebreiteten Handels erfordert.

In beiden Städten ist das Volk überhaupt lebhaft, witzig
und zum Scherz geneigt, aber der Milesier, ohne leicht die Grenzen
der Wohlanständigkeit und der Achtung, die man im geselligen
10 Umgang einander schuldig ist, zu überschreiten. Der Witz des
Atheners hingegen ist scharf und beißend; auf den ersten Blick
hat er das Lächerliche an Personen und Sachen weg und bespottet
es mit so viel weniger Schonung, da ihm sein demokratischer
Trotz und der Stolz auf den athenischen Namen eine Selbst=
15 gefälligkeit und einen Übermut giebt, den die Fremden ziemlich
drückend finden. Er sieht alles, was nicht attisch ist, über die
Achseln an und ist immer voraus entschlossen, allem was er nicht
selbst sagt zu widersprechen. Er weiß schon bei deinen ersten
Worten, was du vorbringen willst, widerlegt dich, ehe du ihm
20 zeigen kannst, daß du bereits seiner Meinung bist, antwortet dir
auf ein ernsthaftes Argument mit einem Wortspiel oder einer
Spitzfindigkeit und geht im Triumph davon, wenn er nur ein
paar Lacher auf seiner Seite hat. Athener und Milesier sind
gesellig und gastfrei; aber wenn der Athener dich einladet, so ist
25 es, um sich dir zu zeigen; der Milesier will, daß dir wohl bei
ihm sei. Beide scheinen alles Schöne, besonders in den Künsten,
bis zur Schwärmerei zu lieben; aber der Athener, um darüber
zu schwatzen, der Milesier, um es zu genießen. Überhaupt sind
die letztern ein fröhliches, genialisches Volk, heiter und lachend
30 wie ihr Himmel, warm und üppig wie ihr Boden; aber doch das
letztere nicht mehr als mit der Betriebsamkeit und dem Handels=
geiste bestehen kann, denen sie ihren großen Wohlstand zu danken
haben. Zu Milet sehe ich jedermann in der ersten Hälfte des
Tages beschäftigt, um die andre desto freier dem Vergnügen
35 widmen zu können. Der Reichtum hat in ihren Augen nur
insofern einen Wert als er ihnen die Mittel zum angenehmsten
Lebensgenuß verschafft; aber sie vergessen auch nie, daß die Quellen
desselben durch anhaltende Thätigkeit im Fluß erhalten werden
müssen und ohne eine verständige Ökonomie bald versiegen würden.

Die Athener bleiben unter unaufhörlichen Entwürfen, wie sie
ohne Arbeit reich werden wollen, immer hinter ihren Bedürfnissen
zurück, und die meisten darben im Alter oder müssen zu den
schlechtesten und verächtlichsten Hülfsquellen ihre Zuflucht nehmen,
weil ein Athener es sich nie verzeihen könnte, wenn er einen
gegenwärtigen Genuß einem künftigen aufgeopfert hätte. Dies ist
ungefähr alles, Freund Aristipp, was ich bis jetzt von dem Unter=
schied in dem Charakter der Milesier und der Kechenäer bemerkt
habe. Daß es auf beiden Seiten Ausnahmen giebt, versteht sich
von selbst.

Seit einigen Tagen erfahre ich endlich auch wieder etwas
von der schönen Lais. Sie lebt, sagt man, zu Sardes auf Kosten
des bezauberten Arasambes wie eine zweite Semiramis, und Leute,
die seit kurzem von Ephesus kommen, können nicht genug von
der Pracht ihres Hofstaats erzählen und von der Menge und
Schönheit ihrer Sklaven und Sklavinnen und von den herrlichen
Festen, die ihr zu Ehren unaufhörlich auf einander folgen, kurz,
von der grenzenlosen Üppigkeit, womit sie die Schätze ihres Lieb=
habers verschwendet. der es auf diesem Fuß nicht lange aushalten
könnte, wenn auch alles Gold des Paktols und des Ganges in
seine Schatzkammer strömte. Ich zweifle nicht, daß in allem
diesem sehr viel Übertriebenes ist; doch begreift sich's, wie die
Liebe zum Schönen und Großen in der Natur und der Kunst
(die einzige Leidenschaft unsrer Freundin) unter der Herrschaft
einer so fruchtbaren Einbildungskraft wie die ihrige in weniger
als zehn Jahren einen Krösus zum Irus machen könnte. Daß
sie eine so betrübte Katastrophe nicht abwarten wird, bin ich
gewiß, oder ich müßte sie schlecht kennen. Indessen nimmt mich's
doch Wunder, was das Spiel für einen Ausgang nehmen wird.

— — ———

34. Aristipp an Kleonidas.

Ich rechne es der schönen und guten Musarion zu keinem
kleinen Verdienst an, daß es ihr, wie du mir schreibst, so wohl
in Cyrene gefällt; nicht als ob es mir an kindlicher Liebe zu
meiner Vaterstadt so sehr gebräche, daß ich von allem was zu

---

20. Paktol, *Πακτωλός*, ein Fluß in Lydien, der Goldsand führte. — 26. Irus,
d. h. Bote, Bettler, wurde jener Arnäos genannt, der bei den Freiern zu Ithaka eine so
jammervolle Rolle spielte.

ihrem Lobe gesagt werden kann, auch nur ein Leucippisches Sonnen=
stäubchen abgehen lassen wollte! Aber wir haben Athen und
Korinth und Syrakus und Milet und Ephesus gesehen; und blühte
nicht Musarion in den Zaubergärten der Lais zu Ägina auf?
5 Wahrlich, wenn sie die Gärten der Hesperiden um Cyrene zu
sehen glaubt und die Aussicht vom Altan ihres Hauses in die
unendlichen Kornfelder und mit lauter Silphium bedeckten Anhöhen
um Cyrene so reizend findet, so kann ich wohl schwerlich irren,
wenn ich es einer Ursache beimesse, welche sogar die kahlen Felsen
10 von Scriphos an der Seite ihres Kleonidas zur Insel der Kalypso
für sie machen würde.

Warum hat doch die Natur diesen zarten Liebessinn, der
sich auf Einen Gegenstand beschränken und in dessen Glückseligkeit
seine eigne höchste Befriedigung finden kann, nicht auch unsrer
15 schönen Freundin Lais eingepflanzt? — Eine närrische Frage, ich
gesteh' es, — denn da wäre sie nicht Lais — aber wenn ich mir
vorstelle, daß ein so herrliches Weib aller Wahrscheinlichkeit nach
in der zweiten Hälfte ihres Lebens nicht glücklich sein wird, so
kann ich mich dennoch des Wunsches nicht erwehren, daß es möglich
20 sein möchte, die sanfte, genügsame, liebende Seele unsrer Musarion
zu haben und doch Lais zu sein. Ich sehe voraus, daß der fürst=
liche Arasambes das Glück, worauf er stolz ist, das schönste Weib
des Erdbodens zu besitzen, teurer bezahlen wird als er gerechnet
hat. Ich meine damit nicht, daß er seine Schätze verschwendet
25 um alle ihre Tage zu Festen zu machen; das rechnet er selbst für
nichts. Aber wenn er sehen wird, daß er es mit allem, was er
für sie thut, nicht in seine Macht bekommt, die, die ihn unendlich
glücklich machen würde, wenn sie es selbst wäre, in ebendieselbe
Täuschung zu versetzen, in welcher er, solang' er sie für Wahrheit
30 hielt, sich den Göttern gleich fühlte; wenn er sehen wird, daß
diese Zauberin, die alles was ihre Augen erreichen in Flammen
setzt, selbst gleich dem Salamander mitten im Feuer kalt bleibt,

1. Leucipp nahm zweierlei Principien, das Volle und das Leere, an. Jenes bestand
nach ihm aus einer zahllosen Menge nicht wahrnehmbarer kleiner Körperchen. So wurde
Leucipp der Stifter der atomistischen Philosophenschule und Vorgänger Demokrits. — 7.
„Silphion, eine Pflanze, von welcher die Alten sowohl für die Küche als für die Phar=
macie starken Gebrauch machten. Vornehmlich wurde aus dem verdickten Safte des Stengels
und der Wurzel eine Art von Gummiharz bereitet, welches unter die beliebtesten Gewürze
gerechnet wurde. Die Anhöhen um Cyrene waren mit dieser Pflanze bedeckt und die aus
ihr gewonnene Spezerei, von ihnen sirfi oder silfi, von den Römern laser und laserpitium
genannt, machte ein beträchtliches Handelsobjekt der Cyrener aus. Die gemeinsame Mei=
nung der Neuern ist, daß sie mit unsrer asa foetida einerlei gewesen sei." W.

und daß der Mann, der sich ihr ganz aufopfert, wie liebens=
würdig er auch sein mag, doch immer einen alle seine Beeiferungen
vereitelnden Nebenbuhler in ihr selbst finden wird: was muß die
natürliche Folge einer solchen Entdeckung sein? und wie lange
glaubst du, daß die stolze Lais auch nur die ersten Symptome der 5
Eifersucht, den stillen Mißmut, die geheime Unruhe und die halb
erstickten Seufzer eines unbefriedigten Liebhabers ertragen wird?

Ihre ersten Briefe von Sardes waren freilich von der besten
Vorbedeutung und hätten mich, wenn ich sie nicht genauer kennte,
beinahe überreden können, daß es dem schönen Perser gelungen 10
sei eine glückliche Veränderung in ihrem Innern zu bewirken.
Die Neuheit des Schauplatzes, auf dem sie im Glanz einer
Königin auftrat; das schmeichelnde Gefühl, sich von jedem, der
ihr nahen durfte, als die sichtbar gewordene Göttin der Schönheit
angebetet zu sehen; eine ununterbrochene Folge von Festen, deren 15
immer eines das andere auslöschte; die Macht, über die Schätze
ihres Liebhabers nach Gefallen zu gebieten; die fliegende Eile,
womit jeder ihrer Winke befolgt, jeder ihrer leisesten Wünsche
ausgeführt wurde, und (was vielleicht noch stärker als dies alles
auf sie wirkte) der Anblick der schwärmerischen Wonnetrunkenheit 20
des glücklichen Arasambes, die ihr Werk war und, weil sie ihr
das schmeichelhafteste Selbstgefühl gab, den Willen in ihr hervor=
brachte, ihn in der That so glücklich zu machen als es in ihrem
unerschöpflichen Vermögen steht: wie hätte nicht alles dies auch
sie in eine Art von Berauschung setzen sollen, die der gute 25
Arasambes für Liebe hielt und sie selbst vielleicht eine Zeit lang
dafür halten mochte? Aber was mir mein Herz schon lange
weissagte scheint bereits erfolgt zu sein. Der magische Taumel
ist vorüber; das alltäglich Gewordene rührt sie nicht mehr; sie
hat alles was tausend andere — Matronen und Hetären — mit 30
tantalischer Begierlichkeit wünschen oder verfolgen und nie erreichen
werden, bis zur Sättigung genossen; ihr unbefriedigter Geist ver=
langt neue, unbekannte Gegenstände, wünscht vielleicht sogar die
alten zurück, die aus dem Medeenkessel der Phantasie aufgefrischt
und in jugendlichem Glanze vor ihr aufsteigen. In dieser Stimmung 35
dürfte sich ihr der Gedanke, daß Arasambes sie als sein Eigentum
betrachte, nur von ferne zeigen, sie wäre fähig, ihn und alles zu

---

34. Medeenkessel, siehe die frühere Anmerkung über Medea.

verlassen und nach Korinth zurückzukommen, bloß um sich selbst zu beweisen, daß sie frei sei.

Mein Verhältnis zu dieser seltenen Frau war vom ersten Augenblick unsrer Bekanntschaft an so einzig in seiner Art als sie selbst. Wir gefielen einander und glitten in sympathetischer Unbefangenheit auf dem sanften Strom einer leisen Ahnung dessen, was wir einander sein könnten, still und sorglos dahin. Nie oder doch nie länger als eine leichte Berauschung in Wein von Lesbos dauert habe ich das, was man leidenschaftliche Liebe nennt, für sie gefühlt; aber der wärmste ihrer Freunde werd' ich bleiben, solang' ich atme; und wie wenig ich mir auch Hoffnung mache, daß es mir gelingen werde, so will ich doch nie aufhören, ihrem bösen Genius entgegenzustreben. Sie hat nun (da sie doch weder wünschen noch hoffen kann, Königin von Persien zu werden) die Erfahrung gemacht, von welcher Art die Glückseligkeit sei, die ein Geist wie der ihrige aus dem, was gewöhnlichen Menschen das Höchste ist, schöpfen kann. Sollt' es denn wirklich unmöglich sein sie zu überzeugen, daß sie, wofern sie es nur ernstlich wollte, das einzige Gut, das ihr noch unbekannt ist, Zufriedenheit und Seelenruhe, zu Ägina im Schoße der Natur, der Kunst und der Freundschaft finden könnte?

Ich halte mich, nachdem ich den ganzen Sommer damit zugebracht habe, beinahe alle Inseln des Ikarischen Meeres, die man die Sporaden zu nennen pflegt, eine nach der andern zu besuchen, dermalen zu Rhodus auf, wo ich die neue Hauptstadt dieses Namens gleich einer prächtigen hundertblättrigen Rose in der Morgensonne sich ausbreiten und zu einer der schönsten Städte, die von Griechen bewohnt werden, emporblühen sehe. Weil ich hier sehr vieles finde, das meinem Reiseplan zufolge meine ganze Aufmerksamkeit verdient, so gedenke ich bis zu Anfang des Thargelions hier zu verweilen, und hoffe, da der Verkehr zwischen Cyrene und Rhodus jetzt lebhafter als jemals ist, binnen dieser Zeit mehr als einmal gute Nachrichten von euch zu erhalten.

---

31. „Thargelion, der eilfte Monat im attischen Kalender, welcher größtenteils unserm Mai entspricht." W.

35. Lais an Ariſtipp.

Du der ſo vielerlei weiß und Neugier für alles hat, ſollteſt
du nicht etwa ein Mittel für die Art von Langweile wiſſen, welche
(wie mir ein Sohn des Hippokrates ſagt) aus allzu großem Über=
fluß an Kurzweil entſpringen ſoll?   5

Du haſt dich vor einiger Zeit nach meinem Wohlbefinden
erkundigt. O mein Freund, ich bin ſo glücklich, ſo entſetzlich
glücklich, daß ich es vor lauter Glückſeligkeit nicht lange mehr
ausdauern werde. Gnade mir Abraſteia! Sagt man nicht, es
gebe Leute, die ſich weit leichter in großes Unglück als in großes 10
Glück zu finden wiſſen? Ich muß wohl eine von dieſen wider=
ſinniſchen Perſonen ſein. Dieſer Araſambes zum Beiſpiel iſt
unleugbar viel zu vornehm, zu reich, zu ſchön, zu gefällig, zu
aufmerkſam und zu dienſtfertig für deine arme Lais; und woher,
um aller Grazien willen, ſollte ſie die ungeheure Menge von 15
Liebe nehmen, die ſie nötig hätte um die ſeinige zu erwidern?
Ich merke wohl, daß er mir mit guter Art zu verſtehen geben
will, ich brauche es nur zu machen wie er, als da iſt: mir bei=
nahe die Augen aus dem Kopfe zu gucken, um in den ſeinigen
zu erſpähen, was er vielleicht morgen wünſchen werde, oder wenn 20
ich irgend eine leichte Spur vom Schatten eines Wölfchens auf
ſeiner breiten Stirn gewahr werde, gleich in eine tödliche Unruhe
zu fallen und Himmel und Erde in Bewegung zu ſetzen, um die
Urſache des großen Unglücks zu entdecken und das Mittel dagegen
auf der Stelle herbeizuſchaffen. Ich übertreibe nichts, Ariſtipp; 25
dies iſt ſeine Manier zu lieben, und es liegt nicht an ihm, wenn
ich nicht das unglücklichſte Weſen unter der Sonne bin, ſo unbe=
ſchreiblich beſchwerlich und ängſtlich iſt ſeine Aufmerkſamkeit und
ſein Verlangen, mich zur ſeligſten aller Sterblichen zu machen.
Denn wie ſoll' er je zu viel für diejenige thun können, die ihn 30
ſchon durch ein zufriednes Lächeln, ſchon durch einen Blick, der
ihm ſagt, daß ſie ſeine Aufmerkſamkeit bemerkt, mitten unter die
Götter verſetzen kann? Du erinnerſt dich vielleicht noch, daß mir
anfangs ein wenig bange war, er möchte wohl einige Anlage zur
Eiferſucht haben; aber von der Art Eiferſucht, womit der arme 35
Menſch geplagt iſt, ließ ich mir wenig träumen. Er iſt nicht
etwa darüber eiferſüchtig, daß ich nicht zärtlich genug gegen ihn

---

4. ein Sohn des Hippokrates, ein Arzt.

bin oder vielleicht einen andern lieber haben könnte als ihn; er
ist es über sich selbst, weil er immer zu wenig zu thun glaubt
und immer einen Arasambes im Kopfe stecken hat, der noch viel
mehr thun möchte und könnte. Auch geht sein Eifer mir gefällig
5 zu sein und mir keinen möglichen Wunsch übrig zu lassen bis
zum Unglaublichen. Hat er nicht neulich zwanzig schöne hyrka-
nische Pferde zu Tode reiten lassen, um einen gewissen Fisch mit
einem barbarischen Namen, den ich wieder vergessen habe, herbei-
zuschaffen, von welchem jemand über der Tafel erzählt hatte, er
10 habe wechselsweise gold- und purpurfarbne Schuppen und würde
nirgends als im Ausfluß des Phasis gefangen? Ich Unglückliche
lasse mir in der Unschuld meines Herzens das Wort entfahren,
diese Fische müßten in einem Gartenteiche nicht übel aussehen.
Augenblicklich springt mein Arasambes auf, ist wie ein Blitz aus
15 dem Saal verschwunden, und in weniger als einer halben Stunde
höre ich das Trampeln einer ganzen Schwadron Reiter, die den
Befehl haben, Tag und Nacht zu rennen, um etliche Fäßchen
voll dieser Fische, sie möchten kosten, was sie wollten, vom östlichen
Ende des Eurins herbeizuholen. Du kannst nicht glauben, wie
20 ich mich in acht nehmen muß, daß solche Dinge nicht alle Tage
begegnen. Und nun vollends den Zwang, den ich mir anthun
muß, wenn ich nicht in meinen eignen Augen die undankbarste
Person von der Welt scheinen will, ihm über dergleichen aus-
schweifende Beweise seiner sublimen Leidenschaft eine Freude zu
25 zeigen, die ich nicht fühle! Ich sage dir, wenn das noch lange
so währen sollte, ich behielte keinen ehrlichen Blutstropfen
im Leibe!

O mein Aristipp! was für glückliche Zeiten waren das, wo
wir in der Rosenlaube zu Ägina, dem Altar der Freundschaft
30 gegenüber, beisammen saßen und mit freier, unbefangener Seele
über tausend Dinge philosophierten, die uns im Grunde wenig
kümmerten, und wenn uns nichts mehr einfallen wollte die Lücke
mit Scherzen und Tändeln ausfüllten und ohne uns das Wie
und Warum und Wieviel oder Wiewenig anfechten zu lassen,
35 einander gerade so glücklich machten als jedes zu sein wünschte
und fähig war! — Welch eine große Wahrheit sagt Sophokles
in seiner Antigone:

6 f. Hyrkanien, Landschaft am Kaspischen Meere. — 19. Pontus Eurinus,
Schwarzes Meer.

„Wär' auch dein ganzes Haus mit Reichtum angefüllt,
Und lebtest du in königlichem Prunke,
Fehlt Frohsinn dir dabei, so gäb' ich nicht
Den Schatten eines Rauchs um alles das!" —

Wahr! wahr! Und wußt' ich es nicht vorher? Wozu hatte ich
nötig, mich durch eigene Erfahrung davon zu versichern? — Frei=
lich, ich war eine Thörin! Aber die kürzesten Thorheiten sind die
besten. Mute mir also nicht zu, daß ich es hier länger aushalte!
Nein, Trauter! meine Entschließung ist genommen, und daß ich
nicht gleich auf der Stelle davonlaufe, hängt bloß an einer ein=
zigen Schwierigkeit. Du weißt, ich mag alles gern mit guter
Art thun. Arasambes hat nichts als Gutes um mich verdient.
Er selbst muß unsre Trennung wünschen, muß mir noch Dank
dafür wissen, wenn ich meiner Wege gehe. Dies auf eine feine
und ungezwungene Art herbeizuführen, ist so wie die Sachen jetzt
stehen keine leichte Aufgabe. Ich habe zwar ein ganz artiges
Pländchen in meinem Kopfe; nur das Mittel zur Ausführung liegt
noch im Schoße der Götter. Aber wie gesagt meine Geduld reicht
nicht mehr weit; und wenn der Zufall, der bei allen menschlichen
Dingen doch immer das Beste thun muß, sich meiner nicht bald
annimmt, so stehe ich dir nicht dafür, daß ich nicht in einem
Anstoß von guter Laune dem edlen Arasambes den Antrag mache,
nach Leukadia mit mir zu reisen und Hand in Hand den berüch=
tigten Sprung mit mir zu wagen, der uns beide, ihn von seiner
nie befriedigten Liebe, mich von der Last, sie zu dulden und nicht
erwidern zu können, auf einmal befreien würde.

36. Aristipp an Lais.

Du wärest wahrscheinlich die Erste, schöne Lais, die den
Sprung von Leukadia thäte, um eine Glückseligkeit loszuwerden,
wegen welcher du von allen Schönen Griechenlands beneidet wirst.
Hoffentlich soll es dazu nicht kommen, wenn anders die Leiden=
schaft des königlichen Arasambes nicht von einer so unzerstörbaren
Natur ist, daß alle Mittel, sich hassen zu machen, die ein reizendes
Weib in ihrer Gewalt hat, an ihm verloren gehen sollten. Du
würdest mich billig auslachen, wenn ich mir herausnähme, den
Delphin (wie das Sprichwort sagt) schwimmen zu lehren und

23. Leukadia, von wo sich die Sappho ins Meer stürzte.

dir einige dieser Mittel vorzuschlagen, die ich für unfehlbar halte!
Ich sehe wohl, es liegt nicht daran, daß du sie nicht kennen solltest;
du kannst dich nur nicht entschließen, Gebrauch davon zu machen;
und freilich wär' es eine seltsame Zumutung, von dir zu ver=
5 langen, daß du weniger liebenswürdig sein solltest, weil ein anderer
das Unglück hat, dir mit seiner Liebe beschwerlich zu sein. Doch
getrost, meine Freundin, ich sehe das Ende deiner unerhörten
Leiden schneller als du hoffst heranrücken. Wäre die Schwärmerei,
womit der arme Arasambes behaftet ist, wechselseitig gewesen, so
10 würde sie sich wie alles Übermäßige schon lang' erschöpft haben.
Bloß der Umstand, daß ihm immer noch soviel zu wünschen
übrig bleibt, und daß du ihn immer ahnen lässest, du hättest noch
weit mehr zu geben, ist die Ursache, daß seine Leidenschaft gerade
durch das, was andre Liebhaber gewöhnlich abkühlt, immer heißer
15 werden muß. Solang' er noch hoffen kann, dich endlich ebenso
warm zu machen als er selbst ist, verdoppelt er seine Bemühungen;
wenn er aber alles versucht hat, ohne seinem Ziele näher gekommen
zu sein, was bleibt ihm übrig? Er muß und wird endlich, viel=
leicht ohne sich's gestehen zu wollen, ermüden. Du wirst immer
20 zerstreuter und kaltsinniger, er, dem deine leisesten Bewegungen
nicht entgehen, immer unruhiger und mißmutiger werden. Er
wird es unnatürlich finden, daß so unendlich viel Liebe dich nicht
endlich überwältigen könne, und wird nicht aufhören, die Ursache
davon ergründen zu wollen Unvermerkt wird eine Eifersucht sich
25 seiner bemächtigen, die desto peinlicher für ihn sein wird, da sie
keinen Gegenstand hat, und du selbst, deiner vorsätzlichen Lang=
weiligkeit unbeschadet, immer eine heitre Stirne zeigst, alles ver=
meidest, was Verdacht in ihm erregen könnte, und alles thust,
was dein Verlangen ihm gefällig zu sein beweisen kann. Du
30 tanzest, so oft und solang' er will, singst, sobald er es zu wünschen
scheint, ohne dich einen Augenblick bitten zu lassen, kleidest und
putzest dich immer nach seinem Geschmack und bedankst dich für
einen Phönix, den er mit schweren Kosten aus Panchaia für dich
kommen läßt, ebenso artig als für einen Blumenstrauß aus seinen
35 Gärten; kurz, du thust alles, was ein Mann nach einer zwanzig=
jährigen Ehe von der gutartigsten Hausfrau nur immer erwarten
kann. Wenn er diese Diät länger als sechs Wochen aushält, so

33. Phönix, Φοῖνιξ, der ägyptische Wundervogel. — Panchaia, Παγχαῖα, Pan-
chāīa, fabelhafte Insel östlich von Ägypten.

nenne mich den unwiſſendſten aller Menſchen! Nun verſuch es
und ſag ihm in einer Stunde, wo du ſeine feurigſten Liebkoſungen
mit der matronenhafteſten Würde und Ruhe — geduldet haſt:
„wie zärtlich auch die Sympathie zwiſchen zwei Liebenden ſein
möge, ſo ſei es doch wohlgethan, ſich von Zeit zu Zeit einer 5
kleinen Trennung zu unterwerfen"; bitte um ſeine Einwilligung
zu einer Luftveränderung in Ägina und rate ihm, auf etliche
Monate nach Suſa oder Ekbatana zu gehen; du wirſt ſehen, daß
er ſich mit der beſten Art von der Welt dazu bequemen wird.
Mein Dämonion müßte mich zum erſtenmale betrügen, Laiska, 10
wenn dies nicht das unfehlbarſte Mittel iſt, uns binnen zwei
Monaten in deiner Roſenlaube zu Ägina unter den Augen der
freundlichen Grazien — wiederzuſehen.

---

37. Lais an Ariſtipp.

Im Vertrauen zu dir geſagt, Ariſtipp — mir ſteigt zuweilen 15
ein kleiner Zweifel auf, ob ich nicht eine ſehr unartige, verkehrte
Perſon und eine Thörin obendrein ſei, daß ich es ordentlich drauf
anlege und mir alle mögliche Mühe gebe, einen Liebhaber loszuwerden, welchen mit vulkaniſchen Feſſeln zu umwinden und feſt-
zuhalten jede andere an meiner Stelle zum einzigen Ziel aller 20
ihrer Gedanken und Beſtrebungen machen würde. Du ſiehſt hieraus,
daß ich noch nicht ganz mit mir ſelbſt einverſtanden bin; vielmehr
muß ich beſorgen, daß Araſambes noch einen geheimen Anhang in
meinem Herzen hat, der vielleicht nur deſto gefährlicher iſt, weil
er ſein Weſen im Verborgenen treibt. Woran hange ich denn 25
hier noch? Des hofmäßigen Prunks und Pomps, der ſardana-
paliſchen Tafeln, des läſtigen Gewimmels von Eunuchen und
Sklavinnen bin ich überdrüſſig, und die ewigen Feſte in morgen-
ländiſchem Geſchmack machen mir Langeweile. Es iſt wahr, eine
Zeit lang fand ich Vergnügen daran, mich ſelbſt mit Erfindung 30
und Anordnung einer Menge mannigfaltiger, hier nie geſehener
Ergetzungen für Aug' und Ohr zu beſchäftigen. Die geſchickteſten
Baumeiſter, Bildhauer und Maler Joniens, die berühmteſten Tonkünſtler, Schauſpieler, Tänzer und Tänzerinnen wurden angeſtellt,
die Kinder meiner üppigen Phantaſie zur Welt zu bringen. Aber 35
auch dieſe Quelle iſt vertrocknet. Kurz, ich habe nur noch ein

einziges Gefühl, das lebhaft genug ist, mich zu überzeugen, daß
ich nicht schon unter den Schatten im Hades herumgleite, und
das ist — die Ungeduld, die mich zuweilen anwandelt, mich auf
meinen thracischen Goldfuchs, einen unmittelbaren Sohn des Äolus,
5 zu schwingen und ohne Abschied davonzurennen. Stände mir, wie
der glücklichen Medea, auf den ersten Wink ein Drachenwagen zu
Dienste, so wäre ich in diesem Augenblick — bei dir in Rhodus,
wofern ich anders nicht besorgen müßte, dich ein wenig übermütiger
zu machen als einem Sokratischen Philosophen geziemen will. Da
10 dies nicht angeht, so habe ich mich endlich doch gern oder ungern
zu dem Mittel herablassen müssen, das du mir vorgeschlagen hast
— weil du nicht zu fühlen scheinst, wie unwürdig es meiner ist.
Dafür muß ich dir aber auch zum Troste sagen, es schlägt trefflich
an, und könnt' ich es nur über mein Herz bringen, damit fort=
15 zufahren, so glaube ich beinahe selbst, es würde alles wirken, was
du dir davon versprichst. Aber ich gestehe dir meine Schwachheit,
wenn es ihm (was ich jetzt selten begegnen lasse) endlich einmal
gelungen ist, mich auf meinem Sofa allein zu finden, und ich
ihm in Antwort auf die zärtlichsten Dinge, die er mir mit allem
20 Feuer der ersten unbefriedigten Leidenschaft sagt, deiner Vorschrift
zufolge mit der matronenhaftesten Kälte so holdselig als möglich
ins Gesicht gegähnt habe, und der arme Mensch vor Erstaunen
über die Schönheit meiner zweiunddreißig Perlenzähne mitten in
einer zärtlichen Phrase stecken bleibt und den trostlosesten Blick
25 auf meine ruhigen, spiegelhellen Augen heftet, — da kommt mich
ein solches Mitleiden mit ihm an, daß es mir unmöglich ist, meine
Hausfrauenrolle fortzuspielen; und ich schäme mich, dir zu sagen,
schon mehr als einmal hat sich eine solche Scene so geendigt, daß
ich vorhersehe, dein Mittel würde mich, wenn ich es fortbrauchen
30 wollte, mehr zurück als vorwärts bringen.

　　Glücklicher Weise hat sich eine Göttin meiner angenommen,
deren besondere Gunst ich in meinem Leben schon oft genug er=
fahren habe, um es meine erste Sorge sein zu lassen, wenn ich
nach Ägina zurückkomme, ihr einen kleinen Tempel vom schönsten
35 lakonischen Marmor zu erbauen. Dieser Tage läßt sich ein cili=
cischer Sklavenhändler bei mir melden und bietet mir eine junge
Sklavin aus Kolchis an, die (wie er sich sehr höflich ausdrückte),
wofern Lais unter die Sterblichen gerechnet werde, an Schönheit

---

4. Äolus, Αἴολος, Gott der Winde.

die Zweite in der Welt ſei. In der That überraſchte mich ihre
Geſtalt, als ſie aus dem dreifachen Schleier, der ſie allen pro=
fanen Augen unſichtbar gemacht hatte, wie der Vollmond aus
einem Gewölke hervortrat und in dem zierlichen Anzuge einer
jungen Korbträgerin der Athene oder Demeter vor mir ſtand. 5
Schwerlich haſt du jemals ſo große, ſo ſchwarze und ſo
blitzende Augen geſehen, von ſchönerm Ausſchnitt, und die das
Hygron, das die Dichter und Maler der Aphrodite geben, in
einem ſo hohen Grade gehabt hätten, noch Lippen, die ſo un=
widerſtehlich zum Kuß herausfordern, wie Anakreon ſagt! Ich 10
nahm ſie ſogleich ins Bad mit mir, und ich könnte dir über das
Erſtaunen, womit wir einander beide anſahen, ſonderbare Dinge
erzählen, wenn ſie nicht unter die unausſprechlichen gehörten. Laß
dir genug ſein, Ariſtipp, daß ich gewiß bin, durch den glücklichſten
Zufall gefunden zu haben, was ich lange vergebens hätte ſuchen 15
können, und daß Araſambes dieſem Jynx nicht widerſtehen wird.
Kurz und gut, ich habe mir mit tauſend blanken Dariken eine
Nebenbuhlerin erkauft, die mir in kurzem die Wonne verſchaffen
ſoll, mein geliebtes Griechenland wiederzuſehen und die herzer=
quickende Luft der Freiheit wieder zu atmen, außer welcher ich 20
nicht gedeihen kann. Das Mädchen ſcheint nicht über ſechzehn
Jahre alt, iſt eine Griechin von Geburt und abſichtlich für das
Gynäceum irgend eines perſiſchen Satrapen erzogen; denn ſie ſingt
und ſpielt verſchiedene Inſtrumente ſehr gut, tanzt wie eine Nymphe
und weiß ihre großen funkelnden Augen meiſterlich zu regieren. 25
Das iſt aber auch alles. Indeſſen fehlt es ihr nicht an Anlage;
ſie beſitzt ein treffliches — Gedächtnis, und wenn ſie noch etliche
Dutzend Lieder von Anakreon und Sappho und Korinna aus=
wendig gelernt und einige Wochen mit meinen Grazien gelebt
hat, ſoll ſie es mit allen Timandren und Theodoten zu Athen 30
aufnehmen können.

---

8. „Hygron (το υγρον του βλεμματος) ein gewiſſer feuchter Glanz des Auges, worin
der Blick gleichſam zu ſchwimmen ſcheint; Petrons oculorum mobilis petulantia und die
oculi udi et tremuli der Fotis in Apuleius' Goldenem Eſel bezeichnen ohne Zweifel dieſes
Hygron, welches Anakreon (Od. 28) zu einem Charakter der Augen der Venus macht, und
der Bildhauer Praxiteles an ſeiner knidiſchen Venus ſogar in Marmor anzudeuten wußte,
wenn Lucian (Imagin. C. 6) nicht mehr zu ſehen glaubte als er wirklich ſah; wiewohl
auch dies ſchon dem Künſtler Ehre machen würde." W. — 30. Theodoten, ſiehe oben.

38. Lais an Aristipp.

Mein Anschlag ist gelungen. Arasambes läßt sich gefallen — Aber ich eile vor lauter Freude mir selbst zuvor und sage dir zuerst, was ich zuletzt sagen sollte. Die Sache verdient mit
5 herodotischer Umständlichkeit erzählt zu werden. Die schöne Perisäne (so nennt sich meine künftige Stellvertreterin) befand sich kaum ein paar Tage im Innern meines Gynäceums, als schon im ganzen Palaste von nichts als der Schönheit der neu gekauften Sklavin die Rede war. Viele hatten sie im Vorbeigehen gesehen,
10 nur Arasambes konnte nicht zu diesem Glücke gelangen; denn in denjenigen von meinen Zimmern, in welche er zu allen Zeiten einzugehen die Freiheit hat, war sie nie zum Vorschein gekommen, und er fand mich beim Morgenbesuch immer von meinen gewöhnlichen Aufwärterinnen umgeben. Nach einigen Tagen merkte ich,
15 daß er so aussah, als suchte er etwas bei mir, das sich nicht finden lassen wollte; aber ich that, als ob ich nichts sähe, und der arme Mensch mußte sein Anliegen endlich gern oder ungern zur Sprache bringen. — „Ich höre, liebe Lais, du hast eine sehr schöne Sklavin gekauft." — Eine Sklavin? sagte ich, als ob ich
20 mich nicht gleich besinnen könne. — „Eine junge Griechin aus Kolchis" — Ach diese? Eine Griechin darf keine Sklavin sein, Arasambes; ich habe sie bereits freigelassen und behalte sie nur so lange bei mir, als es ihr selbst bei mir gefällt. — „Ist sie wirklich so schön als man sagt?" — Sie ist nicht übel; ein paar
25 Medeenaugen und die Stimme einer Sirene. — „Es ist wenigstens etwas Neues. Könnte man sie nicht einmal zu hören bekommen?" Sehr gern, zu hören und zu sehen, lieber Arasambes; ich denke nicht, daß sie dir sehr gefährlich sein wird. — Du stellst dir vor, Aristipp, daß er mir etwas sehr Artiges erwiderte, und ich ver-
30 sprach ihm mit der zutraulichsten Miene, gleich diesen Abend eine Musik in meinem Saale zu veranstalten, wobei sich die kleine Perisäne hören lassen sollte.

Alles ging nach Wunsche. Die Kolcherin erschien in einem zierlich einfachen Putz, eher zu viel als zu wenig eingewindelt,
35 doch so daß von der Eleganz ihrer Formen wenigstens für die Einbildung wenig verloren ging. Sie schlug ihre großen Augen jungfräulich nieder, errötete und spielte die Verlegenheit, die ihrem Stand und Alter ziemt, mit vieler Natur. Schon hatte sie ein

paar Lieder von Anakreon geſungen und auf etlichen Inſtrumenten
mit ebenſoviel Anſtand als Fertigkeit geklimpert, ohne daß ſie
mehr als zwei- oder dreimal einen ſchüchternen Verſuch machte,
die Augen halb aufzuſchlagen und unter den langen ſchwarzen
Wimpern hervorzublinzen. Aber endlich wagte ſie es, mitten in 5
der feurigſten Stelle der Sapphiſchen Ode, ihren ſchönen Kopf
zu erheben, und nachdem ſie die weit offenen Augen eine kleine
Weile Blitz auf Blitz hatte herumſchießen laſſen, heftete ſie einen
ſo ſeelenvollen, durchdringenden Blick auf Araſambes, daß er von
Marmor hätte ſein müſſen, wenn dieſer Blick nicht wie der ſchärfſte 10
Pfeil von Amors Bogen in ſeiner Leber ſtecken geblieben wäre.
Zwar wäre es jedem andern als mir kaum möglich geweſen eine
Veränderung an ihm wahrzunehmen, ſo gut weiß er (wie alle
Perſer von Stande) in Gegenwart anderer Perſonen das Äußerliche
einer vornehmen Unempfindlichkeit zu behaupten. Aber ich war 15
ihm zu nahe und beobachtete ihn zu ſcharf, um mich durch den
kalten, einſilbigen Beifall, den er der ſchönen Sängerin erteilte,
und am wenigſten durch die ungewöhnliche Luſtigkeit, die er nach
Endigung der Muſik den ganzen Abend über heuchelte, irre machen
zu laſſen. Am folgenden Tage war keine Rede mehr von der 20
Kolcherin, auch am zweiten und dritten nicht. Araſambes kam
alle Augenblicke auf mein Zimmer, bald zu ſehen, wie ich mich
befinde, bald mir einen Blumenſtrauß zu bringen, bald mich über
etwas um Rat zu fragen, bald etwas zu holen, das er hatte
liegen laſſen. Eine ſeltſame Lebhaftigkeit trieb ihn von einem Ort 25
zum andern; er war zerſtreut, hatte immer etwas zu fragen und
hörte ſelten, was ihm geantwortet wurde. Am vierten Tage fing
dieſe Unruhe an, uns beiden peinlich zu werden. Es war hohe Zeit,
alles mit guter Art ſo einzurichten, daß er den berühmten Tonkünſtler
Timotheus (den ich vor einiger Zeit von Milet nach Sardes hatte 30
kommen laſſen) in meinem Zimmer antraf, beſchäftigt, die junge
Periſäne einen neuen Dithyramben von ſeiner Kompoſition ſingen
zu lehren. Der Meiſter wollte ſich zurückziehen, als Araſambes
hereintrat; aber ich winkte ihm zu bleiben. Es iſt dir doch nicht
entgegen, ſagte ich zu Araſambes, daß Timotheus in ſeiner Lektion 35
fortfahre? Der Menſch hatte die größte Mühe, ſeine Freude hinter

---

30. Timotheus, Τιμόθεος. es gab zwei Muſiker dieſes Namens, den Tonkünſtler
aus Milet und den Flötenſpieler aus Theben, den Alexander der Große ſchätzte. Der erſtere
iſt gemeint.

ein kaltes Ganz und gar nicht! zu verbergen. Unvermerkt klärte
sich sein ganzes Wesen wieder auf; er setzte sich der Musik gegen=
über auf den Sofa, sprach mit dem Meister, ohne ein Auge
von der Schülerin zu verwenden, und bat ihn, den Gesang erst
5 selbst vorzutragen, um aus der Art, wie Perisäne sich aus der
Sache ziehen würde, desto besser von ihrem Sinn für die Musen=
kunst urteilen zu können. Ich machte mir indessen in einem an=
stoßenden Kabinett zu thun und bemerkte wie die Kolcherin,
während daß Timotheus sang, ihre funkelnden Zauberaugen weiblich
10 auf meinen Adonis arbeiten ließ, der sich vermutlich der Gelegenheit,
nicht von mir gesehen werden zu können, mit ebenso wenig Zu=
rückhaltung bediente.

Das geheime Verständnis zwischen ihnen war nun ange=
sponnen. Ich beschenkte Perisänen, um ihr meine Zufriedenheit zu
15 zeigen, mit einem zierlichen Morgenanzug von der feinsten Art
von Zeugen, welche die persischen Kaufleute aus Indien holen.
Arasambes fand sie am folgenden Morgen in diesem Anzuge bei
meinem Putztische, und ich begegnete ihr vor seinen Augen mit
einer so ausgezeichneten Vertraulichkeit, daß er sich schmeicheln
20 konnte, ich würde alles, was er für meinen neuen Günstling thäte,
so aufnehmen, als ob er bloß mir seine Aufmerksamkeit dadurch
beweisen wolle. Arasambes biß getrost an die Angel. Seine
Leidenschaft wuchs nun mit jedem Tage schneller und man murmelte
schon im ganzen Palast davon, bevor er selbst vielleicht wußte,
25 wie weit sie ihn führen könnte. Aber wer bei allem diesem mit
gänzlicher Blindheit geschlagen zu sein schien, war deine Freundin
Lais. Sie allein merkte nichts davon, daß sie sich thörichter Weise
mit schwerem Gelde eine gefährliche Nebenbuhlerin erkauft habe,
ahnete so wenig davon, daß sie ihren Fall noch sogar beschleunigte,
30 indem sie dem zärtlichen Perser nach einem paar schwerfälligen
Stunden, die er mit ihr zuzubringen genötigt war, den Vorschlag
that, den ihr der weise Aristipp unter den Fuß gegeben hatte.
Arasambes machte, wie billig, einige Schwierigkeiten, mußte sich
aber, da er keinen Begriff davon hatte, wie man ihr etwas ab=
35 schlagen könnte, endlich doch ergeben, zumal wie er hörte, daß sie
ihre geliebte Perisäne zum Unterpfand ihrer Wiederkunft zurück=
lassen wolle, wofern sie sich versprechen dürfe, daß er das gute
Kind in seinen Schutz nehmen werde; eine Bedingung, die er ihr
in den gefälligsten Ausdrücken von der Welt zugestand.

Nicht wahr, Aristipp, das nennt man doch eine Sache mit
guter Art machen? So zart und schonend pflegen Liebende bei
euch Griechen einander nicht zu behandeln!

Meine Abreise von Sardes nach Milet wird nicht länger
aufgeschoben werden als die nötigen Zurüstungen erfordern. Ara= 5
sambes hat mir zu diesem Ende zehntausend Dariken teils in
Golde teils in Anweisungen auf bekannte Häuser in Milet zu=
stellen lassen — ein Reisegeld, das vielleicht den Argwohn bei
dir erregen wird, als ob er nicht sehr auf meine Zurück=
kunft rechne. 10

Bevor ich schließe, muß ich dir doch noch ein Bekenntnis
thun, wiewohl ich vielleicht dadurch Gefahr laufe, etwas von deiner
guten Meinung zu verlieren. Aber ich will nicht, daß du mich
für etwas anderes hältest als ich bin. So höre denn an und
denke davon, was du kannst! Ob ich gleich die Schlinge, worin 15
der gute Arasambes sich verfing, selbst gestrickt und gelegt hatte,
so konnte sich doch mein Stolz mit dem Gedanken nicht vertragen,
daß es ihm so leicht werden sollte sich von mir zu trennen. Ich
beschloß also mich selbst dem Vergnügen einer kleinen Rache auf=
zuopfern und den letzten Tag vor meiner Abreise zum glücklichsten 20
unter allen zu machen, die er mit mir gelebt hatte. Es ist un=
nötig, dir mehr davon zu sagen als daß Arasambes vor diesem
Tage keinen Begriff davon gehabt hatte wie liebenswürdig deine
Freundin sein könne, wenn sie Aphroditen ihren Gürtel abgeborgt
hat. Was er in diesen letzten vierundzwanzig Stunden davon 25
erfuhr, war es eben gewesen, wornach der arme Tantalus schon
so lange gehungert und gedürstet hatte. Die kleine Perisäne
schwand dahin wie eine Nebelgestalt in der Sonne zerfließt. Lais
war ihm Cythere selbst, die ihren Adonis in den Hainen von
Amathus beseligt. — So viel Bosheit hätte ich dir nicht zugetraut! 30
sagst du — Wie, Aristipp? Siehst du nicht, wie interessant die
Abschiedsscene dadurch werden mußte, und was für Erinnerungen
ich ihm für sein ganzes Leben zurückließ? — Arasambes konnte
das freilich nicht sogleich zurechtlegen und stellte sich ein wenig
ungebärdig. Der arme Mensch! was sagte und that er nicht, um 35
mich zum Bleiben zu bewegen! Aber er hatte nun einmal sein
Wort gegeben, ich war reisefertig, meine Freunde in Griechenland

---

30. Amathus auf Cypros mit einem berühmten Tempel der Aphrodite.

erwarteten mich) — Kurz, ich ſiegle dieſen Brief, den du durch einen in Angelegenheiten des Königs nach Rhodus abgehenden Eilboten erhalten wirſt — und reiſe in einer Stunde ab.

---

39. Ariſtipp an Kleonidas.

5   Ich fürchte, lieber Kleonidas, wir andern Weisheitsliebhaber ſind mit aller unſrer Freiheit von popularen Vorurteilen und Hirngeſpenſtern doch nur eine Art großthuiger Poltrons, die, ſobald ſie dem Feinde unter die Augen ſehen ſollen, ſo gut zittern als andere, welche ihre wenige Herzhaftigkeit ehrlich eingeſtehen.
10 Ich habe ſeit kurzem eine ſonderbare Erfahrung hiervon gemacht. Du weißt, daß ich die Erzählungen von Geſpenſtern, die ſich zu geſetzten Stunden an gewiſſen Orten ſehen laſſen, und von Verſtorbenen, die gleichſam in den Schatten ihrer ehmaligen Geſtalt eingehüllt, ſich entweder von freien Stücken zeigen oder durch
15 magiſche Mittel zu erſcheinen genötigt werden, immer für das was ſie ſind gehalten und die Furcht vor allen dieſen Ausgeburten eigner oder fremder Einbildung für eine der lächerlichſten Schwachheiten erklärt habe. Gleichwohl hab' ich mich ſelbſt unvermuteter Weiſe über dieſer ziemlich allgemeinen menſchlichen Schwachheit er-
20 tappt und finde mich jetzt durch eigene Erfahrung ſehr geneigt, duldſamer gegen andere zu ſein, da ich mich immer mehr überzeuge, daß kein Menſch ſo viel vor allen andern voraus hat, daß er ſich vor irgend etwas, wozu Wahn und Leidenſchaft einen Menſchen bringen können, völlig ſicher halten darf. Höre alſo,
25 was mir in der vorgeſtrigen Nacht begegnet iſt!
    Das Haus, das ich hier bewohne, liegt zwiſchen dem Hafen und der Stadt mitten in einem ziemlich großen Garten, der auf der Oſtſeite die Ausſicht ins Meer hat und gegen Mittag in einen kleinen, den Nymphen geheiligten Hain von Buſchholz aus-
30 läuft, den ein langer Gang von hohen Cypreſſen in zwei gleiche Teile ſchneidet. Die Rhodier ſind überhaupt an eine Lebensordnung gewöhnt, von welcher ſie ſelten abweichen. Eine Stunde nach Sonnenuntergang iſt in den Häuſern und auf den Straßen alles ſtill; denn mit der erſten Morgenröte iſt auch ſchon alles
35 wieder munter; ſogar die Frauen würden ſich's zur Schande

---

7. Hirngeſpenſter, Hirngeſpinnſte.

rechnen, von dem Sonnengotte (der hier vorzüglich verehrt wird)
in den Armen des Schlafs überrascht zu werden. Wir Cyrener
sind einer andern Lebensart gewohnt, und ich bringe daher in
mondhellen Nächten, wenn schon alles weit um mich her im ersten
Schlafe versunken ist, gewöhnlich noch ein paar Stunden in einem 5
Gartensaale zu, der in Gestalt eines kleinen Tempels dem Cypressen=
gange gegenüber steht und von etlichen Reihen prächtiger Ahorn=
bäume umschattet wird. Diese einsamen nächtlichen Stunden sind
es, worin ich mich aus den Zerstreuungen des Tages in mich
selbst zurückziehe und nach Pythagorischer Weise mir selbst Rechen= 10
schaft darüber ablege, was ich gethan oder verabsäumt, um was
ich besser oder schlechter geworden, was ich gesehen, gehört oder
gelesen habe, das des Nachdenkens und Aufbehaltens wert ist,
und was ich morgen vorzunehmen oder zu besorgen gedenke; kurz,
es sind, wenn ich so sagen kann, die Digestionsstunden meines 15
Geistes, die mir zu meiner Lebensordnung so notwendig sind,
daß ich mir nur selten erlaube ihnen eine andere Anwendung
zu geben.

    Ich weiß nicht wie es kam, daß gerade an diesem Abend
die Erinnerung an Lais alle andern Gedanken in mir verdrängte. 20
Ich hatte ungefähr acht Tage vorher einen Brief von ihr erhalten,
worin sie mir ihre Trennung von Arasambes berichtete, und daß
sie im Begriff sei, nach Milet abzugehen. Welche seltsame Unruhe
des Geistes, dachte ich, treibt sie aus einer beneidenswürdigen
Lage heraus, um des eingebildeten Glücks einer unbeschränkten 25
Freiheit zu genießen, die ihr am Ende vielleicht doch nur zur
Fallgrube werden könnte? Sie vermochte alles über Arasambes;
es stand in ihrer Macht ihn auf immer an sich zu fesseln; und
mit welchem Mutwillen zerbricht sie ihren eigenen Zauberstab!
Wie leichtsinnig treibt sie wieder in den Ocean des Lebens hinaus, 30
ohne Plan und Zweck, wohin Zufall und Laune des Augenblicks
sie führen werden! Was wird endlich das Schicksal dieses außer=
ordentlichen Weibes sein, in welchem die Natur alle Reize ihres
Geschlechts mit den glänzendsten Vorzügen des männlichen so
sonderbar zusammengeschmelzt hat?   35
    Der Charakter der schönen Lais war mir immer ein Rätsel
gewesen, dessen Auflösung ich vergeblich gesucht hatte. Indem ich
mich jetzt von neuem bemühte, alle die reizenden Widersprüche,

15. Digestionsstunden, Verdauungsstunden.

woraus er zusammengesetzt ist, und in deren Verbindung gerade
der Zauber ihrer unwiderstehlichen Liebenswürdigkeit liegt, unter
Einen Begriff zu bringen, fiel mir plötzlich die große Ähnlichkeit
auf, die ich zwischen ihr und dem außerordentlichsten Manne
5 unsrer Zeit, dem ehemaligen großen Liebling des Sokrates, zu
sehen glaubte. Sie ist, sagte ich zu mir selbst, unter den Frauen,
was Alcibiades unter den Männern war. In beiden hat die
Natur alle ihre Gaben mit üppiger Verschwendung aufgehäuft.
Wohin er kam, war er der Erste und Einzige; wo sie erscheint,
10 wird sie immer die Erste und Einzige sein. Er würde die Welt
erobert haben, wenn er nicht so gewiß gewesen wäre, daß er es
könne; sie würde sich überall alle Herzen unterwerfen, wenn sie
es nur der Mühe wert hielte. Ein allzu lebhaftes Selbstgefühl
war die Quelle aller seiner Ausschweifungen, Fehler und falschen
15 Schritte; eben dies ist und wird immer die Quelle der ihrigen
sein. Wäre er zwanzig Jahre später in die Welt gekommen, und
sie wären einander (wie nicht zu zweifeln ist) begegnet, sie würden
sich vereinigt und, wie Platons Doppelmenschen, unglaubliche
Dinge gethan haben. Aber nur zu wahrscheinlich bereitet sie sich
20 ein ähnliches Schicksal. Dieses innige Gefühl dessen, was sie ist
und was sie sein kann, sobald sie will, würde sie wahrscheinlich
antreiben irgend eine große Rolle zu spielen, wenn es nicht bei
ihr wie bei Alcibiades mit der Indolenz eines kaltblütigen Tem=
peraments verbunden wäre, die der Energie ihrer Einbildungs=
25 kraft das Gegengewicht hält und die Ursache ist, warum sie mit
den größten Kräften nie etwas Großes unternehmen oder, wenn
sie es begonnen hätte, nie zustande bringen wird. Daher dieser
übermütige Leichtsinn, der sich über alles wegsetzen kann, sich aus
allem ein Spiel macht und weil ihm nichts groß genug ist not=
30 wendig alles klein finden muß. Wär' es ihr zu Sardes einge=
fallen, Königin zu werden, sie wäre nach Susa gegangen und
hätte den Artaxerxes zu ihrem Sklaven gemacht. Daß sie es nicht
versucht hat, kommt bloß daher, weil sie zu fahrlässig dazu ist
und weil ihr Stolz Befriedigung genug in dem Gedanken findet,
35 schon als Lais alles zu sein, was sie will. Mit einem andern
Temperamente wäre sie vielleicht die ausgelassenste aller Hetären;

---

18. Platons Doppelmenschen. Nach einer Erzählung in Platos Symposion gab
es ursprünglich doppelgeschlechtige Menschen, die sich erst später in Männer und Weiber
spalteten. — 23. Indolenz, Unempfindlichkeit.

aber ich fürchte, sie ist fähig, es aus bloßer Eitelkeit zu werden, wenn sie sich's jemals in den Kopf setzen sollte, auch hierin un=übertrefflich zu sein.

Diese Betrachtungen machten mich unvermerkt wehmütig; die bloße Möglichkeit, daß die Liebenswürdigste ihres Geschlechts deremst noch unglücklich sein und vielleicht sogar unter sich selbst herabsinken könnte, war mir peinlich und ich verlor mich im Nach=denken, ob dieser weibliche Alcibiades nicht wenigstens in eine Art von Aspasia zu verwandeln sein möchte — als ich auf einmal eine hohe Gestalt in einem langen, weißgrauen Gewande zwischen den Cypressen langsam gegen mich herschweben sah, in welcher ich beim ersten Anblick die Gestalt und den Anstand der Freundin zu sehen wähnte, welche mich schon eine Stunde lang in Gedanken be=schäftigte. Ich gestehe dir, daß ich zusammenfuhr, aber nichts=destoweniger zwischen Grauen und Neugier, was daraus werden würde, die Augen starr auf die wunderbare Erscheinung heftete. Noch schwebte die Gestalt immer vorwärts; aber in dem Augen=blick, da sie eine vom einfallenden Mondlicht stark beleuchtete Stelle betrat, blieb sie ohne Bewegung stehen, und nun war es unmöglich, zu zweifeln, daß ich die Gestalt der Lais vor mir sehe. Aber wie sollte sie selbst auf einmal hierher gekommen sein? Da es unleugbar ihre Gestalt war, was konnt' es anders sein als eine Erscheinung, die mir sagen sollte, daß sie selbst — nicht mehr lebe; es sei nun, daß Arasambes sie in einem Anfall von Eifersucht ermordet, oder daß sie auf der Rückreise nach Griechen=land Schiffbruch gelitten oder sonst durch einen Zufall das Leben verloren hatte. Diese Gedanken blitzten so schnell in meiner Seele auf, daß meiner Philosphie nicht Zeit genug blieb, sie in Unter=suchung zu nehmen; und ich bekenne dir unverhohlen, daß mir ungefähr ebenso zu Mute war, wie einem jeden sein mag, der einen abgeschiedenen Geist zu sehen glaubt. Ich wollte von meinem Ruhebettchen aufstehen; aber meine Füße waren mit Blei ausge=gossen, und meine Arme ohne Kraft, so daß ein ziemliches Weilchen verging, bis ich wieder einige Gewalt über meinen Körper erhielt. Die Gestalt stand noch immer unbeweglich, und ich konnte deut=lich sehen, daß sie einen zärtlich=ernsten Blick auf mich heftete. Die immer zunehmende Gewißheit, daß es der Schatten meiner Freundin sei, brachte nun mein stockendes Blut wieder in Be=wegung; mir ward warm ums Herz, und eine unaufhaltsame Ge=

walt riß mich zu dem geliebten Schatten hin. Mit weit ausge=
breiteten Armen flog ich auf sie zu; aber die Ausrufung „Bist
du es, liebste Lais?“ blieb mir am Gaumen kleben. Doch im
nämlichen Augenblick, da ich mit ausgespannten Armen auf sie
5 zueilte, öffnete sie auch die ihrigen, und einen Augenblick darauf
fühlte ich mit unaussprechlichem Entzücken, daß ein warmer, elasti=
scher Körper meine Arme füllte, daß ihr Busen an dem meinigen
überwallte, kurz, daß das vermeinte Gespenst — Lais selbst war.
Die Seligkeit dieses Augenblicks fühlst du, indem du dich an
10 meine Stelle denkst, viel besser, als wenn ich das Unbeschreibliche
zu beschreiben versuchen wollte. Alles was ich davon sagen kann
ist, daß es der längste und kürzeste meines Lebens war; denn
er könnte eine Stunde gedauert haben und hätte mir doch nur
ein Augenblick gedeucht. Mir war, als ob ich mit ihr zusammen=
15 wachsen müßte, um mich ihres Daseins recht gewiß zu machen.

Lais gestand mir, daß sie sich ein eigenes Vergnügen daraus
gemacht habe, meine Philosophie sowohl als meine Freundschaft
auf diese Probe zu setzen und mich die Gunst eines so unerwarteten
Besuchs mit einer kleinen Angst erkaufen zu lassen, die den Wert
20 derselben erhöhen würde. Es freut mich, setzte sie hinzu, daß ich
meine Absicht, dir den Genuß eines noch unbekannten Wonne=
gefühls zu gewähren, so glücklich erreicht habe, und ich hoffe, du
wirst dich desto leichter in die Notwendigkeit fügen, dich ebenso
unvermutet wieder von mir zu trennen als du mich gesehen hast;
25 denn in einer Stunde muß ich wieder am Bord sein. Ich komme
gerades Weges von Sardes; meine vorgegebene Reise nach Milet
sollte dir bloß verbergen, was ich damals schon beschlossen hatte.
Der nämliche Eilbote, der dir meinen Brief überbrachte, hatte
den Auftrag mir ein eigenes Schiff zu mieten, welches mich so=
30 bald als möglich zu den Poseidonien nach Ägina bringen soll.
Alles ist zur Abfahrt bereit, der Wind ist günstig, und die See=
leute sind, wie du weißt, hartherzige Leute.

Du zweifelst wohl nicht, Kleonidas, daß mir diese Nachricht
etwas unerwartet kam; ich hatte mir wenigstens auf etliche Tage
35 Hoffnung gemacht. Aber du kennst auch das unwiderstehliche Ge=
misch von Anmut und Majestät, womit diese Zauberin ihre Willens=
erklärungen als unwiderrufliche Beschlüsse des Schicksals anzu=
kündigen pflegt. Es fand nicht nur weder Einwendung noch Bitte

30. „Poseidonia, Fest des Poseidon oder Neptun.“ W.

gegen diese Verfügung statt, sondern dein armer Freund mußte sich auch bequemen, diese ganze kostbare Stunde über in dem langen Cypressengang mit ihr auf und ab zu schlendern und sich einen kurzen Auszug ihrer Geschichte, seitdem wir uns nicht ge= sehen hatten, erzählen zu lassen, die ein paar Stunden später un= endlich unterhaltend gewesen wäre, aber jetzt mit einer Zerstreuung angehört wurde, von welcher er sich nicht völlig Meister machen konnte. Sie schien es endlich gewahr zu werden. Denn als sich ihre am Ausgang des Wäldchens zurückgelassenen Leute von ferne sehen ließen und ihr ein Zeichen gaben, sagte sie lächelnd: Ich fühle, daß ich deine Schuldnerin bin, lieber Aristipp, und ich würde dir den Antrag thun, mich auf der Stelle nach Ägina zu be= gleiten, wenn ich nicht besorgen müßte, daß es Aufsehen erregen und deinen Sokratischen Freunden eine sehr erwünschte Gelegen= heit geben möchte, dir einen Namen in Griechenland zu machen. Ich selbst mache mir wie du weißt nichts aus dem, was die Leute von mir sagen; aber ich hätte sehr unrecht, wenn ich glaubte, daß eine solche Gleichgültigkeit auch dir gezieme. Sich fremden Meinungen gänzlich aufzuopfern, wäre thöricht; aber die meisten Menschen sind eine so neidische und hämische Art von Tieren, daß wir es ihnen um unsrer eigenen Ruhe willen zu verbergen suchen müssen, wenn wir glücklicher sind als sie.

Ich bin überzeugt, Kleonidas, daß alles dies ihr Ernst war, und so antwortete ich ihr, wie es diese Überzeugung forderte. Es wäre unartig gewesen, ihr merken zu lassen, daß ich sie auch ohne Rücksicht auf das Urteil der Welt nicht nach Ägina be= gleitet haben würde. Indessen hatte ich keiner Verstellung nötig, um ihr zu zeigen, daß es mich nicht wenig koste, mich ihrem Gut= dünken zu unterwerfen. Denn freilich hätte ich mir aus dem Spott und den Vorwürfen der Sokratiker ebenso wenig gemacht als sie, wenn ich bloß meiner Neigung, wie sie ihren Launen, folgen wollte. Das Vergnügen, die ihrige durch diesen seltsamen Besuch befriedigt zu haben, machte sie so aufgeräumt, daß es ihr gelang, mich zuletzt auf ebendenselben Ton zu stimmen. Was für eine Aufnahme meinst du, daß die Witwe des Arasambes sich von den Korinthiern versprechen dürfe? fragte sie mit der unschuldig leichtfertigen Miene, die ihr so wohl ansteht, und setzte, ohne meine Antwort zu erwarten, hinzu: Ich habe ein unfehlbares Mittel, mich bei ihnen in Ansehen zu setzen; denn ich muß dir sagen,

daß ich sehr reich von den Ufern des goldnen Paktols zurückkomme.
— Du hast ein noch unfehlbareres, sagte ich; aber — Ich verstehe dich, fiel sie mir lachend ins Wort, und was dein Aber
betrifft, so begreifst du leicht, daß der zweijährige Aufenthalt
zu Sardes mich nicht demütiger gemacht hat als ich vorher war.
Ich rate niemandem meinetwegen nach Korinth zu reisen. Du
kennst meine Liebe zur Freiheit, meinen Haß gegen euer übermütiges Geschlecht und das Vergnügen, das ich gleichwohl daran
finde, mit Männern umzugehen und sie für die Augenlust, die
ich ihnen wider Willen mache, nach allen Regeln der Kunst zu
peinigen. Dabei wird es wohl bleiben. — Ich wünschte, liebe
Lais, sagte ich, daß es nicht dabei bliebe. Möchtest du doch das
Glück, das deiner Musarion zu teil geworden ist (das einzige,
das du noch nicht kennst), nicht mutwillig von dir stoßen, wenn
es dir sich anböte! — „Hab' ich es nicht schon mit Arasambes
versucht? Es geht nicht, lieber Aristipp! Wer vermag etwas gegen
die allmächtige Natur? Die Glückseligkeit ist immer ebendieselbe;
nur in den Mitteln und in der Art zu genießen liegt die Verschiedenheit. Ich fühle mich, so wie ich bin, glücklich; was kannst
du mehr verlangen, mein Freund?" — Sie sagte dies mit einer
so reizenden Unbefangenheit, daß es Thorheit gewesen wäre, ihr
eine ernste Antwort darauf zu geben. Unsre letzte Umarmung war
nicht ganz so warm und dauerte nicht halb so lange als die erste.
Wirklich würde mir's schwer geworden sein, ihr länger zu verbergen, wie schmerzlich es mir war, in allem, was sie sagte und
that, den weiblichen Alcibiades immer deutlicher zu erkennen. —
Aber hatte ich recht, der schönen Lais übel zu nehmen — daß
sie Lais war? Und sollte nicht fehlgeschlagne Erwartung (wiewohl
ich es mir auf der Stelle nicht gestehen wollte) die wahre Ursache
der übel verhehlten Lauigkeit gewesen sein, womit ich mich, zu
bald für eine Freundschaft wie die unsrige, ihren schönen Armen
entwand? Daß sie es nur zu gut merkte, bewies sie mir im
Augenblick des Scheidens durch einen Kuß von jenen nektarischen,
die sie allein küssen kann, und welche auch du, wenn ich nicht
irre, bei einer gewissen Gelegenheit kennen gelernt hast. Brauchte
es mehr, um die dünne Eisrinde plötzlich zu schmelzen, womit
sie das Herz des treusten ihrer Freunde umzogen gefühlt hatte?
Aber ehe ich wieder zur Besinnung kommen konnte, war sie meinen
Augen so schnell entschwunden, daß ich alles wieder für eine bloße

Erſcheinung hätte halten können, wenn der magiſche Kuß nicht noch eine ganze Stunde auf meinen Lippen fortgebrannt hätte.

Nun, lieber Kleonidas, wie gefällt dir meine Geſpenſter= geſchichte? Gewiß iſt ſie keine von den ſchlechteſten, die du in deinem Leben gehört haſt. Aber was wirſt du von deinem Ariſtipp denken, 5 der bei dieſer Gelegenheit ſchwach genug war, die ſchöne Lais erſt für ein Geſpenſt anzuſehen und ſie dann wieder von ſich zu laſſen als ob ſie es wirklich geweſen wäre? Lache immerhin über mich, Kleonidas; ich mache eine ſo alberne Figur in meinen eigenen Augen, daß ich keine Schonung von dir verlangen kann. 10

---

40. Kleonidas an Ariſtipp.

Wirklich, lieber Ariſtipp, ſcheint mir dein Aufenthalt unter den weichlichen Aſiaten deine Nerven ein wenig abgeſpannt zu haben, nicht weil dir ſo gut als einem andern etwas Menſchliches begegnen kann, und noch weniger weil du die ſchöne Lais wieder 15 gehen ließeſt wie ſie gekommen war; — wie hätteſt du es anders machen können? Sie iſt doch wohl keine Perſon, mit der man ungeſtraft den Satyr ſpielen dürfte? — ſondern weil du nicht gewahr geworden biſt, daß die Schwachheit, deren du dich ſelbſt beſchuldigſt, bloß darin liegt, daß du dich ſchämſt, wo ſich nichts 20 zu ſchämen iſt.

Ich weiß nicht, wo ihr Philoſophen die Einbildung hernehmt, ihr müßtet etwas mehr als menſchliche Menſchen ſein, oder wir andern ſollten wenigſtens ſo gutmütig ſein, euch auf euer Wort dafür gelten zu laſſen. Ich für meine Perſon finde in deiner 25 Geſpenſtergeſchichte nichts was nicht ganz natürlich wäre und dem weiſen Sokrates ſelbſt ſo gut hätte begegnen können wie dir. Du befindeſt dich in einer mondhellen Nacht allein in einem Garten; alles ſchlummert weit umher; Nacht, Einſamkeit und allgemeine Stille ſtimmen dich zu dem, was man wachend träumen 30 nennen könnte. Der Mondſchein allein verſetzt uns ſchon in eine andre oder vielmehr in die nämliche Welt, die den gemeinen Vorſtellungen vom Hades zum Urbild gedient hat, in eine Welt, wo alles ſich dem Auge ganz anders darſtellt als wir es bei Tage ſehen, wo wir Mühe haben, in den zweifelhaften, farben= 35 loſen Geſtalten, die ein mattes, oft unterbrochnes Schattenlicht

bald erscheinen, bald wieder verschwinden läßt, die gewohntesten
Gegenstände wiederzuerkennen, wo es ohne Hülfe des Gefühls fast
immer unmöglich ist, Schatten und Körper nicht zu verwechseln;
kurz in eine von der Sonnenwelt so verschiedene Zauberwelt, daß
5 der Einbildungskraft bei der geringsten Veranlassung nichts leichter
ist als Gegenstände des homerischen Schattenreichs dem, was wir
wirklich sehen, unterzuschieben. In dieser Lage stellt sich dir auf
einmal die Gestalt einer Person dar, für welche du seit mehrern
Jahren eine besondere Anmutung fühlst, und mit welcher du dich
10 unmittelbar zuvor in Gedanken unterhalten hattest; eine Person,
die deiner gegründeten Meinung nach jetzt zu Milet sein muß,
und die du dir in diesem Augenblick so wenig in Rhodus als
dich selbst in Milet denken kannst. Was ist da natürlicher, als
daß du, bei dieser Disposition deiner Sinne und — deiner Ein=
15 bildung, nicht — was du in diesem Momente für unmöglich
hältst, — diese Person selbst im Leben, sondern die bloße wesenlose
Gestalt der nicht mehr Lebenden zu sehen wähntest? Denn wie
viel auch die Philosophie gegen dergleichen Erscheinungen ein=
zuwenden hat, ihre Unmöglichkeit kann sie nicht beweisen; und
20 wenngleich deine Vernunft die Gespenstergeschichten, die du von
Kindheit auf erzählen hörtest, aus ihrem eigenen Kreise verwiesen
hat, aus deiner Seele konnte sie dieselben nicht hinausbannen;
sie zogen sich in die nächtliche Region deiner Phantasie zurück,
und es brauchte nichts als das Zeugnis deiner Augen, die dir
25 die Gestalt einer weit entfernt geglaubten Person unmittelbar
darstellten, um nicht nur deine Phantasie plötzlich ins Spiel zu
setzen, sondern deine Vernunft selbst zu einem Trugschluß zu ver=
leiten, dessen Täuschung sie keine Zeit hatte wahrzunehmen. Du
wirst sagen: Eben darum, weil ich die Gestalt der Lais auf mich
30 zugehen sah, hätte ich sogleich gewiß sein sollen, daß sie es selbst
sei; denn es war doch unendlichmal wahrscheinlicher, daß sie ihren
Reiseplan geändert und, anstatt nach Milet zu gehen, den Weg
nach Rhodus genommen, meine Wohnung ausgekundschaftet und
sich vielleicht ein Vergnügen daraus gemacht habe, mich unversehens
35 zu überraschen. — Ich antworte: Alles dies war vernünftiger Weise
nichts weniger als wahrscheinlich; wenn du es aber auch bei ruhiger
Überlegung wahrscheinlicher hättest finden müssen als die Er=
scheinung eines Geistes, so bedenke, daß die Phantasie in einem

---

4. Zauberwelt, vgl. die Einleitung.

ſolchen Augenblick ihr Gaukelſpiel viel zu behende macht als daß
ſie dir Zeit zu Abwägung der Wahrſcheinlichkeiten gelaſſen hätte.
Das Zeugnis der Augen, das Vorurteil, was du ſahſt, könne
nicht Lais ſelbſt ſein, und die Einbildung, es müſſe alſo ihr Geiſt
ſein, wirkten ſo unendlich ſchnell zuſammen, daß alle drei in eine 5
einzige ſinnliche Vorſtellung, deren du dir klar bewußt warſt,
zerfloſſen; und wie geſagt, ebendaſſelbe wäre jedem andern an
deiner Stelle begegnet. Ich wenigſtens ſtehe dir nicht dafür, daß
mir ſelbſt, ungeachtet ich durch dein Beiſpiel gewarnt bin, mit
Muſarion oder dir nicht ebendaſſelbe begegnen könnte, wenn ich 10
euch zu einer Zeit, da ich euch weit von mir entfernt wüßte,
unter ähnlichen Umſtänden plötzlich auf mich zuſchleichen ſähe.
Denn freilich gehört auch der langſame, geſpenſtmäßige Gang und
das weißgraue Gewand ſo gut zur Sache als Einſamkeit, Mond=
ſchein und nächtliche Stille. 15
Um dir meine Behauptung noch einleuchtender zu machen,
frage ich dich: wenn du die ſchöne Lais nicht umarmt, nicht mit
ihr geſprochen und dich alſo nicht durch Gefühl und Ohr von
ihrer Körperlichkeit hatteſt überzeugen können; — wenn zum Beiſpiel
(was wenigſtens an einem andern dazu geſchickten Orte durch 20
künſtliche Veranſtaltungen hätte bewirkt werden können), wenn
einen Augenblick zuvor, ehe du ihr in die Arme fielſt, plötzlich
eine Flamme zwiſchen dir und ihr aufgefahren, und ein dichter
Rauch unter einem vermeinten Donnerſchlag ihre Geſtalt deinen
Augen plötzlich entzogen hätte, — würdeſt du (vorausgeſetzt, daß 25
dies alles täuſchend genug ausgeführt, und der Betrug dir
nicht von Lais ſelbſt entdeckt worden wäre) nicht vielleicht noch
jetzt deinen Sinnen mehr glauben als deiner Philoſophie und
alles für eine Erſcheinung aus der Geiſterwelt zu halten geneigt
ſein? Wenigſtens bin ich verſichert, daß unter zehn tauſend, 30
denen ein ſolches Abenteuer begegnete, nicht einer wäre, der es
für etwas anders nähme. Ich kenne ſehr verſtändige Leute, die,
wenn von ſolchen Wunderdingen die Rede war, gegen alles, was
von andern erzählt wurde, die erheblichſten Einwendungen zu
machen hatten, aber immer damit aufhörten, mit der größten 35
Überzeugung von der hiſtoriſchen Wahrheit der Sache irgend eine
Geſpenſter= oder Zaubergeſchichte zu erzählen, von welcher ſie ſich
ſelbſt als Augenzeugen aufſtellten. Noch einmal alſo: ich ſehe
nicht, was für Urſache du hätteſt, es dich verdrießen zu laſſen,

daß du der schönen Lais nicht durch unzeitige Besonnenheit einen Spaß verderbt hast, um dessentwillen sie sich eine Reise von dreizehnhundert Stadien zu Land und zu Wasser nicht verdrießen ließ. Ich kann mir zwar wohl einen Menschen denken, der auf dem Wege des philosophischen Todes, den uns Plato in seinem Phädon empfiehlt, — dadurch, daß er den Sinnen, der Phantasie und allen Trieben und Leidenschaften der menschlichen Natur schon bei lebendigem Leibe abgestorben ist — sich in die Unmöglichkeit gesetzt hat, von ihnen getäuscht zu werden; aber ich weiß, daß ich dieser Mensch nicht sein möchte, und wünsche dir Glück, daß du es ebenso wenig bist als ich.

Den andern Punkt betreffend hätte sich, dünkt mich, jeder Mann, der nicht von allem Gefühl des Schicklichen und aller Achtung gegen sich selbst verlassen wäre, ebenso wie du benehmen müssen; überdies lag es wohl nicht an deinem guten Willen, wenn du dich am Ende mit einem Kuß abfinden lassen mußtest. Man ist freilich auf eine so sonderbare Grille nicht gefaßt wie diese war, die Reise von Sardes nach Rhodus zu machen, um einem guten Freund einen Kuß zu geben; indessen hängt es immer von einer Schönen ab, wie viel Wert sie auf ihre Gunsterweisungen legen will, und der Kuß, den du zur Entschädigung erhalten hast, war nach deinem eigenen Geständnis so viel wert, daß du ihn nicht zu teuer erkauft hättest, wenn du ihm bis zu den Hyper=boreern hättest entgegen reisen müssen. Die Wahrheit zu sagen bin ich mit dir weit besser zufrieden als mit der Dame, die mir in den zwei Jahren ihrer unumschränkten Herrschaft über den königlichen Arasambes von seiten des Charakters mehr verloren als gewonnen zu haben scheint. Ich fürchte, sie hat sich durch die fliegende Eile, womit jeder ihrer Winke befolgt werden mußte, durch die unermüdete Aufmerksamkeit, womit ein ebenso groß=mütiger als vielvermögender Liebhaber allen ihren Wünschen zuvorkam, kurz, durch die grobe Abgötterei, die zu Sardes mit ihr getrieben wurde, die böse Gewohnheit zugezogen, jede Phantasie, die ihr zu Kopfe steigt, auf der Stelle zu befriedigen und zu erwarten, daß man sich alles, was sie zu sagen und zu thun beliebt, wohlgefallen lasse. Mit einem Wort, Aristipp, dein weiblicher Alcibiades ist das wahre Wort des Rätsels. Geben die Götter, daß die Ähnlichkeit sich nicht bis auf den Ausgang der

23 f. Hyperboreern, ein Volk, das der Sage nach am Ende des Erdkreises wohnt.

Abenteuer erstrecke, in welche sie sich mit einem solchen Charakter
noch verwickeln könnte!

Das zarte dankbare Herz meiner Musarion leidet nicht wenig
bei der Freiheit, die wir uns in unsern Urteilen über ihre geliebte
Pflegemutter herausnehmen. Sie möchte sich selbst gerne verbergen, 5
daß wir recht haben, und würde uns zürnen, wenn sie zürnen
könnte, daß wir alles im vollen Sonnenlichte sehen, was sie selbst
nur in dem sanft verhüllenden und verwischenden Mondlicht oder
in der verschönernden Beleuchtung der Abendsonne sehen will.
Demungeachtet bittet sie mich, dir in ihrem Namen für die 10
freundliche Art zu danken wie du ihrer gegen Lais erwähnt hast.
Das holdselige Weibchen giebt mir täglich neue Ursache mich in
ihrem Besitz glücklich zu fühlen. Ich weiß nicht, ob du dich
erinnerst, daß ich eine Schwester habe, die bei deiner ersten Abreise
von Cyrene noch ein Kind von vier bis fünf Jahren war? Da 15
wir vor einiger Zeit das Unglück hatten, unsre gute Mutter zu
verlieren, bat Musarion meinen Vater, daß er ihr die junge
Kleone anvertrauen möchte, die jetzt gerade in die Jahre tritt,
wo die Aufsicht und Leitung einer mütterlichen Freundin einem
Mädchen am nötigsten ist. Du zweifelst nicht, daß es ihr mit 20
der besten Art zugestanden wurde; und so habe ich schon seit
mehreren Wochen das Vergnügen, eine Schwester, die ich nach
Musarion über alles liebe, unter ihren Augen gleich einer lieblichen noch ganz unversehrten Rosenknospe unter den schirmenden
Blättern des mütterlichen Stockes allmählich zur schönsten Blüte 25
sich entfalten zu sehen.

Gedenkst du dich noch lange zu Rhodus zu verweilen, Aristipp?
— Wie gerne wir dir auch die mannigfaltigen Genüsse gönnen,
die dir in dem Lande, welches sich Minerva und Apollo mit den
Musen und Grazien zu ihrem eigenen Sitz erkoren haben, von 30
allen Seiten zuströmen, so giebt es doch Tage und Stunden (und
es sind gerade die seligsten unsers glücklichen Familienlebens), wo
wir uns alle nach dir sehnen und die Athener und Korinthier,
Milesier und Rhodier — und wer kann sie alle zählen, die uns
das Glück, dich zu besitzen, vorenthalten? — so herzlich darum 35
beneiden, daß es ihnen unmöglich wohl bekommen kann.

41. An Kleonidas.

Die sittenrichterliche Miene, womit du die scherzhaften Stellen meines letzten Briefes beinahe gar zu ernsthaft beantwortest, lieber Kleonidas, läßt dir so gut, daß ich nicht ungehalten über dich
5 werden könnte, wenn ich auch Ursache hätte, es — über mich selbst zu sein. Es ist nicht unmöglich, daß die asiatische Luft, die ich seit einigen Jahren atme, die Wirkung auf mich thut, die du bemerkt haben willst; wenigstens wäre dies ebenso natürlich als daß der zarte Sinn meines Kleonidas für das Geziemende und
10 Schön=Gute durch die glückliche Beschränktheit, Regelmäßigkeit und halcyonische Stille seines häuslichen Künstlerlebens immer zärter werden und daher manches mehr oder weniger auffallend finden muß, woran wir andern sorglos und vogelfrei in der Welt herum= treibenden Menschen nicht den geringsten Anstoß nehmen. Es ist,
15 denke ich, mit dem moralischen Gefühl wie mit dem organischen: das Anwehen eines rauhen Lüftchens fällt den zarten Wangen eines fast immer in den Mauern des Frauengemachs eingeferkerten Mädchens oder eines mit Rosen aufgefütterten Knaben empfind= licher als das Anprallen des schärfsten Nordwindes der ledernen
20 Haut eines abgehärteten Kriegsmannes oder Seefahrers. Indessen wenngleich auch hier das eben Rechte in der Mitte liegt, so gesteh' ich doch willig ein, daß es in sittlichen Dingen besser ist, zu viel als zu wenig Zartgefühl zu haben.
Meine Vergleichung unsrer korinthischen Freundin mit dem
25 berüchtigten Sohn des Klinias hätte ich von dir lieber bestritten als bekräftigt sehen mögen. Vielleicht urteilten wir beide zu strenge über sie; vielleicht stimmt mich dagegen zu einer andern Zeit die Erinnerung an so viele mit ihr verlebte Tage, die so schön nie wiederkehren werden, zu einer größern Nachsicht, als sie
30 von einem ganz unbefangenen Richter zu erwarten hätte. Genug, ich bin weit entfernt, die Hoffnung aufzugeben, daß sie sich noch unvermerkt, und am ehesten ohne fremdes Einmischen zu dieser ruhigen Selbstgenügsamkeit und Festigkeit des Gemüts läutern werde, ohne welche wir freilich Ursache hätten immer für sie in
35 Sorgen zu sein. Warum hätte sie sich von Arasambes getrennt und ihrer Freiheit durch diese Trennung so große Opfer gebracht, wenn das schöne Bild einer reinern Glückseligkeit, welche sie zu

---

25. Sohn des Klinias, Alcibiades.

geben und zu empfangen fähig iſt, nicht lebhaft genug auf ſie
gewirkt hätte, um über die üppigſten Befriedigungen der Sinne,
über alle Forderungen der Eitelkeit, der Prachtliebe und jeder
andern ſelbſtſüchtigen Leidenſchaft das Übergewicht zu erhalten?
Laſſen wir ihrer blumenreichen Phantaſie noch einige Zeit, ſich   5
durch raſtloſes Herumflattern zu ermüden! Das Bedürfnis der
Ruhe wird mit dem erwachenden Gefühl deſſen, was ſie ſich ſelbſt
ſein könnte, nur deſto dringender werden; ſie wird ſich unverſehens
nach Ägina zurückziehen, ihre lieblichen Haine der Sokratiſchen
Sophroſyne und ihren ernſten Grazien heiligen und glücklich ſein,   10
wie ſie es noch nie geweſen iſt; oder das letzte rührende Lebewohl
und der weihende Händedruck des ſcheidenden Weiſen müßte alle
ſeine Kraft an ihr verloren haben.

Ich glaube gar, ich ſchwärme, Freund Kleonidas? Beim
Anubis! es iſt nicht ganz richtig mit mir. Bald werd' ich mir   15
geſtehen müſſen, daß ich dir ähnlicher bin als mir meine Be=
ſcheidenheit zu denken erlauben wollte. — Ernſthaft zu reden,
meine Freundſchaft oder Liebe (wenn du willſt) für dieſes wunder=
bare Weſen iſt nie wärmer als wenn etliche tauſend Stadien
zwiſchen uns liegen. Die Phantaſie treibt zuweilen auch mit uns   20
andern kaltblütigen Leuten ihr Gaukelſpiel. Mir zum Beiſpiel
ſchiebt ſie in einer ſolchen Entfernung unvermerkt eine Art von
idealiſcher Lais unter, wie ich etwa wünſche, daß die wirkliche
ſein möchte; und dann dünkt mich es ſei nichts, was ich nicht
für ſie zu thun fähig wäre, wenn ſie dadurch glücklich würde,   25
und mir gehen ſeltſame Grillen durch den Kopf, die ich mir
durch allerlei ſcheinbare Vorſpiegelungen wahr zu machen ſuche.
Ich beſorge ſehr, die Hoffnung, daß der abgeſchiedene Geiſt des
Sokrates noch ein Wunder an ihr thun werde, iſt eine dieſer
Grillen; denn leider! bei kühler Überlegung ſehe ich wenig Wahr=   30
ſcheinlichkeit, daß die leibhafte Lais jemals von dem, was ſie ihr
Syſtem nennt, zurückkommen werde, wiewohl es im Grunde nichts
als Blendwerk iſt, hinter welchem ſie ihre übermütige Luſt, Unheil
in unſern armen Köpfen anzurichten, ſich ſelbſt zu verbergen ſucht. .

Mit der ſchönen Cyrene, zu welcher du mich ſo freundlich   35
einladeſt, geht es mir wie mit der ſchönen Lais; meine Liebe zu
ihr wächſt mit dem Raum und der Zeit, die mich von ihr ent=
fernen; und wie könnte Liebe ohne Verlangen ſein? Cyrene, die

15. Anubis, ägyptiſche Gottheit.

doch alles, was mir das Liebste ist, enthält, bleibt auch immer
das letzte Ziel meiner Wanderungen, das Ithaka der freiwilligen
Odyssee, die ich — nicht dichte — sondern lebe. Ich nenne sie
freiwillig, weil keine feindseligen Götter sich gegen meine Zurück=
5 kunft verschworen haben; aber dennoch zweifle ich selbst, daß sie
so ganz willkürlich ist, als das täuschende Gefühl der Freiheit sie
mir vorspiegelt; denn die unsichtbaren Seile, die mich nach Korinth
und Athen zurückziehen, sind darum nicht minder stark, weil es
keine Ankertaue sind. Beide liegen noch zwischen mir und Cyrene,
10 und ich kann jetzt noch nicht ernstlich daran denken, sie hinter
mir zu lassen. Überdies werde ich noch in Rhodus selbst durch
mancherlei Verhältnisse aufgehalten, und nach Achaja gedenke
ich nicht wiederzukehren, ohne zuvor alle merkwürdigen Orte in
Kleinasien und die nördliche Küste des Euxins besucht zu haben.
15 Kurz, lieber Kleonidas, da ich mich einmal so weit in die Welt
hinausgewagt habe, gebührt es sich entweder gar nicht oder als
ein stattlicher, an Kenntnissen und Erfahrungen reicher, weiser und
gefügter Mann nach Cyrene zurückzukommen.

---

42. Learchus an Aristipp.

20   Wir erfreuen uns wieder eines Vorzugs, um welchen uns
Athen und Syrakus beneiden, des Glücks, die schöne Lais nach
einer mehr als vierjährigen Abwesenheit wieder in unsern Mauern
zu besitzen; wenn anders die Erlaubnis, seine Augen unentgeltlich
an ihrem Anschauen zu weiden, für eine Art von gemeinsamen
25 Besitz gelten kann. Dies ist ein Recht oder vielmehr eine Wohl=
that, die sie gleich der Sonne allen Augen zugesteht, die es auf
die Gefahr ebenso wie von einem Blick in die Sonne geblendet
zu werden wagen wollen in die ihrigen zu sehen. Irgend einer
höhern oder geheimern Gunst kann sich unter allen, die sich darum
30 zu beeifern scheinen, bis jetzt noch keiner rühmen; aber auch
diese ist schon so groß, daß einige Zeit hingehen dürfte, bis irgend
ein Übermütiger sich erdreisten wird über die Unzulänglichkeit
einer so geistigen Nahrung der ungenügsamsten aller Leidenschaften
zu knurren. In der That ist ihre Schönheit noch immer im Zu=
35 nehmen und scheint sogar, anstatt durch die Zeit das Geringste
von ihrer frischen Blüte verloren, im Gegenteil in der Blende,

19. Learchus von Korinth.

worin sie zu Sardes gestanden, einen noch höhern Glanz gewonnen
zu haben, — etwas Gebieterisches, Königliches, möcht' ich sagen,
das in die Länge kaum erträglich wäre, wenn sie es nicht durch
die liebenswürdigste Anmut der Sitten und das gefälligste Benehmen im Umgang zu mildern wüßte. Bei allem dem lebt sie 5
auf einem so fürstlichen Fuß zu Korinth, daß zu besorgen ist,
falls auch sie selbst reich genug wäre, es immer auszuhalten, die
Korinther möchten nicht artig oder demütig genug sein, es lange
gut zu finden. Indessen bis jetzt geht noch alles als ob es nicht
anders sein könnte. Das Volk, dem der Schein immer für das 10
Wesentliche gilt, wird durch den Schimmer, womit sie sich umgiebt,
und ihre große Manier, das persische Gold in Umlauf zu setzen,
im Respekt erhalten; unsre Patrizier hingegen trösten sich mit
dem Gedanken, daß eine solche Lebensart der geradeste Weg sei
die stolze Göttin desto eher zu humanisieren und endlich so ge- 15
schmeidig zu machen als jeder sie, wenigstens für sich selbst, zu
finden wünscht. Da dies aber ganz und gar nicht in den Plan
der Dame zu passen scheint, so würde, deucht mich, ein warnender
Wink von einem vertrauten Freunde nicht überflüssig und vielleicht
von guter Wirkung sein. Ich selbst bin zwar so glücklich, sie 20
öfters zu sehen und sogar zu dem engern Ausschuß ihrer Gesellschafter zu gehören; aber wenn ich auch großmütig genug sein
wollte, gewissermaßen gegen meinen eignen Vorteil zu handeln,
so ist doch mein Verhältnis zu ihr nicht von solcher Art, daß ich
mir ohne Zudringlichkeit das Amt eines Erinnerers herausnehmen 25
dürfte. Auf jeden Fall, lieber Aristipp, wäre wohl das beste, wenn
du dich entschließen könntest, dich den Reizen der schönen Rhodos zu
entreißen und mit der ersten guten Gelegenheit nach Korinth zu
kommen. Lais selbst scheint beinahe gewiß darauf zu rechnen, und
dein gastfreundliches Gemach im Hause deines Learch ist zu allen 30
Stunden für deine Aufnahme ausgeschmückt.   L. W.

43. Lais an Aristipp.

Verzeihe, mein Lieber, wenn ich dich länger als recht ist auf
Nachricht warten ließ, wie deiner Freundin die Luft des Isthmus
wieder bekommt und wie sie nach einer so langen Abwesenheit 35
von den Korinthiern aufgenommen worden. Jene hat mir mit

dem erſten Atemzug alle meine vorige Leichtigkeit und Unbefangen=
heit wiedergegeben; dieſe benehmen ſich ſo artig und anſtändig
als es die etwas zweideutige Witwe eines noch vollauf lebenden
perſiſchen Fürſtenſohns nur immer verlangen kann. Ich mache
5 ein ziemlich großes Haus, lebe wieder ſo frei wie die Vögel des
Himmels nach meiner eigenen gewohnten Weiſe und erinnere mich
zuweilen des Aufenthalts zu Sardes und aller ſeiner Herrlichkeiten
als eines ſeltſamen Morgentraums, der im Erwachen unvermerkt
an der aufgehenden Sonne zerrinnt und, wie angenehm er auch
10 war, kein Bedauern, daß er ausgeträumt iſt, in der Seele zurück=
läßt. Freilich befinde ich mich in dem ungewöhnlichen Fall einer
Perſon, die im Traum einen großen Schatz erhoben hätte und
beim Erwachen wirklich einen kleinen Berg von Goldſtücken
vor ihrem Bette aufgeſchüttet fände; und wenn du glaubſt, daß
15 dieſer Umſtand nicht wenig zu der Ruhe, deren ich mich rühme,
beitragen könnte, ſo will ich ſo ehrlich ſein und geſtehen, daß du
es nahezu erraten haſt.

Ich lebe hier ungefähr auf ebendemſelben Fuß wie zu Milet.
Mein Haus iſt zwar nicht zu allen Stunden aber doch in den
20 gewöhnlichen, wo man Geſellſchaft ſieht, allen offen, die man zu
Athen Kalokagathen nennt. Eupatriden, Staats= und Kriegsmänner,
Dichter, Sophiſten und Künſtler, alte und junge, reiche und arme,
fremde und einheimiſche, jedermann, der ſich in guter Geſellſchaft
mit Anſtand zeigen kann, iſt gern geſehen; nur daß immer zwei
25 oder drei mit einander kommen müſſen; denn die Unterhaltungen
unter vier Augen ſind nur den vertrautern Freunden, lauter
Männern, die meine Väter ſein könnten, vorbehalten, und unter
den jüngern höchſtens einem, den die Götter etwa in beſondere
Gunſt genommen haben; dir zum Beiſpiel, wenn du hier wäreſt;
30 zumal da ſich bisher noch keiner gefunden hat, der mich vergeſſen
machen könnte, daß du es nicht biſt.

Es iſt wohl kein Zweifel, daß ich mich durch dieſe Lebens=
ordnung weder den Matronen noch den Hetären (deren Orden
hier ſehr zahlreich und begünſtigt iſt) ſonderlich empfehle; wiewohl
35 die letztern mehr Urſache hätten, mich für eine Wohlthäterin als
für eine Konkurrentin anzuſehen. Denn bei weitem die meiſten
meiner Anbeter unterliegen am Ende doch der Verſuchung ſich bei
ihnen wie die Freier der Penelope bei den gefälligen Hofmägden
des Ulyſſiſchen Hauſes für ihre bei mir verlorne Zeit und Mühe

zu entſchädigen. Indeſſen muß ich geſtehen, daß die Verbindlichkeit, die ſie mir von dieſer Seite ſchuldig ſind, vielleicht doch einige Einſchränkung leiden mag. Die Sache iſt, daß ich um mir teils ſelbſt die Pflichten der Frau des Hauſes zu erleichtern teils (wenn du willſt) aus Gutherzigkeit einige ſchöne junge Mädchen zu mir 5 genommen habe, die zwar korinthiſche Bürgerinnen ſind, aber aus Mangel an Vermögen und Unterſtützung wahrſcheinlich ſich ge= nötigt geſehen hätten ihren Unterhalt der Aphrodite Pandemos abzuwerdienen. Dieſe laſſe ich von den geſchickteſten Lehrmeiſtern im Leſen der Dichter, in der Muſik und in der Tanzkunſt unter= 10 richten und mache mir nach dem Beiſpiele der ſchönen Aſpaſia ſelbſt ein Geſchäft daraus, ſie zu angenehmen Geſellſchafterinnen für mich und andere zu bilden. Könnte ich ihnen mit meinen Grundſätzen auch zugleich meine Sinnesart einflößen, ſo würde meine Abſicht vollkommen erreicht. Da ſich aber darauf nicht 15 rechnen läßt, ſo bin ich zufrieden, ihnen ſo viel Achtung gegen ſich ſelbſt und ſo viel Mißtrauen gegen euer übermütiges Ge= ſchlecht beizubringen, als einem Mädchen nötig iſt, das ſich in den gehörigen Reſpekt bei euch ſetzen und, wenn ſie unglücklicher Weiſe der Liebe ſich nicht gänzlich erwehren kann, wenigſtens 20 keinem andern Amor unterliegen will als jenem Anakreontiſchen, den die Muſen

> Mit Blumenkränzen gebunden
> Der Schönheit zum Sklaven gegeben.

Du kannſt dir leicht vorſtellen, lieber Ariſtipp, was für eine 25 alberne Celebrität ich mir durch dieſe den Söhnen und Töchtern der Achäer ſo ungewohnte und ſo vielerlei Vorurteile vor die Stirne ſtoßende Lebensart zuziehen werde. Dies iſt eben nicht, was ich wünſche; aber ich ſehe nicht, wie ich es vermeiden könnte; wer ſchwimmen will, muß ſich gefallen laſſen, naß zu werden. 30

Ich habe die traulichen kleinen Sympoſien, die ich zu Milet bei mir eingeführt hatte, wobei eine freie, muntere Unterhaltung über intereſſante Gegenſtände die beſſere Hälfte der Bewirtung ausmachte, auch hier wieder in den Gang gebracht; wiewohl die Korinthier, überhaupt genommen, keine Liebhaber von ſo nüchternen 35 Gaſtmählern ſind. Bilde dir darum nicht ein, daß mein Koch

---

8. Aphrodite Pandemos, der bloßen Sinnenliebe. — 11. Aſpaſia. An einer andern Stelle ſeiner Werke faßt Wieland, was er hier von ihr erwähnt, weniger vorteil= haft auf. — 26. Celebrität, Berühmtheit.

sich dabei vernachläßigen dürfe. Wenige Schüßeln, aber das Beste
der Jahreszeit aufs feinste zubereitet, kleine Becher, aber die edelsten
Weine Cyperns und Siciliens, — darin besteht meine ganze
Frugalität, und ich gestehe gern, daß ich sie — dir selbst abgelernt
5 habe. Zu Athen reicht man damit aus und erhält noch Lob und
Dank; aber so genügsam sind unsre korinthischen Kalokagathen
nicht. Außer deinem Freunde Learchus und einem vielversprechenden
jungen Künstler Namens Euphranor (der, im Vorbeigehen gesagt,
einer meiner wärmsten und hoffnungsvollsten Anbeter ist) sind es
10 daher fast lauter Fremde, die sich um den Zutritt zu meinen
Aristippischen Orgien (wie ich sie dir zu Ehren nennen möchte)
bewerben oder von freien Stücken dazu eingeladen werden Die
Unterhaltung gewinnt nicht wenig dadurch, und ich denke, es sollte
sich aus unsern Tischreden etwas ganz Artiges machen laßen, wenn
15 sie, von einem Geschwindschreiber aufgefaßt, als bloßer Stoff einem
Meister wie Xenophon oder Plato in die Hände fielen. Nicht
selten wagen wir uns auf die Leichtigkeit unsrer Hand vertrauend
sogar an die verschlungensten Knoten der Philosophie; und wenn
uns die Entwicklung zu langweilig werden will, ziehen wir uns
20 zuweilen auf die kürzeste Art aus der Sache und kommen der
Subtilität unsrer Finger — mit der Schere zu Hülfe. Gestern
z. B. erwähnte einer zufälliger Weise, daß Sokrates das Schöne
und Gute für einerlei gehalten und also nichts für schön habe
gelten laßen wollen, wenn es nicht zugleich gut, d. i. nützlich, ja
25 sogar nur insofern es nützlich sei. Dies veranlaßte einen Dialog,
wovon ich dir, weil ich gerade zum Schreiben aufgelegt bin und
(die Wahrheit zu gestehen) deine eigene Meinung von der Sache
wißen möcht, so viel, als mir davon erinnerlich ist, mitteilen
will, wenn du anders Lust und Muße hast weiter zu lesen.

30   Die Hauptpersonen des Gesprächs waren der junge Speusipp
(Platons Neffe von seiner ältern Schwester, einer der liebens=
würdigsten Athener, die ich noch gesehen habe), ein gewißer Epigenes
von Trözen, der seine Geistesbildung vornehmlich von den Sophisten
Prodikus und Protagoras erhalten zu haben vorgiebt, und Euphranor,
35 welchem, da er Maler und Bildner zugleich ist, ein unstreitiges
Recht zukam, mit zur Sache zu sprechen. Daß die Frau des

---

4. Frugalität, Mäßigkeit, Nüchternheit. — 8. Euphranor, Εὐφράνωρ. Dies
ist in der That der Name eines berühmten Malers und Bildhauers, der um 400 v. Chr.
lebte. — 30. Speusippos, derselbe lehrte nach dem Tode des Plato in der Akademie.

Hauſes ſich ein paarmal in das Geſpräch miſchte, wirſt du einer ſo er=
klärten Liebhaberin alles Schönen zu keiner Unbeſcheidenheit auslegen.

„Mich dünkt, ſagte Epigenes, der zu dieſer Erörterung den
Anlaß gegeben hatte, ehe wir uns auf die Frage 'was das
Schöne ſei?' einlaſſen, wäre wohlgethan, den Sprachgebrauch um 5
die Bedeutung des Wortes zu fragen, da es ſo vielerlei, zum
Teil ganz ungleichartigen Dingen beigelegt wird, daß der allge=
meine Begriff, der mit dieſem Worte verbunden zu werden pflegt,
nicht leicht zu finden ſein dürfte. Wir ſagen: ein ſchöner Himmel,
eine ſchöne Gegend, ein ſchöner Baum, eine ſchöne Blume, ein 10
ſchönes Pferd, ein ſchönes Gebäude, ein ſchönes Gedicht, eine ſchöne
That. Man ſagt: dieſer Wein hat eine ſchöne Farbe, dieſer Sänger
eine ſchöne Stimme, dieſe Tänzerin tanzt ſchön, dieſer Reiter ſitzt
ſchön zu Pferde. Ich würde nicht fertig, wenn ich alle die körper=
lichen, geiſtigen und ſittlichen Gegenſtände, Bewegungen und 15
Handlungsweiſen herzählen wollte, denen das Prädikat ſchön bei=
gelegt wird. Was iſt nun die ihnen allen zukommende gemein=
ſame Eigenſchaft, um derentwillen ſie ſchön genannt werden? Ich
kenne keine allgemeinere als dieſe, daß ſie uns gefallen. Die
Menſchen nennen alles ſchön, was ihnen gefällt." 20

Speuſipp. Ich gebe gern zu, daß das Schöne allen gefällt,
deren äußerer und innerer Sinn geſund und unverdorben iſt; aber
daß alles, woran ein Menſch Wohlgefallen haben kann, darum
auch ſchön ſei, kann ſchwerlich deine Meinung ſein.

Lais. Sonſt wäre nichts Schöneres als ein mit Fäſſern 25
und Kiſten wohlbeladenes Laſtſchiff voll morgenländiſcher Waren,
wenigſtens in den Augen des korinthiſchen Kaufmanns, vor deſſen
Hauſe ſie abgeladen werden, und der in dieſem Augenblick gewiß
mehr Wohlgefallen an ſeinen ohne Symmetrie über einander her=
gewälzten Fäſſern, Kiſten und Säcken hat als an dem ſchönſten 30
Gemälde des Parrhaſius.

Epigenes. Alſo, mich genauer auszudrücken, nenne ich ſchön,
was allen Menſchen ohne Rückſicht auf den Nutzen, der daraus
gezogen werden kann, gefällt.

Speuſipp. Sollte damit zu Erhaltung des Begriffs vom 35
Schönen etwas gewonnen ſein? Was gefällt, iſt (deinem eigenen
Geſtändnis nach) nicht immer ſchön; aber das Schöne gefällt immer,
bloß weil es ſchön iſt. Die Frage: Was iſt ſchön? bleibt alſo
noch unbeantwortet.

Euphranor. Könnte uns nicht irgend ein Werk der Kunst am leichtesten zu der Antwort verhelfen, die wir suchen?

Lais. Mich dünkt, Euphranor bringt uns auf den rechten Weg.

5 Euphranor. Zum Beispiel, der junge Bacchus dort, dem der lachende Faun den rosenbekränzten Becher reicht, indem er mit dem linken Zeigefinger schalkhaft auf die neben ihm an einem Weinschlauch eingeschlafne Mänas hinweist.

Lais. Es soll eines der besten Werke des berühmten Alexis 10 von Sicyon sein.

Euphranor. Lassen wir diesen Bacchus für schön gelten, oder hat jemand etwas Wesentliches an ihm auszusetzen?

Speusipp. Ewige Jugend in ewig fröhlicher Wollusttrunkenheit kann unmöglich schöner dargestellt werden.

15 Euphranor. Das möchte ich nun eben nicht behaupten; genug, wir alle geben zu, daß er nicht häßlich ist.

Alle. Unstreitig.

Euphranor. Was mag wohl die Ursache dieses einstimmigen Urteils sein?

20 Lais. Unser Gefühl vermutlich.

Epigenes. Aber warum wir es alle fühlen und fühlen müssen, wir mögen wollen oder nicht, das ist es wohl, was Euphranor hören möchte?

Euphranor. Und worin könnte dies liegen als in der 25 Gestalt des jungen Gottes, in der bestimmten Form eines jeden seiner Glieder, in ihren Verhältnissen gegen einander und in ihrer Verbindung zur harmonischen Einheit des Ganzen?

Ich und Epigenes und die übrigen alle waren sogleich mit unserm Ja bei der Hand. Nur Speusipp lächelte beinahe un30 merklich und schwieg.

Euphranor. Aber die schlummernde Mänas zu seinen Füßen — kann man leugnen, daß sie schön ist?

Learchus. Ich glaube in aller Männer Namen kühnlich sagen zu dürfen, sie ist sehr schön.

35 Euphranor. Und der junge Faun?

Lais. Ich wenigstens habe noch keinen schönern gesehen.

Euphranor. Also der Gott ist schön, der Faun ist schön, die Bacchantin ist schön, ungeachtet das, warum wir jedes für

---

8. Mänas, Bacchantin (μαινάς: die Rasende).

ſchön halten, die Formen und Verhältniſſe der einzelnen Teile
und die Symmetrie des Ganzen, an allen dreien die augenſchein=
lichſte Verſchiedenheit zeigt. Würden wir aber zufrieden ſein,
wenn der Faun für den Weingott angeſehen werden könnte, oder
der Weingott für einen Faun? Mit der Form des ſchönſten Fauns 5
würden wir den Bacchus nicht ſchön genug, mit den Formen des
letztern hingegen jenen allzu ſchön finden. Und wenn die Mänas
ihren hohen Buſen gegen die breite Bruſt des Bacchus, er ſeine
Schultern und Hüften gegen die ihrigen umtauſchte, würden nicht
beide dabei verlieren, wiewohl ſie Schönes um Schönes gäben? 10
    Epigenes. Ganz gewiß. Schön wäre demnach etwas ſo
Verhältnismäßiges, daß es unter veränderten Umſtänden häßlich
werden könnte; wie z. B. ein ſchönes Weib einen mißgeſtalteten
Mann, ein ſchöner Faun einen häßlichen Bacchus abgäbe?
    Euphranor. Dies möchte doch wohl zu viel geſagt ſein. 15
Ein Mann mit weiblichen Gliederformen wäre doch immer ein
ſchönes Ungeheuer, und ein Bacchus mit den Formen eines ſchönen
Fauns würde nur unedel, nicht häßlich ſein. Indeſſen könnte
auch aus lauter ſchönen Teilen ein ſehr widerliches Ganzes zu=
ſammengeſetzt werden, ohne daß die Teile aufhörten ſchön zu ſein; 20
es braucht dazu nichts weiter als jedem eine unrechte Stelle zu
geben. Der ſchönſte Mund ſchief auf die Stirn, das ſchönſte
Auge an die Stelle des Mundes und die zierlichſte Naſe an den
Platz des Auges geſetzt, würde aus dem Geſicht einer Lais eine
lächerliche Fratze machen. 25
    Lais. Führt uns dies nicht unvermerkt auf den Sokrati=
ſchen Begriff zurück, daß jedes Ding ſchön iſt, wenn es das iſt,
was es ſeiner Natur und ſeinem Zwecke nach ſein ſoll?
    Epigenes. Wenn dies keine Ausnahmen leidet, ſo würde
der Elefant, der Dachs und die Fledermaus ebenſowohl an 30
Schönheit Anſpruch zu machen haben als der Onager, das Reh
und der Faſan.
    Lais. Warum nicht, wenn wir dem unerſchöpflichen Er=
findungsgeiſte der göttlichen Bildnerin Natur nicht unbefugte
Schranken ſetzen und durch eigenſinnige Vorliebe für gewiſſe und 35
vorzüglich gefällige Geſtalten uns zu kleinlichen einſeitigen Urteilen
verleiten laſſen wollen?
    Euphranor. Mit allem Reſpekt, den ich dir und der gött=

31. Onager, ὄναγρος, Waldeſel.

lichen Bildnerin schuldig bin, verzweifle ich doch, es jemals so
weit zu bringen, daß mir die Fledermaus oder der Krokodil schön
vorkomme, und ich glaube hierin die Augen aller Menschen und
die deinigen zuerst auf meiner Seite zu haben.   Auch sehe ich
5 nicht, warum alles, was die Natur hervorbringt, gerade für unsern
Schönheitssinn gebildet sein müßte; und da es uns an Worten
nicht mangelt, warum muß denn etwas, das nur dem Verstande
schön ist, mit einem Worte bezeichnet werden, welches in seiner
eigentlichen Bedeutung vorzüglich solchen Dingen zukommt, die
10 durch Formen und Farben, harmonische Verhältnisse und Symmetrie
unsre Augen oder vielmehr den innern Sinn, dessen Werkzeug sie
sind, vergnügen? Die meisten Schöpfungen der Natur haben diese
Eigenschaft in höhern und mindern Graden.   Ich zweifle sehr,
daß ein Mensch in der Welt ist, der nicht auf den ersten Anblick
15 die Gans schöner als die Ente, den Schwan schöner als die Gans,
den Pfau schöner als den Schwan finden sollte; aber vor der
Fledermaus schaudert jeder, der sie erblickt, zurück.

Lais. Wiewohl die Unverschämtheit zu Athen eine Göttin
ist, so verlasse ich mich doch nicht genug auf ihren Beistand, um
20 dir hierin zu widersprechen; sie könnte mich häßlich im Stiche
lassen, wenn einer dieser schönen Nachtvögel unversehens daher-
geschossen käme, um sich für die unverdiente Ehre zu bedanken,
die ich ihm erwiesen habe.

Dieser unzeitige Scherz stimmte sogleich die ganze Gesellschaft
25 auf einen andern Ton.   Die Athener erhielten ziemlich zweideutige
Lobsprüche über ihre außerordentliche Gottesfurcht; und da sie
eben nicht in Ruf sind, sich durch die Tugenden der Bescheidenheit und Scham unter den Griechen auszuzeichnen, so meinte
Learchus, sie hätten wohlgethan, der Anädeia für die guten Dienste,
30 die sie ihnen bei mehr als einer Gelegenheit geleistet, eine Kapelle
zu bauen und sich dadurch ihres Beistandes auf immer zu versichern.   Der gute Speusipp, wiewohl er zu viel Urbanität besitzt,
um von solchen Scherzen beleidigt zu werden, glaubte doch zuletzt,
er müsse sich seiner bedrängten Vaterstadt annehmen, und bemühte
35 sich, uns (etwas ernsthafter, als nötig war) darzuthun: daß es

---

2. der Krokodil. Im Lateinischen ist crocodilus Maskulinum. Daher wird es
auch in der älteren deutschen Litteratur als Maskulinum behandelt, so bei Luther, Hans
Sachs — der es aber daneben bereits als Neutrum gebraucht —, Adelung. — 29. „Anädeia (die Schamlosigkeit), eine Göttin oder weiblicher Dämon, der die Athener auf Anraten des Epimenides einen Tempel erbauten (Cic. de leg. II, 11)." W.

einem ſo religiöſen Volke, wie die Athener von jeher geweſen,
zumal in jenen Zeiten einer noch ſehr großen Einfalt der Begriffe
und Sitten, keineswegs zu verdenken ſei, daß ſie ſich von einem
Myſtagogen, der in einem ſo hohen Ruf der Heiligkeit und Weisheit in den göttlichen Dingen geſtanden, wie Epimenides, hätten 5
bewegen laſſen, der Hybris und der Anädeia eigene Tempel zu
widmen, in der Abſicht, dieſe übelthätigen Dämonen dadurch zu
beſänftigen und zur Schonung zu bewegen; zumal da die entgegengeſetzten guten Dämonen, Eleos und Aido bereits öffentliche Altäre
zu Athen hatten, und jene, wenn ſie vernachläſſigt worden wären, 10
eine ſolche Parteilichkeit ſehr ungnädig hätten aufnehmen können.
Die Athener (meinte er) befänden ſich mit der Göttin Unver-
ſchämtheit in dem nämlichen Falle wie die Spartaner mit ihrem
Gotte Furcht, welcher von alters her ſehr andächtig von ihnen
verehrt worden ſei, ohne daß es jemals einem Menſchen ein- 15
gefallen, ihre Tapferkeit deswegen in den mindeſten Zweifel zu
ziehen.

Es wäre nicht artig geweſen, einem Abkömmling des weiſen
Solon wegen dieſer Apologie ſeiner Mitbürger ins Geſicht zu
lachen. Ich verſicherte ihn alſo in unſer aller Namen, daß wir 20
weit entfernt ſeien, dieſe Sache in einem andern Lichte zu ſehen;
und da die ganze Geſellſchaft zu bedauern ſchien, daß wir den
Gegenſtand unſers Geſprächs darüber aus dem Geſichte verloren,
ſetzte ich hinzu: ich würde für meinen unzeitigen Scherz zu hart
beſtraft ſein, wenn wir des Vergnügens entbehren müßten zu 25
hören, wie Speuſipp, wenn ich recht in ſeinen Augen geleſen hätte,
im Begriff geweſen ſei den Knoten zu entſchlingen, der meines
Erachtens bisher unter unſern Händen eher noch mehr verwickelt
als aufgelöſt worden. Du mußt wiſſen, daß dieſer Speuſipp,
einen ſchwachen Anſtrich von Platoniſcher Pedanterei abgerechnet, 30
ein ſehr feiner Jüngling iſt und (unter uns geſagt) ohne meine
Schuld einen der Pfeile, welche der Sohn Cytherens aus meinen

---

4. „Myſtagog wurde bei den eleuſiniſchen und andern Geheimniſſen derjenige Prieſter
genannt, der die Aſpiranten in das Heiligtum zum Anſchauen der Geheimniſſe einführte
und ihnen das, was ſie hörten und ſahen, erklärte. Man begreift hieraus, in welchem
Sinne Platons Diotima in Platons Sympoſion ſcherzweiſe die Myſtagogin der Liebe ge-
nannt wird." W. — 5. Epimenides, ein Wahrſager und Dichter aus Kreta, entſühnte
Athen nach dem von den Alkmäoniden im Tempel der Athene auf der Akropolis begangenen
Frevel. Er ſchlief 40 Jahre in einer Höhle und machte dann wieder Gedichte. Goethes
Dichtung „Das Erwachen des Epimenides" bezieht ſich auf ihn. — 6. Hybris, ὕβρις,
Übermut. — 9. Eleos, ὁ Ἔλεος, das Mitleiden, hatte einen Altar mitten auf dem Markte
zu Athen. — Aido, Αἰδώς, die ſittliche Scheu, allerdings in Athen verehrt.

Augen links und rechts, wohin es trifft, zu schießen beschuldigt
wird, ziemlich tief in der Leber stecken zu haben scheint. Ich bin
nicht gesonnen, zu seiner Heilung den geringsten Aufwand zu
machen; sollte aber das Übel gar zu ernsthaft werden, so verlasse
ich mich auf die kleine Lasthenia, die seit einiger Zeit die Stelle
der schönen Droso bei mir eingenommen und eine so schwärme=
rische Liebe für die Platonische Philosophie gefaßt hat, daß Speu=
sipp, wofern er noch einige Tage hier verweilt, notwendig davon
gerührt werden muß. — Doch wieder zur Sache!

Der junge Mann antwortete auf meine Einladung, nicht
ohne bis in die Augen rot zu werden, mit aller Grazie und Zu=
versicht, die du einem Athener und einem Neffen Platons zutrauen
wirst. Mich dünkt, fuhr er fort, wir haben uns bisher immer
um einen dunkeln Begriff des Schönen, dessen Dasein wir voraus=
setzten, herumgedreht, ohne ihm selbst näher gekommen zu sein.
Sinne und Einbildungskraft stellen uns nichts als einzelne Dinge
dar, die wir, wenn ihre Gestalt uns gefällt, schön nennen, wie=
wohl uns immer eines schöner als das andere deucht. Auch die
Kunst zeigt uns, sogar in ihren idealisierten Werken, nur einzelne
Gestalten, einen Ringer, Wettläufer oder Faustkämpfer, einen
Achilles, Ajax oder Ulysses, einen Zeus, Apollo, Merkur, Bacchus
u. s. w., nie den Menschen, den Helden oder den Gott, der so
schön ist, als Mensch, Held oder Gott gedacht werden kann. Da=
her sind die Eleer und Athener nie sicher, daß nicht ein Bildner
aufstehe, der einen noch schönern Jupiter als ihren olympischen,
eine schönere Aphrodite als die des Alkamenes in den Gärten
darstelle. Aber wie könnten wir urteilen, daß irgend ein einzelnes
Ding schöner sei als ein anderes in seiner Art, wenn die Idee
des allgemeinen Schönen nicht bereits in unsrer Seele läge, welche
gleichsam der Maßstab ist, woran wir das einzelne Schöne in der
Natur und Kunst messen? Diese Idee ist es, was wir suchen,
ohne zu wissen, daß wir sie schon haben, wiewohl es uns eben
darum, weil sie eine Idee ist, an Mitteln fehlt, sie auf eine an=
dere Art sinnlich darzustellen als im einzelnen, das ist durch bloße
Annäherungen, wobei immer die Möglichkeit eines Schönern bleibt,
weil das Schönste, die Idee selbst, im einzelnen erreichen zu wollen,
ebensoviel wäre als das Unendliche in einen beschränkten Raum
zu fassen.

26. Alkamenes, der Schüler des Phidias.

Also ſprach er — und ergötzte ſich, wie es ſchien, an dem Erſtaunen, das in unſer aller weit offenen Augen zu leſen war. Eine allgemeine Stille ruhte eine Weile auf der ganzen Tiſch= geſellſchaft; es war uns allen, denke ich, als ob uns etwas ge= offenbaret worden wäre, und wir wunderten uns, allmählich gewahr 5 zu werden, daß wir im Grunde nicht mehr von der Sache wußten als vorher. Epigenes war der erſte, der das heilige Schweigen brach. Wir ſind dem Speuſippus nicht wenig Dank ſchuldig, ſagte er mit einem Ernſt, der das eben ausbrechen wollende Lachen von den Lippen deiner mutwilligen Freundin zurückſchreckte, daß 10 er uns einen Blick in die erhabenſten Myſterien ſeines berühmten Oheims thun ließ und uns das unausſprechliche Wort ſeiner Philoſophie vertraute. Denn die Idee iſt der Schlüſſel zu allen Geheimniſſen der Natur in und außer dem Menſchen. — Ich geſtehe mit Beſchämung, ſagte Euphranor, daß dieſer Schlüſſel 15 mir nichts aufſchließt. Ich begreife nichts von einer Idee, die ich in mir trage, ohne zu wiſſen, weder daß ich ſie beſitze, noch wie ich zu ihr gekommen bin, alſo auch ohne gewiß zu ſein, daß ich ſie habe. — Wundert dich dies, Euphranor? verſetzte der junge Athener lächelnd; du haſt alſo, wie es ſcheint, nie wahrgenommen, 20 wie vieles in dir iſt, deſſen Daſein und Beſchaffenheit dir nur durch ſeine Wirkungen offenbar wird? Die ungelehrteſten Menſchen empfinden, erinnern ſich des Empfundenen, vergleichen und unter= ſcheiden, bilden ſich Begriffe und machen Schlüſſe, ohne zu wiſſen, wie ſie dabei zu Werke gehen; und der Gelehrteſte weiß im 25 Grunde nicht viel mehr davon als ſie. Die Idee des Schönen erweiſt ſich in dir und in uns allen durch ihre Wirkungen; ſie ſelbſt iſt ſo wenig anſchaulich, als es z. B. die Kraft iſt, mit welcher du urteilſt, ob du zu dem, was du malen willſt, einen feinern oder gröbern Pinſel nehmen und ihn in dieſe oder 30 jene Farbenmuſchel tauchen ſollteſt. — Es mag vielleicht ſein wie du ſagſt, erwiderte Euphranor; aber weſſen ich ſehr gewiß bin, iſt, daß ich mich, wenn ich eine Galatea malen oder einen Merkur bilden ſollte, auf eine Idee, die ich in mir herum= trage, ohne es zu wiſſen, nicht verlaſſen dürfte. Daß ich die 35 Verhältniſſe und Formen des männlichen und weiblichen Körpers, die bei den Griechen für die ſchönſten gelten, ſtudiert habe; daß

<hr />

33. Galatea, nicht Galathea wie Wieland ſchrieb, Γαλάτεια. Tochter des Nereus und der Doris.

ich genau weiß, wie ein Arm oder Schenkel gestaltet sein muß,
um von jedermann für schön erkannt zu werden, und wie jedes
Gliedmaß nebst allen übrigen, die mit ihm in Verbindung stehen,
sowohl in Ruhe als in jeder Art von Bewegung und Stellung
5 aus jedem Gesichtspunkt betrachtet erscheinen muß; daß ich weiß,
wie man den Pinsel und den Meißel handhaben muß; daß ich,
wenn ich male, jedem Gegenstande seine wahre Gestalt, Farbe
und Haltung, Charakter und Ausdruck, jedem Teil sein rechtes
Verhältnis zu den übrigen, jedem Muskel sein gehöriges Spiel
10 zu geben, Licht, Farben und Schatten richtig und zweckmäßig zu
verteilen und das Ganze auf seinen gehörigen Ton zu stimmen
weiß: alles das sind Dinge, deren ich mir sehr klar bewußt bin,
wovon ich Rechenschaft geben kann, und ohne welche ich nichts
machen könnte, das des Sehens wert wäre. Auch bin ich mir
15 ebenso klar bewußt, wie ich zu dem, was ich weiß und kann,
gelangt bin, nämlich nicht durch den magischen Einfluß einer Idee,
die mir selbst unsichtbar ist, sondern durch emsiges, forschendes
Betrachten der Natur und der Kunstwerke trefflicher Meister, öfteres
Besuchen der Gymnasien und Kampfspiele, hartnäckigen Fleiß,
20 viele Übung, Liebe zur Kunst und brennenden Wetteifer mit denen,
die ich anfangs nur nachzuahmen suchte. Und was den Maßstab
der Grade des Schönen betrifft, wozu bedürfte ich eines andern
als der bestimmten Gestalten einer kleinen Anzahl von Personen,
die in ihrer Art für vorzüglich schön gelten, und des feinen Ge-
25 fühls des Gehörigen, Gefälligen und Genugsamen, das durch beständige Übung des Kunstsinns an der Natur selbst erworben
wird? Ich habe, wiewohl ich noch nicht dreißig Jahre zähle, das
Schönste gesehen, was in den vornehmsten Städten der Griechen
zu sehen ist; aber ich erinnere mich nicht, irgendwo ein Bild eines
30 Gottes, eines homerischen Helden, einer Göttin oder Nymphe gesehen zu haben, welches (das Konventionelle abgerechnet) schöner
wäre als gewisse Personen, die ich kenne. So ist z. B. dieser
Faun nach einem jungen arkadischen Ziegenhirten — dieser Bacchus
nach einem sehr schönen Jüngling, mit welchem ich zu Sicyon
35 öfters badete, und die schlummernde Mänas nach einer Sklavin
der Frau dieses Hauses gebildet. — Und dies weißt du so gewiß? fragte Speusipp. — So gewiß, als daß nicht der berühmte
Alexis von Sicyon, wie Lais im Scherz vorgab, sondern der noch
unberühmte Euphranor von Korinth diese Gruppe, die du selbst

mit deinem Beifall beehrtest, gearbeitet hat. — Hätte ich eine mit
dem Gürtel der Venus geschmückte Juno zu malen, so weiß ich
sehr wohl, an welche sichtbare Göttin ich meine Gelübde richten
würde. — In der That, sagte Speusipp mit der attischen Miene,
die du als ein Vorrecht der edlen Theseïden kennst, es ist nicht 5
zu leugnen, daß wir ein wenig lächerlich sind, indem wir uns an
der Tafel der schönsten Frau in Griechenland die Köpfe darüber
zerbrechen, was schön sei; denn welche Bewandtnis es auch mit
dieser Frage haben mag, dies ist gewiß, daß jeder, der sie sieht,
seine höchste Idee der Schönheit in ihr verkörpert finden wird. 10

Sobald das Gespräch eine solche Wendung nahm, war es
hohe Zeit, ihm ein Ende zu machen. Auf einen Wink, den ich
kurz zuvor einer Aufwärterin gegeben hatte, trat in dem Augenblick, da Speusipp das letzte Wort aussprach, die schöne Lasthenia
an der Spitze meiner oben erwähnten jungen Nymphen in den 15
Saal, um die Gesellschaft mit Musik und Tanz zu unterhalten;
und bevor eine Stunde vergangen war, glaubte ich zu bemerken,
daß meine junge Philosophin den Platoniker (der, wie die Aphyen,
nur Feuer zu sehen braucht, um zu kochen) unvermerkt immer
näher an sich zog. Bei euch Männern wird die Gefälligste zuletzt 20
immer über die Schönste den Sieg erhalten. Es ist ein unglücklicher Vorzug der Weiber, daß die Leidenschaft der Liebe bei ihnen
von der Gegenliebe ganz unabhängig und desto hartnäckiger ist,
je weniger sie Hoffnung hat, erwidert zu werden.

Ich sehe zu spät, daß ich dir ein Buch statt eines Briefes 25
geschrieben habe. Möchtest du mich mit einem noch größern für
meine Unbescheidenheit bestrafen! Sage mir doch ein paar Worte,
wie dir's zu Rhodus geht, was du treibst, und ob man hoffen
darf, deine ehmalige Andacht zu dem Erderschütterer Poseidon
wieder einst erwachen zu sehen? 30

---

5. „Theseïden werden von den Dichtern (und in diesem Briefe scherzweise) die Athener
nach ihrem zweiten Stifter Theseus, genannt." W. — 18. „Aphyen, der gemeinen Meinung nach eine Art von sehr kleinen Sardellen, die in großer Menge an der attischen
Küste gefangen wurden und zu den gewöhnlichsten Nahrungsmitteln der ärmern Volks-
klasse in Athen gehörten. Weil sie sehr klein und zart waren, sagte man im Sprichwort:
Die Aphyen brauchen das Feuer nur zu sehen um gekocht zu sein." W. — 29. dem . . . .
Poseidon. Diese Stelle wird in dem letzten Absatze des 44. Kapitels erklärt.

44. Aristipp an Lais.

Darf ich dir im Vertrauen auf die Rechte einer zehnjährigen
Freundschaft gestehen, schöne Lais, wie mir deine jetzige Lebens=
weise vorkommt? Betrachte ich sie als einen bloßen Übergang von
5 der Glorie einer unumschränkten Gebieterin über die Person und
die Schätze eines persischen Großen zu der glücklichern, aber weniger
schimmernden und prunkenden Lebensart, die einer Einwohnerin
von Korinth geziemt, so wünsche ich bloß, daß du dich entschließen
mögest, zwar nicht gar zu haftig, aber doch lieber zu schnell als
10 zu langsam, von der Höhe herabzusteigen, die du mit der freiesten
Besonnenheit verlassen hast. Was die stolzen Korinthier in die
Laune setzt, dir wie einer fremden Fürstin, welche sich eine Zeit
lang unter ihnen aufhalten wollte, eine Art von glänzendem Hof
zu machen, ist (außer dem Reiz, den die Neuheit der Sache für
15 sie hat) hauptsächlich die Hoffnung, womit jeder sich schmeichelt,
den Vorzug endlich bei dir zu erringen, nach welchem sie alle
trachten. Da du nicht sehr geneigt scheinst, so viel Glückseligkeit
um dich her zu verbreiten, so würde es deiner Ruhe schwerlich
zuträglich sein, wenn du den süßen Wahn einer so großen Menge
20 von Aspiranten allzu lange nähren wolltest. Das ratsamste wäre
also, dich selbst von der hohen lydischen Tonart allmählich zu der
gewohnten dorischen herabzustimmen; und dazu, deucht mich, würden
deine kleinen Abendgesellschaften ein sehr gutes Mittel sein, wenn
du ihnen so viel Geschmack abgewinnen könntest, deine gesellschaft=
25 liche Mitteilung allein oder doch beinahe allein auf diese den
Musen vorzüglich geheiligten Orgien einzuschränken, an welchen
ich nichts auszusetzen habe als daß ich durch eine Entfernung von
dritthalbtausend Stadien davon ausgeschlossen bin. Doch du willst
mir ja Gelegenheit geben, auch abwesend an ihnen teilzunehmen,
30 da du mich aufforderst, dir meine Gedanken über euer neuliches
Tischgespräch mitzuteilen. Ich bin nicht eitel genug mir einzubil=
den, daß ich über diesen Gegenstand etwas zu sagen hätte, das
für dich neu wäre; und überhaupt gehört, meiner Meinung nach,
das Schöne unter die unaussprechlichen Dinge — der Natur und
35 läßt sich besser fühlen und genießen als zergliedern und erklären.
— „Aber, wirst du sagen, diese unaussprechlichen Dinge sind ja

21 f. Die dorische Tonart ist langsam, männlich, ernst; die lydische süßer, etwas
schwankend und weichlich.

eben, was uns am ſtärkſten anmutet, und worüber wir am lieb=
ſten vernünfteln — oder irre reden mögen." — Ich füge mich
alſo ſowohl deinem Willen als meinem eigenen Naturtriebe, und
wenn ich dir nichts Unbegreifliches und Unerhörtes offenbare, ſo
ſchreib' es meiner zur andern Natur gewordenen Maxime zu, im 5
Philoſophieren immer verſtändlich zu bleiben und vor allem mich
immer ſelbſt zu verſtehen.

Epigenes hatte recht, mit der Frage: „Was nennen die
Menſchen ſchön?" den Anfang der Unterſuchung zu machen; nur
hätte er dem Einwurf Speuſipps zuvorkommen und ſogleich ant= 10
worten ſollen: Wir Griechen pflegen alles ſchön zu nennen, was
uns ohne Rückſicht auf ſeine Nützlichkeit gefällt. Das Wohlge=
fallen iſt immer notwendig mit einem angenehmen Gefühl ver=
bunden, und umgekehrt; aber dieſes Gefühl iſt nicht der Grund,
warum uns das Schöne gefällt, ſondern die natürliche Wirkung 15
des Schönen auf unſern Sinn. — „Warum gefällt uns denn
aber das Schöne?" — Mit der Antwort: weil es ſchön iſt, wäre
nichts geſagt; indeſſen habe ich keine andere Antwort als weil
wir ſo organiſiert ſind, daß es uns, wofern ihm nicht nachteilige
Umſtände von außen oder innen im Lichte ſtehen, notwendig ge= 20
fallen muß. — „Aber muß denn alles, was gefällt, ſchön ſein?
Gefallen uns nicht viele Dinge bloß darum, weil ſie zweckmäßig
und nützlich ſind?" — Allerdings werden unſerm Sprachgebrauch
zufolge auch ſolche Dinge öfters ſchön genannt; nur hat der Sprach=
gebrauch unrecht, wenn er ſchön und gut vermengt. Das Schöne 25
iſt zwar, inſofern es ſchön iſt, immer etwas Gutes; aber das
Gute iſt nicht, inſofern es gut iſt, notwendig auch ſchön; und
dies macht einen großen Unterſchied. — „Damit iſt für den Be=
griff des Schönen nichts gewonnen, ſagt Speuſipp; das Rätſel,
deſſen Auflöſung wir ſuchen, die Frage: Was iſt das Schöne an 30
ſich? bleibt noch immer ungelöſt und unbeantwortet." — Aus
einem ſehr einfältigen Grunde: bloß weil wir keine Antwort auf
dieſe Frage haben. Das Schöne oder die Idee des Schönen in
Platons Sinne iſt, wie Speuſipp ſelbſt, kein Gegenstand unſres
Anſchauens. Wir ſehen nur einzelne ſchöne Dinge, und auch dieſe 35
ſind nur ſchön durch ihr Verhältnis gegen die Organe unſrer
Sinne; und wenn wir von ſchönen Dingen ſprechen, ſo iſt die
Rede nur von dem, was dem Menſchen, nicht was an ſich ſchön
iſt. — „Dieſemnach könnten wir von keinem Dinge ſagen, es ſei

schön; denn wie wollten wir die Stimmen aller Menschen, die
jemals gelebt haben, jetzt leben und künftig leben werden, darüber
sammeln?" — Auch ist dies sehr unnötig. Mir genügt daran,
daß etwas mir schön ist; erscheint es auch andern so, desto besser;
zuweilen auch nicht desto besser; denn man ist öfters in dem Falle,
etwas Schönes gern allein besitzen zu wollen. Wie dem aber auch
sei, genug, daß es nun einmal nicht anders ist noch sein kann,
und daß wir von sehr vielen Dingen keinen andern Grund, warum
wir sie für schön halten, anzugeben haben, als weil sie uns schön
vorkommen, oder, genauer zu reden, weil sie uns gefallen. —
„Ein Ding kann also zugleich schön und nicht schön sein?" —
Nicht sein, aber scheinen, so wie z. B. dem Gelbsüchtigen die
Lilie, die allen gesunden Augen weiß ist, gelb zu sein scheint.
Was ich schön finde, kann allerdings andern aus mancherlei Ur=
sachen, mit Recht oder Unrecht gleichgültig oder gar mißfällig sein;
denn Vorurteil oder Leidenschaft kann mich oder sie verblenden.
Die Liebe verschönert und hat für jeden Fehler des Geliebten ein
milderndes Wörtchen, das ihn bedeckt oder gar in einen Reiz ver=
wandelt; der Haß thut das Gegenteil. Mangel an Bildung und
klimatische oder andere lokale Angewohnheiten haben vielen Einfluß
auf die Urteile der Menschen über Schönheit und Häßlichkeit.
Kurz, das Wort schön, welchem Gegenstand es beigelegt werden
mag, bezeichnet bloß ein gewisses angenehmes Verhältnis desselben,
besonders des Sichtbaren, Hörbaren und Tastbaren, zu einem in
Beziehung mit demselben stehenden äußern oder innern Sinn;
weiter hinaus reicht unsre Erkenntnis nicht oder verliert sich in
dunkle Vorstellungen und leere Worte.

Ein solches Wort scheint mir die angeborne Idee zu sein,
welche der Neffe des großen Aërobaten Plato für den Kanon des
Schönen, und Plato selbst (wenn ich ihn anders verstehe) für
einen in unsre Seele fallenden Wiederschein eines ihm und uns
unbegreiflichen Urbildes des Schönen ausgiebt, welchem er in den
überhimmlischen Räumen einen Platz unter den übrigen Ideen an=
weist. Da diese Platonischen Offenbarungen auch mir (wie dem
wackern Euphranor) nichts klärer machen, so halte ich mich an
das, was ich auf dem Wege der Beobachtung der Natur im Ge=

---

29. „Aërobat (Luftwandler), ein Übername, welchen Aristophanes in seinen Wolken
denjenigen anhängt, die sich ihrer spitzfindigen windigen Grübeleien wegen weiser als andere
dünken. Daß es nach einem paar Jahrtausenden Aërobaten im eigentlichen Wortverstande
geben würde, ließ sich damals niemand träumen." W.

schäfte der Entwicklung und Ausbildung unſres Schönheitsſinnes
abgelauſcht zu haben glaube.

Ich nehme als etwas allgemein Wahres an, daß ein gewiſſer
Grad von Licht und die gänzliche Abweſenheit deſſelben, eine ganz
lichtloſe Finſterniß, die entgegengeſetzten äußerſten Grenzen be= 5
zeichnen, innerhalb welcher das Licht allen geſunden menſchlichen
Augen ſchön iſt. Innerhalb dieſer Grenzen ließen ſich, wenn wir
ein Werkzeug, das Licht zu meſſen, hätten, eine Menge Ab=
ſtufungen andeuten, welche die Grade unſers Vergnügens am Licht
oder (was ebendaſſelbe ſagt) die Grade ſeiner Schönheit bezeich= 10
nen würden. Indeſſen lehrt die Erfahrung, daß eine gewiſſe Ab=
wechſelung und Miſchung der höhern Grade des Lichts mit dem
niedrigſten dasjenige iſt, was in dem großen Gemälde der Natur
die angenehmſten Eindrücke auf uns macht. Der Grund hiervon
liegt ohne Zweifel in der organiſchen Beſchaffenheit unſers Auges, 15
und mich dünkt, wir können uns dabei beruhigen, ohne tiefer in
das Geheimnis der Natur eindringen zu wollen als ſie uns er=
laubt. Mit den Farben hat es ebendieſelbe Bewandtnis. Der
Anblick einer in tauſendfältige Schattierungen von Grün geklei=
deten und von einem azurnen Himmel umfloſſenen Landſchaft ver= 20
gnügt unſer Auge und deucht uns ſchön; noch ſchöner der Himmel,
wenn eine Menge leichter, goldverbrämter Roſenwölkchen, wie
ſchwimmende Inſeln in einem hellblauen Meere, von Abend gegen
Morgen langſam an ihm daherſchweben; am ſchönſten, wenn die
Abendſonne durch ein dünnes Dunſtgewölk in eine Glorie von 25
zuſammengefloſſenen Regenbogen zu zerſchmelzen ſcheint. Eine ähn=
liche Wirkung würde der Anblick der Erde thun, wenn Bäume,
Gras und Kräuter gleich einem mit den bunteſten Blumen aller
Art beſetzten Gartenſtück einen unaufhörlichen Wechſel der lebhaf=
teſten Farben in unſre Augen ſpielten. Wie entzückend aber auch 30
ein ſolcher Anblick wäre, ſo ſind doch unſre Geſichtswerkzeuge
nicht dazu eingerichtet ſo viel Schimmer und ſo lebhafte Farben
in die Länge zu ertragen. Indeſſen erklärt ſich daraus, warum
uns die Natur im Frühling am ſchönſten erſcheint; weil nämlich
die Färbung des magiſchen Gemäldes, das ſie uns in dieſer lieb= 35
lichſten der Horen darſtellt, zwiſchen dem einförmigen Blau und
Grün und einem allzu bunten und feurigen Farbenſpiel gleichſam
in der Mitte ſchwebt.

36. Horen, hier Jahreszeiten.

Ebenso wie die Ursache der mehr oder minder angenehmen
Wirkung des Lichts und der Farben in der Organisation unsers
Auges zu suchen ist, scheint auch die allgemeine Erfahrung, daß
gewisse Linien, Figuren und Körper dem Auge und der tasten-
5 den Hand angenehmer sind als andere, hauptsächlich in der natürlichen Beschaffenheit dieser Organe gegründet zu sein. Warum gefällt uns eine sanft wallende Linie besser als eine gerade? warum
ein Zirkelbogen besser als ein Winkel? die Kreislinie mehr als
das Eirund? Wie man diese Fragen auch beantworte, am Ende
10 müssen wir immer gestehen, die Einrichtung unsrer Gesichts- und
Gefühlswerkzeuge bringe es nun einmal so mit sich. Eine gerade
fortlaufende Linie, eine ebene, ununterbrochne Fläche gefällt einen
Augenblick, wird aber bald durch ihre Einförmigkeit langweilig;
das Winklige beleidigt Gesicht und Gefühl; ein sanfter Übergang
15 vom Ebnen zum Gebogenen schmeichelt beiden. Daher, daß uns
das leichte Wallen eines sanft bewegten Wassers schöner deucht
als die schroffen in einander berstenden Wogen des empörten
Meeres; daher, daß unsre Töpfer und Bildner gewisse zwischen
der Kugel und dem Ei mehr oder weniger in der Mitte schwebende
20 Formen als die schönsten zu Urnen und Prachtgefäßen wählen.

Was ich von Licht und Schatten, Farben und Linien als
den Elementen des sichtbaren Schönen gesagt habe, gilt in seiner
Art auch von den verschiedenen Schwingungen der Luft, wodurch
der Schall in unserm Ohr und vermittelst dieses Organs in
25 unserm innern Sinne gewisse angenehme Gefühle erregt, von dem
majestätischen Rollen des Donners bis zum leisen Geflüster der
Pappel und Birke, vom klappernden Tosen eines entfernten
Wasserfalls bis zum einschläfernden Murmeln einer über glatte
Kiesel hin rieselnden Quelle, vom fröhlichen Geschwirr der Lerche
30 bis zum eintönigen Klingklang der Cikade. Alle diese einfachern
Schälle und Töne, durch welche die Natur unser Ohr als ein zu
ihr stimmendes lebendiges Saiteninstrument anspricht, betrachte ich
als die Elemente des hörbaren Schönen, welches, gleich dem sichtbaren, in der Mitte zwischen zwei Äußersten schwebt und also
35 ebendemselben Gesetz unterworfen ist, wodurch die dem Auge gefälligen Töne des Lichts und der Farben und die dem Gefühle
schmeichelnden Formen der Körper bestimmt werden, dem Gesetze

30. Cikade, cicada, Grille.

der Harmonie der ſinnlichen Eindrücke von außen mit der Einrichtung der ihnen entſprechenden Organe.

Wiewohl ich nun dieſe angenehmen Empfindungen, wovon
bisher die Rede war, als die Elemente betrachte, woraus alles
ſichtbare, hörbare und fühlbare Schöne zuſammengeſetzt iſt, ſo 5
würden ſie uns doch, jede für ſich allein, nie auf den Begriff
der Schönheit geführt haben. Denn wie lebhaft auch die angenehme Empfindung ſein mag, die z. B. durch eine gewiſſe
Farbe oder einen gewiſſen einzelnen Ton in uns erregt wird,
ſo würde doch eine lange Dauer derſelben unſer Auge oder Ohr 10
ermüden und uns erſt gleichgültig, dann langweilig, endlich widrig
und unerträglich werden. Verſchiedenheit und öftere Abwechſlung
der angenehmen Eindrücke ſind ſowohl zum Vergnügen als zur
Erhaltung der Organe gleich notwendig; aber im Verſchiedenen
muß Ähnlichkeit ſein, die Abwechſlung durch ſanfte Übergänge 15
bewirkt werden und das Mannigfaltige, von Harmonie zuſammen-
gefaßt, zu einem Ganzen, deſſen Totaleindruck uns angenehm iſt,
verſchmolzen werden; und dies allein iſt es, was die Idee der
Schönheit in uns erzeugt.

Laß uns nun einen höhern Standort nehmen! Die Natur 20
iſt alles, was iſt, war und ſein wird, alſo auch die Quelle ſo
wie die Summe alles Schönen. Wär' es möglich, einen Augen-
punkt zu finden, aus welchem ſich die ganze Natur mit Einem
Blick von uns überſchauen ließe, ſo würden wir das wahre Urbild
alles Schönen in der Wirklichkeit vor uns ſehen. Aber unſer 25
Auge iſt auf ein enges Hemiſphärion eingeſchränkt, und die Natur
unermeßlich. Was ſie unſern Sinnen darſtellt, ſind nur unendlich
kleine Abſchnitte und Bruchſtücke eines grenzloſen Ganzen. Aber
das Wundervolle und Göttliche in ihr, das, wodurch ſie ſich ſo
unendlich weit über die Kunſt des Menſchen erhebt, iſt, daß jedes 30
der kleinſten Gliedmaßen, aus welchen ſie zu einem einzigen
leben- und ſeelenvollen Körper innigſt verwebt iſt, eine Welt voll
harmoniſcher Mannigfaltigkeit; eine unendliche Menge von orga-
niſierten Teilen enthält, deren jeder wieder als ein neues Ganzes
betrachtet werden könnte, wenn die Werkzeuge unſrer Sinne fein 35
und ſcharf genug wären, die beſondern Eindrücke, die er auf uns
macht, zu unterſcheiden.

Hier verliert ſich der Gedanke in einem uferloſen Ocean,

26. Hemiſphärion, ἡμισφαίριον, Halbkugel.

und uns bleibt nichts übrig, als uns wieder in die Schranken
unsrer eigenen Natur zurückzuziehen und dem Gesetz der Not=
wendigkeit gehorchend uns selbst (so klein wir sind) als den
Kanon der Natur, unser Empfindungsvermögen als das Maß
5 ihrer Schönheit und unsre Kunstfähigkeit als eine schaffende Macht
zu betrachten, welche berechtigt ist, den uns überlaßnen Erdschollen,
unsre Welt, nach unsern eigenen Bedürfnissen, Zwecken und Be=
griffen zu bearbeiten und in ein beschränktes Ganzes für uns zu
unserm Nutzen und Vergnügen umzuschaffen.

10   Daher kommt es nun, daß wir die Natur nur insofern schön
finden, als das Schauspiel, womit sie uns umgiebt, oder der
einzelne Gegenstand, den wir daraus absondern und für sich
betrachten, unsern Sinnen angenehm ist. Ebendieselbe Landschaft,
die uns bei heiterem Himmel, unter einem gewissen Winkel von
15 der Sonne beleuchtet, in Entzücken setzt, giebt bei trüber Luft
einen sehr gleichgültigen Anblick; ebendieselben Gegenstände, z. B.
ein sumpfiger Boden, umgestürzte, ausgefaulte Baumstämme, schroffe,
mit schmutzigem Moose bewachsene Felsenstücke, tiefe, finstre Höhlen,
wildes, struppichtes Gebüsche, — lauter Dinge, die uns, einzeln
20 und in der Nähe betrachtet, Unlust, Ekel und Grauen erregen,
erscheinen aus einem entfernten Gesichtspunkt, und durch eine
gewisse Beleuchtung in ein Ganzes verbunden als ein reizendes
Gemälde. Vorzüglich aber erklärt sich daher, daß der Mensch
keine schönere Gestalt kennt als seine eigene und sich selbst, ohne
25 sich dessen bewußt zu sein, zum Typen aller schönen Formen
macht. Da alles, was die Natur hervorbringt, in seiner Art
vollendet und vollkommen ist, wie käme der Krokodil oder die
Kröte dazu, daß wir sie so häßlich und abscheulich finden, wenn
nicht daher, weil der Kontrast ihrer Bildung und Gestalt mit der
30 unsrigen so ungeheuer groß ist; da wir hingegen alle Arten von
Tieren desto schöner finden und um so viel mehr Anmutung zu
ihnen fühlen, je mehr die Formen und Proportionen ihrer Bildung
sich den unsrigen nähern; eine Bemerkung, die du sogar an solchen
Naturgeschöpfen, welche die wenigste Ähnlichkeit mit uns zu haben
35 scheinen, an Blumen, Stauden und Bäumen, bestätigt finden wirst,
und wovon der Affe allein eine Ausnahme macht, weil er durch
einen Anschein von Ähnlichkeit, die mit der widerlichsten Häßlichkeit
verbunden ist, der menschlichen Gestalt zu spotten und den höchsten

25. zum Typen, zum Abbild.

Grab von Verunſtaltung und Abwürdigung derſelben darzuſtellen
ſcheint.

Es ſcheint mir nun ein Leichtes, die verſchiedenen Meinungen
deiner Sympoſiaſten nach dieſer Anſicht der Sache zu vereinbaren
oder zu berichtigen. Wenn wir zwiſchen dem, was ich die Elemente 5
des Schönen nenne, und den ſchönen Naturerzeugniſſen oder Kunſt=
werken, die daraus zuſammengeſetzt ſind, gehörig unterſcheiden, ſo
heben ſich alle Schwierigkeiten von ſelbſt. Wir können von jenen
keinen andern Grund angeben, warum ſie uns gefallen, als weil
ſie einen angenehmen Eindruck auf unſre Organe machen; bei 10
dieſen hingegen liegt der Grund tiefer, nämlich in der Natur
unſrer Seele ſelbſt, welcher das innigſte Wohlgefallen an Ordnung,
Harmonie und Vollkommenheit weſentlich iſt. Indeſſen iſt auch
bei dieſer zuſammengeſetzten und vielgeſtaltigen Schönheit nicht zu
vergeſſen, daß das, wodurch ſie uns wirklich als ſchön erſcheint 15
und gefällt, bloß die ſchnell auf Einen Blick oder in einem unteil=
baren Moment gefühlte Einheit im Mannigfaltigen iſt, indem
dieſes Gefühl und mit ihm die Idee der Schönheit ſobald ver=
ſchwindet als wir den Gegenſtand zergliedern oder in ſeinen
einzelnen Teilen und Elementen ſtückweiſe betrachten. Mit dem, 20
was Euphranor über die Platoniſche Idee der Schönheit ſagt, bin
ich inſofern einverſtanden, als ich ſie für die Frucht einer natür=
lichen Täuſchung halte, die daher entſteht, daß uns ſelten ein
Gegenſtand, ſei es ein Werk der Natur oder der Kunſt, vor die
Augen kommt, der unſrer Einbildung nach nicht ſchöner ſein 25
könnte als er uns erſcheint. Indem wir dies zu fühlen glauben,
erzeugt ſich in unſrer Phantaſie ein mehr oder weniger klares
Bild dieſer höheren Schönheit, welches wir (dünkt uns) ſogleich
darſtellen könnten, wenn wir die dazu nötige Kunſtfertigkeit beſäßen;
und daß es nichts anders iſt, ſcheint mir daraus klar, daß, ſobald 30
ein ſchöner Gegenſtand uns gänzlich befriedigt, wir unſer Ideal
in ihm realiſiert, ja wohl gar noch übertroffen zu ſehen wähnen.
Daß es ſolche Gegenſtände gebe, kann wohl kein Unbefangener
bezweifeln, der aus den Unſterblichen den Jupiter oder die
Minerva des Phidias und aus den Sterblichen die ſchöne Laïs 35
geſehen hat.

Ich müßte mich ſehr irren oder meine Philoſophie des
Schönen (wenn ich ihr anders einen ſo vornehmen Namen geben
darf) iſt auch auf das, was wir in ſittlichem Verſtande ſchön

nennen, anwendbar. Auch hier finde ich meinen Unterschied zwischen
den Elementen desselben und dem, was unser Verstand daraus
zusammensetzt, wieder. Aufrichtigkeit, Unschuld, Güte, Treue,
Dankbarkeit, Bescheidenheit, Sanftheit, Großherzigkeit, Geduld,
5 Seelenstärke und alle aus diesen Eigenschaften oder Tugenden
entspringende Gefühle, Gesinnungen und Thaten nennen wir schön,
weil sie uns vermöge einer in unsrer Natur gegründeten Not=
wendigkeit gefallen, anziehen, Achtung und Liebe einflößen, wo,
wann und an wem wir sie gewahr werden, ohne alle Rücksicht
10 auf das Nützliche, das sie für uns haben oder haben könnten. Im
Gegenteil, eine schöne That erscheint uns desto schöner, je mehr
Selbstüberwindung und Aufopferung eigener Vorteile sie erfordert,
und unser besonderes Ich kommt dabei so wenig in Betrachtung,
daß wofern der Mond Einwohner hätte und man erzählte uns
15 irgend eine schöne That, die ein Mann im Monde vor zehntausend
Jahren gethan hätte, die Vorstellung derselben ebenso auf uns
wirken würde, als wenn sie vor wenig Tagen mitten unter uns
geschehen wäre. Dies erstreckt sich sogar auf die Tiere, an welchen
wir etwas dieser oder jener Tugend Ähnliches zu sehen glauben,
20 ja noch weiter hinab bis ins Pflanzenreich, wo es z. B. Blumen
giebt, die uns durch Gestalt, Farbe und Wohlgeruch zu natürlichen
Symbolen gewisser sittlicher Eigenschaften werden und aus diesem
Grunde, öfters auch ohne daß wir uns dessen bewußt sind,
Personen von zärterem Gefühl eine sonderbare Art von An=
25 mutung einzuflößen vermögen.

Einen aus jenen Eigenschaften, als den Elementen oder Grund=
zügen des Sittlich=Schönen, richtig zusammengesetzten Charakter
nennen wir schön, weil und sofern er sich uns als ein mit sich
selbst harmonisches und in sich selbst vollendetes Ganzes darstellt.
30 Das Schönste in dieser Art wäre also unstreitig ein ganzes Leben,
welches, aus lauter schönen Gesinnungen und Thaten zusammen=
gesetzt, uns das Anschauen der reinsten Harmonie aller Triebe
und Fähigkeiten eines Menschen zu Verfolgung des großen Zwecks
der möglichsten Selbstveredlung und der ausgebreitetsten Mitteilung
35 gewähren würde. Ein solcher Charakter, in einem solchen Leben
dargestellt, würde für die Formen und Proportionen des sittlichen
Menschen eben das sein, was der Kanon des Polykletus für die
richtigsten Verhältnisse des menschlichen Körpers. Denn unleugbar
giebt es in beiden ein Schönstes, über welches die Phantasie nicht

hinausgehen darf, wenn ſie des wahren Ebenmaßes nicht verfehlen
und ſtatt ſchöner Geſtalten ſchöne Ungeheuer hervorbringen will.
Die Einbildung, daß ſich immer noch etwas Schöneres denken
laſſe als das Schönſte, was uns die Natur wirklich darſtellt, iſt
bloße Täuſchung; und ich bin auch über dieſen Punkt gänzlich 5
der Meinung deines Freundes Euphranor, der es zu verdienen
ſcheint, daß du ihm hierin zur vollſtändigſten Überzeugung ver-
helfeſt.

Deiner Einladung zur Feier der bevorſtehenden Poſeidonien
in Ägina (denn dafür darf ich doch wohl, ohne mir zu viel zu 10
ſchmeicheln, die Frage am Schluß deines Briefes nehmen?) würde
ich mit der lebhafteſten Dankbarkeit entgegenfliegen, wenn ich
mich nicht gegen einen der angeſehenſten Rhodier verbindlich gemacht hätte, ſeinen Sohn auf einer Reiſe nach Cypern zu begleiten.
So fern von Ägina, als ich dann ſein werde, könnt’ ich mich 15
um ſo viel leichter verſucht fühlen, meine Wanderungen zu Waſſer
und zu Land noch eine gute Strecke weiter auszudehnen. Den
Vorſatz trage ich ſchon lange mit mir herum, und ſoll er jemals
ausgeführt werden, ſo muß es jetzt geſchehen, da die Entfernung
von dir ſchon ſo groß iſt, daß etliche tauſend Paraſangen mehr 20
oder weniger keinen ſonderlichen Unterſchied machen.

<hr />

45. An Eurybates.

Es iſt Zeit, Eurybates, daß du wieder von mir ſelbſt ver-
nehmeſt, daß ich noch unter denen bin, die das erfreuende Licht
der Sonne trinken.
    25

Ich habe nun alle griechiſchen Pflanzſtädte an den Küſten
Aſiens und den größten Teil des von den Söhnen Hellens be-
völkerten feſten Landes und der dazu gehörigen Inſeln beſucht,
und nach einer mehr als achtjährigen Abweſenheit ſehn’ ich mich
in die ſchöne Athenä zurück, die Unvergeßliche und Unvergleichbare, 30
zu welcher man ſich, wie zu einer etwas unartigen, aber reizvollen
Geliebten, immer wieder mit verborgener Gewalt hingezogen fühlt,
weil man aller ihrer Unarten und Launen ungeachtet dennoch
nichts Liebenswürdigeres kennt als ſie. Ich werde den Athenern

<hr />

20. Paraſange, perſiſch Farſang, ὁ παρασάγγης, drei Viertel einer deutſchen
Meile.

den Tod des Sokrates nie verzeihen; aber sieben Jahre haben
ihre Wirkung gethan und mich an die Vorstellung gewöhnt, daß
ich das, was geschehen ist, von der Natur selbst zu gewarten
gehabt hätte. Ich würde ihn entweder nicht mehr am Leben
5 oder in einem Zustande von Abnahme angetroffen haben, worin
man, für seine Freunde und sich selbst, schon über die Hälfte —
zu sein aufgehört hat. Die Zeit hilft uns vergessen, was nicht
zu ändern ist, und was sie selbst bewirkt hätte, wenn ihr die
Menschen nicht zuvorgekommen wären.

10   Was mich am meisten mit den Athenern ausgesöhnt hat,
ist, daß sie das Andenken des besten ihrer Bürger in seinen
Freunden und Zöglingen ehren und der Philosophie einen so
freien Spielraum und Übungsplatz gestatten als sie nur immer
verlangen kann. Wie ich höre, so hat mein alter Freund An=
15 tisthenes schon seit geraumer Zeit in dem Cynosarges, und Plato,
seitdem er von seinen Reisen in Ägypten und Italien zurück=
gekommen ist, in seinem an der Akademie gelegenen Gärtchen eine
Art von Sokratischer Schule eröffnet, deren Beschaffenheit ich mit
meinen eigenen Augen zu erkundigen begierig bin. Ich erwarte
20 von beiden nichts anders als wozu sie schon bei Lebzeiten des
Meisters gute Hoffnung gaben, nämlich daß der eine die Philosophie
des Sokrates übertreiben, der andere verfälschen werde. Am
richtigsten wär' es vielleicht, wenn man die Sokratiker samt und
sonders als Pflanzen verschiedener Art betrachtete, die neben
25 einander aufgekommen sind und ihre Nahrung aus ebendemselben
Boden gezogen, aber jede auf eine andere, ihrer eigenen Natur
gemäße Art verarbeitet haben. Man könnte sie auch mit mehrern
Söhnen ebendesselben Vaters vergleichen, deren keiner ihm recht
ähnlich sieht, wiewohl dieser seine Augen, jener seinen Mund, ein
30 dritter seine Nase hat. Zuweilen findet sich auch wohl ein vierter,
der zwar in jedem einzelnen Zuge von dem Vater verschieden ist,
hingegen im Ganzen der Physiognomie eine auffallende Ähnlichkeit
mit ihm hat. Ich meines Orts möchte lieber dieser letzte sein

---

15. „Cynosarges, eine Gegend nahe bei Athen, mit einem Tempel des Herkules,
einem dazu gehörigen Hain, einem Gymnasium u. s. w. Antisthenes, der Stifter der soge=
nannten Cynischen Sekte der Sokratiker, pflegte sich meistens hier aufzuhalten und erhielt
vermutlich daher seinen Beinamen." W. — Plato war von Dionys aus Rachsucht als
Sklave verkauft, wozu die politischen Verhältnisse einen Vorwand boten. Man hatte ihn
losgekauft, und als das Geld zurückgezahlt werden sollte, wurde es nicht angenommen und
infolge dessen zur Anlegung der Akademie verwandt.

als einer von den andern, wiewohl ich glaube, die Natur habe
es darauf angelegt, daß jeder sich selbst gleich sehen soll.

Ich habe deinem Freigelaſſnen Phormion, meinem alten
Hausverwalter zu Athen, aufgetragen, mir, womöglich in der Nähe
vom Pompeion, eine Wohnung, wie ich ſie nötig habe, zu mieten; 5
das iſt, ein paar Schlafkammern, einen Speiſeſaal und eine Galerie
neben etlichen Reihen ſchattengebender Bäume. Erweiſe mir die
Freundſchaft, dich der Sache anzunehmen und dem ehrlichen Phormion
merken zu laſſen, daß es dir angenehm ſein werde, wenn er ſich
meines Auftrags mit Verſtand erledigt. 10

Ich werde mich ſo lange, bis du mir meldeſt, daß ich
kommen könne, bei einem Freunde zu Tanagra aufhalten und nicht
vergeſſen, dir den ſtattlichſten Kampfhahn mitzubringen, der in der
ganzen Stadt aufzutreiben ſein wird.

---

46. An Kleonidas. 15

Nach Vollendung meines großen Kreislaufs durch alle hel=
leniſchen Kolonieen in Aſien habe ich noch einige Monate zuge=
bracht, die ſüdliche Küſte von Thracien und Macedonien und
die Landſchaft Theſſalien und Phocis zu beſuchen, und befinde
mich jetzt, bis meine künftige Wohnung in Athen eingerichtet iſt, 20
bei einem Freunde zu Tanagra. Ich habe, wie Odyſſeus, auf
meiner langen Wanderſchaft vieler Menſchen Städte und Sinnes=
art kennen gelernt; auch hat es mir, wie dem herrlichen Dulder,
nicht an mancherlei fröhlichen und unfröhlichen Abenteuern gefehlt,
die uns dereinſt, wenn uns eine freundliche Gottheit wieder in 25
Cyrene vereinigt, reichen Stoff zu kurzweiligen Unterhaltungen
geben ſollen. Nur das Neueſte, was mir in Theſſalien aufſtieß,
ſchickt ſich, denke ich, beſſer für eine ſchriftliche Erzählung, zumal
da ich den Kopf noch ſo voll davon habe, daß ich für nötig halte
mich deſſen zu entladen, bevor ich nach Athen zurückkehre, wo es 30
nicht ratſam wäre viel davon zu ſprechen. Um keine täuſchenden

---

5. „Pompeion hieß zu Athen ein öffentliches Gebäude, aus welchem an den großen
Feſten die Prozeſſionen ausgingen, welche einen weſentlichen Teil der Feierlichkeiten, wo=
mit ſie begangen wurden, ausmachten.“ W. — 12. „Tanagra, eine kleine Stadt in
Böotien an der Grenze von Attika. Sie war vornehmlich wegen der Größe, Stärke und
Streitbarkeit ihrer zum Kämpfen abgerichteten Hähne berühmt.“ W. — 19. Theſſalien,
öſtliche Landſchaft von Nordgriechenland. — Phocis, Landſchaft in Hellas.

Erwartungen bei dir zu erregen, schreite ich ohne weitere Vorrede zur Sache.

Nachdem ich mich zu Potidäa über den Thermaischen Meerbusen an die thessalische Küste hatte übersetzen lassen, war mein
5 erstes, das berühmte Tempe zu besuchen, wovon ich, seit ich unter den Griechen lebe, so oft mit Entzücken reden gehört hatte. Denn ein Grieche, der Olympia und Delphi nicht gesehen und sich nicht wenigstens einmal in seinem Leben in Tempe erlustigt hätte, würde an einem sehr unglücklichen Tage geboren zu sein glauben.
10 Dieses Thal, das sich einige Stunden von Larissa zwischen dem Olympus und Ossa in sanften Krümmungen bis an die See hinzieht, ist in der That vielleicht der reizendste Winkel des ganzen Erdbodens. Es würde der fruchtbarsten Phantasie eines Malers oder Dichters schwer werden, mehr Schönheit und Anmut mit größrer Abwechs=
15 lung und Mannigfaltigkeit in einen engern Raum zusammen zu zaubern und mit dem Erhabensten und Grauenvollsten in einen anmutendern Kontrast zu setzen, als hier ohne alle Nachhülfe der Kunst (wie es scheint) Natur und Zufall allein bewerkstelligt haben. Ich brachte zwei der angenehmsten Tage meines Lebens
20 in diesem oberirdischen Elysium zu, und zum höchsten Lebensgenuß fehlte mir nichts als die heilige Trias meiner Geliebtesten, Lais, Kleonidas und Musarion. Ich vermißte euch um so viel stärker, weil sich's zufälliger Weise traf, daß ich (was hier selten begegnet) diese zwei Tage über der einzige fremde Bewohner von
25 Tempe war.

Ungeteiltes, allein genossenes Vergnügen, wie ungemein es auch sei, verliert gar bald seinen süßesten Reiz, und eine geheime Unruhe, deren Ursache wir uns nicht immer bewußt sind, treibt uns zu neuen Gegenständen. Am dritten Morgen kam mich die
30 Lust an, den benachbarten Ossa zu besteigen, teils um meine Augen an den herrlichen Aussichten zu weiden, die er über die umliegenden Thäler, Hügel und Landschaften und über den Thermaischen Meerbusen bis an die Küste von Pallene hin gewährt, teils in Hoffnung, einige mir noch unbekannte Arten von Steinen und Pflanzen
35 auf diesem wilden Gebirge aufzufinden. Ich ließ meinen alten Xanthias mit einem jungen Sklaven bei den Maultieren im Thal zurück, bestieg einen Gipfel des Berges nach dem andern und

---

32 f. **Thermaische Meerbusen**, Θεϱμαῖος κόλπος, jetzt von Salonichi **Pallene**, Παλλήνη, die Halbinsel zwischen diesem und dem Tornäischen Meerbusen.

fand überall ſo viel zu ſehen und zu ſammeln, daß die Sonne ſich
unvermerkt zum Untergange neigte, bevor ich gewahr wurde, daß
keine Hoffnung übrig ſei, die Herberge wieder zu erreichen, wo ich
meine Leute gelaſſen hatte. Schon fing ich an, unter den häufigen
Schluchten und Klüften, wovon dieſes durch mächtige Erderſchütte- 5
rungen zerriſſne Gebirg allenthalben voll iſt, mich nach irgend
einer Höhle zum Nachtlager umzuſehen, als ich beim Umwenden
um die ſcharfe Ecke eines ſtruppigen Felſen im Eingang einer
durch Menſchenhände (wie es ſchien) bewohnbar gemachten Höhle
einen Mann ſitzen ſah, der anfangs über meinen Anblick noch 10
mehr als ich über den ſeinigen betroffen ſchien, aber (da er keine
Urſache ſah, mir Arges zuzutrauen) ſich ſchnell genug faßte, um
einige Schritte auf mich zuzugehen. Es war ein langer, hagerer
Mann, dem Anſehen nach nicht viel über Sechzig, noch feſt und
lebhaft, von vielſagender Geſichtsbildung, aber finſterm Blick unter 15
einer Stirn, durch welche ſchmerzliche Erfahrungen tiefe Furchen
gezogen zu haben ſchienen. Ich näherte mich ihm mit Zuverſicht
und Ehrerbietung, eröffnete ihm mein Anliegen und erkundigte
mich, ob nicht irgend eine Herberge im Gebirge anzutreffen ſei,
die ich vor Einbruch der Nacht noch erreichen könnte. Du ſcheinſt 20
ein Arzt zu ſein und dich im Botaniſieren ſo tief in dieſe Wild-
nis gewagt zu haben, verſetzte der Alte. Er ſchloß dies vermutlich aus einem ziemlichen Bund Kräuter und Blumen, den ich
unter dem Arme trug. Ich antwortete, ich wäre zwar kein Arzt, als
etwa in Notfällen, wo jeder Menſch ſo viel wiſſen ſollte, um ſich 25
ſelbſt und andern eine Hülfe ſchaffen zu können; aber ich ſtudierte
die Natur und verſäumte ſelten eine Gelegenheit, meine Kenntnis
von den Pflanzen und ihren Eigenſchaften und Kräften zu er-
weitern. Wenn dies iſt, erwiderte er mit zuſehends ſich erheitern-
der Miene, ſo kannſt du dich auch wohl eine Nacht bei einem 30
Manne behelfen, der dir nichts als das Unentbehrlichſte anbieten
kann, zumal da du es in dieſem Gebirge nirgends beſſer finden
würdeſt; auch wär' es ſchon zu ſpät, um dich auf dem Pfade
nicht zu verirren, der nach den nächſten Hirtenwohnungen führt.
Da ich ſein Anerbieten mit Dank und Freude annahm, ſchlug er 35
mit ſeinem Stab an eine Glocke, und eine reinlich gekleidete
Sklavin von mittlerem Alter und guter Geſtalt kam aus dem
Innern der Höhle hervor und entfernte ſich wieder, ſobald er ihr
etliche leiſe Worte geſagt hatte. Bald darauf führte er mich durch

einen ziemlich dunkeln, krummen Gang von ungefähr zwanzig
Schritten in einen geräumigen, gewölbten Saal, der gegen einen
großen, unregelmäßigen und ringsum von schroffen Felsen einge=
schloßnen Garten offen war. Hier setzten wir uns zwischen zwei
5 ziemlich roh gearbeiteten Säulen nieder, das Gesicht gegen den
Garten gekehrt, den ich mit fruchtbaren Bäumen und mancherlei
eßbaren Gewächsen und Kräutern bepflanzt und dem Ansehen nach
gut gewartet sah. Mein Alter ward zusehends immer heiterer,
sprach aber wenig, meistens nur in Fragen, auf deren Beant=
10 wortung er mir seine Zufriedenheit mit Kopfnicken oder einzelnen
Silben zu erkennen gab. Ungefähr nach einer Stunde rüstete die
Sklavin einen kleinen Tisch und setzte uns eine Schüssel gekochtes
Ziegenfleisch mit feinen Wurzeln und Kräutern wohlschmeckend
zubereitet und zum Nachtisch trockne Feigen, eine leichte Art von
15 Kuchen und einen Krug des besten Weins von Thasos vor. Meine
Eßlust vergnügte meinen alten Wirt wie es schien nicht weniger
als mein übriges Wesen und Benehmen; und nachdem er den
dritten Becher auf unsre neue Bekanntschaft geleert hatte, ward
er selbst gesprächiger und sagte, traulich mir die Hand schüttelnd:
20 „Wundre dich nicht, Fremdling, daß du mich so wenig reden hörst.
Ich war nicht immer so wortarm; aber seit zwanzig Jahren bist
du außer einem alten Freunde, der mich immer zur Zeit der
pythischen Spiele zu besuchen pflegt, und der Thracierin, die für
meine Bedürfnisse sorgt, das einzige menschliche Wesen, mit dem
25 ich mehr als ein paar einsilbige Worte gewechselt habe. Du siehst,
daß dies der gerade Weg ist, das Reden zu verlernen, wenn man
auch der redseligste aller Athener gewesen wäre. Wohl möchte
mir's übrigens bekommen sein, wenn ich mich immer mit Ja und
Nein zu behelfen gewußt hätte. Denn daß du mich hier siehst,
30 kommt allein daher, daß ich ehmals meiner Zunge mehr Freiheit
ließ als einem klugen Manne ziemt.“

Du kannst dir leicht vorstellen, Kleonidas, daß ich meinen
Wirt nach dieser Rede schärfer als zuvor ins Auge faßte. Du
wohnst schon zwanzig Jahre hier? fragte ich. — „Nicht völlig so=
35 viel; aber vorher lebte ich einige Zeit auf dem Landgute eines
Freundes, so sorgfältig versteckt, daß ich außer ihm selbst keine
Seele zu Gesichte bekam.“ — Das muß eine schlimme Rasse von

---

15. Thasos, Θάσος, eine Insel an der Küste von Thracien, war durch seinen Wein
berühmt.

Menſchen ſein, vor welchen ein Mann wie du ſich ſo verſtecken
muß, ſagte ich. — „Ich ſehe, daß du mich näher kennen möchteſt,
erwiderte er. Wenn deine Neugier nicht ſchwächer iſt als meine
Neigung mich dir zu entdecken, ſo bleibſt du ein paar Tage bei
mir, um mich wieder reden zu lehren, und du ſollſt allerlei er= 5
fahren, das vielleicht dieſes Opfers wert iſt.“

Mein Wirt kam durch dieſe Einladung einem Wunſch ent=
gegen, den ich nicht gewagt hätte, laut werden zu laſſen. Wir
redeten nun von andern Dingen, und wiewohl er ſich noch immer
ſehr lakoniſch ausdrückte, ſo verriet doch das Wenige, was er ſagte, 10
einen Mann von freiem Geiſt, vieler Erfahrenheit und ausge=
breiteter Menſchenkunde. Als die Zeit zum Schlafengehen ge=
kommen war, führte er mich in eine kleine, mit Binſenmatten be=
hangene und belegte Schlafkammer und ließ mich allein. Hier
konnt' ich mich der Thorheit nicht erwehren, hin und her zu ſinnen, 15
wer der ſonderbare Alte ſein könne, mit dem ich auf dem Oſſa
ſo unvermutet in Bekanntſchaft geraten war; aber alles Nachſinnen
war umſonſt. Ich ergab mich alſo in die Notwendigkeit, meine
Neugier bis morgen einzuſchläfern, und ſie ſchlief ſo gut, daß die
Sonne ſchon über der Spitze des Athos ſchwebte, als ich in dem 20
Saal erſchien, wo mir mein Alter, in einen langen Pelz gehüllt,
ſo munter entgegenkam, daß ich errötete, mich in einer Tugend,
die meinen Jahren beſſer ziemte als den ſeinigen, von ihm über=
troffen zu ſehen. Er führte mich ſogleich in den Garten, wo ein
ſanfter, wiewohl etwas ſcharfer Morgenwind die Luft mit dem 25
lieblichen Atem der Kräuter und Blumen durchwürzte. Ich habe,
fing er an, mehr als die Hälfte meines Lebens mit Beobachtung
aller Arten von Menſchen zugebracht und beſitze einige Fertigkeit
in der Kunſt, das Innere einer Perſon aus ihrer Geſichtsbildung
und Miene zu erraten. Deine Phyſiognomie hat dir mein Zu= 30
trauen auf den erſten Blick erworben; ich wünſche von dir gekannt
zu ſein, und überlaſſe mich ohne Bedenken dem Vergnügen, nach
einer ſo langen, unfreiwilligen Verborgenheit einen Menſchen ge=
funden zu haben, dem ich mich aufſchließen darf. Ich bin kein
Menſchenhaſſer, wie du aus meiner ſeltſamen Lebensweiſe ver= 35
muten mußt; im Gegenteil, daß ich es zu gut mit den Menſchen
meinte, iſt mein Unglück geweſen. Sie haben mich ausgeſtoßen,

---

20. **Athos**, Ἄθως, der Berg auf der Halbinſel Chalkidike an der Küſte des Meer=
buſens von Strymon.

verbannt, einen Preis auf meinen Kopf gesetzt, und bloß um
kein Schlachtopfer ihrer Wut zu werden, hab' ich mich in eine
Höhle des Ossa verbergen müssen. — Du wunderst dich, was ich
verbrochen haben könne, um die Menschen, mit denen ich einst
5 lebte, so heftig gegen mich aufzubringen? Ich wollte sie weiser
machen, als sie ertragen können. — Bei diesem Worte hielt er
inne, und seine Stirn verfinsterte sich einige Augenblicke so sehr,
daß ich Bedenken trug, ihm zu zeigen, wie sehr er durch diese
Worte meine Neugier gespannt hatte.

10   Wir waren indessen unvermerkt auf eine Anhöhe gekommen,
die in einem Kreise von ungefähr dreihundert Schritten mit einer
dreifachen Reihe von Pappeln und zwischen den Bäumen mit
hölzernen Schnitzbildern besetzt war. Aber was für Bildern! Nie
ist mir etwas Auffallenderes in meinem Leben vorgekommen als
15 diese in ihrer Art gewiß einzige Bildergalerie; man müßte sie
aber selbst gesehen haben, um sich die Wirkung vorzustellen, die
der Überblick des Ganzen auf einen keines Argen sich versehenden
Anschauer macht. Doch du bist ein Künstler, mein Kleonidas,
und deine Phantasie wird ohnehin das Beste bei meiner Be-
20 schreibung thun müssen. Bilde dir also ein, du sehest alle Götter
der Griechen, vom Zeus Olympius bis zum bocksfüßigen Pan
und von der weißarmigen Herrscherin Here bis zu den schlangen-
haarigen Erinnyen, einzeln und gruppenweise unter Beibehaltung
einer gewissen Ähnlichkeit mit ihren gewöhnlichen Darstellungen,
25 in die pöbelhaftesten Mißgestalten travestiert, aber mit einer so
komischen Laune in der Art der Ausführung, daß es mir bei
ihrem Anblick ebenso unmöglich war, mich des Lachens als des
Unwillens zu erwehren. So zeigten sich (um dir nur etliche Beispiele zu geben) Jupiter auf der einen Seite, wie er, in Gestalt
30 eines erbosten vierschrötigen Sackträgers, im Begriff ist, seine
eheliche Widerbellerin mit einem Amboß an jedem Fuß in die
Luft herabzuhängen; auf der andern, wie er sich auf dem Gipfel
des Ida von der listigen Matrone, im Kostüm einer nächtlichen
Gassenschwärmerin, zu einer Thorheit verführen läßt, für welche
35 die armen Trojaner übel büßen werden. Du kennst die sonderbare Art, wie Homer seinen unbefangenen und von der Zauber-

---

33. **listige Matrone.** Hera borgte sich von der Aphrodite ihren Gürtel und gewann
dadurch den Zeus für sich, den ihr dann der Schlafgott einschläfern mußte, damit sie den
Griechen beistehen konnte.

gewalt des Gürtels der Venus unwissend überwältigten Zeus der
schönen Dame die Wirkung, die sie auf ihn macht, zu erkennen
geben läßt; aber von der energischen Art, wie dieser in einen
brünstigen Centaur übersetzte Jupiter sein Anliegen vorträgt, hat
eine so wohlgeordnete Einbildung wie die deinige keine Ahnung. 5
In dieser Manier kommt nun die ganze Göttersippschaft an den
Reihen. Hier sind Pallas Athene und der hinkende Hephästos,
dieser in Gestalt eines alten Kesselflickers, jene im Charakter einer
derben Marketenderin, in dem zweideutigen Kampfe, dem der
drachenfüßige Erichthonius entsprang, begriffen; dort tanzt Cytherea 10
als eine halb trunkene Austernymphe mit einem bengelhaften
Adonis den leichtfertigsten Kordax, der je getanzt worden ist, und
Phoibos Apollo als blinder Leiermann mit den neun Schwestern
als musikmachende Bettlerinnen arbeiten aus allen Kräften auf
der Leier, dem Triangel, der Schellentrommel und dem Dudelsack 15
dazu. In zwiefacher Trunkenheit taumelt Bacchus in die plumpen
Arme einer weinseligen Ariadne; Merkur zieht dem Plutus mit
der behendesten Gewandtheit einen Beutel aus dem Busen, Apollo
dem Satyr Marsyas das zottelige Fell über die Ohren. Über
sie alle erhebt sich der langohrige Schutzgott von Lampsakus und 20
scheint als der wahre Götterkönig mit gewaltigem Scepter über
den Olympus zu herrschen. Vorzüglich nimmt sich ein Jupiter
in einer grotesken Gestalt aus, woran nichts als der Kopf sein
eigen, alles übrige hingegen aus den verschiedenen Tieren, in
welche ihn seine Gynäkomanie verwandelte, aus Stier, Adler, Bock, 25
Schwan, Schlange, Wachtel und Ameise seltsam genug zusammengesetzt ist. Das große Kunstwerk aber, worin der Meister sich
selber übertroffen hat, ist die Darstellung der berühmten Scene
aus dem Gesang des blinden Demodokos in der Odyssee, wo der
ehrliche Vulkan, nachdem er seine Gemahlin mit ihrem Liebhaber 30
Ares in einem unsichtbaren und unzerreißlichen Netze gefangen hat,
alle Götter zusammenruft, um Zeugen seines lächerlichen Unglücks

---

10. Erichthonius (Ἐρεχθεύς ὁ καλούμενος Ἐριχθόνιος) war nach der gewöhnlichen Überlieferung ein Sohn des Hephästos und der Attikis — nach einer andern Nachricht sogar Sohn der Erde — nach einer andern der Sohn der Athene. Er war der vierte
König in Attika. Einen Streit hatte Athene mit Poseidon um den Besitz von Athen.
Erichthonius war in ihm Schiedsrichter und entschied ihn zu Athenes Gunsten. Er erfand
das Viergespann. — Cytherea, Venus. — 12. Kordax, κόρδαξ: unzüchtiger Tanz in
der alten Komödie. — 15. Triangel, noch in den dreißiger Jahren dieses Jahrhunderts
als Instrument gebraucht. — 20. Schutzgott von Lampsakos, Priapos. — 25. „Gynäkomanie, wörtlich Weibertollheit, ist ein so unartiges Wort und bezeichnet etwas so
Widerliches, daß man es nur auf griechisch sagen sollte.“ W.

zu sein. Kurz, weiter kann weder die Kunst der Karikatur noch
der Mutwille und die Verachtung der homerischen Götter getrieben
werden als in dieser großen Komposition von Gruppen, die den
innersten Zirkel des grünen Amphitheaters einnimmt. Der Alte,
5 der mich von einer Figur zur andern herumführte, ergetzte sich,
wie es schien, stillschweigend an meiner Verlegenheit und an dem
sardonischen Lachen, welches mir seine zur niedrigsten Menschen-
klasse herabgesetzten Götter wider Willen abnötigten. „Was denkst
du, sprach er endlich mit einem selbstzufriednen Blick, zu der
10 guten Gesellschaft, die ich mir in meiner Einsamkeit zu verschaffen
gewußt habe?"

Ich. Ich denke, wie du wohl zu dieser guten Gesellschaft
gekommen sein kannst; denn unter den Bildschnitzern, die ich kenne
(und ich kenne ungefähr alle, die in einigem Rufe stehen), wüßte
15 ich keinen, den ich für den Schöpfer dieser sonderbaren Kunstwerke
halten könnte.

Er. Das will ich wohl glauben.

Ich. Gleichwohl kann sie kein Stümper gemacht haben. Sie
sind zwar größtenteils etwas roh und mit einer gewissen Nach-
20 lässigkeit gearbeitet; auch hat ein Karikaturenschnitzer den Vorteil
sich viele Willkürlichkeiten erlauben zu dürfen; indessen bleibt die
Natur doch immer seine Regel; auch die überladensten Zerrbilder
müssen eine aus Harmonie mit sich selbst entspringende Wahrheit
haben; und da bei ihnen alles auf eine starke und geistvolle Be-
25 zeichnung des Charakteristischen in ziemlich willkürlichen Formen
ankommt, so erfordern sie vielleicht mehr Genialität und eine noch
feckere Hand als Werke, die nach einem bestimmten Kanon der
schönsten Formen gearbeitet sind. Und hierin scheinen mir diese
hier alles zu übertreffen, was ich jemals in ihrer Art gesehen habe.
30 Er. Es ist mir also gelungen. Denn alle diese närrischen
Unkepunze (μορμολυκεια) sind meine eigene Arbeit, und ihnen
hab' ich es zu danken, daß mir die lange Zeit, die ich hier gelebt habe, und mit der ich sonst nichts anzufangen wußte, ziemlich kurz geworden ist. Denn du begreifst leicht, daß ich fleißig

---

7. „Sardonisches Lachen ist soviel als ein lautes übermäßiges Lachen, das man
nicht zurückzuhalten vermag. Dieses Beiwort bezieht sich auf ein gewisses giftiges Kraut,
Sardonion, auch apiastrum, genannt, welches bei dem, der es gegessen hat, heftige, dem
Lachen ähnliche Zuckungen erregen soll." W. Derselbe erklärt auch: „Sarkasm, mit
Zorn und höhnischem Lachen verbundener Spott. Daher das Beiwort sarkastisch." — 31.
Unkepunze. μορμολύττω heißt scheuchen; das Wort μορμολύκειον, durch welches Wie-
land sein Wort Unkepunze erklären will, bedeutet Schreckbild, Popanz, Vogelscheuche.

ſein mußte, um in achtzehn Jahren damit fertig zu werden. Ich
hatte von Kindheit an viel Geſchick für dieſe Art von Bildnerei;
und das Mechaniſche, welches dazu erfordert wird, lernte ich in
meiner Jugend von einem ziemlich mittelmäßigen Xyloglyphen in
meiner Vaterſtadt.　　　　　　　　　　　　　　　　　　　　　　5

Ich. Aber was haben dir die Götter gethan, das dich reizen
konnte, eine ſo unbarmherzige Rache an ihnen zu nehmen?

Er. Was ſie mir gethan haben? Wahrlich, ich habe von
ihnen oder (was am Ende auf eins hinausläuft) von ihren Prieſtern mehr als zu viel gelitten! Und doch iſt dies nicht, was 10
meine Galle gegen ſie gereizt hat. Denn ich muß geſtehen, in
der Fehde, worin wir mit einander befangen ſind, war ich der
angreifende Teil. Aber ich ärgerte mich, wenn ich ſo manchen
großen Künſtler alle ſeine Kräfte aufbieten ſah, für dieſe unſitt-
lichen Idole, in welchen der ſchnödeſte Betrug und der ſinnloſeſte 15
Aberglaube alle Unarten und Thorheiten der menſchlichen Natur
vergöttert hat, ſchöne und große, mehr als menſchliche Formen zu
erfinden, um ſie in prachtvollen Tempeln dem dummen Haufen
zur Anbetung aufzuſtellen. Mußt du nicht geſtehen, daß meine
Karikaturen den Göttern Homers viel angemeßner ſind als die 20
erhabenen Geſtalten eines Phidias und Alkamenes? Wer kann
ſich den brünſtigen Jupiter auf Ida oder ſeine Gemahlin, die
den armen Priamus und ſeine Söhne mit allen übrigen Trojanern lieber roh auffreſſen möchte, unter der Geſtalt des olympiſchen Jupiters und der ſamiſchen Juno denken?　　　　　　25

Ich. Es ſollte mir eben nicht ſchwer ſein, den Sachwalter
des homeriſchen Zeus, wenigſtens in der ehlichen Scene auf dem
Gargaros, die dir ſo anſtößig iſt, zu machen und ganz ſtattliche
Urſachen anzugeben, warum er ſich ſeiner vielen trefflichen Baſtarde
und der ſchönen Erdentöchter und Göttinnen, die ihm dieſe Helden 30
erzeugen halfen, mit ſo vielem Wohlbehagen erinnert. Indeſſen
weil du bei einer ſcharfen Unterſuchung am Ende doch wohl recht
behalten möchteſt, gebe ich den Wolkenverſammler mit ſeiner ſtier-
äugigen Gemahlin und meinethalben alle andern unſterblichen
Olympier der verdienten Züchtigung preis. Aber wenigſtens hätteſt 35

4. „Xyloglyph, ein in Holz arbeitender Bildner.“ W. — 15. Idol, Bild. — 25.
ſamiſche Juno. Here hatte einen prächtigen Tempel bei der Hauptſtadt von Samos,
Milet gegenüber. — 28. Gargaros, beſſer Gargaron, τὸ Γάργαρον, die Südſpitze des
Berges Ida in Troas mit dem Zeustempel. — 33. Wolkenverſammler, Beiname des
Zeus (νεφεληγερέτα).

du der holden Musen, die uns aus dem Stande der rohen Tier=
heit gezogen und den Keim der Humanität in uns entwickelt haben,
schonen sollen,

Wie? rief er in angenommenem komisch zürnenden Tone,
haben sie ihre Strafe nicht schon dadurch allein reichlich verdient,
daß sie dem alten blinden Sänger so viel tolles und ungebühr=
liches Zeug auf Kosten der armen Götter weisgemacht haben?
Denn da er uns nichts singt, als was sie ihm vorgesungen, fällt
nicht billig alle Schuld auf sie? Doch wenn auch dieser Vorwurf
nicht träfe, um eurer Allegorieen willen kann ich keine Ausnahmen
machen, nicht einmal zu Gunsten der Grazien, die der feile Pindar
den Orchomeniern zu Gefallen so hoch erhebt, und die du dort
nicht weit von der hochgeschürzten Austernymphe von Cythere in
Gestalt böotischer Kuhmägde sich mit Faunen und Bocksfüßlern
herumdrehen siehst. Hier ist nichts zu schonen! Ich bin meines
Daseins nicht gewisser als der traurigen Wahrheit, daß der bloße
Aberglaube dem Menschengeschlecht mehr Schaden zugefügt hat als
alle unsre übrigen Schwachheiten, Narrheiten und Laster zusammen=
genommen. Ich habe also Göttern und Priestern ewige Fehde
angekündigt, und ich wundere mich nicht, daß mir, wiewohl ich
nur ein Pfuscher in der Kunst bin, diese Zerrbilder so wohl ge=
raten sind; denn ich habe (was vielleicht ohne Beispiel ist) zugleich
mit Liebe und mit Grimm daran gearbeitet, mit Liebe zum Werke
selbst und mit immer steigendem Grimm über die Gegenstände.
Alles dies, lieber Aristipp, wird dich nicht länger befremden, sobald
ich dir sage, daß der Mann, den du vor dir siehst, Diagoras der
Melier ist, von dem du bei Gelegenheit in der ganzen Hellas als
einem Atheisten mit Abscheu und Schaudern reden gehört haben
wirst, und der doch wahrlich diesen ehrenvollen Beinamen, soviel
in seinen Kräften ist, zu verdienen suchen muß.

Wie? Ist's möglich? rief ich; du Diagoras? eben dieser
Diagoras, der seit mehr als zwanzig Jahren für tot gehalten
wird und, wie die gemeine Sage geht, von der Rache der Götter
überall verfolgt, in einem Schiffbruch unterging!

Sprich, versetzte er, von der Rache der Priester verfolgt, so
hast du die Wahrheit gesagt; ihrer Götter halben wollt' ich mich

12. „Orchomenos, eine Stadt in Böotien, wo die Grazien vorzüglich verehrt wurden.
(S. Pindars letzten olympischen Siegsgesang.)" W. — 26 f. Diagoras der Melier,
von Aristophanes erwähnt. S. oben.

in einem Kornsieb auf den Ocean wagen. Was ich dir sage: ich, wie du mich hier siehst, bin dieser von den Athenern geächtete und durch ein fürchterliches Dekret in allen Teilen Griechenlands verfolgte Diagoras von Melos, der auf seiner Flucht nach Thracien an der Küste der Abderiten Schiffbruch litt und, zum redenden 5 Beweise, wie mächtig die Götter der Griechen sind, allein am Leben blieb, als das Schiff mit allen übrigen, die es an Bord hatte, trotz der heißen Gelübde, die sie dem Erderschütterer Poseidon und Zeus dem Retter zuwinselten, ohne Rettung zu Grunde ging.

Jetzt ward mir alles klar, was mich bisher an meinem 10 Wirte befremdet hatte, und nun erst erinnerte ich mich, was mir gestern nicht aufgefallen war, daß er bei Tische die gewöhnliche Libation vorbeiging, die kein Grieche, bevor er trinkt, aus der Acht läßt.

Diagoras erzählte mir nun, mit welcher Mühe, Gefahr und 15 Not er sich in allerlei Verkleidungen von einer Insel des Ägäischen Meeres zur andern bis nach Lemnos geflüchtet, wo er zufälliger Weise erfahren, daß die Athener eine große Belohnung für den, der ihn tot oder lebendig liefern würde, durch ganz Griechenland ausrufen lassen; wie er aus Furcht zu Lemnos entdeckt zu werden 20 etliche Monate sich in Wäldern und Bergklüften verbergen und sein Leben kümmerlich mit rohen Wurzeln und wilden Früchten habe fristen müssen, und wie er endlich unverhofft in einem Schiffe aufgenommen worden, das für Byzanz befrachtet war, aber das Unglück hatte, von einem Sturm an die thracische Küste geworfen 25 zu werden und nicht weit von Abdera zu scheitern. Diagoras, der sich durch Schwimmen ans Land gerettet hatte, erinnerte sich jetzt seines Freundes Demokritus, bei welchem er Rat und Unterstützung zu finden gewiß war; als er sich aber zu Abdera nach ihm erkundigte, hieß es, er sei schon vor geraumer Zeit wegge= 30 zogen, ohne daß man wisse, was aus ihm geworden sei. Zu gutem Glücke traf er auf einen seiner ehmaligen Jugendfreunde, der indessen ein bedeutender Mann in Abdera geworden war und sich seiner sehr lebhaft annahm. Das Dekret der Athener war auch hier bereits angekommen und von den Abderiten zum Be= 35 weis ihres Eifers für die Sache der Götter öffentlich bekannt ge= macht worden. Da sich nun leicht jemand finden konnte, der die ausgesetzte Belohnung hätte verdienen mögen, so verbarg ihn sein

---

13. Libation, libatio, Trankopfer.

Freund sorgfältig auf einem seiner Landgüter im Macedonischen;
und weil Diagoras keinen andern Wunsch mehr hatte als sein
übriges Leben in gänzlicher Verborgenheit zuzubringen, kamen sie
nach Verfluß einiger Zeit auf den Gedanken ihm in Thessalien
5 auf einem der wildesten und unzugangbarsten Teile des Ossa, wo
ihn niemand suchen würde, eine Wohnung zu verschaffen. Es
fand sich eine geräumige Felsenhöhle, welche mit geringer Mühe
zu einer Einsiedlerei, wie er sie nötig hatte, zugerichtet werden
konnte und in ein von steilen Klippen umgürtetes Thal ausließ,
10 wo er sich mit Anpflanzung und Wartung eines Gartens beschäf-
tigen konnte. Das ganze Wesen wurde der Gemeine des nächst-
gelegenen Dorfes, deren Eigentum dieser Teil des Gebirges ist,
abgekauft, und Diagoras, unter dem Namen Agenor, mit einer
thracischen Sklavin, die ihm sein Freund überließ, in den Besitz
15 desselben gesetzt. Agenor gilt (wie er mir sagte) unter den benachbarten Hirten und Landleuten, einer dem thessalischen Volke
gemeinen Vorstellungsart zufolge, für einen mächtigen Zauberer,
in dessen Ungnade zu fallen jedermann sich sorgfältig hütet; und
er läßt sie um so lieber auf diesem Wahn, da er sich durch die
20 gute Wirkung einiger von Demokritus gelernten Heilungsmittel
für Menschen und Vieh ihr Zutrauen erworben hat. Auch seine
Unsichtbarkeit trägt zu der Ehrfurcht, die der Name Agenor ein-
flößt, das Ihrige bei; denn niemand kann sich rühmen, ihn jemals
in der Nähe gesehen zu haben, und alles, was er mit ihnen zu
25 verkehren hat, geht durch den Mund und die Hände seiner getreuen Sklavin.

Diagoras verlangte von mir zu hören, ob zur Zeit meines
Aufenthaltes in Athen noch die Rede von ihm gewesen sei, und
was für eine Vorstellung ich mir nach den Gerüchten, die über
30 ihn herumgegangen, von ihm gemacht hätte. Ich antwortete,
alles, was ich für und wider ihn gehört, wäre mir so übel zu-
sammenhangend und widersinnisch vorgekommen, daß ich in der
Ungewißheit, was ich davon denken sollte, nur die vermeinte Unmöglichkeit beklagt hätte, die Wahrheit von ihm selbst zu erfahren.
35 So hätte ich z. B. die Sage von der wahren Ursache seiner
Atheisterei gar zu ungereimt gefunden. — O, die möchte ich doch
hören, fiel er mir ins Wort; ich bitte dich, was sagte die Sage?
— Es hieß, die eigentliche Veranlassung zu deiner erklärten Feind-
schaft gegen die Götter sei ein Rechtshandel gewesen, in welchen

du mit einem gewiſſen Menſchen geraten, der dir ein ihm an=
vertrautes Gedicht unterſchlagen und den Empfang desſelben mit
einem förmlichen Eide vor Gericht abgeleugnet, aber, nachdem er
freigeſprochen worden, das Gedicht als ſein eigenes Werk mit
großem Beifall bekannt gemacht habe. Dieſer Handel, ſagte man, 5
hätte dich ſo tief gekränkt, daß du den Göttern nicht hätteſt ver=
zeihen können, daß ſie nicht auf der Stelle ein Zeichen an dem
Meineidigen gethan; kurz, das erlittene Unrecht hätte dich in deinem
Glauben ſo irre gemacht, daß du endlich auf den Gedanken ver=
fallen ſeiſt: da die Götter, wofern Götter wären, einen ſolchen 10
Frevel unmöglich ungeſtraft laſſen könnten, ſo müßten nun gar
keine Götter ſein. Das iſt luſtig, ſagte Diagoras; man muß ge=
ſtehen, für ein ſo witziges Volk, wie die Athener ſind, räſonnieren
ſie zuweilen erbärmlich; und überhaupt iſt nichts ſo ungereimt,
das ſie ſich nicht weismachen ließen, ſobald es auf andrer Leute 15
Koſten geht. Fürs erſte habe ich in meinem Leben (wenigſtens,
ſeitdem ich nicht mehr in die Schule gehe) nichts gemacht, das
einem Gedicht ähnlich ſähe. Hätte ich aber auch das Talent,
Verſe zu machen, die geſtohlen zu werden verdienten, ſo würde
ich, anſtatt den Dieb gerichtlich zu belangen, mein Recht an ſie 20
dadurch bewieſen haben, daß ich noch beſſere gemacht hätte. Und
geſetzt endlich, ich hätte mich in der erſten Hitze zu einem Rechts=
handel gegen den Räuber hinreißen laſſen, ſo würde ich wenig=
ſtens nicht ſo albern geweſen ſein, zu verlangen, daß Jupiter —
der, um den Erdboden nicht gänzlich zu entvölkern, ſo viele tauſend 25
falſche Eide ungeſtraft laſſen muß — nun gerade meiner Verſe
wegen eine Ausnahme machen ſollte. Wahrlich, wäre der ſpar=
ſame Gebrauch der Donnerkeile und die Art, wie die Welt regiert
wird, überhaupt die ſchwächſte Seite der Götter, ſie würden von
mir immer unangefochten geblieben ſein! Denn ich müßte wirklich 30
nicht, wie ſie es angreifen müßten, um die ungeheure Menge von
Narren, Thoren und Schelmen, womit die Erde überdeckt iſt,
beſſer zu regieren, als wir im ganzen regiert werden; aber eben
daraus, daß wir ſo gut regiert werden, als es unſre Narrheit
und Verkehrtheit nur immer zuläßt, ſchließe ich, die Welt werde 35
nicht von unſern Göttern regiert. Denn nach der Probe zu ur=
teilen, die ſie in Homers Ilias abgelegt haben, müßte es noch
zehnmal toller zugehen, wenn die Zügel der Weltregierung in
den Händen ſo ſelbſtſüchtiger, launiſcher, ungerechter, ſtolzer, rach=

gieriger, wollüstiger und grausamer Despoten lägen, als der alte
Sänger uns diese nämlichen Götter schildert, die in allen Städten
Griechenlands Tempel, Altäre und Priester haben. Ich sagte
ihm, auch mir wäre jene Sage von der Ursache seines Götter=
5 hasses zu lächerlich vorgekommen, um den mindesten Glauben zu
verdienen. Aber was ich mir nicht zu erklären gewußt hätte,
wäre der Hang zu den geheimen Gottesdiensten, der bei ihm (wie
man versichert) ehmals bis zur Leidenschaft gegangen sei. Es
war eine Zeit, sagt man, wo Diagoras im Glauben an Theo=
10 phanieen, Orakel und Wunderdinge aller Art eher zu viel als zu
wenig that, und man weiß, daß er den größten Teil seines Ver=
mögens aufgeopfert hat, um in der ganzen bewohnten Welt herum=
zureisen und sich in alle Mysterien, soviele er deren ausspähen
konnte, einführen zu lassen. Wie ein Mann, der die Religiosität
15 bis zu diesem Grade von Schwärmerei getrieben, auf einmal zum
entgegengesetzten Äußersten habe überspringen können, schien etwas
so Unnatürliches, daß man sich geneigt fühlte, selbst die ungereim=
teste Erklärung, die ein solches Wunder einigermaßen begreiflich
machte, für gut gelten zu lassen.
20		Dir, versetzte Diagoras, hoffe ich, ohne deiner Vernunft etwas
Ungebührliches zuzumuten, ziemlich begreiflich zu machen, wie ich
gerade durch die vollständigste Befriedigung der besagten Schwär=
merei zu dem Atheism gekommen bin, dessen ich, mit und ohne
Grund, je nachdem man's nimmt, beschuldigt werde. Alle Menschen=
25 kinder kommen, denke ich, mit mehr oder weniger Hang zum Wunder=
baren auf die Welt. Bei mir äußerte sich dieser Naturtrieb von
früher Jugend an sehr lebhaft, aber mit einer Gegenwirkung ver=
bunden, die ihm alle seine Schädlichkeit benahm. Ich horchte
nämlich mit dem größten Vergnügen auf alle Erzählungen dieser
30 Art; milesische Märchen, Zauber= und Gespenstergeschichten, theur=
gische Wunder, Theophanieen und alle die übernatürlichen Dinge,
die sich täglich ereignet haben sollen, als die Götter noch unter
den Menschen wandelten und die Erde mit ihren Söhnen und
Töchtern erfüllten, kurz, alle diese Kindereien, wovon die Griechen

9 f. Theophanie, Θεοφάνεια (nicht das Wort Θεοφάντια) Gotteserscheinung. Vgl.
die Erklärung Wielands zu Zeile 31. — 30 f. theurgisch, θεουργικός, was auf
Opfer und Zauberei beruht. — 31. „Theophanie, sichtbare Erscheinung einer Gottheit;
ein erst in viel späteren Zeiten in Gebrauch gekommenes Wort, welches, wenn diese Briefe
eine griechische Urschrift hätten, sich sicher nicht darin vorfinden würde; wiewohl eben nicht
unmöglich wäre, daß Diagoras es entweder selbst gestempelt oder in den Mysterien gehört
haben könnte." W.

immer so große Liebhaber waren, hatten auch für mich einen
ungemeinen Reiz; aber ich glaubte kein Wort davon. Sie be=
lustigten und beschäftigten bloß meine Einbildungskraft und meinen
Witz; jenes desto mehr, je unglaublicher sie waren; dieses, indem
sie mich zum Nachdenken anreizten, wie es mit diesen Dingen 5
natürlich habe zugehen können, d. i. woher wohl die dabei vor=
waltende Täuschung gekommen, und wie es möglich gewesen, solche
Albernheiten selbst den einfältigsten Menschen weiszumachen. Diese
Anlage bei mir vorausgesetzt, wird dir alles übrige sehr begreif=
lich werden. Ich hatte von Kindheit an viel von Orakeln, be= 10
sonders von dem zu Delphi, gehört; als ich herangewachsen war,
hörte ich auch zuweilen, wiewohl immer mit geheimnisvoller Zu=
rückhaltung, von den eleusinischen und andern Mysterien reden.
Dieses Geheimthun der Eingeweihten reizte meinen Vorwitz, hinter
die wunderbaren Dinge zu kommen, die, wie ich nicht zweifelte, 15
in diesen Mysterien zu sehen und zu hören sein müßten. Ich
versuchte es auf alle Weise, fand aber, daß ich auf keinem andern
Wege zu meinem Zweck gelangen würde, als wenn ich mich selbst
in diesen geheimen Gottesdiensten initiieren ließe. An Gelegen=
heiten dazu konnte mir's nicht fehlen. Mein Vater war einer der 20
ansehnlichsten Handelsleute in Melos. Er schickte von Zeit zu
Zeit Schiffe nach den vornehmsten Häfen des Ägäischen, Jonischen
und Karpathischen Meeres und hatte allenthalben Korrespondenten,
mit denen er in gastfreundlicher Verbindung stand. Frühzeitig
mit dieser Art von Geschäften bekannt gemacht, wurde ich von 25
meinem zwanzigsten Jahre an unter der Führung eines alten
Dieners bald dahin, bald dorthin verschickt. Diese Reisen gaben
mir Gelegenheit, mich mit den Orgien von Lemnos, Kreta und
Cypern bekannt zu machen; aber was ich dadurch erfuhr, war so
unbedeutend, daß es zu nichts diente, als meine Begierde nach 30
wichtigern Entdeckungen desto stärker anzufeuern. Ich machte mir
einen Plan, meine Nachforschungen bei den Priestern zu Memphis
und Sais (welche nach dem gemeinen Wahn der Griechen in ur=
altem Besitz einer geheimen theurgischen Weisheit sind) anzufangen,
sodann die von ihnen nach und nach zu den Persern, Syrern, 35
Phöniziern und Griechen übergegangenen Mysterien auf dem Wege,

---

19. initiieren, einführen, einweihen. — 21. Melos, Insel im Ägäischen Meer. —
23. Karpathischen. Das Meer in der Nähe der Insel Rhodus, genannt nach der Insel
Karpathus.

den sie genommen, zu verfolgen und nicht eher zu ruhen, bis
mir in diesem Fache nichts mehr zu ergründen übrig wäre. Ich
führte diesen Plan aus, sobald ich durch den Tod meines Vaters
das Vermögen dazu bekam. Ich brachte mehrere Jahre damit
5 zu; und da wir natürlicher Weise nach dem, was an uns in die
Augen fällt, beurteilt werden, so konnt' es nicht fehlen, daß ich
mir durch eine so ungewöhnliche Anwendung meiner Zeit und
meines Vermögens den Ruf eines bis zur Schwärmere religiösen
Menschen zuzog; einen Ruf, den ich selbst, solang' er meinen
10 Absichten beförderlich sein konnte, auf alle Weise zu unterhalten
beflissen war.

Auf der letzten Reise, die ich zu Vollendung meines Plans
zu machen hatte, ward ich zufälliger Weise mit dem berühmten Ab=
deriten Demokritus bekannt, den eine ähnliche Wißbegierde seit
15 vielen Jahren in der Welt herumtrieb; nur daß seine Absicht mehr
auf Naturgeschichte und auf die physischen, astronomischen und
medicinischen Geheimnisse der ägyptischen Priester, Magier und
Orphiker als auf die religiösen gerichtet war. Wer die Mitbürger
dieses außerordentlichen Mannes kennt, sollte glauben, sein Genius
20 habe Mittel gefunden, sich alles Verstandes, den die Natur unter
die Bewohner von Abdera verteilen wollte, für ihn allein zu be=
mächtigen. Mir wenigstens ist unter so vielen merkwürdigen Männern,
deren Bekanntschaft zu machen meine Reisen mir Gelegenheit ver=
schafften, keiner vorgekommen, der mit einem so hellen und so viel=
25 umfassenden Geist einen so unermüdeten Fleiß in Erforschung der
Natur und mit beidem so viel Gutlaunigkeit und Anmut im Um=
gang vereinigte wie Demokritus. Von der ersten Stunde unsrer
Bekanntschaft an fühlte ich mich so stark von ihm angezogen, daß
ich nie wieder von ihm getrennt zu werden wünschte; und auch
30 er faßte so viele Zuneigung für mich, daß er mir nicht nur er=
laubte, ihn auf seinen übrigen Wanderungen zu begleiten, sondern
auch Vergnügen daran fand, mich in seinen eigenen Mysterien ein=
zuweihen, welche mir, wie du gerne glauben wirst, eine ganz
andere Befriedigung gaben als die priesterlichen, womit ich einige
35 der besten Jahre meines Lebens vertändelt hatte. Die Bekannt=
schaft mit diesem Manne hätte mir viel Ungemach und die Not=
wendigkeit, mein Dasein in einer Felsenkluft zu verheimlichen, er=

32 f. einzuweihen, einweihen in einer Sache noch bei Schiller und Goethe, doch
sagt letzterer auch schon einweihen in eine Sache.

ſparen mögen, wenn ein Menſch ſeinem Schickſal entgehen könnte, oder, richtiger zu reden, wenn ich meinen Eifer, die Menſchen ver= nünftiger zu machen, als ſie zu ſein fähig ſind, im Zaume zu halten gewußt hätte.

Was du mir da ſagſt, fiel ich ein, ſetzt mich deſto mehr in 5 Verwunderung, da ich nach dem Ruf, worin Demokritus ſteht, eher alles andere als einen Sachwalter der Götter von ihm er= wartet hätte.

Der war er denn auch ſo eigentlich nicht, verſetzte Diagoras; aber er hatte ſich über dieſen Punkt ein Syſtem gemacht, wobei 10 er ſeine Vernunft zu retten glaubte, ohne mit den Prieſtern und Myſtagogen, die den Glauben an ihre Götter und Myſterien zu einer Bürgerpflicht zu erheben gewußt haben, jemals in offne Fehde zu geraten.

Du würdeſt mich verbinden, ſagte ich, wenn du mich mit 15 ſeiner Denkart über dieſen Gegenſtand näher bekannt machen woll= teſt. — Dies kann nicht beſſer geſchehen, erwiderte Diagoras, als wenn ich dir eine Unterredung mitteile, die über die Materie zwiſchen uns vorfiel.

Du biſt, ſagte Demokritus zu mir, vermutlich der einzige 20 Menſch in der Welt, der ſo viel Zeit und Geld aufgewandt hat, um hinter die Geheimniſſe der Prieſterſchaft zu kommen; darf ich fragen, was der reine Gewinn deiner Entdeckungen iſt? — Immer ſo viel (war meine Antwort), daß ich die Unkoſten nicht bereue. Ich weiß nun mit einer Gewißheit, die ich ſchwerlich auf einem 25 andern Wege erlangt hätte, daß Götter und Prieſter Synonymen ſind; daß alle unſre Götter (die bloß allegoriſchen ausgenommen) Menſchen waren, die ihre Standeserhöhung und den ihnen ange= wieſenen Anteil an der Weltregierung den Prieſtern, durch welche ſie regieren, zu danken haben, und daß der Tartarus mit allen 30 ſeinen Feuerſtrömen und Schreckgeſpenſtern ſowie die Inſeln der Seligen mit aller ihrer Wonne ſchlaue Erfindungen ſind, wodurch die Prieſterſchaft ſich der beiden mächtigſten Leidenſchaften und durch ſie der Herrſchaft über die Welt bemächtigt hat. Ich be= greife nun, wie der Götter und der Menſchen Vater Zeus zu 35 Kreta geboren und begraben ſein kann; warum Delos die Wiege

---

26 f. Synonymen ſind, in engem Zuſammenhange ſtehen (συνώνυμος eigentlich, was gleichen Namen hat). — 33. der beiden mächtigſten Leidenſchaften, Hoff= nung und Furcht.

des Apollo und der Artemis ist, und woher die unendliche Menge
von Söhnen und Töchtern kommt, womit unsre Götter und
Göttinnen die ganze Hellas so überschwänglich bevölkert haben,
daß keine alte Familie ist, die ihr Stammregister nicht mit irgend
5 einem göttlichen Bastard anzufangen die Ehre hätte. Ich begreife
nun, warum eine Religion, die in sich selbst so übel zusammen-
hängt, und deren höchstes Geheimnis ist, daß die Götter Nicht-
Götter sind, so wenig zur Veredlung der Menschheit beitragen
kann. Und wenn auch das alles nicht wäre, setzte ich hinzu,
10 rechnest du etwa für nichts, daß ich weiß, wohin Isis ihren Sohn
Horus vor dem wütenden Typhon verbarg, was das alte Mütter-
chen Baubo der Ceres zeigte, um sie in der höchsten Betrübnis
zum Lachen zu bringen, und was in dem verdeckten Korbe war,
den Pallas Athene den Töchtern des Cekrops in Verwahrung
15 gab? — O gewiß, versetzte Demokritus lachend, zu diesen Wissenschaften hättest du schwerlich auf einem andern Wege gelangen
können; aber alles übrige war wohlfeiler zu haben. — Ich muß
bekennen, sagte ich, daß mir die Wissenschaft — nichts oder, was
wenig besser als nichts ist, zu wissen, hoch genug zu stehen kommt;
20 zumal da mir bei aller Aufklärung, die ich über unsre Mysterien
erhalten habe, der Hauptpunkt noch immer unbegreiflich geblieben
ist. — Was könnte dies wohl sein? fragte Demokritus. — Weiter
nichts, als wie es möglich ist, daß bei der unendlichen Menge
von — Initiierten es noch einen einzigen vernünftigen Menschen
25 geben kann, der sich durch ein so grobes Gewebe von Betrug,
Gaukelei, Kindermärchen und Kinderpossen, wie die Religion unsrer
Väter ist, noch einen Augenblick täuschen lassen kann. Denn wirklich
thut die Priesterschaft ihr Möglichstes, uns die Augen zu öffnen.
— Ich sehe, erwiderte er, daß du mit allen deinen Nach-
30 forschungen noch immer nicht auf den Grund der Sache gekommen
bist. Wir machen uns fast allemal einer Ungerechtigkeit schuldig,
wenn wir irgend etwas Menschliches, sei es — Glaube, Gewohn-

---

11. Horus, Ώρος. Sohn der Isis und des Osiris, stieß den Typhon vom Throne,
war der letzte unter den Götterkönigen Ägyptens und bedeutet die Sonne zur Zeit der
noch jetzt auch vom Volke in Deutschland gefeierten Sonnenwende des Sommers. Vgl.
H. Pröhle, Harzbilder S. 19—24. — 12. Baubo, eine Frau aus Eleusis. Als Demeter bei
ihr auf der Suche nach ihrer geraubten Tochter Persephone vorbeikam, brachte Baubo sie,
die nichts genießen wollte, durch unanständige Gebärden zum Lachen und zum Annehmen
von Speise und Trank. — 14. den Töchtern des Cekrops gab Athene den Erichthonius,
welchen sie von der Gäa erhalten hatte, in einer Kiste in Verwahrung. Als sie dieselbe
öffneten, verfielen sie in Wahnsinn. — 24. Initiierte, in die geheimen Gottesdienste
Eingeweihte.

heit, Sitte oder — Lehre, Geſetz, Inſtitut, eher für ganz un=
gereimt und verwerflich erklären, bevor wir unbefangen erforſcht
haben, ob es nicht in ſeinem Urſprung, zu ſeiner Zeit und in
ſeiner erſten Geſtalt gut, ſchicklich und zweckmäßig war. Ich bin
gänzlich deiner Meinung, daß der Gebrauch, den die Prieſterſchaft 5
heutzutage von ihren Orakeln und Myſterien macht, die Ver=
achtung, die du dagegen gefaßt haſt, mehr als zu ſehr rechtfer=
tigt; nichtsdeſtoweniger ſcheinen mir beide zur Zeit ihrer Ein=
ſetzung ſchickliche Mittel zu einem löblichen Zweck geweſen zu ſein
und um dieſer Urſache willen einige Schonung zu verdienen. 10
Die undurchdringliche Finſterniß, die auf der älteſten Geſchichte
aller Völker liegt, hat mich nicht abgeſchreckt, in den Altertümern
des unſrigen ſo weit zu forſchen als irgend ein hier und da her=
vorbrechender Lichtpunkt mir vorzudringen erlaubte. Dem, was ich
darin wahrzunehmen glaubte, zufolge nehme ich drei verſchiedene 15
Epochen an, in welchen unſre Volksreligion ſich nach und nach zu
dem, was ſie noch zu unſrer Väter Zeit war, geſtaltet hat. Denn
über das, was ſie jetzt iſt, ſind wir, denke ich, ziemlich einver=
ſtanden. Der erſte dieſer Zeitpunkte iſt der, da unſer Land noch
von ganz rohen Naturmenſchen oder, richtiger geſagt, Tiermenſchen 20
bewohnt war. Solange der Menſch auf dieſer unterſten Stufe
ſteht, kann man von ihm ſo wenig als von irgend einem andern
Tiere ſagen, daß er eine Religion habe; es iſt etwas der Religion
Ähnliches, wie man einigen Tieren etwas der Vernunft Ähnliches
zuſchreibt. Ein dumpfes Gefühl der gewaltigen, ihm unbegreif= 25
lichen Kräfte der Natur, das bei ungewöhnlichen, vorzüglich bei
furchtbaren Naturbegebenheiten in ihm erregt wird, iſt der rohe
Stoff, woraus der finſtre, ſchwermütige und ſchreckhafte Aberglaube,
in welchem wir die Kindheit des Menſchengeſchlechts befangen
ſehen, ſich nach und nach hervorarbeitet. Das Wort Deiſidämonie 30
ſcheint in unſrer Sprache ganz eigentlich für dieſen Zuſtand ge=
macht zu ſein; etwas Beſtimmteres von der beſondern Geſtalt,
welche dieſer noch ſo ſehr unförmliche, dem Zufall und einer un=
gebändigten Einbildungskraft gänzlich überlaſſne Dämonism unter
den Autochthonen unſers Landes angenommen haben mag, weiß 35
ich nicht zu ſagen.

Die zweite Epoche ſcheint mir die ebenfalls unbeſtimmbare,

---

30. „Deiſidämonie, abergläubiſche Dämonenfurcht.“ W. — 34. „Dämonism,
Glaube an gute und böſe Dämonen.“ W. — 35. Autochthonen, Eingebornen.

uralte Zeit zu sein, da die Titanen, vermutlich vom Kaukasus
her, sich eines großen Teils der nachmaligen Hellas bemächtigten
und ein Reich stifteten, das von keiner langen Dauer gewesen zu
sein, aber doch den ersten Grund zu Civilisierung dieser Gegenden
5 gelegt zu haben scheint. Durch die Länge der Zeit mußte unter
einem Volke, dem die Kunst, Gedanken und Worte mittelst einer
leichten Art von Bezeichnung zu verkörpern und festzuhalten, noch
unbekannt war, die Geschichte dieser Titanen, durch bloße münd-
liche Überlieferung fortgepflanzt, nach und nach zu Sagen und
10 durch eine Kette von Veränderungen, Revolutionen und zufälligen
Ursachen aller Art endlich zu Volksmärchen werden, wovon unsre
übel zusammenhängende ältere Götter- und Heroengeschichte ein
verworrenes Chaos ist. Unzählliche Spuren setzen indessen ihr ehe-
maliges Dasein und ihre Verdienste um die ältesten Bewohner
15 Griechenlands außer allen Zweifel. Mit ihnen kamen die zu einem
menschlichen Leben unentbehrlichen Künste zuerst in diese Gegenden;
und aller Wahrscheinlichkeit nach schreibt sich auch die Einführung
der ältesten Religion des obern Asiens, die Verehrung des Himmels
und der Erde, der Sonne und des Mondes, von ihnen her. Wie
20 es nun zuging, daß in der Folge die Titanen selbst für Söhne
des Himmels und der Erde gehalten und kraft eines Erbrechtes,
das ihnen von niemand streitig gemacht wurde, teils an die Stelle
der Sonne und des Mondes, teils in den Besitz der Oberherrschaft über Luft und Erde, Wasser und Feuer gesetzt, teils als
25 die Urheber der ersten Anfänge des bürgerlichen Lebens, des Feld-
baues und der dazu nötigen Künste lange nach ihrem Tode gött-
lich verehrt wurden, ingleichem wie die Regierungsveränderungen,
die sich in diesem vergötterten Geschlechte ereignet haben sollen,
zu erklären sind, übergehe ich, als zu dem, wovon jetzt die Rede
30 ist, nicht gehörig, und bemerke nur, daß die spätern ägyptischen
und phönizischen Stifter oder Wiederhersteller der Städte Athen
und Theben, Cekrops und Kadmus, als sie nach Griechenland
kamen, unsre vornehmsten Götter, Zeus und Here, Poseidon, Apollo
und Artemis, Pallas Athene und Aphrodite, Demeter und Per-
35 sephone, Ares, Hermes und Hephästos (sämmtlich aus dem Titanen-
geschlechte), vermutlich schon im Besitz der öffentlichen Anbetung
gefunden und um so mehr ungestört darin gelassen haben, da sie
ihre eigenen Götter, nur unter andern Namen, in ihnen wieder-
fanden; wiewohl ich nicht zweifle, daß ein großer Teil der Ver-

wirrungen und Widersprüche, die in der Genealogie und Geschichte
der griechischen Götter herrschen, sich von den mannigfaltigen Ver-
mischungen älterer und späterer, einheimischer und ausländischer
Sagen herschreibt, wozu die fremden Kolonisten die Veranlassung
gegeben haben mögen. Nichtsdestoweniger setze ich die dritte Epoche 5
unsers alten Religionswesens in die Zeit des Ägypters Cekrops,
insofern ich ihn als den wahren Stifter der eleusinischen Mysterien
betrachte, von welchen alle übrigen (die ägyptischen des Osiris und
der Isis, welche jenen selbst zum Muster dienten, ausgenommen)
bloße Nachahmungen sind. Bis dahin war die Religion unsrer 10
teils wild gebliebenen, teils nach und nach wieder verwilderten
Griechen bloße Deisidämonie gewesen; und wiewohl zu glauben
ist, daß wenigstens die Schutzgötter jedes Volkes, Stammes und
Ortes schon lange vor Cekrops und Kadmus öffentliche Altäre,
Tempel und Priester hatten, so findet sich doch keine Ursache, auch 15
nur zu vermuten, daß man bei den Opfern und Gelübden, die
man ihnen darbrachte, etwas anders abgezielt habe, als sich ihrer
Gnade und ihres Schutzes zu versichern oder ihren Zorn, welchem
man alle physischen und moralischen Übel zuschrieb, zu besänftigen.
Der Glaube, daß Zeus selbst unmittelbarer Schirmherr des gast- 20
lichen Rechts und Rächer des Meineides sei, und daß jeder, sogar unvorsätzliche Mord von den Erinnyen rastlos verfolgt werde,
war damals alles, was die Religion zu Beförderung der Humanität unter den ungeschlachten Horden, welche nach und nach mit
vieler Schwierigkeit zum bürgerlichen Leben vermocht worden waren, 25
beitrug. Aber die neuen Gesetzgeber fanden (den Begriffen gemäß,
die sie aus ihrem Lande mitgebracht) teils zur Erhaltung und
Aufnahme ihrer neuerrichteten Kolonieen, teils überhaupt zur Be-
festigung der bürgerlichen Ordnung unter einem ungeschlachten
Volke nötig, das schwache Ansehen der Gesetze durch den Glauben 30
zu stützen, „daß die Götter unmittelbare Kundschaft von dem Thun
und Lassen der Menschen nähmen und, nicht zufrieden, schon in
diesem Leben die Bösen zu strafen und die Guten zu belohnen,
auch die Seelen der Verstorbenen vor ein unerbittlich strenges
Gericht forderten und, je nachdem sie entweder unsträflich gelebt 35
oder sich mit noch ungebüßten Verbrechen befleckt hätten, in jenem
Falle in einen wonnevollen Zustand versetzten, in diesem durch
die schrecklichsten Peinigungen zur Strafe zögen". Diese Lehre,
dem Volk als Glaubenspunkte bloß durch mündlichen Vortrag ein-

geschärft, würde wenig Eindruck gemacht haben; aber durch die
Mysterien symbolisiert und unter einer Menge Ehrfurcht gebieten=
der Feierlichkeiten den Sinnen selbst unmittelbar dargestellt, mußte
sie auf äußerst sinnliche und abergläubische Menschen, die man in
den unterirdischen Wölbungen des Tempels zu Eleusis durch künst=
liche Täuschungen erst in den Tartarus, dann in die elysischen
Haine versetzte, die größte Wirkung thun. Du wirst nicht ver=
gessen haben, Diagoras, wie dir selbst, trotz deinem Unglauben,
dabei zu Mute war, und du kannst von dem Eindruck, den das,
was du hörtest und sahest, auf deine Einbildung machte, auf den=
jenigen schließen, den solche Anschauungen auf ungebildete Menschen
machen mußten, die sich nicht, wie du, in ein Schauspiel, sondern
übernatürlicher Weise in die wirkliche Unterwelt versetzt glaubten.
Ich gestehe, sagte ich, daß sich bei dem feierlich langsamen Durch=
gang durch die labyrinthischen Windungen des Tartarus über das,
was ich hörte und in einer durch zuckende Blitze und wirbelnde
Rauch= und Flammenwellen erleuchteten sichtbaren Dunkelheit zu
sehen glaubte, alle Haarspitzen auf meinem Kopfe und an meinem
ganzen Leibe emporrichteten. Aber freilich wird der Eindruck, den
dies allenfalls auf ein weiches Gemüth machen könnte, durch den
geheimen Unterricht, den man bei der zweiten großen Weihe
empfängt, wieder rein ausgelöscht. Daher, sagte Demokritus, wurden
ehemals keine andern zu dieser hohen Weihe zugelassen als Männer,
die man stark genug glaubte, starke Wahrheiten zu ertragen, und
edel genug, sie gehörig zu gebrauchen. Überdies zweifle ich nicht,
daß die zweite Initiation bei den eleusinischen Mysterien in ihrem
Ursprung entweder noch gar nicht stattgefunden oder wenigstens
eine andere, der Einfalt jener Zeiten angemessenere Beschaffenheit
gehabt habe.

     Wenn ich dir alles zugebe, versetzte ich, was du mit vieler
Scheinbarkeit von den drei Epochen der Religion unsrer Väter
gesagt hast, was gewinnt sie dabei in ihrem dermaligen Zustande?
Wir leben in einer vierten Epoche, wo kein gebildeter Mensch
mehr an Götter glaubt, die nie gewesen sind, und unsre ebenso
ungläubigen Priester, mit den reichen Einkünften, die jedem sein
Gott verschafft, zufrieden, sich eher um alles andere bekümmern
als um den sittlichen Einfluß, den die Religion auf das Gemüt
der Menschen haben könnte.

     Es sollte mir nicht schwer sein, dir beides streitig zu machen,

erwiderte Demokritus; aber wenn ich dir auch geſtehe, daß mir
gerade kein Prieſter beifällt, den ich deiner Behauptung entgegen=
zuſtellen wagen möchte, ſo iſt doch die Anhänglichkeit des großen
Haufens an den Glauben ihrer Voreltern noch immer ſo augen=
ſcheinlich, daß ich niemand raten wollte, ihn auf die Probe zu 5
ſetzen.　Sogar unter den erſten Männern unſrer Zeit kenne ich
mehr als einen, der ſo ſtark, als ſeine Großmutter an Orakel,
Vögel und Opferlebern glaubt, vor einer Mondfinſternis oder einer
Doppelſonne wie vor einem Unglückszeichen erſchrickt und mit dem
größten Ernſt einem ganzen Senat oder den verſammelten Befehls= 10
habern eines Kriegsheers erzählt, was ihm dieſe Nacht geträumt
hat.　Macht dies die Sache unſerer Prieſter nicht beſſer, ſo be=
weiſt es wenigſtens: daß unſer alter Volksglaube noch bei weitem
nicht ſo unwirkſam iſt als du dir einzubilden ſcheinſt; und ich ziehe
daraus die Folge, daß es ſowohl für einzelne Perſonen als für 15
den Staat ſelbſt gefährlich wäre, ſich über dieſen Punkt zu täuſchen.
Solange die Religion, die bei Errichtung der bürgerlichen Geſell=
ſchaft eines der ſtärkſten Bande der Ordnung und Sittlichkeit
war, in dieſer Eigenſchaft noch nicht alle Kraft verloren hat, ſoll
ſie, denke ich, von den Weiſen geſchont und geachtet werden; wie 20
löblich und nötig es auch übrigens iſt, den Aberglauben durch
kluge Verbreitung richtiger Begriffe von der Natur der Dinge
nach und nach dermaßen zu entkräften, daß er, wie die Spul=
würmer durch gewiſſe Arzneien, zuletzt unvermerkt und ohne
Beſchwerde, gleichſam von ſelbſt von den Menſchen abgeht.　Du 25
erlaubſt mir alles, erwiderte ich, indem du mir das Recht zu=
geſtehſt, gegen den Aberglauben zu arbeiten.　Denn was iſt unſre
Volksreligion anders als der gröbſte und lächerlichſte Aberglaube?
Ich leugne nicht, daß er noch wirkſam iſt; aber daß er den
wohlthätigen ſittlichen Einfluß, den er ehemals gehabt haben ſoll, 30
noch in unſern Tagen habe, das iſt, was ich ihm gänzlich ab=
ſpreche.　Was hilft z. B. der Glaube an Zeus, den Rächer des
Meineides?　Der ehrliche Mann ſchwört keinen falſchen Eid, nicht
weil er den Donner des Horkios fürchtet, ſondern weil er ein
ehrlicher Mann iſt; und wer es nicht iſt, ſieht ſo viele Meineidige 35
unangedonnert herumgehen und findet überdies bei den Prieſtern

---

34. „Horkios, ein Beiname Jupiters, inſofern der Eidſchwur unter ſeiner beſonderen
Aufſicht und Rüge ſtand." W. Über Jupiter und den Eid vgl. auch in dieſem Kapitel
weiter oben.

so viel Bereitwilligkeit, ihn für die Gebühr mit Jupiter Hortios auszusöhnen, daß die Furcht vor seinen Donnerkeilen ihn keinen Augenblick zurückhält. Der noch immer im Schwange gehende Glaube an die Orakel und die Vorbedeutungen, die man aus den
5 Eingeweiden der Opfertiere nimmt, ist wenigstens auf seiten unsrer bürgerlichen Obrigkeiten und Kriegsbefehlshaber pure Heuchelei und kann also weder Gehorsam gegen göttliche Winke noch Zuversicht auf göttlichen Beistand wirken. Man hat schon lange Mittel gefunden, die Pythia sagen zu lassen, was man will; oder ihre
10 Aussprüche sind so geflissentlich rätselhaft und vieldeutig, daß man sie nach eignem Gefallen deuten kann; und wenn die Milzen und Lebern der Opfertiere nicht günstig sind, so schlachtet man so lange andre, bis die Vorbedeutung endlich nach Wunsch ausfällt. Demokritus behauptete: in den Händen kluger Regenten und Heer=
15 führer könne dieser Aberglaube, solang' er noch seine Wirkung auf die Menge thue, in vielen Fällen den glücklichen Ausgang einer Unternehmung entscheiden oder großes Unheil verhüten; und was ich ihm auch entgegenhielt, immer kam er auf den Grundsatz zurück: es sei unweislich gehandelt, ein durch die Länge der Zeit
20 ehrwürdig gewordenes Institut zu vernichten, bevor man gewiß sei, etwas Besseres an seine Stelle gesetzt zu haben. Ist das Bessere wirklich da, sagte er, so wird das Schlechtere von selbst fallen. Wer wird fortfahren wollen, in einem morschen, täglich den Einsturz drohenden Hause zu wohnen, wenn es nur auf ihn
25 ankommt, ein bequemeres, neugebautes zu beziehen? Aber ehe man sich Wetter und Winden unter freiem Himmel preisgiebt, behilft man sich lieber in einem baufälligen Hause und stützt und flickt so lange daran, als es gehen will.

`Da es bei Streitigkeiten dieser Art beiden Teilen nie an
30 Antwort fehlt, so erneuerten wir den Kampf bei jeder Gelegenheit, und Demokritus, der mir ernstlich wohlwollte, gab sich viele Mühe, mich zu bewegen, daß ich dem Gedanken, den Göttern und Priestern öffentlich den Krieg anzukündigen, auf immer Abschied geben möchte. Aber der Haß, den die Betrügereien der letztern und
35 der vielfache Mißbrauch ihres Einflusses auf den großen und kleinen Pöbel in mir angezündet hatten, war ein Feuer, das sich nicht lange heimlich im Busen herumtragen ließ; und kaum hatte ich mich von meinem weisern Freunde wieder getrennt, so warf ich die Larve, die zu meinem Zwecke bisher nötig gewesen war,

von mir und zeigte mich überall in meiner wahren Gestalt. Alles,
was seine Warnungen über mich gewonnen hatten, war, daß ich
anfangs mit einiger Behutsamkeit zu Werke ging. Indem ich
alle Arten von Aberglauben teils zu untergraben teils geradezu
lächerlich zu machen suchte, schonte ich wenigstens die Polias zu 5
Athen, die Juno zu Argos und Samos, den Apollo zu Delphi
und Jupitern überall. Nirgends gelang mir dies besser als zu
Athen, wo der glückliche Erfolg des ungezügelten Mutwillens,
womit Aristophanes Götter und Menschen dem Gelächter des
Pöbels preisgab, mich aufmunterte mir größere Freiheiten heraus= 10
zunehmen. Wirklich können die Athener, denen ein witziger Einfall
über alles geht, viel mehr ertragen als andere Griechen, und so=
lange ich mich begnügte, über Götter, Orakel und Orgien nur
zu scherzen, ließ man meine Einfälle für absichtlose Ergießungen
einer komischen Laune gelten, wobei mehr Unbesonnenheit als böser 15
Wille sei. Als ich aber immer kühner ward und meine Lehrsätze
und Meinungen nicht nur in vertrautern Gesellschaften, sondern
sogar auf öffentlichen Versammlungsplätzen in einem ernsthaften
Tone zu behaupten anfing, geschah, was ich hätte voraussehen
können und was mir Demokritus mehr als einmal vorhergesagt 20
hatte. Ich bekam zwar einen Anhang von Jünglingen, für welche
die bloße Kühnheit einer Philosophie, die sich über alle Vorurteile
hinwegsetzt und auf das, was andern das Ehrwürdigste ist, mit
tiefer Verachtung herabsieht, schon die Kraft des vollständigsten
Beweises hatte; aber gerade dieser Umstand verschlimmerte meine 25
Sache in den Augen der Alten. Die Priester fingen an zu
murren, und ehe ich mir's versah, erklärte sich beinahe ganz Athen
gegen den Melier, der die Vermessenheit hatte, von Göttern, welche
ein uralter Besitz gegen alle Beeinträchtigungen sicher stellte, zu
fordern, daß sie die Titel der Rechtmäßigkeit desselben vorzeigen 30
sollten. Zu allem diesem kam endlich noch das bekannte Unglück
meiner armen Vaterstadt, und unfehlbar würde ich den Haß, den
die Athener (um ihr ungerechtes und grausames Verfahren — vor
sich selbst zu rechtfertigen) auf alle Melier geworfen hatten, desto
schwerer gebüßt haben, wenn mein gutes Glück mir nicht wenige 35
Tage vor dem Ausbruch des Ungewitters, das sich seit einiger

5. Polias, Athene hieß Polias als Beschützerin der Polis, der Stadt Athen. — 28.
Melier. Aristophanes nannte sogar den Sokrates mit Rücksicht auf den Atheismus des
Diagoras den Melier. — 31. das bekannte Unglück, Melos wurde durch Hunger zur
Übergabe gezwungen.

Zeit über mir zusammenzog, einen Weg zur Flucht eröffnet hätte.
Denn ich wurde gleich nach meiner Entfernung von den Eumol=
piden gerichtlich angeklagt, die heiligen Mysterien verraten und
die Jugend von der Initiation abgehalten zu haben. Beide Be=
schuldigungen wurden gerichtlich erwiesen und hätten in der That
nicht geleugnet werden können; und so würde, anstatt daß ich jetzt
in dieser stillen Freistätte sicher atme, der Sturz in das furchtbare
Barathron mein Los gewesen sein, wenn ich mich nicht lieber auf
die Behendigkeit meiner Fersen verlassen hätte als auf die Güte
meiner Sache, von welcher ich meine Richter schwerlich hätte
überzeugen können.

Diagoras endigte hier seinen Bericht, und du wirst ver=
mutlich gern sehen, daß ich ebenfalls eine Pause in meiner Er=
zählung mache.

Ich wage es, lieber Kleonidas, in Hoffnung, dir durch die
Länge dieser Epistel nicht lästig zu sein, in meiner angefangenen
Erzählung fortzufahren. Sollte sie dich nicht müßig genug an=
treffen, um sie nicht zu lang zu finden, so kannst du sie ja bei=
seite legen. Es giebt auch in dem thätigsten und genußreichsten
Leben doch zuweilen eine Stunde, mit der man nichts anzufangen
weiß, und es müßte nicht gut sein, wenn sie dir in einer solchen
Stunde nicht einige Unterhaltung verschaffen könnte.

Mein alter Wirt schien sich das Betragen, welches ihm die
Verbannung aus allen griechischen Staaten zugezogen hatte, so
wenig gereuen zu lassen und sich bei seiner Ohngötterei so wohl
zu befinden, daß mir nicht einfallen konnte, ihn darüber anzufechten.
Meine Denkart über diese Dinge ist ungefähr dieselbe, wozu der
Weise von Abdera ihn vergeblich zu bereden gesucht hatte. Es
würde zu nichts geholfen haben, die seinige mit den nämlichen
Gründen zu bestreiten; zumal da er in seiner gegenwärtigen Ab=
geschiedenheit von den Menschen ebenso wenig zu besorgen hat als
von den Göttern; und überhaupt ist es einer meiner Grundsätze,
mit niemanden über das, was er von den überirdischen und
dämonischen Dingen glaubt oder nicht glaubt, zu hadern. Uns
in allen den Gesetzen und Gebräuchen der Völker, unter welchen

2 f. Eumolpiden, Εὐμολπίδαι, die Nachkommen des Eumolpos, die zu den eleusi=
nischen Geheimnissen in Beziehung standen. — 8. Das Barathron, βάραθρον, die
Felsenkluft hinter der Burg von Athen.

wir wohnen, zu unterwerfen, oder wenigstens nicht mit dem Kopf
vorwärts gegen sie anzurennen, macht uns schon die bloße Urba=
nität zur Pflicht, wenn es auch die Sorge für unsre eigene Ruhe
nicht so gebieterisch forderte. Wer sich wie Diagoras den Haß
der Priesterschaft geflissentlich zuziehen will, thut wohl, wenn er 5
die unangenehmen Folgen desselben auch wie Diagoras trägt als
etwas, das ebenso unfehlbar zu erwarten war, als daß man ge=
brannt wird, wenn man dem Feuer zu nahe kommt. Will er es
demungeachtet darauf ankommen lassen, wer kann's ihm wehren?
Wie gleichgültig mir also in dieser Rücksicht die Religion des 10
Diagoras sein konnte, so hatte doch ein Wort, das ihm im Lauf
seiner Erzählung entfallen war, meine Neugier rege gemacht; und
da wir einmal auf dieser Materie waren, erinnerte ich ihn jenes
Wortes, woraus ich schließen müßte, sein Atheism sei nicht so
unbedingt, daß er allen Glauben an etwas Göttliches aufhebe. 15
Du scheinst, sagte ich, in deinem Gedankensystem an die Stelle
der Götter, die du leugnest, etwas anderes zu setzen. Darf man
fragen was?

Mich selbst und alles, was wirklich ist, erwiderte er.

Ich. Das ist viel auf einmal gesagt, Diagoras! Woher 20
weißt du, daß etwas wirklich ist?

Diagoras. Weil ich weiß, daß ich selbst bin.

Ich. Und woher kannst du wissen daß du selbst bist?

Mein Mann schien ein wenig zu stutzen. — Eine seltsame
Frage, sagte er lachend. 25

Ich. Es wäre noch seltsamer, wenn sie dir nie aufgestoßen
wäre.

Diagoras. Nie in meinem ganzen Leben. Aber die Antwort
ist auch so leicht, daß sie mir bloß deswegen nicht sogleich beifiel.
Ich weiß, daß ich bin, weil ich sehe, höre, fühle, denke, mich 30
selbst bewege und — zwar nicht alles, aber doch sehr vieles kann,
was ich will.

Ich. Könntest du das alles, wenn du nicht schon da wärest?

Diagoras. Schwerlich!

Ich. Und wenn die Dinge nicht da wären, die dir zu diesen 35
Äußerungen deines Daseins Anlaß geben? —

Diagoras. Ohne Zweifel, nein.

Ich Du weißt also, daß du bist, weil es Dinge außer
dir giebt, die dieses Selbstbewußtsein in dir erwecken; du könntest

aber nicht wissen, daß es Dinge außer dir gebe, wenn du nicht wüßtest, daß du selbst bist. Dies, dünkt mich, heißt sich in einem Kreise herumdrehen, der weder Anfang noch Ende hat, und du hast also keinen hinlänglichen Grund zu glauben, daß du selbst bist.

Diagoras. Pure Sophistereien! Ich glaube nicht, daß ich bin, und genau zu reden, weiß ich es auch nicht; aber ich fühl' es, und das ist genug. Dieses Selbstgefühl und das Gefühl, daß etwas außer mir ist, ist ein und ebendasselbe. Indem ich zum Beispiel den Feigenbaum dort sehe, fühle ich, daß ich ihn sehe, das ist, ich sehe ihn in mir selbst, und so fühle ich in einem und ebendemselben Augenblick mein und sein Dasein.

Ich. Sein Dasein in dir, meinst du?

Diagoras. Ich sehe ihn zwar in mir selbst, aber als etwas außer mir Befindliches; und warum wäre das, wenn er nicht wirklich außer mir wäre?

Ich. Du siehst einen Centauren, eine Sirene auch außer dir, und es sind doch bloße Geschöpfe deiner Phantasie. Woher weißt du, daß es mit dem Baum und allem andern, was du zu sehen meinest, nicht ebendieselbe Bewandtnis hat?

Diagoras. Allerdings ist es meine Phantasie, die aus der Hälfte eines Menschen und eines Pferdes einen Centauren und aus einem Weibe, einem Vogel und einem Fische eine Sirene zusammensetzt; aber das könnte sie nicht, wenn ich nicht wirklich Menschen, Pferde, Vögel und Fische gesehen hätte.

Ich. Du hältst also alles für wirklich, was du in einer lebhaften künstlerischen Begeisterung siehest? Oder warum solltest du diese Einbildungen nicht für ebenso wirkliche Dinge außer dir halten wie die nämlichen Vorstellungen, wenn sie unter der Beglaubigung deiner Sinne in dein Bewußtsein kommen?

Diagoras. Weil ich einen sehr wesentlichen Unterschied zwischen ihnen fühle. Wenn ich mir z. B. die lemnische Venus bloß in Gedanken vorstelle, so sehe ich sie in meiner Einbildung zwar auch außer mir, aber ungleich weniger klar und lebhaft als wenn das Gebilde des Phidias wirklich vor mir stände; und was noch mehr ist, es hängt bloß von mir ab, ob ich das Gedankenbild sehen will oder nicht; stehe ich hingegen zu Lemnos vor dem wirklichen Bilde der Göttin, so muß ich es sehen, ich wolle oder wolle nicht.

Ich. Wie? auch wenn du die Augen zumachſt?

Diagoras. Welche Frage!

Ich. Ich will bloß damit ſagen: was du mit deinen Augen ſiehſt, bringt ſich dir nur ſo lange mit Gewalt auf, als du es wirklich anſiehſt. Iſt es aber mit dem, was du bloß in deiner Einbildung ſiehſt, etwa anders? Sobald die Bedingung da iſt, d. i. ſobald deine Einbildung dir dieſes Bild darſtellt, mußt du es ebenſowohl, obgleich weniger lebhaft, ſehen, als wenn deine Augen es dir dargeſtellt hätten, und im letztern Falle ſteht es nicht weniger bei dir, die Augen wegzuwenden oder zuzuſchließen, als im erſten deine Einbildungskraft auf etwas anderes zu richten.

Diagoras. Aber ſetze, daß du an eine Säule gebunden, gegeißelt werdeſt, ſteht es dann auch in deinem Belieben, ob du die Pein der Geißel fühlen wollteſt oder nicht?

Ich. So vieler Gewalt über meine Sinne rühme ich mich keineweges. Aber ſetze du dagegen einen verrückten Menſchen, der ſich in ſeinem Wahnſinn einbildet, daß er gegeißelt werde: fühlt er die Pein der bloß eingebildeten Geißel nicht ebenſo lebhaft als wenn ſie wirklich wäre? Dem Wahnſinnigen thut ſeine kranke Phantaſie ebendieſelbe Gewalt an, welche in dem Falle, den du ſetzeſt, dem Geſunden geſchieht.

Diagoras. Und was ſchließeſt du aus dem allen?

Ich. Daß du keinen hinlänglichen Grund haſt, von deinem Gefühl auf die Realität deſſen, was du fühlſt, zu ſchließen.

Diagoras. Deiner Meinung nach gingen alſo alle meine Vorſtellungen aus mir ſelbſt hervor, und ich hätte keine Urſache zu glauben, daß etwas außer mir wäre?

Ich. Ich behaupte nicht, daß es wirklich ſo ſei; aber aus dem Geſagten ſcheint es wenigſtens ſo. Wie kämen auch die ver- meinten Dinge außer dir dazu, Vorſtellungen in dich zu bringen, die ſich nicht in deiner Seele ſelbſt erzeugt hätten? Geſetzt aber auch, dieſer Feigenbaum werfe ein kleines Bild ſeiner Geſtalt in dein Auge und es reflektiere aus deinem Aug' in deine Seele, ſo wäre zwiſchen einem ſolchen Bild und dem Bewußtſein, womit du es ſiehſt, nicht das geringſte Kauſalverhältnis und doch wird es bloß dadurch, daß du dir bewußt biſt, es zu ſehen, etwas in dir Wirkliches. Kurz, um Dinge außer dir wahrzunehmen, muß deine Seele ſo viel thun, daß du wenigſtens Urſache haſt zu zweifeln, ob ſie nicht alles thue.

Diagoras. Aber, wie wär' es möglich, Aristipp, daß du nicht sehen solltest, in welche Ungereimtheiten ein solcher Zweifel führen würde? Wenn alle meine Vorstellungen bloße Geschöpfe der denkenden Kraft in mir sind, bin ich nicht genötiget, mich für das einzige wirkliche Wesen zu halten? Nun sind aber alle andre Menschen in dem nämlichen Falle, und wenn sie alle so räsonnieren wollten, was sollte aus dreißig- oder vierzigtausend Myriaden Narren werden, deren jeder sich einbildete, alle übrigen seien nichts als in ihm selbst erzeugte Gedankenbilder?

Ich. Es käme darauf an, daß sie sich darüber mit einander verglichen. Da einer so viel recht hätte als der andere, warum sollten sie nicht in Güte übereinkommen können, einander um der Bequemlichkeit des gesellschaftlichen Lebens willen, vermittelst einer Art von Prosopopöie, die Existenz zuzugestehen?

Diagoras. Und so möchten wir, dächte ich, ebenso wohl thun, wenn wir auch allen übrigen Dingen, die in unser Bewußtsein geraten, die nämliche Billigkeit widerfahren ließen?

Ich. Das könnten wir ohne Bedenken; aber was hätten wir damit gewonnen, wenn wir uns selbst von dem Grund ihres und unsres Daseins Rechenschaft geben sollten?

Diagoras. Kann uns denn nicht genug sein, daß wir da sind? Wozu brauchen wir nun eben den Grund zu wissen?

Ich. Diese Frage hast du dir selbst schon beantwortet, Diagoras, da du mir auf die meinige, „was du an die Stelle der Götter setzest", zur Antwort gabst: „Mich selbst und alles was wirklich ist." — Es ist nun einmal in unsrer Natur, sobald sich uns etwas als außer uns darstellt, zu glauben, es sei, und wissen zu wollen, was vorher und wie und warum es ist. Das kürzeste Mittel, sich hierüber zu beruhigen, schien den Menschen von jeher zu sein, wenn sie Götter glaubten, in deren Macht und und Willkür der Grund des Daseins und der Zusammenordnung der Dinge liege. Du willst mit diesem Behelf nichts zu thun haben und setzest dich selbst und alles was wirklich ist an ihre Stelle. Aber bei näherer Untersuchung der Sache hat sich gefunden, daß dein eigenes Dasein eine sehr zweifelhafte Sache ist, da das Gefühl desselben lediglich auf dem vorausgesetzten Dasein anderer Dinge beruht, für deren Dasein du keine andere Gewähr hast als dein eigenes. Gesetzt aber auch, es hätte mit deinem Dasein seine Richtigkeit, so ist es doch eine bloße nackte Thatsache, und du haft auf die Frage, woher, wie und warum du da bift, noch immer keine Antwort. Denn daß du nicht immer da warft, und daß der Grund deines Daseins nicht in dir selbst sein kann, wirft du schwerlich in Abrede sein wollen.

Diagoras. Es scheint in der That, ich müßte auch etwas 5 davon wissen, wenn ich immer gewesen wäre, und die Mutter, die mich gebar, der Vater, der mich auferzog, und der Schul= meister, der mich im Homer lesen und die Melodieen des alten Terpander plärren lehrte, müßten sich auf eine seltsame Weise getäuscht haben. Aber wozu braucht es aller dieser Leptologieen? 10 Die Formel, über welche du mich schikanierst, soll nichts weiter sagen als: die Natur enthält alles was ist, war und sein wird; und es bedarf keines andern Grundes für mein und aller übrigen Dinge Dasein als sie.

Ich. Die Natur! — Ein großes vielumfassendes Wort! 15 Und was denkst du dir eigentlich dabei?

Diagoras. Wie ich sagte, das, woher alles, was ist, war und sein wird, seinen Ursprung und die Nahrung seines Wesens zieht.

Ich. Ich glaube die Bedeutung jedes einzelnen Wortes 20 dieses Satzes zu wissen; aber bei dem Ganzen kann ich mir nichts Deutliches denken.

Diagoras. Ich, die Wahrheit zu sagen, ebenso wenig.

Ich. Du hättest also ungefähr so viel als gar nichts da= mit gesagt? 25

Diagoras. Ist es meine Schuld, daß die Natur etwas Unbegreifliches ist?

Ich. Irgend eine dunkle Vorstellung muß denn doch wohl mit diesem unbegreiflichen Worte verbunden sein. Denkst du dir die Natur vielleicht als eine unendliche Reihe an einander ge= 30 fetteter einzelner Dinge?

Diagoras. Ich sehe, wohin du willst, Ariftipp, und ich will dir die Mühe ersparen, mir die Ungereimtheit einer unendlichen Reihe von Eiern und Hühnern darzuthun. Ich denke mir die Natur als das einzige, ewige, unendliche Urwesen, und alles was ist, als 35 eine Art von Erzeugnissen, die es ewig aus sich selbst hervorbringt.

---

9. Terpander soll den Gesang der homerischen Gedichte durch Zeichen bestimmt haben. — 10. „Leptologie, Spitzfindigkeit oder übertriebene Subtilität in rnnißen und außerhalb des menschlichen Gesichtskreises liegenden Spekulationen." W.

Ich. Da hätten wir den Kronos der Dichter, der seine eignen Kinder aufißt, um immer neue zeugen zu können?

Diagoras. Oder wenn du lieber willst, so stelle sie dir als den Proteus vor, der sich selbst in alle möglichen Gestalten wandelt.

Ich. Für poetische Darstellungen mögen diese Bilder brauchbar genug sein; aber dem Verstande erklären sie nichts, und wir sind noch um kein Haar breit weiter als anfangs. Alles, was ich sehe, ist, daß du dich so gut als wir andern genötigt fühlst, etwas Erstes, Unerklärbares, Unendliches, mit einem Worte, Göttliches zu glauben, um dich nicht in einem Labyrinth von Fragen und Zweifeln zu verlieren, aus welchem kein Ausgang ist. —

Diagoras. Und weiter wollen wir uns, wenn dir's gefällig ist, nicht versteigen.

Mit diesen Worten führte mich Diagoras zu seinen Götterbildern zurück, um (wie er sagte) die Spinnweben wieder loszuwerden, womit uns der sophistische Dialog über Sein und Nichtsein den Kopf angefüllt habe. Er ließ mich eine Menge possierlicher Dinge bemerken, welche meiner Aufmerksamkeit entgangen waren, und überzeugte mich durch sein herzliches Wohlgefallen an den Mißgeburten seiner witzelnden Phantasie immer mehr, wie lächerlich es von mir gewesen wäre, über einen Gegenstand, für welchen er keinen Sinn hatte, in einem ernsthaftern Tone zu sprechen. Übrigens muß ich dir sagen, daß mein Ton ungefähr der nämliche war, worin Sokrates mit den Sophisten und allen andern, denen es (wie er glaubte) nicht ernstlich um Wahrheit zu thun war, von solchen Dingen zu disputieren pflegte; und ich wollte diese Gelegenheit nicht vorbeilassen, dir eine kleine Probe zu geben, daß ich nicht drei Jahre lang mit einem solchen Meister in der subtilsten Dialektik gelebt habe, ohne ihm auch in diesem Stück etwas abzulernen; wiewohl ich gern gestehe, daß die ihm eigene ironisch-einfältige Miene, die er in solchen Fällen anzunehmen wußte, schlechterdings dazu gehört, wenn diese Manier zu philosophieren ihre ganze Wirkung thun soll.

Ich werde erst jetzt gewahr, daß meine Erzählung unvermerkt zu einem Buch angeschwollen ist und der Griffel in meiner Hand zu zittern anfängt. —

In wenigen Tagen, lieber Kleonidas, hoffe ich die schöne Minervenstadt wiederzusehen, zu welcher ich mich nach einer langen

Trennung von einer Art verliebter Sehnſucht hingezogen fühle. Daß vielleicht auch die Nähe von Ägina Anteil an dieſer Ge= mütsſtimmung haben mag, warum ſollt' ich es vor einem Freunde wie du verheimlichen wollen?

47. Kleonidas an Ariſtipp.

Wenn ich nicht ſchon lange wüßte, daß du ein weiſerer Mann oder wenigſtens ein nicht ſo heißer Liebhaber des Schönen biſt als ich, ſo würde mich dein Benehmen gegen den leidigen Zerr= bildner Diagoras davon überzeugt haben; denn ich muß geſtehen, mir wäre es unmöglich geweſen, beim Anblick ſeiner unartigen Machwerke Geduld zu behalten. Mag doch immerhin eine Art von Genie und Kunſt dazu gehören, auch an lächerlichen Kari= katuren nicht über eine gewiſſe Grenzlinie hinauszuſchweifen und das Burlesk=Häßliche nicht bis zum Ekelhaften, das Überladene und Verzerrte nicht bis zur gänzlichen Unnatur zu treiben; aber was berechtigt dieſen Menſchen, mit dem Mutwillen eines trunkenen Barbaren in das Heiligſte der Kunſt einzufallen und, einer grillen= haften Phantaſie zuliebe, die Ideale alles Schönen, Lieblichen und Erhabenen zu verunſtalten und in ſchmutzig poſſierliche Miß= geſtalten zu verkehren, wozu er die Urbilder aus den Hefen der pöbelhafteſten Natur zuſammenſuchen mußte? Seine Götter und Göttinen ſind unſtreitig die ſchlechteſte Geſellſchaft, die ein Menſch ſich nur immer geben kann; aber mit welchem Recht erkühnt er ſich den Vater der Dichtkunſt zu ſeinem Mitſchuldigen zu machen? und wie kann er, ohne von ſeinem eigenen Gefühl Lügen geſtraft zu werden, vorgeben: ſeine Zerrbilder ſeien den homeriſchen Göttern angemeſſener als die erhabenen Darſtellungen eines Alkamenes und Phidias? — Es iſt wahr, wie hoch Homer ſich auch immer über ſein Zeitalter hätte ſchwingen mögen, bis zur göttlichen Na= tur ſelbſt vermocht' er ſich und uns nie zu erheben. Er mußte gern oder ungern die Götter zu uns herabziehen; aber da er nun einmal genötigt war, ſie entweder ganz aus dem Spiele zu laſſen oder bloß als eine Art menſchenähnlicher Weſen aufzuführen, be= ſtand da nicht die größte Kunſt darin, ſie deſſen, was ſie mit uns gemein haben, ungeachtet hoch genug über uns zu erheben, um einen ſtark in die Sinne fallenden und der Einbildung Ehr=

furcht gebietenden Unterschied zu bewirken? Ich denke, man kann
in dieser Rücksicht mit dem, was er geleistet hat, zufrieden sein.
Seine Götter nähren sich z. B. wie wir, aber weniger aus Bedürfnis als zum Vergnügen, von Ambrosia und Nektar, die ihren
5 Leib in Unsterblichkeit und ewiger Jugend erhalten. Sie haben
Leidenschaften wie wir; aber auch diese sind nur erhöhte Äußerungen übermenschlicher Kräfte oder Wirkungen des lebhaften An-
teils, den sie an den Menschen nehmen. — Niemand wird zu
leugnen begehren, daß dem Dichter der Ilias bei allem dem noch
10 Spuren der Roheit seines Zeitalters ankleben; indessen sollte meines
Bedünkens auch der Umstand in Betrachtung kommen, daß dem
gemeinen Volksglauben nach alle Heroen und Heroiden jener Zeit
halbbürtige, mit Sterblichen erzeugte Götterkinder waren, und
also der Abstand zwischen Göttern und Menschen bei weitem nicht
15 so groß schien, daß es billig wäre, dem Dichter zum Vorwurf
zu machen, wenn er sich hierin den Begriffen seiner Zeitgenossen
fügte; zumal da er das Menschenähnliche seiner Götter fast immer
dermaßen zu veredeln weiß, daß in Stellen, wo sein Genius sich
zum wirklichen Anschauen dieser himmlischen Naturen zu erheben
20 scheint, selbst Pindars mächtiger Adlersflug sich nicht höher auf-
zuschwingen vermocht hat. Oder bedarf es etwa hiervon eines
stärkern Beweises als daß es ja eben der homerische Götterkönig
war, der den größten Bildner unsrer Zeit mit der hohen Idee
begeisterte, die wir in seinem Jupiter Olympius so rein und kraft-
25 voll dargestellt sehen, daß wir bei dessen Anblick, wie vom Schauder
des gegenwärtigen Gottes ergriffen, die Augen niederzuschlagen
genötigt sind und den Boden unter uns erzittern zu fühlen glauben?
— Gesetzt aber auch (was kein unbefangener Leser Homers zugeben wird), der Dichter hätte durch seine Art, die Götter reden
30 und handeln zu lassen, dem leichtfertigen Diagoras zu seinen Zerrbildern Gelegenheit gegeben: mit welchem Grunde kann er es unsern größten Meistern übel nehmen, daß sie alle Nerven ihrer
Phantasie angestrengt haben, sich vermittelst dessen, was an der
menschlichen Natur das Schönste, Reinste und Vollkommenste ist,
35 zu so hohen Idealen von Göttergestalten zu erheben, daß wir in
ihren Werken wie in theurgischen Erscheinungen Götter zu sehen
glauben, wiewohl wir im Grunde nur Menschen sehen? Ist es
ihnen nicht vielmehr zum Verdienst anzurechnen, daß sie in eben
dem Augenblick, da sie die Religion des Volkes durch die wür-

digſten Darſtellungen, deren der gemeine Menſchenſinn fähig iſt,
reinigen, den Menſchen zugleich anſchaulich zu machen ſuchen,
welcher Würde ihre eigene Natur fähig ſei? Verzeihe mir, Lieber,
daß ich mich in meinem gerechten Unwillen ſo lange bei einer
Sache verweile, worüber wir deiner anſcheinenden Gleichgültigkeit 5
ungeachtet unmöglich verſchiedener Meinung ſein können! Ich kann
dir nicht ausdrücken, wie angenehm es mir iſt, dich wieder mitten
in der ſchönen Hellas zu wiſſen, in welcher ich noch immer durch
die Erinnerung zur Hälfte lebe. Mir iſt, als ob du mir wieder
um ſo viel näher wäreſt; und auch Muſarion, die Schöne und 10
Gute, ſchmeichelt ſich, ihre teilnehmende, wiewohl unſichtbare,
Gegenwart dir und ihrer edeln Freundin bis in Ägina fühlbar
zu machen.